张之洞传

董丛林 ◎ 著

他是书生，改革教育创办新学，推动中国近代师范教育、军事教育等的发展……

他是能臣，兴洋务办实业，建起了铁路、钢铁厂、织布局等，推动中国近代工业的觉醒……

他是改革家，为风雨飘摇的清王朝竭尽全力，深远影响了中国近代化进程……

人民出版社

目　录

引　言
我看张之洞

　　知道张之洞的名字，还是在我的少年时代。自己的家乡县份，是张之洞故乡南皮的邻县。我家所在的村庄，西邻南皮县境很近。张之洞的事情，成为家乡父老时或的谈资，当然，涉及的多是相关传闻轶事之类。在自己十来岁的时候，夏天的一个晚上，劳累了一天的父老们，和往常一样，吃过饭到外面的场地上乘凉闲聊，享受一天"最幸福"的时光。孩子们有时也跟上凑热闹。那天自己随父亲在场，记得他们说到了张之洞。曾上过几年小学的父亲那时算村上的"文化人"了，他当时掺合闲聊，有一句话竟印在了我的脑海里，到现在依然是那么清晰，就是"人家张之洞是个大才子，一夜读罢江南书啊"！当年自己尚在小学阶段，并不清楚张之洞的子丑寅卯，但对这么能读书的"大才子"，心里禁不住泛起佩服和羡慕的涟漪。

　　待到读大学历史系，随后又主修中国近代史，对张之洞的了解自然渐多起来，也能注意从治史理则上来审鉴关于他的传闻轶事了。联系早先从家乡父老辈那里听到的相关事情，知道多属夸饰性甚至纯为虚构的故事而已。倒是觉得从父亲口中听得的那句"一夜读罢江南书"，还真是有点儿"文致"，想必是他从哪里读来或是从哪个肚里有墨水的人口中听来的吧？后悔在父亲生前未能讨问清楚，现试着从网上搜寻，也未能寻到影迹或线索。想来，就算这只是乡间夸赞张之洞有非同常人读书之才的传说话语，至少也可以反映这里人们以他为夸耀对象的一缕"文化余韵"。至于语中的"江南"是泛指还是特指，"一夜"又是在何种背景之下，因为不知原始语源，也就无从索解了，反正是以夸张修辞手法颂扬张之洞读书的超人本领而已。

　　这是自己在小时对张之洞留下最"深刻"印象的一朵花絮。尽管可以说，它不过是加在这个历史人物脸谱上的一件夸张性小饰品，但对自己来说，却是

"认知"张之洞的原始起点,甚至可以说,由此触动了心底幼稚"历史情思"的扳机。这与后来自己以历史教学和研究为职业,到底有没有一星半点、或明或暗的关系,自己也说不清楚,反正对保持和激发之于张之洞其人的兴趣,真还是有所关联的。当然,从业历史之后,越来越懂得需从历史人物身上剥离神化,祛除虚妄,要实事求是,科学认识。对张之洞也不例外。这既要基于对相关严肃历史资料的审鉴、利用,也包括对其传闻轶事(这亦属一个门类的史料)文化意蕴上的品读、解析。总之,要力求通过科学的历史解读,来认识一个真实的张之洞。"我看张之洞",就是本于这样一个理则的概要性试说:

张之洞是一个由"探花"正途入仕并快捷升迁的幸运儿。他的家乡在直隶,却随做官的父亲和自为"官妻"的母亲生于贵州,自小便有读书的较好条件,加上他天资聪颖,秀才、举人早早报捷。只是会试不止一次地遗憾放弃,而首次参加又因评判欠公被摈,不过他终在二十七岁(本书中不作特别说明时,皆系按当时采用虚岁)还算"较小"的年龄上考中进士,且成一甲三名的探花。大好年华,正途入仕,先做翰林官,又为湖北和四川两任学政,接下来再入都任京官。而此期也是他典型的"清流"阶段,风流倜傥,敢于诤言,四十五岁上擢任内阁学士(兼礼部侍郎衔),成为从二品大员。

同年数月之后,张之洞便被授任山西巡抚,开启了疆吏生涯。接着,升任两广总督,又调湖广总督,并先后两次署理两江总督。其间他曾一度入都,而所做最为突出的事情就是制定"癸卯学制",但仍保留湖广总督之职,只是由他人暂署而已。算来,他在疆吏职任上历时计有二十七个年头,这可谓其一生政治生涯中最重要的阶段。此间他奋发敢为,政绩不凡,各方面政务都颇有见长之处。单就洋务事项来说,他为此而殚心竭虑,大力操办,政绩尤为突显(当然,其局限和失误亦存)。并且,他对洋务理论也有所贡献,像在特定时候所撰《劝学篇》,对"中体西用"思想进行了系统的总结和阐述,在晚清思想史上留下有着特定意义的篇章。

张之洞在晚年的最后阶段,被调进京实任"相国"和军机大臣,表面上其权位获进一步提升,实际上在朝廷的专制和其内部争斗之下,他无法放开施展权力,加上年老体衰,心绪欠佳,除了在学堂管理,特别是铁路相关事宜等朝廷交办的专项任务上尽量筹议外,对"坐班"参理朝政则基本上是左奉右迎,将就行事,尤其是对"新政"的推进,已无前此的积极态度,不无趋于保守的迹象。或有力争之事,如"宣""光"易代后对朝廷之于满洲年轻权贵的超常重用提出意见,被否而忧愤无奈,一病不起,终告离世。

以上是就张之洞步入官宦生涯后的"三大阶段"纵向概说。综合视之,可以说他基本上是尽心履职,勇开风气之人。若是进而拓展到其一生(包括未入仕前)横向来看,以下几个方面则是与之常伴、终未或不可能离弃的:

文教方面。这可谓他衷情一生、发奋致力的"业术"。他自身是靠读书为学走通科举之路,踏上仕宦的阶梯。在为官之后,又不止一次地有做考官、掌文衡的差使。而在他的正式职官中,曾两次为学政,不仅在书院建设、学务改革上有所作为,更是在四川学政期间,有《𬨎轩语》和《书目答问》的面世,它们不但成为指导学生的特定文本,而且在文化史上也不无意义。在他为疆吏期间,也一直重视文教,尤其是在督两广、湖广期间,兴建书院、学堂,与时俱进地改革学务、学制,使辖区特别是湖北成为教育兴盛之区。而对科举,他不断提出改革要求,最后与人联同上奏废除,成为自兴于斯、终而灭之的大员。

对外方面。张之洞所处时代,列强侵华步步加剧,外患日益深重,这是中国人所要面对的最紧迫问题。张之洞未入仕之前,诗作中就有对外患的忧虑。其入仕之后,"清流"时期曾有抗俄的激愤之言,特别是在出任疆吏之后更有对外患的实际应对,如在中法战争时筹议乃至部署、指挥抗法;甲午战争时呼吁、筹策抗日。而他在通常情况下特别是在以后阶段中,又策划和主张"以夷制夷",甚至"守约安夷",这固然是清朝大员所无法摆脱的,但也可显示其本人的局限乃至失计。

"新""旧"方面。张之洞可谓一个亦新亦旧而总体上是由旧趋新,只是在最后又显得不无"停滞"甚至相对"趋旧"的人物。这是一条复杂曲折的轨迹。他出身官员家庭,自幼读书和致力科举,一开始自然走的是他们这般人的传统"旧路"。待其踏上宦途,志在做一个清朝荩臣,尽忠报国,一心一意,并无游移;但他又追随时代,在可能的范围内不断弃旧从新(譬如兴洋务、办"新政"),成为清朝大员中的开明趋新派,这也是他一生官宦之路上的总体进向。最后在京城内廷的特别环境下,方方面面受到限制,心劲上也有所减损。不过,从其一生历程来看,趋新线索尤为凸显,成为清朝大员在这方面的典范之一。

当然,这里都是原则性概说,还是让我们循着以下各章、节的具体轨迹仔细地一看究竟吧。只是还得对各章的内容、顺序作一扼要说明:第一至五章的阶段时序性截然分明,第一章写其家世、读书和科举,第二章为其"学官"生涯,第三章展其"清流"风采,第四章和第五章分别是其任山西巡抚和两广总督期间的为政情况(只是将他在晋抚期间关于中法战争的筹议置于"督粤"章中追述)。他任湖广总督,时间最长,其间曾有两次署理两江总督,一次应召进京,并且遭逢戊戌变法、甲午战争、义和团运动、前期清末新政等重大事件,这统置于第六至十章中来写,其中第六章主要述其在湖广任间的政务要项,第七至十章分别写他与甲午战争、戊戌变法、庚辛变局、前期清末新政的密切关联,相关事情与单纯辖区政务自有所不同,但又相互交错,事体复杂。而其职事的临时性变迁,即在其中穿插交代(第七章即以他首次署两江总督为中心)。第十一章写传主最后离任疆吏的在京供职时段,表面看职位更高,实则受制尤多,最后悒郁而终。第十二章则是"横向"综观其一生"习性"的,以能更完整地体味其人生境况。

最后,还需要将本书技术性操作上的几点作特别交代:第一,本书原则上使用清朝纪年和旧历月日,以"节"为单元(考虑其时限一般不长),在每一节中出现的同一个清朝纪年只在其首次出现时括注一次公元年份,旧历月日一般不再括注公历(除非需要时括注)。只在特殊情况下,使用公元年份和公历月日,譬如引文中本即公历时间,或所述纯系外国之事,或涉及民国以后。第二,本书中一般使用中国数字,只在特殊情况下出现阿拉伯数字,譬如引文中系阿拉伯数字依原旧。第三,当时文献中,用作命令语气的"著"(读 zhuó,现一般用"着"),嘱咐、嘱托义项的"属"(读 zhǔ,现一般用"嘱"),预先、事先义项的"豫"(现一般用"预")等类字,引用时皆以原字不改。第四,奏折、奏片等原无题目,文题一般是后人所加,而行文中有时酌用文题(如张之洞在《×××××折》中说),乃仿照现在通行习惯。

本书在内容和技术方面有错误及欠周妥的地方,敬请尊敬的读者审察赐教。

第一章　童年时光到蟾宫折桂

一、"张南皮"生长在黔地

张之洞,字孝达,号香涛。其籍贯为当时的直隶天津府南皮县(今河北省沧州市南皮县),生长却是在大西南的贵州省。具体说,他于道光十七年八月初三日(1837 年 9 月 2 日)生在贵阳六洞桥畔,四五岁以后的成长,则主要是在该省西南边隅的兴义府(治所在今安龙县),这是因为他父亲张锳在贵州迁地做官的缘故。

按照通常的说法,张之洞的出生是在兴义府他父亲的官舍①。但这似乎并不符合实际,需要为之"正名"。因为当时张锳尚未在该府任职,那里自然不会有他的官舍,并且他家其时也没有在那里置有私第的影迹。在张之洞出生前,他父亲曾任贵筑县知县,该县治所就在省城贵阳,其家在那里置有屋宅,并且是很中意的住所。张锳离该县之任担任古州同知后,家属一度还留居在那里(起码也是间或居之)。这样,张之洞于此地出生,也就是顺理成章的事情。并且还有一个说法可为佐证,就是"之洞"之名,即因"六洞桥"而起,或更具体说是因其生于六洞桥之孔明洞(又名藏甲岩)侧得来,还说张之洞的乳名就叫"小六洞"。

----

① 民国年间由许同莘和胡钧先后编成的两种"张文襄公年谱"中均持此说。胡钧所编本是在许同莘前编基础上的"重编",本书引用该谱为台湾文海出版社"近代中国史料丛刊"1967年影印本,书名为《张文襄公(之洞)年谱》;引用许编本为商务印书馆 1947 年再版者,书名即为《张文襄公年谱》。张之洞出生事项,分别见引本"许谱"第 1 页;"胡谱"第 9—10 页。"两谱"作为了解张之洞事略的重要参考书,有诸多内容大致相同,本书中引录以后出的"胡谱"为主,需要时亦引"许谱"。以下正文中述及谱名时即用"许谱"、"胡谱"和"两谱"的简称,特别于此说明。

张之洞生人的贵阳六洞桥地方（在今贵阳市南明区博爱路），当年即是景致秀美的名胜之区。"六洞"并非为一桥所有，而是数十米河段上六座单孔石拱桥的集成，颇为奇特和壮观。它始于明代，初称"月殿虹桥"。乾嘉时期的女诗人何履絮，其家就在该处，她的《六桥烟雨楼诗稿》，即以"六桥"为题名作"核心元素"，饱含钟爱之情，诗稿的一首《六桥晚眺》中有句："河干风景如图画，时见卖花人过桥。一磬声随流水度，双栏影倩夕阳描。"①描绘出一幅小桥流水、人花相衬、磬声（石上捣衣声）远传、夕阳倩影的美景。

张锳做贵筑知县，在此置买屋宅，住起来自当惬意。不想在张之洞出生的前一年，即道光十六年（1836年），就因为此处房产，时已任古州同知的张锳竟被人参劾。这年九月十七日（丁酉）有上谕云："有人奏，贵州省古州同知张锳，前任贵筑县时，在省城六洞桥地方买房一所，价值千余金。该员大加改造，不时邀集僚友宴会其中，并署其楼曰'烟花三月'……又闻该员现将所买房屋，增加价值抵作交代等语。从来民俗之转移，视乎吏治之得失。黔省地处边陲，民风素称淳朴，岂宜导以奢靡。况又仓库储积关系国帑，尤不得任其将置买房屋增价作抵，致帑项稍有短绌。著贺长龄即行确切查明，催令该员赶紧变价，归还仓库原款。倘有不敷，仍著严追，毋任支饰。"②查知奏参者为御史刘梦兰，而谕令负责确查的贺长龄，时任贵州巡抚。当年十二月十六日（乙丑），贺长龄查明复奏，"张锳素无奢靡等事，其任内交代仓谷，业经后任照数接受，依限结报，并未将房屋抵作交代"③。据此可知，张锳离任贵筑知县后依然保留了该处屋宅，并没有在离任时高价抵充财款移交的舞弊，也无正常卖出的情况（若有贺氏复奏中必会言及）。这也为张之洞明年能生于此处，提供了又一个有力佐证。

需要说明，关于张之洞的生年，也有异说，并且这与其生母何人紧相关联。譬如，张之洞的族孙张达骧有说："之洞云是清道光十七年丁酉生，但实生于道光十六年丙申。据说之洞系张锳在贵州任中某侧室所出。后张锳娶朱氏为继室，实于道光十六年过门。既欲云之洞为朱太夫人所生，倘当年八月初三生

---

① 贵阳市南明区地方志编纂委员会编：《贵阳市南明区街道志》，贵州人民出版社2003年版，第199页。该书第198页有对六洞桥的记述。
② 《清实录》第37册，中华书局1986年影印本，第454页。
③ 《清实录》第37册，第522页。

子,未免太早。遂不得不将生日后移一年。"并且张达骧还说到,"1932 年我回南皮上坟,当时县长王德乾字慎九,亲为我致送贵州遵义县来函一件",大意是那里修公路用地之内有张之洞母之墓,"希府上来人迁坟",自己"遂到双庙村找文襄公后人和账房研究此事"。账房张信侯说:"我知道文襄公派人上过坟,到遵义扫墓祭祀从不派族人。此事到今时若问厚琬(文襄孙子)诸人,不见得有法回答,必无人迁葬。"①这样,此事也就不了了之。

后来《南皮文史资料》上也有文再提张之洞"生母之谜"②,不但述出张之洞生母"原是张锳府中一使女"的传说,而且道及自己"调查"、"采访"所得"事实",大致即上面张达骧所述其 1932 年所历之事。该文中还述及,按"胡谱"中所记,光绪十三年和光绪二十三年,朝廷两次对谱主颁赏赐寿,这分别是在其人"五十一虚岁和六十一虚岁"上,而"循例,清廷是不赐周岁的",为此谱中有"官册公少一岁,故以是年赐寿"的注说。笔者查阅该谱,确实如此(只是原文作"官册公年少一岁",引文漏一"年"字),并且,这也不是"胡谱"首出,而是沿袭自更早出的"许谱"。不过,"两谱"中都未述明官册上"年少一岁"的原因。而《南皮文史资料》该文中,则将其与张之洞假托朱氏亲生的传闻联系起来,意思是为不悖朱氏婚后常规孕期,便少报一岁。需注意,这就不同于张达骧文中所述朱夫人结婚和张之洞生人系同在道光十六年,而是说同在道光十七年。其说朱夫人是在这年结婚的根据是,"胡谱"道光十七年条下所记"本年朱夫人生公于兴义府廨中"③。该文引录此句在"本年"二字后自加了"结婚当年"的括注。笔者认为,这是对原文理解错了。细查,"胡谱"中在此句话之前,概述了张锳的相关事项,也介绍到"继娶朱夫人"及其籍贯、家庭,而之后所说"朱夫人生公"的"本年",显然是指谱中本条所冠的"道光十七年",而非指朱夫人与张锳结婚是在这年。

可见,朱夫人与张锳结婚的时间,成为牵连张之洞出生年份和生母问题相

---

① 张达骧:《南皮张氏遗事见闻录》,《武汉文史资料》1989 年第 1 辑(总第 35 辑),第 79 页。

② 周宝华:《张之洞家世述闻》,《南皮县文史资料》(内刊)第二辑,1998 年印。

③ 据查,该语在胡钧《张文襄公(之洞)年谱》第 10 页。而前述关于清廷两次向张之洞"赐寿"之记,并作"官册公年少一岁"说明的,实际是首出许同莘《张文襄公年谱》(第 59、109 页),"胡谱"沿袭而已,见《张文襄公(之洞)年谱》第 97、148 页。

关传闻的肯綮。其实,按照张氏家谱资料,别说张之洞,连道光十年(1830 年)生人的长兄之灏都是朱夫人所生,显然,其结婚就起码是在道光十年之前了,这与她嘉庆六年(1801 年)生人的岁数也不相悖。如此看来,说她无论是在道光十六年还是十七年结婚,也就成了无影之事,相应,由其结婚年份上而衍生出的之洞非她所生的悬疑亦即不存。这样,只是上揭年谱中所述谱主的官册年岁与实际生年不符的问题,究系何因尚不明了,但不管怎样也不需与张之洞的生母之事挂钩了。

张之洞的出生事项,与其父张锳在贵州为官牵缠。像张锳这样远离家乡为官,从其家族前辈来看,已经是多代有之,这也属官宦世家的常情吧。按旧时的规定,朝廷命官是有"避籍"约束的,即不能在本人籍贯地方做官,甚至有"南人北官,北人南官"的尽远调节倾向(当然这不是绝对的)。张锳的父亲即张之洞的祖父(下以张之洞排辈)张廷琛(字献侯),以贡生分派在福建为官,离籍贯亦远,他任过地方盐场官,署侯官等县份,授古田知县;曾祖父张怡熊(字叶占),官浙江山阴县知县,也在"南地";高祖张乃曾,官山西孝义县知县,是在"北地"邻省,已算离籍贯较近了。往久远处说,其实张家也不是南皮本籍,是在明朝永乐初年,由祖先张本从山西洪洞县迁到北直隶潞县(今北京通州区)的,属当年由山西移民大潮中归落在畿辅的一朵浪花吧。"问我祖先在何处,山西洪洞大槐树。祖先故居叫什么? 大槐树下老鸹窝。"——这首至今仍流传的民谣,牵连着多少移民后裔追溯族源的依稀远梦。对于张本后人来说,"大迁徙"后又套着"小移居",到了其孙子张端(曾任南直隶繁昌县获港巡检),即迁居到南皮县东门之印子头,这便是南皮"东门张氏"之始。张端的儿子张淮,是明朝正德戊辰(1508 年)进士,官职做到河南按察使,留下"以文章忠义有声于时"的褒誉。从他再下传七世,就到了上边说到的张之洞高祖张乃曾辈。而到了其父张锳,又将其家迁到南皮县城南的双庙村,这便是传主最具体的籍贯处所。

关于张锳,有"少孤,食贫力学,艰苦卓绝"[1]而中举人的记述。想来,其人发愤力学不会有假,"少孤"的家庭环境也可谓不幸,家境上不十分富足亦当为实情,但言"食贫"似未免夸张,要是吃饭都经常成问题的人家,何能支撑其

---

[1]　参见胡钧编:《张文襄公(之洞)年谱》,第 10 页。

中举后又多次参加会试争取再中进士的多年学业历程？张锳中进士这个愿望终未得遂。其子之清为他所写"行状"中，有其"中式嘉庆十八年举人，六会试不第，大挑知县如贵州"①之记。而张锳本人则明确说"余丙戌入黔"②，这自可确信。"丙戌"为道光六年（1826 年），距其中举（1813 年）已十三年，查知这期间共有过七科会试（含两恩科），与张锳的"六会试不第"也能符合，当是其间仅有一次未考。至于他入黔后的为官履历，因缺少系统和详确的记述材料，以致相关叙述上分歧多异，不确乃至错讹亦不少有。笔者根据前说"行状"和其他较为可靠材料，综合参酌相关地方志书（特别是距张锳任职为时较近者），对其宦黔履历作一个概要梳理和厘正，勾勒这样一个轮廓：

其人道光六年入黔后，曾被委派赴云南买铜差事，回后署清平、镇远县知县，道光十年（1830 年）署威宁州知州，后曾授安化县知县，十三年（1833 年）任贵筑县知县，十六年（1836 年）任古州同知，十八年（1838 年）署黎平府知府，十九年（1839 年）署遵义府知府、安顺府知府（二十一年又重任过），二十年或二十一年（1840 年或 1841 年）署兴义府知府，二十六年（1846 年）复署，二十八年（1848 年）实授，咸丰朝续任数年，在该府任职最久（前后达十三年），其间曾护贵西兵备道，去世前一段时间在外所谓"督办下游苗匪"③，曾署贵东兵备道。④

总的看来，张锳家族可谓屡世为官，但高官大员不多，到张锳这里仍是以居职县、府这低、中级别官员为主，自也算不上显宦。不过，近年关于他的文章渐多（特别是在其为官的贵州），这固然因他在当地确有一定的政绩（特别是在兴义府），但也不能排除"父因子贵"的因素在内，随着晚清重臣、名臣张之洞研究的愈发深入，其父越来越被掘微发隐也在常理之中，因为这不仅是其自身的事情，也关乎张之洞的家庭环境、成长经历，是对该大员拓展研究的需要。家庭学习教育方面的事情置于下节专述，这里先看其家庭构成。

----

① 张之清：《中宪大夫署贵州贵东兵备道又甫府君行状》，胡钧编：《张文襄公（之洞）年谱》，第 17—18 页。

② 张锳：《他山楼记》，《兴义府志》卷二十《试院》，民国初年印增补咸丰本（版本年份标注或异，故用此概指），页七。

③ 《清实录》第 43 册，中华书局 1987 年影印本，第 159 页。

④ 此处及前边所涉相关事项的更详细、具体论说，见董丛林：《张锳宦黔履历与张之洞出生事项考论》，《河北师范大学学报》2020 年第 5 期。

　　张锳先后娶过三位夫人,首位刘氏,是直隶沧州籍曾为布政司经历的刘廷式的女儿;第二位蒋氏,是直隶卢龙籍做过嘉定知府并有进士功名的蒋策的女儿;最后一位朱氏,是广西临桂籍(今属桂林市)做过四川和州知州亦有进士功名的朱绍恩之女,她便是张之洞和此前三位兄长的生母。张锳这三位"正室"都是官家女儿,讲究婚姻上"门当户对",是那个时代的风气常规,实际最根本的还是出自政治的权衡。当然,除了正室之外,当年做官为宦的或富贵人家成婚男儿,惯常还会有多寡不一的"侧室"。张锳也是。其子张之洞四岁上朱夫人去世后,他不复再娶,便是让侧室魏氏抚养这个儿子。其侧室至少还有李氏。张之洞以后的多个弟弟妹妹,自是由张锳侧室所生。想来,之所以产生张之洞实为侧室或使女所生的传疑,便离不开张锳有这种实际生活条件。这就不必多说了,反正他是个多子女的家庭。

　　张锳一共有六个儿子、八个女儿:男儿中,张之洞行四;长兄之灏,字远澜;次兄之清,字仲穆;三兄之渊,字蓉江;五弟之澄,字小潭;六弟之涌,字闰涛。有说之灏和之清本是张锳哥哥的亲子,因哥哥早逝为张锳收养,视同亲生,一统排行,之洞实为张锳亲生第二子。这当是误说。包括张氏家谱在内的所有可靠资料,都无此记。上述说法见之于一些有关张之洞的传记著述,但都没有交代根据,只能说是因袭误传。而最先出此说者,很可能是由于对之清为其父张锳所作"行状"中,交代状主儿辈的这一语句的误解:"之灏,县学生;之清,县学生,为从父讳洵公后……"①其本意是之清出嗣张洵(张锳伯父的儿子,家谱中作张恂),被人理解成之清连同上言之灏都是张洵的亲子了。之清出嗣张洵(恂),其家谱中也有明确记载②。总之,张之洞弟兄中含他在内的前四位,既同父又同母,下边之澄,李氏出;之涌,魏氏出(民国家谱中载明)。

　　而在诸兄弟中,声名地位自以之洞为特别煊赫,他人皆远不能及。三兄之

---

　　①　胡钧编:《张文襄公(之洞)年谱》,第25页。
　　②　其家谱有道光乙酉(道光十七年,1837年)编《南皮张氏东门家谱》;民国丁丑(1937年)编《南皮张氏四门第十八支家谱》。前谱未载及之洞,后谱基于前谱下续所载自然更详,含张之洞及更后辈。相关记载,张遵逵(张之洞曾侄孙)《张文襄兄弟几人》、郁良《张之洞弟兄六人非四人》文中作有介绍,文载南皮县张之洞研究会会刊《张之洞研究》(内刊)2006年总第4期。

渊至去世为湖北候补道职衔①,似乎已属除之洞外兄弟中最高的了,他人尚未及此。况且他们去世都较早,之澄(小潭)最早是在咸丰三年(1853年),之清是在同治八年(1869年),之灏是在同治十三年(1874年),之涌是在光绪五年(1879年),之渊是在光绪八年(1882年),自此以后,兄弟六人中只剩张之洞独存了。对其兄弟在此略作交代,后边再少有涉及。至于张锳的偌多女儿们,在那个时代自然更难有政治作为,仅"生活角色"而已。她们中六女、八女早殇,七女订婚后因未婚夫亡去而"守贞"终身未嫁,做了礼教的牺牲品,其余皆嫁人出门,当然,嫁的也皆非寻常百姓而是官绅之家,不再细述,唯需以三女为由头再多说几句。

此女比张之洞还大两岁,即嫁给直隶定兴籍的鹿传霖为妻者。明末鹿善继即鹿传霖家的祖上,其族也是世代多为官宦且不乏功名显赫者,曾经出过多名进士。到鹿传霖的父亲鹿丕宗(字杰人,号简堂)这里,虽"学历"不高(拔贡生),但也走上仕途,同是分发贵州,做过施秉县知县、都匀府知府,还曾护理贵东兵备道,可谓与张锳级别相埒。他们同作为远宦黔地的直隶老乡,有着非同寻常的亲近之感,又都是携家眷随居,两家往来也就特别密切。鹿丕宗与张锳,还有一个巧合,就是都在咸丰六年终结了生命。张锳是在军务窘迫之际病死,而鹿丕宗则是因府城陷落而自焚"殉身"。不过,在他们生前,就成就了儿女的婚事。因两家姻亲,张之洞与鹿传霖之间也就有了特殊关系。他们年龄不相上下(鹿长一岁),到后来又成了位级相埒、官位上都远迈他们父辈的清朝大员,且其间交集颇多,这诚不失他们两个家族的巧事佳话。尽管张之洞的这位三姐,未及三十便不幸早逝(在有的逸闻中大往后她却还在世"出场"),但由她结下的两家这条姻亲的纽带,在后来张之洞、鹿传霖之间关系上却是没有断了的,他们两人的交集之事后边还会间有涉及。

上面主要是述说张之洞家世、家庭(连带个别姻亲)的情形。任何时候,家、国都是密切联系的。如果将国家、社会比作浩瀚的大海、大洋,那么,家庭、个人则不啻微漪、水滴。小水汇大流,众浪推巨涛,庶民的力量是伟大的;而同

---

① 李鸿章奏折中言及。顾廷龙、戴逸主编:《李鸿章全集》第10册,安徽教育出版社2008年版,第257页。胡钧《张文襄公(之洞)年谱》记其"署湖北安襄郧兵备道"(该书第65页)。至于民国《南皮县志》(上海书店出版社2006年版"中国地方志集成"本)第244页载"张之渊"小传中,则说其"仕至安襄郧荆兵备道",欠精准。

时,时势造就英雄,英雄影响时势,也总会有彰显于前台呼风唤雨的各类非常人物的出现,发挥常人所无法发挥的社会历史作用。张之洞在那个特定的时代,终于成为中国最后一个帝制王朝谢幕前夕的要角儿。不过,这也需要有"造化"的过程。这里,先看一下其出生之际所面临的世情,看他是在怎样的背景下学步入世。

张之洞出生之际,已值鸦片战争前夕。这时,一些先兆性事端业已开始不断显露,清朝面临外患内忧的局面空前严重。"日之将夕,悲风骤至,人思灯烛,惨惨目光,吸饮莫(暮)气,与梦为邻"①——这可视为著名思想家龚自珍,多年前即已为日益衰落的清王朝唱出的哀歌,活脱脱地为之刻画了一幅夕阳西下、病入膏肓的悲惨图景。随着时间的推移,清朝更是每况愈下。

当时西方的头号强邦英国,为了牟取暴利,不惜带头向中国大量贩卖毒品鸦片,到张之洞生人的这年,中国的鸦片输入量即达三万四五千箱。巨量的鸦片贸易不但加剧了中国的白银外流,导致银贵钱贱愈演愈烈,明显危害国家财政特别是百姓生活,而且更直接戕害国人的肉体和精神,其祸国殃民害莫大焉!有识之士觉察到问题的严重性,痛心疾首地急切呼吁禁止鸦片,但也有人持"鸦片例禁愈严流弊愈大"②而不如弛禁的主张,两相形成争持局面。朝廷在一定时间里倒是倾向于治理烟毒、禁止鸦片的,这就有了大员林则徐到广东主持禁烟之事,表达了"若鸦片一日未绝,本大臣一日不回,誓与此事相始终,断无中止之理"③的铁定决心,更有了"虎门销烟"的壮举。林则徐辈这完全正义的言论和行动,却成为英国方面公然进行战争侵略的借口。当鸦片战争炮声响起的时候,张之洞刚刚4岁,他自然还不会知道什么。但是,在国土上延烧的战火,毕竟给他幼年时代环境的"大版图"上留下褪不去的惨痕,这又必会对后来的他不无刺激和启示。

鸦片战争以清朝方面的失败而告终。这种战祸对清朝来说并不是"唯一"而只是开始,中国"半殖民地"的悲惨篇章由此揭开了,"天朝上国"越来越陷入惨遭列强宰割的境地。当然,中华民族不屈不挠、可歌可泣斗争的卓绝篇

---

① 龚自珍:《尊隐》,王佩诤校:《龚自珍全集》上册,中华书局1959年版,第87页。
② 许乃济奏语。齐思和整理:《黄爵滋奏疏许乃济奏议合刊》,中华书局1959年版,第216页。
③ 《林文忠公政书》,中国书店1991年版,第112页。

章也由此揭开,但清王朝的虚骄之下却是掩不住的腐朽和颓衰。这也不是一朝骤成,而是早有时日,愈形滋蔓。丢弃公忠,追逐私利,贪污腐败,荒废政务,在清官员中形成一种恶劣的政治风气,愈发悖离所谓"敬天法祖,勤政爱民"的清朝祖训。军队是国家机器的组成要件,是维持政权的必要保障。但清军的腐朽不堪到了令人瞠目结舌的地步。京城的八旗官兵竟"三五成群,手提鸟笼雀架,终日闲游,甚或相聚赌博"①,不啻成了闲逸颓废的公子哥。吸食鸦片也成为军中习见之事,"外省绿营兵丁,多染吸食鸦片习气"②,这是大臣奏报并为煌煌上谕认定的事实。法纪败坏,武备废弛,再加懵懂愚昧,这样的军队怎么能够发挥应有的效用? 于是,就有了在鸦片战争的对阵中,清军"副帅"杨芳令敛民间马桶载于筏上,以御敌军之"邪"的荒唐战法。从官员到军队的失职和贪腐,不但是对国家健康政治肌体的戕害,而且与侵夺、祸害民众分不开,人们蓄怨怀忿甚至起而反抗斗争就是理所当然的事情。要知道,到张之洞出生之际,全国已达四亿多人口,这既是多年来和平环境下"休养生息"的结果,但同时也更增加了贫困人口的"生存压力"。在这种条件下,自更易于阶级矛盾、社会矛盾的激化,政府不能有效调适,变端的发生就难以避免。

早在嘉庆十八年(1813年),天理教头目林清带领一支200来人的队伍便攻入皇宫,造成震惊朝野的"癸酉之变"。当时还是皇子后来成为道光皇帝的旻宁,还曾亲自持枪抵抗。尽管起事者很快被镇压下去,但这种似乎只会在"奇谈"中被演绎出来的事情,却真真切切地发生在红墙深苑之内,不管起事者带上了多么浓重的民间宗教色彩,但事件本质上无疑还是阶级矛盾、社会矛盾严重激化的反映,可视为社会动乱、皇朝衰落的一个预兆性事件。因为这并不能全归偶然,其前其后多有反清起义的接连爆发。就说其前的川楚白莲教起义吧,即延续十来年,实际波及的省区,除川、楚之外还有豫、陕、甘等省,起义者占领或攻破过二百余县。其后的民间反清武装斗争仍是此起彼伏,延绵不断,清朝统治者简直是坐在了火药桶上。

最需要突出一说的是鸦片战争之后不到十年,就爆发的太平天国反清起义。受其影响和带动各地响应性的起事多有,形成了连天接地而又为时颇长

---

① 黄爵滋奏语。齐思和整理:《黄爵滋奏疏许乃济奏议合刊》,第47页。
② 《清实录》第37册,第620页。

的一轮民间"造反"大潮。清方统统以"匪乱"称之。"匪乱"在张之洞一家生活的贵州地方也很严重,张锳在当地"督办"镇压自为其职责所系,他生命中最后一段的颇多时日便主要耗此上面。其子为他所写"行状"中,是以绝大篇幅张扬此类"事功"的,可见是将其作为最值得炫耀之处。旧志中所载其人简传,其核心内容也是突出他在"粤逆构难"的背景下"身历戎行",说其"常以死士数百人破贼数万"①,这显然不仅是夸饰简直是神化了。而其时已长大成人的张之洞,也曾有过"上阵"经历,当然,他是以"志愿者"的身份。这是在咸丰四、五年(1854、1855 年)间,已经十八九岁的他,曾跟随父亲御"匪"。其这样的立场和心志是自然的,并可视为他致力于为当地也为皇朝"平乱郅治"的最早"实践"。这只能算他政治生涯的小序曲,日后的篇什要比这重要而复杂得多。其角色轻重前后自是相差悬殊,而演绎的内容也绝非对付局部"匪乱"那般单纯,而是关乎皇朝存灭、国家兴亡、民族尊卑、社会进向、时代变迁的要局大势。如果说,这是一纸杂陈纷繁考题的卷面,那么,他张之洞会如何作答,这要待他在真实闱场中蟾宫折桂并逐步攀高仕途的云梯之后,才会有相应答案。

二、受业初阶与"神童"妙笔

张之洞在贵州"随军"的短暂经历,对于他的一生,对于他的科举征程来说,这不过只是小小点缀。这时他已成"少壮"小伙,并且已经获中举人,还有进士一阶要奋力拼争,这是其时他的主要追求目标所在。当然,张之洞最终成为这条路上的成功者,而这自然也是自儿时开始一步一步、一阶一阶走出来的。

首先需了解张之洞的家庭文化环境,这自然最主要关乎其父张锳的相关情况,故先得从他说起。张锳虽属"大挑"入仕,但也是基于科举,他热爱读书、看重文教的心志还是颇为执着的。这从他有较长任期条件的兴义府职任

---

① 《天津府志》卷四十五《人物》,光绪戊戌重修本,页十四;民国《贵州通志》《宦迹志》十一,贵阳书局 1948 年印本,页二十五(采录于《天津府志》)。

期间的相关操持，便可以看出。他通过倡捐等途径精心筹集经费，努力改善文教条件，以利人才培养。譬如，他拓修府城的珠泉书院，增广场所，添置书籍，优化办学条件；他改进府学，展拓明伦堂，完善典制，延聘名师，加强督课，激励学子，善引学风；他重建试院，将这一本地课士场所，扩展规模，宏阔地场，营造优雅环境，培育文风。其有谓："为郡士建试院，拓高轩，选佳士，与儿辈弦诵其中，多士琴书安雅，雍雍如也。"①

与此密切关联，张锳还重视历史遗址、人文景观的保护和增饰，营造文化氛围。譬如，他修缮"十八先生祠"。南明永历朝廷曾播迁安龙（后兴义府治在此），时篡夺实权的孙可望将力保永历帝朱由榔的吴贞毓等十八位荩臣杀害，人们将其合葬，又为之修墓建祠纪念，永历皇帝亲为碑石题字。后祠所迁建并渐行颓坏，张锳这时主持予以重修，以崇祀先烈，褒扬忠节。他还培修"招堤"，建造"半山亭"。招堤是为防御水患、保护城垣，在康熙年间由南笼（由"安龙"改来，民国间又改回"安龙"之称）镇游击招国遴主持建造的石堤，为纪念其人此举便有"招堤"之称。后来该堤逐渐颓坏，是张锳主持修复并加高五尺，又傍堤开池植荷，种树绿化，缀建屋亭。招堤西连金星山，风景优美，有"龟载小蓬莱"之称，"半山亭"便建造于此，有增景添色、浓化文化氛围之效。"十八先生祠"、"半山亭"，皆成了少年张之洞的涉笔对象，留下妙文佳作，稍后再行欣赏，这里尚需交代的是张锳更典型而直接的"文化工程"——主修《兴义府志》。

该志成于咸丰初年。张锳为该书所写序中，开篇即揭诸纂修宗旨："郡之有志，所以表贤敦俗，佐治兴文，考沿革，正疆域，辨险要，察风土，论政教，励官常，详典章，以备掌故者也。"接着追溯该府的历史沿革脉络，称道至如今"礼乐彬彬，人文蔚起，风俗醇美，允臻极盛"，洋溢出对辖地的钟情热爱。又说明从乾隆朝《南笼府志》以来无新志纂修的情形，并且前志颇简（仅八卷），意在表明需有较详新志编纂，而将此视为自己的责任，故自十年前即开始兴作，"出藏书万卷，博考纂辑，复询绅士，访父老"，"稿凡数易"，"乃成书七十四卷"，感叹"甚矣，其难也！锳之心力瘁于此书矣"。他还总结了"古今撰志者

---

① 张锳：《植桂轩记》，《兴义府志》卷二十，页五。引文外，此处有关撰述也参考该志相关内容。

约有"的"十六病",像"考今遗古,枵腹成书,逞意而言,无征不信";"繁征博引,与地无关,穿凿支离,茫无端绪"①(仅具体举此两条为例,余不一一列述)等等,可谓尖锐而又不失中肯。既然晓此,当然是要力戒其弊,其新志也的确大有进益之处。梁启超论"志学"书籍,即将其举入"可称者"之列②。值得注意的是,张锳让儿子们也介入工作,在书的"衔名"中他们是列入"校对",之灈、之清、之渊列明的都是生员身份,而之洞则列"解元",可见当时他已中了头名举人,之澄则无这方面的身份可列③。这当非虚列留名,而是他们着实参加了实际工作,自是颇有裨益的文字训练,可察其父用心良苦。

至于父亲对张之洞兄弟们学业上的直接过问和关心,就更是自然而然的事情。如果说"以俭约知礼为宗"、"贫,吾家风,汝等当力学"之类的训诫,还是在德行心志方面,那么所谓"过庭授学",就是父亲对儿辈学业上的直接指授了。这方面,所施则"多乾嘉老辈绪言",就是主要以前辈学者的"先言"来教育。不过,父亲在对儿辈学业教育上并不刻板僵化,而给予他们较大的灵活选择余地和兴趣发展空间。譬如,鉴于"黔中僻远难得书"的条件,便自行广购书籍,多至"数十厨置诸子学舍,令于日课之外以己意观之",也就是让儿子们凭自己的兴趣选读。有人提醒:"若辈童年岂能解此?"显然是有在言者看来孩童不易理解的著述,而张锳回答:"姑令观之,不解无妨,浸淫既多,长大自能解。"这对培养孩子们的读书兴趣和自觉、主动的学习精神,自然是有益的。当然,这并不等于"放纵"不管,张锳对儿辈的课业自也是常予督导,还注意利用合适场合令其做和诗应对之类锻炼。像有一次,兴义府敖姓教授"为古风一篇",张锳命之洞和之,之洞遂"援笔立就",使得父亲非常高兴,"斟酒命饮,并奖砚一"④。当时之洞是十一岁的孩子,父亲奖他一方砚台不说,竟还奖他饮酒,看来是对儿子和诗十分满意,掩不住的特别高兴之下,颇有些开玩笑、逗乐子的意味了。

那个年代,母亲在教读方面角色相对次要,并且朱氏在张之洞4岁上就去世了。不过,她应该也是个文雅之人,从"善鼓琴"这一点上就能说明。这对

---

① 《兴义府志》,张锳"序"页一至三。

② 梁启超:《中国近三百年学术史》,天津古籍出版社2003年版,第333、335、337页。

③ 《兴义府志》,卷首《衔名》页五。

④ 本段中引文见胡钧编:《张文襄公(之洞)年谱》,第11—12页。

儿时的张之洞,不管有多大程度"人文熏陶"上的早期教育补益,反正她给爱子遗留两琴,为张之洞珍藏纪念。在他28岁时还留有这样的深情之诗:"梦断杯棬泪暗倾,双琴空用锦囊盛。儿嬉仿佛前生事,那记抛帘理柱声。"①面对母亲留下的双琴,追忆早就逝去的她,禁不住暗暗倾泪的思念。这时的张之洞,已经在去年高中探花了,足以告慰逝去的慈母了。

再看张之洞的师授情况。做官的张锳自然无法以常时教授儿子功课,需要专聘塾师教授或入堂学习。张之洞自五岁正式入塾,塾师为何养源,他"学位"不高,只是个附生,但作为张之洞的首任老师,应是能负责任、尽职尽责的。到张之洞十三岁期间,做过小之洞授业师的,除何师之外,可考者还有拔贡生曾叙笏(揩之)、附贡生张国华(蔚斋)、附生贵乙(西垣)、举人黄政钧(升三)、举人王含章(可贞)、进士敖国琦(慕韩)、举人张元弼(肖岩)、举人赵拔才(斗山)等。十四岁以后,有进士丁嘉葆(诵孙)、进士童翚(云逵)、附生袁理(燮堂,之洞姑父)、举人洪调笙(次庚)等②。

还有两位需特别一说的老师,就是胡林翼和韩超。先说韩超。其人字南溪,直隶昌黎籍人,道光十四年(1834年)副贡,他在贵州署独山知州时丁父忧,被张锳延致署中教读之洞兄弟,时在道光二十九年(1849年)。韩超性情刚直,沉勇慷慨,又是个经世思想突出的人物,不会不在这方面潜移默化地影响之洞他们。再说胡林翼。他后来更是成为中兴名臣,声名显赫。其为湖南益阳人,这时也在贵州做官,与张锳级别相埒,为投契同志。所以张之洞也曾得向其问业,结下师生之缘。胡氏进士出身,不但有此最高级的"学位",更是以经世为职志,与韩超也多有交集。他对韩超特别器重,称之为"血性奇男",在贵州时即向上峰大力推荐。在胡林翼离开贵州走上镇压太平天国前线之后,旋即成为湘军第一个有真正施政条件的疆吏(湖北巡抚),与曾国藩并立为湘军阵营"双峰"。这时他依然没有忘记在贵州的韩超,咸同之际韩氏得以署理贵州巡抚,便与胡林翼多年的遥相助持分不开。对于与张之洞的师生之缘而言,如果说韩超还因丁忧去职有过"专职"施教的时间,那么,在职的胡林翼当主要是随机教授而已。但这并不会降低对张之洞的影响,特别是他日后

---

① 庞坚校点:《张之洞诗文集(增订本)》上册,上海古籍出版社2015年版,第34页。
② 胡钧编:《张文襄公(之洞)年谱》,第12—13页。

成为一大名臣,这对张之洞自更是一种无形的激励。多年后张之洞在湖广任职期间,其署衙与胡林翼当年抚鄂的治所同在武昌,他拜谒老师祠所,抚今思昔,感慨万千,有诗两首:

> 枢轴安危第一功,上游大定举江东。
> 目营四海无畦町,手疏群贤化党同。
> 江汉重瞻周雅盛,山林始起楚风雄。
> 长沙靖乱诚相似,未及高勋又赤忠。
>
> 二老当年开口笑,九原今日百身悲。
> 敢云驽钝能为役,差幸心源早得师。
> 圣虑当劳破吴后,雄心不瞑渡河时。
> 安攘未竟公遗憾,徼福英灵倘有知。①

第一首盛赞胡林翼经营楚地而关乎皇朝安危的无比功绩,将之与封"长沙郡公"的东晋陶侃(诗中"长沙"所指)"靖乱"比拟。这是对乃师"经世功业"的肯定和褒扬。第二首中回忆当年胡、韩两位老师为自己中举而由衷高兴的事情(后另有及),缅怀师生深情,更抒发对胡师忧朝忧国,未竟其志而遗憾离世的深沉追念。可体察得出,胡林翼对张之洞的影响,主要未必是在学业上,当更在"经世"志业上。这是随着张之洞"造化"的进步愈发会有深刻体悟的。值此少年之际,他主要还是致力于学业上的不懈进取。

从张之洞这时的学业内容看,当然也不会大逾常规。初步识字后,就进入读经阶段,并且进度上较快,九岁时就读完了四书五经,次年"九经"即已读毕。所谓"九经",在清代具体所指书目也并不统一,如纳兰性德《通志堂经解》中,以《易》《书》《诗》《春秋》《三礼》《孝经》《论语》《孟子》《四书》(其中亦含《论语》《孟子》)为指,而惠栋《九经古义》中,则说《易》《书》《诗》《左传》《礼记》《仪礼》《周礼》《公羊传》《穀梁传》《论语》这"十经"里,《左传补注》以别本单行,余者即称"九经"。至于张之洞读完的是哪"九经",也就不必追索

---

① 庞坚校点:《张之洞诗文集(增订本)》上册,第117页。

了,反正是较四书五经又有较广拓展的儒家经典。除此而外,这年他还开始"学为诗古文词"。①

家庭的引导,老师的指授,这自然都是重要的。但从学生方面说,自身的才分和努力程度更具决定性。俗话说,师傅领进门,修行在个人。张之洞的才分颇高,又刻苦努力,自少年时期就显出学习上的出类拔萃,有"神童"之称。从入塾受读之始,他就有"详询字义,必索解乃止"的追索欲望,"读书非获解不辍,篝灯思索,每至夜分,倦则伏案而睡,既醒复思,必得解乃已"②,这成为其一种学习常态。努力加才分,文业花绽开。在他十二岁上,便有"诗文集"问世,这便是《天香阁十二龄课草》,即张之洞当年的习作。他在"自序"中说,"戊申,十二龄矣。东涂西抹,偶为塾师所奖许。同人闻之,每索阅辄携去。后父执亦渐来索取,教诲必须手抄以呈,不免夺诵读晷,因付剞劂,以代缮写,且便于就正。愿长者锡以指南,则洞也幸甚。"③申明主要是为满足父亲朋友们("父执")索取以获教诲,并且也节约手抄时间以不妨碍读书。即使这真是主因,也不排除张锳父子得意炫耀的隐意在内。张锳将此书寄给任县教谕的哥哥,其回复中"以敛才勿露为勖",张锳觉得这个提醒很对,以此"董戒"儿子,之洞则"终身诵之,焚少作略尽"④。就是不惜将少年习作差不多烧完,表明奉行不炫耀、不张扬、韬光养晦之道的决心。

而无论如何,就《天香阁十二龄课草》的内容本身而论,确实能显出作者的"神童"才华。其中包括文十九篇(含自序),诗、词、赋六十六首(篇)。现在来看有的篇章(如"经"篇之论)也许不无缺少童趣、"成人化"味道较浓的偏颇,但在当时特定教育环境下,一个十二岁的孩子能写多种体裁和题材的篇什,确是很不简单的成绩,并且其中不乏佳作,不妨略示一斑。先看其《尝(赏)菏即事》组诗中的两首:

半山亭倚绿阴中,半浸波光半映红。

人在画栏香在水,浪花卷起一帘风。

---

① 连同学业进度的叙述,据胡钧编:《张文襄公(之洞)年谱》,第11—12页。

② 胡钧编:《张文襄公(之洞)年谱》,第11页。

③ 庞坚校点:《张之洞诗文集(增订本)》下册,第410—411页。

④ 胡钧编:《张文襄公(之洞)年谱》,第12页。

采莲歌罢湿云飞,半抹斜阳落翠微。

白露有情还送客,绿杨阴里带香归。①

再览其以"霜叶秋山黄叶深"为韵的《落叶赋》片段:

芙蓉露白,芦苇烟苍。蓼花雪冷,菰叶云香。两岸之乱黄寂寞,千里之寒翠苍茫。丹枫乌桕之余,空江雁影;青嶂丹霞而外,古渡斜阳。满径碧梧残月,一天红叶新霜。秋思凄清,秋光萧索。翠冷空庭,烟迷野阁。鸡声茅店,月晓荒村;人迹板桥,霜寒略彴。无复三春暖荫,苍翠堪描;空余数点残云,风光减却。霜何树而不红,叶何秋而不落。犹忆春树绿云之径,杏花红雨之楼。香迷竹坞,阴上帘钩。无何半庭月冷,几树烟稠。新寒云水,旧梦汀洲……②

除《天香阁十二龄课草》而外,学童期间的张之洞还有其他一些习作,譬如《半山亭记》,这是他以父亲主持修建的"半山亭"为题材,在他"十一龄"③这年秋天所作。开篇为:

万山辐凑,一水环潆,雉堞云罗,鳞原星布者,兴郡也。城东北隅,云峰笋碧,烟柳迷青,秋水澄空,红桥倒影者,招堤也。缘是数里,蒹葭苍苍,有阁巍然,峙于岩畔者,魁阁也。穿绿荫,梯白石,禅房乍转,画槛微通,石碧一方,茅亭三面者,半山亭也。做亭者谁? 吾家大人也。翠萝红蓼,罗列于轩前;竹榭茅檐,欹斜于矶畔,太守之意,得之半山,而志以亭也。④

---

① 庞坚校点:《张之洞诗文集(增订本)》上册,第322—323页。

② 庞坚校点:《张之洞诗文集(增订本)》上册,第330页。

③ 《半山亭记》文末署"道光廿有八年七月既望,南皮十一龄童子张之洞香涛撰"。见庞坚校点:《张之洞文集》(增订本)下册,第409页。此"十一龄"与作于同年的《天香阁十二龄课草序》所说"十二龄"(见上揭同书第410—411页)不符,记此存疑。

④ 庞坚校点:《张之洞诗文集(增订本)》下册,第407页。

　　这样由远及近、从面到点地描绘出半山亭所处的地理背景和景观面貌，并点明系"吾家大人"所做及其立意所在。接下来，对建亭的人文和政治合宜条件进而予以状描性交代。再往下，这样揭示立基该亭所见之风光美景：

　　　　每当风清雨过，岩壑澄鲜，凭栏远眺，则有古树千红，澄潭一碧，落霞飞绮，凉月跳珠，此则半山亭之大观也。且夫画栏曲折，碧瓦参差，昭其洁也。烟光抱翠，竹影分青，昭其秀也。松床坐奕，筠簟眠琴，昭其趣也。分瓜请战，煮茗资谈，昭其事也。

　　　　若夫柳岸晓风，芦花残月，云腾碧嶂，日落深林者，亭之朝暮也。水绿波澄，莲红香远，月白风清，水落石出，亭之四时也。沙明荷静，舞翠摇红，竞秀于汀泚者，亭之晴也。柳眉烟锁，荷盖声喧，迷离于远岸者，亭之雨也。晴而明，雨而晦，朝而苍翠千重，暮而烟霞万顷。四时之景无穷，而亭之可乐，亦与为无穷也。①

　　这是就不同天气条件下，在亭观察四时变化的气象万千之后给出的图画式描绘，美妙传神，引人入胜，说该亭能给人以无穷之乐，也就有了充分的铺垫，心感与风物，也就融为一体，浑然天成。接下来，写人的即亭快乐活动，以"太守"（自己的父亲）作主角，颂其与民同乐：

　　　　至若把钓人来，一蓑荷碧，采莲舟去，双桨摇红，渔唱绿杨，樵歌黄叶，往来不绝者，人之乐也。鹭眠荻屿，鱼戏莲房，或翔或集者物之乐也。衣带轻缓，笑语喧哗者，太守游也。觥筹交错，肴核杂陈者，太守宴也。觞飞金谷，酒吸碧筒，宾客纷酬，杯盘狼藉者，太守欢也。题诗励士，把酒劝农，四境安恬，五谷垂颖者，则太守之真乐也。俄而夕阳在山，人影散乱者，太守归而众宾从也。是则知其乐，而不知太守之乐者，禽鸟也。知太守之乐，而不知太守之乐民之乐者，众人也。乐民之乐，而能与人物同知者，太守也。②

---

　　①　庞坚校点：《张之洞诗文集（增订本）》下册，第408页。
　　②　庞坚校点：《张之洞诗文集（增订本）》下册，第408—409页。

最后收篇,联系王羲之("右军")之于兰亭,范仲淹之于岳阳楼,崔颢之于晴川阁(由黄鹤楼连起),道是他们的神笔使这些地方成为佳境,留下盛名,否则就可能湮没无闻。其意在景因人胜。写此是为最终类比于其父之于半山亭,如此结尾:

> 是地也,不逢太守,则锦谷琼花,不现其佳境矣。为此亭也,则胜迹不令就荒,名花俱能见赏,凡夫出尘拔翠,必无沉滞而不彰矣,所以谓之与民同乐也。不志其佳,使花香山翠湮于野塘;不传于奕世,是贻林泉之愧也。故挥毫而记之,犹恐未能尽其致也。①

显然,此文是要为其父歌功颂德的。尽管张锳没法留下王羲之、范仲淹、崔颢那样的传世名笔,但毕竟主持修了此亭;而稚童之洞的此篇文字,虽说也不好与《岳阳楼记》这样的千古名篇类比,而颇有仿学痕迹,却也有当时助兴、后世传留的妙效。有说这是在亭成后张锳邀集宾朋群僚就地宴会庆贺中的场合,小之洞即席而赋,一气吟成,若真这样,简直可谓神来之笔。无论如何,在他这个岁数,能就此亭写出意境上既雄奇开豁又婉丽恬适,物人互动、情景交融的如此文字,的确无愧"神童"之称吧?

三、秀才·解元·探花

"神童"自是张之洞蟾宫折桂的大好条件。要说,当年的科举之路,那可真是千军万马挤独木桥。在这条路上,生员(俗称"秀才")、举人、进士,递进选拔,人数逐层大幅度递减。在清朝,到进士一级,虽说每科人数不等,但最多也不过四百出头,少者则仅百十来人。这可是全国范围啊,并且常规是三年一届(另有恩科类外加),得中者可谓凤毛麟角。进士还要分为三"甲",属"顶级"层次的一甲只有三名,头名称状元,二名称榜眼,三名称探花,他们更可谓杰中之杰。此路再难,张之洞兄弟也要拼争。可以想见,六次会试不第的父

---

① 庞坚校点:《张之洞诗文集(增订本)》下册,第409页。

亲,会在心里留下多大的遗憾!聊可弥补这个遗憾的,就是寄望于儿辈在此路上的成功。最终事实是,他们兄弟中也只有之洞一人出类拔萃,达到"顶级"层次。这遂了父亲愿,更圆了他个人梦。此等成功自然离不开"运气",而最可靠的还是自己的切实努力加过人才分。对科举此路陷于迷狂固非智道,但在当年于此努力拼争是被世人视为有志之举。张之洞当属常规状态下的努力拼争者。至于科举的弊端在晚清愈发严重也是醒目事实,以致到最后走到不得不自行废除的地步。而张之洞这位科举的"既得利益者",那时却成为力促罢废科举的领头人,这只能说是随时、随势而变。在其早年时期,科举还是"学才"特别是"宦才"的常规造就途径,有条件者,鲜有不为此追求和尝试一把的,张之洞也不外此列。

张之洞中秀才是在道光三十年(1850年)他十四岁上。他尽管是贵州生长,家也在那里,但还是要回原籍考试的。在考试前一年,他就回到了直隶,过年则是在当时做晋州训导的堂叔父张鉽(越山)那里。回籍路程数千里之遥,绕重山道道,过江河条条,还要防贼防匪。当然,张之洞不会是一人独行,自有陪伴而且是"乘小车",即使如此,途中的艰苦不易也可想而知。父亲的担心是必然的,但为了儿子日后的前程,再苦再难也得让他经受。好在此程没有枉费,张之洞应考顺利得中,就是中了通常所说的"秀才"。其年岁小小,成绩想必也不错,故为顺天学政程廷桂"深加器重,期勉甚至"。而此次是其"兄弟四人同应试"[1],唯有之洞报捷音。

需要说明,关于张之洞的童试地点,也有异说。有文[2]中谓:"张之洞并未回籍应试,他考秀才既不在直隶南皮故籍,也不在贵州兴义府他父亲的辖区,而是在广西百色直隶厅。据说,这样作是为了避嫌。"该文主要是介绍和揭载由兴义府当地人、张锳门生宋杰所作《原任兴义府南皮张公遗爱祠碑记》的,文中并且言及,"根据碑文,再证以《南笼序志》、《贵州通志》、《庸庵书存卷》,对了解张之洞少年时的一些情况,纠正《张文襄公年谱》中讹误也有帮助"。"张之洞在何地考中秀才",便是其所列纠讹事项之一。但其"新说"并没有述明具体根据。在该碑记文字中未见有相关材料,相关地方志中也未见到,那就

---

① 胡钧编:《张文襄公(之洞)年谱》,第13—14页。

② 李德芳:《一则关于张之洞父亲的史料——介绍〈原任兴义府南皮张公遗爱祠碑记〉》,《武汉师范学院学报》1982年第3期。

是在所说存于安龙县档案馆的手抄本《庸庵书存卷》(宋杰儿子宋绍锡作)中涉及? 但无论如何,醒目的事实是,不管是许同莘编还是后来胡钧重编的张之洞年谱中,都是持回籍考试说,且提供相关若干细节,当是有力证据。还特别述及,谱主这次"回籍道经湘鄂","后督湖广,阅荆州万城堤及安陆堤工,指点村落,谓此当日行经故道也"。① 不是印象深刻的曾经亲历,何能说得如此真切而又具体? 在这多重证据之下,不管"异说"形成的真正情形如何,张之洞系回籍童试的事实也难以推翻。再说,当年这种考试有着严明规制,张之洞没有在广西百色考试的任何理由,若在那里实乃"违制",又何谈"避嫌"?

反正张之洞是考中了秀才,登上再进而向举人、进士攀升的初阶。及至咸丰二年(1852年)秋闱,他便在顺天乡试中考取举人,并且名次位居第一,这就是所谓"解元"。这时张之洞十六岁,青春年少,在顺天乡试中这头名举人的取得,可着实亮人眼睛。顺天乡试涉及地域范围上包括直隶,要说直隶在当时文教基础远比不上江浙一带优越,但顺天地方因系京城所在,在朝中为官"寄籍"者众多,其子弟可便名正言顺地在顺天应考。优越的家庭条件可保障其专意学业、闱事,故而顺天乡试也就成了高才荟萃、争竞激烈的闱场,虽说在录取比例上朝廷会有些照顾,但争魁夺冠却是高难之事。再说,通常科举考试头魁多出江南,张之洞所生长为学的贵州,是比其原籍直隶文教还要落后的地方,他本来没有"地缘优势",但拔得顺天乡试头魁竟成为现实。难怪胡林翼和韩超两位老师闻讯高兴得不得了,前边引及张之洞诗中那句"二老当年开口笑",忆述的便是这一故实。据其诗中自注,当年自己得中解元后,老师胡林翼闻讯非常高兴地致信其父张锳,说"在军中得令郎领解(按:指得中解元)之信,与南溪(按:韩超字)开口而笑者累日"②。当时"二老"是同在贵州黄平军中。

此科顺天乡试的正考官是工部尚书麟魁,副考官是都察院都御史朱凤标、工部左侍郎吕贤基。尤其是吕贤基与张之洞因此结下师生之缘,对张的学事颇有助益。有谓"旌德吕氏家世传经文,文节(按:吕贤基谥号)湛深经术,公

---

① 胡钧编:《张文襄公(之洞)年谱》,第13页。
② 庞坚校点:《张之洞诗文集(增订本)》上册,第117页。

(按:指张之洞)质疑请益,所学益进"①。张之洞考毕即在京寄寓于蒋氏外祖家(张锳已逝的第二位夫人娘家,本籍直隶卢龙),也有随时求教的便利条件。不过,这段师生缘为时不长。次年正月间,即有朝命吕贤基"驰赴安徽,会同巡抚蒋文庆办理军务"②。有轶闻说,吕是受了时为翰林官的同省籍人李鸿章的怂恿,并由其代为起草上折,呼吁安徽处"粤匪"东进压迫的危急形势,需亟筹对策,忧惧无奈之下的朝廷,便因吕氏上折注意并选定了他回皖助办军务。吕贤基身为文官,长于文业,对军事却是外行,又没有军力依恃,回皖参与军务哪能伸开腿脚?他深悔也深恨被李鸿章弄得引火烧身,遂对其发了这样的仇怨之语:"君祸我,上命我往,我亦祸君,奏调偕行。"③无论如何,既有朝命,吕贤基只能遵行,而回至安徽后,果真难堪、窘困之极,当年便送了性命,因得"文节"之谥。而亦回皖"翰林变作绿林"④的李鸿章,在经过了一段艰难曲折之后,改投昔年老师、时为湘军统帅的曾国藩手下寻求发展,后来营建"淮系"飞黄腾达,张之洞与他得有多年的大员间交集。但与对自己曾有教益之恩的吕贤基,则再无此缘了。

就在张之洞还在京城的时候,太平天国于咸丰三年(1853 年)二月间建都天京(南京),开始以有固定都城、完备形态的政权,与清朝顽强对峙,激烈地争夺疆土,甚至有遣兵直捣"燕京"、犁庭扫穴的谋图和军事尝试,这就是其建都天京后旋即开始的北伐进军,虽说最终没有成功,但对清朝廷的震慑和威胁是显然的。就在北伐太平军逼近直隶、清朝京城风声鹤唳之际,张之洞于七月间出京,时"畿辅淫雨十日,顺天、天津、保定、河间、正定、深(州)冀(州),方二千里间大水无际",他自"通州乘舟至束鹿",为此有诗云:

> 绮绣周原变水乡,误看秫稻作菰蒋。
>
> 泽鸿休怨无安所,且限南来丑虏狂。⑤

---

① 胡钧编:《张文襄公(之洞)年谱》,第 14 页。
② 《清实录》第 41 册,中华书局 1986 年影印本,第 47 页。
③ 刘体智:《异辞录》,中华书局 1988 年版、1997 年第 2 次印刷,第 7 页。
④ 刘体智:《异辞录》,第 10 页。
⑤ 庞坚校点:《张之洞诗文集(增订本)》上册,第 1 页。连同下段所引其注文及诗句亦在同页。

诗尾自注:"时发贼扰河北,畿辅戒严。"在这种形势下,张之洞此番途程中,心里也一定是紧张和压抑的。自然环境、生植作物在他眼中都变异了,这固然是水灾所致,但其心目中更大的祸乱,当然更在于"发贼"呀,连"泽鸿"都没有安所了,何况生民?"且限南来丑虏狂",是他这位新"解元"的真切心愿也是急切呼吁。他行至河南省境的时候,怀庆正被北伐太平军围困,清方派直隶总督讷尔经额等多名大员率兵进援,对抗太平军。当时怀庆战局还没有结果(最终太平军未能克城,撤围西去),但战事严重戕害民生,张之洞诗中有"三男都遣戍"、"时乱鸡惊夜"之句,前句是由杜甫《石壕吏》诗中"三男邺城戍"句脱化而来,后句那就是说被战乱闹得鸡犬不宁了。过了"北伐区"还有"西征区"呢,张之洞不会是只图择近直趋,自当尽可绕避战区而行,反正他是取道四川,过年就在成都①(当有亲戚在此)。他观览这里的草堂寺、杜工部祠,有诗志感,联想到当年杜甫因乱流寓成都,依然"发挥忠爱",现时自己也大有感同身受的心境,既哀伤遭逢乱世,又寄寓忠悃忧朝之情。总之,这一路长途跋涉,也是在战乱环境下磨炼其心志的一个过程,后面他张之洞还会有多少年的生涯,再不是以"局外人"而是以局中要角的身份来应对乱世啊!

这年(咸丰四年,1854年)当中张之洞好不容易回到贵州家里,那里"匪乱"也正热闹。前边提及他曾跟随父亲御"匪",也就是始自这个时候。有记述,"遵义教匪杨凤倡乱久不平,其党远近应之,连陷数县,进攻兴义,时郡兵调发略尽",张锳"鸠士民、率僚属以守",他身当北门贼冲,催促家人登楼放置烧材,有"城陷即自焚"的嘱令。张之洞兄弟和他们的姐(妹)夫鹿传霖,"皆登陴苦战,三昼夜不息"。敌方"纵火攻门,城垂破",张锳暗中"缒死士下城绕出贼后,贼惊扰",张锳乘机突然出城,召集民众破敌成功。而就在这年,张家还得隙为之洞办了婚事。所娶为石夫人,她是"滦州(按:属直隶)人嘉庆癸酉拔贡都匀府(按:属贵州)知府石煦女",同样是"生长贵州"。这年对于张家来说,可谓逢乱与临喜并有了。然而,张之洞仍无法安享婚后的家庭喜乐,到第二年,还曾一度跟从父亲"于军中"②。

---

① 张之洞在《乙卯除夕宿紫柏山留侯祠》诗中有"癸丑锦官寓"句(见庞坚校点:《张之洞诗文集(增订本)》上册第4页),癸丑即咸丰三年,又是写除夕事,自当是指这年除夕在成都度过。本段正文中下涉为《人日游草堂寺》《杜工部祠》两诗,见该书上册第3页。

② 本段中引文见胡钧编:《张文襄公(之洞)年谱》,第15—16页。

无论如何,乡试大捷和成婚之喜对张之洞来说是人生中的两件大事。就前者而言并非科举考试尽头,而仍有进士之阶待攀;就后者来说,则惜无白头到老的缘分,结婚刚过十年就有石夫人去世的变故,此事下章另述。这里先说其科举考试续程吧。最终张之洞不但考中进士,而且成为一甲三名的探花,这是到同治二年(1863年)他二十七岁上的事情,离他中举有十一年。到此功之成,当然比乡试解元更风光多了,但进到这阶并非像前边由秀才到举人那般快捷顺达,而是颇多曲折迁延。世乱加家变,阴差又阳错,多年才事成,真是应了"好事多磨"的俗语。

张之洞到家时间不长,又要北上赶考,是要参加咸丰六年(1856年)的礼部专类考试。前一年里动身,仍然是取道四川,"自泸江入蜀,雨中行栈道",艰难可知。途中与之澥、之清、之渊三位哥哥相遇,他们是由北南返,与之洞相向遇此。兄弟们南北如此折腾,之洞颇生感慨,赋诗《雨行蜀栈遇诸兄》:

> 鬼方瘴疠正忧兵,兄向南行我北行。
> 此后逍遥堂里梦,风雨犹是对床声。①

大意是说在父亲那里正在军事忧急之际("鬼方"旧指兴义府一带),当然也可引申视为对更广战乱环境的泛指,这时兄弟们在这里相遇、相聚,对床而卧,互诉离情别绪,享受骨肉亲情,自会留下永存的记忆。诗中"逍遥堂"是指苏轼、苏辙兄弟曾在徐州相聚、留下终身记忆的处所,以此作比。兄弟们路途遥遥,千辛万苦,也感慨良多。

这次张之洞到京考试,获得了觉罗官学(为宗室觉罗子弟设立的学校)教习的位席,聊算有了一份"官差"。这是在咸丰六年春间。而几个月后的七月里,父亲张锳病故。时隔几天,都匀府城陷落,代理该府知府的石均(张之洞妻兄)和原任该府知府的鹿丕宗(张之洞姊公爹)及其夫人萧氏都死难。尤其是自己父亲去世,张之洞需要守制,到咸丰八年(1858年)十月服除,也就是守制期满。次年便有会试,张之洞本可应考,但族兄张之万为该科会试的同考官,张之洞只能按例回避。这个张之万,大张之洞二十六岁("胡谱"中说二十

---

① 庞坚校点:《张之洞诗文集(增订本)》上册,第4页。

八岁），他不但是进士，还高中状元，这时充日讲起居注官，日后更是发达显赫，疆吏、部堂、大学士都曾任过，而且享得高寿，活了八十七岁，他下半生与后起的张之洞，这对同族兄弟可谓南皮张门家族中高官显宦的"双峰"。不过在张之洞要考进士的这个时候，因为这位老哥做考官要回避，等于挡了这位小老弟的进路。而且不光这一科，来年（咸丰十年，1860 年）恩科照样如此。张之洞着急自不用说，张之万心里也明白。到同治元年（1862 年）恩科会试，张之万不再担任考官了，张之洞得以应试。

被"剥夺"两次科举考试权利的他，想必是蓄势"即"发，他竭力发挥，渴望成功。此科的同考官是时任内阁中书的湖北人氏范鸣龢（鹤生），他非常欣赏张之洞的考卷，极力推荐，但因满额被摈，范氏力争不果，竟为之"愤悒泣下"。翁同龢也对张之洞卷评价颇高，对其不得"获隽"大为惋惜，说"见范鹤生处一卷，二场沉博绝丽，三场緐征博引，其文直史汉（按：指《史记》《汉书》）之遗，余决为张香涛卷，在郑小山处竟未获隽，令人扼腕"。[1] 张之洞自己的失望和遗憾就更不用说，但别无办法，只有寄望下科。好在时间不长，次年即同治二年便是常科，张之洞再次应试。这科他得到了命运之神的眷顾，可谓好事连连。

会试榜发，张之洞中式第一百四十一名贡士，这已告此科成功，只待殿试产生进士的级别和名次了。此科仍出同考官范鸣龢门下，众人称异，深为范氏高兴，太常寺卿广西籍人氏王拯（号少鹤），甚至有"此乐何止得仙"之语，"贻书"范氏建议其为诗纪之（下引录诗中"太常笺语最缠绵"句的即指此人此事），范氏非常高兴之下赋诗四首，其后两首云：

> 一谪蓬莱迹巳陈，龙门何处认迷津？
> 适来巳自惊非分，再到居然为此人。
> 歧路剧愁前度误，好花翻放隔年春。
> 群公浪说怜才甚，铁石相投故有神。
>
> 此乐何应只得仙，太常笺语最缠绵。

---

① 胡钧编：《张文襄公（之洞）年谱》，第 27 页。

　　早看桃李森佳殖，翻为门墙庆凤缘。

　　名士爱才如共命，清时济治正需贤。

　　知君别有拳拳意，不独文章艳少年。①

　　诗中感怀佳事巧缘，庆幸弥补前憾，表达自己爱才、怜才的真情，为师生间"铁石相投故有神"的妙缘倍感欣慰。同时，也对这位门生来日才能的发挥抱有莫大期望，或可以说是发布自信的预言：其可成为济国治世的贤能大材，不仅仅是在文章方面出色超众。日后的张之洞确实"超标"地达到了这种预期，成为一代重臣、政要。眼下他满心是为自己的这一步成功欣喜异常，对这位范氏座主感激不尽。对范师为他的诗作，恭敬奉和，在和诗的序语中，撮述范师因自己在两科会试中不同结果的悲喜，对其当下"喜极"之下赋诗中的"适来已自惊非分，再到居然为此人"句，特别引录标示出来。张之洞的和诗为五言三首，感怀自己科举考试经历，庆幸两次会试都能在范师门下，得其尽心奖拔，今有幸成功，当存报国之志，以不负先生厚望，其具体诗句不再引录。

　　考得贡士可喜可贺，但考试还没有完结，后边还有殿试和朝考。"殿试"是在宫廷举行由皇帝主持的决定进士等级、名次的考试，最高级和隆重了。要说，张之洞尽管入围贡士但名次上并不很靠前，殿试中成绩获评则有曲折，开始名次是被置于二甲之末，这就意味着是"中下等"了，可大学士、阅卷大臣宝鋆对张之洞卷却"独激赏之，以为奇才，拔置二甲第一"，而"试卷进呈两宫，皇太后拔置一甲第三"，②也就成了通常所谓"探花"，乃进士"顶级层次"中的季军。这分明是沾了权臣宝鋆特别是清朝的顶级"当家人"慈禧太后的光。这样看来，当年这等最高层次的科举考试，不要说私下的营私舞弊了，就是摆在台面上的"常规运作"，人为的随机决定性也很强，可谓皇权决定一切在这一个方面的体现。具体到这会儿的张之洞，他显然是直接蒙受权臣特别是太后眷顾的荣幸受益者。

　　关系张之洞殿试结果而对其名次评低评高反差颇大的，关键在他的"对

---

① 庞坚校点：《张之洞诗文集（增订本）》上册，第28页。

② 胡钧编：《张文襄公（之洞）年谱》，第30页。

策"卷①。这是应试者回答君主策问的试卷,内容上主要是关于朝政时务的,可涉及政治、经济、军事、文教等方方面面,从中酌选和拟定问题发问,由考生应答。从张之洞卷中看,要回答和论述的"制策"涉四个问题,一是"二帝(尧、舜)三王(夏禹、商汤、周武)之心法,不外一中",这关乎"中庸"之道,可谓现今话语中"思想史"方面的一个题目;二是"以得贤才所以治天下,而综论资格、科目之得失",这关乎科举取士选材问题;三是"以今日习尚侈靡,思以俭德救敝俗"的问题;四是"以蠹吏厉民,思所以整齐磨厉之道"。其中后三题可以说是相对具体的时务问题。从张之洞的回答看,总体上当然不会出大圈、离大格地"离经叛道",但也并非袭人常说的泛泛之论,并且不显畏首畏尾、拘泥僵化,而颇有些敢言和力求出新的味道,加以论说逻辑上比较严密,文辞则沉博典雅,应该说不失为一篇很不错的"书生论道"之作。尽管它为墨守成规的评阅者不喜,而终究被宝鋆欣赏特别是得到慈禧太后肯定,得了个上等成绩。这自然也让张之洞本人得意,在托名弟子所作、实为其本人主撰的《抱冰堂弟子记》里,此殿试策事被列为开篇首条,称道其"不袭故套,指陈时政,直言无隐,为二百年来创格"②。这恐怕不无些溢美了,但"创格"在一定程度上还是确有的。至于最后的朝考,张之洞也取得了一等第三名的好成绩。

　　总之,这次科举考试张之洞捷音高奏,特别是荣幸地成为探花,入仕的"正途"大门,向他豁然敞开了。

---

　　①　题为《殿试对策》,全文见苑书义等主编:《张之洞全集》第十二册,河北人民出版社 1998 年版(各册皆同),第 10043—10046 页。该书以下简作"冀版《张之洞全集》"。并且,鉴其页面版幅较小,通常情况下省略篇目名称。

　　②　冀版《张之洞全集》第十二册,第 10612 页。

第二章　学官生涯文教花

一、翰林前后的世事历练与家事

张之洞这次考完引见（由相关大臣引领受皇帝接见），获授翰林院编修，成为翰林官。翰林院是中央文教机构之一，由其最高长官掌院学士的职任，是"掌论撰文史之事，率在院之列而励其学行，以备任使，以充侍从"①，就可看出该院的基本职能范围。"论撰文史"为一大方面；而另一大方面就是直接为朝廷服务，从事文秘之类的工作。要说，经济收入上，翰林院的人员并不高，是以"清苦"见称，甚至被市人视为"厌物"。有谓"京师有谚语，上街有三厌物，步其后有急事无不误者，一妇人，一骆驼，一翰林也。其时（翰林）无不着方靴，故广坐及肆中，见方靴必知为翰林矣"。然而，其出身之优、仕途发展前景之好，又为人看重，乃至有"莫重于翰林"②之谓。或更具体说："国朝仕路以科目为正，科目尤重翰林。卜相非翰林不与。大臣饰终，必翰林乃得谥'文'。他官叙资，亦必先翰林。"③别说生前任职，就是死后饰终，都有这般资格限制。这都是出自知情的时人之言。虽说到晚清这时，在选官途径上有不拘常规、应其所需的变化，但显宦名臣，翰林出身者还是颇为凸显，所以，入翰林是当年报捷进士者的更高营求。张之洞则是依照常规、按部就班地直接入职这一机构。

在此之前的数年间，张之洞对科举考试以外世事的历练，与其后边的道路自是有连带关系的，首先需要对此有所了解。

咸丰十年（1860年），太平天国与清朝在南方战事激烈，而这也是第二次

---

① 《清会典》，中华书局1991年版、2013年第2次印刷，第641页。
② 欧阳兆熊：《水窗春呓》，中华书局1984年版、1997年第2次印刷，第57页。
③ 朱克敬：《瞑庵杂识·瞑庵二识》，岳麓书社1983年版，第121页。

鸦片战争中英法联军入侵和肆虐北京的年头。联军入京之前,张之洞已于三月间出都。而此前在京期间,他就曾为别人起草过疏稿。其《别陆给事眉生》①一诗,就是因这次出京与任言官(给事中)的陆秉枢(眉生)道别的,诗的后两句为"贞观多贤人望治,马周惭愧负常何",即借唐朝贞观年间的典故,隐涉为陆氏代拟疏稿之事。马周、常何皆人名,常何是不善文字的武人,马周为其"家客",在朝廷诏百官言事之际,他为常何代拟的条陈,引起唐太宗注意,询得实情后,特别召见马周并给予重用。张之洞的诗句,自谦之中,实也不免隐含得意之情,因为由他代拟的奏章得到"荷旨奖问"②,也就是被皇帝表扬了。

及至英法联军入侵北京、咸丰帝出逃热河后,张之洞面对空前严重的外患内忧之局,抒发忧患情怀,有题为《海水》(题后注明皇帝"时方北狩热河")的两首七言诗:

> 海水群飞舞蜃螭,甘泉烽火接令支。
> 牟驼一旅犹言战,河上诸侯定出师。
> 地孽竟符苍鸟怪,天心肯使白龙危?
> 春秋王道宏无外,狭量迂儒那得知。
>
> 十载艰虞选将材,牙旗玉帐上游开。
> 不关陆九纶言痛,已见陶公义檄来。
> 槃敦肯捐河北地,衣冠幸免广明灾。
> 江头余烬千门锁,蒲柳无春更可哀。③

诗中多用典故,对其不再一一指明作释。其旨在借古说今,对变乱情势及朝廷、臣工、将帅的应对无奈、被动落难的状况,隐寓暗示,真意可揣。而基调苍凉痛切,忧愤良深。他又写下题为《罪言》的五言组诗四首,所谓"罪言",意为自己不当其位而冒昧议论时政得失之言。此诗有他人评语云:"激愤而寓

---

① 庞坚校点:《张之洞诗文集(增订本)》上册,第18页。
② 胡钧编:《张文襄公(之洞)年谱》,第26页。
③ 庞坚校点:《张之洞诗文集(增订本)》上册,第19—20页。

忠爱之言,最为得体。"择录其首尾两首:

御外惟中策,张骞起祸端。
旄头躔渤海,害气见长安。
钟簴唐灵肃,金缯汉德宽。
滦阳消夏地,无乃圣躬寒。

七圣涵濡德,艰难在此秋。
赍粮民款盗,食肉将无谋。
行在余工部,勤王少晋侯。
不堪登艮岳,花石夕阳愁。①

　　大意上,前一首是说,清朝御外的最大失策在于浪战(唐朝杜牧曾阐论削平藩镇势力的上、中、下三策,以浪战为最不可取的下策),渤海之畔的战乱,发展危害到京都(以"长安"代指),联军肆虐,朝廷不计代价地宽容施"德",在热河(以"滦阳"代指)消夏之地,皇帝的身心不免为寒气侵袭吧。后一首则谓,本朝之前已历经了盛德浸润的七帝(从皇太极称帝算起),而最艰难是在当下这个时候,蠹国朘民而赍送粮、款给强盗,当权、主局者缺少挽救谋略,朝廷身边多是没有经国才略的文士,而缺乏可以勤王救难的能员,都中宫苑(圆明园等处)遭受焚掠,惨象令人悲愤哀愁。这可视为面临外敌肆虐、国难当头的危局,张之洞真切忧愤情怀的自然抒发吧。

　　这年(咸丰十年)里他曾到济南入山东巡抚文煜幕府,做大员幕僚自然也是了解和参与经办相关政务的一个门径,不过为时不长,第二年春间他便因患脚气病回籍,以馆师为业。当时有同邑老乡在胜保军中,推荐张之洞入幕佐理军务,他以静心研究学术为由推辞不赴,实际当是不喜胜保其人。其实,张之洞"生长兵间,好阅兵家言及掌故经济之书,慨然有经世志",他并非排斥军务事宜本身。当时河南籍人士毛昶熙,正以左副都御史衔在本省"督办团练,帮办剿匪事宜",他奏调在浙江本籍为母守制的陆秉枢(眉生)前来襄办军

---

①　庞坚校点:《张之洞诗文集(增订本)》上册,第368—369页。

务,奉旨允准,而陆氏与张之洞关系密切,便邀张同去,为军务出谋划策,这是在张之洞首次会试落败的同治元年(1862年)。

这时,第二次鸦片战争早以清朝屈辱订约(《北京条约》)为代价而告结束,而清朝也新换上了"娃娃皇帝"载淳,当然实际当朝的是他的母亲慈禧太后,这位弄权有"绝顶"之术的妇人,是以所谓"垂帘听政"的形式掌朝的,这是在"苦命天子"咸丰帝病死热河后,经历了异常激烈的明争暗斗而最后至兴狱、流血的"辛酉政变"而得到的朝局结果。这对慈禧太后来说是夺得清朝最高统治权的莫大胜利。但弄权有"绝顶"之术的她却又是个为政无多大能耐的人,而政务之牌在她手里无论打得怎样,在清朝她愈发可以一手遮天则是事实,对臣民的恩威奖惩更不在话下。对张之洞来说,中探花就是直接沾了她的光(前已述及),今后他的仕途顺逆、宦海沉浮,自然还得在这位太后控制的圈子里决定,多少年"重臣"生涯那还是张之洞后来的事,这会儿,他还在"外围"打杂。

邀张之洞去河南的陆秉枢,很快便于这年七月间于军中亡故,因其家贫不能归葬,张之洞协助毛昶熙为他经理丧事,之后被毛氏坚留幕中。不久族兄张之万署理(后实授)河南巡抚,张之洞便改入族兄幕府,主要做为之起草奏章之类的工作。有的由他拟稿的章奏上达后,为皇太后"动容嘉叹"。张之洞应该是有些初生牛犊不怕虎的劲儿吧,所拟疏稿也有在族兄看来或言辞太激或铺排过大不宜采纳的,被族兄笑而置之曰:"稿甚佳,留待老弟任封疆入告未晚也。"[①]由此可以揣知,这时的张之洞可能尚欠"老成",而敢想敢言的魄力一定是十足的。这也为后来其能成为"清流"干将作了苗头性预示。

同治元年当中,张之洞还不失时机地上书刚署理贵州巡抚的老师韩超,请求他上奏朝廷,给已去世数年而当时为云贵总督埋没事功、蒙受冤屈的父亲张锳争取公道。上书中他概要介绍了父亲的战绩军功,揭明这为"故总督某"(实指恒春)挟私故意隐瞒不报,甚至诬其"节节退守",阻其升迁之路,使其"拳拳忧国之苦心、冒死百战之成劳,暗然而渐就澌灭矣"!请求韩超奏报朝廷,能使父亲的军功得以肯定,并给予赐恤。这个人情韩超自然还会给的,再说他对张锳的情况也真的了解,便应请上奏,朝廷也真"优旨赐恤,追赠太仆

---

① 本段中引文,见胡钧编:《张文襄公(之洞)年谱》,第28—30页。

寺卿衔,荫子之涌以州判注选"①。这时已是同治二年(1863 年)即张之洞成探花入翰林这年的事情了。

就在这年春闱成功之际,张之洞还有一件该说的事情,就是为直隶献县籍的御史刘其年(芝泉)代拟奏章,弹劾御史吴台寿做胜保党援和其兄吴台朗贪缘招摇,这也等于为胜保的被严厉惩治助力。胜保满洲镶白旗人,苏完瓜尔佳氏,镇压反清起义的清军高官,因屡遭败绩,有"败保"之讥称。"辛酉政变"中,他为太后一派的重要支持者。其人恃势而骄,倾轧他人,军事上则惯于"讳败为胜",为人所怨恨憎恶,交章弹劾其骄纵贪淫,冒饷纳贿,拥兵纵寇,欺罔贻误等罪,言官中亦多有应和。但吴台寿独上疏为之回护、申救。就是在这种情况下,张之洞为刘其年代撰疏稿,说见吴台寿之奏"骇然以惊,愤填胸臆",不意"台谏中竟有毫无廉耻、毫不忌惮之小人"如他者,其所奏"狂悖诬罔","颠倒是非,妄造黑白","牵引先帝,妄议圣德",具体举列其疏"悖谬"八条,同时也论究胜保溺职玩寇诸罪状。奏中最后劾及吴台寿之兄吴台朗,言其前因"居心巧诈"被革职,而后其"贪缘得入胜保军营,保至道员",其弟吴台寿正是出于私情,"效命(胜保)私门,甘心鹰犬"。朝廷见此疏后,遂有旨"吴台寿、吴台朗均革职"。② 还有说此疏"上未浃旬,而逮胜保之命下,卒从吏议治之法"③。查此疏上前,逮治胜保朝命早在上年十一月十四日(1863 年 1 月 3 日)即下,斥其"骄恣欺罔","捏报胜仗,贿赂苞苴,荒淫渔色","胆大妄为"云云,严令对其"革职拿问","迅速押解来京"④。其入京时间要稍迟,但也在刘其年该疏上达之前。不过,其疏对朝廷重治胜保的促迫作用还是不能忽视。刘氏是明面的上奏人,而张之洞则是背后的捉刀者。并且,两人按原籍说也是邻县老乡,其间的配合是默契的。欲申救胜保的吴台寿连同其兄,则因被劾落职了。而胜保最终更是被朝廷迫令自尽,虽说在处死的方式上还算"从宽"了他,但性命毕竟是丢了。

张之洞对胜保本就是厌恶的,前述他拒入胜保幕实因即当在此。有憎有

---

① 本段中引文,见胡钧编:《张文襄公(之洞)年谱》,第 27—28 页。
② 见胡钧编:《张文襄公(之洞)年谱》,第 31—33 页。
③ 徐世昌:《大清畿辅先哲传》下册,北京古籍出版社 1993 年版,第 1245 页。以刘其年名义所上该折内容该书第 1243—1245 页亦载及(劾吴台朗内容删而未载)。
④ 《清实录》第 45 册,中华书局 1987 年影印本,第 1326—1327 页。

爱,各所有因。如果说,他对胜保之憎,主要是基于公心众论,憎其恶劣的行径、人品,那么,对同是被朝廷逮治的翁同书,他则报以发自内心的同情和关爱,这恐怕就主要是基于私情了。

江苏常熟翁家可是高官名门、显赫望族。翁同书(药房)的父亲翁心存乃道光初年进士,也做过翰林官,咸丰之初就升至部之尚书,后更是有大学士荣职,位至极品,他还曾身为帝师。同书、同爵、同龢便是其三个儿子。同书也中进士、入翰林,官至疆吏,其子翁曾源则为状元;同爵恩荫入仕,亦官至疆吏;同龢更是高中状元,做过帝师,官至尚书、枢臣,朝中显宦,在"百日维新"开局中则曾是要角,实际也是因此获咎革职。这是后话,这里说当下翁同书的事情。其人参与镇压太平天国军务有年,且有数载安徽巡抚兼帮办军务的职任,咸丰之末交卸拟由所在的寿州入京之际,叛降无定的地方武装苗沛霖军联合太平军、捻军攻陷该地,翁氏不筹抵御,脱逃至京,引得众论哗然。钦差大臣、两江总督曾国藩上奏严词弹劾,他遂被拿问系狱,定拟"斩监候",也就是判了死刑稍缓执行,其父翁心存由此惊忧病亡。朝廷对帝师家庭有恩怜之情,最终免除翁同书死刑,加恩发往新疆军营效力赎罪。实亦未至,发配途中留甘肃军营效力,同治四年(1865年)病死于此,还获赐恤加谥,这是后话。张之洞确得翁家恩谊,他曾认翁同书为受业之师,与同书之子翁曾源(仲渊)乡试、会试皆为同年,最后张之洞取中探花翁曾源则为状元,又同在一甲之列。翁同龢为同治元年会试同考官,他激赏张之洞为其落榜而深憾之事前曾提及。张之洞对翁家感恩,故在翁同书系狱期间,他曾不止一次地前去省视,同治三年(1864年)春翁氏发配启程(翁曾源陪伴)之时,张之洞又赋诗送行。

诗是写给翁曾源的,赞其家孝悌,也感慨被发配者的遭遇,但又有"吏议虽苛主恩重"的句子,意在表明不是非议朝廷。这可看出作者的"自保"意识。特别值得注意的是,多年之后作者在诗尾添加的一条自注:"药房先生在诏狱时,余两次入狱省视之。录此诗以见余与翁氏分谊不浅。后来叔平相国一意倾陷,仅免予死,不亚奇章之于赞皇,此等孽缘,不可解也。"①"叔平相国",指翁同龢,其人字叔平,因曾任协办大学士故称"相国"。此注当时是在翁同龢

① 庞坚校点:《张之洞诗文集(增订本)》上册,第31页。

获咎之后添加,是为表明与之关系不好,甚至到了政敌的地步。所谓"奇章之于赞皇",就是指唐朝牛李党争中牛僧孺对李德裕的打击("奇章""赞皇"分别代指牛、李),以之类比。这时将自己与翁同龢的关系说为"不可解"的"孽缘",话简直狠到无以复加的地步了。甚至透露出"录此诗"以证本来"与翁氏分谊不浅",自己珍惜而翁同龢却无情悖离的曲意。即使翁同龢真有对不住他的地方,作此注时张之洞"自保"、"自清"的用意也无法掩饰,这当然是基于特定政治环境,但无论如何,也有些欠地道吧? 对此,不必为他回护。不过,张之洞作此诗时,毕竟是翁家落难,他并不因此疏远、躲避,亦可见其真情。而这时已是张之洞任翰林官期间了。数月后,太平天国都城天京即被湘军攻陷,与清朝对峙十几年的"天国"政权便告消亡,清朝的所谓"中兴"之局随之拓开。张之洞正是在这种背景下,续写仕途新篇。

上述张之洞入翰林前后的这些事情,都属"世事"历练吧。除此之外,还有他的家事,也需有所了解。

首先是石夫人生下了儿子张权(其前她已生有女儿张檀),这是张之洞家庭的头个男儿。其出生"两谱"中记是在咸丰十年六月;而家谱中则记为咸丰九年(1859 年)六月初六日。有说咸丰十年之记是有意隐讳,因张之洞丁父忧,服除至生子时不够常规孕期。这确是一个需要考虑的因素,更直接而可靠的自是家谱中具有明确记载。再就是其名字,惯称为"张权",而"许谱"中注说:"原名仁权。公(指张之洞)以二十字叙子孙辈行,曰:'仁厚遵家法,忠良报国恩。通经为世用,明道守儒珍。'"[1]这也就是常规流传、为人熟悉的其家叙辈诗。而张之洞孙辈中有人撰文,揭出家传此诗的另一"版本",即后两句中有两处异字,分别为"通津"和"如珍",并认为这两字"对全诗的含义起着关键性作用","可以引出完全不同的理解"。据其解释,"通津为世用",意思是"向海外开放,学习海外先进的东西为我社会应用";"明道守如珍",意思是"对'道'要有明确认识,并把它像珍宝一样地守护着不能丢弃",这样全诗"与'中学为体,西学为用'的思想完全一致",而"世传本则只强调经学儒学,没有'西学为用'的内容,不能全面反映张之洞的思想精髓"[2]。想来,问题是此诗

---

① 许同莘:《张文襄公年谱》,第 6 页。

② 张厚粲、张厚玫:《张之洞的思想和他的传家诗——关于两种传本的辨析》,《北京师范大学学报》2011 年第 6 期。

无论是写于长子还是次子(说法不同)出生之际,反正这个时段里张之洞尚未形成"中体西用"思想。如果将"通津"作"通"学问之"津"来解(有"通津"之词,意为四通八达之津渡),取经世致用的意思,倒说得过去。无论怎样,张之洞直系后人既然提供不同传本,并且揭载之文中除内容解释外还有其他方面的论证,是应该注意了解的,故在此述出。张之洞的这二十字诗,提供辈次顺序用字的同时,也自会有反映他当时思想旨趣的用意,堪称巧妙。至于意旨上,若从仁厚忠良,齐家报国,力学明道,经世致用来理解,觉得既能合当时张之洞的思想要旨,并且两个传本也就只有个别字眼上的差异而无要旨上的矛盾了。

无论如何,长子张权的出生,是会让张之洞非常欣喜的,有男儿传后,是那个时代家庭的大事。当然,张之洞并非只有张权一子,而终究造就了多子女的大家庭。单就儿子来说,有说他有十三个,这是误解,所谓"十三子"是"大排行",当有侄子在内,而实际其儿子是六个。这有张之洞孙辈张厚粲(孙女)、张厚玫(孙子)的言说(同见之于上段中引注文章)可作参证。他们说其"生父张仁蠡是张之洞最小的儿子(第六子,大排行十三),张之洞去世时他只有九岁",同父异母的张仁侃为"张之洞第三子,大排行九","张厚玫作为生父的次子,就自幼过继给张仁侃门下承嗣"。这样就知道张之洞六个儿子中除老大张权外,老三是仁侃,老六即最小者为仁蠡。而另外三个,则是老二仁颋、老四仁实、老五仁乐。

石夫人生了张权之后不几个年头,便于同治四年(1865 年)五月亡故。相关事情就是接下来要说的。石夫人是怎样死的? 至今还有被张之洞踢死的传说。道是张之洞与妻儿同居于京,他刚通过考试获"督学河南"之任,没想到在拟赴任前夕的六月二十四日夜晚,因为小孩的事情与妻子发生了激烈争执,张之洞一时愤怒,飞起一脚,将妻子踢倒在地,见妻子好一会子不能起来,他才赶忙去扶,但她已不省人事,忽然又鼻孔血流如注,等请来医生诊治,已经来不及了,到二十五日丑时便告殒命。这显然是以民国年间印行并传播开来、近些年仍有新印本的张之洞"家书"为"根据"的,该批"家书"里有《致双亲书(报告丧偶)》一封,其中就有相关内容。此外写信人还检讨自己"心粗气盛,以致肇此意外之祸","实深惶惧",并请双亲向妻子娘家哥哥(所谓"子祥内兄")通融。又另有《复双亲书(请弭讼案)》一封,更主要就此事申说,要双亲"代为弭缝"。① 事实上，石夫人亡故时，张之洞父母皆已去世多年，何来在世的双亲？"家书"中其他若干事情（包括获职"督学河南"）也没谱没影，其系虚编假造、错乱荒唐彰明较著，不值细辩。其实，不只这里说到的相关"家书"，整个这批张之洞"家书"皆属赝品几为学界公认（只是收入其人全集中的家书真伪存有争议）。总之，张之洞踢死石夫人，只能视为虚构故事而已，这里聊作一朵"花絮"展示，也可作为说明史料真伪辨析重要性的一个具体事例。

从张之洞对石夫人去世的反应看，应该说是真切惋惜、悲伤甚至哀痛的。他"有悼亡诗十七首"②，从留存下来收入其集子的五首（总题《悲怀》）③，即可感知其情：追忆自己因多年奔波夫妻聚少离多的情况，感念妻子"通儒理"的"明达"，又能够安贫乐道，教育儿女，遗物则当作给儿女的家训，她生前也常对丈夫的言行失当之处予以规劝，总之是一位值得怀念的聪明贤惠、通情达理的好妻子。其头首末句作"洒涕空吟《一日归》"，《一日归》指王安石《一日归行》的悼亡诗，有"贱贫奔走食与衣，百日在外一日归"云云，以深情悲切而著名，张之洞则以"洒涕空吟"王诗为句抒发自己的悲哀无奈之情。其诗在称赞、悲悼和怀念亡妻的同时，也有自检、自责的成分。像"酒失常遭执友嗔"句，是说自己常有酒后过失为友人责怪，对其这类情形自然更为妻子私下劝诫，现在妻子逝去，还有谁能如此呢？ 所谓"枕上谁能劝伯伦"。"伯伦"是西晋竹林七贤之一刘伶的字，《世说新语》中有关于他的如此典故："刘伶病酒，渴甚，从妇求酒，妇捐酒毁器，涕泣谏曰：'君饮太过，非摄生之道，必宜断之！'"张之洞以"伯伦"代指自己，而往常能对自己苦心泣劝的则是现已离去的贤妻。可以想见，在那个男尊女卑、夫为妻纲的时代，张之洞又作为有地位也有个性的人，平时未必能皆听妻劝，说不定有我行我素、反责妻子甚至耍横施暴的时候，若是这样，现在回想起来自当愧悔有加，对亡妻的怀恋之情愈深。总之，张之洞对妻子的悼亡诗是感情真挚而深沉的。

石夫人去世后，张之洞于同治九年（1870 年）续娶了唐夫人，是前湖北按察使唐树义的女儿。但到同治十一年末，这位夫人又去世了。及至光绪二年

---

① 所说此两封"家书"，见襟霞阁主编：《清十大名人家书》，岳麓书社 1999 年版，第 214—216 页。

② 胡钧编：《张文襄公（之洞）年谱》，第 34 页。

③ 庞坚校点：《张之洞诗文集（增订本）》上册，第 35—36 页。

（1876 年），第三位夫人王懿娴进门（她是张之洞好友王懿荣的妹妹），而至光绪五年（1879 年）春间，王夫人又告病亡。张之洞当时才四十三岁。他往下再没有续娶正妻而只有侧室李氏、秦氏，直到光绪三十四年（戊申，1908 年），当时秦氏业已亡故，剩下的李氏才被扶正。就张之洞的六个儿子来说，石、唐两位夫人各生长、次；而老三仁侃、老六仁鑑是李氏所生；老四仁实、老五仁乐则出自秦氏，总之，这六位弟兄为四母所生。这自然是历时多年的事情，在这里作个整体交代。

张之洞居职翰林官的时候，其所在的翰林院，虽地位清高但并不属特别机要和政务繁忙的部门，一般官员通常也比较"闲散"，能有较多机动时间掺合本职以外的事情。张之洞就是如此。不过，常规的考试、考核之类他还是要参加的。同治五年（1866 年）四月间"翰林大考"，张之洞"以考卷脱一字列二等第三十二名"，所得成绩不算理想，但并没影响次月的引见。来年，也就是同治六年（1867 年）参加考试差，也就是选取乡试考官的考试，得以获中，奉旨充浙江乡试副考官，由此揭开他到省区从事文教专职的序幕。

二、从浙"副考"到鄂学政

别小看这个浙江乡试副考官，这可是助掌"文衡"的差事。而"文衡"职事，可以说是有条件官员的一种门面追求，若未从涉身，不免是一种缺憾。举个例子：也中进士、入翰林并且官至人臣极位的李鸿章，却阴差阳错地一生未做过考官，不免是他心中抹不去的一个遗憾。到其晚年时候，一次他的一个进士同年来访，谈话中自夸其著作，李鸿章应该是不高兴了，讽刺人家"中进士，不得翰林可羞"，对方反唇相讥，说"翰林宰相不得文差，亦可羞"。不得文差就是指没做过考官，这一下戳到李鸿章痛处了，他当即大怒，"以手杖击之"[1]，把人家打出了门去。这似乎有点"修养"不够，其人的老师曾国藩可是"修身养性"的"大师"。曾国藩作京官的时候也是非常热衷外省考官之差，当然，他

---

① 陈恒庆：《归里清谭》，转据窦宗一：《李鸿章年（日）谱》，台湾文海出版社"近代中国史料丛刊"1980 年版，第 5138 页。

主要是当时手头太紧。出做考官公费盘缠外加门生私人礼馈之类,会是一笔不小的收入,可聊补开销之困,这是"经济"目的,一趟试差,确实可以解决"济困"方面的很大问题。或谓"承平时,京官最称清苦。翰林仰首望差,阅三年得一试差,可供十年之用"①。同时,这也是一种荣耀,特别是还可收罗门生,扩大人脉,是一箭多雕的好事情。

这时张之洞当然也会高兴能得此差,虽然还只是副手,但也是为国家选材尽职,同时对自己亦会有多方面助益,尤其是偌多门生同样可算纳于他这个副考门下。有说此试完毕,"所取多朴学之士。知名者五十余人,尤著者袁昶、许景澄、陶模、孙怡让、谭廷献、沈善登、钱雨奎、王棻等。其后学术、政治、忠义、文章各有成就,为前后数科所不及"。从所举及的人物来看,后来确有些算得上在不同领域声名显著者。像袁昶、许景澄,他们多涉洋务,思想开化,官做到总理衙门大臣,在"庚子事变"中因为极力反对围攻使馆和排外宣战,屡屡奏陈利害,一时与慈禧太后旨意相忤,也为盲目主张纵团排外的顽固派官员们憎恨、攻讦,被以任意妄奏、莠言乱政罪名处死,稍后又被平反赐谥;而陶模更是官至总督,其任新疆巡抚多年,在边政方面颇有成绩。如果说他们主要是政治人物,那么所举人员中剩下的几位则主要是在文教方面显有成就者,像孙怡让更是蔚成巨儒大家。他们中有的尽管比张之洞岁数还大,但仍要居位门生是"天经地义"的事情。张之洞这次杭州履职期间,身体染恙,甚至有"久病不愈"之说,但"性好登临"的他,还是兴致不减,抱病"遍游湖上诸山,冒雨禀烛,毫无倦意",他又"搜集书籍若干种","自言此行有三愿,差为不负,谓:佳士、奇书、好山水也"。② 确实,秋闱"佳士"得了;"奇书"经刻意搜集而获取;"好山水"杭州也是上佳的,湖光山色美不胜收。

更关键的是,人得喜事精神爽,赏心悦目风景殊。原来,考试完毕刚刚出闱,他便于八月初接到被简放为湖北学政的谕旨。"学政"乃朝廷委派的一省的文教行政长官,掌全省学务和岁、科两试,巡历、检查下属政区学务,考察师儒优劣、生员勤惰情况,会同本省区督抚筹划实施相关文教兴革事项,一般任期三年。如果说,乡试考官那是临时的差事,那么学政就是有三年的较长任

---

① 胡思敬:《国闻备乘》,上海书店出版社 1997 年版,第 8 页。

② 本段中引文,见胡钧编:《张文襄公(之洞)年谱》,第 35 页。

期,是作为一省文教主官。从经济利益上说,所获比短暂的"试差"更大,或说"得一学差(按:即指学政),俭约者终身用之不尽"①。而对张之洞来说,也许更是他仕途发展的一个良好契机和预示。难怪他虽身体欠适而精神倍佳,考务之后又有"奇书"之猎、"好山水"之赏的喜乐心绪。从他"十一月十三日行抵湖北省城,十六日接篆,十八日奏报到任"的日程看,是并未北返而直接由杭州赴任的,并有他"十月离杭"接下来"过苏州"(此际"游虎邱、沧浪诸胜")的具体之记可证。离杭后他在"舟中赋诗二十首",但并未收录于其集子中,现多不得见知,偶见有他人笔记材料中录载一二。如其第十九首:

> 寻胜不辞出险去,理安已烬净慈无。
> 秋光正好王程急,孤负西溪万顷芦。②

是说自己不顾病体寻胜赏景("理安"、"净慈"皆古寺名;"西溪"乃景观地名),只是因为奉朝命督学湖北,忙着赶路前往赴任,不能将景观览尽。可见其当时"寻胜"兴致之高,同时又心系朝命、急于职事的心劲。

到任伊始的上奏中,张之洞对学政的职责作有这样的强调性陈说,同时也意味着是对自己工作宗旨的表态:"学政一官,不仅在衡校一日之短长,而在培养平日之根柢;不仅以提倡文学为事,而当以砥砺名节为先。"这是从"学务"和"德育"两者来说,就前者而言,意在不忽略临时考校的同时,更需着重于日常根基的奠定;就后者而言,意在"提倡文学"固然需要,但更得把学生"砥砺名节"的德育放在首位。他这位新学政,又向各属发布专札,就"观风"之事予以说明和布置。所谓"观风",具体到新学政的履职而言,就是考校、调查所属学生的学业和其他相关情况。张之洞的这次具体布置,是通过各属区学官向学生发题,限期"召集诸生依法课试",如果"童试之中有志在观摩愿随同课试者"也予允许,就是课试扩大到未必有生员身份而自愿参加者。又鉴于众多参试者"学业文章各有优绌,许其量能自占,各尽所长",给出相当的灵活性。要求各属两月之内将清册会齐上来,"听候校阅,第其高下",对列在高

---

① 胡思敬:《国闻备乘》,第 8 页。
② 黄濬:《花随人圣庵摭忆》,上海书店出版社 1998 年版,第 366 页。该书同条中还载有张诗二十首中第四首(第 367 页),不再录出。

等者"优予奖赏,抄发传观",并且拟汇编辑成书"刊版流播",同时注意对参试者中"有平日学术渊源,具有著作"之人才的发现和鼓励。特别需要注意该札中有如此一语:"期与此邦人士研究实学共相磋切,务得通经学古之士,经世致用之才。"①这将"实学"明确为与全邦人士共相研究、切磋的对象,意味着力求摒弃虚浮的东西,而将"通经学古"与"经世致用"相提并论,则是在明确学术范围、途径侧重的同时,也揭明学术归宿和目的所在。特别需要注意,张之洞这时就明确用到"经世致用"这一词四字,再联系起码晚清尚有其他一些大家名流对该词语的使用,其具有规范性而无任何语病是可以肯定的,至今习用也是再合适、正常不过的事情(《辞海》中即收有该词),而不像有人所说的有这样那样的毛病而不宜使用。

从张之洞任湖北学政期间的履职看,比较突出的事情,下述几宗尤值述出:

一是切实到下属按试、视学,进行学务考察,并酌定引导措施。同治七、八年(1868年、1869年)间,除其驻地武昌府属之外,张之洞先后至少到过德安、汉阳、黄州、襄阳、郧阳、安陆、荆州、宜昌、荆门等府州。此间且曾有上奏说:

> 湖北文风以下游各属为最,自经兵燹,人民转徙,书籍散亡,然读书力学者尤不乏人。臣每按行一处,以根柢之学砥砺诸生,有讲求经学博闻强识者特加甄拔,悬牌奖励,并捐廉优奖。其浮薄卑汙、健讼多事者,随时访查确实,分别注劣褫革。发落之日,以端品行、务实学两义反复训勉。现拟将已试各府诸生才学秀出者,送入江汉书院肄业,筹给膏火,并捐购经史书籍庋置其中,俾得诵习研磨,专务实学。②

主旨是从品德与学事两大方面统一甄别,分别优劣,予以奖惩,进行引导。就学事而言,特别强调在"实学",并采取择优置于省城书院集中学习的方式。还需注意到,为行"优奖"张之洞自捐养廉银("捐廉"),而捐购书籍,当是倡捐未必全是自捐,但其带头施捐想来是必然的。

---

① 本段中引文,见胡钧编:《张文襄公(之洞)年谱》,第35—36页。张之洞此奏、此札在其"全集"中似未载及。

② 据胡钧编:《张文襄公(之洞)年谱》,第36—37页。此奏张氏全集中未载。

二是编刊学生文集。张之洞上任伊始的上奏,在发题课试学生的事宜中,就提出将应试之文择优汇编"刊版流播"的拟想。而这里所说实际编刊的学生文集,是至同治九年(1870年)岁、科两试完竣之后开始的。所谓"岁、科两试",为童试中最高级别的院试所属,一般不在同年进行,特殊于同年接连进行的则称"岁科并考"。童生通过岁试就算"进学"成为生员(秀才),而岁试成绩优良的生员方可参加科试,其及格者即准许参加更高一级的乡试,故亦被称作"录科"。总之,是在张之洞这届学政任期即将结束,依制按临全省各种考试完竣后,在相关应试之文中,"择其文尤雅驯者"汇集刊行,定名为《江汉炳灵集》,共分五集,"四书艺为第一集,试律为第二集,府试古学之文为第三集,书院课试通经学古者为第四集,观风之作为第五集(按:五集似未刻全)"。想来,这是一项选文的"大工程",这么多考试,这么多学生,这么多文卷,通盘认真比较选择,当是很费时间和精力的。用现在的话说,张之洞领衔"主编"是自然的,但事情不能是他个人来做,还需要委派具体负责者,是"以门人樊增祥操选政"①,就是由其人负责选文业务事宜吧。这个樊增祥就是湖北人,小张之洞九岁,张之洞来任学政这年中了举人,其诗文为张在视学中得见,十分欣赏,为之推荐教席,也让他帮助自己做事,像操理《江汉炳灵集》的选编,就是典型而合适之事,这也是他们建立密切交集的初阶。后来樊氏中进士,也仍做过张之洞幕僚,并且是在张氏的导引下走上从政道路,不过,他一生最为著名的还是在文学方面。后面他与张之洞自还多有交结,这时只是个开端。

三是设立经心书院。这是鉴于原有的江汉书院规模较小,学生容量有限,不能适应扩招学生的需要,得为有的放矢地解决这一问题,特别是为选拔优异人才到省城集中学习提供合适场所。据曾在经心书院学习(非其初设此时)的人员忆述,该院最初设在武昌"三道街文昌阁,翌年迁于文昌门附近的火星堂"。刚开办时"只注重研究古学,所研究的学科,分为注解、史论、诗赋、杂著四种,就各人兴趣专习一种或两种"②。看来就教学内容而言,尚难出传统范围,当然也无妨其重"实"追求。增辟此院,对落实此时张之洞的教育发展筹划自大有现实助益,并且也为其后续发展立基。

---

① 胡钧编:《张文襄公(之洞)年谱》,第39页。
② 杨湖樵:《经心书院述略》,政协武汉市委员会文史学习委员会编:《武汉文史资料文库》第4卷,武汉出版社1999年版,第38、41页。

　　张之洞设立此院,是与时任湖广总督兼署湖北巡抚的李鸿章协商,得到了他的肯定,又经李与布政使何璟(号小宋)筹议,督促其落实经费支持,这是该院办成所少不得的。李鸿章在同治八年七月初三日有写给张之洞的专函陈说此事,并称道张之洞此举并表明自己愿望:"文昌书院(按:当是就院址作此称谓)创始綦难,经执事提倡风雅,振拔寒畯,弟(按:李鸿章谦称自己)甚愿观厥成。"①几个月后的十月间,李鸿章又有致张之洞信,言及"小宋北去"(改山西布政使),新任"谅已委员赶修(书院)",特别是就"经师一席,尤要得人"作出强调,并亲为推荐和联系正在江苏巡抚丁日昌手下做事的莫友芝(字子偲,贵州籍著名学人)②,只是此事惜未见成。

　　除上述三事之外,学政职责内的其他各项工作,张之洞也是尽职履行的,并有其规矩和箴诫。他作有《学署五箴》③,首先是《提学箴》,可以说是对自我职责的宣示,且有保证尽职和接受监督的隐意,其为:"试官主文,专司考校。提学常职,其责在教。恶莠若雠,育贤如弟。根沃华昌,士良俗美。令甲程式,不得不然。匿瑕登瑾,奇才出焉。"主要是说,学政(提学)的职责在操理一省文教,雠恶莠,育贤良,严格规法,造就根沃花盛、士良俗美的气象。《校官箴》则是对下属学官而言:"州县学官,肇自熙丰。官不出乡,三老遗风。鸥距则长,凤毛则短。秩卑道贵,勿较寒暖。束修一犬,非物惟仪。先生岩岩,弟子熙熙。"大意是谓省下学官始自宋朝(熙宁、元丰年间),古来就是在当地履职,虽然职位不高,但所担道义高贵,不必计较报酬,先生有威严庄重的样子,而弟子则是众多、热闹的景象。以下三箴则是对不同学生的,其《生员箴》是对"成功"的秀才们说的:"章皇建学,舣舣卧碑。虽质虽约,本末无遗。何谓理学? 义利勿差。何谓文章? 经史之华。康济天下,秀才之任。先民有作,师范文正。"是说卧碑上镌刻顺治皇帝(章皇)所颁学规,虽质朴简约,但蕴意丰厚而完整;又阐明理学、文章要旨,鼓励秀才以康济天下为己大任,学习先贤、模范,把自己造就成大材。其余两箴分别为《武生箴》和《童生箴》,前者是写给武生员的,要旨在教其知书达理,文武双全,勿斗狠习讼,学习先达,为国干

---

①　顾廷龙、戴逸主编:《李鸿章全集》第30册,第27页。

②　见顾廷龙、戴逸主编:《李鸿章全集》第30册,第33页。此信中作"经古书院",当即指经心书院,自是就其"经古"性质和类别而言。

③　庞坚校点:《张之洞诗文集(增订本)》上册,第395—396页。

城;后者是写给尚无秀才身份的广大学生的,主要是鼓励其"读书积理",不要惟以功名得失为追求,要有志励学。可见,其《学署五箴》,各个层次、方方面面都顾及到了,这本身,就是他着意职责、筹思完备的表现。

张之洞湖北学政任间,为尽职可谓不辞辛苦,不怕劳顿,不光是在省城官署操政,下到各属按试、巡查也是常规之事,他长途到过许多地方,风尘仆仆,比在京城作翰林官时更体验到履职的不易。在他这届学政临尾就要离开武昌的时候,于此地送别赴贵州的妹妹亚芬,有诗句云:

> 人言为官乐,那知为官苦。
> 我年三十四,白发已可数。①

此在"胡谱"中记为无题,引本中加题《居官叹》。的确是"叹",但作者当是"叹"而不悲、不悔,心甘情愿地为此而"苦",这是为公家、为朝廷。就"私情"而言,作为一省的学官,张之洞对学生,特别是对出类拔萃的好学生,乃爱惜备至、一往情深。在被选拔来经心书院深造的高材生中,有不幸早逝者,张之洞为之哀伤痛惜,情发肺腑。他作有《四生哀》,"四生"是来自蒲圻的贺人驹、安陆的陈作辅、孝感的傅廷浩、蕲水的范昌棣,为他们各作一首,合成组诗,而在前面置有综合的题语:

> 按部所至,拔其尤异者,得高材生数十人,召来省会,为构精舍,俾读书其中。未及再期,物故者四人,皆上选也。方干赐第,无望于幽冥;敬礼遗文,罕传于生后。今肄业诸生得第若干人,而四生已矣。感念怆怀,不能已已,乃合光禄《五君咏》、工部《八哀》、《七歌》之体,作《四生哀》以存其名。②

"光禄"指在南朝宋国曾任金紫光禄大夫的颜延之;"工部"代指唐朝著名诗人杜甫,是说《四生哀》系仿照他们相关诗作的文体写来,为"四生"存名志

---

① 庞坚校点:《张之洞诗文集(增订本)》上册,第394页。
② 庞坚校点:《张之洞诗文集(增订本)》上册,第42页。

感。至于四生的总体概况,由上录题语文字中即可见知,不用多释,只需说明"精舍"即指经心书院。

总之,张之洞这一任湖北学政可以说是尽心尽力、成绩明显的。这时他恐难以预料到,后来他会有身为疆吏、坐镇湖广的多年履历,这时打下的文教基础,仍是那时踵事增华的早备土壤。往近处说,不数年他又有四川学政之任,这时在鄂地职掌文教的经验,自会成为蜀地履职的宝贵借鉴,在那里将更会大显身手,成绩赫然。

三、"天府之国"学台舞步

张之洞任四川学政是到了同治十二年(1873 年)。这与任湖北学政的情况相比,简直可谓一个"轮回"。这年他也是先得四川乡试副考官之差,出闱后即奉到任四川学政的朝命,并且比上次更为"省事",不用另赴他省,而可原地不动地任职了。从湖北学政交卸到在川任职,其间也有三年之隔,对他这段时间里的情况需略有交代。

同治九年(1870 年)冬,张之洞交卸湖北学政回到北京复命,继续在翰林院任职。公务远没有学政那样繁忙,有充裕的时间与志趣相投的官员、文士交往。聚合宴饮、吟诗作文的所谓"雅集",是官场士流中传统的交往方式之一,这时依然盛行。张之洞所居的南横街,属京城"宣南"之区,是清代士大夫聚居的集中区域,也是承载富有特色的"宣南文化"的地方。以同治十年(1871年)五月初张之洞他们在龙树寺(即在陶然亭里)的一次"雅集"为例,一观这类活动的情况。

这次"雅集",是张之洞连同潘祖荫一齐做东,这自是鉴于潘氏的资历较老。其人长张之洞七岁,早在咸丰二年(1852 年)就成探花,到这时已任过翰林官、诸多宫廷文职乃至部堂,再后边的升迁更不用说。这时雅集事情的主要策划、拟议还是张之洞。为此事他先后数次致信潘氏,就集会地场、时间、拟邀人员商酌,甚至针对拟邀人员之间平时有矛盾者,作出避免席间发生不快甚至冲突的防备计议。此次活动应该比较顺畅,除做东者外,到场参加的按张之洞所记为十七人("胡谱"记十六人)。其中有年近七旬善画的无锡人士秦炳文

（号谊亭），有擅长诗文的浙江会稽籍李慈铭（莼客）、湖南湘潭籍王闿运（壬秋），有以经学见长的浙江瑞安籍孙诒让（仲容），有以金石著名的山东福山籍王懿荣（廉生、莲生）等等①。岁数最长的秦炳文回去之后，兴致不减地画下《雅集图》，并为题云："时雨乍晴，青芦瑟瑟。纵论今古，竟日流连。归作此图，以记鸿爪。"②王闿运则有诗作，张之洞以诗相和。其中有"王公多楚产，君独好文学"，"四学并甄综，六笔咸宏博"，"高文如清风，俯仰成寄托。太息金门下，杨雄独寂寞"③等句，赞扬王闿运在"文学"方面的心志和才华，并对他的际遇欠佳表示同情，也间接表现出自己对文事的热爱和深情。在张之洞所记名单中未见但他处有记，江苏长洲籍的叶昌炽（年方二十出头）也曾参加，并即席赋诗，有"绝似东坡毳字谜，清谈枵腹生槐龙"句，注为"未携行厨，客至无馔，嗣召庆余堂，咄嗟立办"。这是说的饭局之事，据说因为张、潘两位做东的皆以为对方备宴给相互误会了，都没有专带厨师，待来客们满怀兴致地"笑谈至暮，仍各枵腹"④，这才临时召饭庄之人应对。可见此类聚会主要并不着意于喝酒吃饭，而重在谈吟交流，这也成为他们联络感情、加深交谊的一种契机。

做此交往者基于"文缘"，自也需要闲暇。此期张之洞居京，有这种条件。以其同治十一年（1872年）相关活动为例：正月里游慈仁寺，谒顾亭林（炎武）祠；三月里修禊（水边嬉戏，以祓除不详）南洼，又在极乐寺置酒会客，赏海棠初开，还曾游可园、花之寺等处；四月里游崇效寺；六月间游什刹海观荷花，又泛舟上游，在渔家秦氏园小憩；八月间游天宁寺，如此等等。所到之处个人多有诗作，并且这期间还不乏友人聚会，一同作赏图题诗等活动。从张之洞的留诗来看，此期所作颇为不少，多属闲吟唱和之类，有谓其"是岁清秘无事，作诗文甚多"⑤者，诚然。此年间也有可纪的政务性文事，譬如方略馆编纂《剿平粤匪方略》、《剿平捻匪方略》告成，委托张之洞代撰了向朝廷呈递的"恭进

① 连同上述筹办情况所据，见冀版《张之洞全集》第十二册，第10103—10104页。
② 胡钧编：《张文襄公（之洞）年谱》，第40页。
③ 庞坚校点：《张之洞诗文集（增订本）》上册，第51—52页。
④ 刘禺生：《世载堂杂忆》，中华书局1960年版、1997年湖北第2次印刷，第88—89页。
⑤ 许同莘：《张文襄公年谱》，第15页。

表"①。但总体上看,此期张之洞的个人自由支配时间较多,能用在雅集、交游、观览、闲吟之类的事情上。

到了同治十二年(1873年),张之洞的这种生活状态结束,便是因为本节开头交代的他四川职事的获得。先是做乡试副考官,有谓所录取的"多学行超卓"②之士,考官名下又添一批有才学的门生。而后四川学政的三年(至光绪二年即1876年冬终了)职任,对张之洞来说更是提供了大显身手的舞台。

四川幅员辽阔,人口众多,文教政务繁复。张之洞上任该省学政伊始,上奏中就有该省"人文素优,惟棚数较他省为多,弊端亦较他省为甚"③之说。有的放矢地革除弊端,整饬考务、学务,是新学政面临的紧要而繁难的工作,这当然不是一蹴而就的事情。到光绪二年三月的时候,张之洞上《整顿考场积弊折》④,这可视为他就革弊工作向朝廷的一个总结汇报,事涉八端:

一是"惩鬻贩"。所谓"鬻贩",就是对替考可作顶名朦取的文卷予以"悬价出售"。而这中间,涉及诸多环节上的作弊掩饰和疏通,以致能"弄假成真",不易查实,使"鬻贩"者从中获取暴利。针对这种弊情,张之洞拟令在"册结"填写上严格要求,使"外人难于假借",而填写"含混者不得给卷录送取进",并加强复试环节的查验,对"廪保"(做考生担保人的廪生,也可指由廪生担保之事)环节也严格管理,这是力求从源头上杜弊,而对"鬻贩"者问实则"认真惩办"。

二是"禁讹诈"。这里"讹诈"是指蓄意对"试场"作弊者进行敲诈勒索的弊情。做此等事者,显然不是为了纠弊正风,而只是将揭露作弊者作为自己的"利薮"而已。他们对所知作弊者事先并不揭破,"必待榜后始行呈控",并且不按常规方式,一味"纷扰喧哗"。甚至所控并非实情,所控对象"并无其人"。即使真的作弊者,被揭后与讹诈者私下通融,满足其要求,这样,待到案事审理的最后,控告者则或"认诬具悔",因为"欲壑已盈,因作罢论矣"。针对此弊,张之洞拟限制此类案事的呈控人范围,"止许文武生童",而"非学校中人"一概不准,也限定呈控时间,"发榜多日始来呈控者,不准"。显然,这是要借此

① 全文载冀版《张之洞全集》第十二册,第10403—10413页。
② 许同莘:《张文襄公年谱》,第16页。
③ 冀版《张之洞全集》第一册,第1页。
④ 冀版《张之洞全集》第一册,第3—8页。以下引此奏文字不另注。

堵塞欲行讹诈者的作案机会。与此同时，又强化"府、州、县暨提调"的管理责任，以减少试场舞弊的发生，相应少给蓄意借端讹诈者提供借口。

三是"禁拉搕"。所谓"拉搕"是指这种事情："凡新进稍有疑似可议者，即有匪徒探知，先与索钱，若拒而不与，与而不厌，则纠党数十人，将本童、廪保拉至僻处，关闭、殴击，拘押多日，逼出银票乃释"。显然，"拉搕"是较比上述"讹诈"更野蛮的一种暴力逼迫、勒索行为，这也是针对有弊情嫌疑者而施。因自身确实"有瑕"者，为防范对方，则"必拥众自保"，这样双方"彼此汹汹"，闹得"市众惊骇"。张之洞前曾动用兵力，拿办肇此事端"素行不法之松潘武生兰映太"，而鉴于此类事端"仍间有之"的现状，奏请敕定专条以行严办，以期"塞此横流"，"并饬提调多派兵役在外弹压。如有此等情事，惟提调是问"，以专责成。

四是"拿包揽"。这里"包揽"是指居间包办"枪替贩卖撞骗"事情之徒，他们"或系游民，或系铺贩，甚至有捐纳职官者，平日收养枪手多人，随棚煽惑诱人犯法，坐渔重利"。张之洞刚到任时，曾通缉拿办过访出的此辈中"著名十余人"。鉴于现今此等案事"仍复不免"，且"此辈不惟包揽，兼能招撞，捏称与各衙门上下相识"，欺蒙童生贿之办事，事发却仍得"逍遥法外"的情况，奏请朝廷敕议完善相关法规，以对此辈能"真加惩创"。

五是"责廪保"。张之洞认为"川省无论何弊，廪保无不知情"，而"认保持正"，则可"百弊具无"。廪保之所以敢"肆无忌惮"地参与作弊，是因虽例定其"舞弊之罪甚重"，但实际处理上却往往落空，这等于纵容了他们。鉴此，"拟请敕议以后认保廪生舞弊者"，先由学政以"滥保"两字勘语咨部黜革，然后据其涉案情节轻重另结，"凡廪生坐此咨革者，永远不准开复"，以使其畏法不犯，切实履责。

六是"禁滋事"。这主要是针对"川省武童过多，最易生事，其弊较文场为甚，而其横悍藐法则尤过之"的情况而发。武童的业师称"教习"，他们对武童能"知其底里"，为其所赖，能"主使"他们。因饬各教习于武场开考前来学政衙门具结，开明所教武童姓名，考试之日则"各率其徒识认"，并稽查相关情况。一旦有"作弊滋事"情况发生，则问责教习。并且，严格教习具结、武生填报等各项手续。认为这样，不但可以"杜顶替贩卖、歧考重名之弊"，而且尤其可以禁止武童们"恃众为非"，对于试场、地方均有裨益。

七是"杜规避"。"规避"这里是指"文武生犯事应行查办者,往往赶捐一贡监职衔,以为逃免之计"。为杜绝此弊,奏请敕议凡文武生报捐,除部捐者外,其川省局捐者,令本人自来呈验执照,由学政核准,"如查出有案未结朦捐规避及倒填年月者,追照注销严究","并请敕下督臣行知川省各捐局,如有文武生报捐者",应行文学政,"查明有无事故,方予详咨报部"。这样,其报捐就不仅是在捐局办理,且须学政核查,以防范"规避"发生。

八是"防乡试顶替"。乡试是国家在各省最高级别的考试,其应有的严肃性自不用说。但"川省录遗①向多代替,俊秀贡监②尤甚。缘川省近来此项太多,往往雇人代入乡场",而学政衙门"录送时,实无从知其是否本人"。张之洞出于"与其事后查办,不如事前清厘"的考虑,奏请朝廷敕议"以后由俊秀捐保之贡监职员,起文录科录遗,即由该州县面试,不在文理高下,止须确系本人,亦将原卷申送",乡闱填榜时,核对墨卷,如笔迹不符,即予撤换。

奏陈上述八条后,张之洞总结说:

> 以上八条,皆系详究原委,斟酌时势,敬拟上陈。窃惟士为民望,边省尤甚。川省人性浮动,狱讼繁多,大凡户业公局唆讼诈财之案,必有文生在内;烧香结盟、纠众滋事之案,必有武生在内。激扬之道,固不仅在考试一端,然童试乃士子进身之始,棚场为万众荟萃之时,若此时即专以作奸犯科抗官滋事为务,通省郡县相习成风,则异日成名,必蹈故辙,愚氓见惯,群思效尤,为患殆非浅鲜。故欲治川省之民,必先治川省之士,仰祈敕部核议,如有可采,伏望明颁谕旨,严伤遵行,俾通省士民濯磨振励,庶几试事永远清肃,地方亦少事端,川省幸甚。

最后又特别说明,"至于严密关防,稽核枪替,培材除莠,劝学厉行,系臣衙门自理事件,谨当随事竭力办理,不敢渎陈"。可谓其清楚职分,明确界线。

---

①　录遗:生员参加科考(这里指乡试前的资格考试。另也作为"科举考试"的简称)、录科(指不经"科考"而经由学政的考试)未取,或未参加该考者,可在乡试前补考一次,名为"录遗",通过者亦可参加乡试。

②　俊秀,清代指汉族官吏无出身者,而"俊秀贡监",似即指下文中所说"由俊秀捐保之贡监"。

所奏陈的,主要是请朝廷酌情敕议、敕定相关法规之事,或是应向朝廷汇报事项,而所谓"自理事件",则属学政职责所赋可自行料理者,也是称职学政应主动做好的,张之洞便能于此尽职履责。由此奏疏所涉之事,再结合其所行其他事项,可以说是有破有立,破立结合。如果说"革弊"立基在"破",那么"建设"则体现为"立"。而在其建设事项中,尊经书院乃其显著大端。

这一书院,是由在籍的前工部侍郎薛焕(兴文人),联同"通省荐绅先生十五人",向总督和学政投书建议,在总督吴棠的支持下,由学政张之洞主理营建和负领导总责的。初拟名称曾为"受经书院",随后定名为"尊经书院",于同治十三年(1874年)筹议肇建,光绪元年(1875年)春建成。吴棠为该院的筹建之事有过奏疏,张之洞则在光绪二年(1876年)十一月即将离学政之任时,作有篇幅不短的专文《创建尊经书院记》①。该文在开头简说该院创建缘起之后,则以答诸生问为主要形式,列十八条,分别论说"本意"、"定志"、"择术"、"务本"、"知要"、"定课"、"用心"、"笃信"、"息争"、"尊师"、"慎习"、"善诱"、"程功"、"惜力"、"恤私"、"约束"、"书籍"、"释疑"各项。这可视为该院创建之初阶段,在办院"大意"和"学术教条"上的一个总结和宣示。可以约略概括为建院立意、教学要旨、为学方法、应抱志念几个方面来看。这不仅仅是"理论"上的,而且在相当程度上也贯彻于张之洞办学的实践当中,因为到该文形成,毕竟正式开院有接近两年的时间。

就办院立意而言,在该文开头交代缘起的文字当中,就转述和肯定薛焕他们提议中所说"通经学古"、"课蜀士"的宗旨,随后在"说本意"一节文字中,又具体论说建此院并非仅为"赈恤寒士"读书,而目的更在"成人材",改变"蜀才之盛"已是旧事、而今落后的状况,给蜀人提供"绍先哲,起蜀学"的基干造就场所,由他们"展转流衍再传",不断发扬光大,以追求"全蜀皆通博之士,致用之材"的宏远目标。

从教学要旨来说,强调以"通经"为"本",此"本"亦即"根柢"。谓"凡学之根柢,必在经史",而"读群书之根柢,在通经。读史之根柢,亦在通经";"苟有其本,以为一切学术,沛然谁能御之"!又强调最终目的,是"归于有用"。这是与读书范围密切连体的所谓"择术"联系起来说的,认为"经史、小学、舆

---

① 载冀版《张之洞全集》第十二册,第10073—10081页。下引该文语句不另注。

地、推步、算数、经济、诗古文辞,皆学也",需根据个人才力、心性、志趣等不同情况择而为之。但无论如何,通经为本、追求致用不可易。要学到真实学问,即使"不课时文"也没有关系("无庸也"),正是因为世人只追求"应试而不好学",导致"根柢日薄",而若好学且得真实学问而致根柢深厚了,自然也利于应试,意思是两者不为矛盾而能统一。

至于广义上为学方法事项所及,譬如关于"经学、小学之书,繁而难纪,异同蜂起,为之奈何"的问题,回答是"有要",就是要抓住重点;关于"既知要矣,如何而后有效"的问题,以"定课"答之,就是制定和完成合适的读书计划("以课记功");关于"有以课记功,而无所得"问题,是归咎于"不用心",解决须要靠用心、认真、好问,排除干扰,"勿染时俗之习"。可见,其间环环相扣,存在逻辑关系。除此相对具体者之外,还有较为宏阔层面上的,譬如持论"学术有门径,学人无党援",汉学、宋学、经济、词章皆为学问,"不必嗜甘而忌辛",勿存门户、学派成见,不要起无谓的门派争端;明白"无师功半,有师功倍"的道理,要尊敬老师,向其虚心请业,同学之间则互相切磋,加强交流,等等。从管理方来说,山长(院长)与学生定期相会,进行学业检验,对学生做到"既惩其惰,又惜其力(避免让学生过于劳惫)";做山长的不可软弱,"牗导必宽,约束必严",保证教学纪律和管理秩序;做好藏书管理,严格相关规则,特别是防止"束书不得读"的情况出现,保证书籍的良好效用,如此之类。

对于学生应抱志念来说,关乎其心志和德行方面。在所谓"定志"专条中,强调"入院者为学问也,非为膏火也",就是一定要立志于学;"笃信"专条,旨在要学生坚定学习信念,不以用心学习为苦,不能"中作而辍",注意培养学习兴趣,以之为乐。需要注意,于此方面,主要是就学事本身而言,并没有教忠教孝那等泛意上的说教。

在文末则作有这样的特别交代:

　　凡十八条,使者(按:张之洞自称)所以为蜀士计者。如此,后有山长与夫大吏、学使主持此事者,视可用者采之,未备者补之。若遂不能得师,师或怠于教,诸生自为之,莫余禁也。法不善虽立不行,法虽善久而易变。先王不能得之于后贤,况官师乎? 其行之而坚与不坚,效与不效,非所敢知之。夫蜀之当务,不独学也;学之宜修,不独蜀也。在府言府,在库言库,使者之职也。揖诸生而退,遂书问答之语以为记。

这说明该文具有"临别赠言"性质,也是张之洞在"学官"言"学事"的本职之作,没有什么高调标榜,也未抱供行之长久的自信预期。诚然,在时势和社会变化剧烈的晚清时期,教育的变化也是剧烈的,尊经书院日后如此,张之洞本人的思想也是如此。而《尊经书院记》,反映张之洞此时的教育思想,更可反映尊经书院的初始情况。虽说该院亦不外乎旧式书院,但在"致用"、"求实"的追求方面有其特色,管理上也较为完善,总体档次上较该省旧有的锦江书院大为提高。《尊经书院记》中申明该院非仅为"赈恤寒士"而办的文字中,就曾联系言及锦江书院,隐然有该院与尊经书院不在同一档次的意思。而从保宁府张贴、由张之洞撰写的创立"受经书院"("尊经书院"最初拟名)的宣传告示中,也可看出此新建书院的"标高":其谓"士人读书总以通学经古为贵,若仅止埋头时文,株守讲章,不惟简陋贻讥,实时文亦必不能沈实高华",强调添设此书院,就是要"选择高材生","以励实学","专讲经古","造就人才,学足经世,文堪华国"。[①]

尊经书院也确实选拔、培养了不少高材生。张之洞离学政之任后,给继任者谭宗浚(叔裕)的信中,向其推荐为自己"素所欣赏"而"皆在书院"的"五少年",即绵竹的杨锐,井研的廖登廷,汉州的张祥龄,宜宾的彭毓嵩,仁寿的毛瀚丰,对其各自都有佳评。譬如评杨锐:"才英迈而品清洁,不染蜀人习气,颖悟好学,文章雅瞻,史事颇熟,于经学、小学,皆有究心。"评廖登廷:"天资最高,文笔雄奇拔俗,于经学、小学极能研索,一说即解,实为仅见,他日必有成就。"[②]如此等等。由此可以体悟,张之洞只有亲为执教,与他们有经常接触,才能察觉得出来。即使他离任后,与所欣赏的学生仍保持亲密感情和交往的,像杨锐就很典型。以后张之洞特邀杨锐作自己的幕僚多年,至杨锐在京期间,则为张之洞积极打探朝中情报,不啻"坐探"角色。他终成为"戊戌六君子"之一,为维新捐躯,事前张之洞曾设法营救,只是未果而已。有人这样追述他们之间关系:"张公之洞督学四川,君(按:指杨锐)时尚少,为张所拔识,因受业

---

① 张之洞此文由张亮《张之洞"创办尊经书院"遗文考释》中录出,载《西华师范大学学报》2017 年第 4 期。
② 冀版《张之洞全集》第十二册,第 10133 页。

为子弟,张爱其谨密,甚相亲信。"①确实如此。

为培养有真才实学的经世人才而建立和经营尊经书院,只是张之洞在四川学政任间的一典型"建设"事项而已,至于常规职责,像到各地按试、考察、视学之类,自也是他认真履行的。并且偌大川省、偌多府州,艰险蜀道,险阻多历,于此较之在湖北可谓甚之又甚。光绪元年年节,他因按试忠州而在此度过,旧岁除夕这天给友人王懿荣写信说:

> 弟(按:张之洞自称)今年以来,终日劳烦,甚于在楚时数倍。非不欲少自摄养撙节,无如事繁道远弊多,非如此振刷,竟不能料理妥当。
>
> 前月考酉阳一棚,山行十余站,大率荒山绝壁,盘路一线,险不可言。天气严寒,大雪迷路,不敢投足,舁夫颠踣,从骑陨毙,不知凡几。此外水程则处处皆滩,惊心动魄,绝无从容怡旷之地。②

不啻将一幅艰险路途的画面,活生生地展现在人们面前。而为了切实履行职责,能"料理妥当",张之洞没有设法推托的心思,虽也发感叹,但还是迎难而上。总之,在四川学政任上,较比前在湖北,他更说得上是个认真负责、有业绩、有作为而又有思想的人。至于此期他在文教方面的思想见解,在下节中会得到进一步的展示。

四、一"语"一"答"见学旨

所谓一"语"一"答",是指张之洞的《輶轩语》和《书目答问》两书。它们的撰成是在《尊经书院记》之前,具体说是在光绪元年,《尊经书院记》中对两书即有言及并与之联系说事的地方。并且,这两书也都是为尊经书院的教学而作,至于其后续影响远远超此范围则另当别论。

就此一"语"一"答"的"原始性质"而言,张之洞在致友人信中说它们"真

---

① 梁启超:《戊戌政变记》,中华书局1954年版、1958年第2次印刷,第102页。
② 冀版《张之洞全集》第十二册,第10123页。

是告示、公函一例物事","此物可作公牍观,不可作著述观"。这主要恐非出于自谦,而是对最初写作立意的真实交代。两书确是其人的"履职"之作,信中有所谓"盖不得已"①之语,也就是这个意思。正因为属其"职务作品",所以在撰写过程中会择人助理,以至造成后来在该书作者问题上的说法纠葛。对此须先理清,若张之洞无"著作权",论之岂不是失却前提?

先说篇幅较长的《书目答问》。关于此书作者多年来的"聚讼",焦点是究竟该属缪荃孙还是张之洞。出自缪氏说由来已久,而所见最早者,为光绪十九年(1893年)湘人叶德辉之记:"同年友杨叔峤锐为吾言,此《目》(按:即指《书目答问》)出于缪太夫子小山先生荃荪之手,实非南皮己书。"②其根据是听杨锐所说,而杨锐当年从学于张之洞且被赏识,当有所知情,其言似不能说捕风捉影。但问题是杨锐究竟更具体作如何之说,是否与叶德辉转述的意思相符,这不得而知。缪荃孙本人就此也有发言,虽远在叶德辉话语之后,但他毕竟是直接当事人。不过,其人说法前后矛盾:先是他在光绪三十四年(1908年)写的《半岩厂所见书目序》中说:"同治甲戌,南皮师相督四川学……有书目答问之编。荃孙时馆吴勤惠公(按:指吴棠)督署,随同助理。"③明确自己是"随同助理"的角色,而当时张之洞尚在世;张离世后,当于民国初年成稿的缪氏自订年谱(《艺风堂自订年谱》,记事至宣统三年,而缪氏卒于民国八年即1919年)中,光绪元年条下则记:"八月执贽张孝达(按:即张之洞)先生门下受业,命撰《书目答问》四卷"。④ 照此,其角色就变成了该书的受命代撰者,与前说"随同助理"迥异。而后范希曾("末研氏")作《书目答问补正》,其自跋写于民国十八年(1929年),其中有云,"张氏《书目答问》,出缪筱珊(按:缪荃孙号筱珊,或作小山、小珊)先生手",其所据即缪氏自订年谱中所言⑤。柳诒徵为范氏"补正"之书作《序》,其中也明言"文襄之书,故缪艺风师代撰"⑥。而更

---

① 冀版《张之洞全集》第十二册,第10124—10125页。

② 湖南图书馆编:《湖南近现代藏书家题跋选》(一),岳麓书社2011年版,第204页。

③ 陈垣:《艺风年谱与书目答问》,《图书季刊》第三卷(1936年)第一、二期合刊,第20页。

④ 缪荃孙:《艺风老人自订年谱》(与《黄陶楼先生年谱》合刊),台湾文海出版社"近代中国史料丛刊"1970年版(第五十一辑中),第23页。

⑤ 张之洞著、范希曾补正:《书目答问补正》,北京燕山出版社2008年版,第254页。

⑥ 张之洞著、范希曾补正:《书目答问补正》序,第2页。

早些，"民国十年上海朝记书庄翻印《书目答问》，竟题曰艺风老人原著"①。

　　还需特别举列一条材料，就是学人和藏书家伦明（1875—1944）也曾明言："张之洞《书目答问》，乃先生（按：指缪荃孙）代作，按年谱则作于二十四岁时也。颇疑先生早岁从宦川滇，地既偏僻，又乏师承，何能博识若此？陈慈首云：'是书盖江阴一老贡生所作。先生得其稿，又与张之洞共参酌成者。'慈首尝令江阴，所言或有据。"②显然明确是持缪氏"代作"说，但所举论据，觉得却又正好自驳。按所述，既然该书本为"江阴一老贡生所作"，而缪氏据之"又与张之洞共参酌成者"，那还能算缪氏"代撰"吗？连张之洞的作者身份也否了，岂不只能算是两人合作"剽窃"？而伦明此说系出风闻，并无切实根据，很难推敲得住。他说从曾做过缪氏家乡县份（江阴）县令的陈慈首口中听来，并说"所言或有据"，这也只是一种自我推测，而那个"老贡生"连居于何乡、姓甚名谁都没有，更无其"旧作"文本为证，只可视为空口游谈而已。另外，还见有"缪氏得扬州百尺楼书肆书贾吴某之本而为之增损"③之谓，虽说得稍具体些，但亦不外乎与得之"老贡生"说类似的传言。这类东西坐实不了，而伦明言说中对缪氏当时学术条件的持疑却值得参酌，可为缪氏"代作"的反证。当然，他利用那段时间做"助理"工作，或谓"佐撰"，于此作出了自己的贡献，也不应否认。

　　对《书目答问》为缪氏所作持怀疑、否定态度并作专文辨析者，所见最早而典型的篇什当是陈垣1936年写作并发表的《艺风年谱与书目答问》，此文写作即与见到问世的艺风年谱有直接关系。文中依据诸多材料对缪氏"代撰"自说予以辨析质疑，特别引录所得光绪二年（1876年）张之洞致王懿荣的一封手札，并说明该札"为《张文襄公全集》书札门所未载"（按：后出《张之洞全集》中收录，前边曾引注其中文字），其录出自也是为证明缪氏所说之误。其后"胡谱"中引录该札，不但认同陈文观点，而且更有说："缪仅为助理并非代撰明矣，沪上近翻印《书目答问》，或直注缪荃孙撰，可证其误"④。这是继陈垣之后更明确否定《书目答问》为缪氏代撰者。至于今人对该书作者之事

────────────

①　陈垣：《艺风年谱与书目答问》，《图书季刊》第三卷（1936年）第一、二期合刊，第19页。

②　东莞图书馆编：《伦明全集》第一册，广东人民出版社2012年版，第86—87页。

③　王伯祥遗稿：《庋櫶偶识》，《中华文史论丛》1979年第4辑，第384页。

④　胡钧编：《张文襄公（之洞）年谱》，第46页。

仍有不同倾向,毋需再说。

总之,不应否认缪荃孙曾受张之洞委托助理编撰此书,甚至是写了一部分的初稿,但张之洞作为主持,对全书立意和框架设计自会有明确交代,具体布置,并且会审定、修改全稿,也不排除会自行撰写相当部分。不论从"职务作品"还是一般惯例来说,像这种情况由张之洞冠名此书自然"合理合法",他享有"著作权"可以认定。

再说篇幅较短的《𬨎轩语》的相关情况。相对主要是分类举列书籍的《书目答问》而言,《𬨎轩语》属在更宽泛内容上的较为原则的说教,其"职务作品"性质尤其典型。关于其作者,本无像《书目答问》那样在长时间里的偌多争议。但见近年有人陈说,自己在书肆"检得一八七八年春仲,杭州汪氏振绮堂刊"《𬨎轩语》一册,"是书品相不俗,朱墨圈点,前后眉批二十四首。览之末页,有小楷墨跋一篇","跋文为真迹无疑",并将署为"庚子十二月枚叔跋"的此篇文字全部引录且附书影,在其著述中公布,其文字为:

> 张氏是书(按:指《𬨎轩语》)所述学问涂径,通达安雅。虽间有迂陋语羼厕其间,然较之《劝学篇》,则若嫱之与嫫矣。或曰,张氏以五百金购之缪荃孙氏,然乎否乎? 余曩者浏览是编,私怪以张氏之弇而能承用先哲,故言率履不越。及闻购刊之说,而后豁然理解也。张氏故暗姝自擅,得佗人书,虽知其雅澹可用,犹妄自点窜,然则诸迂陋语羼厕其间者,余又疑其非缪氏本文,而出于沾改之笔也。庚子二月枚叔跋。①

"庚子"为光绪二十六年即 1900 年,"枚叔"为章太炎字,此"小楷墨跋"显非初刊原书所有,而是后附上去的。既有此跋手迹影印,行家自可据以鉴别是否章太炎亲笔。笔者无此能力,也未见学界就此件的讨论,这里姑且按为章氏真迹来论。此短短跋语,涉及不只《𬨎轩语》的作者问题,还有与后若干年张之洞所作《劝学篇》比较的评论等,在此只就《𬨎轩语》的作者问题来说。"跋"中意思表明:章太炎早先浏览《𬨎轩语》,还对"浅陋"(所谓"弇")的

---

① 李福眠:《章太炎批跋张之洞〈𬨎轩语〉》,载《疏林陈叶》,山东画报出版社 2007 年版,第61—62 页。李氏全文载第 59—63 页,该文前半篇文字与《𬨎轩语》事无关。

张之洞怎会作出此等"承用先哲"、遵守礼法的篇什不解，及至听到别人说购之缪氏，疑问遂告破解，因为原本不是张之洞所作。连所觉《輶轩语》有"诸迂陋语羼厕其间"的情形，这下也好解释了，是因为自得、自傲（所谓"暖姝"）的张之洞，对本出于缪氏之手"雅澹可用"的好东西，进行过"妄自点窜"所致。总之，其褒缪贬张的态度显然，其认可《輶轩语》本出缪手亦颇明确。若果真"跋文为真迹无疑"的话，这只能说章太炎对张之洞抱有成见。章太炎在戊戌年里曾受聘在张之洞手下做事（编《正学报》），由于关系不协旋即离开，此时相关事情上的是非恩怨姑且不论，反正两人间的芥蒂是难免的，这与随后章氏对《輶轩语》作者之事评说上的不公似难脱干系。不过，所述《輶轩语》"购之缪荃孙氏"，只是来源于"或曰"的传言，在无其他可靠佐证的情况下，自不能据以坐实《輶轩语》为缪荃孙所撰。像《輶轩语》作者为张之洞这等为人普遍认同，甚至可以说已有"历史定论"的事情，绝不是以孤立的反面资料就可以轻易翻转的。退一步说，即使不排除缪荃孙也曾助理过《輶轩语》的写作，而所谓"张氏以五百金购之缪荃孙氏"之说，也未免太过离谱了。况且，连缪荃孙本人对该书也没有像对《书目答问》那样"自领"的情况。如此，依然认定《輶轩语》为张之洞所作，更可谓理所当然。

明确了两书"著作权"是在张之洞无疑，下面对其内容予以概要介绍和论说。

先看《輶轩语》。其前置序言性质的文字中交代，按照规定，"学政按试，毕集诸生于堂，行赏罚，申以董戒，名曰发落"，而鉴于临场时间和听讲效果的局限，"故举当为诸生言者，条分约说，笔之于书，以代喉舌"。并说明，此编"本名《发落语》，或病其质"，因取汉代杨雄（子云）《輶轩使者绝代语》（按：其书全名为《輶轩使者绝代语释别国方言》）释之，"命曰《輶轩语》"，①表示自己的学政之职系受朝廷之命而来履行，是站在这种位置上对学生们"训话"。而涉及的方面，也是比较宽的，包括今语中的"德育"，更主要是"智育"。

从其内容框架看，将《语行》②置于首篇位置，开篇说明，"教士之道，其宏纲要领"，有先帝相关圣谕和"儒先教条学规"，自应遵循。以下分列要求学生

---

① 冀版《张之洞全集》第十二册，第9771—9772页。
② 冀版《张之洞全集》第十二册，第9772—9778页。

做到的十八条，为"德行谨厚"、"人品高峻"、"立志远大"、"砥厉气节"、"出门求师"、"讲求经济"、"习尚俭朴"、"读书期于有成"、"戒早开笔为文"、"戒早出考"、"戒侥幸"、"戒滥保"、"戒好讼"、"戒孳孳为利"、"戒轻言著书刻集"、"戒讲学误入迷途"、"戒自居才子名士"、"戒食洋烟"等。这是对其德行、人品、志向、气节、追求以及自律方面的教导和要求，所涉事项或相对原则，或比较具体，而皆是"择其切于今日世风、本省上习者言之"，旨在有的放矢。第二篇是《语学》①，先分类论说"通经"、"读史"、"读诸子"、"读古人文集"四大项，这显然是本着传统的四部分类框架，每类中告以学习要旨、门路。随后又特列"通论读书"之目，列出"读书宜求善本"、"读书宜博"、"读书宜有门径"、"读书宜多读古书"、"读古书宜分真伪"、"读书宜读有用书"、"宋学书宜读《近思录》"、"为学忌分门户"、"作秀才后宜读书"、"读书不必畏难"、"读书勿诿记性不好"、"读书勿诿无书、无瑕"、"买书勿吝"、"读书期于明理，明理归于致用"各项②，分别阐论，特别是最后一点，可视为对读书为学要旨的总结。这第二篇可谓全书的最重点和精要所在。第三篇为《语文》③，主要指教作为科举应试文体"时文"的研习、写作，兼涉其他多种文体，亦兼及书法字体，多是分列"宜"、"忌"条目来说。此三篇为全书的主要或说是"正规"篇章。另有取塾师教授童蒙的《学究语》，为皇家、"圣人"的《敬避字》，关于复核科考试卷部分事端的《磨勘条例摘要》，以及旨在补益办学经费、有助"养士"的《劝置学田》，这样四个较短篇章分列第四至第七续后。

再看《书目答问》。其"略例"中说："诸生好学者来问应读何书，书以何本为善。偏举既嫌絓漏，志趣学业亦各不同，因录此以告初学"。说明是要具体回答诸生读何书、择何本问题的。接着又进而交代：

> 读书不知要领，劳而无功；知某书宜读而不得精校、精注本，事倍功半。此编所录，其原书为修四库书时所未有者，十之三四。四库虽有其书，而校本、注本晚出者，十之七八。今为分别条流，慎择约举，视其性之

---

① 冀版《张之洞全集》第十二册，第9779—9798页。
② 需要说明，在不同文本中，如朝华出版社2017年出版的影印本《书目答问》中，里面合刊有亦是影印的《輶轩语》，其所列这类条目有的即有所差异，顺序上也有不同。
③ 冀版《张之洞全集》第十二册，第9799—9812页。

所近,各就其部求之。又于其中详分子目,以便类求。一类之中,复以义例相近者使相比附,再叙时代,令其门径秩然,缓急易见。凡所著录,并是要典雅记,各适其用。皆先辈通人考求论定者。总期令初学者,易买易读,不致迷罔眩惑而已。①（夹注句依原旧用小号字）

由此,该书的编撰宗旨即可明见。至于其内容框架,是按传统经、史、子、集四部分类,每大部类中又分若干子目,如此分门别类地辑录书目,注明其作者、卷数、所取版本等项,对有的类别或具体书目酌情予以更广事项上的注说。除此之外还特设"别录",分为《群书读本》、《考订初学各书》、《词章初学各书》、《童蒙幼学各书》辑录书目。另还附有《劝刻书说》短篇,并注录《国朝著述诸家姓名略》,分门别类地列出作者姓名。总之,在《书目答问》的框架下,其择书基本还是在传统学术范围,这也体现张之洞本人当时的学术视野和观念。但需注意,其也有"旧瓶装新酒"的突破,譬如将一些西人著作辑纳进来②,并在"子部"专列有"西法"一目。再就是从书籍选目上,能体现"今胜于古"的观念,在许多处基此立意而详今略古,并作相应阐说,如谓"推步须凭实测,地理须凭目验,此两家之书,皆今胜于古"③,又有"大抵征实之学,今胜于古"④之说。但无论如何,该书的核心内容,还是在按其特定立意对传统学术范围书目的筛选辑录方面。

在明了《𫐐轩语》和《书目答问》的基本内容的基础上,再进而略说其作用和价值。

最初两书皆为学政张之洞的履职、施教而作,因而他最初对两书作"公牍"类文字看,从其学术立场而言,有"不足登大雅之堂"⑤之说,颇有"自惭形秽"的味道,似乎不想扩大宣传。不过,即使仅就对川省当时的教学而论,其积极作用的发挥也是自然而然的事情。而实际上,随着时间的推移,其传播范

①　冀版《张之洞全集》第十二册,第9823页。

②　如《新译海塘辑要》、《职方外纪》、《坤舆图说》、《地球图说》、《新译地理备考》、《新译海道图说》、《泰西水法》、《数学启蒙》、《经天该》等等（见冀版《张之洞全集》第十二册,第9888—9890、9917、9922页）,这只是随举其例,并非全部。

③　冀版《张之洞全集》第十二册,第9918页。

④　冀版《张之洞全集》第十二册,第9975页。

⑤　冀版《张之洞全集》第十二册,第10125页。

围不断扩大,影响远远不仅限于四川。并且,在世人心目中,其所谓"告示"、"公牍"的原始性质愈趋淡化,而基于著述来看待、评说的情况则愈发凸显。其学术文化意义和影响的不断扩大,恐怕连张之洞本人都是始料未及的。随着学界对两书认可舆论的彰显,张之洞自己对它也就颇有自信、自得的意思了,遂有这样的回顾之言:"任四川提学时,撰《𫐐轩语》一卷、《书目答问》一卷以教士,宗旨纯备,于学术源流、门径开示详明,令学者读书即可得师"。① 虽然这还主要是就在川教学来说,但与最初自己对两书的评估高下反差迥然,可揣知后来他对两书整体价值是愈发看重。

确实,两书问世之后,远不止于作为四川学子的教本来用,而是越来越广地在社会上作为学术著述传播,且反响热烈。冀版《张之洞全集》中,就辑录有关于两书多种版本的序、跋文字,对其称誉颇多,如说《𫐐轩语》"淘导迷之宝筏,治病之良药","学者奉为圭臬";《书目答问》"参互考订,多所发明";综合该两书则有"论说精审,笔削兼良"②之评。不只在此类序、跋文字当中,见诸学人其他体裁篇什中的称誉也屡见不鲜。《𫐐轩语》问世不数年,学人谭献在其庚辰年(光绪六年,1880 年)日记中记谓,阅该书"不必穷高极深,要为千金一字"③。《书目答问》为学人认可的评说就更为凸显。生性好臧否文人文事的李慈铭,在阅读了《书目答问》后,评说此书"所取既博,条例复明,实为切要之书"④(同时也指其失妥之处)。而最早提出该书出自缪荃孙之手的叶德辉,则称其书"损益刘、班,自成著作"。正因为受学人重视、社会欢迎,多有新版问世。到范希曾作"补正"的 19 世纪 20 年代末,即"翻印、重雕不下数十余次"⑤,以后的版本尚有多多。上面曾提到的伦明,曾有诗这样评价该书:"一册垂为学海津,毕生事业与书亲。伟哉雕木破前例,几许刊传近代人。"⑥当然,该书有错漏失妥之处也在所难免,故后出新版中多有校勘、补正,以期不断

① 张之洞:《张文襄公全集》第四册,中国书店 1990 年影印本,第 1021 页。所引为《抱冰堂弟子记》中语,其中两处"一卷",有认为系误记而改者,若从此处之"卷"非指书的具体卷数而是取"书本"之义(像"持一卷书",就是拿着一册书的意思),似当不误。
② 冀版《张之洞全集》第十二册,第 10756、10750、10747 页。相关篇目由秦进才辑录。
③ 谭献:《复堂日记》,河北教育出版社 2001 年版,第 96 页。
④ 李慈铭:《越缦堂日记》第 11 册,广陵书社 2004 年版,第 8028 页。
⑤ 转据《书目答问补正》,第 254 页。上引叶德辉语亦在此《跋》中转述。
⑥ 东莞图书馆编:《伦明全集》第 1 册,第 86 页。

完善,而这也正能够说明,原书具有堪值为人重视的学术价值和颇为坚实的基础支撑。

在这里,对一"语"一"答"两书所尤需注意的,是由它所体现的张之洞的"学旨",即"教学之旨"和"学术之旨"的合体。就前者而言,体现其在学言学,有的放矢,不踏虚浮,不唱高调,以学为本,即使德育也是与之密切结合;职分之内科举考试自系要务,但又不以此悬为鹄的,教学虽不能不涉时文,而更强调读有用之书,成真才实学。就其"学术之旨"而言,虽主要还是在传统学术范畴回旋舞步,但强调实学,注重经世致用,有条件地抱"今胜于古"观念,又能在一定范围上采纳西人著述,反映出其"旧学母体"中"开新"孕迹初露。总之,两书与前述《尊经书院记》结合起来,可视为反映张之洞该期教育思想和学术文化思想的重要素材,同时也是他学官职守下醒目的业绩成果。

第三章 鹰扬虎视的"清流"干将

一、"清流党"中"青牛角"

四川学政任满,张之洞于光绪二年(1876 年)冬离川回京。途经陕西,这里是著名古都所在省份,人文景观荟萃,著名自然景观亦不乏有,好游的张之洞不能长时流连观览,取便择点略饱眼福而已。从其留诗所记来看,所观览的涉汉中褒城、紫柏山留侯祠、凤翔喜雨亭和东湖、牛首山、华山下玉泉院等处,有的即在驿路之旁,有的就为住宿之地。特别是居华山下玉泉院,而并未登山游览,是因为囊中羞涩、算计盘缠终而放弃的。其实,张之洞久慕该山之景,心向往之,曾先后数度到此山下,皆未能登览,此番又行作罢,自会更增遗憾。

或许有生疑者:学政不是会有可观收入嘛,真能如此困窘? 应该说这"因人而异"吧。学政收入多寡很大程度上是看对"潜规则"的取用如何(取了一般也不会受责罚)。张之洞是个廉正之人,拒绝这类东西。有说:"四川学政,所入素丰。公(按:指张之洞)廉介自持,(其任间)既裁陋规二万两,又核定恩优岁贡及录遗诸费不许娄索。及去任,无钱治装,售所刻《万氏拾书经》版,始成行。"①既然离任时到"无钱治装"的份上,行程中的算计盘缠自然就不是装样子了。而从他"还都后处境清约,生日萧然无办,夫人典一衣为置酒"②的情况,更可见其未借学政"发财"、依然做"穷官"为真,要是稍有余资,何至需要夫人(此时为王夫人)为之典衣置酒? 不过,话说回来,返程既能有限度地顺

---

① 胡钧编:《张文襄公(之洞)年谱》,第 47 页。
② 胡钧编:《张文襄公(之洞)年谱》,第 49 页。

路赏景,也可算姑作休闲了。而随后的数载京都生活,可不像上次那般闲散从容,而不啻是上了"战场",当然不是血肉横飞的那种战场,而是唇枪舌剑、以笔作枪的言论搏击战场,这是以"清流"党人为拼杀主角的,张之洞便是其中的干将。这在他的政治生涯中,留下了颇有特色的一幕。

所谓"清流",古时即有此称,是指负有时望而也自恃清高的士大夫。晚清这时的"清流"党人,是这样一个群体的官员:他们以敢言著称,评议朝政,指斥时弊,弹劾大臣,诤言强谏,高调主张对外御夷祛患,对内则要求整饬纲纪;自我标榜名节,秉持清高,之间则互相应和,激动舆论,所谓"鹰击毛挚,煊赫一时"。清流派有"前清流"与"后清流"之分,相应大略对应于"北派"与"南派"(就人员籍贯主要属北方与南方省份而言)。张之洞属前清流,亦即北派。该派中多直隶籍人士,以高阳籍的李鸿藻为首领,另有两员干将,一是丰润籍的张佩纶,一是南皮籍的张之洞,故有"两张一李"之称。该派虽以直隶籍人员最为突显,但也并非直隶地域性的组织,而亦多联同其他省籍的京官,要的更是志同道合。譬如有"清流四谏"之名(也有称"翰林四谏"的),而具体人员构成上则说法不同,有说为张佩纶、宝廷、黄体芳、张之洞的,有说为张佩纶、宝廷、陈宝琛、黄体芳的,有说为张佩纶、宝廷、陈宝琛、邓承修的,有说为张佩纶、宝廷、黄体芳、何金寿的,还有说为张佩纶、张之洞、黄体芳、于荫霖的,如此等等。综合所涉人员,宝廷是满人,陈宝琛、邓承修、黄体芳、何金寿、于荫霖等都不是直隶籍人,其中还不乏"南人"。无论"四谏"何指,反正显然不是整个"清流"阵营,连"北派"也远远涵盖不了。其实,所谓"清流党",它本不是严格意义上的组织,没有登记名册,也没有章程、纲领之类,只是有着一定类同身份地位、政治倾向和言行风格京官的自发联合体,不宜也不好考究其"组织明细",重在了解其要角状况。

倒是出于丑化和讥讽"清流"的用意,取其大致谐音"青牛"称之,并以其身体不同的部位,来作不同角色和作用发挥的比喻,能够对其群体作非常形象的状描,让人嗅到的已不是原本的"恶意",而是十足的"妙趣"。且看由张之洞说来的这样一段文字:

张之洞于同治九年,始与陈弢庵宝琛、王廉生懿荣订交,皆一时文学侍从之臣。十二年,即任四川学政。光绪二年回京,乃与丰润张佩纶,因穆宗升祔位次一折相识而论交,自此以后,李、张更势成水火,不复有回旋余地,清流名号,遂为越缦(按:指李慈铭)攻击之口头禅。清流党者,呼李鸿藻为青牛(清流同音)头,张佩纶、张之洞为青牛角,用以触人;陈宝琛为青牛尾,宝廷为青牛鞭,王懿荣为青牛肚,其余牛皮、牛毛甚多。张树声之子,为牛毛上之跳蚤(此亦樊山述越缦之批评)。香涛、弢庵诸人,连同一气,封事交上,奏弹国家大政,立国本末,此越缦派人所不能为,故嫉忌愈甚。[1]

这段话中所说"穆宗升祔位次"事,下节中有及;所说"更势成水火"的"李、张",分别指李慈铭("越缦"亦指此人)、张之洞。要说,他们以前还是作为文友有联络和交集的,譬如在前边揭示的那次龙树寺"雅集"上,李慈铭即受邀参加,至此竟成如此交恶之状,不禁让人感叹人际变化无常。至于言及的张树声,是安徽合肥人,李鸿章的同邑老乡,淮系要员,所说充当"牛毛上之跳蚤"的其子,是张华奎,他无论是文名还是职事都远进不了张之洞辈档次,奔走打杂地附和而已,看来"角色"小得不能再小了。也有说(或说其"自称")其为"清流靴"的,连直接的"牛腿子"也算不上,只是套在牛蹄子上的靴子,若真自称的话,那就有点以此为荣的意思了。至于李慈铭,按照上述说法,显与"北清流"不相协的"南派",有说:

自同治末迄光绪初,此数年间,乃为南北清流发生最大摩擦之关键。闻之,樊山曰:"南派以李莼客为魁首,北派以张之洞为领袖,南派推尊潘伯寅,北派推尊李鸿藻,实则潘李二人,未居党首,不过李越缦与张之洞私见不相洽,附和者遇事生风,演成此种局面耳。越缦与予(樊山自称)最善,予以翰林院庶吉士从彼受学,知予亦香涛门人,对予大起违言,由其满腹牢骚,逼迫所至,不知实有害于当时朝士之风气也。"按两派之争,越缦殊郁郁不得志,科名远不如香涛,所以执名流之牛耳者,不过本其经史百家诗文之学,号召同侪。至于体国经野,中外形势,国家大政,则所知有限,实一纯粹读书之儒,不能守其所长,乃以己见奢谈国事,宜香涛诸人不

<hr>

[1] 刘禺生:《世载堂杂忆》,第89—90页。

敢亲近。但越缦则自以为可以左右朝政,乃与邓承修诸御史主持弹章,声应气求,借泄其愤。乃身为御史,反无丝毫建树,讥之者,谓越缦得此官,愿望已足矣。①

需要注意,这里所说南、北清流之间的摩擦"关键",时间上"自同治末迄光绪初",所指双方实际领头人为李慈铭与张之洞,那主要当是在光绪初年张之洞卸任四川学政回京之后。这显然不同于通常从更宏阔时段上说的与前、后清流大略对应的北、南清流。该"南派"后清流主要是指"北派"前清流衰落后,从中法战争末到甲午战争这段时间里兴盛的,以翁同龢为领袖以南方省籍诸多官员为主干的一个群体,同样标榜讲究气节,以敢言兴动舆论,指斥时弊,弹劾官员,主战保国,有典型"清流"特色的同时,且与所谓"帝党"有很大的连通性。那个时候,张之洞早已成疆吏而脱离"清流"多年。

也有从更"广义"上来看待"清流",而作有如下论说的:

简要言之,自同治至光绪末年,京官以恭亲王奕訢李鸿藻陈宝琛张佩纶等,外官以沈葆桢张之洞等为清流。京官以醇亲王奕譞孙毓汶等,外官以李鸿章张树声等为浊流。至光绪迄清之亡京官以瞿鸿禨张之洞等,外官以陶模岑春煊等为清流。京官以庆亲王奕劻袁世凯徐世昌等,外官以周馥杨士骧等为浊流。但其间关系错综复杂先后互易,亦难分划整齐,此仅言其大概,读者不必过于拘泥也。②

做此说者,乃作为晚清维新疆吏陈宝箴之孙的陈寅恪。他是近现代学问大家,且在晚清度过20余年的时光。他显然是从同治到清亡的大时段,分别京官、外官的更广范畴来看清流、浊流的。按其所划,偌长时段里"清流"一直是与"浊流"对应存在的,而张之洞自"清流"之生,一直是身在该派,不论是做京官还是做外官都概莫能外。这也许主要是就其"品格"和"以挽回天下之风

① 刘禺生:《世载堂杂忆》,第89页。
② 陈寅恪:《清季士大夫清流浊流之分野及其兴替》,《寒柳堂集》,生活·读书·新知三联书店2011年版,第191—192页。

化"、"以维持名教为己任"①方面着眼。此固然可作为最广义上的"清流"审视,但按照通常的看法,张之洞的"清流"生涯,最主要是限于其光绪初年在京一段时间里,而在他出任疆吏之后,由于职事的需要,就逐渐脱离"清流"阵营。所以,这里姑且不作此"广义"上的申说,也不说后清流的事情,主要是看张之洞所在"前清流"的概貌,看他与该派要员关系的状况。

先看与李鸿藻。李鸿藻在同治和光绪多年间,任部堂和军机大臣等要职,在张之洞活跃于"清流"舞台时,他曾一度丁忧,但在一头一尾也有直接交集时间,并且是在他们建立"清流"阵营关系的关键时机。作为权臣的李鸿藻,因揣摩慈禧意旨而迎合,得其倚重和信任的同时,也并不对其事事顺应,有的事情上亦行谏阻,譬如在同治亲政之初的"园工"之事上,他就曾带头苦谏,力陈应体恤民艰,节省国帑,缓兴此不急之务,以诤谏而博得"清议"时名,致使"同、光之际一些大胆纠弹官吏、批评时政的翰林、御史等言官,为发抒个人的政见,求得上进的途径,纷纷投奔他的门下,寻求他的支持,形成一股不可忽视的舆论力量,被人称为'清流派'或'清流党'"②。这主要就是指"前清流"。在张扬"圣学"而卫道方面,可谓以李鸿藻为首之"前清流"的基本文化立场。他自己对能阐扬"圣学"的"先哲"之辈由衷敬仰和重视,积极倡率在京师建立"畿辅先哲祠"。响应者除张之洞等直隶同乡外,还包括本为南人(江苏吴江)而寄籍顺天的沈桂芬这样的名流。先哲祠中所列位者,有圣贤、名臣、名将、循吏、忠义、儒林、孝友、文苑、艺术等多类人物,虽非纯为"圣学"之人,但不论何类,当亦须合"名教"之则者。为建此祠筹经费,择地场,葺处所,选祀者,置陈列,头绪繁多,绝非易事,在李鸿藻的主理之下,终成于光绪六年(1880年)七月。先哲祠建立的过程,也有助于清流派的进一步结合。特别是张之洞,是尤其着力坚持该祠建设的中坚人物。

再看与张佩纶。张佩纶为直隶丰润籍,生于道光二十八年(1848年),同治十年(1871年)中进士,居职翰苑,以敢言善言,名噪一时。从性格上看,有说他属"骄亢,专己自用,特盛气,好面折人而不喜受人善,以此丛怨"③的一类

---

① 黄兴涛等译:《辜鸿铭文集》上册,海南出版社1996年版,第418—419页。
② 张振鹤:《李鸿藻》,林言椒、苑书义主编:《清代人物传稿》下编,第二卷,辽宁人民出版社1995年版,第109—110页。
③ 徐世昌:《大清畿辅先哲传》下册,第869页。

人物,人际关系紧张,自多遭人忌恨。他一介书生,好放言高论,与实际秉理军政的才能不能相称,中法战争中高言主战被派遣典戎(以三品卿衔会办福建海疆事宜,兼署船政大臣),因马江之败遭受惩处,从此政治生命即告基本终结,此为后话。而张佩纶这时,与张之洞交往日深。从其在京时的书信往还看,除了一些具体讨论书法、学术者外,也有些言及政事、讨论奏牍的。如张之洞于光绪七年(1881 年)似在被授晋抚前致其信说:"时事如此,孰不痛心。乃有倾危细人竟欲乘机徼利,令人愤恨。某已危言切论,力排其说,不知果能中辍否。可叹可叹。"所说似笼统不明,但写信人与收信人之间自当清楚。又说:"药厘事,恪靖(按:指左宗棠)专疏言之,不提税,但加厘,已下海关、督抚议行……此事奇横有趣。中国事向来失之弱懦,此却太横。但积弱之后,稍变局面,亦可令彼族夺气。"①这是具体评议中外关系之事,所指清楚。而这些都是"清流"阵营密切关注的事情,是他们评论所需。当时其间互通声气,相为联同、应和,气势颇盛。

另外,张之洞还有诸多"战友",像陈宝琛虽是南人,但被指为"青牛尾","主持说议,风采赫然,锋棱所向,九列辟易",而他与张之洞等人"订交最早,情文相生"②。还有宝廷,虽是满人,且为皇族宗室,但也直言敢谏,属清流党中所谓"五虎"(是指他和张之洞、张佩纶、陈宝琛、邓承修)之列。当然,他除了耿直之外,也是个性情放荡、多有风流韵事之人,这一点与"清流"的品格有碍,但起码是在"言路"上,其时表现还是很突出的。邓承修,广东惠阳人,自同治末到光绪十一年(1885 年)担任御史,刚直不阿,敢于进谏,不畏权贵,痛陈利弊,纠弹贪官污吏,因有"铁笔御史"之称。他和张之洞之间,亦多有言论上的合拍。

至于张之洞此时在京,他这只"青牛角"是怎样"触人"的,是本章中下面几节里要做具体展示的。

---

① 《致张幼樵》五、六,赵德馨主编:《张之洞全集》第十二册,武汉出版社 2008 年版,第 20 页。该书以下简作"鄂版《张之洞全集》",并且鉴其页面篇幅较大,一般注出篇目名称。

② 徐一士:《陈宝琛》,荣孟源、章伯锋主编:《近代稗海》第 2 辑,四川人民出版社 1985 年版,第 415—416 页。

二、皇家事情上的建言

张之洞既在京城,皇家之事自是脱不开的。何况,他还是清流党呢,在皇家之事上正好是建言彰己的机会。这一点上,他会把握好分寸的:既不会像对贪官污吏那样激愤指斥,骂个狗血喷头,那样的话,他有几个脑袋? 可又不能像奴才小人那样一味阿谀奉承、摇尾乞怜。他要有持正敢言的勇气,要有诤谏不阿的派头。事实上,他得把准朝廷的脉搏,在它遭逢难堪、要个舆论台阶的当儿,及时出奏,既不会让其反感,又显有几分"持正"的表现。

他还在四川学政任上的时候,就遭遇了年纪轻轻的同治帝"驾崩",由几岁小孩子载湉也就是光绪帝即位的事情。本来,选一个稍大些的"溥"字辈人选即位是更正当不过,但慈禧这个"垂帘听政"习惯了的太后(她只是在不久前同治帝"亲政"后名义上退养,但实仍干政),无论如何也是脱不开极度权欲之心的。要是立那样一个皇上,她岂不就得居位休养了? 这岂是她能受得了的! 于是,在她的淫威和巧语之下,同治帝的堂弟、也是慈禧太后的侄子和外甥(慈禧太后亲妹是光绪帝亲娘)光绪帝即位。这样,慈禧太后又名正言顺地自可继续"垂帘听政",实实在在地做她不是女皇的"女皇"了。当然,这会儿还有一个慈安太后可以借名帮衬,并且其名号还在慈禧之前,合起来就是"两宫皇太后"。发布懿旨都是以这个名义,但实际主事的,自然还是她慈禧太后。

这样说,确实有实在根据。溥仪在《我的前半生》中就说过:"按照祖制,皇帝无嗣就该从近支晚辈里选立皇太子。载淳死后,自然要选一个溥字辈的,但是那样一来,慈禧成了太皇太后,再去垂帘听政就不成了。因此,他不给儿子立嗣,却把外甥要去做儿子。"溥仪在后来的这番忆述,确实有其参考价值。并且他的话到此没有为止,接下来还说:"当时有个叫吴可读的御史,以'尸谏'为同治争嗣,也未能使她(按:指慈禧)改变主意,她只不过许了一个愿,说新皇帝得了儿子,就过继给同治。有一位侍读学士的后人,也是我家一位世交,给我转述过那次御前会议情形时说,那天东太后未在场,只有西太后一人,她对那些跪着的王公大臣们说:'我们姐儿俩商议好了,挑个年岁大点儿的,我们姐儿俩也不愿意。'连唯一能控制她一点儿的东太后也没出来表示意见，别人自然明白，无论是'尸谏'还是痛哭昏迷，都是无用的了。"①

　　所说到的吴可读"尸谏"，是到了光绪五年（1879 年）的事情。这年暮春，同治帝营葬清东陵的惠陵，吴可读恳请前往，礼仪结束后自留蓟州，宿三义庙，决心以死谏争。他先是准备悬梁自尽，无奈房梁太高，且腐朽不堪，遂取出事先备好的鸦片，服下身亡。他临终遗有封存密折，嘱为转呈吏部代递。若按惯例，这等呈递代奏折件，向有该部"堂官公同阅看，查无违悖字样，始行具奏"。而今"吴可读业已服毒身死，且系自行封存折件，遗嘱恳请代奏"，至于"有无违悖字样"，吏部堂官奏称"既未便拆阅，又不敢壅于上闻"，意思是故不得而知，只是"将原封奏折恭呈御览"。可见，是谨慎地要了个"滑头"。遗折到了太后手里，自然是要打开阅览了。奏折中开篇即言："为以一死泣请懿旨预定大统之归，以毕今生忠爱事"。其后指责"两宫皇太后一误再误，为文宗显皇帝（按：指早已去世的咸丰帝）立子，不为我大行皇帝（按：指同治帝）立嗣"，说是这样"则今日嗣皇帝所承大统，乃奉我两宫皇太后之命受之于文宗显皇帝，非受之于我大行皇帝也。而将来大统之承，亦未奉有明文，必归之承继之子"，而"我朝二百余年祖宗家法，子以传子"，"惟有仰乞我两宫皇太后再行明白降一谕旨，将来大统仍归承继大行皇帝嗣子"。② 说白了，其意思就是，"认为以光绪帝继承皇位不合家法，主张应把将来的大统（政权）授给继承同治帝为嗣子的人"③。此突发事件慈禧太后本毫无预料，好生难堪之下，只好发布两宫懿旨，说其"折内所称请明降懿旨，预定将来大统之归等语，前于同治十三年十二月初五日降旨，嗣后皇帝生有皇子，即承继大行皇帝为嗣。此次吴可读所奏，前降旨时即是此意。著王大臣、大学士、六部九卿、翰詹科道，将吴可读原折会同妥议具奏"④。

　　在经过小范围的传阅吴氏遗折和初步讨论之后，四月初十日，召集有关大

---

　　① 溥仪：《我的前半生》，群众出版社 1964 年第一版、1996 年第 19 次印刷本，第 7 页。

　　② 朱寿朋编：《光绪朝东华录》第一册，中华书局 1958 年版、1964 年第 2 次印刷，总第 725 页。

　　③ 苏云峰：《张之洞与湖北教育改革》，台湾"中央研究院"近代史研究所编印发行（1983 年再版），第 37—38 页。

　　④ 朱寿朋编：《光绪朝东华录》第一册，总第 727 页。

臣们赴内阁集议。礼亲王世铎等上疏,在转述了雍正七年一则相关上谕之后,说"圣谕森严,所宜永远懔尊","建储大典,非臣子所敢参议;则大统所归,岂臣下所得擅请",而"吴可读以大统所归,请旨预定,似与我朝家法未能深知",建议对其说"无庸置议"。他们以此寥寥数语,似将此事搪塞过去。徐桐、潘祖荫、翁同龢等部院大臣也有联名上疏,更直接说"吴可读所陈预定大统,此窒碍不可行者也。我朝家法,不建储贰,此万世当敬守者也",而"臣等恭绎同治十三年十二月懿旨,于皇子承嗣一节,所以为统绪计者至深且远,圣谕煌煌,原无待再三推阐"。他们当是为朝廷极力开脱,但其奏也颇为简短。而清流派官员则更是热烈敢言,纷纷上奏。翰林院侍读学士宝廷、黄体芳和国子监司业张之洞分别皆有较长奏疏,从大旨上说略多相同之处①,而尤属张之洞之奏高超机妙、透达切当。

张之洞是则以一折一片出奏的。其奏折中说,"臣敬吴可读至忠至烈,然谓其于不必虑者而过虑,于所当虑者而未及深虑也"。说是"为穆宗立嗣之语",屡奉懿旨,"炳如日星","从来人君子孙,凡言继嗣者,即指缵承大统而言,天子、诸侯并同一理",而"继嗣、继统毫无分别,遍稽群经诸史,从无异说"。接着论述"不必虑者"三端,又具体分析吴可读之说"未及虑者"三端之后,特别强调:"今者,承命集议,伏读此次懿旨'即是此意'四字,言简意赅,至坚至确。天下万世,谁敢不遵?无可疑易者也。"再经一番申论之后,置言:"深之为穆宗计而即为宗社计,惟有因承统者以为承嗣一法,皇子众多,不必遽指定何人承继,将来缵承大统者即承继穆宗为嗣,此则本乎圣意,合乎家法,而皇上处此亦不至于碍难。伏请两宫圣裁,即以此意明降懿旨。"又针对"或谓礼制精深,动关名义,由此以承统为承继之说,安保日后无泥古聚讼者",予以"条举其说而豫辨之",主要是针对《礼》和《春秋》传中有关疑难,作出皆"不足辨"的"辨析",得出的结论是:"凡此皆群经之精言,而实不切于今日之情事"。该折最后说:"臣恭绎懿旨中'即是此意'、'妥议具奏'两语文义,是者,是其将来大统宜归嗣子之意;议者,议夫继嗣继统并行不悖之方。臣工应命陈言,岂敢以依违两可之游词贻庙堂他日之筹虑,是以谨竭愚悃,专折具陈,

---

① 朱寿朋编:《光绪朝东华录》第一册,总第741—749页。

无任悚惕屏营之至。"①

张之洞的奏片中,则特别是就懿旨中所说"即是此意"一语,复予以特别申说和解释,请求两宫皇太后再降懿旨:

> 此次懿旨中"即是此意"一语,乃此议之紧要关键,天地神祇,实所共闻,朝野臣民,咸所共喻。诸臣心知其意而苦于恐涉建储,不敢发挥,故不便述此四字之文,而专驳吴可读之折,以为如此便可不类建储矣。岂知圣意已经宣播,若不善为会通,乘此时画一良策,究其事势,转恐终必类于建储而后已。且懿旨上言"豫定",下言"即是",语意相连,今不为之疏解分明,以"妥议具奏"始,以"无庸置议"终,传之四方实骇物听。虽其所谓"无庸议"者,系指原折而言,诚恐迂儒以文害辞,误疑两宫有游移之意,更恐他日谗佞附会,正藉此议为翻案之端。一言之微,语病甚大。窃谓此事关系至重,伏望两宫圣裁,熟思权衡至当,再降懿旨,臣愚不胜大愿。②

张之洞反复申说和解释的"即是此意"一语,即为前已引及的两宫皇太后懿旨中所说。此话语本义上似乎并不显含混,实际上却隐含了慈禧太后的难言苦衷。张之洞这里既道出诸臣对此"苦于恐涉建储,不敢发挥"的忌讳,又揭明"若不善为会通","转恐终必类于建储而后已"的结果,并指出"迂儒以文害辞"甚至日后"谗佞附会"、借端翻案的担心,所以有"一言之微,语病甚大"之语,故要两宫皇太后再降懿旨,说得直白一点,就是要其改换口吻。

关于此事上的懿旨及奏议,让人看起来似乎是颇为难解的,一则,是关于皇家的"承统"与"承继"之说,让一般人不免迷惑(实际就是"继承皇权"与"承续家嗣");再则,从懿旨到奏疏都不直白明了,这中间包含了诸多隐情和忌讳,有时候话非直说,绕弯避忌,也给人理解上平添诸多麻烦。总之,张之洞是要给两宫皇太后的皇位继承之事张目,而对其懿旨中"即是此意"之语的表述含混在专片中亦予以揭明,最后还是要两宫皇太后重下懿旨。而最后两宫皇太后果下懿旨,说"尚书徐桐、翁同龢、潘祖荫,翰林院侍读学士宝廷、黄体

---

① 冀版《张之洞全集》第一册,第9—13页。
② 冀版《张之洞全集》第一册,第13页。

芳、国子监司业张之洞、御史李端棻另议各折,览奏大略相同",前降旨"俟嗣皇帝生有皇子,即承继大行皇帝为嗣,原以将来继绪有人,可慰天下臣民之望,第我朝圣圣相承,皆未明定储位,彝训昭垂,允宜万世遵守,是以前降谕旨未将继统一节宣示,具有深意。吴可读所请预定大统之归,实与本朝家法不合,皇帝受穆宗毅皇帝(按:指同治帝)付托之重,将来诞生皇子,自能慎选元良,缵成统绪,其继大统者为穆宗毅皇帝嗣子,守祖宗之成宪,示天下以无私。"另布置"所有吴可读原奏及王大臣等会议折,徐桐、翁同龢、潘祖荫联衔折,宝廷、张之洞各一折,并三月十七日及本日谕旨,均著另录一份存毓庆宫","至吴可读以死建言,孤忠可悯,著交部以五品官例议恤"①。

应该说,在此事上王公大臣畏葸慎言,清流派虽不惜热议,但亦是一场"务虚"之议。譬如就"承统""承继"来说,设想光绪帝生子之后云云,但这位皇帝一生也没有孩子,到头来还是由其同父异母弟载沣的儿子溥仪即位的,溥仪既过继给了同治帝载淳,同时兼承光绪帝载湉之祧,这在事先谁先估计得到?尽管"务虚",但此事又是切关皇家家法命脉的大事,张之洞迎合太后之意,虽说话语上锋芒较露,毕竟比在主旨上赞同吴可读遗疏的张佩纶要更"识时务"。据说,经与张佩纶"忿争良久",张之洞、宝廷、黄体芳等还是按自己的意见上奏②。可见,就此事而言,"前清流"意见也并非完全一致。不过,以张、宝、黄等人的主流倾向来看,还是能够大致合拍的。至于在其他诸多问题上,该派更是能火力集中、靶向一致,而张之洞在此中亦为中坚。

譬如,就光绪六年(1880年)发生的护军玉林等殴太监案和刘振生混入禁地案,他所上的奏折,就不失为典型一例。要说,这皆事关太监的违法、失措。

所谓"护军玉林等殴太监案",大概情况是这样的:这年八月中秋节前的十二日,慈禧命太监李三顺出宫,给其妹妹醇王的福晋去送礼物。李三顺一行到了午门,被值班的护军拦住。护军头目是镶黄旗出身的玉林,另有两个兵丁,一个是正白旗的祥福,一个是觉罗红带子(皇家旁支子孙)的忠和。护军根据规定,向李三顺他们索要敬事房开出的执照。李三顺自恃为慈禧办事,根本就未领取,而护军坚决不放行。双方发生争执,李三顺要泼发横,而护军则

---

① 《光绪朝东华录》第一册,总第749页。

② 郭汉民、徐彻主编:《清代人物传稿》下编,第八卷,辽宁人民出版社1993年版,第71—72页。

严词回击,最后竟至扭打起来。太监哪里是护军的对手,自然吃亏。李三顺便借互相扭打之际,顺势撞翻慈禧的礼品,造成其被护军糟蹋在地的假象。接着,就跑回去向慈禧告恶状了。而正在病中的慈禧闻听太监的一面之词,不由怒从心起,"言于孝贞后(按:即东太后),必杀护军"①。而护军首领岳林闻听自己部下与太监冲突,便上奏请将兵丁交部审办,并自请议处,以便息事宁人。而慈禧怒火不消,第二天,便借小皇帝名义发布上谕:"昨日午门直班官兵,有殴打太监,以致遗失赍送物件情事。本日据岳林奏,太监不服拦阻,与兵丁互相口角,请将兵丁交部审办,并自请议处一摺,所奏情节不符。禁门重地,原应严密盘查,若太监赍送物件,并不详细问明,辄行殴打,亦属不成事体。著总管内务府大臣,会同刑部,提集护军玉林等严行审办。护军统领岳林、章京隆昌、司钥长立祥,著一并先行交部议处。"②照此上谕,肇事者只是护军一方,而太监没有过错,反而成了受害者,其回护太监而全责护军的意图明显。

当时刑部尚书是潘祖荫。他"到署传旨,讯得实情,护军无罪"。而刑部秋审处坐办和提调八人,"皆选自各司最精于法律者",时刑署中有"八大圣人"之称,他们"同谓交部即应依法。倘太后必欲杀之,则自杀之耳,本部不敢与闻"。潘氏"本刚正,即以司官之言复奏"。结果"慈禧大怒,力疾召见祖荫,斥其无良心,泼辣哭叫,捶床村骂。祖荫回署,对司官痛哭,于是曲法拟流。自是阉人携带他人随意出入,概无门禁。"③

说是"概无门禁",虽不免有所夸张,但亦非虚言,这由严惩护军而引出的"刘振生混入禁地案"可证。此案发生于十一月初八日。李慈铭该月初九日日记记云:"闻昨日哺时,有人青衣布裳直入慈宁宫门,至体元宫西暖阁下,持烟筒吸烟,时慈禧皇太后将进膳,闻咳声,问谁何,应曰我内监。执之,询所来。曰自天上来。来何为? 曰来放火。此异事也。"④在时人的眼里,这确乎是一大"异事"。你想,森严的宫禁之下,在慈禧太后的居住之处,竟然突然冒出了这么个粗俗之人,这还了得! 并且说是"来放火",这与九月初的"于天棚搜出火药之案"联系起来,更是让人觉得案情复杂。赶紧缉拿审讯之下,知此人叫

① 徐一士:《一士谭荟》,中华书局 2007 年版,第 187 页。

② 《清实录》第 53 册,第 713 页。

③ 王小航(即王照)述语,徐一士:《一士谭荟》,第 195—196 页引及。

④ 李慈铭:《越缦堂日记》第 12 册,第 8876 页。

刘振生,是自神武门内进来。慈禧借上谕怒斥:"宫禁森严,竟任令该犯走入,门禁懈弛已极,实堪痛恨!是日值班之护军统领载鹤,交部严加议处。其该班章京,著即革职"。① 为了此案,连同与案犯一起居住的其岳父等人也拘押前来质对,审明他们家和宫中太监有联系,而刘振生犯疯病时好时坏,这次是犯病进宫。而这时,所谓"护军玉林等殴太监案"还没有结案,一宗未清,又添一宗,且都与太监和护军有关。

而刑部和内务府等部门的官员,对于护军与太监争斗案,虽然不能不慑于慈禧的淫威,但也在千方百计地软磨,经过次次上奏,次次谕驳,这就不具体说了。只说到十一月二十七日、二十九日,有两道上谕发下。前一道是关于刘振生案的:"军机大臣等奏会审擅入宫内人犯定拟请旨一折,刘振生素患疯疾,混入宫禁,且该犯语言狂悖,实属罪无可逭,著照所拟即行处绞。"②此案人们对刘振生的进宫之事,尽可往其本人身上归罪,不管他是真疯假疯、疯大疯小,处绞一个民人,当时岂不是小菜一碟!后一道谕旨则是关于太监与护军斗殴之事的,其中有言,"午门值班护军殴打太监一案,曾谕令刑部、内务府详细审办,现据讯明定拟具奏","该衙门拟以玉淋从重发往吉林充当苦差,祥幅从重发往驻防当差"等,"自系照例办理","惟此次李三顺赍送赏件,于该护军等盘查拦阻,业经告知奉有懿旨,仍敢抗违不遵,藐玩已极。若非格外严办,不足以惩儆。玉淋、祥幅均著革去护军,销除本身旗档,发往黑龙江充当苦差,遇赦不赦。忠禾革去护军,改为圈禁五年。均著照拟枷号加责。护军统领岳林,著再交部严加议处","至禁门理宜严肃,嗣后仍著实力稽查,不得因玉淋等抗违获罪情形,稍形懈弛。懔之!"③先说谕中将玉林、祥福、忠和三人之名,改为玉"淋"、祥"幅"、忠"禾",是当时特别对悖逆"匪盗"惯用的一种方式,此处将他们三人之名亦改,足见对其人之痛恨。再说对此事的定夺,这可就更复杂了些:对护军的严办和对太监的偏袒就是慈禧的本意,此次上谕中,对护军方面虽有所"宽大",但在"禁门理宜严肃"的话语之下,仍无对太监一方的半句责词。总之,仍是对其偏护。

---

① 中国第一历史档案馆编:《光绪宣统两朝上谕档》第六册,广西师范大学出版社 1996 年版,第 316 页。

② 中国第一历史档案馆编:《光绪宣统两朝上谕档》第六册,第 324 页。

③ 中国第一历史档案馆编:《光绪宣统两朝上谕档》第六册,第 332 页。

　　清流派人物自然早就关注此事,只是因时机未到,没有上奏而已。这时见时机已经成熟,便立马伺机上奏了。这时的张之洞,已从国子监司业,经左春坊中允、司经局洗马、翰林院侍读,晋为左春坊左庶子并兼充日讲起居注官。他于光绪六年(1880 年)十二月初四日所上的一道《阉宦宜加裁抑折》,话语不长,却句句到位,既摸准了慈禧太后的心机,照顾到她的脸面,又软中有刚,给问题的缓解铺设了台阶。

　　张之洞此疏中开篇言道:"窃近日护军玉林等殴太监一案,刘振生混入禁地一案,均禀中旨处断讫。查玉林固系殴太监之人,而刘振生实因与太监素识,以致冒干禁籞,是两案皆由太监而起也。"置此前提之后遂谓:"伏惟阉宦恣横,为祸最烈,我朝列圣驭之者亦最严。我皇太后、皇上恪守家法,不稍宽假,历有成案,纪纲肃然。即以此两案言之,玉林因藐抗懿旨而加重,并非止以太监被殴也。刘振生一案,道路传闻,谓内监因此事被罪发遣者数人,是圣意灼见弊根,并非严于门军而宽于署御也。仰见大中至正,宫府一体,曷尝有偏纵近侍之心哉?"在给皇家脸上"贴足了金"后,话锋一转言曰:

　　　惟是两次谕旨,俱无戒责太监之文。窃恐皇太后、皇上裁抑太监之心,臣能喻之,而太监等未必喻之,各门护军等未必喻之,天下臣民未必尽喻之。太监不喻圣心,恐将有借口之案,恫喝朝列,妄作福威之患。护军等不喻圣心,恐将有因噎废食,见奸不诘之忧。天下臣民不能尽喻圣心,恐将揣摩近习,诌事貂珰之事。①

　　接下来又联系往昔及前不久之事说来:"嘉庆年间,林清之变,则太监为内应矣。本年间,有天棚搜出火药之案,则太监失于觉察矣。刘振生擅入宫禁不止一次,则太监从无一人举发矣"。所举这些事情,足以让慈禧太后思而恐惧。再接着,又说"万一此后太监等竟有私自出入,动托上命甚至关系政务,亦复信口媒蘗,充其流弊所至,岂不可谓寒心哉"? 鉴此,奏中提出,"相应请旨严饬总管内务府大臣,将太监等认真约束稽查,申明铁牌禁令,如有借端滋事者,奏明重加惩处",并且,还提出严格"内监出入"宫禁的办法。总之,这是

----

① 冀版《张之洞全集》第一册,第74页。

旨在落实"阉宦宜加裁抑"的举措。最后,奏折引用经、传之中的"履霜坚冰,防其渐也";"城狐社鼠,恶其托也"之辞作结。①

由此奏,可见张之洞既虚张慈禧严管太监的做法,又处处论说太监的恣横不法,甚至还要朝廷申明专门约束太监的"铁牌禁令"。"铁牌禁令"为顺治十二年(1655年)六月二十八日由皇帝颁布的一道上谕,随后将其镌于铁牌之上,立于交泰殿。是鉴于明朝太监为患的教训,裁定内官衙门及员数执掌,宣明太监以后但有犯法干政、窃权纳贿及种种不法情事者,即行凌迟处死,决不姑贷。张之洞此奏尽管表面上维护了慈禧,但对不法太监是力持严惩态度的。

同时,与张之洞官职相仿的清流派另一干将陈宝琛,也于同日上了一折。这自是与张之洞的联合行动。有记述曰:

> 其此案上疏之情事,据闻十一月二十九日重出护军之上谕既颁,陈氏以此案若竟如此结局,关系甚巨,决意上疏争之。张佩纶(时官侍讲)与过从最密,知而告之洞。之洞曰:"吾亦欲上一疏,为同声之应,惟此事只可就注意门禁裁抑宦寺立言,蕲太后之自悟,勿为护军乞恩。太后盛怒之下,不宜激之,致无益有损。"陈疏稿略如其旨,而正疏之外,并附一片,则仍争此案处分之失当。之洞闻之,亟致一笺,谓"附片万不可服",以药名作引语也。十二月初四日,两人之疏同上。之洞旋于直所晤陈,复问曰:"附片入药否?"曰"然。"之洞顿足曰:"误矣,误矣!"孝钦览奏,为之感动,遂于初七日特颁懿旨。此案既结,之洞喜而谓陈曰:"吾辈此次建言,居然获效矣。请问附片中究竟是何说法。"陈为之诵数语,之洞乃大赞其辞令之妙,示推服焉。②

这道于初七日发布的让张之洞大为高兴的懿旨为:"前次午门值班兵丁殴打太监一案,护军玉淋等因貌抗获咎,原属罪有应得,惟念门禁至为紧要,嗣后官兵等倘误会此意,稍形瞻顾,关系匪轻。著格外加恩,玉淋改为杖一百,流二千里,照例折枷,枷满鞭责发落。祥幅革去护军,改为杖一百,鞭责发落。忠

---

① 本段中引文见冀版《张之洞全集》第一册,第74—75页。
② 徐一士:《一士谭荟》,第190页。

禾革去护军,改为杖一百,实行责打,不准折罚钱粮,仍圈禁二年,圈满后加责三十板。护军统领岳林,著免其再行交部严加议处。太监李三顺,著交慎刑司责打三十板。首领太监刘钰祥,罚去月银六个月。至疯犯刘振生混入宫禁,已将该总管、首领太监等分别摘顶、罚去月银、斥革责打发遣,以示惩儆。"①看,将护军方面的责罚明显减轻了,而增加了对太监方面的责罚。难怪张之洞非常高兴地对陈宝琛说"吾辈此次建言,居然获效矣"!慈禧太后在朝中正义官员明里暗中的拮抗之下,不能不有所收敛,而张之洞等人的正当其时且措辞得体的上疏,给了她一个既全其脸面,又不失缓解事态的灵活台阶。当然,这是专制体制之下所特有的产物。

三、力争四川"东乡案"

四川东乡案,从广义上说,是贯穿于同末光初多年间的一场巨大案事。因官府屡年横征暴敛,民众不堪负担,四川东乡县(今四川宣汉县)群众被迫进行抗粮斗争,地方上武力镇压。清廷历经多年的查办,各方争议颇大,最后"持正派"占了上风,以民众领袖袁廷蛟被处死的同时,也惩治和处分了诸多官员结案。

此案前因由来已久。自道末咸初太平天国起义爆发,清朝军饷激增,四川军饷负担也大大增加。官府乘机向民众以所谓捐输、津贴等名义苛征、勒索,而东乡地方尤其暴烈。地方公局局绅借机"浮收渔利,并不清算捐款,亦不悬挂清单,因此乡民不服"②。自同治年间,东乡县民人即不断要求核算粮账,地方上横暴不应。急公尚义且初识文字的乡民袁廷蛟即曾进京告状,被"咨回本省总督衙门,交发审局讯办",其"在发审局过堂七八次,俱受刑责",又将其"发回本县收卡四个多月",才放出来令"回去算账",而"局绅仍不遵算",迁延下来。光绪元年(1875年)五月,众捐户进城找局绅王棕恩算账,"城内因见人众,将城关闭"。数日后,经绥定府知府易荫芝"来县查讯,遂出示令按旧章

---

① 中国第一历史档案馆编:《光绪宣统两朝上谕档》第六册,第338—339页。

② 中国第一历史档案馆编(下引省此编名):《光绪初年清政府镇压四川东乡县抗捐史料(一)》,《历史档案》1994年第2期,第60页。

交粮,并勒碑永远遵行,饬王棕恩等与众清算,当各遵谕解散"。及至光绪二年(1876年)正月间,东乡绅民又去找王棕恩清算,王拒不办理,反而"贿买假差捉拿捏详",时有署太平县知县祝士菜受命前来核查,王棕恩等藐视不遵,勾通本县署理知县孙定扬,孙遂捏报情节,请兵剿洗。时任护理川督的文格(已调李瀚章为川督未到)派提督李有恒率兵前来,于三月初"连掳带杀约无故一千余人,奸掳妇女二百余口,烧毁民房五百余间,寨峒衣物银钱谷粮抢烧一空"①。由此造成一大血案,并大肆焚毁民众屋宅、财物。若从狭义上说,也能以此地方上残杀、毁物的这一"最高潮"事件,作为"东乡案"的肇发点。

话说袁廷蛟在此难中连夜逃出,几经周折再赴北京告状。而在袁廷蛟到京前,京中已有知情言官上奏对此案提出异议。如在光绪二年闰五月间,川籍御史吴镇上疏请旨查办,他陈说李有恒滥杀无辜,谓"始由地方官暴敛,继由带兵官冒功,终遂至于不可收拾。今如此办法,诚恐有激而成,贻害大局",除袁廷蛟之外,"东乡县知县及局绅等,均应提省严审",李有恒"涉嫌诈杀,残虐无辜,淫凶掳掠,其罪甚重,犹复张示扬威,冀图冒功,殃民误国,岂能容于盛世"?此后袁廷蛟到京(在六月二十九日),由刑部尚书崇实审理上奏,该奏主要引录关于该案的相关上谕,而在其自陈的极简话语中,只是简略概述袁廷蛟供语,并说其"尚非任意妄供","自应恪遵谕旨,将该犯袁廷蛟咨送兵部,解回四川归案审讯"②,而该奏最后附有袁廷蛟的较长供词,其显然意在表明袁廷蛟并非文格所说的那样。而都中川籍京官萧宗瑀等连同贡士、举人、监生等一共将近五十人,也呈文清廷,提出护督文格关于李有恒冤杀奸掳等情"并无其事"之报,与他们的"闻见炯不相符","请旨再行切实查办,以重民命而张国法"③。

而朝廷在此之际则有将文格调为山东巡抚而将丁宝桢调为川督的安排。而他们到任时,已在咸丰三年(1853年)了。这年九月,丁宝桢上查办东乡案

---

① 《光绪初年清政府镇压四川东乡县抗捐史料(一)》,《历史档案》1994年第2期,第60—61页。袁廷蛟,下引有的文献中或作"袁庭蛟",为避免紊乱,一律改作"袁廷蛟"引录,于此特别说明。

② 《光绪初年清政府镇压四川东乡县抗捐史料(一)》,《历史档案》1994年第2期,第55、60页。

③ 《光绪初年清政府镇压四川东乡县抗捐史料(二)》,《历史档案》1994年第3期,第43页。

事的长篇奏折,是基本维持原先文格的审办拟议,而朝野上下激愤不平之声愈起。这里需要特别一提的是,光绪四年(1878年)"清流"干将张佩纶上疏,力持四川东乡案李有恒罪名轻纵,请饬复核,而朝廷遂命四川开县籍正在家养病的原两江总督李宗羲,调查办理东乡案事。对此案他"平日早有所闻","又迭次派亲信家属"查访,自己也"力疾亲至该县调卷细查",弄清情况,上疏奏报,说是"袁廷蛟聚众算粮,始则因官绅通同浮收,继则因知县冒昧请兵,而其后李有恒以搜拿为名,遂至破寨破碉,无辜受戮"①,而酿成此巨案。总之,他是以确凿证据,认定此案确系一特大冤案。要知此折之上,李宗羲是经过激烈思想斗争的,在《复恩、童两钦使论东乡案书》中说,他是怀着"国恩难负,公论难欺,天良难昧"的志念,"不敢不据实直陈"的,"况千百民命,攸关天下,人人共愤,此冤一日不雪,人心一日不甘,倘日后再有反复,不惟身名俱玷,且无以对天下后世"②。但此折上达,朝廷有旨责其"惟凭四乡访查,择其众论佥同者信之"。迫于压力,他最后又上简短的《据实更正东乡一案疏》③,说是"准四川督臣丁宝桢咨送全卷再三披阅",乃知文格奏报和李有恒上文格禀中所言,在有的事项上李有恒不该担责,并自请交部议处。但事实上,李宗羲对该案的由衷态度上,还是认民冤而不法官绅横暴的。

而此案发生时,张之洞正在四川学政任上,自有所闻。而他在"光绪二年夏间考试川北,即闻物议沸腾。拟俟回省详考本末,如实有颠倒,即当上陈。乃秋间到省,已经台臣参劾,得旨查办,自不便再行渎奏"④。这是张之洞自己到其出奏此案时所说,事自确凿。实际上,他在按试至东乡县所属的绥定府时,应试的该县童生多不按题答卷,而其试卷所书,皆为冤状,这使他对该案的实情就有了更多的了解。而到了他在京做"清流"之际,此案正是给了他借机发挥的题目。

光绪五年(1879年)五月十一日,张之洞上奏,并且是一折两片。他在奏

---

① 《光绪初年清政府镇压四川东乡县抗捐史料(三)》,《历史档案》1994年第4期,第38页。

② 方宗诚编:《开县李尚书(宗羲)政书》,台湾文海出版社"近代中国史料丛刊"1970年影印本,第525页。

③ 《光绪初年清政府镇压四川东乡县抗捐史料(三)》,《历史档案》1994年第4期,第40页。

④ 冀版《张之洞全集》第一册,第17页。

折中说:"伏思此案之查办,由于滥杀,滥杀由于诬叛请剿,诬叛请剿由于聚众闹粮,聚众闹粮由于违例苛敛。各禀各疏中所谓署东乡县知县孙定扬议派捐输,每正银一两,多加钱五百文是也。"开篇即阐明此案的肯綮。接着,阐说四川捐输与他省的不同,"咸丰中叶,军饷无出,计臣议于四川钱粮之外,加收津贴","咸丰末年,更议于津贴之外加收捐输","川省一百六十州县,除最瘠数十州县外,余皆派及","不特此也,川省杂派最多,若夫马局,若三费局,有者十有八九。此外地方公事各局,名目不一,皆取之于民,皆派之于粮",而"川省捐输之数,向有藩司派定,照文征收,无可加减,故东乡之多收五百文,非勒捐富户也,乃加赋也。非为国家聚敛也,乃肥己也"。① 再接着分析川省民、官的情况,并具体述及东乡案事:

> 蜀民涵沐盛泽,亦知急公纾难之义,不忍吝也。官吏于是谓蜀人富而且愚,因之苛敛不已。然而百姓亦能曲谅官吏办公之无资,私用之不给,民力已竭,仍不敢怨也。何至旧章之外,复又增加?且东乡自同治八年以后,局中有巨万之征收,无一纸之清账。乡民激愤清算,遂发兵以剿之,且举无数无干之老弱妇孺而屠戮之,此不得不为四川百姓痛哭流涕而诉之于天地父母者也。②

这可谓思民之善良、忍让,而官之无厌追索,以致最后对"激愤清算"的乡民,发兵痛剿,且不惜屠戮"无数无干之老弱妇孺",酿成莫大血案,真堪令人"痛哭流涕"!张之洞在此段爱憎分明、情感真切的文字之后,又设问"皇太后、皇上亦思发、捻所以削平之故乎"? 随后阐说:"咸丰以来,贼氛几遍天下,师老饷匮,岌岌可危,然而依次扫荡,重睹升平……此岂尽师武臣力之所致哉?良有列祖列宗深仁厚泽,积累沦浃,故皇天眷佑我圣清而使然也"。而接着说,"我朝深仁厚泽,固属美不胜书,然大约则有两事:一曰赋敛轻,一曰刑罚平",随即分举具体谕旨,并进而申说,"从古帝王所以享国久长者","惟民心为可恃","今孙定扬横征暴敛,妄召外兵,残民以逞,民不叛而污为叛,城不围

---

① 冀版《张之洞全集》第一册,第14页。
② 冀版《张之洞全集》第一册,第15页。

而设为围","假使非该员捏禀于先,则督臣剿洗之批从何而下"?"谓之蓄意诬民为逆,百喙何辞"?接着查例载相关律条,在得知判罪原则的基础上说,"臣愚以为不诛孙定扬,不惟无以谢东乡千百之冤魂",而"乃案悬四年,两被京控,三经纠参,两易督臣,三奉查办,而卒之舍首恶而不诛,事无真是非,刑无真罪名,此臣所大惧也"。最后持论,"国家所倚任之大臣,用舍操纵,朝廷自有权衡,何必顾忌牵制,致紊大法哉?愿皇太后、皇上深惟祖训至严,人命至重,民嵒可畏,天鉴难欺,关系至大,不独一蜀,应如何核议之处,恭候圣裁"。①

张之洞此折,可以说体恤被苛待冤抑的善良民众,不惜为之辩护伸冤,而深恨横征暴敛、借端害民的官吏,上奏呼吁严惩孙定扬之流。并且,视此案并非孤立个案,也"并非一蜀",借以警示朝廷。此折在对相关大员方面,还是说朝廷"自有权衡",未置明言,当然实际也隐含追责的意思。至于对最高统治者,他还是把握"朝廷无过、罪在臣子"的一个"冠冕堂皇"的表面原则,不过,必要时还是有其"讽谏"之意的。

至于在"陈明重案初起办理各员情形"和"附陈蜀民困苦情形"的两个附片中所陈,更是从不同方面为此"重案"的办理具体伸张的。第一片中,是针对光绪元年此案初起办理时的冤错人员纠正、平反之议,像绥定府知府易荫芝,以及由易氏委署之太平县知县祝士菜,还有吴棠所派总兵谢思友,他们在办理此案中皆无甚过错,主要是安抚、疏导被镇压民众的情绪,乃正当之举,但当时却被劾、被撤。张之洞奏片中言:"使易荫芝令得行,则不致激变;使祝士菜之言可用,则不致发兵;使谢思友之兵不罢,则不致多杀。"然而,"祝士菜、谢思友几于得罪,易荫芝则中外交劾矣"。并且,总督吴棠当时"批以即时解散,办理甚属妥速",这本来是"功",但亦被忽视。现今"祝士菜、谢思友即云事未办毕,无功可录;易荫芝即云本管知府不能辞咎,朝廷亦当于定案时,褒奖数语,以劝将来"②。至于原川督吴棠,在案发不久病免,次年便告去世。

在张之洞的《附陈蜀民困苦情形片》中,主要是针对引发案事的苛征之事而言。据张之洞所闻,"东乡正赋、津捐、茶课各项杂派实收制钱十三四千文,经知府易荫芝核减,定为七千数百文。孙定扬抗不依遵,仍复加征,以致酿

---

① 冀版《张之洞全集》第一册,第15—17页。
② 冀版《张之洞全集》第一册,第17—18页。

祸"。查四川通省征收，从来实无像外间所说的那样，"一两止收四千二百文之事"，实乃"川省赋敛之太重，民力之困竭，诬叛之奇冤"，①事属确凿。

张之洞之奏，朝廷比较重视，有上谕说：据其各折片称，"四川东乡县一案，皆有前东乡县知县孙定扬违例苛敛，以致聚众闹粮，又蓄意诬民为逆，具禀请剿，实为此案首恶。尚书承恩等审拟覆奏，不引诬告叛逆本例，而牵合告重事不实之条，拟发边远充军……著刑部并入全案核议具奏。所称前绥定府易荫芝、前署太平县知县祝士棻、总兵谢思友办理此案尚知政体，宜于保奖等语。著刑部于定案时声名请旨"。②

及至五月二十日，张之洞又上一折，是就"新授库伦办事大臣、前山东巡抚文格奏报，已于四月十八日交卸来京陛见，计日即将抵京"，说是"查四川东乡一案，文格应否议处，敕部定案请旨"。而接下来，历数文格之咎，谓"东乡事起，兵集之时，文格批饬各营痛加剿洗"，其"不论案情，不审事机，不察虚实，但据禀报，率意批行"，"此事原委案牍具在"，部臣"断无不请议处议罪之理"，而其"入觐后，即当驰赴新任，部议上时，将到任数日而又黜之乎"？"旋到旋更，似非政体"，请朝廷"考察酌夺，默定权衡"。③ 这实际上，对追究文格罪责的意思明矣！朝廷就此又发布上谕予以认同："文格著开库伦办事大臣缺，来京听候部议"。④ 这样，文格到京，未赴新任，便被交部议处。

而在六月二十日，这时的刑部尚书文煜等人上疏，说是正在核办此案之间，先后两次接到了朝廷因张之洞上奏而发布的谕旨。接着把对此案的审办情况汇报，大旨是："袁廷蛟衅起闹粮仇斗，并无叛逆情势"，而其"虽非叛逆，其引贼劫掠亦属罪犯应斩"；李有恒"妄行杀戮"，"拟斩监候，秋后处决"，孙定扬亦同，此外对相关人员也拟出刑罚。至于对张之洞奏中提出的相关事宜，也予以肯定性回应。而对惟文格、丁宝桢、李宗羲等人，因其"均系大员，应如何分别议处，仅遵旨声明，恭候钦定"。⑤ 而在此之后九月，荣禄为李易氏呈控伊

① 冀版《张之洞全集》第一册，第18—19页。
② 冀版《张之洞全集》第一册，第19页。
③ 冀版《张之洞全集》第一册，第19—20页。
④ 冀版《张之洞全集》第一册，第21页。
⑤ 《光绪初年清政府镇压四川东乡县抗捐史料（四）》，《历史档案》1995年第1期，第44—45页。

子李有恒怨抑事上奏,并附有《李易氏呈词》,为李有恒伸冤辩白,最后为慈禧所否。而此案的最后结局是,早就发回四川羁押的袁廷蛟于光绪五年十一月在成都狱中被焗杀;而李有恒、孙定扬亦伏法;相关涉案员弁被分别充军、革职、降调。对有关大员,前护四川总督文格"草率定案,于带兵员弁纵兵焚掠隐匿不参","三品顶戴革职留任";四川总督丁宝桢"拟罪轻纵","始终偏执",并面谕两司删改案牍,予以革职,又鉴于其"平日勇于任事,操守尚好",故署理四川总督(后复实授);李宗羲"于饬查事件未能分晰叙明,照部议降一级留任"[1],他也受到了轻微处分。

可见,此案在统治阶级内部也引发激烈争议,一方是直接涉案官员和四川总督,一方是川籍京官和清流派人物。胶着多年,时有反复。最后清廷裁断四川东乡"闹粮"民众并非反叛,而对袁廷蛟予以处死之外,主要还是对相关涉事官员问责。而在此案中,张之洞当时虽只是在国子监司业任上的一名"旁议"者,非参与全案的主要审办人员,但他作为"清流"干将,同时又是案发时身在四川学政任上的官员,对于这场旷日持久的案事的审理,在关键的时刻伺机发议,对此案的最后处断,发挥了重要关键人物的作用。

四、持正激议因"崇约"

所谓"崇约",是指崇厚被清廷派为中俄伊犁交涉的代表,他擅自与俄签订的严重丧土损权的《里瓦吉亚条约》(因系在克里米亚半岛的里瓦吉亚签订故有是名,简称"崇约")。伊犁问题可以追溯到19世纪60年代阿古伯入疆。同治三年(1864年),新疆回民起事者先后攻占多地,喀什噶尔的封建主金相印向浩罕汗国乞师,浩罕遂派其国军官阿古柏于同治五年(1866年)侵入南疆,逐步兼并各举事地区。其在同治六年(1867年)成立"哲德沙尔汗国"(意为"七城之国"),自立为汗。此后进一步扩占疆土,控制了南、北疆相当部分地区。而前被新疆回民举事者攻破的伊犁,不在其控制之内。俄国趁火打劫,在同治十年(1871年)以"代收"名义悍然出兵侵占伊犁地区。嗣后清廷令署

---

① 中国第一历史档案馆编:《光绪宣统两朝上谕档》第五册,第220页。

理伊犁将军荣全前去与俄国当局交涉将该地收回,但俄方以种种理由推托、延宕,拒不交还。而至光绪元年(1875 年)左宗棠任钦差大臣督办新疆军务,率军出征讨伐阿古柏,于光绪三年(1877 年)最终告捷,俄国失去继续占据伊犁的借口。次年清廷遂派崇厚赴俄谈判,而他于光绪五年八月(1879 年10 月)与俄非法订约。中国闻讯反对声浪顿起,清廷遂有逮治崇厚(后又赦免),派驻英、法公使曾纪泽兼充驻俄公使,赴俄改议条约的举动。张之洞正是在惩治崇厚、重议条约和防御俄国问题上屡屡积极建言、大显身手。

"崇约"方订立不久的光绪五年十二月初(1880 年 1 月中旬),已任司经局洗马的张之洞(嗣后其职务变动屡有)便上折说自己对崇约"不胜愤懑",并具体指陈了该约的十"不可许":如"陆路通商,由嘉峪关、西安、汉中直达汉口,秦陇要害,荆楚上游,尽为所据";许俄行船至都伯纳,"即与东三省全境任其游行无异",且"一许俄人,效尤踵至";今准俄商带枪,"假如千百为群,闯然径入,是兵是商谁能辨之";前"新疆已经议定之界,又欲内侵",意为俄人贪欲无穷;相关多处准设领事官,无异全疆尽归俄控制,且"设各国援例,将十八省腹地,遍布洋官";俄国"名还伊犁",而在要隘"盘据如故,居高临下",我"险要尽失"。如此等等的"不可许"之由,只择此数端简述,余不一一。接下来,其论说"改易之道":一是"计决"。说是"崇厚误国媚敌,擅许擅归",主张"拿交刑部,明正典刑",这样"治使臣之罪,即可杜俄人之口"。如此"立诛崇厚则计决"。二是"气盛"。说是"俄人欺我使臣孤弱,逼胁画押","俄罗斯觊然大国,乃至出此,不特中国愤怒,即环海万国,亦必皆不直其所为",可"布告中外,行文各国,评其曲直",而又"明谕边臣整备以待,据众怒难犯之情,执国敝不从之志",而俄国"自与土耳其苦战以来,师老财殚,臣离民怨",若与中国开战,"必且有萧墙之祸,行将自毙,焉能及人"?这样"明示中外则气盛"。三是"理长"。持论"若尽如新约",中国"所得者'伊犁'二字之空名,所失者新疆二万里之实际",这样"是有新疆尚不如无新疆",而崇厚所订条约"未奉御批",不足为凭,故而"缓索伊犁则理长"(需注意,他这里所说"缓索伊犁",是有其特定理由的,稍后揭明)。四是"谋定"。持论"俄人而讲信义,兵端可以不开。若俄人必欲背公法,弃和好",则我"设防之处大约三路:一新疆,一吉林,一天津",并特别是述明,"左宗棠席屡胜之威,兵力素强",尚有诸将配合,

合理部署,如此"急修武备则谋定"。① 最后有言:

> 臣非敢迂论高谈,以大局为孤注。惟深观世变日益艰难,西洋挠我权政,东洋思启封疆,今俄人又故挑衅端,若更忍之让之,从此各国相逼而来,至于忍无可忍,让无相让,又将奈何? 无论我之御俄本有胜理,即或疆场之役利钝无常,臣料俄人虽五战不能越嘉峪关,虽三胜不能薄宁古塔,终不至掣动全局,旷日持久,顿兵乏食,其势自穷,何畏之有! 然则及今一决,乃中国强弱之机,尤人才消长之会……要之,武备者,改议宜修,不改议亦宜修。伊犁者,改议宜缓,不改议亦宜缓。崇厚者,改议亦诛,不改议亦宜诛。此中外群臣之公言,非臣一人之私言也。②

可见,是以坚决御俄、整修武备、必诛崇厚为言的。而从十八条的"崇约"来看,除第一条规定将前由俄国"代收"的伊犁地方,部分地"交还大清国管属",还有最后一条是关于条约"批准"之后"换约"的事宜之外,其他各条都是划失中国权益的具体规定。另外,还订有《瑷珲专条》《兵费及恤款专条》《陆路通商章程》,将相关事宜具体细化,并扩及东北松花江行船、贸易之事。总之,这是一个"系列性"的严重丧权辱国的不平等条约。而张之洞此疏中,激愤充溢,居理持正,对俄人借约侵华的图谋及连带性危害有着敏锐的警惕和揭露。当然,就其所言来看,在有的事情上持论未必完全恰贴,也有高言太过的意味,不过,他出于对外患的忧愤,敢于仗义执言,语锋犀利,在朝中舆论中不啻一颗"重磅炸弹",足以给朝廷应有的警策。

他上折这天,内阁遵旨集议"崇约"事宜。据在场的翁同龢记载:"发下张之洞一折(按:即上言之折),王仁堪等二十二人一折,盛煜(昱)一折",而他尤其着重介绍了张之洞一折的主旨。又说"宝竹坡(宝廷)议则主战而沉痛恻怛",李端棻(芯园)等"议大略宜修战备",而"百僚相顾不发,骈头看折,杂然一群鹅鸭尔"。而这时,载龄、全庆两相国邀谈,载龄云:"张折甚好,可照行,

---

① 冀版《张之洞全集》第一册,第32—35页。
② 冀版《张之洞全集》第一册,第35—36页。

但须俟上亲政后再议。"翁同龢回答说:"此推诿之词,议而不议,不敢附和。"①可见,当时参议的要员们,要么看折不语,俨然"一群鹅鸭",要么,像载龄似的延宕、推诿。而上折和发言的,主要是清流派人士。及至本月十六日,又值内阁集议,宝廷、黄体芳、张之洞等早早到来。他们今天都各有奏折,宝廷"争毁约",黄体芳"专劾李相及恭邸",也就是李鸿章和奕䜣,张之洞之折则"言筹兵筹饷数千言"②。可见,主要还是以清流派的言说为主,冲锋陷阵的仍是他们。

张之洞在此折中,说自己"前疏之意,要以急修武备为主",这当符朝廷之意,而朝廷又"似不免以修备为难",遂"不得已而出于讲耶"(所谓"讲",即言说);"臣愚以为无备则不能战,无备则并不能讲。及今而言备,尚有可备之兵,尚有可备之饷,尚有可备之人",而"备之法,曰练兵,曰筹饷,曰用人"。接下来分别言之,对"练兵",提出"首练蒙古兵",其次分别"练西兵"、"练东兵"和"练北洋兵"。其所谓"西兵",是指选中国西北各部的"桀骜之人"所练,以与"湘营"配合;所谓"东兵",是指东北一带特别是黑龙江的兵员;而所谓"北洋兵",是指特"招募闽、广精卒来津听用",以补海军"淮人十不抵闽、广一人"之缺憾。对"筹饷",其言北洋、新疆及东三省所需本有经费,"惟整顿蒙军及沿边重镇"各处,"如从容布置,亦须增兵增饷",请饬各督抚酌量裁撤冗兵而补边饷。通过"倍征洋药税","酌提江、广漕折运脚","整顿淮纲"等措施,则可大幅度增收充饷。对"用人",则提议"蒙古部当以蒙古王率之",新疆"刘锦棠前敌大将,若假以重权,则声威益振","张曜可使备科布多,为后路",至于东三省"内抚外攘,断非长才不办,现任各将军才皆不逾中人,恐不足以备缓急",可于"京外大员中遴选数人"酌量充用,更"宜密谕左宗棠将各路战守机宜明白条上",若异日俄人必开兵端,以资应对,或调之"来朝入阁,以备朝堂资访筹策,亦无不可",如此等等。再接着,是筹"讲法":一曰"责以义"。大意是说我有德于俄,而其反悖于我,前即侵占中国疆土千万里,"今又挟小惠以徼大利",咎之责之,"俄之君臣,独不畏瞿违天不祥之咎乎"? 二曰"折以约"。

---

① 陈义杰整理:《翁同龢日记》第三册,中华书局 1993 年第 1 版、1998 年第 2 次印刷本,第1462 页。

② 陈义杰整理:《翁同龢日记》第三册,第 1464—1465 页。

大意是说前有条约存在,俄国今又增出"新约有,旧约无"的若干事项,"可驳者更复何限"?"以此诘俄,俄其何辞"?三曰"怵以势"。大意是说俄若不"慑于义,箝于约",则警告曰"我守已固,我军已蒐,闭关绝市","俄西犯则我以将军袭尼布楚,东寇则我轻骑以破浩罕、复伊犁","俄人万里孤军"必败。①其最后有谓:

> 总而论之,备为主,讲为辅,操纵为变化。我苟无备,俄人知我虚实,肆其恫喝,虽有辨士,将不得言,言亦不信。虽然修备之道,并非朝廷颁一诏书、疆吏办一复奏已也。窃念自咸丰以来,无年不办洋务,无日不讲自强,因洋务而进用者数百人,因洋务而糜耗者数千万……事阅三朝,积弱如故。一有俄事,从违莫决,缙绅束手,将帅变色……伏愿皇太后、皇上自今日始,君臣上下,卧薪尝胆……如谓修德修政,竭禹迹九州之全力而不能与一邻国抗,殆亦数千年来史册所未有者也。②

张之洞此折中虽不无空言高论之处,譬如在"讲法"中所言"责以义",沙俄何尝讲"义"?惟有以强凌弱而已!它是绝不会"慑于义"而"箝于约"的。但总体上看,张之洞还是能不畏强敌,敢责敢言,且明确结论是以"备为主,讲为辅"的。而在"修备"方面有着切实筹议,对"练兵"、"筹饷"、"用人"皆有其有的放矢的思考,拿出具体方案和建议。特别是最后对"洋务"的反思,力图改变"数千年来史册所未有"的状况,反映出他力杜外患、发愤图强的心志。

及至光绪六年正月二十一日,张之洞又有连续上奏。他在《边防实效全在得人折》中,认为"究之边防有益无益、有效无效,必以得人不得人为断",而"大抵得人之道,约有数端",分别从"至诚"、"秉公"、"虚心"、"破格"、"器使"、"节取"、"造就"来说,这显然都是就荐人而言。而最后总结:"朝议之所能筹,臣下之所能请者",不过"简命重臣"、"宣召宿将"、"饬大臣举荐"、"请旨考核对调"诸途,"至于派何人,召何将,荐举之用之不用,考核之严与不严,则其中真精神、真消息全在朝廷",请责成军机大臣"平心鉴裁,竭诚翊

---

① 冀版《张之洞全集》第一册,第36—41页。
② 冀版《张之洞全集》第一册,第41—42页。

赞"。① 他在《俄时机可乘善筹抵制折》中,持论俄事大端,"界务以伊犁全境为最重",商务以内地"通商为最重",说明他前之所以主张"缓索伊犁",是"以俄人不还帖克斯川,伊犁无出路故","应令曾纪泽反复辩论",②索还其地。由此,则可知其前"缓索伊犁"的因由。他在《请饬疆臣详筹改约片》中,说"崇厚既经获罪,所订条约自应作为废纸",既改派曾纪泽重新议约,"须授方略于请旨之后,必当议方略于请旨之先。此事关系重大,仅使总理衙门议之,不如先使廷臣议之,而后能集思广听。廷臣议之,不如兼使疆吏议之,而后可实见施行"。而在疆吏中,最上张之洞眼目的,是李鸿章与左宗棠,所以特别提议朝廷饬这两人"详筹速奏"。③ 如此等等。

及至五月十九日,张之洞又上《敬陈经权二策折》,这是在"俄人恫喝,英法居间,首以赦免崇厚为请,而南北洋大臣张皇入告,枢臣不再计,廷议无深谋"的情势下,张之洞"覩此时局,不胜愤惋"因而出奏的。他是分"守正"和"变通"两策分别来说。前者"曰必诛无赦,以存国权",大旨是持正不阿,行国家之权,必诛崇厚;后者"曰赦此罚彼,以示不测",大旨是若不诛崇厚,"则莫如明诏昌言,径赦其罪而故驱策之,勒令捐银百万以充军饷,责令仍往俄国,交曾纪泽差委,戴罪自效",而"如条约不改,变衅终开,即令曾纪泽在彼处,将该革员即行正法"。同时要朝廷责令北、南洋大臣"急修水陆防务",说如此"一赦一罚,势如张弛相资,必须并用"。最后总结说,"由前之策,正也;由后之策,变而尤不失其正也",而方今中国"虽似有才难之叹,积弱之形,而中外将吏,正不少智勇兼备之才;草野士民,未尝挫忠义激昂之气","大局断无可虑"。④ 由此折中可见张之洞其"经""权"并用的态度。

接下来在七月初十日,他又上《谨陈海防事宜折》,对天津、大沽、烟台、营口、上海等处的防备、布兵及其他相关事宜,提出简要的方策,特别是建议"宜发《防海新论》,令各营讲习"。《防海新论》作为较早输入中国的海外军事著作,刚在华出版不几年。该书作者是德国人希理哈,此人参加过美国南北战争,回国后写成该书,总结这场战争的经验教训,记述相关战况,还介绍水雷、

---

① 冀版《张之洞全集》第一册,第42—43页。
② 冀版《张之洞全集》第一册,第43页。
③ 冀版《张之洞全集》第一册,第46页。
④ 冀版《张之洞全集》第一册,第47—49页。

照明灯等武器、设备的制造及应用等。张之洞于此推荐该书，说它"经上海道译出，刊版通行，于外洋争战，防外海，防内河，种种得失利钝辩论至详"，建议多购"分发诸将领，细心讲求，触类引伸，必有实效"。① 由此可见，张之洞在当时也并不是只讲"中学"之人，对"西学"亦有的放矢地有所了解并建议付诸实用，这是他后来成为洋务派典型人物思想基础的积累。另外，在此折中他推荐了"知名宿将"多人以备朝廷采择，如刘铭传、鲍超、曹克忠、郭宝昌、邓安邦、陈国瑞、依克唐阿、善庆、娄云庆、李云麟等，除旗籍者外，多是湘、淮系因故暂休的将领，并说明其"各有所长，亦各有所短，惟在位置得地，驾驭有方，相辅而行，自能奏功"②，对他们的认识和评价自也是较为中肯的。同时，他还附有一片，说"改约各节，曾纪泽自必力为辩论，然其中关系极要之条，尤须坚持定见，期于必行"，特别指出"界务、商务两大端，形迹则界务为重，隐患则商务为重，商务中以陕、楚陆路通商一条尤重"，就此提出相关筹议；而在"松花江行船一条"中说，"约中但言准俄国行船可矣，何必又赘言准中国行船耶"？这是鉴于松花江"本系中国地方"。此片得到朝廷的明确首肯，特发布上谕，肯定其"筹虑尚属周详，著曾纪泽于议约时揆度情形，参酌办理"。③

本月三十日张之洞再上《议约迫促急图补救折》。这是鉴于"曾纪泽抵俄已久，计目前正与俄议崇厚之释，中国既已示弱"的情势之下，就议约一事提出建议，分作"责使臣以羁縻"、"条约应驳改处，宜全数达知彼国"、"辩驳宜先重后轻"、"先诘俄人无故遽发兵船，商令撤回"、"责他国使臣以调处"、"最要数事，宜百计挽回以顾国体"、"如约不改，惟有诛崇厚以存国权"等项。虽说有的事情上（如"责他国使臣以调处"）对列强抱有幻想，但大多事项还是理据比较充分的，特别是对尽量地"以顾国体"、"以存国权"的原则始终坚持不移。此外，还有关于议约中策略手段的使用上，他所持意见也是合宜的，如在"辩驳宜先重后轻"一项中说，"若先以全力争论轻者，彼既应允，我岂能再与之争重者乎"？④ 还需要注意，在附片中特别提醒"防范崇厚"，说"闻崇厚之家，于本月初三日即已知有奏请开释之信"，而"查曾纪泽电报初六日始到，何以崇

---

① 冀版《张之洞全集》第一册，第51页。
② 冀版《张之洞全集》第一册，第52页。
③ 冀版《张之洞全集》第一册，第53—54页。
④ 冀版《张之洞全集》第一册，第55—56页。

厚先期得知"？显系外洋"有人先用电信报慰崇厚"。而崇厚"出狱数日,即已各城内外拜客,舆马煊赫,贺客盈门,不知谢绝,可谓毫无愧耻,毫无畏惮"。①其中尽管有传闻和猜测成分,但对此保持警惕并及时奏报朝廷是确有必要的,特别是对崇厚出狱后情况的述说当是事实。此前,清廷为"转圜"与俄国重新谈判的气氛,当然更是迫于俄国及列强的压力,先是"暂免斩罪"②,仍行监禁,到张之洞上此奏前不久,便免罪开释了。

八月十二日,张之洞又上《海警日迫急筹战备折》,这是鉴于"闻俄船将近,俄使将来,沿海防军尚未赶到,倘再因循数日,敌兵临境,必至束手而听要求",在此紧急情势下而做的筹策,除了"急速征兵,并急速筹给的饷军火"外,还就布兵调将提出具体建议。③ 十二天之后的二十四日,他遵照皇太后"以俄使将来,令廷臣通盘筹划,顾全大局,妥议具奏"的懿旨,又上一折两片。懿旨中所谓"俄使将来"(张之洞前折中亦言及),是指俄国要派前任驻华公使布策来华,这给中俄交涉平添变数,使清方处在疑虑不安之中,故皇太后发布懿旨向群臣征策。张之洞在《遵议奏陈折》中云,布策尚未来到,"俄人意指如何,无从悬拟。然而谋国御敌之道,有须待临几因应者,有必当素定于先者"。说是查俄国外部来文,从其语词看,我"未必不可驳"、"未尝不可商"也,"布策此来,故是危局,亦未必非是机缘"。又说"自古敌国交际之事,谋战为本,辩论为末,形势相禁制为上,婉言恳请为下",鉴此,主张"急修边备,静以待之"。他特别回顾自己前曾屡发建议,因未被听从而造成的所谓"七误",言此"种种失机,悔之已晚",今犹"披沥上陈","欲望敕谕枢臣等,博采群言,早谋速断,勿致始终铸错"。④ 另在两片中,一是条陈防务;一是说崇厚与俄议定的"原约最重数端,无论如何,设法抽换",终"要以改动"为结果,而绝"不甘俯从谬约"。⑤

及至九月十二日,张之洞再上《议约期迫请筹挽救折》并附两片。他这是听说在曾纪泽的要求下,业已东来的布策又复返回,而由曾氏重与俄方议约的

---

① 冀版《张之洞全集》第一册,第57页。
② 《光绪朝东华录》第一册,总第925页。
③ 冀版《张之洞全集》第一册,第57—60页。
④ 冀版《张之洞全集》第一册,第61—62页。
⑤ 冀版《张之洞全集》第一册,第63—65页。

消息之后,做此次上奏的。闻此消息,"廷臣皆喜",而张之洞"独以为不然"。
这是为什么呢?他在折中解释说,"俄使为我追回,若不开诚决计,速为定局,
令其挟忿重来,是怒敌国也",而假如"布策到京,总署自可从头另议"。
张之洞的看法尽管独到,但也未免有悬揣之嫌。俄方遣使,当是对双方交涉的
一种施压策略,曾纪泽把握时机将其"追回",使可与俄方继续开议,既表现出
清方的诚意,也给俄方一个"下来"的台阶。假如俄使真的到华,曾纪泽与俄
方议谈停顿,势必更会生出许多枝节。无论如何,俄使未到是既定事实。况
且,张之洞此折中也主要是就议约之事来筹计的。他说查曾纪泽原议当中,只
以"索还伊犁全境一条为要务、为实争,其余已属次等"①,意思是这样不尽周
妥。张之洞的态度固然更显坚决,但在当时条件下,曾纪泽以领土之争为重中
之重,应该说是相对合宜的策略,因为在俄国势必有利益所得的前提下,对中
国来说,领土的尽少损失毕竟是第一位的。而张之洞所上两片,一片是陈说
"西防、东防事宜","西防"即指新疆,他是在"左宗棠内召"的谕旨下,推荐张
曜为帮办,协助刘锦棠在新疆守御;"东防"是指东北,就其将帅安置事宜也提
出建议。另一片是预筹铃制松花江行船办法,主要是想通过在松花江南岸放
水入淀,再是在该江浅处沉船坠石或种植淤挂之物,阻碍俄轮船通行。② 总
之,他是连这种未必真能暗使的"小招数"都算计到了,可见对防俄、御俄的用
心之细。

　　此时,曾纪泽与俄国的谈判正艰难地进行着,按其既定方案,尤以争领土
为重,其他能争也尽可与争,这中间曲折多有,就不说了。反正是到光绪七年
正月二十六日(1881 年 2 月 24 日),双方签订了《中俄改定条约》,中方争回了
前划失的伊犁南境特克斯河流域,但仍失霍尔果斯河以西地区和北疆的斋桑
湖以东地区,并将偿俄"兵费"由原五百万卢布增至九百万卢布,其他若干约
款较原约亦稍有修改。总之,此"改定"条约较原约的最大"进益",是收回了
伊犁南境特克斯河流域的领土。曾纪泽在与俄交涉中,限于当时的情势,虽说
不上"折冲樽俎"吧,但也算是刚正持节、尽力而为了。"熊口索食",绝非
易事!

①　冀版《张之洞全集》第一册,第 65—66 页。
②　冀版《张之洞全集》第一册,第 68—70 页。

此间张之洞在相关问题上的策议和建言,是颇为密集的,看出他对此切关国家利益的大事,格外用心和关注,并且立场持正,敢想敢言,在眼界、思虑上,也是宏纤皆备。当然,他毕竟是"局外"策议,也不无其高调蹈虚之处,但毕竟能给清廷必要的警策和提醒,也贡献了自己的诸多具有参考价值的筹谋,对中俄交涉也会起到直接间接的积极作用。并且,在条约改定之后,他仍就俄事和朝政续有发议。

张之洞的言说,既展现了他个人的思想、才能及特有丰姿,也为"清流"阵营增彩,更是引得朝廷对他格外注意和重视,致使其职务上的升转变动频率颇高。在司经局洗马的基础上,光绪六年间,他先后获授翰林院侍讲、右春坊右庶子、日讲起居注官;到光绪七年间,又先后获授翰林院侍讲学士、内阁学士兼礼部侍郎衔。① 特别是"内阁学士",起码已是从二品官职了,通常再往上就是朝内部堂(张之洞这时只是"兼礼部侍郎衔"而非实职)或外放疆吏。而张之洞是不久便获授山西巡抚,开启了他政治生涯中疆吏的新篇章。

---

① 上述各职均据张之洞所上或机构代奏的有关"谢折",见冀版《张之洞全集》第三册,第1835—1837页。

第四章　跻身封疆开"晋场"

一、饬吏与举贤

张之洞是于光绪七年十一月中旬(1882年1月上旬)获授山西巡抚的。他于次月初八日"陛辞"后,"于十二日束装就道,驰抵山西省城",二十四日接篆正式上任。他在"谢折"中说:"臣以文学侍从之下才,被天地生成之殊遇"。① 这虽是此类折中惯常的"自谦",但也确有张之洞真实心迹的表达:"文学侍从"之职尽管"清高",毕竟是只以文牍、言论直接为朝廷服务的,并无主政一方之实权,而此番得授疆吏,成为省区大员,这自是张之洞的理想追求。此前,以"清流"声名鹊起的他,曾被湖广总督李瀚章来函邀请到他那里主持纂修《湖北通志》,以"总纂"相委。这自是适合他文才发挥的差事,可张之洞却以"学殖本浅,近益荒废,踖如寒芋,不能胜任"②等七条理由(这里仅述其一),给礼貌地推辞了。实际上,在其抱负宏远、前途似锦之际,这等"闲差"是吸引不了他的,朝廷的要职委任才是其殷殷期待。今朝终得遂愿,岂不是"被天地生成之殊遇"! 他自然感念朝廷,特别是感念那个掌握一朝实权的慈禧太后。

这对他也是新的考验。疆吏,绝不是他做"清流"干将这样光耍耍笔杆子、动动嘴皮子的事情。他主政山西,正如上面提到的"谢折"中所说,入境"沿途体访,民生重困,吏事积疲,贫弱交乘",是个"老大难"省份,需"激扬并要,当以课吏安民之道,先为深根固柢之图。垦荒积谷为厚生,节用练兵以讲

① 冀版《张之洞全集》第一册,第83页。
② 冀版《张之洞全集》第十二册,第10134页。

武",还要讲求"盐铁理财之政,屯边固圉之谋"等等。总之,涉及吏治、民生、武备、社会等方方面面,都亟需整顿改善。一省巡抚,要负其全责。布置铺排,督办落实,奖良惩恶,真杀实砍,其角色与以前大为不同。事实说明,张之洞还真有这个适应能力,他较快完成了角色转换。当然,所谓"书生"本色,他一直是没有弃掉的,这也成为他的终生特质,是一个成功的典型"学人型"大吏。

张之洞在山西巡抚任上,总共大约两年半的时间。而他抚晋期间,可谓疆吏初练,但颇为成功,多方面政绩皆有可记之处。他到晋约半年后的光绪八年(1882年)六月间所上《整饬治理折》,可视为他对该省情况初步熟悉之后,向朝廷奏报的一个综合性施治概要方案,将"晋省要务"大抵概括作二十事,并分门别类作了归纳:责垦荒、清善后、省差徭、除累粮、储仓谷、禁莺粟六事属"务本以养民"者;减公费、裁摊捐二事属"养廉以课吏"者;结交代、核库款、杜吏奸、理厘金、救盐法五事属"去蠹以理财"者;开地利、惠工商两事属"辅农以兴利"者;培学校一事属"重士以善俗"者;纾饷力、练主兵、遏盗萌、修边政四事属"固圉以图强"者。说"凡此皆儒术经常之规,绝不敢为功力操切之计"。① 可以说,这是针对山西实际情况有的放矢的施政规划。而这六类二十事,用今天的话说,涉及政治、经济、财政、军事、文教、社会等方面。而这里,拟从较为具体的方面择其要端来说。

一方政务,吏治为先,张之洞对此自然重视。他刚到晋不日,在光绪八年正月间写给友人张佩纶的信中,评说该省"官场"情况,有谓:"此间官场大患,州县则苦累太甚,大吏则纪纲荡然,鲍太儒,曾太滥,葆太昏,卫明白廉净而稍平,非大加振作,求几于安静不扰之治,不可得也。"②其中所说鲍、曾、葆、卫,分别是指鲍源深、曾国荃、葆亨、卫荣光,他们是最近几年里相继实任和护理山西巡抚(惟葆亨为护理)之员,从对其评价看,可见在张之洞心目中该省前几任大员的情况。至于下属各级官吏,自然也多消极玩泄甚至贪墨不法。总之,用张之洞的话一言以蔽之,可谓"山西官场乱极"③!

其后所上《整饬治理折》中,回顾山西近年来情况,说"公私积弊,本多沿袭。前抚臣曾国荃治晋之日,饥馑荐臻,专意荒政,多用权宜,势不能过加绳

---

① 冀版《张之洞全集》第一册,第102页。
② 冀版《张之洞全集》第十二册,第10140页。
③ 冀版《张之洞全集》第十二册,第10142页。

削。自葆亨由藩司而接护抚篆,因缘为奸,坏法乱纪,于是民困未起,吏道为衰。至卫荣光之来,始见整肃,考究经年,方欲有所设施,遽移苏抚以去"①。这是对前几任巡抚(包括"护理"者)的概况,向朝廷所作陈说。曾国荃任该省巡抚是在光绪二年(1876 年),正赶上"丁戊奇荒"(下节有概要交代),故对他有"专意荒政"之说,其他方面尚难兼顾周全,施治自受限制。曾国藩的这位老弟,当年镇压太平天国直至攻克天京,不愧是员骁悍大将,但此后的政治生涯中老是"气运"不佳,起码抚晋几年主要陷于应对灾荒,此外其他政务难以大显。他于光绪六年(1880 年)离任,由满洲正蓝旗人、布政使葆亨护理了几个月的时间便因故被革。其实,在卫荣光(前刚迁湘抚就去职丁忧)抵晋之前,还由按察使松椿短时暂护过巡抚。而卫荣光在晋任职的时间也不长,只有大约一年,张之洞便来接任了。所揭奏折中他述到卫荣光时,还特别说到其人曾将晋省的"一切利病原委,娓娓告之",而又通过自己"数月来之构考思索,灼见晋省公私穷困",而吏治"上司政出多门,属吏愍不畏法","军律日即荡驰,吏胥敢于为奸"的弊情。最后强调,"凡百政事,皆须得人而理",而晋省人才不兴,"致此之由,尤在近年大吏,纪纲不立,赏罚无章,不激不扬,人才安出"? 故要对各官中"奉职无状,妨于吏治民生者"随时劾奏,以使"由司道以至牧令共矢公忠,咸遵法度,皆以利国利民为务"②。他是这样说的,也是这样做的。

还在上该折之前,他的奏劾就开始了。上任伊始约月许,他就因事发于前任间之介休县、太原县的两起盗劫伤人案件,逾前抚臣"勒限"的两个月之期未破,对介休县知县吴匡、分驻该县事发地的汾州府同知倪承宽,以及太原县知县薛元钊,予以上折参劾,请旨"先行交部,照例议处",说"若不从严参办,不足以示惩儆"。③ 此后不日,亦因翼城县同是发生于前任间的一起抢劫伤人案件,逾期并未彻底破获,将该县署理知县龚履坦、该县城守营外委张燕参劾④。像这种前任期间的遗留案事,若是赶上新上任的圆滑官员,不乏敷衍搪塞、通融放过者,正好表示送个"人情"。而张之洞并不如此,他是严格办理、

———————————————

① 冀版《张之洞全集》第一册,第 101 页。
② 冀版《张之洞全集》第一册,第 101—102 页。
③ 《特参限满未能获犯人员折》,鄂版《张之洞全集》第 1 册,第 53 页。
④ 《请将缉捕不力各员弁议处片》,鄂版《张之洞全集》第 1 册,第 57 页。

持正负责的。

四月二十八日,张之洞又上《特参害民不职各员折》。这不同于前参是因"旧事",此次是他上任晋抚,鉴于"山西承灾祲之后,四民困苦,官司丛脞,尤赖良有司尽心抚守,励精整饬",方得"渐复全盛旧观",而不职官吏多有,本着"纠劾以害民为先,害民以贪墨为首,至于侵蠹废弛,亦当沙汰及之"的原则,经过他"悉心察核,考诸实事,验诸公评,谨择其尤,据实劾奏"的。这次所参者有:萨拉齐同知定福、候补直隶州知州李春熙、补用知县洪贞颐,"应请即行革职";宁武县知县萧树藩、石楼县知县王景羲、汾阳县知县庆文,"应请以府经历、县丞降补";和林格尔通判惠俊、长治县知县李桢、高平县知县庆钟,"应请开缺,留省另补"。折中自然对各人之错咎都有扼要概评;如说定福"贪纵害民,行检不修,声名最劣";萧树藩"居心狠挚,放利而行";惠俊"秉性浮巧,不惬舆情";如此等等。建议处置上所分三类,各有重轻。参折最后说:"综计此次所参九员,皆系实迹彰闻,断难宽假。此外,尚有不知振作及不免疵累者,臣当指陈其失,严檄教戒,责令改过。若仍不悛悔,再行随时奏参"。① 这说明不怎么称职的官员尚多,他是要通过教戒尽量能使之改过更新,而无效者再随时奏参,这等于留了不小的机动余地。

过了一个多月,是在六月十二日,张之洞遂又上折附有《特参贻误善后各员片》,主要是对前布政使葆亨和前冀宁道王定安二人予以奏参。葆亨上已说到。而王定安是湖北人,曾做过曾国藩多年幕僚,熟知湘军情况,后来他完成《湘军记》的编撰,又有关于曾国藩、曾国荃的纪事多种。曾国荃主政山西时,邀其赴晋襄筹赈事,遂任职山西。此番张之洞奏参他,也有不惮不忌湘系势力的勇气。他主要列举了葆亨和王定安"玩民瘼"、"糜库款"、"累属吏"②的三端之咎,各端都有较为具体的论述指证。此外,还特别指出:

> 葆亨以善后局之款七万两存放票号,纵令家丁私收利息。晋省官铁局虽有总办之员,实皆王定安一手主持,帐目案据,存其署中,用其至戚通判黄学濂为提调,总办不得与闻,支用浮滥,不可纪极。王定安又创立营

---

① 冀版《张之洞全集》第一册,第99—100页。
② 冀版《张之洞全集》第一册,第110页。

制所,一年开销数万金。考其帐目,无名之费甚多……

大抵晋省弊政,事事皆葆亨出名,而大半皆王定安播弄。省城各局,王定安无局不列衔,无局不主稿。其为人才调颇长,而利心太重。曾国荃初赏其才,徐乃察知其所为,亦深疾之。该二员在晋,官民愤怨,万口沸腾。臣考核善后各案牍,因得查悉其种种弊混之端。论其贻误善后之罪,葆亨实为之魁,而王定安挟私妄为,咎亦次之。此外十分荒谬之端,众口啧啧,而文案粗可弥缝者,臣尚不敢论及。①

至于对其处置,张之洞说"葆亨业经另案革职,其应如何惩处之处,伏候圣裁",而"王定安顷因阎敬铭来省,恐其查询历年诸事,自惊自咤,惶惑致疾,告病开缺,应请旨即行革职"。② 所说到的阎敬铭,稍后有述。另外,张之洞片中还涉及对善后局员中其他人的参奏。此奏得到朝廷的肯定,上谕说"葆亨、王定安贪黩营私,贻误善后,种种荒谬,实堪痛恨",鉴于葆亨已经革职,"著发往军台效力赎罪";而"王定安著即行革职,一并发往军台效力赎罪"。③ 对张之洞奏参的他员,也给予相应处分。

此后,张之洞任一如既往,对庸劣之员随时奏劾。如光绪九年(1883年)三月上《特参文武员弁折》,是因前不久沁源、黎城、临汾、岳阳、稷山等县发生抢劫并杀人、伤人之案,对侦办不力的相关文武员弁予以特参。将知县(或署)董余三、程宏继、董庆咸、李荣和、李士珍、马鉴等人,请旨或"交部议处",或"摘去顶戴"暂留协同办案,以观后效。另外,地方武弁多人也因此受到处分。④ 同年六月又上《甄别庸劣不职各员折》,申明"守令司牧之官,民生休戚所系","其有贻误公事,难期造就者,自应随时澄汰,以资激励,而端趣向"。对所查蒲州府知府博启、长子县知县豫谦、试用知县程宏继、候补知州姜振岐、候补知县张文林、即用知县施朝铨、兴县知县龚履坦、翼城县知县侯承熙、宁远厅通判讷勤等员,分别各述其错咎之端,说是"未便姑容,相应请旨"处分,或

---

① 冀版《张之洞全集》第一册,第111页。
② 冀版《张之洞全集》第一册,第111—112页。
③ 冀版《张之洞全集》第一册,第113页。
④ 冀版《张之洞全集》第一册,第153—156页。

是开缺留省另补,或是即行革职,或是降职、改职等。① 十一、十二月间,又参革了"贪劣蔑法"的石楼县知县汪恩湛;特参太谷县城关被劫的疏防不力各员,包括知县吴匡、署绛州直隶州知州李焕扬等四人,请旨"均先行摘顶",勒限"严缉赃贼","限满不获,再行严参"。② 因限满果未破案,光绪十年(1884年)三月间上奏请旨将其"一并照例交部议处"③。

惩罚庸劣而褒奖贤能,这是整顿吏治的一体两面,张之洞真是这样有机兼顾的。有说:"山西官民积习懒散",张之洞"以清明强毅率之",他"下车以察吏求才为先务,凡实任候补各员,或为守兼优,或瑕瑜不掩,或质美而未学,或有才而不羁,或有名无实,或一长可取,或探鄙巧诈、物议沸腾,或陋劣昏庸、不堪造就,令司道府州各限半月,将属员中确知实迹应举应劾者,填注事实,确加考语汇呈,不拘一格"。④ 可以看出他入晋伊始就是以"察吏求才"开局的,是让"司道府州"将各属官员考评汇报上来,有个大致底数,自己再精细考察,根据情况酌情上奏奖罚。以上是先将其饬吏的"责罚"方面概述,下面再就其"举贤"方面略说。这又分对属下官员和为朝举贤两者,先看其对下属官员的荐举、褒奖。

光绪八年四月,张之洞随折上《保奖循良片》,说对"实心爱民,为守兼优者"应予褒奖。这次为请褒奖者,有"廉惠刚明,所至有声"的现署太原府知府马丕瑶;有"学道爱人"的候补直隶州知州方龙光;有"操守廉洁,政事勤明"的朔州知州姚官澄;有"守清识定"、"卓著贤声"的阳曲县知县锡良;有"廉洁慈祥"、"荒政尽心"的万泉县知县朱光绥;有"廉朴至诚,专心民事"的太原县知县薛元钊。认"以上六员,官声最好,众论佥同",恳恩"降旨嘉奖勉力,以为晋省官吏之劝"。⑤ 需要注意,褒奖之员中,不乏后来确有造就者,譬如河南安阳人马丕瑶,后升冀宁道,迁贵州按察使、广西布政使,光绪十五年擢广西巡抚,后又任广东巡抚。还有蒙古镶蓝旗人锡良,更后来成为清末有名的疆吏大员,

---

① 《甄别庸劣不职各员折》,鄂版《张之洞全集》第1册,第183页。
② 《参革石楼县知县汪恩湛片》、《特参城关被劫疏防不力各员折》,鄂版《张之洞全集》第1册,第213页。
③ 《奏参各员议处片》,鄂版《张之洞全集》第1册,第229页。
④ 许同莘:《张文襄公年谱》,第29页。
⑤ 冀版《张之洞全集》第一册,第98—99页。

先后任山西、河南等省巡抚,四川、云贵、东三省等省区总督。

基层地方之治,县官尤当其要。张之洞任间数次上折"拣员补调要缺知县"。如在光绪八年四月,鉴于原平遥县知县调补阳曲县知县,所遗"系冲、繁、难兼三要缺","该县地当孔道,政务殷繁,且民情好讼,治理较难,非精明干练之员,弗克胜任",遂于通省现任知县内逐加遴选,查有文水县知县杨恩溥,"守洁才裕,谙练勤能","实勘胜任",只是"与例稍有未符",请旨通融允准。这年九月间,汾阳县原知县降职,所遗"系繁、疲、难兼三要缺",该县又为"汾阳府附郭首邑",地要政殷,拟请以满洲镶黄旗人、山阴县知县成熙调补,上奏请旨。同年十一月,太平县知县告病开缺,该县"系冲、繁、难兼三要缺",请旨拟以万泉县知县朱光绶调补。① 这虽不属越级提拔,但也属在同级官员中对相对重要岗位职事的遴选,当然要择优选能而从。在张之洞晋抚任间,不只对知县,于其他各级岗位的人事安排都是认真权衡、汰劣补优,及时上奏请旨,调整力度是颇大的。

尤其值得重视的,是张之洞对洋务人才的招揽、引进方案,这反映了他人才思想和实践的开新,是他向洋务派过渡的典型表现,这将在另节中专说。

张之洞的人才眼光不只局限于晋省需要,而且着眼于国家全局。对阎敬铭赴京任职的尽心敦劝,就是典型一例。阎敬铭为陕西朝邑人,长张之洞二十岁,可以说是其"前辈"。其人为道光进士,任户部主事时,公正不阿。咸丰年间被湘系大员、湖北巡抚胡林翼闻名将其奏调至湖北总司粮台营务,擢至湖北按察使,后署湖北布政使。同治元年(1862 年)署山东巡抚,旋即实授,至同治六年(1867 年)"病免"。实因他刚正仇恶,遭人忌恨,谤议朋兴,他忧愤称病去职。朝廷曾起用他为工部侍郎,亦称病未赴。光绪初年发生"丁戊奇荒",波及北方晋、陕、豫、鲁、冀等省,而晋省尤其严重,灾荒期间阎敬铭奉命赴山西视察赈务,严以律己,惩治贪吏,尽心赈事,后遂寄居该省解州。张之洞来任山西巡抚陛辞之时,已领召阎敬铭来京的朝命。他到晋后细心察访,知其"心力精健",遂公牍、私函并致,请其来省晤谈,阎敬铭以"以天寒疾作为辞"。张之洞又委托为阎敬铭所信赖、"可以婉曲尽言"的候补知府马丕瑶,再持其手书登门相机敦劝。此际,朝廷授阎敬铭户部尚书的上谕到晋,张之洞遂"又

---

① 鄂版《张之洞全集》第 1 册,第 71、107—108、122—123 页。

具函牍百方规勉",阎则将谢恩折稿咨送于张,并致手书,告明"辞逊高官而定期入觐"的意思。张之洞在奏折中就此向朝廷作了汇报,并说阎敬铭"自侨寓山西以来,查赈减徭诸事,无不殚精勤力,智虑周裕,不觉疲劳。每与人谈及时事艰难,晋民困苦,辄为拒挽泣下。是其爱国忧民之心,未尝一日去诸怀抱",他"此时躬诣阙廷",正值朝廷"求贤孔亟","若听其固守辞让之节,虚置康济之材,实觉可惜",其"到京召对时",请"剀切开谕,褒勉与责备兼施",他"当可拜命就官,力任艰巨"①。还随折附上了阎敬铭的《答友人书》,以让朝廷明了其心迹,好让之从命任职。阎氏赴京之前,又专到太原与张之洞会面,详述一切,其后张之洞写给张佩纶的信中,述及于此,称道丹老"实心为国,实心为民,语语破的,精密老辣,自愧不及远矣"。② 阎敬铭自此出任户部尚书,历经多年,又兼军机大臣、总理衙门大臣,并荣为相国(大学士),成为朝中要员显宦。

张之洞还因来晋陛辞之时,朝廷还嘱过对贤才"如有所见,准其随时陈奏"。抵晋之后他很快上了《胪举贤才折》。说其尝见中兴名臣胡林翼,"官止鄂抚,而性好举贤,畛域无分,岁时不绝。中朝士夫,邻省将吏,并皆搜采,列于剡章。其所称引,不识面者居多,以故荐贤满天下,卒收其用,为中兴之功首。世称其忠,今享其利"。表示自己虽然不肖,但"心窃慕之",立意效法。于是乎,就多年来留心观察闻听、甄别思考的积累,一下子"胪举人才"五十九人:包括"京秩十四人",有张佩纶、吴大澂、于荫霖、陈宝琛、王仁堪、盛昱等;"外官(地方官)二十九人",包括广西布政使徐延旭,直隶按察使刚毅,河南河北道陈宝箴,浙江督粮道廖寿丰,山西补用知府李秉衡,甘肃宁夏府知府陶模,直隶候补知府薛福成等;"现任、前任口外八旗大臣,可膺边寄者六人",有塔尔巴哈台参赞大臣锡纶,珲春副都统依可唐阿,前布伦托海办事大臣李云麟等;"武职十人",有广西陆路提督张曜,四川提督宋庆,广东水师提督吴长庆,前固原提督曹克忠,直隶通永镇总兵唐仁廉,安徽寿春镇总兵郭宝昌等。而所荐人中有曾并肩"战斗"的"清流"同道,也有自己熟识的其他官员,但大多数并不认识,"素无通识者具其十之七"。③

---

① 冀版《张之洞全集》第一册,第84—85页。
② 冀版《张之洞全集》第十二册,第10142页。
③ 冀版《张之洞全集》第一册,第88—93页。

所举荐者中,有的前曾荐举,此次再列,可谓一荐再荐。综观其所荐者,确实有不少人日后大有造化,或成为富有声名、业绩可观的疆吏,或练成历经百战、赫赫有名的将帅之才,或成为出使外国在外交方面卓有识见之人。当然,也有风流一时,后续平平或是落败获咎者。像这时他极力举荐的"清流"诤友张佩纶,说他"内行纯美,秉性忠贞,清鲠不阿,能谋能断","论其志节才略,实为当代人才第一"①,这是何等的"高调"举荐!而仅两年多后在中法战争中因"马尾"惨败而遭发配,即基本终结了他的政治生命,便不失为典型一例。这有其人自己的失职,更是朝廷令"书生典戎"使其"才不当用"之过。可谓他的"气运"不佳,大触霉头。对一个人的日后遭逢,张之洞也没有"火眼金睛",没法神机妙算,难保所荐之人日后个个都能成"圣",主要是借此可一窥其"人才观"眼界和气度。

二、理财与济困

张之洞上任晋抚,所面临的又一大难题便是理财与济困。这时,晋省"丁戊奇荒"刚过不久,百年不遇的大灾之后余患尚存。

"丁戊奇荒"是多么触目惊心的一场灾难!它只是在丁(丑)、戊(寅)两年里为灾最重故名而已,实际上此"荒"远非这两年,早在同治十三年(1874年),山西大部分地区已见旱情,光绪元、二年(1875、1876年)愈形发展,至光绪三、四年(即"丁、戊"两年)达到至重,光绪五年(1879年)旱灾才有所缓解,但病疫、狼劫、鼠患却不消反长。总之,山西是陷于为时数年的巨灾之中,饿殍遍野,人口大量减损。有些地方"全家俱毙者"甚至"阖村同尽者"有之,至于"村中户绝半,人实毙六、七"②的情况就更多。就其全省而言,"人口从灾荒前的16433000减少到10658000,总计减少将近600万"③。当时的巡抚曾国荃,在奏报灾情的折、片中屡有"哀鸿遍野,待哺嗷嗷,大有朝不保夕之势";"被灾各处贫民饥寒交迫,沟壑将填";"晋省迭遭旱荒,民命若迫倒悬","大祲

---

① 冀版《张之洞全集》第一册,第89页。
② 光绪《凤台县志》卷四"纪事"、民国《新绛县志》卷上"户口",转据下注书第204页。
③ 刘建生、刘鹏生等:《山西近代经济史》,山西经济出版社1995年版,第205页。

奇灾,古所未见"①云云。具体的悲惨场景不妨从英国传教士李提摩太的日记中择录片段,以见一斑吧。这是他在 1878 年 2 月 2 日,也就是光绪四年正月初一——这在中国绝对是一个极不平常的日子,按说男女老幼正沉浸在欢乐中庆贺新年,可他在太原以南数百里地方的山西境内,所亲自见到的是这样"最恐怖的一幕":"清早,我到了城门。门的一边是一堆男裸尸,像屠宰场的猪一样被摆在一起。门的另一边也同样是一堆尸体,全是女尸。她们的衣服被扒走换吃的去了。有马车把尸体运到两个大坑旁,人们把男尸扔到一个坑里,把女尸扔到另一个坑里。"②可见,年节之时死人之多,并且人们连起码的丧葬礼仪都无法顾了,男女各一坑埋掉了事。

当时天灾和人祸是分不开的。社会生产力本来低下,又加贫富不均严重,少数富人占地占产极多,而众多贫民如洗,丰年靠出卖劳力尚可勉强度日,荒年则失去生活来源成为饥民。逢灾官家自有豁免、减缓钱粮以及筹办赈济的"荒政"措施,但"钱粮"只是对有地者而言(当然,豁免、减缓总体上也可间接惠及无地者),"赈济"则远达不到能保障灾民最低生计的水平。再加上贪墨官吏的枉法侵占、分配不公,其效果更是大打折扣,靠此只能是杯水车薪。所以,像"丁戊奇荒"对山西来说不啻为一场莫大的劫难,直到张之洞来任晋抚时,他仍屡屡提及并且仍是亟需处置的"后遗症"。而且,社会经济及民生方面新问题也层出不穷,这都摆在这位新巡抚面前,等待他的解决。

整理财政是张之洞的重要举措。光绪八年(1882 年)七月,他上《清查库款折》。折中说"晋省患贫,至今日而极",而针对山西库款已有三十三年"未经彻底清查","藩吏以淆杂为秘局,有司以拖欠为得计",若不再力为清查,"上填下漏,虽休养数十年,岁入数百万,无救于贫"。可见,其清查库款的目的之一就是为了"救贫"。折中认为库款的主要问题是,由于"军需报销之案岁月过陈"、"善后之案挪移过巨"、"交代之案未结过多"而致不清,这三项"之盈绌虚实,则相为钩连,隐互于其间",由其遂生"筹垫"、"滥支"、"拨抵"、"借动"、"隐匿"之"五弊"。而需针对革除,"筹垫清则度支之数确矣,滥支除

---

① 《曾国荃全集》第一册,岳麓书社 2006 年版,第 254、255、269 页。

② [英]李提摩太著,李宪堂、侯林莉译:《亲历晚清四十五年——李提摩太在华回忆录》,天津人民出版社 2005 年版,第 111 页。

则侵盗之风息矣,拨抵禁则州县之亏少矣,借动正则书吏之权衰矣,隐匿核则监临之职举矣"。至于像"催结交代以清旧欠,赶办奏销以察新亏,除免摊捐以省司垫,裁减浮费以节众流,皆与清查库款相为表里",要"统于此次一律清理"。如此完成之后,那么"藩司可以持筹而会计,抚臣可以按籍而考稽"。只是"历年过久,积案如山,首尾二三十年,款目四百余万",而其事又必为作弊者"百计推宕而阻挠",困难自大。而"若不于此着手,晋省终无理财节用之方"。张之洞于上月曾奏设"清源局",此次更明确由该局负责清查,选定由藩司(布政使)方大湜会同臬司(按察使)、冀宁道督办局务。特别强调方大湜其人"起家州县,利弊素悉",且到任未久,不用回护。计划限以五个月即于本年内将各案一律清查完竣。此奏最后特别申明,自己"赋性迂直,不敢避劳怨而不为"。①

此言非虚。试想,一省三十几年的未清库款,不但为时过长清查不易,而且此间弊窦自多,清查起来会遭人怨恨、抵拒,说不避"劳怨",诚哉斯言!况且,张之洞本来看好委派督局的布政使方大湜,很快与张之洞发生矛盾,特别是当"饬查葆亨、王定安任内滥发朦销"时,他竟"勃然忿争,强言支饰"。在张之洞看来,其人尚有多方面的不职之事,遂在开局当年十一月间上奏向朝廷反映,等于是未用劲折之参,朝廷有旨命其"来京听候谕旨"。② 而方大湜此番进京,也就是其政治生涯的基本结束,到京后开缺另候简用,他遂自托病归乡。可知,其人在清源局历时较短,且并未真正主理,这从下述过程也可看得出来。

在上《清查库款折》一个来月的八月间,张之洞行札司道,说明清源局事已奉旨允准,遂着手做进一步安排。对清源局的操理人员,"督办局务"者除了置藩、臬两司之外,还特别让冀宁道高崇基"坐局办事",③也就是驻局督办局务,等于让他专职负责。此人字紫峰,直隶静海籍,道光末进士,咸、同年间曾任山西寿阳知县,又先后调补介休、凤台、阳曲诸县,光绪元年升任安徽宁国知府。为官以廉正著称,张之洞抚晋之后其人又调回山西,被倚之若左右手,这时即主要用之督办清源局。他光绪九年末迁该省按察使,后署而旋实授布政使。及至张之洞升任两广总督后其人又调为广东布政使,光绪十四年

---

① 冀版《张之洞全集》第一册,第124—127页。
② 《藩司积习太深治理难期整顿折》,鄂版《张之洞全集》第1册,第112—113页。
③ 冀版《张之洞全集》第四册,第2305页。

(1888年)迁广西巡抚。在张之洞的扶持和荐拔之下,终成疆吏大员。他此时在督办清源局事务上,自是出了大力的。张之洞曾特别奏报说他在局"勾稽详密,朝夕勤劳"①,请留晋补用,免于他调。此外,张之洞又委派署太原知府马丕瑶等两人为提调,补用知府李秉衡等三人为会办,平定直隶州知州张彬等七人为分办,其职责是"提调总司其事,会办帮同综核,分办各任一门"②,可见提调具有实际"总司"之权,马丕瑶自也是重要操办人员。

此后,张之洞不断发札对清源局的工作给予督饬。譬如,光绪九年(1883年)正月,这时限期五个月的时间已到,而库款清理工作尚远未完成。张之洞发布《札清源局厘定交代章程》,再次强调晋省财政弊端,说其"交代未清结者最多。上下三十余年,悬积八百余案,尘牍如山,官累如海,上亏国币,下累寅僚,不特为法令所不容,其心术亦不可问"。并且,披露清查工作的窒碍,说前任藩司(方大湜)、局员与相关厅、州、县"毫无儆畏,置若罔闻",本人"多方儆戒,并将该局(按:指'清源局')改设藩司衙门,以便督催。虽稍稍振动,而大局之疲玩依然","今已灼见各员情形,未免溺于恶习,有心藐玩","若不申明令甲,严定责成,断无望交案之廓清"。③ 于是,特为详立章程,明晰细项,严格约束。该章程中对清源局所办事项作出详细规定,分为"初限新案"(指"光绪九年正月初一日以后交替者")、"二限新案"(指"初参到省者")、"三年旧案"(自光绪六年至八年底者)、"历年陈案"(自道光二十九年至光绪五年底者)四大案类,又有清查办法、局员功过、禁约以及册结期限等共十三条。④ 规定颇为具体,且有着很大可行性。

同年三月,张之洞又行札清源局及其分科,说是"为政之要,事权贵立,条理贵分。晋省各局纷歧,事多延搁,滑者推诿,惰者虚糜",而清源局"乃吏治之会归,度支之莞要",今将善后局、交代局名目省去,营制所改名工程所,统归于清源局;原设"筹防局事务、现办报销事务"亦统归于该局。该局分立八科,即会计科、交代科、拨款科、善后科、筹防科、报销科、裁摊科、工程科,将各

---

① 《道员高崇基留晋补用片》,鄂版《张之洞全集》第1册,第121页。
② 冀版《张之洞全集》第四册,第2305页。
③ 冀版《张之洞全集》第四册,第2315页。
④ 冀版《张之洞全集》第四册,第2316—2321页。

自职事分条详列。① 这是将清源局职能的再次扩大,同时是对其设置的进一步调整和完善。这样,该局除了原清查库款事项外,又包括进了"垦荒、清丈、差徭、仓谷、禁罂粟、开道路"②等原善后局所司事宜,以及原"交代局"、"筹防局"、"营制所"所管事务,俨然成为一个直接为巡抚控制下的综合性"会归"和"荒要"机构。

山西清源局的设置和改善,当时应该是全国闻名的。这不,两江总督和江苏、福建、江西、河南等省巡抚,都派人前来"取经",特别是咨取章程。鉴此,光绪九年六月张之洞行札清源局,说是尽管"各省情形与晋省多不相同",但人家"即经咨取,自应刊印咨送",要该局"将汇集章程二十一条即行发刊"。这应该是经过整理的一个完备全章,其"二十一条"分别是:并局分科、分查底款、垫款正销、厘正借动、删除浮滥、勒清拨款、禁止借拨、速接交代、清盘仓谷、奏销复旧、改题为奏、裁革摊捐、设局办运、截追旧欠、早催解款、免除官累、借款限制、改归简易、会计月报、档案编目、刊布事例。③ 每条之下,都有较详说明,全章程总计不下八九千言。

到光绪九年十二月(1884年1月)间,张之洞上《清查库款完竣折》,向朝廷报告了清查完成的情况。说"晋省库款不清,历年久远,官员屡代,老吏稀存,档案纠纷,簿籍多阙","督饬局员自向司房故牍中,彻底搜索数日,检得道光二十八年旧案印折一分(份)","甚为详晰","应即以是日实存之数,为此案清查之根。由此逐年递推,截至光绪八年十二月底止","纷者就理,阙者仍完,底数既清,驭之以法,其大要有七",分别曰"区分内外"、"垫款正销"、"借款寻源"、"勒清拨款"、"更正借拨"、"先结另支"、"核删库债"等项。此"七法既立,实数乃见":通计旧管银二百一十八万四千七百三十一两零;新收银一万五千五百二十三万五千七百二十六两零;开除银一万五千八百二十一万六百七十三两零;今尚存银七十二万八千九百八十七两零;应不敷银一百五十一万九千二百二两零。有谓"从此晋省藩库,除应还地方善后一端之外,脱然无累,更无债负纠缠之忧,无论存多存少,滴滴归源,亦无名存实亡之弊。官不能

① 冀版《张之洞全集》第四册,第2331—2332页。
② 《道员高崇基留晋补用片》,鄂版《张之洞全集》第1册,第121页。
③ 冀版《张之洞全集》第四册,第2347—2359页。

蚀,吏不能欺,数十年尘蕴丝棼之累,一举而廓清之"。此系据清源局司道详请具奏的话语。张之洞随后说:惟此案"事体实为繁重,自开办以至蒇事,局中司道及正佐委员,钩索核正,备极艰辛,局无旷员,日无旷晷",而自己"才性迂钝,于会计素非所习,不得不殚心苦思,反覆研求,期无舛误",并将"其各案原委,诸款门目,附缮清单"呈上。① 这样,从清查概要,到各款清单,都一一交代。虽说比初拟时间有较大延后,但张之洞这是顶住重重阻力,排除道道干扰,凭着干则一定干成的韧劲儿,终于完结此事。

事过多年之后,在《抱冰堂弟子记》中尚将它作为在晋要政之一记录下来,说其在山西"设局清查道光以至光绪数十年库款,两年乃毕。积弊已清,永杜冒领滥支之弊"。当然,此事主要的实际意义,是在求取财政"制度上"的规范化。至于其中多年间的舞弊乱端,实难得一一查个水落石出,而主要是对近年的弊窦究查较细,并对吞占之款予以勒交赔偿。在上言记事前边,特别有一句"劾治吞赈之官十数员"的话,②是与"清查"事连在一起说的,当是该事的一体另面。总之,通过这次清查,摸清了三十多年来的大致财政底数,着眼现实惩贪褒廉,兴利除弊,建章立规,在财政改革建设方面确有明显成效。同时,又通过"并局"扩大职能,使清源局成为与财政关联扩及诸多方面的一个操作机构,在统筹政务方面发挥了它的特殊作用。

张之洞清查库款的目的之一是为济困。这可以从两个方面来说:一是济官方经费之困,一是济民之困。官方经费原先大有弊端,虚报冒领、悖理违规、贪污浪费非常严重。通过清查,使其坐到实处,能够相对合理,减少靡费,这是整顿吏治的重要一环,也是济官之困的有效举措。同时,力求革除弊窦,取消陋规,财政清晰,收支公正,这本身就是既济官困又济民困的途径。拿裁陋规来说,张之洞可谓雷厉风行,刚到晋不久,他致人信中便说:"晋缺虽苦,然已裁去陋规二万六千金矣。欲整吏治,不得不然,非矫廉也。然如此,仍足自给"。③ 使官方经费既可"仍足自给",同时到头来又可减低对民众的盘剥。除此之外,张之洞还采取了其他一些济困措施。要说,就根本而言,发展生产、提高贫民的劳动所得自在首要,但这在当时却是大受限制。发展生产,像

---

① 冀版《张之洞全集》第一册,第205—207页。
② 冀版《张之洞全集》第十二册,第10614页。
③ 冀版《张之洞全集》第十二册,第10140页。

张之洞这等负责任的官员当然可以力倡,但条件有限,实际难有大的改观;而提高贫民的劳动所得,这涉及"生产关系",在当时条件下更不可能有实质性突破。当时的对民济困,主要是体现在一些可行政策、举措上,如下述等项:

惩治贪吏,护佑民众。尽管从根本上说,其政权本身并不代表人民利益,但是"护民"也是维持其统治秩序所需要的,特别是对于清明廉正之官来说,更是将此作为自己不可失却的职责。上面《饬吏与举贤》一节中,曾述及张之洞所惩奖的一些官员之例,虽然情由不同,但一般说来,所惩治的官员多半是官声不佳、祸害民众、为民所恶的;而所举贤员,更绝多是为民所赞、较为公正爱民的。此外,他还专门弹劾过办事不公、为民怨愤的官员。例如,光绪八年十一月,他曾奏参"左云县知县蒋濂,办事昏率,前于署临汾县任内查灾,征收不得其平,深为士民所恶,至今怨愤不休",请旨将其革职。① 灾中"征收不得其平",关键时候害民不浅,为此特参劾革职,可见张之洞的"护民"之心。

裁减差徭,力减苛征。差徭负担是晋民不堪忍受的"虐民之政",而该省的差徭还有一个特点,即"非役民力也,乃敛民材也","向来积习,每县所派差钱,大县制钱五六万缗,小县亦万缗至数千缗不等。按粮摊派,官吏朋分";而交通要道的州县,则"追及四乡牲畜,拘留过客车马","一驴月敛数百,一车动索数千",这样,"以致外省脚户不愿入晋,外县车骡不愿入省。远近行旅,目为畏途"。张之洞对此疾首痛心,立意整顿,在阻力重重之下,他"坚持定见,甘为怨府"。有的放矢地制定相关章程,派所信赖的官员锡良、马丕瑶、俞廉三等(前两人上已述及,此人籍浙江山阴,时任知州,后亦得擢疆吏)分头操办,原则是"一洗苛政","不取民间一钱,不扰过客一车",为"众情欢心,任载络绎"。同时,鉴于"官署用物,里甲支应,词讼卖票,鱼肉富民,乃晋省积年之恶习",以及"藉名兴工修志,按亩捐派,乃晋省灾后之贪风",这些"并已严檄禁革,不许稍滋民累"。②

山西原先的苛征是非常严重的,这也与相关章法紊乱无度,畸轻畸重,严

---

① 《奏参裕厚等革职片》,鄂版《张之洞全集》第1册,第121页。
② 冀版《张之洞全集》第一册,第105—106页。

重不公有关。仅以田赋征收来说，张之洞指出，"晋省征收，向无鱼鳞册，过割不清，展转移易，或耕无粮之地，或纳无地之粮"，"灾荒以后，迷乱益多"，"倘不穷源核实"，而"凋瘵穷黎，更无生理。此一事为晋民之大害"。而鉴于高崇基行之于介休、马丕瑶行之于解州的经验，张之洞布置清丈地亩，"豁除累粮"。此事收得效果，使得征收相对合理，而"纳无地之粮"者免被苛征。① 再就是裁革工费、馈送。所谓"工费"，是指各级衙门借口办公经费不足而向下的索取；"馈送"，是指"三节、两寿、季规、到任礼、程仪"之类的馈送事项，这俨然形成"定规"。鉴此，张之洞带头首先从自己衙门做起，各级统统削减、裁革，到头来工费通计"岁省银七万八千九百一十六两"；"所费亦复不赀"的馈送也"严申厉禁"。② 这笔逐层累及下属衙门、到头来终归苛征于民的花费的裁减，自然是整顿官场陋规而又兼惠民生的。

查理荒地，鼓励开垦。张之洞抚晋后于光绪八年(1882年)六月上奏，说经饬善后局查得有主或无主荒地，未垦者尚有一万多顷，因以前大灾，"饿莩过半，流亡不归"，近年虽"稍稍苏息，而丁少工昂，芜深资薄，复畏赋役之累，契税之征，相率观望"，垦事未兴。而查曾国荃于光绪六年三月之奏，垦有主者荒地三年开征，垦无主者荒地四年开征，而起算年皆是从光绪五年为始，这样分别至光绪七年、八年为满。张之洞考虑"例定升科之条，当以开垦之日起限"，而统以"光绪五年为始，不问其已垦与否"，"办法殊未尽善"。故请朝廷"俯念晋民困苦，开垦艰难"，将前垦荒地，"分别有主无主，于光绪八年、九年上忙开征"(均延后一年)，而新垦荒地，"均以实在开垦之日起，限三年后起征"。③ 谕旨未准旧垦延后，而对新垦自实垦之日起三年起征允准。这对垦荒也不啻一种合理性激励，加之巡抚的督促，使晋民的垦荒热情大大增高。待到次年三月，张之洞又行札善后局派员分查荒地，要查清新垦待期满起征的田亩以及钱粮永免的"老荒"，做到"既不致上耗国课，亦不致下累民生"。④ 这样上下兼顾，以求公正。山西荒地的继续开垦，是当时该省在巨灾之后发展农业生产、惠及民生的一项重要措施。

---

① 冀版《张之洞全集》第一册，第104页。
② 冀版《张之洞全集》第一册，第108—109页。
③ 冀版《张之洞全集》第一册，第103页。
④ 冀版《张之洞全集》第四册，第2333页。

三、整军·"改制"·禁罂粟

近代以来,特别是湘、淮军出现和发展,使得传统绿营的地位大大削弱。镇压下太平天国和捻军之后,由湘、淮军留编成的防军和仿湘、淮军由绿营选编成的练军,则等于湘、淮军基本体制的"经制化"成型,更是对全国军事体制的一大改造。山西当然也受此重要影响。有说,"盖自咸丰军兴,湘楚淮勇名最显,用以削平寇乱,底定边疆,征调遂半天下,然皆事平即罢。独山西边外藉为屯者十有余年,号为东防。月饷较绿营常三倍,月糜金数十万,而全境制兵竟同虚设,重为世垢。于是前抚张(指张之洞)有选练主兵、酌改营制之议。事难骤行。逾年,始定为就饷排练。又逾年,始散遣客勇南归,虽然选锋数千,未能尽如原意。"①这说到了张之洞"选练主兵"、"散遣客勇"的过程。也有"(光绪)九年,张之洞奏整顿山西绿营练军,裁湘军正勇千人,设筹资遣,寻复裁汰,综合前后裁兵约及六千人"②的说法。总之,这是他在整军中的一项重要措施。

张之洞上任之后,于光绪八年(1882年)四月首先上折,说前抚臣因"荒政大行",自光绪三年(1877年)以来"军政"未办,本年又因有乡试应办文武两闱,恳将此历年来军政"展缓至光绪九年"一并办理。③ 他要求"展缓",绝非轻忽"军政",而是恰恰说明他除了今秋要办届期必行的两闱乡试外,隐意更是要经过一段时间的准备,将历年"军政"一并统筹整顿。

及至光绪九年(1883年)正月间,他便上奏报告关于"整军"之事。鉴于他前有奏要在直隶、山东等省"招募马队四五百名来晋训练,以备巡缉盗匪,练习边防",而经兵部议驳:"添募练勇,恐此端一开,各省纷纷奏请,嚣然繁费,靡有了期。查该省实存防勇五千七百余名,但就现有兵勇,训练求精,足资镇抚。若谓绿营疲弱,或汰旧易新,或减兵加饷,皆可转弱为强。所请添募马勇,应毋庸议。"针对于此张之洞申说,山西勇营自历年裁撤后,实无所说人

---

① 转据山西省史志研究院编:《山西通史》卷6,山西人民出版社2001年版,第18页。
② 《清史稿》(缩印本)第二册,中华书局1998年版,第1039页。
③ 冀版《张之洞全集》第一册,第87页。

数,"现止湘军马步一千名、淮军马步一千二百余名",而淮军为总兵张树屏所部"树军",常年屯驻口外归化、包头等处,与口内几不相涉。并且特别解释,自己前奏中所谓"练主兵","主兵者,对客勇而言",意思是"欲将防勇尽化为练军,以为本省经久不拔之计"。又说"湘、淮各勇,需饷过多,战事方殷,非此不济"。他权衡湘、淮之军,说"树军久驻塞外,尚称得力","拟从容与张树屏筹商画一经久之策",而"湘毅军(按:属湘军)马步三营","并非百战精锐","又与此间水土不甚服习,民情亦多扞格",拟予裁撤。至于清廷最敏感的经费问题,说是"改勇为兵,减兵加饷",是朝廷之"至计",亦自己之"本意","总期节用整军两无偏废"。① 总之,所最为明确表示并且强调的,是裁湘军、练主兵的拟议。

同时张之洞还附片特别"密陈北军应练情形",有谓:

> 今日大局,北徼之商路日开,西陲之藩篱未固,此殆非弭兵忘战之时也。深谋本计,边备为先。而欲为筹边经久之计,非急练北军不可。窃惟咸丰、同治以来,讨平诸寇,湘军为首,淮军次之,各省则少逊焉。今腹地虽安,外忧未弭,海防、边防皆不可缓。臣愚以为必宜因时因地,储备干城。如海防则以闽、粤之军为宜,边防则以北军为宜。臣在晋言晋,敢先以整顿边兵之说进。盖九边内外,风霜严劲,沙碛荒阔,饮食粗粝,惟有北人与之相习。且其地皆宜于骑兵驰骋冲突,尤非北人不便。北五省外,惟淮北人亦为近之。查剿捻诸军,宋庆、张曜所部豫军,素称善战。刘锦棠、金顺等肃清西域,前敌摧锋,亦颇藉甘肃关外土勇之力。闻近年直隶正定等处练军,亦有可观。可见北兵非不可用,患在无人提倡,以故风气未开……诚宜乘此国家闲暇之时,亟作深根固柢之计。②

由此可见,张之洞对"北军"之于"北防"的合宜、可练之期望值之高(而暗含对湘军的弃用),这显然是为他裁湘勇、练主兵张本的。并且,他提出军队的"选募格式"七条:一是"身家良善者",二是"质性朴实者",三是"力举百二

---

① 冀版《张之洞全集》第一册,第143—146页。
② 冀版《张之洞全集》第一册,第146—147页。

十斤以上过顶者",四是"能控骑生劣趏捷如飞者",五是"试使放枪敏疾不怯火者",六是"能超跃八尺濠堑者",七是"胆量绝人者"。① 除了"身家"和个人品质条件之外,强调的是体能、技艺和胆量。

不到两个月,他便于三月十一日上奏报告湘军现已裁撤,计其"正勇一千名并各项人夫",以及"闲弁散勇"计三百余人,"一律附舶南归"。② 可知于此操作之迅速。又报告添练抚标亲军营成军③,尽管马、步只有共一百五十名,但这时作为张之洞在山西的"练军"初始营伍,是后续练军的启导。同时,上《晋省军需各项用款奏咨立案折》及其清单④,从中列名撤、存各军的用饷细数,同时也可进而见知近年来山西军队的撤、存情况:光绪八年前裁撤者,为刘连捷所部湘军步队六营、马队五营,练军马步队合队左右两营,大同镇杀虎协抽调巡缉马兵三百名。九年后裁撤者,为留晋湘军步队两营、马队两营;大同镇随带马步兵八十名;保德州防堵马步兵三百七十三员名。现存者,为巡抚标练军马队一营、步队两营,共马步官弁兵夫一千一百四十七员名;大同镇练军马队五旗共官弁兵夫一千九十员名,张树声所部树军炮队一哨、步队两旗、马队两旗,共马步官弁勇夫一千六百六十二员名。光绪八年以前裁撤者,与张之洞基本没有关系,而此后不论是裁撤还是现存,自然都是由张之洞主张的。所撤营伍和人数不多,而所存各类军队人数共近四千人。

下面说"改制"。所谓"改制",是特指由张之洞操持的山西口外"七厅改制"筹议。"七厅"是指归化、萨拉齐、和林格尔、托克托、清水河、丰镇、宁远诸厅(其今属内蒙古地区),当时归山西所辖,就其地理特征和治理难点而言,张之洞说它为"宣云屏藩,漠南重镇,幅帧荒阔,民蒙杂居,侨户逋粮,曩称难治"。确实,在管理体制上,与口内政区有所不同。该区设绥远城将军和归化城都统(或副),七厅各设理事同通,这些职务一般皆由满蒙贵族分任,汉族鲜有任职。针对这种情况,张之洞前曾奏请"将七厅理事厅员","酌改抚民兼理事要缺,以修边政",旋经吏部会同各衙门奏准咨复,让张之洞"将一切未尽事

---

① 冀版《张之洞全集》第一册,第147页。
② 冀版《张之洞全集》第一册,第153页。
③ 冀版《张之洞全集》第一册,第152页。
④ "折"载鄂版《张之洞全集》第1册,第153—154页;"单"载第154—159页。

宜,详细妥议,奏明办理"。①

其奏中分列十二条,说皆为"切要之图",旨在为七厅"改为抚民要缺"张本。其首条为"缺项宜分别",拟将归化、萨拉齐两缺定为冲、繁、疲、难"最要缺",丰镇、和林格尔、清水河定为繁、疲、难要缺(原清水河为中缺),宁远、托克托两厅定为冲、疲、难要缺(原宁远为中缺、托克托为简缺),总之"缺"项的重要程度有所提高。接下来第二条为"补署宜定章",是拟"抚民同知缺出",本着"人地相宜"的原则,"不拘满汉"分别请调、请升、请补。第三条为"管辖宜更议",是鉴于"丰、宁两厅,向隶雁平道,归、萨、和、托、清五厅,向隶归绥道,七厅分隶两道,未免事权不一",拟将其统由归绥道管辖。这前三条,分明是为改"抚民要缺"后的建置张本。剩下的九条,则是就改"抚民要缺"后的具体建设筹议的,如"城隍宜浚筑",是鉴于"七厅向无城池",议说修筑城池之事;"户籍宜编立",是鉴于七厅"半系客民寄居,五方杂处,良莠不齐,村舍零星,人情涣散","人无定名,籍无定户"的情况,要规范"编户";"田赋宜清厘",是鉴于"七厅地亩,征粮征租,端绪纷杂"的情况,有的放矢地清理田赋兼闲地招垦等事的拟议;"学校宜建设",是鉴于七厅学校稀缺,"向无学额"的情况,拟请增设文、武学额,设立学校和相应学官的事情;"驿路宜变通",是鉴于前有驿路现不敷用的情况,而改设调整的拟议;"遗粮宜筹补",是针对有的厅存在"逃户遗粮",而"现办牧地升科,以新粮之租课,抵旧缺之遗地",酌拨银额交绥远城将军衙门,抵补兵米;"公费宜添设",是指拟除了"养廉稍优"的"归、萨、丰三同知"外,其余四厅"每厅添设公费银五百两";"捕兵宜募练",是具体筹议各厅"设立捕盗弁兵,以为缉匪巡防之用"的事情;"巡牧宜议停",是指原"巡牧"官员"即行裁停,以归简易,而免扰累"。②

张之洞的这些拟议,主旨是为口外七厅"改制"而做的筹划。其"改制",意味着打破原先该区地方上由蒙古和满洲贵族掌控的局面,而其主要官员改为不拘满汉择宜选用,其职能上则以"抚民"为主,在不放松军事防卫的同时,使其政区性质向内地一般政区靠拢。这应该说是合宜的,所酝酿的宏观方案和一些具体建设事项,也能适应和促进那里民族融合的发展趋势。但是,这个

---

① 冀版《张之洞全集》第一册,第166页。
② 冀版《张之洞全集》第一册,第167—176页。

奏疏上达并付诸讨论后,却遭到在该区主政的满、蒙贵族的激烈反对,像满族的绥远城将军丰绅和蒙古族归化城副都统奎英就是典型。一直到张之洞离晋赴粤任职,朝廷亦无明确定议。不过,张之洞任间,也曾力所能及地实行过某些措施,以至于光绪十年(1884年)二月间,丰绅奏中要求"将归化五厅体制复旧,勿编民籍"①,就是明证。在张之洞离晋之前,还曾奏称"归化城副都统奎英,于地方公事多有意见,民蒙交涉事件,偏袒徇私,有意阻挠,不知大体"。②清廷令察哈尔都统绍祺就近确查,复奏中称"奎英于办理山西边务,尚无授意阻挠情势"。③ 按《清实录》中记载这是在光绪十年六月初,自是清廷阅看他奏折的时间,其出奏尽管略早些,也肯定是在张之洞离晋赴粤之后了。可见,在这个问题上,张之洞的拟案未得完全实行,但部分地实行特别是后续影响还是有的。后来《抱冰堂弟子记》中有记,他"在山西日欲经理边外七厅之蒙地,开垦升科,屯田练兵,奏派前山西藩司奎乐山都统斌(按:即指奎斌,字乐山)周历蒙地,察勘情形,确可举办。自归化城东至丰镇厅,西至和林格尔厅,规划已有大略。适擢粤督去,未竟其事。后任踵而行之,今遂大举兴办,实当日发其端也"。④ 可见,张之洞一直对此事念念不忘。

接下来说禁种罂粟。这是张之洞抚晋的突出作为和大见成效的事情之一,既关系力戒吸毒,又利于正当发展生产。广种罂粟在当时的山西可谓多年顽疾。要说,农民栽种罂粟的初衷一般是出于逐利,而逐利是因为吸毒人众,需求量大,而种植者本身又因事不繁难而极易一试,如此相习成风。毒品这东西就是诱人的魔鬼,一旦沾上就很难离弃,结果成瘾常吸,对身心造成严重戕害。其实,张之洞之前的巡抚对栽种罂粟也不乏禁止的,譬如曾国荃任间就曾上疏,说山西"今则罂粟盛行,北路沃野千里强半皆种此物,畎亩农夫吸烟(按:指吸毒)者十之七八",其南路近年亦"种烟(按:指罂粟)者多",鉴于栽种罂粟前即有禁令,他主张非申明旧禁不可,一族一甲中有种罂粟者,责成族长、甲长督导拔出,如族、甲长"知情徇隐"则罪之,州县官吏"据为利薮,私自

---

① 《清实录》第54册,第486页。
② 《清实录》第54册,第521页。
③ 《清实录》第54册,第614页。
④ 冀版《张之洞全集》第十二册,第10615页。

征收罂粟亩税,一经查明力行参撤"。① 又上疏请准行"以后晋省如有栽种罂粟者","即将该户栽种罂粟地亩全数充公"②的严厉措施。此事本难令行禁止,又因是在"丁戊奇荒"之际,影响了其禁烟措施的有力实施。其下一任在晋时间颇短,难能有效踵行。到张之洞任晋抚时,罂粟在山西依然泛滥,设法禁止,仍是摆在他面前的一项亟务。

张之洞刚抵晋的光绪七年十二月间,在给友人张佩纶的信中,就对与广种罂粟紧相关联的"烟毒"大患如此陈说:

> 晋患不在灾而在烟。有嗜好者,四乡十人而六,城市十人而九,吏、役、兵三种,几乎十人而十矣。人人枯瘠,家家晏起,堂堂晋阳,一派阴惨败落气象,有如鬼国,何论振作有为? 循此不已,殆将不可为国矣,如何如何!③

他不仅揭示晋省烟毒造成的"阴惨败落"、"有如鬼国"的惨象,而且透露出自己的愁绪和无奈。这确是积重难返的大事啊! 而张之洞对友人说是这样说,但即使再难之事,他也是要坚决做的,而不会视而不见,或搪塞敷衍。他经认真查询,摸清实底,即于光绪八年六月间上奏禁种罂粟。首先陈说晋省罂粟泛滥的严重危害,有谓"最盛者二十余厅州县,其余多少不等,几于无县无之。旷土伤农,以致亩无栖粮,家无储粟。丁戊奇荒,其祸实中于此。然而覆辙相寻,不知迷复"。接下来着重申明自己所持"不可不禁"的四端理由:一是"晋地硗瘠,产粮无多",难以应对灾荒,这是为罂粟所夺。二是"晋省山农多,水利少",而种植罂粟的功力"倍于蔬卉",罂粟此物又"最耗地力","数年之后更种他谷"亦不生殖,何能以此"区区难得之水利,而养此毒民之物"? 三是"晋省吸烟之癖,官吏、士民、弁兵、胥役以及妇人女子,类皆沾染。大率乡僻居其十之六,城市居其十之八。人人尪羸,家家晏起,怠惰颓靡,毫无朝气。在官者不修其职,食力者不勤其业。循此不已,贫者益贫,弱者益弱,数十年后,

---

① 《曾国荃全集》第一册,第283—284页。
② 《曾国荃全集》第一册,第344页。
③ 冀版《张之洞全集》第十二册,第10139页。

晋其危乎"！四是"洋药税为海关大宗,近日方议重征,藉禁外贩",此乃为正民间风俗着想,"若内地不禁,听其蕃滋",何以堵住外国人之口？然后分析"晋省莺(按:折中用字)粟之所以不能禁者"之缘由,一为"由于上官之禁弛不一,朝令夕更";再为"由于官吏之视为利源,图收亩税",说是"祛此二弊,必有成效可观"。最后陈明自己的意见,其认定要"禁之有方,行之有渐,先膏腴而后硗确,先腹地而后边厅,责之于乡保,毋徒付之于吏胥;遏之于播种之先,毋徒毁之于扬华(按:即'花')以后。力禁苛扰,严定考成。感民以诚,未有不动。虽不能遽绝根株,而少一畦之莺粟,即多一口之余粮矣"。① 其奏得到朝廷的认同。

不过,张之洞莅任之初并没有立马下发禁种罂粟的号令,是到了几个月后的光绪八年十月间,才发札部署。他解释说,刚一莅任"本拟即行严禁,因其时种已出土,亩无栖粮",是出于怜悯之情,故予以"略宽时日"。这可算是他能够顾及实情,选择合宜推行的"节点"时机。而一旦发札,则严令"务须实力禁绝"。并宣明他"随时遣人密查",如发现"有视为具文、怠玩不力者,官吏丁役得贿包庇者",或是各种失职失责者,"均即立予撤参承办"。②

他同时下发《禁种罂粟章程十条》:一曰得人,特别是"择绅士社首中有品望者,无嗜好者"负责宣传,"俾其家喻户晓"。二曰先难,指先"于从前(种罂粟的)极盛之村,暨具结有案之户,水利素饶之地,人迹难到之区,风俗玩悍之乡,客民强霸之处"入手,然后或"择要抽勘",或"鳞次挨查",对"犯禁之地户乡保,当场枷责",这样"办一处,可得十数处之力"。三曰通力,是强调"不分畛域"通力合作,"凡种烟地亩在两邑接壤地方者,准邻封州县一律拔毁"。四曰除弊,是说禁收种烟地亩之非法之税,"按村发帖告条,俾众周知"。五曰议罚,是说种烟地亩"充公一节,法在必行",三年后若"本人悔过",可"还给原业","至各公耆自立村规","各听其便"。六曰悬赏,指酌情奖赏"实心任事"、"劝办有效"、告发违禁等出力之人。七曰抑强,是说除"将弁徇庇,兵丁抗违,随时揭报以外",对"皆有所恃"的"劣绅豪富、蠹役徒棍","无论或包或抗,加等治罪"。八曰速毁,是指对种后拔除罂粟之苗而言,要乘其"柔脆,不

_____

① 冀版《张之洞全集》第一册,第107—108页。
② 冀版《张之洞全集》第四册,第2308—2309页。

耐摧折"之时清除净尽。九曰用威,是指在"地方官令不能行"之处,"准其请兵弹压","藉壮声威"。十曰化俗,是说以改种"有利可图"的生物替代罂粟,要求"由官绅等各就本地情形,谋其籽种,教之树畜,务使舍旧谋新",化成良俗。① 总之,这十条可谓劝导和强迫并使,柔与刚、恩与威相济,既有不可通融的硬性规定,也给人想"舍旧谋新"的办法。

到光绪九年十二月(1884年1月)间,张之洞上折"陈明禁种罂粟情形",等于向朝廷作的一个关于该事的专项汇报。说是栽种罂粟"耗民元气,各省患之,晋省尤甚,欲振中国之贫弱,必以此为大端"。可见,这比此前对罂粟危害的陈述更加深刻和到位。接下来述说禁罂粟的艰难曲折,说"通饬各属实力奉行"禁令,"与农民约,今年不得再种",而"小民嗜利忘害,狃于积习。兼以从前示禁,非朝令夕改,旋禁旋辍,即地方官吏贿庇优容,以故官民习惯,视为具文",而"今欲革历年锢习","非首先攻坚不可"。"攻坚"的目标是"晋省种烟最盛之地,南为交城,北为代州","而交城尤为之冠"。于是便"迭饬印委员弁先赴交城,分查互勘","遍历溪谷,不避幽险",即使其号称最为难治的地方,"亦复一茎不留"。代州地方亦如同这般。由此影响他处,各属民户"每有闻风自毁改种秋禾者。各牧令亦俱踊跃奉行"。张之洞"并令地方官各视土宜,教之种桑、种棉、种麻、种蓝、种芋、种菜子、种花生以敌其利。其极苦贫民妇老无依者,酌给籽种,以济其穷"。同时,对"恃贿豪民、刁顽客户、绅庇兵包者,严提责惩"。相应,对"其绅士、社长劝导有方者",奖以"匾额花红,以旌其善"。就通省效果而言,"南交北代一律净绝。其余厅州县,南滨黄河,北抵边外,或什去八九,或什去六七。通省多少牵算,实已禁除十分之八"。由此断言,"果能从此赓续而行,大吏有司同心竭力,持之不变,三年以后,可期此害永除"。又说,"此次禁除,深知于众小民有益,悔恨感发,至于泣下。可见民虽愚而可劝,习虽久而能移。所以向来不办者,不过大吏畏难,有司好利。天下兴利除弊为难之通患,大率类此"。② 并对州县官吏,据其于此事办理表现的优劣,分别予以功、过之请。

就其禁罂实效而言,按张之洞所说通省平均"实已禁除十分之八"。若诚

---

① 冀版《张之洞全集》第四册,第2309—2311页。
② 《陈明禁种莺粟情形折》,鄂版《张之洞全集》第1册,第213—214页。

然如此,其禁罂之举确实可谓大见成效。不过,毕竟不能一劳永逸。种罂粟危害严重但眼下有"大利"可图,一旦禁令放松,极易复行抬头,甚至泛滥开来。张之洞在晋抚之任为时并不太长,他离开之后,其后各任巡抚对禁罂或紧或松,多年之后,山西罂粟仍颇盛行。譬如据光绪二十四年(1898年)九月下的《农学报》载:"山西罂粟之产,以太原、榆次、交城、文水、代州、归化等处为最盛",岁征土药地亩税、坐贾厘金、行商药科税,"计通省全年所入银二十六万三千一百余两"①,由此可见一斑。但无论如何,张之洞任晋抚时于此所做努力和所收成效,还是他政绩中凸显的亮点之一。

四、向洋务派的转型

张之洞抚晋之时,"洋务运动"正方兴未艾。对各省大吏而言,这应成为其政务中的重要一环,但因各人这方面的思想意识强弱不一,又限于其他种种条件,在相关政务实践上也存在较大差异。出任疆吏之前,张之洞虽然是以坚持中国"圣贤"文化为主,但亦不是排斥西方文化的守旧派,譬如前面说到,他在《书目答问》中就有对西学书籍的择取;在做"清流"干将时,就曾有对德国人希理哈《防海新论》中译本的推荐。这说明,他的思想基底上有着向"洋务派"转化的潜在因素,而一旦时机成熟,就会膨胀、凸显。当然,这也有一个过程。而在他跻身晋抚之后,身份的转变和政务的需要,就使其明显开始了这种转变,或是说踏上了"洋务"的初阶,这时他的相关识见和作为,成为其随后转成典型洋务大员的嚆矢。

在晋期间,他与英国传教士李提摩太的接触可以说在这方面起到一定的"触媒"作用。李提摩太其人在前边述及"丁戊奇荒"时业已提及,这里要说的是,他不但在民间活动,而且更重视与官方接触。李提摩太到山西"赈灾",曾与巡抚曾国荃见面,有其自己的记述:"一到达太原,我就去拜访他,以便让他清楚地理解我来山西的原因。他的一个秘书——我必须先见他——告诉我

---

① 李文治编:《中国近代农业史资料》第一辑,生活·读书·新知三联书店1957年版,第463页。

说,巡抚因为我的出现而非常生气。在中国,叛乱经常在人民对政府不满意的灾荒期间发生。他认为我的到来,只是收买人心,使民众对政府离心离德。见面后,尽管我跟他解释说,我带来了两千两白银,将要发散给受灾重的灾民,并且出示了通行证,他仍然不怎么高兴,依然阻挠我的行动,处心积虑地要使我在刚刚开始时即陷于困境。"①认为李提摩太借赈灾"收买人心",而给予必要的防范,对于一个中国大员来说并没有错,甚至还可以说有其警惕和戒心,但问题是,就曾国荃当时的表现而言,似乎充盈溢出的是"排外"情绪,缺乏临事必要的灵活机动和斟酌应对。这和张之洞相比,则拙巧明显有别。

在当时李提摩太的心目中,张之洞是他所谓的"三个聪明人"(按:还有张佩纶,另一个人的名字李提摩太说"忘记了")之一,而其"聪明"在于,系"饱读经典之士","对中国往昔的荣耀念念不忘,声称中国只要去勇敢地面对,就能把傲慢无礼的外国人赶走"。并说"他被赐予山西巡抚的要职,这打破了京官不外派的惯例"(按:尽管这样说未必准确)。据李提摩太叙述,张之洞上任晋抚后,派人与他联络的因由和过程:

　　在太原府的衙门旧档里,他发现了我给前任巡抚曾国荃提的一些关于修筑铁路、开挖矿藏、开办工业和制造厂等方面的建议,便派一个由三人组成的代表团到我这里来,问我能不能放弃传教工作,参与中国政务,将自己的观点付诸实施。我的回答是,尽管我理解改革的价值,但我不是个专家。中国改革要想顺利进行,引进大量各个领域的外国专家,是十分必要的。代表们说,对此巡抚很清楚,但既然在我内心里知道怎样做对中国最为有利,巡抚大人还是希望找到一些合适的人才,在我的指导下充实各种各样的改革措施。对此,我回答说,不论物质上的进步多么急迫,传教士所从事的工作仍然是更重要的,我不能完全离开崇高的传教职位去从事低级世俗工作。因此,我谢绝了巡抚的好意和报酬。②

---

① [英]李提摩太著,李宪堂、侯林莉译:《亲历晚清四十五年——李提摩太在华回忆录》,第107页。

② [英]李提摩太著,李宪堂、侯林莉译:《亲历晚清四十五年——李提摩太在华回忆录》,第150页。

张之洞本想让李提摩太专意"指导"洋务工作的提议尽管被谢绝,但依然没有放弃对此人的利用,"因为存在着洪水淹城的危险",又让他"对太原周围的地形进行一番勘测,为预防将来的洪水泛滥提出建议",李提摩太请斯格菲尔德医生帮助测量地平高度和照相,他们向张之洞"汇报了自己的观点",这位巡抚又请李提摩太帮助"考察适合开采矿山的机械",他也"遵命照办了"。① 看来,张之洞是很想借用这位洋人,助持做些"洋务"方面的工作,与前巡抚曾国荃比起来,思想上更为灵活和开放。为顽固派所排斥的"奇技淫巧",这时在张之洞心目中已俨然成了可贵的长技法宝。顺便道及,作为今日山西大学前身的"山西大学堂"之设,也与李提摩太这位英国教士分不开。当然,这是后事,与此时的张之洞没有直接关联。张之洞这时是从与李提摩太的接触上,表现和诱发了他的"洋务"激情。

抚晋期间,张之洞确实也在"洋务"方面付出了一定努力。譬如,他筹划开矿冶铁。光绪九年(1883年)张佩纶"奉使过晋省时",张之洞言"购洋铁非计,亦与晋省炼铁成条,供洋务局之用",意思是以自炼铁代替洋铁。待张佩纶回京入总理衙门(在这年十一月间)后,张之洞论列时事"兼及铁政",对总理衙门嘱办"山西设局炼铁",张之洞表示"比年来刻意经营者"即为此事,"敬当奉行"。② 十二月,他联同直隶总督、北洋大臣李鸿章会奏,说"山西铁斤抵津后,内地陆运艰滞",请求变通。具体有谓:"平定、盂县一带,素为产铁之区,其销路以奉天等省为最,从前海禁未开,应于运抵天津后,由内地陆运前往,自各国通商火轮夹板行驶迅捷,他省百货及铜铁之属皆改海运,费轻销畅,惟晋省之铁相因未改,仍由津陆运","以致成本过重,商贸裹足,采铁之民生计亦因而日绌",特别指出"中国大利为外洋侵夺,似非计之得者","应变通旧章,改归海运","以轻成本而惠商民"。③ 不仅做如此提议和呼吁,张之洞在此前即就冶铁、铸铜予以兴利除弊的筹划,只是因其在晋时日较短,未见局面大开。

张之洞抚晋期间,在交通建设方面也融进"洋务"成分。他认定,"平治道

① 〔英〕李提摩太著,李宪堂、侯林莉译:《亲历晚清四十五年——李提摩太在华回忆录》,第150—151页。

② 胡钧编:《张文襄公(之洞)年谱》,第70页。

③ 《山西铁斤请归海运折》,顾廷龙、戴逸主编:《李鸿章全集》第10册,第349—350页。

路,通工惠商","以为利民富国之要政",故予以重视,大力兴工。除打通潞安、泽州北出太行的通道外,还特别由山西"独立认办",筑成"自晋省榆次县什贴镇起,至直隶获鹿县土门口止"的东向之路。该路"首尾绵亘三百八十余里,以中间有山岭四处最为险峻,故以四天门为统名以括之",除此"四天门"之外,"巉岩峻坂,隤岸长滩,遍地皆是,连属不绝,无处无险",而经勘验,所筑道路"工程坚实,均能合法,可期经久"。在"北道既通,南路宜理"的情况下,又修治省南驿路,这中间有霍山延亘,最险者为韩侯岭,为"七省通衢,千年巨险",承工者仿照"四天门"之法分段艰苦而又巧妙地施工,修治完善。此外,"潞安府西至洪洞县曲亭镇一路,计程三百五十里"的道途整修,亦先后分段竣工。这些工程主要由军队承担,能够攻坚克难,且工费节省,工竣使晋省交通条件大大改善,"百货蕃息,晋民生计,当必有所裨益"。① 至于上已述及的其他政务,不少也与洋务有所关联,或是说从中有着"洋务"体现。譬如,在整军方面建立练军;在设清源局理财方面也融进某些洋务因素,如此等等,不再详论。

尤其需注意,张之洞抚晋期间建立起教案局、洋务局之类的专门洋务机构。所谓"教案",是因为外国教会势力在华活动,与中国非教官绅民众发生冲突,而引起的案事。这在晚清时期非常典型,教案此起彼伏,频频发生,山西自也多有。教案处置,成为牵系外交的重要洋务事类。山西教案局的设立,张之洞的立意就是"遇有教案,令教堂函致该局,衡量事理,依据条约,分别准驳",妥善办理。可以看得出张之洞对教案的重视和经心。当然,此时"洋务局"的设立,尚明显有抑教、保民、维权的倾向,这时张之洞对"洋教"还有较强的抵拒、排斥之心,甚至透出"反教"的意味,而越到以后,在时势迫使下其不得已"容教"的心理越趋强烈。

洋务局的设立尤其典型。这是在其即将离开山西的前夕,专门发札司局强调"设局讲习洋务",说"现于省垣建设洋务局,延访习知西事、通达体用诸人,举凡天文、算学、水法、地舆、格物、制器、公法、条约、语言、文字、兵械、船炮、矿学、电汽诸端,但有涉洋务,一律广募"云云。可见,此时张之洞设立的"洋务局",是一个广揽洋务人才、以大力开办洋务事业的局所,这典型地反映

---

① 冀版《张之洞全集》第一册,第229—231页。

出,此时张之洞洋务思想的突飞猛进。可以体察,这时的他,洋务激情简直已在胸中汹涌澎湃了。他的视野,已经扩至"地球上下";他的筹思,已经涉及洋务各端;他最急切的追求,是洋务人才的聚合和造就;他最美好的憧憬,恐怕就是洋务花果繁盛的美图了。且听最能够画龙点睛地反映他此时心迹的这一番言说:

> 地球上下各国通商以来,中外交涉,事体繁多,自应筹知彼知己之法,为可大可久之图。开物成务以富民,明体达用以自立。三晋表里山河,风气未开,洋务罕习,而各国使命所历,几遍天下。遇有交涉事件,恐难以空疏无据之材,出而肆应,自不得以远距海疆,阙焉不讲。查直省各局林立,取精用宏,裨益甚多,关系甚重,为国家储宏济之才,为民生裕日用之质,凡兹美利,屈指难赅。亟宜仿照兴办,极力讲求,开利源以复旧规,图近功而勤远略……(广募之洋务人才)或则众美兼备,或则一艺名家,果肯闻风而来,无不量材委用。各省局厂、学堂人才辈出,擅长者当不乏人,已咨请选择资送来晋。此外官幕绅商,如有讲求此事,自请北来,即希量加考核,是否确有实际,如非虚诞,亦并量予津遣。所有路费,咨照归款。其自行投效者,但察其果有所长,一体量能礼遇,优其薪资,以收实效,而资利用。①

"札"中还进行了更为具体的筹划布置,譬如设局场所,"即于东门内新买金姓房屋","该处地势宽阔,将来酌于附近添修院落",以利扩展;用款渠道,"所有一切经费,即于河东道库提存续增五款项下专案动支";开办步骤,拟先就本省"通晓洋务之人,及现已购来各种洋务之书,研求试办","在上海购买外洋新式织机、农器数种前来,以为嚆矢"。② 同时向全国发布启事广招人才,以不断发展壮大。该"启"中强调,"经国以自强为本,自强以储材为先",方今"事变日多,洋务最为当务之急"! 沿海"诸省设局讲求,并著成效",而"晋省僻处山陬,亟愿集思广益"。宣示对方方面面各种洋务人才,尽皆欢迎,"或经

---

① 冀版《张之洞全集》第四册,第2399页。
② 冀版《张之洞全集》第四册,第2399—2400页。

各省大宪选择遣行,或据本人自陈查明","或即不由各省咨送,亦无妨径自前来",来后"量才礼遇,优其薪资",待有成效"详请奏奖"。所期盼者惟"绝学宏开,时艰共济"。①

　　由此可以看出,张之洞"洋务"思想此时明显升华,并且在实践方面也同时跟进,设洋务局本身就是一种实践,当然与其相关计划、设想的落实当分别来看。而时间没有留给张之洞在山西实践洋务的充分机会。很快,他就被调署两广总督(旋即实授)。而在山西任上筹办洋务,对这位巡抚来说只是锋芒初试,不过对展示他的"转型"而言,也已经可谓足场之戏了。

---

① 冀版《张之洞全集》第四册,第 2400 页。

第五章　迁督两广试身手

一、身在北国忧南激

张之洞在晋履职两年多，于光绪十年（1884年）四月初一日奉到上谕："张之洞来京陛见，山西巡抚著奎斌（按：晋布政使）护理。"他赶忙料理准备，于当月初八日便起程赴京。其在晋期间"劳顿过度，心忡气喘，须发多白，行时甚病，时用药饵，不能兼程"。① 自然路上不能赶得太紧，而病中的张之洞依然放不下晋事，途中还作长函数封给护理巡抚奎斌，就政务事宜进行详细布置、嘱托。他当月二十三日抵京，二十五日召对，二十八日便奉"两广总督著张之洞署理"的上谕。其一番力辞不果，这样，他的晋抚生涯到此便告正式结束了。张之洞于五月十五日陛辞请训，十八日便出都由天津海路赴任。对此番职事变化，不知张之洞是否有所预料，不过，他在晋抚期间，就断不了就"南徼"之事发议，肯定是引起了朝廷注意。当战事愈发紧急的时候，需要找一个能应对局面、敢于担当的大员，于是很自然地想到张之洞。起码，这也是授命其人署理两广总督的原因之一。

那么，张之洞在晋抚期间就"南徼"之事是如何发议的？就让我们且做回顾。

还在他刚上任晋抚不久的光绪八年（1882年）四月间，张之洞即就那里的情势上奏言说。按照通常的说法，当时中法战争尚未正式爆发。不过，法国图越窥华的蓄谋早就暴露出来，并且正在加紧对越南北方的侵略。而中越之间，有着传统的"宗藩关系"。越南为中国的"藩属"，但中国一般情况下并不干涉

---

① 胡钧编：《张文襄公（之洞）年谱》，第71—72页。

其内政,只是其国王的册封在程序上要取得中国的认可,并且接受越南定期或不定期的进贡(而中国返赠物品的价值上则往往更大),而在它需要的时候,中国则有保护的义务。总之,这主要体现一种"名分",与近代条件下宗主国与殖民地的关系绝不相同。而及至近代在列强殖民侵略之下,"宗藩关系"事实上严重弱化直至消亡。多年来,法国即故意借中越间"宗藩关系"的由头,逐步吞并越南并图谋中国。仅就较近而言,在中国同治年间,法国就在前已经于越南部分地区建立殖民地的基础上,进而扩大侵略,并签订《法越条约》;而中国刘永福的"黑旗军"进入越南抗法,清朝官军也不只一次入境援越。及至中国进入光绪年间,势态越发激化。光绪七年(1881年),法国政府划拨出兵越南北方的经费,次年三月法军头目李维业攻陷河内,而且继续扩张,形势急剧紧张。

正是在这种情况下,张之洞于这年(光绪八年)四月上折有的放矢地谋划战事。他说,"法国图越窥滇,蓄谋已久",而近来"海上传闻,法人兵船已突入彼东京而踞之,则越将为法所并。从此,溯流入滇,强开商岸,南徼亦为兵充。中国自固藩篱,断无坐视之理"。于是,他运筹规划,具体提出十六条建议:第一,"成算",是说遣使带兵赴援保护越南,所谓"守四境不如守四夷";第二,"发兵",是说"今日断宜迅速发兵"自守先着;第三,"正名",是说以正我"保护属国、保护商人"之名;第四,"审势",是说宜速从两粤进兵以固滇防;第五,"量力",是说粤西兵壮地熟,而滇军较弱,须及早训练;第六,"取道",是说粤西陆师、粤东水师从不同地点会于越南东京;第七,"择使",是说派忠正明干的两人为出使越南大臣;第八,"选将",是说由广东、广西、云南选将布置;第九,"筹饷",是说由"闽海""粤海"两关、广西库储、川济滇饷的筹拨;第十,"议约",是说迫使法国与越南订立无损于华的条约;第十一,"相机",是说我驻越、驻法使臣相机为之,可使法人就范;第十二,"刻期",是说军队按预定期限布置就位;第十三,"广益",是说让各路大员自抒所见而随时采择;第十四,"定局",是说秋间令李鸿章先赴粤省详酌条约再返天津;第十五,"兼筹",是说兼筹"倭事"可迎刃而解;第十六,"持久",是说增设南洋大臣一员,以两广总督兼之,以固粤防。① 由此可以看出,张之洞其时对南徼形势的关注、入心。

---

① 冀版《张之洞全集》第一册,第93—97页。

而从其所提这十六条来说,可谓比较全面而又系统,但不免有些脱离实际、高调虚言的成分,还是透出较为浓重的"清流"味道。

他同时还上了一个奏片,其中持论,"若有威望素高之大臣驻粤督办,尤可得力"。建议让因母亲去世而丁忧的李鸿章,"百日后驰赴粤东,颁给关防,指授各员,于发兵议约诸事宜,总筹督办,既可资其声威,规划必更精密"。①可知此时张之洞对李鸿章还是非常看重、寄望甚殷的,似乎他于东南一立,便可起到中流砥柱的作用。事实上,清廷也的确没有让李鸿章按制丁忧,鉴于他的职责之重又对其"深资倚任",令他暂"署理直隶总督,穿孝百日后即行回任",②而为李鸿章所"恳辞"。因为不久中国另一个"藩属国"朝鲜发生"壬午事变"的内乱,在六月下旬,清廷连发上谕催促李鸿章赴津,他遂遵命。虽说暂时没有像张之洞建议的那样让其南下,但他在主要操持朝鲜事情的同时,亦兼关注"越事"。而到光绪九年(1883年)春间,清廷即有密旨令其赴粤督办越事,这与张之洞的前奏片恰相符合。只是李鸿章扯出种种理由,奏请"暂不宜赴粤"③,旋有旨让其"暂在上海驻扎,统筹全局"④。随后,清廷于六月下旬又有上谕令其署理直隶总督,他便在七月间上任履职了⑤。总之,张之洞奏片中的建议,起码在客观上一度不尽完全地实现过。

光绪九年十一月初一日,张之洞又上两折一片,言说"法衅"、"法患"和"越事"。此时,距他上次奏说"南徼"之事大约过了一年半的时间,已值中法战争正式爆发之际,时局自然更是急剧变化,形势愈发紧张。就其间的要事而言,譬如清政府对前敌将帅频繁调整;法国政府否定李鸿章与其驻华公使宝海达成的《李宝协议》,并撤销宝海驻华公使职务;在河内附近的"纸桥之战"中"黑旗军"力歼李维业;法军准备进攻山西、北宁等地;如此等等。张之洞密切关注着相关消息,愤懑、筹思,他又按捺不住向朝廷建言了。

在《法衅已成敬陈战守事宜折》中,他指斥"法兰西贪悖不道,蹙我属国,逼我边徼,胁越立约,意犹未厌,攻夺不已。闻法人接我照会后,漫不省改,依

---

① 冀版《张之洞全集》第一册,第97页。
② 《光绪宣统两朝上谕档》第八册,第73页。
③ 顾廷龙、戴逸主编:《李鸿章全集》第10册,第181—182页。
④ 顾廷龙、戴逸主编:《李鸿章全集》第10册,第182页"附录"。
⑤ 顾廷龙、戴逸主编:《李鸿章全集》第10册,第210页。

然进兵,攻取北宁诸镇,必欲吞灭刘团(按:指刘永福部队),尽有越地。且闻其调集兵船,为将来恫吓之计。事势如此,边患已亟"。鉴此,谨陈战守事宜十七条:一曰"决战计",说"今日法越之局,惟有一战",因为"法人久已昌言欲向中国寻衅","事已至此,羁縻无益";一曰"固根本",其根本是指"天津之防";一曰"策敌情",说敌军除去守船、后勤者外,前敌不过五千人,"相持数月","法必破矣";一曰"择战地",说"战于海口,不如战于越南";一曰"用刘团",即刘永福部队;一曰"用越民",说"越之义民、海盗,亦皆可用",因为如今正值其怒,用之起码可扰乱法兵;一曰"务持久",说"断不必急攻坚城,耗损士卒","但能相持数月,法人技穷力绌",自可胜之;一曰"散敌援",说"欲与法战,非禁他国接济不可","宜急与英、德、美、澳、日本诸国,开陈曲直,坚立要约,务守公法",断法之援;一曰"防津"(按:"津"指天津);一曰"防烟台";一曰"防旅顺";一曰"防粤";一曰"防江南、闽、浙",这几"防",是就各处的战略要地,提出不同防务方案;一曰"筹饷需",是统算各军中饷,建议"向英、美各商借定银五六百万,分期取用";一曰"备军火",说"军火所需甚巨,新式各种利器,急宜令南、北洋大臣速筹巨款,广储备用";一曰"速文报",说"宜令滇、桂两军,商择便地,安设台站",以便通讯联系;一曰"备重臣",说"南北筹防需才甚广","重臣宿将,必宜急储"云云。① 此折长达五六千言,对各条具体详列,这里只是简要述之。可以看出,张之洞就战事提出的诸多具体应对举措,虽然内容繁多,但都较为集中的是针对"战""守",没有题外之言,不但对"援越"而且对"防粤"和中国其他诸多要地联系起来,通筹考虑,具有"一盘棋"的思想。这时,从其奏言中虽可见满是主战和积极御守的刚硬,但已经比较务实,再嗅不出多少"清流"的味道。

同日,他又上《法患未已不可罢兵折》,这是在他正缮发上揭奏折的时候,"适闻法人攻下越南宁、西两镇(按:指北宁和山西,而此时所闻此两处为法军攻下似非严格确实),援兵失利之报",在感到"不胜愤懑焦灼"的情况下急就的。说是在法人图越窥滇,中国不能不自固边境的情况下,朝廷遂"命滇、桂两路出师","又命彭玉麟督办广东海防","又照会各国陈说曲直,明言用兵",这自皆属"常经正理",只是因"法人贪戾逞兵,复陷北圻数城,援师偶挫"。

---

① 冀版《张之洞全集》第一册,第183—190页。

张之洞恐怕此时必有人以撤兵、弃越、闭关、息事之说"煽惑朝廷",特上此折坚以朝廷力战之心,防止出现"前功尽弃,而后患不可胜言"的结果。并指出,法人"所以缓我之兵,误我之谋,懈我之心",此乃"孤越之势"所造成。在这种情况下,"若弃越弃刘(按:指刘永福),越必亡,刘必破",而法人则必乘势进一步相逼,"待至彼时,毫无牵制,从容来华,挟兵恫喝",祸患自大,悔之何及?而"此时乘已战之局,藉刘团之助,因越民之扰,就陆战之便,与之纵横奋击,安见不可终挫凶锋"?基此,进而置言,"切恳皇太后、皇上凝神定虑,勿以匆遽失策。严饬云南、广西督抚协规合力,厉兵决战,但期相机制敌,其攻守动静机宜,万望勿为遥制",而切忌"忽而趋战,忽而罢兵,将帅无所适从,诸军为之解体。从此海防一说,皆属空谈,岂惟一法,恐东西洋各国,皆将生心矣"。最后,张之洞还特别说明,自己"深知时局艰难,岂敢妄逞虚矫好兵之论,诚以处此时势,有如骑虎不下,惟有急急筹防,庶可不致堕敌计而贻后悔",又特别要求,因"事机日急",请敕下廷臣,连同他的前疏(按:即上揭之疏)"一并迅速会议,听候宸断施行"。果然,朝廷令"军机大臣、总理各国事务衙门王大臣会同妥议具奏"。① 可见,在当时的紧急形势下,朝廷在此事上难有既定主张,广为征询大臣意见的急切之情。

张之洞似已预料到朝廷在众议之下会犹疑不决,又附片专奏,说是"此举关系大局,固宜令廷臣会议,以收集思广益之功",而又特别劝诫朝廷,"致胜之要,则尤视圣心之定与不定耳。从来举大事者,必须毅然担当,不计小利小害,乃能成功。而兵事为尤甚,洋务为尤甚"②。并针对中法战事,结合古今情况,进行具体申说,归根到底其宗旨,既像该片拟题中所谓"越事关系大局请断自宸衷",但又不仅限此,而亦包括劝太后听取臣工的赞划。其云:

伏望皇太后断之于上,召见三亲王(按:指惇亲王奕誴、恭亲王奕䜣、醇亲王奕譞),令其深思熟计赞于下。圣意主之,中外诸大臣谋之行之,朝廷于枢臣、总署诸臣,但责其谋画之尽心不尽心,而不计敌之强弱;于督抚将帅,但责其战之力不力,而不可责其战之胜败。不论一事之利钝,但

① 冀版《张之洞全集》第一册,第190—192页。
② 冀版《张之洞全集》第一册,第192页。

论全局之得失。夫然后上下内外,文武军民,同秉此坚定之一心,心定则气壮,气壮则力果,心定则神闲,神闲则智出,主饷主兵,任谋任战,各竭其能,各效其力,十八省合为一身,南北洋联为一气。人谋既和,天道佑之,诚能如是,不必合天下之全力,即广东省城之义民,足以破法人而有余矣。①

实际上,张之洞一方面是防备王公大臣意见纷乱,影响太后决策;另一方面也担心太后不纳臣下意见而一意孤行。他因而提此建议,以切实保障当时体制下"臣谋君断"应有"模式"的通行。

从张之洞虽是同日所上的这两折一片看,实际背景并不尽相同。头一折操作期间,是鉴于南疆形势的日趋紧张,尚不是因骤闻有突发事件,而第二折及一片的形成,则是因闻及"法人攻下越南宁、西两镇"而速成。事实上,其时所闻并不特别准确,因为当时北宁、山西之役实际尚在正式爆发之前,起码法方尚未攻下这"两镇"。当然,已在战事爆发的临界点,局势异常紧张,外传信息纷纷,所以造成张之洞的闻讯而信。而也差不了几天,大约是在十一月中旬(1883 年 12 月中旬),法军便开始发起进攻,这也就是通常所说"中法战争"的正式开始。

随着中法战争的正式开场,在越中国军队却屡屡失利,身为前敌统帅的广西巡抚徐延旭、云南巡抚唐炯被革职拿问。而朝中则发生"甲申易枢",就是军机处大换班事件。此事在中法战争开始不久,按说正是需要稳定重臣之际,慈禧太后却借詹事府左庶子盛昱的一个参劾军机大臣奏折为由头,在光绪十年三月十三日突发懿旨,罢免奕䜣、宝鋆、李鸿藻、景廉、翁同龢等全班军机大臣,改用世铎、额勒和布、阎敬铭、张之万、孙毓汶(后又补充许庚身、左宗棠),这确实使得不管是被罢者还是新用者都万分惶恐,朝内外大臣们闻之也倍感惊骇。此事为军机处成立以来所鲜有,是一个"谜局",也是一个"奇局"!因为按慈禧太后懿旨中说法,一班军机大臣们"爵禄日崇,因循日甚,每于朝廷振作求治之意,谬执成见,不肯实力奉行"②云云,是难以得到一个合理解释

---

① 冀版《张之洞全集》第一册,第 193 页。
② 《光绪宣统两朝上谕档》第九册,第 60—61 页。

的。只能说,它是慈禧太后故意显威弄权的"杰作"。整体说来,"新"军机比"旧"军机在朝事、在对中法战争的筹划部署上未必见得高明。当然,张之洞与此局没有什么直接关系,但他的职事变动却是紧在此局之后,这与朝中的政治风波自有着某种关联。还有,原先作为他的"清流"同道、挚友的张佩纶,因为主战呼吁此际也被打发出京,去福建会办海疆事务,几个月后就因马尾之战的失败,而终被遣戍,结束了他的政治生命。而张之洞之任粤督,却成为他宦途发展的有利契机。他们仕途结果的迥异,是个人能力的差异,还是"命运"的造就?

二、抗法卫国的运筹指拨

张之洞于光绪十年(1884 年)闰五月十六日抵达广州,二十日接篆视事。从张之洞来任粤督(先署理,七月初即实授),到中法战争结束,还不满一年,但其间正是变端多发、战事激烈的时候。

如果按通常所说,以光绪九年十一月(1883 年 12 月)"山西之战"作为中法战争正式开端的话,那么在张之洞抵粤时,这场战争已经开始了大约半年,对山西和北宁之战失败负责的广西巡抚徐延旭和云南巡抚唐炯已经被革职逮问(继任者分别为潘鼎新和张凯嵩);李鸿章与法国代表福禄诺也已经签订《中法会议简明条款》(又称"李福协定")。而张之洞来粤抵任后,不日即发生"北黎冲突"(也称"观音桥事变"),就是于闰五月初(1884 年 6 月下旬),法军强行向谅山推进,进抵北黎的观音桥时,强横要求清军撤让,"简明条款"中虽有清军自越南撤退的内容,但并未规定撤退日期,自要有一个准备过程。清军与之交涉,但法方枪杀清军联络官,并向清军发起进攻,清军被迫还击,重创法军。由此战事再行蔓延并扩大。张之洞在战争中虽未亲临前敌指挥,但兼负统筹部署的重任,运筹帷幄,遥为指拨,为此竭心尽力,做出自己的特有贡献。

一是尽量促使相关大员和衷,同时酌情参劾不职之员。

张之洞来替代的是淮系要员张树声,此人在李鸿章母亲去世后曾署理直隶总督,而后回至两广总督本任,这次去职是因"病免",但最实质的问题自还是军政不顺。他"病免"后并没有归乡休养,还是暂留下来办理军务,几个月后(光绪十年的九月间)去世。张树声去职粤督前曾被人奏参,说他"不符物望,难胜兼圻,推诿取巧,玩视边防,贻误地方,任性徇私各等语",朝廷令张之洞与彭玉麟(其为兵部尚书奉钦命来广东办理军务)会同"秉公查明,据实具奏,毋稍徇隐"。到光绪十年的八月末两人会奏,对所参具体条款,如"越南河内,初为法人所困,曾遣使到督署告哀乞援,张树声置之不理";"张树声之子张华奎","于边事利权,遣将委官,揽权受贿,较前愈甚,粤省有大小总督之目"等等十多条,核查的结论是,其"或本无其事,传闻失实;或原无大过,责备太苛;或已经圣裁,不必追论,似均可毋庸置议"。总之,基本上是一一予以否定,并进而说:"张树声素行谨慎,久历封疆,刻意自爱,服官各省,类皆孜孜求治",①他在粤也是如此。这不但为张树声免除被严处之咎,同时也会促使他们间的"和衷",并且能进而在下属官员和将士中发挥增强团结的良性效应,而这正是当时张之洞所孜孜以求的。他于九月间在所上《敬陈海防情形折》中所说:

> 臣本迂愚,未更兵事,仓卒受任,设施为难,惟有仰禀圣谟,殚诚竭力,以忠义激士民,以重赏鼓勇士,以和衷联诸将,以广听收群策。每遇防务措置事宜,皆与尚书臣彭玉麟、前督臣张树声、抚臣倪文蔚虚衷商确,谋定而行。目前在事诸臣,毫无意见之参差。即湘、淮、粤诸军,亦毫无畛域之间隔,各营皆有扬奋之气,小民咸怀敌忾之心。②

特别是张之洞与彭玉麟的关系更显紧要。因为张之洞刚抵粤地,一切情况尚需详细了解,特别是军务实际方面更是相对隔膜,诚如廷旨所言,"张之洞甫经赴任,诸事生疏,该处一切防务,彭玉麟务当妥筹兼顾,以期严密"。③ 总之,特别是在军务上,他确有需向彭玉麟学习,而他也正是这样做的。有说"彭氏老于军事,阅历素深,且威望极隆,舆论所归。张抵任后,虚己

---

① 本段中引文出自冀版《张之洞全集》第一册,第241、246、248页。
② 冀版《张之洞全集》第一册,第253页。
③ 《清实录》第54册,第583页。

礼下,推诚共事,统帅既和衷无闻,诸将莫不用命。谅山之捷,基于是矣"。①
所谓"谅山之捷",这里是指包括"镇南关大捷"在内的中国军队取胜的关键之
役(详下)。而所说这种局面和作用的产生,自与张之洞的主动虚心学习分
不开。

再就是,在调和其他大员之间的关系方面,张之洞也是尽心尽力并发挥了
重要作用。要说,彭玉麟与张树声之间的矛盾本来不浅,他们各是湘、淮大员,
有着派系分野上的各自利益追求,个人之间也不无芥蒂。彭玉麟从当年的湘
军水师将领一路拼杀出来,这时他身挂兵部尚书之职,但并未在京城坐守衙
门,而是来粤地布置指挥。其实,对于"高职",他并不感兴趣,前曾屡辞不任,
譬如自咸丰末年以来对安徽巡抚、漕运总督、兵部侍郎、两江总督等,屡屡辞而
不任。此兵部尚书一职,在光绪九年正月,清廷就有旨授命,他获知后三月初
上疏力辞,说自己"素非有经世之略",而现在"病躯重任,尤虞失职"云云。②
由于他辞谢而不赴任,待七月间就遭到了国子监祭酒盛昱的攻讦,说"彭玉麟
奉命数月,延不到任",是"抗诏鸣高,不足励仕途退让之风,反以开功臣骄蹇
之渐"③。据说,这次盛昱上奏,是在京的张树声之子张华奎秉其父意,特意在
京策动的结果。若是这样,彭玉麟不会一点不知其情,对张树声自会怀忿。不
管怎样,彭氏只好勉强挂职,被派来粤地应急。他倒是颇显负责,到后便马不
停蹄地"驰赴虎门一带,相度海口形势"。④ 而这时他与总督张树声关系上的
不协明显可见,当时还在晋抚任上的张之洞给张佩纶的信中就说:"振(按:指
张树声)、雪(按:指彭玉麟)不合,最关紧要,务须设法调和之。"⑤而当时他虽
有此心,但毕竟只是间接为之,难能发挥其直接之力。及至张之洞到粤,调和
彭、张间关系就是可直接亲为之事了。恰又有奉命与彭玉麟共同核查张树声
的被劾之事,可以想见,张之洞在不失原则的同时,为尽量保护这位前总督是
怎样劝说和影响彭玉麟的。他们的奏折上后,很快张树声就去世了,张之洞又
与彭玉麟一同为之上"请恤折",历数他一生的主要经历和功绩,这也算为其

---

① 徐一士:《一士谭荟》,第 106 页。
② 梁绍辉等整理:《彭玉麟集》上册,岳麓书社 2003 年版,第 343—344 页。
③ 《光绪朝东华录》第二册,总 1573 页。
④ 梁绍辉等整理:《彭玉麟集》上册,第 354—355 页。
⑤ 冀版《张之洞全集》第十二册,第 10148 页。

人得以"善终"(得朝廷"优恤"和"荣谥")尽己之力了。

其实,张之洞对张树声不无看法,他前在晋时就有评云:"振老既不甚健,粤省正赖雪帅维持","雪帅一到五羊,民心顿定,士气顿雄,广州省城俨若有长城之可恃,奈何趋之海隅也"[1]?所谓"趋之海隅",是指朝旨让彭防守琼州(海南岛)。揣摩张之洞话语,未尝没有张树声暗中作梗的隐意。虽然此时张之洞对彭玉麟是看重的,而及至他到粤后与之共事,对此老也不无看法,譬如曾写信给他的祖兄张之万说:"看尺木(指彭玉麟)面,乍看似佳,久之乃知系膺本,市井小人,奸诈取巧,专祖同乡,附和云林(指倪文蔚)。要差要缺,几欲皆湘人而后已。"此外,张之洞对当时的广东巡抚倪文蔚(安徽望江人)实际看法也颇不好,在同信中说:"看云林面,愈看愈劣。其为人性情昏昧,今日所见之人,明日即已不识。早起所办之事,过午即已茫然。"[2]在张之洞心目中,大员们是这样不如人意,但因自己初到,又值军务急迫,他还是以大局为重,尽量与之和衷共济。

不过,若从有的佚闻来看,张之洞与广东巡抚倪文蔚关系,并不始终像他在上边独段引文的奏语中所说"虚衷商确"云云,而是愈来愈发展到相当不协,甚至公开交恶。有说:

> 文襄(按:指张之洞,其逝后谥"文襄",因引文著述出其逝后故用)以倪新进,颇慢易之,倪亦负气不稍让。二人意见日深,时相龃龉。一日,倪以事谒总督,文襄拒不纳,三谒三拒之。倪问何时可见,期以旦日日中。倪先期往,日过午,仍不获见。倪私问仆从:"大人有客乎?"则对曰:"无之,签押房(按:指当时办公室)观文书耳。"问何不禀报,则曰:"大人观文书,向不许人回话。"倪愈不怿,大步阘然入,戈什大声言:"巡抚至。"瞥见文襄致书安坐乐椅中,若为弗闻也者。倪忿然作色曰:"督抚同为朝廷命官,某以公事来,何小觑我也。"拂衣竟出,欲辞官。将军(按:似指彭玉麟)出调和之,为置酒释嫌,二公皆许诺。届期倪先至,文襄日旰不来,将军强致之。至则直入坐上座。将军起奉卮,文襄立饮之。将酌以奉倪,文

---

① 冀版《张之洞全集》第十二册,第 10149 页。

② 张达骧:《张之洞生平述闻》,《武汉文史资料文库》第七卷,武汉出版社 1999 年版,第 11 页。

襄又饮之。倪大怒,推案起,脱帽抵几,径回署。即日谢病,政府知之,乃调倪他所。①

所谓"乃调倪他所",是在光绪十三年(1887年)间调他任河南巡抚,而其离任广东巡抚是在上年,先是"病免"。不管督、抚间矛盾是否真像引文中所述如此互不相让,特别是张之洞大有倨傲之态,反正他们间的愈发不和当是实情。不过,这有一个发展过程,开始时大面上或过得去,而相互之间矛盾的发展,与两不服气似乎有关。诚然,张之洞也绝不是无原则的"老好人",不中意的巡抚他看不上,而对下属的"不职文武各员",更是不少直接参劾的。譬如光绪十一年(1885年)正月间,他就参劾了总办(广东)机器局的江苏候补道温子绍,委办前山厘局的试用通判张光裕,委办后沥厘局的试用知县丁墉,委办四会厘局的试用知县吕椿培,顺德协副将利辉,阳江镇中军游击黄增胜,记名总兵张殿雄,记名总兵张志鳌,统带潮普军候补游击方恭,花翎候补游击梁肇燮,蓝翎候补都司陈良杰等。他们或是因工作失职、渎职,或造成经费亏空,机坏船废,或是勇丁懈弛,不遵调度,不守军纪等,建议或予革职,或是革职留任,或是降职,而凡涉及经济问题,一律勒令赔缴。不过,最后特别申明:"大抵粤东政烦俗杂,吏偷军玩,养成积弊,已非一朝,苟且情面,习为故事,参不胜参,撤不胜撤。若一疏而劾罢数十百人,未免骇人观听,兹先奏劾数员,以示风轨。"②可见,他面对广东吏治积习的实情,参劾还是"点到为是"。那么,由此看来,他与大员的尽量"和衷",也就更好理解了。这样,在当时特定情况下,也确实起到了维持大局的效果。

二是设法筹措军费,认真布置海防。

军费,是战争的财力保障,而这也正是当时清朝最棘手的事情之一,广东当时同样是财政紧张而又需款急迫。张之洞鉴于前督张树声在任时,于光绪九年八月间因海防吃重,经费不敷,奏请息借香港汇丰银行商款二百万两,从中先提用一百万两,其余一百万两留备购买铁舰而未提用,光绪十年三月间,因库储匮绌向该银行提取,以应急需。而同年"闰五月以后,海防更加紧迫,

① 葛虚存:《清代名人轶事》,上海会文堂书局1922年版,第77—78页。
② 冀版《张之洞全集》第一册,第279—280页。

添募勇营,购办战守各具,所用业逾巨万",又加"奉拨湘军营饷",还有广西出关的方长华部月饷,"以及协滇、协桂、援闽、援台添募之军军火之用",前借款现"仅余五十万,勉敷本省防营三个月军粮之需,设使兵端一开,则用项更难预计"。根据本省"各库既无可再筹,要需又急如星火"的情况,张之洞提出,"拟请照前借章程,再向汇丰、宝源等行借定银一百万两"①。在财政困难、无他办法之下,为军费敢于筹借外款也算是可聊补急需之一途。除此次之外,他项借款还有多笔。据其后来自述:"到任(按:指到粤任)后为本省海防借款二百万两,为协助滇、桂,越南刘(永福)、唐(景崧)两军及台湾,共借五百万两,合前任、本任,共借洋款九百万两。先经奏明,分各省认还。嗣户部派广东筹还,乃独立认筹,分十五年还清,专取给于本任内新增洋药、厘金中饱一款。"②可见张之洞为备战和助战筹借洋款及"独立"筹还的魄力,在财政窘迫的情况下,这也不失为支持抗敌的一条途径,正如有的研究者所说:"这无疑大有助于增强军力,以御外侮。"③

对海防,也是张之洞所尽心筹划的。他到任之初,即使在"法人渝盟,警报狃至"的形势下,"就力之所及、时之所能者,竭力措置"。他首先摸清广东的海防情况,说是粤省带海为疆,而大端有四处,即"省防"、"琼防"、"廉防"、"潮防"。"省防"指广州之防,是"最重要而最难"之处,并列举其具体表现,分析其防守条件,说"三洋海面,以粤为冲",而原先的备御办法"罕有成画",故而他和相关大臣,"三令五申,考校督趣,夜以继日,舌敝唇焦",才得以"部署略定"④。"省防"的前路虎门、中路黄埔、西南路南石头及其各分路,以及陆防东、西两路,皆分派有专军驻之。其余琼州、廉州、潮州三防,亦皆派定专门守军。这是张之洞在光绪十年九月初上奏所言,朝廷对其奏表示了肯定,有旨曰:"览奏布置海防情形,所筹均甚妥协。即著该督会同彭玉麟等督饬各军并激励民团,随时认真训练,严密备豫,以期缓急足恃。"⑤

---

① 冀版《张之洞全集》第一册,第253—254页。
② 冀版《张之洞全集》第十二册,第10615页。
③ 冯天瑜、何晓明:《张之洞评传》,南京大学出版社1991年版、1996年第2次印刷本,第75页。
④ 冀版《张之洞全集》第一册,第249—250页。
⑤ 冀版《张之洞全集》第一册,第253页。

张之洞的防务筹措,不只是限于粤地,而且还着眼闽、台。光绪十年六月十二日,他《致总署》之电有云:"屡接闽电,情形危急,船厂若扰,各处皆震",并置论,"法注意在闽,敌入内河,颇虑断后",我船当"于口门外遥尾缀之,勿与博战,待敌入内,则下雷于口门断之",如此"处处作势牵制",敌"则各口皆不敢深入","此十船可作十万人之用"。① 这是战术谋划,张之洞还直接拨军支援。六月十七日,他在《致总署》电中说:"粤兵不敷,闽事甚危,移缓就急。潮去闽近,近已令署提督方耀飞调游击方恭,敕潮勇五营往援"。② 同时,张之洞还拨发接济台湾的军火饷项。他饬广东善后海防总局及军火局竭力筹措,给"铭军军饷库平银二万两,又购觅哔呐地洋枪一千四百杆,码子五十二万粒,洋火药六百桶"③,雇用轮船运送台湾。张之洞不是那种只顾自己辖区的"本位"官员,此后他协济外省区的事例常有。据其记述,他在中法战争期间,共济银台湾四十万,滇军二百万。④

三是努力增募勇丁,精心选贤调将。

其增募勇营,是为了适应战时的需要。当时军旅不敷动用,而绿营已当衰落之时,加之其制度僵化,平添不易,张之洞便主要在添募勇营上大做文章。据其上奏,饬令在粤的前正定镇总兵娄云庆、记名提督王永章各添募勇丁一千名;咨会署水师提督方耀添募勇丁二千名;署陆路提督郑绍宗添募勇丁二千五百名,并炮勇三百名;饬令补用副将黄德耀招募勇丁五百名;署广州协副将记名总兵邓安邦在原有所部勇丁一千名的基础上,再添募一千名;署阳江镇左营守备李炳泰募勇五百名,新会营右营守备伊林安募勇五百名,尽先守备叶良募勇五百名(均归郑绍宗统率调度);署大鹏协副将赖镇边在原带勇三百名的基础上再添募二百名;署水师提标后营游击黄增胜在原带勇四百名的基础上再添募六百名;顺德协副将利辉配足水勇一千名,并添募陆勇三百名;署水师提标左营游击黄廷耀添募红单船六号,配足水勇,并另募炮勇三百名;潮州城守营都司方鳌添募炮勇五百名;高州镇张得禄添募一千名;钦州营参将莫善喜添

---

① 虞和平主编:《近代史所藏清代名人稿本抄本》第二辑,第5册,大象出版社2014年版(本辑各册皆同),第191—192页。

② 虞和平主编:《近代史所藏清代名人稿本抄本》第二辑,第5册,第193页。

③ 冀版《张之洞全集》第一册,第239页。

④ 冀版《张之洞全集》第十二册,第10615页。

募五百名;署钦州镇吴全美、署雷琼道王之春添募勇丁一千名。此外,还有张之洞选募亲军一百名,张树声添募亲军五十名,倪文蔚选募亲军五十名。①总算下来,仅此次所奏添募的勇丁就达一万五六千名,为数不少,且各有具体归属,着落明确。

添募勇丁之外,张之洞还在选贤调将方面颇费脑筋。最为关键的,是对冯子材的起用。冯为广东钦州(今属广西)人,自幼有豪侠之气,中年参加天地会反清起事,旋接受清政府"招安",从向荣镇压太平军,曾隶属江南大营。江南大营破灭后他领残部对抗太平军,官至总兵,同治三年(1864年)擢至提督。后镇压广东、贵州民众的反清斗争,并多次进入越南,或"督剿"转移至此的吴亚中天地会起义军,或帮助越南"剿匪"。面对法国的侵越谋华,冯子材则正义满怀,力主援越抗法,但徐延旭任广西巡抚时,对其排挤,冯子材忧愤和失望之下,于光绪八年(1882年)称病离职,回至家乡。张之洞出任粤督后,物色将才,自然想到了冯子材。

张氏到粤不久,就写信问候冯子材。到当年(光绪十年)六月二十一日,他又致信冯氏,说"法人弃信背盟,呈兵要挟","防务日亟,万一始终决裂,战局纷纭","拟请阁下速将团练密加部勒,营哨官分别派定",酌带赴敌,并向其询问军务上的一些事情,最后有言:"阁下威略老成,熟悉沿边地理,专赖良谋,无任翘切"②。九月二十二日,张之洞致电广西巡抚潘鼎新,言简意赅地说明起用冯氏的理由:"冯虽老,闻未衰;旧部多,成军易;由钦往,到粤速;在越久,水土习;用土人,补遣便。将才难得,节取用之。"③经张之洞的热诚督促,不但坚定了冯子材出山的决心,而且促使其尽快成行。这样,十二月末,张之洞遂向清廷奏明冯子材病痊出山,"统军会剿"。④ 冯子材的复出,无疑是出于他对法国侵略者的义愤和援越卫国的正义感,但也与张之洞的识才、延请分不开。随后的事实证明,就是这个老将冯子材,率军取得镇南关大捷,成为中法战争中国军事致胜的关键一役,谱写下可歌可泣的英雄篇章。

---

① 见冀版《张之洞全集》第一册,第258—260页。

② 冀版《张之洞全集》第十二册,第10169—10170页。

③ 中国近代史资料丛刊《中法战争》第四册,上海人民出版社1957年版(各册皆同),第458页。

④ 冀版《张之洞全集》第一册,第271页。

四是统筹考虑,提出战略筹划。

张之洞不是只顾辖区,而是着眼全局统筹考虑。他提出:"熟筹今日敌情事势,我不能遽逐法虏以去鸡笼,法亦不能尽破我军而据台地。惟有力争越南,攻所必救,庶不致(法方)率其丑类,肆毒孤台。越圻渐恢,台围自解。"这可视为他整体上的一个战略筹策,这绝非盲目作出,而是针对法军在闽台的侵扰,"各省疆臣,渡兵济饷,百计俱施,然以阻隔重洋,艰难殊甚"的实际情况,又具体分析法国的军事动向:"法屡添新兵来华,大约赴越者三之二,赴台者三之一。复据西电,法人决意并力先逐桂军出境,再图上拒滇南",①从而斟酌作出战略考虑。从战争的发展和最后收局看,证明其这一考虑是基本正确的。在台湾的抗敌斗争坚决进行的同时,由于中国军队在中越边境战地镇南关的决定性胜利,也导致法国在台湾和其他中国地方战事的终了。

此外,还需要注意的是,在关于战事的联络中,张之洞已经多用电报。此时的电报通讯在高层的政务活动特别是军事通讯中已经较多应用了,这可谓"革命性"的技术进步。因为这大大缩短了长距离的通联时间,像粤地及中法战争前线与北京朝廷的通联就是这样。其间可以相对及时地沟通情况,了解相关信息,比过去单纯依靠传统手段的驿递传送,有了极大的便捷。譬如,两广与北京之间奏报、上谕的递到,以往一般情况下需要十多天甚至二十几天,而用电报,一般一两天也就足够了(这是当时的技术手段,后愈发进步)。这对于战事部署和指挥的方便程度确实大大提高了,再少出现像以往那样,因文牍"旅程"中军情的千变万化,到后而事过境迁,失去它的实际意义,甚至导致延搁误事的情况发生。而张之洞是这一变化的主动适应者和积极促进人,他是较多使用电报方式的,并且努力加强相关区域的电线建设,不断地改善电报通讯。

三、与前敌将帅及胜败终局

张之洞未上前线,战时他作为身居广州的部署和指挥者之一,与前敌将帅

---

①　冀版《张之洞全集》第一册,第265页。

之间保持密切沟通，非常关注战事的发展变化。

中法战争可以说主要是分两大战场，一是北圻和中越边境战场，再是中国闽台和浙江战场。前者是陆战，后者主要是海战。就闽台和浙江战场而言，台湾设省（光绪十一年九月）前为闽所辖，但又有海峡相隔，相对独成一区，在战争环境之下，军务急需有专人就地操理。在张之洞抵粤时间稍后，清廷就于光绪十年（1884年）闰五月初选定淮系人物刘铭传，"赏给巡抚衔，督办台湾事务，所有台湾镇、道以下官员均归节制"。① 赴台前夕，刘铭传到天津向李鸿章请教和商量台湾事宜，当月十八日，他乘船南下，二十四日即抵台湾，亟筹防务。六月中旬，法舰进攻基隆，被清军击退。前面提到的张之洞援台举措，正是在这个时候开始。

从以后张之洞与刘铭传的联系上看，几乎都是直接关乎前线防御和战事的。譬如，光绪十年八月十三日他致电，告"饷已到台郡交讫，械现已解台"，又鉴于"法廷议兵到，全力扰鸡笼（按：'基隆'旧称'鸡笼'）"而急切询问："闻煤矿已饬毁，尚能取否？赴煤厂之路能扼否"②？因为在他看来，法军失去煤炭则就没有办法。接着十六日又致一电云："法虏并力扰鸡笼，雄才必能破敌，惟军火接济甚艰，万一洋枪炮子药不继，可虑。台产磺，似可饬地方文武赶速多造土药，备土枪，为持久计"。③ 八月二十七日再行致电询问战局确情："沪尾苦战获胜，欣佩。洋报谓法大败，似已气夺，再扰否？传闻十七日夜鸡笼大捷，确否？"④ 九月十一日又致电说，"全台封口，焦急。此间力筹军火，苦无船往"，并陈述了"宜速制土药持久"⑤等四条意见备其采择。其所谓"封口"，当是指法军封锁台湾海面，这自会给援台造成更大困难。到十一月初八日，张之洞再致函刘铭传，说"待饷情形，深代焦急"，询问前令人"解银三万两"，"此时已弹收否"？告这次又"交香港商人汇洋银三万元"，"均解尊营察收"，并说"此次汇项办妥以后，可源源照办"，"少则数万，多则数十万，粤东均

---

① 《清实录》第54册，第580页。
② 冀版《张之洞全集》第七册，第4934页。
③ 冀版《张之洞全集》第七册，第4934—4935页。
④ 冀版《张之洞全集》第七册，第4939页。
⑤ 冀版《张之洞全集》第七册，第4945页。

能应付"，①并告知中越边境地区的军事情况。从张之洞致刘铭传的这些函电看，他一方面是继续向台湾提供援助，一方面是非常关心台湾防务和战局，并提出自己的建议。

张之洞对福建全局自然也很关心。他抵粤之初，"老友"张佩纶也已受命到福建会办军务，这时负责那里军务的还有闽浙总督何璟、福建巡抚张兆栋、福州将军穆图善、船政大臣何如璋。他们之间意见纷歧，甚至钩心斗角，军务一塌糊涂。七月初三日，法国舰队对马尾发动突然袭击，重创福建水师，致其官兵伤亡七百余人，随后又轰毁马尾船厂。这是一个重大变端，清廷在马尾之战三天后（七月初六日）对法宣战。至于此后张之洞与福建大员们联系，譬如八月初二日他有致何璟、张佩纶的一封电报，主要是问候相关情况："悬系胜负何如？法船意欲何为？长门、马尾各营稳固否？黄军门、方道、方恭、张凯臣各扎何处？右帅驻何处？幼帅驻何所？速示。"②其中所谓"黄军门"，即指提督黄超群；"方道"，指道员方勋；方恭为广东所派（前已述及）；张凯臣即湘军水师出身的张得胜；而单独问及的"幼帅"，是指张佩纶（字幼樵）。这时马尾之战已过去约月许，但朝廷对他们的最终处置尚未"定型"。何璟七月二十七日有廷旨召京（张之洞发电时恐尚不知），其职由张兆栋暂署。随后他与张兆栋皆革职，闽浙总督由湘系大员杨昌濬担任，福建巡抚则改换刘铭传（仍驻台）。至于张佩纶和何如璋，也被革职，而到十二月间均又被定"发往军台"。③

至于浙江方面，是在战争末期（光绪十一年春间）法军侵扰镇海海面，该省提督欧阳利见、宁绍兵备道薛福成指挥军队抗敌，在战斗中开炮击伤敌人数舰，其"远征军总司令"孤拔也被击伤（不久于澎湖毙命），法军登陆未成，不久退出浙江。在这场镇海保卫战中，清军取得胜利。张之洞当时与那里的联系虽说不多，但从战事的完整性着眼，对此还是略作介绍。

而职责所系，张之洞与越南北圻和中越边境战场的关联更为直接和密切。这里主要就他与前敌大员潘鼎新，以及由广东派出的冯子材（所率称"萃军"，

---

① 冀版《张之洞全集》第十二册，第 10182 页。
② 冀版《张之洞全集》第七册，第 4930 页。
③ 《清实录》第 54 册，第 850 页。

另还有淮军将领出身的右江镇总兵王孝祺所部称"勤军")的联络。潘鼎新作为淮系大员,对原广西部队与广东"援军"有亲疏偏见。张之洞开始与他尽量通融,但潘鼎新却无所改变,张之洞遂与之有争。光绪十一年(1885年)正月十五日张之洞电奏,言"自除夕电潘及冯、王,即云两军悉听潘调度",而听说潘则对人言,冯子材等"飞催不至,事权不一,掣肘万分",因此有谓:

> 冯前数日实无十八营(按:时传言他有十八营),洞竭粤东全省之力以助桂,济饷、济械、济兵,饬听潘调,似无人掣肘。潘因寇炽,惧重谴,惶恐焦急,故如此措辞,或可原。朝廷宽大,令戴罪图功,仰见圣明……惟边事重大道远,以后潘奏,求朝廷详查虚实。①

及至二月初六日,他又与彭玉麟一同上奏:

> 近日密查关内外军情,甚为可忧。此时议潘抚者太多,虽道远,卒难确查。诸军气馁心离,军民多怨,目前边事亦难。潘不善驾驭诸将,才力竭蹶,调度未能裕如,桂军断难再振则已显然。若再不变计,以后法虏谅守日固,全越外陷,伏莽内起,桂边无从挽救,东境亦必蔓延。仰恳朝廷速简知兵大员督办广西关内外军务,移潘他处。②

这是明言要求朝廷将潘调离,实际未必没有进而追究的意味。而朝廷在初八日便有"巡抚潘鼎新,身为统帅","实属调度乖方","著即行革职"③的谕令。

而这时,正在镇南关战事启动此际。稍前,法国集中两个旅团万余人的兵力向谅山清军发动进攻,潘鼎新不战而退,谅山遂为法军占领。接着,又进犯文渊州和广西门户镇南关,一度深入关内数十里。正是在这种紧急情势下冯子材临关抗敌。他自当最重要和繁难的中路,在跨东、西两岭的关前隘筑长墙、掘濠沟,严备御敌。而这个时候,仍有潘鼎新让"冯军回廉(州)"的电令,

---

① 冀版《张之洞全集》第三册,第1904—1905页。
② 冀版《张之洞全集》第三册,第1913页。
③ 《清实录》第54册,第885页。

冯复电"言该军吃重",坚持未行移调。在得知敌人"以(二月)初八九日犯关"的扬言时,冯子材鉴于敌人狡猾无信,"料定(其)必于初七日"出兵,"决计先发制敌","于初五夜出关"袭击,先取小胜,激励士气。二月初七(3月23日),法军"果起谅山之众来犯,并力入关,直扑关前隘长墙,攻广军营垒",而冯子材激励军队奋战。时"炮声震天,远闻七八十里外,山谷皆鸣","与敌鏖斗数时,互有伤亡"。次日"清晨,复大战",敌军"来益众,炮益紧"。狂悍的法军"已薄长墙,或已越入。冯子材年将七旬,短衣草履,持矛大呼,越出长墙,率其两子冯相荣、冯相华搏战。将士齐开栅门涌出。诸军睹冯子材如此,无不感奋。关外游勇客民千余,闻冯子材亲出阵,皆自来助战"。① 这是张之洞上奏中所言,是述说在冯子材亲自上阵并且身先士卒的感召下,临阵军民齐心协力、奋勇抗敌,最终将敌人打垮,致其败退的情况。当然,是在相关各军的配合下,协力共同击败敌人的。冯子材等军一鼓作气,乘胜追击,先是在文渊州再败敌人,又追至谅山,十二、十三日(28日)于此奋战,再取大捷,并重伤法军指挥官尼格里。从镇南关到谅山的战役,使法军死伤近三百人,更关键的是,从战局上置敌于挫败之势,这是中法战争中举足轻重、决定全局的一场战役。其败局传到法国国内,甚至导致茹费理内阁的倒台。

其实,冯子材对镇南关—谅山之战,自己都及时有请巡抚代奏的咨件②,而这当中他主要是陈述其军的战绩,褒扬突出员弁们的功劳,为之请奖,而没有特别标榜自己。而潘鼎新在相关奏报(自是在革职上谕未传到前)中,却一贯是极力突出他将,蓄意抹杀冯子材战功。为此,张之洞和彭玉麟于三月间曾致电总署请其代奏,说"苏提(指苏元春)资望尚浅,去年虽有战功,但潘抚不免铺张,诸军已多不服,以至于败",而查"冯提督资望勋劳,清廉忠勇深得两粤军民及越人心。此次镇抚关内,扼关战越,功为诸将之冠,万口一词,冯军断难归苏调度"。③ 四月间,张之洞又将此电奏件传给冯子材,并特嘱:"此系密

① 冀版《张之洞全集》第一册,第283—284页。

② 见冯子材:《萃军进剿法匪先获小胜随会诸军鏖战历三昼夜大获全胜会奏咨》、《各营攻剿法匪克复越南文渊州并将出力各员弁请具奏奖励咨》、《萃军攻克谅山夷省大振军威咨》,载张云卿、庄秉衡编:《冯宫保军牍集要》,光绪二十一年印,卷九,第32—46页。

③ 冀版《张之洞全集》第三册,第1935—1936页。

奏,望勿示人。"①表示出他与冯子材的亲密和信任关系。并且在稍前还上折保奖过他:

> 冯子材三次出关,讨平越乱,恩威并著。此次统军赴龙、桂、越军民闻其至,若得慈母,称为"冯青天"。其军纪律最好,凡关外越人受法匪游勇之害者,关内民人受各军骚扰之害者,咸来赴诉。冯子材亦亲若子弟,恻然矜悯为之抚恤,示禁告戒诸军……其军出关后,(民众)扶老携幼,箪食壶浆,来相犒问,愿供办军米,向导先驱,助官军剿除法人,长为天朝赤子。冯子材毅然自任,致书臣等,谓若假以事权,期以一年,肃清全越。由今观之,全越则未可知,若乘胜进兵,滇军东下,刘团横出,数月之内,必可扫荡北圻。其撤兵之日,越民挽缱乞留,痛哭不舍,随之入边者甚多……其凯旋龙州,商民香灯爆竹迎迓者,三十里不绝。②

此折上到,尽管因与朝廷借机收兵的旨意相悖而"留中",但张之洞倾心推重忠勇爱国老将的深情可见。

潘鼎新被革职后,暂由按察使李秉衡护理广西巡抚。张之洞与此人关系亦不算浅,可以说其升迁提拔与张之洞多有关系。李秉衡原在清军扬州大营办理营务,功保知县,到直隶任职,从署理知县到直隶州(冀州)知州再到知府(永平),有"北直廉吏第一"之称。后调山西,张之洞抚晋期间,即曾不止一次地举荐过他,得以"简放广东高廉道、浙江按察使,均未赴任",③旋即改广西按察使。其间,广西巡抚潘鼎新率军出关,奏派李秉衡办理后路转运兼总理前敌营务处(驻龙州),当时,财力匮乏,饷不到位,伤病治疗更难保障,严重影响士气。而"李秉衡到任后,节省各种不必要的开支,不分主客军,粮饷供给不绝,战恤功赏尽力优厚。并创设医局,治疗负伤士兵,经常亲自前去慰问。有求见者,即使低级军官,也必延见,殷切以杀敌报国相勉"。④ 今事前缘,使得张之洞与李秉衡之间的通联颇多(尤其电信),在得知其获护理巡抚的任职

---

① 虞和平主编:《近代史所藏清代名人稿本抄本》第二辑,第 26 册,第 503 页。
② 冀版《张之洞全集》第一册,第 287—288 页。
③ 戚其章辑校:《李秉衡集》,齐鲁书社 1993 年版,第 3 页。
④ 戚其章辑校:《李秉衡集》,"前言"第 2 页。

后,致函有谓,"新命一下,捷报骈来,天心人事,于兹可见。两次密函均悉,励精荡秽,正在今日"①,并与之具体商讨军务。在中法战争的收尾阶段,还上折将他与冯子材一道保奖。张之洞留下的与这位护理巡抚的电信通联颇多,且多涉前线之事,并且有特急之电。如光绪十一年四月十一日,张之洞就有专致"龙州李护院"的电报,特标"电局六百里插翼飞递",内容为:"急!冯已电催其回龙,酌带数营即可,公万不可具奏,徒干朝廷诘责。冯性急,公又性急,总不肯谋于鄙人,令人顿足,焦灼无可奈何矣!"②由此可见,这是为冯、李二人之间的不能配合着急,促使他们尽量协同一致。

张之洞在关心"东线"将士和战事的同时,也对"西线"投注着牵挂,对"滇军"的支援不消说,对唐景崧及其"景军"和刘永福的"萃军"(包括原"黑旗军")也给予特别关照。唐景崧,广西灌阳人,同治进士,任吏部候补主事多年,光绪八年自请赴越探察消息并联络刘永福,先后数次进出越南。光绪十年,受张之洞之命募勇四营(号"广东景字营",亦称"景军"),开复越南与刘永福配合抗法,其费用均由广东承担,并让之带去资助刘永福的饷银。张之洞与唐景崧长相联络。九月初有电报云:"贵部以会刘为主,牧马不宜久留,仍须速进。西军尚多,岂在此四营。若屯兵不进,设有梗阻,于会刘本意全失。"③所谓"牧马",指征骑,喻指唐景崧军,是催其快速入越会合刘永福部队。"景军"入越后连连致电张之洞汇报情况,请示机宜。十一月初四日张之洞复电云:"五电均悉。刘军、滇军未大伤为慰,宣光终为我克。贵部攻剿吃紧,准添两营","解饷两万往济,并解刘饷四万"。④ 这是明确批准其增加营伍,同时又给其和刘永福军粮饷接济。他们一直保持密切沟通,指示、汇报,往返不绝。

刘永福是广东钦州(今属广西,与冯子材同属该州)人,所率"黑旗军"本是吴亚中天地会起义军的一支,入越与法军作战多年,勇敢善战,同治十二年(1873年)在河内附近击毙法军头目安邺,十来年后的光绪九年(1883年)四月,在河内附近的纸桥之战中又击毙法军司令官李维业。中法战争正式爆发

---

① 冀版《张之洞全集》第十二册,第10193页。
② 虞和平主编:《近代史所藏清代名人稿本抄本》第二辑,第26册,第492页。
③ 冀版《张之洞全集》第七册,第4941页。
④ 虞和平主编:《近代史所藏清代名人稿本抄本》第二辑,第26册,第44页。

后,他和他的军队也发挥着重要作用。光绪十年七月,其军为清政府收编,刘永福被授记名提督。张之洞对其军的济饷上不时接济(上已兼及其例),这是支持其军奋勇作战的起码物质保障。在与"东线"镇南关大捷几乎同时,"西线"战场则取得"临洮大捷"①,刘永福军即在中国部队其中。而清廷为了乘胜求和,在"三到五月间,连下九道谕旨催逼刘永福入关,又谕令张之洞、岑毓英等,'不动声色',妥筹'驾驭之策'"。张之洞对刘永福"至诚"敦劝,"答应刘永福入关后发给'上等利器','以资防守'","刘永福'动心',率部入关"。② 这时张之洞敦劝诱刘永福入关,是秉承清廷旨意,但也透出他真诚爱将的情愫。

而张之洞对清廷"乘胜即收"的方针本身,是非常遗憾甚至激愤的。光绪十一年二月二十三日,他致冯子材、王孝祺电报中说,"奉二十二日电旨,和约业经允定,三月初一日停战,十一撤兵","兵机方利,我撤则敌进,险失气沮。设有反复,必蹈去年覆辙。现已奏请缓撤,俟奉旨再飞达"③。他是既"传达"了朝廷"停战"、"撤兵"的旨意及时间,但更明确表示自己不同意此策。其所说"现已奏请缓撤",是同日他有请总署的代奏之件:"条款未定,万万不可撤兵!臣之洞谨昧死上陈,恳圣明熟思"。语短意明,直言无隐,态度甚坚。不过,此电刚发出后,即接北洋来电,告"和议已画押,奉旨撤兵"。他又急忙致电总署请代奏,谓"窃谓停战则可,撤兵则不可,撤至边界尤不可。关外兵机方利,法人大震,中法用兵年余,未有如今日之得势者,我撤敌进,徒中狡谋,悔不可追"云云。④ 前述他致冯子材等人电中所说"和约业经允定"、"现已奏请缓撤"之语,可见是本此电而言。因为此电的追发,就是由于接到了李鸿章"和议已画押"的告知。所谓"和议",当是指二月十九日(4月4日)由法国外交部政务司司长毕洛与中国海关税务司金登干,于巴黎签订的《停战条件》。金登干是英国人,赫德亲信,以"中国海关税务司"名义签订此件,并附有《停

---

① 也有对此"大捷"表示质疑者,如刘君达:《"临洮大捷"质疑》,《学术论坛》1985 年第 9 期。

② 杨遵道:《刘永福》,李文海、孔祥吉主编:《清代人物传稿》下编,第五卷,辽宁人民出版社 1989 年版,第 33 页。

③ 冀版《张之洞全集》第七册,第 5004—5005 页。

④ 冀版《张之洞全集》第三册,第 1917 页。

战条件释义》①，其中规定了"撤还军队之始末日期"。

为了赶快"乘胜即收"，清廷、北洋急不可待地认可此件（当然，事先也当与外国沟通）。而这时前敌将士正处在乘势进攻灭敌的亢奋之中，接到清廷停战撤兵的命令，"皆扼腕愤痛"②，"拔剑斫地，恨恨连声"，甚至"痛哭太息之不已"。③　与张之洞持不愿撤兵态度的彭玉麟，则有诗句曰："电飞宰相和戎惯，雷厉班师撤战回。不使黄龙成痛饮，古今一辙使人哀。"④明面上表达了对李鸿章（"宰相"）实际也暗连清廷惯于"和戎"造成恶果的悲愤：这使得如今的抗法，就像当年抗金英雄岳飞"直捣黄龙府（指金国都城），与诸君痛饮"的激情豪言一样地落空！

不管是彭玉麟还是张之洞，尽管都怀着这般深深的遗憾和痛切，但他们又都是清朝的荩臣，最后不能不服从清廷的决定。到四月二十七日（6月9日）李鸿章等与法国签订《中法新约》，虽无惯常的割地、赔款等项，但清朝承认法国与越南订立的条约；在中越边界指定两处通商处所；中国云南、广西同越南边界的进出口货物纳税比现税较减；日后中国修筑铁路向法国商办等，中方也丧失若干权益。这样，中法战争终以中国"不败而败"、法国"不胜而胜"告结。张之洞的心中，自然也留下了难以泯灭的遗恨。

四、治下政情面面观

中法战争占据了张之洞督粤期间的相当部分时间和精力，但他作为总督，毕竟还必须顾及辖区施治。于此，他也做出了自己的努力，取得可观政绩。

一是加强防务，常备不懈。

中法战争结束，在张之洞心目中留下了永久的刺痛。战后，他不忘保持乃至加强防务，常备不懈。在中法签订结束战争的条约后月许，张之洞就上折筹

---

① 王铁崖编：《中外旧约章汇编》第一册，第463—464页。
② 罗惇曧：《中法兵事本末》，中国近代史资料丛刊《中法战争》第一册，第26页。
③ 胡传钊：《盾墨留芬》，中国近代史资料丛刊《中法战争》第二册，第602页。
④ 彭玉麟：《羊城军中有感两首》，阿英编《中法战争文学集》，中华书局1957年版，第68页。

议海防要策,实际是多涉洋务的一个总体初步筹划(详下节)。而在常规防务方面,战后他继续督促炮台修缮和建设,如光绪十三年(1887年)二月,在广东省河东路北岸之牛山地方,增修的一个炮台群(七座)竣工,所用钢炮在该年十月亦陆续自英、德到齐"安放妥帖"。① 张之洞还多次会同广东巡抚巡阅该省水陆各营,如光绪十三年十二月,即"率同道员王之春及熟悉炮台各将弁等,乘坐新造广甲兵轮出海"巡查,先后到过琼州之海口港、廉州之北海镇、钦州之白龙尾、雷州府属之海安所以及汕头等处,每到一地均上岸审视城池、炮台。然后,由香港换乘中等兵轮返回,经过肇庆,"沿途查阅围基各工"河道情况,最终回到广州。② 即使他接到移督湖广的谕旨之后,还于光绪十五年(1889年)九月间,就建设琼、廉海口炮台和查勘崖东榆林港形势、筹议驻营筑台事宜上奏③,作出的筹划颇为具体、细致。

由于辖区广西与越南接壤地区是中法战争的主要战区之一,张之洞对广西边防特别重视。光绪十二年(1886年)二月,他同有关大员上折筹议广西边防,择其要路,详做筹划,整饬军队,裁汰合并,改善统辖机制,"其沿边常驻二十营提督为总统,其下酌设分统",并"拟请设太平归顺兵备道一员,总统全边"。此"边军二十营",加上其他相关营伍,"每月至少需银六万两",除本省尽力支发外,尚需外省年协饷四十二万。并且,"将沿边要隘分布重兵驻防处所,绘图贴说恭呈御览"。④ 光绪十三年(1887年)五月,张之洞又上折,根据实际情况,就筹议、移设广西边要各缺事宜做出调整的建议方案,以适合常备不懈的实际需要。⑤

二是镇压"匪"类,绥靖治安。

这自然也是张之洞的职任所关。光绪十一年十二月,他在《查办匪乡折》中概言:"广东莠民为害地方者约有三类:一曰盗劫,一曰拜会,一曰械斗。盗以抢掠,会以纠党,斗以焚杀。三者互相出入,统名曰匪。会多则为盗,盗强则

---

① 冀版《张之洞全集》第一册,第614—615页。
② 冀版《张之洞全集》第一册,第627—628页。
③ 冀版《张之洞全集》第一册,第715—720页。
④ 冀版《张之洞全集》第一册,第398—401页。
⑤ 见冀版《张之洞全集》第一册,第554—557页。

助斗,斗久则招募,会、盗各匪皆入其中。习俗相沿,蘖芽日盛,扰害农商,挠乱法纪。"①他说的这几类"匪",从今天来看,不能一概而论,若所行有明确目标,系主要针对官府、富豪,则有其正当地方;若一般意义上的盗劫焚杀,则不免有扰害民生、破坏社会安定的危害之处。而"拜会",即通常所说"秘密会社"之类,通常情况下即反清斗争的一种形式。张之洞对所谓"匪"的镇压,无疑是从维护清朝统治的目的出发,具有针对反清行动也包括扰害社会的真正之匪的双重作用。他反正对其是一概"剿"办不贷的,有谓,"现拟将粤省各州县著名匪乡澈底查办,会匪、盗匪、斗匪一体清厘",分路专人负责。不过,他又特别"谆嘱"有关人员:"办案与戡乱有别,捕匪与御敌不同,仍当酌量重轻,宽猛相济,毋得过为操切"。② 其"查办匪乡"确有成效。据光绪十三年六月张之洞等人的奏报,按照原定方案,"水师提督方耀分办惠、潮一路,署陆路提督郑绍宗分办广、韶、肇一路,督办钦、廉防务前广西提督冯子材分办钦、廉一路",这对他们来说"皆系各办本籍",有着熟悉情况的方便条件。同时,既有督抚等各有关大员的督导,又有各道、府即所派委员的配合,"清匪"工作得以顺利进行,到光绪十三年五月,"合计共正法积匪九百零六名"。所谓"如此严加惩治,洵足以安闾阎而快人心"。③

在着重查办"匪乡"的同时,张之洞还特别对"盗犯"进行严厉镇压。光绪十一年十二月初,他与广东巡抚倪文蔚会奏,请准"盗案就地正法"。说是"粤东山海交错,民情犷悍,盗匪之炽,甲于他省",以前曾准对此类罪犯就地正法,而后取消,现今盗匪猖獗,若"过为文法所拘","实不足以安善良而遏乱民",恳请恢复"就地正法",并拟在依行之后,"将通省此项正法盗匪按三个月会奏一次",④旋经刑部合议复准。据查,当是自光绪十二年正月初起的"第九十二次"盗案⑤,到光绪十四年三月的"第一百次正法盗犯"⑥,此间共办过九

———————

① 冀版《张之洞全集》第一册,第 379 页。

② 冀版《张之洞全集》第一册,第 380—381 页。

③ 冀版《张之洞全集》第一册,第 566、570 页。

④ 冀版《张之洞全集》第一册,第 372—375 页。

⑤ 《第九十三次盗犯正法开单汇奏折》,鄂版《张之洞全集》第 1 册,第 450 页。其中有"查广东省第九十二次办过盗犯经臣汇奏在案"语。既然汇奏"第九十三次"的此折期限起自光绪十二年四月,若按三个月一奏算,第九十二次当起自该年正月。

⑥ 《粤东第一百次正法盗犯开单汇奏折》,鄂版《张之洞全集》第 2 册,第 124 页。

次。每次"就地正法"的人数,从一百四五十名(如第 95 次)到四十来名(如第
98 次)不等,总算起来,至少当有大几百人了。且是"无论水陆,不分首从,凡
有案情重大罪干斩枭斩决者,一体照土匪、马贼、会匪、游勇章程",皆行"就地
正法"。① 总之,这是盗犯中的死罪重犯,而非不分轻重的全部,也绝非仅限此
类,像"土匪、马贼、会匪、游勇"则本即"就地正法"的。

张之洞还严厉制裁械斗,订立械斗专条,说"查粤省械斗,实为诸匪之薮,
恶俗不革,内患堪虞",请求"敕部特立专条,将粤东械斗匪犯,凡纠众数十人
以上,招雇匪徒放火器杀伤人命,掳虐男妇,焚烧房屋,抢毁资财之案,凡主谋
者,无论杀伤几命,是否该匪所伤,均照土匪例不分首从,一律就地正法,情节
重者酌加枭示"。并且对族首、族绅、祠长,在规定时间里"不行出首"、"不行
交犯"者"即以主谋同论"②等等,这样一系列的严办措施。他还特别提出"剿
捕洋匪"。这里的"洋匪"并非指外国匪徒,而是指海盗、盐枭等专在海面活动
的人等,除了让广东水师剿办外,涉港澳地方或搭载其轮船生事者,还"访闻"
并照会外国领事协助拿办。③ 此外,他还对少数民族聚居区域,如对与湘、桂
交界的连山厅瑶族区的所谓"瑶匪",亦曾布置镇压。④

三是多途理财,增益收入。

张之洞在这方面的措施,主要有整顿税关、盐纲;"沙田"废捐而升科;弛
禁"闱姓"等项,分别简要述之。

在整顿税关方面,光绪十二年三月张之洞等上《查革梧关积弊折》。在
张之洞刚来粤上任之后,就接到廷旨,告知连续有人上奏,说广西梧州关卡积
弊太深,必应严查禁革。朝命张之洞和广西巡抚潘鼎新,"按照所奏各条确切
查明,将一切弊端悉行厘剔"。张之洞当经咨会潘鼎新据实查明会奏,又多次
札饬广西布政使、按察使会查,后接布、按两司的回复。而因当时战事正亟,加
以人事变动,再则对相关事宜需经核查确实,所以迟至此时才得上奏。逐条查
复的情况就不一一细说了,下面将张之洞的总结性言辞引录:

---

① 《第九十三次盗犯正法开单汇奏折》,鄂版《张之洞全集》第 1 册,第 450 页征引上谕批
准的刑部核议。
② 冀版《张之洞全集》第一册,第 384—385 页。
③ 冀版《张之洞全集》第一册,第 385—386 页。
④ 冀版《张之洞全集》第一册,第 701—703 页。

饬查各节，以梧关经费为最要……此次臣之洞委员往查，书巡等许以重贿，加以恐吓，该委员坚拒不听，因遂造言倾陷，希冀撤回。臣等察知狡谋，不为所动，然则积弊之深，澈查之难，更可概见。现经裁撤经费局，革除厂书、签手，裁减公费，禁止节寿，改章立案，勒石永遵，当可于恤商保饷，均有裨益。丁忧梧州知府梁俊未能禁止书、巡多取病商，迭经饬查，复不行据实禀明查禁节费充公，咎无可辞。惟经费局历经相沿，弊端积重已久，未便专责一人，致有偏枯，且该府平日居官尚能办事，似可量予从宽，相应请旨将梁俊以同知降补，以示薄惩。其严禁藩署书吏盘踞把持以及整顿厘务、清理讼狱各节，均系实在情形。至光绪十年梧关解存公费，臣秉衡与（广）西藩臬两司、盐道俱系存局充公，并未移作私用。①

从这段话中，可见调查曾遇作弊人员的百般阻遏，而往查委员不为所动，坚持调查清楚，张之洞等进行了有针对性的革弊兴利的"改章立案"，并对负有责任的前梧州知府酌情"薄惩"，并说明"至光绪十年梧关解存公费"的情况。广西梧关积弊日久年深，完全革清实难，但张之洞在此事上付出努力，取得明显成效，亦属不易。

同时，张之洞上《查革肇、潮两府税厂积弊折》（所谓"税厂"，也是指收税的场所）。这是因光绪十年（1884 年）即有人奏参，肇庆府黄冈税厂以及潮州税厂有人营私舞弊，是年七月间朝廷命张之洞"认真查办"。只因"防务倥偬"，未能及时查确，待到这时派员查清，又经张之洞等复核酌定上奏。所说"黄冈税厂"即"黄江税厂"，它"只征西江下水货物"。经查，该厂"从前征收税项递年约银八九万两不等，并无收至十余万两之多"（未引之前参折中言收此数）。②　概要说来，该厂"正余各项值银六万两左右，该府照额完解外以之开支，各项公用尚属从容。而书巡浮收勒索至逾正税一倍，实为有累商民，其中尤以充规为百弊之根"。所谓"充规"，是指充作各项"规费"，而其中有的"规费"本来并无，只是冒充而已。张之洞有针对性地提出整改意见："拟将黄江税厂以后改委府厅一员前往试办，驻场稽征，将厂书、签子手名目裁除，改用司

---

①　冀版《张之洞全集》第一册，第 425 页。上段中引文见本页和第 418 页。

②　冀版《张之洞全集》第一册，第 409 页。

事,雇募巡丁,可以随时更换责革,不准幕友、家丁干预税务",将所有出自商民及出自该厂的不当费用"概行禁革,违者与受一律从严参处"等等。① 至于原参折中所涉潮州东关税厂情事,张之洞奏称并无所说之弊情,但也有需要改进的地方。总之,肇庆府、潮州府每年约可于"额外解银"三万两和二万两,"合计此两项共约银五万两,应并名为额外节省防费。每年按四季批解善后局,专为充支海防经费,无论何事不得挪用"。② 可见,通过查革肇、潮两府税厂积弊,进行整顿,规范章法,不但减轻商人负担,而且可增加"额外"收入,使海防经费有了一个途径上的保障。

"盐纲",是指当时成批运输食盐的组织和机制。其税,则是当时税收收入之重要一宗,自然也是张之洞所注意整顿的。据广东布政使萧韶、署两广盐运使蒋泽春汇报,潮州盐纲废弛,而负责此事的运同钱瑨,"不谙综合,又多耗累","自奏参勒限以后","其(光绪)七年课饷甫经破白,未完尚多。似此疲累日深,必致亏帑无底",建议将其"撤任,勒限严追,照例参办"。并云"应即委该府朱丙寿兼署潮州盐运分司运同,责令将以前滞引设法疏销"。张之洞于光绪十二年二月上奏表示赞同,并谓:"查潮桥分司为粤盐课饷之大枝","近年以来官本久未充裕,加以钱瑨之昏庸疲玩,亏欠尤多。若仅将该员参追而不令筹一变通之策,必致潮纲大坏不可收拾",说是"议令潮州府兼办实为因时补救之宜"。朝廷遂有"著照所请"之旨。③ 而张之洞的整顿拟案,从光绪十三年九月他所上《整顿潮桥盐务折》④中可见,在闽浙总督杨昌濬的积极支持和配合下(因运销涉及其辖区),取得了明显成效。

"沙田"废捐而升科,是张之洞涉及农事的一项财政措施。所谓"沙田",是指大水过后将淤泥冲击留置于低洼地方而形成的田地。光绪十一年十一月,张之洞奉到上谕,说是有人奏称,广东"派收富捐、房捐、牙厘捐及鱼、肉、油、酒等捐,并征收沙田,苦累小民",谕令将办防新旧各捐"一律停止,以恤商民",并谕令经办沙田升科。广东布政使萧韶对涉捐各项作了详细汇报,张之洞斟酌推敲,于光绪十二年三月上奏,有谓:

---

① 冀版《张之洞全集》第一册,第412—413页。
② 冀版《张之洞全集》第一册,第415页。
③ 冀版《张之洞全集》第一册,第395—396页。
④ 冀版《张之洞全集》第一册,第604—605页。

粤省历年开办诸捐,实因防饷紧急万不得已,暂行设法抽缴,悉经熟议酌办,未敢稍涉病民。沙捐、富捐皆有本省成案,富捐尤系各省通行,皆系劝之巨室殷商,与小民丝毫无涉,且系听其自认数目,核给奖叙,劝谕之时,隆以礼貌,宽其限期,但有浑涵,并无抑勒。牙捐,系本之行户防费成案,稍为变通,随时查禁。房捐,乃系仅抽一月业租,借充团费,且未全办,似均不至苦累。除当铺捐监能否随时劝导,应听各州县酌办外,其余各项皆于上年六月撤防以后以至冬底陆续停撤。①

然而,张之洞也倒出了他的苦衷。说"自系少一捐即省一累,无如海防紧急之际,远在琼、廉、潮各口,近则省防六门,处处可危,假如力绌防疏,敌船阑入,稍有不虞,土匪乘之,各属骚动","臣等皆系书生,于宏才远略则自愧不能,至于恤民固本之大经则刻刻讲求,以为首务"。他综述各地从不同渠道的抽捐充饷,说"粤省旧案现章,收数用款未能人人深悉,以致局外之人及过客游士但见名目较多,以为皆系创举苛派,传为苦累小民。臣等悚愧交集,寝馈难安,自应遵旨一律停止,现在并无丝毫捐派有碍民生之处,堪以仰纾宸廑。惟饷源已竭,出入相悬","流已无甚可节,源亦难于再开。臣等与司道各官日夜焦灼,不知所以为计"②。

尽管说是"不知所以为计",但他还是在努力经办。同年七月,张之洞要求颁发沙田部照。据广东布政使高崇基会同沙田局司道称,"合计老沙(按:指嘉庆年间升科的五千三百余顷)、新沙有案可稽者共计一万一千三百余顷","皆未请给部照,民间单凭垦单、县照、司照营业",此次拟请"无论老沙、新沙,一律换给部照"。张之洞完全认同,说沙田"始终未领部照,未编赋额,已故清如不清,丈如不丈,不能取信于民,由来已久。此次遵旨清丈升科,应颁部照,随丈随给,使各沙户晓然于此举,实为便民安业、一劳永逸之计"。③ 自这年(光绪十二年)十一月,在张之洞的督导之下,广东设局具体清查沙田,并酌拟章程,自光绪十三年七月张之洞上奏报告④,至光绪十五年八月,张之洞

---

① 冀版《张之洞全集》第一册,第430页。上段中之引文见同书第426页。
② 冀版《张之洞全集》第一册,第430—431页。
③ 冀版《张之洞全集》第一册,第471—472页。
④ 冀版《张之洞全集》第一册,第598—599页。

奏称"勒限今年年底将所领部照一万张一律发竣,如有不敷再行奏请续发"①。同月稍后,他又上折请敕部再发沙田执照一万张,以弥补前此所发执照之不足。根据"沙户领照甚慰踊跃"②的情况,当在这年里颁照就基本告竣了。沙田的废捐、升科、颁照,使得这部分土地完全纳入正规,避免以前之捐或多或少、或有或无,使得沙田主人安心乐业,又使官方有相对固定的田赋可取,总体上看,是件安民增收的好事。

弛禁"闱姓",可谓张之洞的一项"知弊而故为"特殊增收措施。所谓"闱姓",是科举中试者的姓氏,而清朝在广东(后延至广西),则是"利用科举考试来进行赌博的一种方式"③。光绪十一年五月,有上谕云:"有人奏,广东闱姓弊窦滋多。本年惠州科考,将廖、钟、王三大姓全数禁不获售(按:即全未录取),文、田、彭三僻姓全数获售(按:即全部录取)。榜发,士子拆毁署门,几酿巨案","且有厨人暗进巴豆汤",致使学政"腹泻不能阅卷",令张之洞"秉公确查,据实具奏,毋稍徇隐"。④ 由此例可见,"闱姓"对紊乱闱场、营私舞弊的扰害作用。并且既然有此朝命,张之洞自当回奏,但自《张之洞全集》中(包括收载更全的"鄂版")未能查到。倒是见有此前四月间张之洞关于"闱姓"之奏(是与彭玉麟等会奏),折中先是历数法国肇衅的危害,迂回地为闱姓筹饷张本,而终要阐明的是暂时弛禁闱姓而增收经费。而其特别有谓:

> 臣等学术才性,素近迂拘。若仅恃此为防海之良图,理财之上策,臣等虽陋,尚不至此。然当此安攘交亟之际,而有权宜弭患之方,既已详考博议,利害较然,断不敢饰空论以欺圣明,务虚名而滋实祸。所有闱姓暂行弛禁一节,现已饬行司局……妥为办理。以后仍随时体察,如有流弊,即行奏请停止。抑臣等更有进者,此举原属权宜,不得不然,终必须禁绝根株方为常经至计。以后粤防,自必日求强固。惟有俟我兵力渐强,船炮足备,先行移檄澳首,约彼不得梗令庇匪,违者绝其通商。然后省、澳一律

---

① 冀版《张之洞全集》第一册,第692页。
② 《查办沙田请敕部再发执照一万张》,鄂版《张之洞全集》第2册,第265页。
③ 商衍鎏:《清末广东的"闱姓"赌博》,《文史资料选辑》第十七辑,中华书局1961年版,第217页。
④ 《光绪朝东华录》第二册,总第1957页。

通禁,护符既馁,令下风行,庶乎坐言起行,确有实际。此则臣等所竭力图之而寤寐不敢或忘者也。①

其主旨在倾述其主张弛禁闱姓的苦衷,意思是说在明知以"闱姓"增收无当,但在此"安攘交亟之际"没有办法,这只是"权宜"之计,以后"终必禁绝根株"。这体现了他并不是一味坚持理论上的"持中守正",而是在特殊情况下也有灵活变通。从增收上说,"闱姓"确实有"立竿见影"之效。到光绪十二年五月张之洞上奏"浅水轮船工竣",就说该项经费"于闱姓捐款内提洋银二十六万元",②仅此一项,即绝非小数。尽管张之洞弛禁"闱姓",诚是出于权宜之计,但因其对税收有大利,在他以后的历任粤督中(当然是在科举终结以前),绝多还是延续张之洞弛禁之路的,并且无一不是看中能够增加税收、宽裕财政,但这毕竟又是为一种流弊放开绿灯。后来梁启超追溯起来有道:"吾粤自前督南皮张公改闱姓为正饷,合肥李公改番摊杂赌为正饷以来,生计界日益蹙。"③所说"合肥李公",是指张之洞之后任两广总督的李瀚章,其"改番摊杂赌为正饷"与"改闱姓为正饷"性质略同。这是从较长时段来看,其对民间生计的影响了。

上述各项可增加一些收入,但总体上说广东还是处于"财政艰窘"的状况,这与张之洞所说,"粤省为洋务发端,历次首先被兵之区,兼邻英、法、葡三国所属之境,当中华洋面第一道门户之地"④,在这样的地缘特点下,海防、陆防须兼筹并顾,其他各项亦急需开支分不开。

四是加强文教,兴办学堂、书局。

张之洞作为"儒臣",对文教的重视是其"天性"。但在中法战争期间,为战事牵涉几无暇顾及,而及战后则倾心注力,典型的"洋务"文教下节中另及,这里只就其一般文教事项而言,而最为醒目的就是广雅书院和广雅书局的创办。

广雅书院是光绪十三年六月张之洞上折奏报创建的(于该年"闰四月集

---

① 冀版《张之洞全集》第一册,第300—301页。上段中引文在同书第296页。
② 冀版《张之洞全集》第一册,第464页。
③ 《梁启超全集》第二册,北京出版社1999年版,第702页。
④ 冀版《张之洞全集》第一册,第456页。

款购料兴工,约计十月可成")。他开篇申说宗旨:"善俗之道,以士为先;致用之方,以学为本。广东、广西两省地势雄博,人才众多,文学如林,科名素盛。惟是地兼山海,东省则商贾走集,华洋错居;西省则山乡硗瘠,瘴地荒远,习尚强悍,民俗不齐。见闻事变,日新月异。欲端民俗,盖必自厚士始,士风既美,人才因之。"接着述说旧办书院缺陷,故而有的放矢地新建该院。地场上,选在当时广州"西北五里源头乡地方",是为"取其避远嚣杂、收摄身心之意";初设规模"计斋舍一百间,分为东省十斋,西省十斋,讲堂、书库一切具备";学生额数,广东、广西各 100 名,并且皆有分属划分。最要紧的是课程设置,其拟设经学、史学、性理之学、经济之学、词章之学等类(后归为经学、史学、理学、文学四门),而特别指出,"经学以能通大义为主,不取琐屑。史学以贯通古今为主,不取空论。性理之学以践履笃实为主,不取矫伪。经济之学以知今切用为主,不取泛滥。词章之学以翔实尔雅为主,不取浮靡。士习以廉谨厚重为主,不取嚣张。其大旨总以博约兼资、文行并美为要归"。① 这可谓拟定的教学宗旨。可见,张之洞初设该院,大旨上还是沿袭传统教育框架,不过也透出一些新意,譬如于旨在经邦济世的"经济之学"设立,以及在各类课程的教学旨归上,就能体察出来。特别是到浙江义乌学者朱一新在光绪十四年(1888 年)应邀出任第二任山长(按:即院长,首任为广东当地人梁鼎芬)后,趋新势头更为鲜明。

还需要注意,张之洞在离开两广改任湖广之后,他依然对广雅书院之事念念不忘,挂心萦怀。光绪十六年(1890 年)九月,他发札该书院云:"本部堂前在两广任内,立定广雅书院季课章程,以光绪十六年为始,每逢四季,由本部堂命题封寄,粤省诸生课卷,交监院汇收,转送提调,递送湖广,本部堂亲加评阅,定榜寄回,藉觇在院诸生学业进退,以无负本部堂创设书院之本意"。② 不但申明章程、定规,而且交代其殷殷本意,还随发相关课题。接着,又为春季课卷奖银事发札,说明是他"亲加披阅,评定甲乙,经学、史学、理学、文学四门,每门各奖十名,东、西两省暨外课各生,共奖一百二十名,列榜寄示,并发去奖银一百两,分别发给各生,以示鼓励"。③ 并且,粘单分门别类地详列出广东、广

① 冀版《张之洞全集》第一册,第 585—587 页。
② 冀版《张之洞全集》第四册,第 2665 页。
③ 冀版《张之洞全集》第四册,第 2667 页。

西获奖学生的具体名单,足见张之洞的责任之心和对教事的挚爱之情。

除了广雅书院外,张之洞于光绪十三年十月还奏请开设"广雅书局"。他们筹议"即将省城内旧机器局量加修葺"以成之,以"共银四万三千两(按:皆系捐助,其中张之洞捐一万两)发商生息"所得,再加有"诚信堂""敬忠堂"商人所承诺的每年捐银五千两,共七千三百六十五两,"以充书局常年经费","如以后别有筹捐之款,再当凑拨应用"。至于拟刊书目,为"海内通经致用之士"之作,"以昭圣代文治之盛"。① 可见,广雅书局亦张之洞基于刊播传统文化精华的用心而设。需要说明,上年三月间,张之洞有《札运司开设书局》之件,说"刊布经籍,乃兴学之要务,致用之本源","所当景绍前规,兼综群籍,其可以考核古今,有益经籍者,亦并博采刊行",该书局是设在早先建立的书院"菊坡精舍"。张之洞开设"广雅书局",即在前书局基础上移址新建,立意、宗旨上亦一脉相承。该书局成立后,所出书籍均赠藏广雅书院藏书楼(名曰"冠冕楼"),给学生研读提供了极大方便,"书局"和"书院"两相配合,相得益彰。不论是书局和书院,在张之洞离粤之后随势发展更新,后话尚长,而张之洞的开山立基,自为滥觞。

五是对海南岛的开发、建设。

海南岛当时为"琼州"(又称琼岛),作为广东的一个府归其辖理。张之洞督粤期间,对该地也特别投注了心力。在此前后的叙述中自有涉及,这里只着重于海南岛的开发、建设方面再做专门概说。光绪十三年闰四月,张之洞上奏中报告酌拟《抚黎章程》十二条②。所谓"抚黎",因为当时海南岛是黎族人的聚居地。尽管曰"抚黎章程",实际上可视为关于海南岛开发、建设的一个纲领性文件,是对前做事宜的总结和拟做事宜的规划。当然,这里边包含对所谓"剿除乱黎"的用心和相关布置,也有要求"投诚各黎一律薙发改装"的强制性规定,但其更主要的立意,是在"招抚良黎"、促进"黎汉永远相安"上,是开发、建设海南的举措。择其要端并结合其前后相关实践活动简而述之。

"章程"中有"开通十字大路"的内容,这对当时海南岛的交通建设至关重要。此议尽管以前就不只一次有过,但皆未曾有成,到张之洞这里才付诸实

---

① 冀版《张之洞全集》第一册,第614页。

② 朱寿朋:《光绪朝东华录》第二册,第总2272—2274页。

施。所谓"十字路",张之洞有"于琼岛之中心开为十字路,以通南北东西各路声气"①之言。可以说,这从狭义上是特指在琼岛中心开辟者;而从广义上,也能理解为全岛纵横连通的"路网"。它包括"大路"十二道,"全长共三千六百余里","小路"二十二条,"均已于大路结合"②。这一路工无论从规模上还是方便交通的实效上在琼岛都是空前的。"章程"中有"开通后田业三年不收赋税,三年之外务从轻则起征,断不苟敛";"设场互市,往来畅通,公平交易,严禁汉民讹赖盘剥,总令于黎人有益"的内容。这是开发农业和商业的举措。当时的海南可垦余地颇多,张之洞以免赋或轻赋的政策加以鼓励,自能调动人们开垦的积极性;而其在商业上的规定当然也是保护黎民的,有的放矢地促进商业发展。"章程"中有"每数村仿内地设一义学"的内容,这是在文教方面务实举措。尽管"义学"程度不高,但对当地来说却很合适,并且布置"延请塾师学习汉语汉文",在提高黎民文化水平的同时,也促进黎汉之间的沟通与交流。"章程"中还涉及对黎民的社会管理内容,如"选择要地,设官抚治",特别是"仿各省土司之例",对各村黎长选其"有功"者授为"土目",③这可以说有"基层自治"的意味。对于海南岛,张之洞重在"抚治",养息民生,安定社会,其正向作用凸显。

以上只是择其要端说来,而张之洞作为两广总督,其政务自然涉及方方面面,像吏治方面的奖优惩劣(论述中间或偶有涉及),人事方面的招贤汰庸,经济方面对之于各业的操理,社会方面的多方面治理,也都有其作为,不再论列。只是他在洋务事业方面的思想和实践,下需专门列节述说。

五、洋务舞台上的孜孜入戏

张之洞抚晋后期,即在洋务事业上有过设想和筹划,显出其一腔激情。不过,他也深知晋省"风气未开,洋务罕习"的情况,而且他很快被派来粤,殷殷

---

① 冀版《张之洞全集》第十二册,第10616页。
② 冀版《张之洞全集》第一册,第561—562页。
③ 朱寿朋:《光绪朝东华录》第二册,第总2272—2273页。

心愿,恢恢宏图,在这里得到进一步落实和展拓。张之洞有谓:"洋务,为今日要政。加以广东远控南洋,据各国洋界最近,交涉事件尤为繁要。举凡安内攘外、关税厘金、教案、海防种种,皆与吏治民生相涉"①。这是他就广义的"洋务"而言。而从狭义上讲,也可单指学习和效法外国先进事务为己所用之事。这里兼而顾及,先对张之洞在"广义"洋务事项上,择其外交、教案和华侨事务予以略观,然后重点叙述他在"狭义"洋务上的表现。

张之洞在外交上,显出他的持正的立场。在中法战争期间,他坚持抗敌的运筹、指挥不用再说,而在清廷要"乘胜即收"、与法议和的时候,他也曾予以抗争,当然难易大局。而在战后与法国主使下的中越边界勘定事宜上,张之洞也是保持警惕,尽量杜绝或减少中方的损失。他上奏有谓,"勘界之举,于兵情、商路兼有关系,或剖析旧疆,或更正现界",定当"按照条约持平办理,不涉迁就"。② 像在勘定广东钦州(今属广西)与越南的边界中,地形复杂,交葛亦多,初勘有损华之处,张之洞坚持"不能不与力争",请朝廷电饬勘界大臣"与法使勘办辩论,庶边氓不至终沦异域,而于设防固圉实大有裨益"。③ 他又将钦州与越南接壤"查系中国老界"的地方,"详列确证十则,以备辨认",并"缮列清单",最后又加按语作出说明,上报朝廷④,这给边界的勘定提供了详细而必要的证据。由此可见,张之洞对勘界事宜的重视和尽职。

教案,主要是西方天主教和新教势力在华"传教"与中国人发生冲突所致的案件,在晚清乃多发之事,特别是通过《北京条约》列强明确取得在中国内地"自由传教"的特权后,"教案"的发生更是密集、繁多,成为清方应接不暇、焦头烂额的事情。天主教和新教势力相比,前者引发的教案尤其多而剧烈。而具有天主教"保教权"的法国,自然更是涉及教案最多者。中法战争期间以及以后,一是由于天主教在华活动加强,二是因为中国人对法国的仇恨,反洋教斗争也日益加剧,导致教案频发,而关涉育婴堂者是重要一端。张之洞在处置这类教案问题上,采取了比较谨慎和理智的态度。譬如,光绪十五年(1889年)五月,有广东番禺县民人赴臬司衙门举报,说县城东门外淘金坑常有婴孩

---

① 冀版《张之洞全集》第四册,第 2522 页。
② 冀版《张之洞全集》第一册,第 366 页。
③ 冀版《张之洞全集》第一册,第 372 页。
④ 详见冀版《张之洞全集》第一册,第 488—492 页。

尸首,是"由法国育婴堂异往掩埋,为数甚多,传闻有剜眼剖心之事,虽未目击,究属可疑,难保无残害情弊,恳请查办"等语。而据官方将相关孩童尸身"当众验明,确系因病身死",但"无如粤省民情浮动,谣言四起,声称洋人残害婴孩凿凿有据,必须杀尽教士拆毁教堂而后甘心"。外国方面则"照请保护",并且调拨兵船进行武力讹诈。张之洞则一方面指令地方上对民众采取严密防范,防止酿成事变;一方面"与法国署领事于雅乐妥商,令教士将其所设育婴堂每日收养及病故婴孩各若干名,按月刊单具报",由张之洞派人验看,"如育养未得其法,或乳媪照顾不力,随时商令更改。如有病故立即填写报单,报由管理育婴堂委员亲往验明,加盖验戳给还该婴堂存据。然后用棺木殓埋,不得仍前用物包裹"。① 他就是这样,立意既防范民众的误会闹事,激发事端,又与法国方面商议加强育婴堂的规范管理,并由其省衙监督。应该说,在当时情况下这不失为合理疏导、化解教案的有效办法。当然,对方是否配合是另一回事。

在华侨问题上,张之洞在粤督任上也劳心尽力。因广东的地理位置,出洋谋生者颇众。张之洞说,"外洋各埠华商甚多,如新嘉坡、新旧金山、河内、海防、西贡、暹罗、横滨、秘鲁以及槟榔屿、檀香山等处,大埠六七、小埠十余,华民约在百万以外",而其中"粤人最多",而他们"只以侨居异土,每受洋人欺凌,群情愤郁,延颈喁喁,仰冀国威远加覆庇"。当时"籍隶粤东"的张荫桓,被派做驻美国、秘鲁、西班牙等国大臣,张之洞建议朝廷敕其"体察外部商情",就华侨问题"妥筹办法"。② 这是光绪十一年(1885年)九月间之事。接下来,张之洞又反复筹策,并且与到粤的张荫桓会面认真议商。到次年二月初张氏临出洋之前,两人共同上奏汇报相关情形。张之洞主张在南洋"必先设领事而后有招徕拱卫之方。此举关系远大",并推荐"先赴南洋有名诸岛"访查情形的人员。至于日本、美国、秘鲁等国,是张荫桓或出使经过、或要到达驻留的地方,由他来"亲加体察"。③ 张之洞对在西方的华侨也颇为关心,而直接操办尤力的是南洋华侨。由他推荐派遣的赴南洋考察华侨事务的王荣和、余瓗两人,于光绪十二年(1886年)七月起程出洋,历时一年返回,"所历南洋计二十

① 冀版《张之洞全集》第一册,第687—688页。
② 冀版《张之洞全集》第一册,第348页。
③ 冀版《张之洞全集》第一册,第402、405页。

余埠","海程五万余里",而华侨"恳求保护之情,极为迫切"。① 张之洞建议在"距中国最近的"小吕宋(指菲律宾)先设总领事,而随后在其他地方再相继筹办。除了力图保护华侨的正当权益外,张之洞也特别注意寻求华侨的捐助。因华侨人数众多,集腋成裘,特别是其中少数人通过多年打拼,成为较为富有的商贾,更有集资报国的操作余地。总之,张之洞在粤督期间,也成为经办华侨事务的先驱人物。

下面,着重来看他在"狭义"洋务"求强求富"方面的筹思和作为。

两广特别是广东,是有着开办"洋务"较好地理条件的地方,在这里,张之洞的洋务心愿和手脚得以进一步放开。在正式结束中法战争的《中法新约》签订还不到一个月的五月二十五日,张之洞上《筹议海防要策折》,名义上主要是关于"海防"的,实际上还可以看作是他一个关于洋务筹划的初步纲领。它开篇即反思中法战争军事上的经验教训,有言:

> 窃惟自强之本,以操权在我为先,以取用不穷为贵。夫欲善其事,先利其器。百工居肆,君子致道,经之明训也。器械不利,与空手同,不能及远,与短兵同,史之良规也。自法人启衅以来,历考各处战事,非将帅之不力,兵勇之不多,亦非中国之力不能致胜外洋。其不免受制于敌者,实因水师之无人,枪炮之不具……如有力械,何敌不摧? 兹虽款局已定,而痛定思痛,尤宜作卧薪尝胆之思。及今不图,更将何待?②

在中法战争中,虽然在战局上是中国在最后占了上风,但这不等于在整体军事条件上中国占据优势,特别是在兵器装备方面尤居劣势,反差明显。张之洞对此痛心疾首,故作上言。而从其下面的具体筹思事项上看,涉及面更是较为宽泛,他说,首曰"储人才",次曰"制器械",三曰"开地利"。如果说前两项还主要是在军事方面,如"储人才",主要是就开设军事学堂,造就新的技术人才和将才而言;"制器械",主要也是从造兵轮、利器来说。那么,"开地利",则即已着眼于"外洋富强,全资煤铁",而"中国煤铁之富,远驾四洲",要

---

① 冀版《张之洞全集》第一册,第468、410页。
② 冀版《张之洞全集》第一册,第307页。

大力开采,所谓"急宜筹者"。这也主要是为加强军队、筹备海防提供保障,所谓"斯三者相继为用,有人材而后器械精,有煤铁而后器械足,有煤铁、有器械,而后人材得以尽其用"。① 然而,随着洋务的发展,开煤铁就是在保障军事,更乃发展重工业本身的要项。下面,就联系更为广阔的内容,分"求强""求富"两大方面来分别述之:

一是"求强"方面,这主要表现在军事上。

张之洞在练兵置械、炮台修筑等事上,视野、立意都不再完全拘守旧规,而是着眼于科技发展,特别是借鉴"西法",进行筹思和设计。光绪十一年五月,他就提出由曾"久在津、沪"的总兵李先义所部之"广胜军",在"采用湘、淮规制"的基础上,进一步避短用长,"专备洋战"(即指使用"洋式军火"和外国战法)。当然,他也取长避短,说"至洋操阵式,麇聚方行,队伍甚板,进退迟钝","断宜弃之不学"。② 又鉴于"各国武备,近以德国为最精"的情况,在战争期间,他就通过驻外公使李凤苞、许景澄联系,并在香港物色,计得德国教练七名,来粤教习军队,并且战后继续加强,奏请清廷对其奖赏鼓励,有旨依准。③他又针对"粤省现无水师兵轮,六门海口内外扼守无具"的实际,在中法战争刚一结束,就奏请试造浅水轮船,一年后造成四艘,名之曰"广元""广亨""广利""广贞",为六十五到七十八马力。张之洞亲往阅验操演,"船身转掉颇灵,行使亦速","虽系华工所造,视洋造者尚堪仿佛","应俟筹有款项再行添造多只,以固粤防"。④

并且,张之洞自力更生,靠"文武官绅"和商人捐资兴办兵轮。自光绪十二年起至十四年,文武官绅"可集银四十二万两"(到讫年秋间),盐部各商"可集银三十八万两",这是造船专款。而限于粤厂条件,向技术先进的闽厂"定议协造"铁胁快轮一艘,穿甲快轮三艘,分别命名"广甲""广乙""广丙""广丁","广甲"(系闽厂已造之船)马力一千六百匹,其余三艘均二千四百匹。另又协造拟名曰"广庚""广辛""广壬""广癸"的中号兵轮四艘,每艘马力四百匹。再,张之洞于上年委派前按察使于荫霖、员外郎熊方柏,在黄埔设立船厂,

---

① 冀版《张之洞全集》第一册,第307—311页。
② 冀版《张之洞全集》第一册,第313—314页。
③ 冀版《张之洞全集》第一册,第314—315页。
④ 冀版《张之洞全集》第一册,第464—466页。

开造拟名"广戊""广己"每艘马力四百匹的浅水兵轮两艘。从各船配炮来说，甲、乙、丙、丁四艘，每船船头十五生长炮一尊，船尾十二生长炮一尊，船腰荷乞开士联珠炮两尊；戊、己、庚、辛、壬、癸六艘，船头、船尾十二生长炮各一尊，船腰椲盘荷乞开士联珠炮各四尊，弹各三百颗。计约十轮炮械共需银二十六万两，通计船炮两项共需银八十万两，且皆系筹集捐办，不动库款。并且特别申明："惟此次所造十轮，仅属中等，戊、己、庚、辛、壬、癸六艘，平日虽亦能出海，有战事时只能守口、巡洋，甲、乙、丙、丁四艘尚可在大洋助战，较之南北洋在外洋所购巨舰相去尚远"。① 的确，在北、南洋特别是北洋借助国拨款项优先发展的特殊条件下，广东主要凭借一己之力特别是官绅和商人集资来筹造兵轮，弥补以往没有新式战船的缺憾，开启创办之功，就此而言，可见张之洞的魄力和运筹功效。再就是他还于光绪十三年（1887 年）五月奏报，在"省城大北门外二十里番禺县属之石井墟购地三十一亩有奇"，还购置机器创设起"枪弹厂"，目前"即可试火开造"，并拟添设厂屋，陆续购办机器扩充。②

　　从当时情况看，相关急需人才还是比较缺乏的，由此例便可看出：光绪十三年七月初，张之洞鉴于"粤新装制快船第一号已成，即须派员管驾"，但广东缺乏此等人员，他致电李鸿章求从北洋调刘恩荣、李瑞来粤充任，李鸿章复电说二人"不宜管驾"，因为只有胆气而欠缺才识，"粗才恐断送一船而后已"。③接电后，张之洞仍不罢休，再行致电，说是"学识历练，自是要义。所以拟赴津调员者，正为在公麾下于各种法式稍有濡染，历练较易，并非专取粗才"，亦"不必定刘、李也"。④ 足可见其求才心切。张之洞早就有开设水陆师学堂的计划，他于光绪十一年五月即行提出：

　　　　拟就博学馆（按：原为 1882 年开设的广东实学馆，张之洞来粤任职后改名广东博学馆）基址，设水陆学堂一所。参考北洋、福建水师学堂章程，慎选生徒，延聘外洋教习，并令陆续募到之通晓火器、水雷、轮机驾驶、台垒工程之洋弁，皆其集中，讲习水战、陆战之法。外如翻译西国兵书、测

①　冀版《张之洞全集》第一册，第 577—579 页。
②　冀版《张之洞全集》第一册，第 558—559 页。
③　冀版《张之洞全集》第七册，第 5267 页。
④　冀版《张之洞全集》第七册，第 5271 页。

绘地图并电学、化学、重学、气学、光学等项，有关于兵事者，以及制造火药、电线、强水、红毛泥各种技艺，均可量能因性，分门讲求。并选有志气、肯用心之将弁，亦入其中，博习讨论，以备将才之用。①

如果说这还是他的初步设想和筹划，而到光绪十三年六月，张之洞专门上折奏陈广东水陆师学堂事，即可视为该学堂开办之始了。② 他在奏折中说，"广东南洋首冲，边海兼筹，应储水陆器使之材，较他省为尤急"。故在原来"博学馆"基础上"添购地段，增建堂舍"。其学生，分为"内学生"、"营学生"、"外学生"三种，分别是指挑选自博学馆的旧生、曾在军营历练胆气素优的武弁、外间读书能文的年轻士子。其水师分管轮、驾驶两项，管轮堂学械轮理法、制造、运用之源，驾驶堂学天文、海道、驾驶、攻占之法；其陆师则分马步、枪炮、营造三项。斟酌其各自不同情况，三种学生在学习途径和方法上有所区别。并且，拟委任曾充福建船政提调十余年、又委办天津水师学堂亦著成效，而现请假回籍（广东）的吴仲翔为总办，拟用的洋教习亦有具体目标。③

到光绪十五年十月，也就是张之洞即将正式卸任两广总督时，他奏报广东水陆师学堂的发展情况，就学堂购地兴工的大概情形说：又"勘购田地四十七亩有奇，价银四千五百九十二两，就地建造新学堂一座"，另外"堂外别建机器厂一座，铸铁厂一座，附厂烟囱一座，储料所、打铁厂、匠丁住房大小共七间。又建操厂一座，操场一区。演武厅一座，帅台一座"等等，"共支工料银五万九千二百余两"。而"各项工程业已次第完竣，工料均属坚实，规模亦颇壮阔。计机器厂内应设十二匹马力汽机、锅炉全座，并大小镟铁床、钻铁机、削铁床、剪铁机一十七架，暨手用器具铜铁钢料，约共英金二千五百镑，此项机器亦已由英购致"。再是就"连年先后入堂学生分派学习的大略情形"而言：从原博学馆挑选者七十余名，"派令分习驾驶管轮诸学"，除陆续剔退者"现存三十八名"；上年五月由天津调致"武职员弁二十名，经派令专习陆师诸学"；今年八

---

① 冀版《张之洞全集》第一册，第308页。

② 张之洞在光绪十五年十月的奏折末尾有言"现在广东创设水陆师学堂已逾两年"，而在该奏开始则揭明"光绪十三年六月"相关之奏（见冀版《张之洞全集》第一册，第732、729页）。两相印证，可以看出他是以光绪十三年六月上奏时作为该学堂开端的。

③ 冀版《张之洞全集》第一册，第574—576页。

月复由福建船政后学堂调致"水师学生三十七名";九月又由天津招致"能文幼童二十名"。又就新、旧两堂分别布置及堂内经费的大略情形来说:现又建成"新堂大倍旧堂,即以分居驾驶、管轮两项学生,而以旧堂专居陆师学生,其委员教习亦各视所职分配两堂,俾约束教导咸有专责"。至于学生员额,"今则管轮、驾驶、陆师三项同时并举",拟各设七十名,共额设二百一十名,并"又增建管轮机器厂一座,厂内匠丁料件一一有费",这样,按月所需经费自较原估增加。又就筹办练船并约估经费大略情形而言:"水师学生所需练船,拟即以广甲轮船充用","此次设立练船,拟以三年为限,三年之中拟分六次出洋,俾周历中国沿海口岸岛澳及附近南洋、东洋各国口岸","每月约共支银二千六百余两","约计一岁薪粮杂费两项所需大约当四万两左右"。其最后有谓:查学堂开办以来,"驾驶头班学生一十四名在堂应授诸学业已次第毕业,年内可以派登练船。其陆师头班学生十九名亦已学成,堪以派赴各营供差",并为"在事各员"请奖。①

这是张之洞离任前在广东创办水陆师学堂大概情况。广东在这方面起步较晚,远不如捷足先登的福建和北洋基底雄厚、发展领先。但张之洞来粤之后,意识到水陆师学堂对于学习西方科技、储备军事之才的重要功用,奋然开创,为广东的水陆师军事教育揭开了新的篇章。此外,在两广任职末期他还立意筹建广东枪炮厂,委托驻德、俄等国公使洪钧代买机器设备。但在远未完备之前,他便调任湖广。

二是在"求富"方面,这主要是在开办工矿企业、展敷电线、修筑铁路等事上的实践和筹议。

张之洞于开矿冶铁付诸了心力。中法战争刚结束不久,张之洞就委任道员李蕊查勘广西矿苗,但署理广西巡抚李秉衡对此事消极,张之洞致电于他,说"'矿不能开'之语,断不欲自区区发之,是自欺也"。② 当他派员查清广西贵县天平山银矿的矿苗实旺后,又电促李秉衡招商开采。在设厂方面,譬如张之洞筹设炼铁厂。这是鉴于土铁工本较重、冶炼欠精,而民间多用洋铁,致使洋铁进口日增的局面,为改变之而筹计。可见,其立意首先是与外国争利。

---

① 冀版《张之洞全集》第一册,第729—732页。
② 冀版《张之洞全集》第七册,第5164页。

光绪十四年(1888年),张之洞在一奏片中说,"历年粤省所销洋铁为数甚巨,必须将土铁疏通利导,既兴地利,亦塞漏卮"。他这是针对广东、广西两省而言,并通过具体数据详细分析了两广炉税情况,集合众议,同意"凡开炉座不分官私","应听其任便煽铸"的方案。① 次年,他又提出筹设炼铁厂的方案,消减"贫弱之患"就是其主要目的之一。其立意"自行设厂,购置机器,用洋法精炼"。还兼说到,"至于开采铁矿,尤须机器、西法,始能钩深致远,取精出旺","现已向英、德两国聘募矿师来粤勘验,以便购机精采",并提出"拟将民间需用各铁器及煤油、火柴等物,悉行自造"。② 至于建厂地址,是选在水运便利的广州城珠江南岸之凤凰岗。然而,这一炼铁厂还在筹设的过程中,张之洞就调任湖广,其继任以此为难,铁厂遂迁移至鄂而大展规模。

另外,张之洞还筹设织布局,这更是直接为兴利求富。他在光绪十五年八月初上奏说,"自中外通商以来,中国之财溢于外洋者,洋药而外莫如洋布、洋纱",筹设织布局就是为与外洋争利,"现计中国织布商局仅有上海一处,经营十余年尚未就绪,若粤省开设官局营运有效,再能推广于沿江各省,悉变洋布为土布(按:指本国之产品),工作之利日开,则漏卮之害日减"。为设该局"已于本年七月内订购布机一千张,照配纺纱、染纱、轧花、提花各项机器及汽炉、锅炉、水管、汽管、机轴等件,共需价英金八万四千八百三十二镑,外加运脚保险,以镑价折合共需银四十余万两。机器分五次运粤,十三个月在轮墩(按:即伦敦)交清,计来年秋冬之间可一律运到"。③ 该局在张之洞离粤前亦尚在兴办过程之中,但足见其立意不俗。

至于展敷电线,也是张之洞督粤时致力的。电报在中法战争期间就成为常用的通讯手段,但当时主要限于官方特别是军务通讯。战后,张之洞主持下在两广展设的有:光绪十二年,广东钦州—防城—东兴(今属广西)线三百二十里,广西梧州—桂林线六百四十五里;光绪十二年至光绪十三年,广东琼州(海南岛)军线、常线一千九百余里;光绪十三年,广东岸步—石城—化州—高州线二百四十里,连接滇线的广西南宁至云南剥隘线八百里;光绪十四年,广东汕头—潮州线九十里,广州—南雄—庾岭连接江西的线路约千里;光绪

---

① 冀版《张之洞全集》第一册,第657—658页。
② 冀版《张之洞全集》第一册,第704—706页。
③ 冀版《张之洞全集》第一册,第685—686页。

十五年,又增设广东的广州—三水线。① 此期间,张之洞主持新敷设的线路,除军线之外,还有商用、民用。总之,电报通讯线路大增。

张之洞在粤督任间,还正赶上清朝兴修铁路之议。这是因议修津通(天津到京东通州)铁路短线而引起。张之洞在光绪十五年三月初上折,主张缓造该路,而宜先修"自京城外之卢沟桥起,经行河南达于湖北之汉口镇,此则铁路之枢纽,干路之始基,而中国大利之所萃也"②。并考虑到经费需额巨大,具体提出分段修筑和招股、劝集之法。慈禧太后懿旨称张之洞所议"尤为详尽",令当时总理其事的海军衙门就其所奏各节"详细合议,奏明请旨"③,其显然是持肯定和赞赏的态度。到九月间,张之洞为修芦汉④铁路还有一奏,做更细筹划,说该路"计费三千余万,需款需铁均属极巨",他持论,"审此事推行之序,似宜以积款、采铁、炼铁、教工四事为先,而勘路开工次之",他这时拟议尽量杜绝依赖外国,主要靠自行"积款",而铁拟用山西、广东、湖北三省之产,"即可供此干路之用","教工"则"拣派曾经出洋学生一二十人,分赴铁路各国专习此艺,俟两年回华指授工匠"。⑤ 而此时他早已接到改任湖广总督的任命。而李鸿章于此前的七月十二日,就写信给其兄李瀚章,说到芦汉铁路之议和相关人事问题,其中说"因芦沟至汉口铁路之议由香涛倡之,懿旨及枢邸大赞,即拟责成鄙人督办,乃上书告称才力不及。当分两头节节前进,直境我任之,汉口而北须责鄂督",并且接下来说"裕寿山复疏既不谓然,楚督似须易人"。⑥ 李鸿章的这一"估计"非常准确,裕寿山即裕禄,事实上在此前两日(十日),任湖广总督的他就有"补授盛京将军"上谕,而在李鸿章写此信的当日,即有上谕"张之洞著调补湖广总督,两广总督著李瀚章补授"⑦,是以李瀚

① 参见唐上意:《张之洞督粤时期的洋务新政》,《广东民族学院学报》1994 年第 1 期,第 25 页。

② 冀版《张之洞全集》第一册,第 665 页。

③ 见冀版《张之洞全集》第一册,第 667 页附录"懿旨"。

④ "芦汉",今多作"卢汉"(今正式名称作"卢沟桥")。查"芦"与"卢"为通假字,而当年文献中多用"芦汉",为顾及与文献尽量相同,故本书叙述语中也使用"芦汉"(除个别引文中用"卢"照旧)。

⑤ 冀版《张之洞全集》第一册,第 710—711 页。

⑥ 顾廷龙、戴逸主编:《李鸿章全集》第 34 册,第 583 页。

⑦ 《光绪宣统两朝上谕档》第十五册,第 263、265 页。

章代替张之洞的粤督之任。如此看来,张之洞之所以改任湖广总督,最直接的原因就是因为他首倡芦汉铁路而为清廷认可,调其替代不以此为然、态度消极的原湖广总督裕禄而直接操办该事。当然,张之洞从接旨到正式卸任两广总督还有一段时日。至于芦汉铁路之事,这时仅是初步筹议而已,实际动工修筑还是迟后数年的事情。

以上"求强"与"求富"两大方面的分述,自是相对的,因为这两者是密切联系、互为融通的,你中有我,我中有你,并非可以绝对分割开来,这里也只是按其大致侧重面来分说。再者,战时张之洞的"洋务"和综合注意力也兼及广西,而战后则主要是放在广东。时人唐景崧说:"昔胡文忠(按:指胡林翼)常笑叶崑臣(按:指叶名琛)为两广总督而忘广西,何耕云(按:指何桂清,其号一般作根云)为两江总督而忘安徽。大抵督臣只知经营所驻之地,而于兼辖省份往往略焉。南皮于津约已成,桂边初定之后,犹有每饭不忘钜鹿之意"①,意思是说张之洞在这方面比叶、何做得要好。一般而言,平时督臣的关注点主要在驻地省区,这确成为一种惯例。总督在驻地之省,很有些架空巡抚之嫌,张之洞在粤就是如此。有人述及,张之洞"督两广时,潮州府出缺",便拟定一人告诉藩司,而藩司已经答应了广东巡抚的拟定人选,便对张之洞的提名人选"遂压置勿用",这下惹得"之洞大怒",他传见藩司,厉声责曰:"尔貌视我而媚抚院,亦有所恃乎!"藩司回答:我哪有什么依恃,"旧制军事归总督,吏事归巡抚,职司居两姑之间,难乎为妇,不得不按制办理"。之洞更为愤怒,说:"巡抚归总督节制,天下莫不知之",你是依从哪里的根据这样说? 藩司惧怕,回去检索《会典》,"仓卒无所得,忧之至呕血"。而张之洞"持之急",藩司"遂谢病归。自是广东政权尽归督署而巡抚成虚设矣"。论者遂有张之洞"自负才望,最喜任事"之说。② 但也可见,他所谓"巡抚归总督节制",这时似已成为被人认同习惯性"定规",而以往传统认为的"军事归总督,吏事归巡抚"的"旧制"反淡化了。张之洞确实是总理粤省全权的,只是相关政务拉上巡抚"会奏"而已(所引其奏折中不少是"会奏",有的并未特别道明。且他自己也有曾身兼巡抚之时)。顺便说,张之洞移督湖广后,在驻地湖北也是如此。

---

① 中国近代史资料丛刊《中法战争》第二册,第226页。

② 徐一士:《一士谭荟》,第10页。所述情事,乃出胡思敬《国闻备乘》中,但其原说藩司乃游百川,而徐一士纠其误,考定为游智开。

第六章　移督楚地续新篇

一、"铁"字号的创业单

张之洞是于光绪十五年（1889 年）八月二十四日，接到关于其调任湖广总督上谕的吏部咨件，二十六日上谢恩折①，此后在粤尚驻留有日，到十一月二十五日抵湖北省城，次日接篆，正式开始了他湖广总督的履职。

到湖广新任后，他除惯常的政务事项外，最为突出的就是在"洋务"上的踵事增华，发扬光大。他在两广任间，就非常重视工业事项，筹办广东炼铁厂、枪炮厂、织布局之类，但替接其任的李瀚章不愿续办，而张之洞到湖广后则开办之志尤坚，遂有将这些厂局"移鄂"之议。具体商定和办理的情节复杂，李鸿章也插手其中，为其兄暗中谋划，曾致电其兄："香（按：指张之洞）复海署抑扬铺张，欲接邸欢，即准拨部款，恐难交卷，终要泻底，枢廷皆知其大言无实也"。又说："建厂设机须五六年，钢铁铸成更无日"，"张、洪皆不更事"②云云。所说"张"即指张之洞，"洪"是指洪钧，他是驻德、俄等国公使，受张之洞委托在海外购买机器设备，李鸿章这位"洋务老手"，对他俩皆有轻视不屑之态。既然极不看好张之洞的设厂事宜，自然不愿让其兄承其"烂摊"，铁厂、织布局等"移鄂"他们主动推助，不过枪炮厂李鸿章则有北移之想，而清廷酌量之下还是定在湖北。总之，所谓"移厂"之事是由张、李互商，经清朝中央相关部门酌议，最后由朝廷拍板认可的，所以张之洞、李瀚章等相关大员最后皆有"遵办"之说。事实上，张之洞的包揽其事、勇于承担的决心在中间起到了关

---

① 《调补湖广总督谢恩折》，鄂版《张之洞全集》第 2 册，第 261—262 页。
② 顾廷龙、戴逸主编：《李鸿章全集》第 23 册，第 5 页。

键作用。可以说,他在两广总督任间业已初步描画的工业蓝图,到他移督湖广期间更是延展开来。这中间不只是成功,也有败挫的殷鉴。

张之洞首重致力的就是在"铁"字号事项上。刚到鄂不久,他就致电贵州巡抚潘霨,询问那里的铁厂之事:"青溪铁厂究竟何日开炉? 能炼钢否? 约计炼成钢后,水运到鄂,每百斤需银若干? 该厂铁,据洋人云可供几年之用? 该处煤佳否? 多否? 每烟煤百金价若干? 炼成焦炭价若干? 均祈速复。"①潘霨很快回电,对其所问多予一一回答。当然,青溪铁厂实际并不成功,当年开业后很快停产,不久即告关闭。不过张之洞预先并无此悲观估计,从其发问,可见他对"铁"之事的急切和关心。他设立铁政局,调任原负责广东洋务局的蔡锡勇为总办。此人为福建龙溪人,毕业于广州同文馆,在粤任职多年,张之洞督粤期间,曾襄助办理多方面洋务事宜。调来鄂后,亦是张之洞洋务方面的得力助手,后又曾任职于多个相关部门和堂所,只可惜到光绪二十三年(1897年)病故。这里对其人略作交代,回到眼下炼铁厂话题。张之洞对汉阳铁厂及连带的相关铁矿、煤矿,筹划和操办上一直颇为着力。光绪十六年(1890年)二月末,他在初步调查的基础上,说"现决计以楚煤炼楚铁,取材总不出两湖"②;又对"炮厂移鄂"后的产品运销有一个较为乐观的大概估计:"所造快枪小炮,皆陆路行营所用,鄂南北四达,分济川、豫、皖、湘西各省尤便,即浮江而下,亦可分运海疆,最为适中"。③ 可见,他开始是怀着十足的信心,对其日后的曲折之路,尚无充分预料。而就在此际,海军衙门会同户部具奏陈说将广东炼铁厂移鄂意见的,清廷"依议"④。

及至光绪十六年十一月上旬,张之洞奏报该厂勘定厂基及开采煤、铁事宜。关于厂基,经多处巡查、勘测,最后"勘得汉阳县大别山(按:即龟山)"一区,"南枕大别山,东临大江,北滨汉水,东与省城相对,北与汉口相对,气局宏阔,运载合宜",且有其他多方面的便利条件,厂址选定于此。又鉴于须有就近的铁矿和煤矿与之配合,当时张之洞的预筹是:铁矿大冶盛产,另还有兴国州(今阳新)的锰铁矿,也拟开采试用;煤炭主要在"大冶王三石、明家湾两处

---

① 冀版《张之洞全集》第七册,第 5410、5413、5416 页。
② 虞和平主编:《近代史所藏清代名人稿本抄本》第二辑,第 8 册,第 672—673 页。
③ 虞和平主编:《近代史所藏清代名人稿本抄本》第二辑,第 8 册,第 674 页。
④ 冀版《张之洞全集》第二册,第 772 页引录。

地方,探得石煤、油煤",拟采试用。总之,他本意是"采铁、炼钢、开煤三事合而为一"。并且,为配套所需,连"修运道、筑江堤、设化学矿物学堂、添修理机器厂"等项也列入计划,说这样经费"所需尤多"。① 这是张之洞关于湖北铁厂筹建而奏报的一个大致方案要旨。

尽管铁厂之设绝非易事,但张之洞迎难而上,努力操办。"自光绪十七年(1891年)八月奏明开工",到光绪十九年(1893年)二月,"炼生铁厂"业已完竣,其他各厂则正加紧施工。这时张之洞虽然对建厂困难深有体察,说自己"力小任重,时切悚惶,加以督工筹款,事事艰难,夙夜焦急,不可名状",但上奏还是有谓此事"期于必成,以仰副圣主开物成务、力图自强之至意,断不敢因工巨款绌,中途停废,以致创举无效,贻讥外国"。② 而及至同年十月,他便上折奏报"炼铁全厂告成"。说是"自(本年)三月以后,机器物料陆续运到",他"督饬各员及洋匠,多方激励,极力赶办",这样——

> 所有炼生铁大厂及机器厂、铸铁厂、打铁厂,业经于三月前完工;其炼贝色麻钢厂、炼熟铁厂,此两大厂均于五月完工;其炼西门士钢厂、造钢轨厂、造铁货厂,此三大厂因补换破碎短数火砖及未齐机器铁料运到稍迟,于七、八两月先后完工。此外尚有造轨所需之鱼片钩钉厂,其机器本系后订,于五月内始自外洋续行运到,督催赶办,亦于九月中旬完工。统计全厂地面,东西三里余,南北大半里……大小十厂,均须连为一处,共应填土九万余方,已于九月中旬将开炼之日即须施工处所一律填齐……统计炼生铁、炼熟铁、炼贝色麻钢、炼西门士钢、造钢轨、造铁货六大厂,机器、铸铁、打铁、造鱼片钩钉四小厂,以及烟通、火巷、运矿铁桥、铁路各工、江边石马头、起矿机器房,现已全行完竣,机器一律安配妥协。

此外,还有"大冶运道铁路,前已完工;铁山开矿机器及轧铁矿、轧灰石机炉四座、溜矿石马头、硼岸等工,均已造齐;江夏马鞍山煤井横窿两道,均已开通,陆续出煤",只是大冶王三石煤井开采遇到困难,还有江夏"马鞍山井工虽

---

① 冀版《张之洞全集》第二册,第774—775页。

② 冀版《张之洞全集》第二册,第873—874、878页。

成"，但出煤量尚少的问题等等，尚需解决。张之洞还将汉阳炼铁全厂和相关铁矿、煤矿及配套设施，"仿照西法"，"照印成图，共为五十六幅，并于图上贴说"，呈递朝廷"御览"。① 总之，由张之洞向朝廷所作这个汇报，可见汉阳铁厂初成之时一个大概情况。起码外观上看来，是颇有宏伟气势的。在稍后几年，目睹过该厂景观的美国领事曾这样感叹：

> 登高下瞩，使人胆裂，斯奚翅美国制造之乡耶。烟囱凸起，矗立云霄；屋脊纵横，密如麟甲。化铁炉之雄杰，碾轨床之森列，汽声隆隆，锤声丁丁，触于眼帘、轰于耳鼓者，是为中国二十世纪之雄厂耶！②

嗣后国人也有言曰："设厂之地，旧为洼区，潮湿之所侵，荆榛之所丛也。立厂以来，建筑巩固，变昔日之洼泽芜莽，为中国生利之名场。曾几何时，耳目一新，人杰地灵，岂非虚语欤！"③厂地变化之大可睹，外观宏伟亦属诚然，但由该厂发展艰难的实际情况来看，从根本上说当然是受其时特定的国家和社会条件限制。除此之外，也与建设比较仓促、拟定方案欠于周妥有关。譬如，铁厂选定在汉阳，主要本是想借近于大冶铁矿和那里的王三石、江夏的马鞍山煤矿，但开采事实证明，大冶的铁砂含磷过高，冶炼成本增大且影响出铁质量；更紧要的还是煤矿，王三石矿因开采出现煤层脱节中断而冒大水，终至放弃，马鞍山矿煤炭则多磺多灰，只能在部分工艺中勉强应用，总体说来，需煤"不独要购湖南的煤，而且也要购买自河北的开平煤矿及英、比、德等国的煤"④，价格本高，再加运费，更是大大加重成本，且难能随时运济。这种结果的造成，与事先科技勘查、试采很不到位自脱不开干系，这自是不能推卸的人为因素。至于说到汉阳铁的生产情况，其光绪二十年（1894 年）六月初"开工化炼，初出钢料，成色无异洋制，足为造炮之用"，但"炼铁仅开一炉"，"亏折甚巨"，⑤生产

---

① 自上注以下引文（包括楷体独段引文），见冀版《张之洞全集》第二册，第 895—897 页。
② 顾琅编：《中国十大矿厂调查记》，商务印书馆 1916 年版，第 1—2 页。
③ 顾琅编：《中国十大矿厂调查记》，第 2 页。
④ 全汉昇：《清末汉阳铁厂》，1848 年发表于《中央研究院历史语言研究所集刊》第 21 本，辑录于梁承邺等整理：《梁方仲遗稿·读书笔记（下）》，广东人民出版社 2019 年版，第 464—480 页，此引文在第 470 页。
⑤ 张春霆（继煦）：《张文襄公治鄂记》，湖北通志馆 1948 年版，页三十。

困难。到光绪二十一年(1895 年)八月,钢铁厂"共出五千六百六十余吨","又另存练成熟铁一百十吨,贝色麻钢料出九百四十余吨","马丁钢料出四百五十余吨","铁货拉成钢条版一千七百余吨"①。而"改制"官督商办之前,"历年各项用款,共约计银五百数十万两"②,应该亏损不小。

到光绪二十二年(1896 年)五月,张之洞上奏"铁厂招商承办议定章程",这意味着,汉阳铁厂由官办转为官督商办。在奏折中张之洞说:

> (汉阳铁厂)开办以来,巨细万端,而皆非经见,事机屡变,而意计难周,经营积年,心力交困。今厂工早已次第告成,各种铁炉、钢炉,冶炼钢铁,制造轨械,均能精美合用,以至铁山、煤井一切机器、运道,皆已灿然大备。惟是经费难筹,销场未广,支持愈久,用款愈多。当此度支竭蹶,不敢为再请于司农之举,亦更无罗掘于外省之方。再四熟筹,惟有钦遵上年六月十二日谕旨招商承办之一策。③

实际上,"官督商办"当时就中国企业来说,早已不是什么新鲜事儿。张之洞作铁厂改制,主要是由于汉阳铁厂官办这些年来多遇窒碍,迫不得已而又因势利导的变通而已。再说,这也非张之洞个人的突然之举,是在清廷有关部门的协调下经他与盛宣怀认真筹商而作出的决策。而张之洞此次上奏中,还分析了列强相逼的急迫形势,说自上年秋冬以来,则有英、法国家钢铁大厂之经理多人前后来商,"自愿以银五百万两附股合办"。鉴于"洋商力厚气壮,慨然担任",他认定"矿务为中国自有之利源,断不能与外人共之",但"华商力微识近,大都望而却步",大冶铁矿本系盛宣怀督率英国矿师所勘得,该道"才猷宏达,综核精详,于中国商务、工程、制造各事宜均极熟习,经理招商局多年,著有成效,久为华商所信服",故而"劝令力任其难","将湖北铁厂归该道招集商贩一手经理,督商妥办"。④ 最后,又特别申说:

---

① 孙毓棠编:《中国近代工业史资料》第一辑,下册,科学出版社 1957 年版,第 796 页。
② 冀版《张之洞全集》第二册,第 1168 页。
③ 冀版《张之洞全集》第二册,第 1167 页。
④ 冀版《张之洞全集》第二册,第 1157—1168 页。

此次华商承办铁厂,臣与盛宣怀坚明要约,以芦汉路轨必归鄂厂定造为断,并恳天恩饬下南、北洋大臣,直省各督抚,嗣后凡有官办钢铁料件,一律向鄂厂定购,不得再购外洋之物。盖铁务为将来之大利,而目前数年内,承办商人必先垫不赀之巨本,必使商局有可恃之销路,方能招集众股,筹垫巨款,以待铁利之兴。至中国创开铁厂,专为保守自有利权起见,然非轻其成本,不能与外洋钢铁争衡……所有湖北铁厂自造钢轨及所出各种钢铁料,并在本省、外省自开煤矿,为本厂炼铁炼钢之用,该厂中有官本巨款,与他项商业不同,应请酌照广西丝绸、烟台果酒、江西洋式瓷器免收税厘数年成案,量为从优。仰恳天恩,饬部免税十年,届时察看本厂如有优利,足可抵制洋铁,再行征税。①

张之洞对汉阳铁厂及连带矿业的用心可谓极矣!这是他倾心多年坚意操办的"系列性"厂矿啊,寄寓着其一个强国富国的梦想。议修铁路干线——为适应铁轨之需以及其他多方面对钢铁的急需而建设铁厂——为炼钢铁遂得开采铁矿、煤矿,这便是张之洞的一个连带的基本理路。而"创地球东半面未有之局,为中国造轨制械、永杜漏卮之根"②,这更是张之洞当时怀抱的理想。汉阳铁厂的建设,属当时东方最大的钢铁厂家。可在那个时代,虽历尽艰辛,全心全力,宏愿也难免受挫。不消说该厂官办时窘况屡现,即使"改制"之后,虽说有了一定活力,如相继改造全厂冶炼设备、连带开发江西萍乡煤矿等等,但耗资巨大,不得不向外国借贷,该厂的生产终归也不甚理想。不过,该厂之建,毕竟是在异常艰难环境下的一个奋力开创。张之洞前驱先路,知难勇进,探索尝试。在其刚去世后两三年,一篇主要论说他于此失误的文章中,在最后也说:于当时"风气锢弊,昏庸在朝"的条件下,"苟无张之洞卤莽为之,恐冶铁萍煤,至今尚蕴诸岩壑,亦未可知。甚矣,功罪之难言也"。③ 而在今天看来,可谓其教训固殷,但依然功不可没。近些年,不是有"张之洞与汉阳铁厂博物馆"正式落成,而汉阳铁厂、大冶铁矿又入选第一批中国工业遗产保护名录了吗?历史不会忘记它。

---

① 此段楷体引文在冀版《张之洞全集》第二册,第 1169—1170 页。
② 冀版《张之洞全集》第二册,第 1167 页。
③ 《东方杂志》,第九年(1912 年)第三期转录该文。

在"铁字号"的事业中,张之洞的另一凸显之项是创办湖北枪炮厂。它与汉阳铁厂可以说是"兄弟"。该厂是于光绪十八年(1892年)动工兴建,两年后落成。厂址与汉阳铁厂临近,原属铁政局(随后专设枪炮局),由蔡锡勇兼领,并且是与汉阳铁厂合署办公(以后分开)。该厂的兴办,也有移广东枪炮厂的设备、资金的助力。当然,经费更需要新筹,厂家也是另行开张。

就此类厂家来说,在中国早有先例,因为军工厂家的设立便是洋务运动的开局成果之一。如果说曾国藩所办安庆内军械所还是初端小试,那么稍后他与李鸿章设立的江南制造局则可谓荦荦大端了,以后还续有新者。到湖北枪炮厂的兴建,按照张之洞的理念则是"器必求精求新"[1],坚意超越往者。在光绪十六年二月,海军衙门会同户部就上有《议复广东枪炮厂改移鄂省》一折,得清廷"依议"之旨。张之洞于光绪十七年三月上奏引述于此,并征引海军衙门相关"电开"之后,说"方今时局多艰,武备最为当务之急","海署之意急欲讲求军实,开拓风气,以为自强之图,经划宏远,志意坚定,指示剀切",表示自己"自应遵照竭力筹办"。他初步估算经费,所需不菲,特恳朝廷"俯念此举为自强经久至计,利害所关不止湖北一省,准将土药税银及川盐加抽江防两款,拨充枪炮厂常年经费专款",[2]这一请求得到允准,后又请再增"淮盐加抽江防经费"一项。[3] 总之,该厂也是在财政十分困难的情况下竭力兴办,于光绪二十年五月"一律告成"。六月初一日张之洞还曾"亲往阅看"。不料就在本月初十日,新成的该厂即发生火灾[4]。厂房、机器遭受不小损失,经过修复在次年夏才正式开工。

而到光绪二十二年夏间,该厂的建造、修复和添建等费用,"总共需银三百十七万余两"[5]。这仅是一个初期的费用,以后生产自更陆续加增。至于该厂的生产情况,后来任湖广总督的陈夔龙在光绪三十四年(1908年)六月奏报说,"窃查鄂省制造局厂有关武备者,一曰兵工厂(按:即原'枪炮厂',光绪三十年改名),一曰钢药厂"。经"督臣张之洞经营缔造,十有余年,逐渐扩充,规

---

① 冀版《张之洞全集》第七册,第5567页。

② 冀版《张之洞全集》第二册,第784—785、788页。

③ 冀版《张之洞全集》第二册,第864页。

④ 冀版《张之洞全集》第二册,第918—919页。

⑤ 孙毓棠编:《中国近代工业史资料》第一辑,上册,第544页。

模卓著"，关于其生产——

> 综计自开机制造以来，共造成步马快枪十一万余支，枪弹四千数万颗，各种快炮七百四十余尊，前膛钢炮一百二十余尊，各种开花炮弹六十三万余颗，前膛炮弹六万余颗，枪炮器具各种钢胚四十四万六千余磅，无烟枪炮药二十七万余磅，硝湿（锅）水二百数十万磅。①

其中"两厂"混说，但主体上当是兵工厂的（除硝锅水等项外）。可大概见知张之洞总督湖广期间原创枪炮厂的一个生产情况。再说，钢药厂也是其所建军工类厂家，与枪炮厂密切联系。具体说来，钢药厂是他建立枪炮厂之后，经过观察、思考，于光绪二十四年（1898 年）在汉阳赫山开建的一家新厂。该厂从这年到张之洞去世的宣统元年，包括建厂，购机器、物料，员工薪水、工食，杂用工费等项，共用常平银 4165170.792 两②。还需说明的是，光绪二十七年（1901 年）二月十二日，该厂总办、著名科技专家徐建寅，"在厂监工，亲至拌药房，督同委员工匠人等拌和药料，不意机器炸裂"，他和有关人员共十四人，"同时轰毙，尸骸焦烂碎裂，收捡不全，惨不忍睹"。这是一次惨痛的事故，经查是因操控机器之人"未经听明"指令，"开机过快，以致机器磨热生火炸裂"③引发。张之洞调任湖广后，曾商调在两江做事的徐建寅来鄂，到后他会办铁政局并操理科技方面的工作，不久返回。在张之洞的再次邀约下，光绪二十六年（1900 年）复来，几个月后便殉职于此，张之洞专门为他和其他殉难者上折请恤。总之，在张之洞主持的"铁字号"厂家的建设中，不仅付出了巨大的财力、物力，也有血的代价。

再就是铁路建设，这当然也在"铁字号"中。筹办芦汉铁路是张之洞调鄂的直接原因，而着意于铁路用轨则是张之洞筹办汉阳铁厂的原动力之一。不过，芦汉铁路的建设，却历时多年才告动工。张之洞在粤督任间就操议的此一干线，朝廷本已有心修筑，但一则是经费困难；再则是异议多有，意见不齐；三

---

① 李立朴等编校：《陈夔龙全集》下册，贵州民族出版社 2014 年版，第 234 页。

② 本书编委会编：《中国近代兵器工业档案史料》一，兵器工业出版社 1993 年版，第 1016 页。

③ 冀版《张之洞全集》第二册，第 1390—1391 页。

则也鉴于与外国在中国东北的争逐形势,遂先有关东铁路的动工。不过其间事端多有,并不顺利,到甲午战争爆发,东北形势极度紧张,此工遂告停顿,在旅顺存储的六千吨铁轨也为日本劫掠殆尽。而此路当时仅修筑到今辽宁绥中县的中后所,连同天津到山海关的一段,总长大约七百余里。甲午战后,朝野面对民族危机加深的形势,修筑铁路之议再兴。张之洞于光绪二十一年闰五月上奏,将"亟造铁路"作为挽救危机条策之一,说"方今地球各国,无一国不有铁路,千条百道,交错纵横","使中国各省铁路全通,则国家气象大变",并强调说,"中国应开铁路之地甚多,当以卢汉一路为先务"。① 这既是对其"原议"的重提,也是在日趋危机形势下的"新"说。同年十月二十日,清廷根据大员们意见,发布上谕,说"铁路为通商惠工要务,朝廷定议,必欲举行",并且特别说到,"由卢沟南抵汉口干路一条,道里较长,经费亦巨,各省富商如能有集股至千万两以上者,著准其设立公司,实力兴筑","一切赢绌,官不与闻"②。这是表示因经费问题,允许商办。

但是,张之洞却以"商办难成"上奏。并且又表示,"芦汉铁路之议虽自臣之洞创之,实由朝廷主之,嗣以时局变迁,未能兴举。比年东方用兵,征调遍天下,水陆兼程,赴机常缓,赍运费繁,智尽能索,中外士大夫于是始憾兴造铁路之迟矣"。其意自是为没有及早动工修筑芦汉铁路表示追悔,主张"而此项铁路,论旨以官督商办为指归,以不入洋股为要"。还提出"惟有合南北铁路为一局,庶可萃四方之商力而注之一隅。芦汉为正干,自应尽力先造,分路开工,不容稍缓",并具体建议"准设芦汉铁路招商公司,先派盛宣怀为总理"。③ 清廷颇表认可,并联系其前即有的"设铁路总公司,令盛宣怀督办"的建议,遂发布谕旨谓:"昨召见盛宣怀,奏对具有条理,已责成该员实力举办,以一事权。"④芦汉铁路以官督商办修筑的意向就这样一时形成。

然而,当时清政府信誉扫地,华商鲜有问津,官督商办难以落实,而清朝官方又缺乏经费支持,承办者故只好主要靠举借外债。在美、英、法、比等国公司竞相兜揽的情况下,张之洞认为比利时乃一小国,不像其他列强国家对华有那

① 冀版《张之洞全集》第二册,第 993—994 页。
② 宓汝成编:《中国近代铁路史资料》第一册,中华书局 1963 年版,第 205 页。
③ 冀版《张之洞全集》第二册,第 1184、1187 页。
④ 冀版《张之洞全集》第二册,第 1189 页。

样大的贪欲(其实也并非如此),遂向其国筹借商款。于光绪二十三年(1897年)四月"先在武昌签立草约",六月"续订正约",但"嗣以德人胶州之役","比人缘此翻议",①经交涉,于光绪二十四年五月订立《芦汉铁路比国借款续订详细合同》②,重新确认向比国借款一亿一千二百五十万法郎(合同中文本中作"一百十二兆五十万佛郎克"),年息五厘。同时订立的《芦汉铁路行车合同》③中,则有"由比公司选派妥人,将该路代为调度经理,行车生利"的规定,这就意味着,铁路还基本未修(此前仅断续筑有极少部分路段),比国便有了攫取该路经营权的预定。当然,这是由俄、法支持,因借款的存付事宜是由俄、法合资的华俄道胜银行办理。可见,当时列强是有着多面联系,相互勾结而又争竞侵略权益的。

总之,芦汉铁路是在中国财力难及的情况下,主要靠向外国借款修筑的,另也有部分中国官款投资,其总造价六千八百八十五万七千六百四十四银元,每公里合五万二千四百银元。光绪三十二年三月初八(1906年4月1日)全线通车。张之洞与直隶总督袁世凯被奉派验收工程后,此路改称京汉铁路。而到光绪三十四年(1908年),清政府"仿直隶成案,募公债一千万元,年利七厘;拨度支部官款五百万两,年利六厘;借川汉路局银一百万两,年利七厘;提集本路余利一百万两",又"与汇丰、汇理两银行订五百万英镑借款合同,九四折,以直、鄂、苏、浙四省烟酒盐房等捐作抵",这一切等等作为赎路费用,"由出使比国大臣李盛铎,将所有应交本息、经手费各项","在法京全数付清"。④因此,京汉铁路得以赎回。这总算在张之洞去世之前,完成了他的一个夙愿,这应该说也是绅民的夙愿。

再就是粤汉铁路的议筑。这是自广州到武昌的路段,可以和芦汉铁路隔江相对,形成一条南北基本贯通的干路。这本在清朝官方的计议之中,并且"时局日亟,刻不及待",粤汉铁路不筑,"设有外变,(南北)隔若异域",故而此路"当与北路同时并举",这既是官方的期望和设想,更是相关省份绅商迫不及待的事情。粤、湘、鄂三省是粤汉铁路所涉之地,绅商们急切提出由他们

---

① 冀版《张之洞全集》第二册,第 1323 页。
② 王铁崖编:《中外旧约章汇编》第一册,第 773—779 页。
③ 王铁崖编:《中外旧约章汇编》第一册,第 780—782 页。
④ 曾鲲化:《中国铁路史》,燕京印书局 1924 年版,第 672 页。

集资修筑粤汉铁路。光绪二十四年正月上旬,张之洞上奏陈述了他们的要求,说"该三省绅商立意既同,舆情已恰,必自众志成城","应饬下两广总督、广东、湖南、湖北抚臣,与臣等随时会商妥议,招集华股,酌借洋债,并选举各省绅商,设立分局,购地鸠工,认真办理"。① 三省绅商志在"以保利权",立意自办,张之洞在转奏和表彰他们的同时,又似乎对其实力不太相信,所以此奏中在"招集华股"的同时又不忘"酌借洋债"。

不过,同时他又附片上奏"时局危迫预杜外谋",痛陈:"目前德国无理肇衅,占胶、墨要害,并获山东承办铁路利益,局势顿变。俄国已造路于黑龙江、吉林以为通奉天旅顺之计,法国已造路于广西以割滇之计,为英国窥伺既久,尚无所得,目前必有效尤要挟占我路权之举。查今年春间,英商屡来揽办粤路,坚持未允",而近日日本人有密言,英人对华欲望当中就包括借款、修路。再"证以洋报,其为觊觎粤汉铁路,确凿无疑",并进而说:

> 现德已据胶,俄已留旅,法已窥琼,英或有图扼长江吴淞之举。是中国各海口几近为外国所玷,江海之咽喉已塞,南北海道之气脉已梗,已成坐困之势……若粤汉一路再令英人造一铁路,直贯其中,将来俄路南引,英路北趋,虽有芦汉一路,间隔中间,无能展布,且将来甚至为英俄之路所并,则是咽喉外塞,腹心内溃,遂欲讲求练兵制械之法,理财足国之方,亦将无从着手,岂惟不能自强,恐从此中华不能自立矣。时局危迫至此,思之寒心。惟有赶将粤汉一路占定自办,尚是补救万一之法。②

可见张之洞对此时外患及其攫取中国路权形势严重性的认识。而"惟有赶将粤汉一路占定自办",则是他"补救万一"的勉强办法。所以他将"现据湘、粤、鄂三省绅商议定合立公司","以备抵制外人,杜绝腹心之祸",作为可取的应急之策。清廷对此也表示认可,谕旨中只是对其"造路之资本、借款之办法、通行之章程,必须与芦汉公司一气贯注,始可收通例合作之效",要张之洞等相关督抚"随时会商盛宣怀","认真办理"。③

---

① 冀版《张之洞全集》第二册,第 1278—1279 页。
② 连同上段引文,见冀版《张之洞全集》第二册,第 1279—1280 页。
③ 冀版《张之洞全集》第二册,第 1280—1281 页。

然而,此事并非其时想象的那样好办。招募商股,屡次不敷,美国合兴公司遂乘机运作,提供铁路资金,清方急修该路,遂于认可,这样该路的建筑权便归美国。但其施工不按全路设计规划,先从支线着手,且工事迟缓,反对声音四起。英、法两国乘机酝酿攘夺,国人恐蹈芦汉铁路覆辙,亦竭力抵制。光绪三十年(1904 年)二月,张之洞等"访闻承办粤汉铁路之美国合兴公司,并未知会中国",私将其公司"底股三分之二售于比国公司"。故而思量,"比与法通,法又与俄合","若粤汉铁路再入其手",则更为"中国大患",主张"废弃前约"。而鄂、湘、粤三省绅民更是坚意如此。经复杂交涉,此事终于"克底于成"。光绪三十二年十二月(1907 年 2 月)末张之洞等上奏,回顾相关情况后,说"现已议定修路之款由三省官绅合力筹集,决不再借洋款"。① 但随后鉴于商股筹集不易的情况,张之洞又不顾各界反对,于宣统元年与德、英、法三国银行团签订合同,借款五百五十万英镑。不久他就与世长辞(其最后在京供职期间仍受命办理此事,另述),远远未能看到粤汉铁路的通车。因为此路从光绪二十六年动工算起,断断续续,直到 1936 年才告全线通车。至于粤汉与京汉铁路的真正连通而成京广铁路,是到了新中国成立八年之后的 1957 年武汉长江大桥正式落成。"一桥飞架南北,天堑变通途"——可以说这个寄寓着几代国人的殷切愿望,才变为活生生的现实。

总体联系张之洞兴办"铁字号"企业的艰难经历,不由得想到,毛泽东回顾中国民族工业"不能忘记"的几个人物,首先说"讲到重工业,不能忘记张之洞"。② 这是对其人的中肯评价和称道,也蕴涵着对历史的深刻反思。

二、洋务经济事尚多

除了上述"铁字号"方面,张之洞主持的洋务经济事项尚有许多,譬如在轻工业、农业、金融等方面。

在轻工业方面,如张之洞主持操办的湖北布、纱、丝、麻四局。一是织布

---

① 冀版《张之洞全集》第二册,第 1694 页。

② 《张敬礼同志谈话记录》,见《大生纺织公司年鉴(1895—1947)》,江苏人民出版社 1998 年版,第 407 页。

局。他"在粤时,劝令闱姓商人认捐银四十万两,为订购布机一千张,及照配轧花纺纱厂机器之本。又令于光绪十六年冬接充新商时,另捐八十万元,为建厂及常年经费之用。及李瀚章奏请移机鄂省,而于闱姓商人认捐八十万元,靳而不予",张之洞"乃招商股五十万两,并筹官款入股"①,在鄂省城文昌门外,勘地建设织布局。光绪十九年(1893年)正月张之洞上奏说,"目下厂屋,业已落成,各项机器亦经配设完备,次第开机纺织"②,显然,这时已是其拟初步开机投产时间。其生产还算比较顺利,如从光绪十九年到光绪二十七年(1901年),"共生产原色布三十三万另九百一十六匹,斜纹布一万一千七百八十五匹"。③ 光绪二十八年(1902年),官办织布局因要应付的官息商息过重,不得不招商承办。

二是纺纱局。在创办织布局之后,张之洞以"洋纱一项进口日多,较洋布行销犹广",而各省"或有难销洋布之区,更无不用洋纱之地,开源塞漏,断以此为大宗",④乃于光绪二十年(1894年)十月,奏请在织布局附近购地,设立纺纱厂(局)。次年正式动工修建,原定南、北两厂规模庞大,因经费短绌,先顾全北厂,光绪二十三年(1897年)建成。名为"官商合办",而"商董以官权太重,请专归官办",张之洞"乃另行筹款,收回试办"。⑤ 而至光绪二十八年(1902年),由应昌公司承租。而南厂因财力问题无法兴工,在张之洞首度调署两江期间,将南厂机器调拨苏州商务局,终由张謇接手,为办大生纱厂而用。

三是缫丝局。张之洞在奏设纺纱厂的同时,也于光绪二十年十月附片奏开缫丝局。他以"湖北产丝甚多,惟民间素未经见机器缫丝之法,无从下手","亟应官开其端,民效其法,庶可以渐开利源"。这年(光绪二十年),"于湖北省城望山门外购地设厂,并派工匠赴沪学习,先行试办"。⑥ 次年厂成投产,"釜数二百〇八,职工三百人,每日制出上等品三十斤,普通品十八九斤"。⑦

---

① 张春霆(继煦):《张文襄公治鄂记》,页三十。
② 冀版《张之洞全集》第二册,第873页。
③ 《海关贸易十年报告》(1892—1901年)上卷,第305页,转引自冯天瑜、何晓明:《张之洞评传》,第123—124页。
④ 冀版《张之洞全集》第二册,第941页。
⑤ 张春霆(继煦):《张文襄公治鄂记》,页三十一。
⑥ 冀版《张之洞全集》第二册,第942—943页。
⑦ 孙毓棠编:《中国近代工业史资料》第一辑,下册,第956页。

从厂家初成时看,生产规模颇有限。

还需要说明,张之洞上"增设纺纱厂"和"开设缫丝局"这一折一片之时,此前已有旨令其"来京陛见","湖广总督著谭继洵暂行兼护"。他本定于十月初八日起程,但就在与他上奏的同日即十月初五日,又接总理衙门电示:"本日奉旨:'刘坤一著来京陛见,两江总督著张之洞署理,迅速赴任,毋庸来京。'"这是在中日战争已经开战有日的形势下,手忙脚乱的清廷作出的调令变更。张之洞只好听命而行,在十月初八便奏报交卸湖广总督而即日起程赶赴新任。至于此前其关于纺纱厂和缫丝局的上奏,皇帝也作了"照所请行"的批谕。①

四是制麻局。张之洞"以鄂土产苎麻,质地坚韧,货多价贱。民间仅以之织麻线、织麻布,皆贱价售外国,经洋商织成各样布匹,贵价售中国,以致利权外溢。乃于光绪二十四年,购地平湖门外,创设制麻局"。该局"先购机四十张,酌配梳麻等机","统计机价连保运费,共英金一万四千零三十四磅,由银元局盈余项下拨用"。其制品"有中西时花,各样缎匹,芝麻实地各纱,并细纹斜纹各色麻布,新式各花大小麻织,台布,及粗细各号麻纱等件"。当然,这有一个发展过程,在光绪三十年(1904年)以前,"购机器仅能制麻为丝,而织机尚未全备",②随后千方百计地筹集经费,添购织机,努力扩大生产,至光绪三十二年(1906年),才算较为"完备"地正式投产。总之,也是创办维艰。该局"内设二厂,共有动力 690 马力,女职工 480 人,日产麻纱 300 斤,麻纺织品 500 码,是国内当时最为先进的制麻工厂"。然而,后"因产品滞销,资金短绌,由应昌公司接办"。③

张之洞办此"四局",亦是竭心尽力,历经多年。连同其"铁字号"厂家,即使在他移任两江之时,清廷也有明令:"现虽调署两江总督,所有各局应办事宜,仍著该督一手经理,督饬前派各员,认真妥办,冀广利源而济民用。"④的确,这一谕令是必要的。这些厂家,有的虽然已创办有年,但仍有诸多问题需要解决,维持经营仍要主办者倾注心力;而有的则属刚刚创办,新基方立,更需

---

① 见冀版《张之洞全集》第二册,第 943 页附录"上谕"和第 947 页相关奏折。

② 张春霆(继煦):《张文襄公治鄂记》,页三十一。

③ 湖北省社会科学院历史研究所:《湖北简史》,湖北教育出版社 1994 年版,第 345 页。

④ 冀版《张之洞全集》第二册,第 943 页。

着力经营。而张之洞的湖北暂时替代人（两次皆有湖北巡抚兼署），不消说对张之洞所办厂家的真心态度如何，两人间有无隔阂，只说对这等事情的"内行"程度，也是不免大打折扣的。就拿首次替人谭继洵（"戊戌六君子"之一的谭嗣同之父）来说，他虽然也是张之洞所办相关厂家（其时制麻局还未创办）的参议者，甚至在有的相关上奏中列名会奏，但其人实对"事多专决"张之洞颇为不满，但又缺少魄力，不敢与抗，一味谨守自保而已，再说对洋务厂家也较外行，真顶不起这等事情。故而，朝廷有上述谕令，还算是"明智"。

张之洞在湖广总督任间，轻工业方面不光是创办此"四局"，光绪三十三年离任前还创办了造纸厂、毡呢厂、砖厂、模范工厂、贫民大工厂①等。当然，由于他很快离任，对它们的日后经营上就难能直接用力了。

以上所说这些"皆属于官营事业"，至于商设工厂，张之洞"亦竭力提倡"。譬如，"光绪三十二年，商人宋炜臣集资三百万元，呈请创办汉口水电公司"，张之洞"即允筹拨官款三十万元作为股本"支持；光绪三十三年，"程祖福集股银三十万两，请办黄石港附近地台子湾水泥厂，称三十年后机器厂屋，全数报效归官"，张之洞"批为本人意在提倡实业，畅销湖北土货，此条应毋庸议"，也就是说不用所说到时"全数报效归官"。程祖福之所以有如此说，恐本来就是怕得不到批准，张之洞的批示自打消了其疑虑。记此事者因有评论："盖公（按：指张之洞）于商民开办工厂，无不力赞其成，所请空谷闻足音，而跫然喜者矣！"②是啊，像程祖福这样主动集资办厂的，当时本来就不太多，一心倡办实业的张之洞，一闻之下怎能不"跫然"而喜呢？在张之洞的热心支持下，湖北特别是武汉地区的民营工矿有较大发展。据统计，"从1895年到1913年，武汉地区有厂矿二十八家，仅次于上海的八十三家，而多于天津的十七家、广州的十六家；资本总额一千七百二十四万元，仅次于上海的二千三百八十七万元，而多于广州的五百七十九万元、天津的四百二十一万元，均具全国第二"。③

---

① 张春霆（继煦）：《张文襄公治鄂记》，页三十二。
② 张春霆（继煦）：《张文襄公治鄂记》，页三十三。
③ 冯天瑜、何晓明：《张之洞评传》，第133页，据其注：（汪敬虞编）《中国近代工业史资料》第二辑下册（科学出版社1957年版）第654页。核查该处，原为表格，据之编录，而对上海、广州、天津的资本总额尾数省略。

除了工业之外,张之洞对商业也是努力振兴的。他一是办汉口商务公所。在商会未成立前,"商人各谋生理,彼此不相闻问,而与农工联络之机关,尤无所闻,故商品不能日精,土货输出者日少"①,于光绪二十四年(1898年)三月间,张之洞行札汉黄德道、江汉关监督瞿廷韶,令他创设和总办汉口商务公所,说是对各地"皆有可观"的物产,以及"有益民用可以贩运远方之物",在该所"分别陈列,标明出产地方,价格运本,令华、洋商民均得到局纵观",并说明"此系仿照外洋劝工场办法,既所以兴商业,亦所以勉工艺"。② 二是设汉口商务局。这与开设汉口商务公所是在同年,目的是"以启发商智、联络商情为要义,次第举办商学会等事","以候补道王秉恩、程仪洛总理其事"。三是筹设商学、商会。张之洞"以泰西各国,有商学以考各物制法,各货销路,各国嗜好,各业衰旺;有商会互相联络,故能广设公司。现欲挽回利权,亟应创设商学、商会,以资启发","后来商务学堂、商会因之陆续成立"。③ 四是创办两湖劝业场。光绪二十八年,张之洞于"省城兰陵街建设","内分三所,一曰内品劝业场,凡本省人工制造之品,分类杂列其中;一曰外品商业场,凡外省外国各种货物机器,切于民用者,分类罗列其中;另划分一大间,名曰天产内品场,陈设两湖各种土产,五金矿质,有用之土石泥沙,以及各种谷果茶麻油漆竹木药材皮革骨角毛羽,以备外省及外国人游览,考辨采取,制造供用"。又内分南北两场,供"入场营业者,按等完纳租金,并按照所定列则,专售国货,标明定价,以广招徕"。五是设商场局。光绪二十六年(1900年),张之洞"奏请援照岳州成案,将省城北十里外,作为自开口岸,乃专设商场局"。当时"武胜门外一带江堤筑成,涸出官民各地甚广","移交商场局管理,共计官民各地三万余亩,用过地价局费二十三万余两"。④ 这主要是就张之洞布置的商务组织和机构、场所而言。

不止限此,张之洞还从更广范围上大力推动和促进商业的发展。譬如,他"以红茶销路,俄商购办为多,而往往退盘割价,华商甘受抑勒。惟有自行运赴俄国销售,不致多一转折,操纵由人。然茶商利薄,非官提倡不可",于是让

---

① 张春霆(继煦):《张文襄公治鄂记》,页三十三。
② 冀版《张之洞全集》第五册,第3578页。
③ 张春霆(继煦):《张文襄公治鄂记》,页三十四。
④ 张春霆(继煦):《张文襄公治鄂记》,页三十四至三十五。

江汉关道恽祖翼,运办上等红茶二百箱,附俄商茶船运赴俄国,托出使俄国大臣许景澄派员照料,销毕后,"又复选购二茶中之最上红茶一百二十箱"销俄,"颇获赢利",而"此事以官力统制,不受洋商之抑勒,极为得法",①虽然只试办两次,规模尚小,但是可见张之洞设法以官力促民营的良苦用心。他对湖北茶叶的发展种植和大力对外推销(特别是对俄推销)的带动作用是不可小觑的,全省"植茶面积一度发展到一百一十余万亩,分布于五十余州县。鄂茶运俄数量亦有所增长,直至1900年,汉口茶叶出口额均占各年出口总值的65%以上"。② 而张之洞在更直接地扶植民营商业上,也见有成效。总之,其"督鄂期间,武汉三镇商业取得长足进步,从光绪二十二年到三十一年(1896—1905年),汉口对内对外贸易额增加一倍多。光绪三十二年(1906年),汉口进出口贸易占全国贸易额的12.04%,几乎接近了上海水平。其后两三年,汉口贸易年额一亿三千万两,'位于清国要港之第二,将进而摩上海之垒,使观察者艳称为东洋之芝加哥(米国第二大都会)'"。③

　　再就是张之洞于农业开发上的筹思和运作。在光绪十八年(1892年)四月筹办织布局之际,他就虑及,"通商以来各国之洋布、洋棉纱行销于中国者,年中值银不下三千万两,久为外洋独擅其利,漏卮甚大,不得不力筹补救"。鉴于织布局"不日落成,即可开织",需棉量大,湖北"武、汉、黄、德、荆州各属多产棉花,若能讲求种法,使产多棉美,未始非地方兴利之一端"。而"历考棉花之佳,以美国所产者为最,朵大棉多,绒细而长,色白而亮,收成倍富,纺织俱良,是以各国讲究种棉之区,莫不购种子于美国,历著成效"。于是他托驻美等国大臣崔国因采购良种,现"寄到棉子三十四担,系于美国所产百余种中选出两种,一宜于湿地,一宜于燥地,与湖北土性、气候最为相宜",已饬"分别转发各州县,迅将发去棉子发交种棉之户,剀切劝谕,分投试种。将来收成以后,即由布局派人前赴该处从优给价,尽数收买",并"仍将棉子发回各属再种,如此辗转传播,不数年间,楚棉之美当不逊于洋棉"。为推广美国棉子,并且给

---

① 张春霆(继煦):《张文襄公治鄂记》,页三十五。
② 陈钧等主编:《湖北农业开发史》,中国文史出版社1992年版,第175—176页。
③ 冯天瑜、何晓明:《张之洞评传》,第135页。据其注,最后一句(本引文中加单引号者)出自水野幸吉:《汉口》;而前边从相关年份、数据到"几乎接近了上海的水平",是据《武汉市进出口商业解放前历史资料》,未刊稿。

予响应种植的"棉户奖赏,以示鼓励",又告诫地方官"务须切实劝种,不得以难办藉词搪塞",①违者追责。

张之洞尽心推广不错,但由于"棉种到鄂稍迟,发种已逾节候,且因初次不知种法",以致歉收。张之洞总结教训,说明这实际是因"人事有未尽,非土性之不宜"。② 来年再行推广时,一是购运棉种提早,及时发放;再是加大宣传力度,譬如饬有关部门发布《畅种美棉说》,在宣示了"善善从长之意",要楚省对美棉"正宜按时播种,大兴地利"之后,又"列种棉法十则",将种植美棉的具体方法、注意事项开列出来,像种植的疏密,适应该棉特点、有的放矢的管理措施。与"十则"同时,还发布了《译美国种棉花论》③,对美国植棉的具体方法、管理措施亦分十条翻译出来,让民众参照。这样,收到了比去年要好的效果。此在光绪二十年(1894 年)二月,张之洞复饬"各营县"试种美棉的札件中,可得佐证,说是"兹查上年土棉收成本不稔,而所收洋子花已比前年加多"。所以,他将"原购棉花子分发各营县"再行试种。④ 但不久张之洞暂移署两江,而试种美棉之事也遂受到影响。

而无论如何,张之洞督粤期间对试种美棉的热心和积极宣传推广是无疑的,这若是没有相信科学的信念和超前的眼光难以做到。并且,他的推广美棉并非孤立进行,是和织布局的生产用棉紧密连带考虑的,是一个"系统性工程"。不独是推广美棉,他还与开办缫丝局而借以发展养蚕,改良蚕种。而在这中间,又体察到相关科学技术的提高和人才培养的急迫性,遂与开办农务学堂和农事试验场(具体在他节另论)结合起来。

另外,张之洞还有的放矢地开展农情调查。例如,光绪二十三年(1897年),他"委托美国农学教习白雷耳,由湖北候补知府、农务学堂提调汪凤瀛陪同,前往大冶、武昌等地进行农情考察"。⑤ 由白氏形成的《山田种植情形报告》,分十九条,就其"涉历所见,略陈梗概"。既陈说是处农民"能将山坡开平,叠作数盘十数盘,耕而为田,远望甚为整齐","且能知何时种何物","何时

---

① 冀版《张之洞全集》第四册,第 2991—2992 页。

② 冀版《张之洞全集》第四册,第 3104 页。

③ 见冀版《张之洞全集》第四册,第 3105—3108 页。

④ 冀版《张之洞全集》第五册,第 3198 页。

⑤ 徐凯希:《晚清末年湖北农业改良述略》,《中国农史》2004 年第 1 期。

可以收获"，"足见华人勤敏，良堪称赞"；"于早谷登场后，酌种肥田之草，以备来年培壅，费省用宏，最为善策"；"能于平日储蓄肥田之料"，"极为有益"等等，这是可以肯定之项。而更多则是针对缺陷的改善建议，如是处山地"仅能见杂树数种，且甚稀少"，其余就是"听其自生的一种粗草，皆不过取作柴薪之用，未免可惜"，建议"多种有用之种，将来收效必丰"；提出"山中低平近石处，均可栽种葡萄"，"获利必优"；而"山中高处，可种板栗、胡桃等树"，"可增出口土货之一宗"；"山旁隙地，似可种桑，以备养蚕"等等①。这些意见自有参考价值，由此也足可见，张之洞利用外员调查农情的这方面举措的到位。

本节当中所述这些，是张之洞督鄂时除"铁字号"以外的"洋务"经济的举措示例，远非其全部。但仅从这些，再联系其"铁字号"事项，也足可以说，此期他在洋务经济方面，已置身于引领典型和高端。这对于两湖特别是湖北经济的转型，自起到重要作用，并且，对于全国经济的示范作用，也是不可小觑的。

三、教育新花开更艳

张之洞督鄂期间的"洋务"果实，还凸显在教育事业上。这里先按照院所创建和发展的大致顺序述说。

经心书院是在张之洞任湖北学政时设立的，虽沿袭下来，但到张之洞来任湖广总督，已是破旧不堪的样子，他筹集经费（主要是向茶商筹捐）修缮。并且随着时间的推移，规制上也有所改进，像光绪二十三年（1897年）增设自然科学课程，如天文、格致、制造等门，后又或改或添舆地、兵法、算学等，使之向趋新的方向发展。到光绪二十八年（1902年）与历史更为悠远的江汉书院合并改名为勤成学堂。

张之洞到湖广任的次年即光绪十六年（1890年），还创设两湖书院。其地点是在武昌营坊口都司湖畔，最初亦是来源于茶商筹捐，但"行之未久，茶商

---

① 《农学报》，光绪二十三年十一月下，第十六册。

有违言",而"就他项商捐筹集",主要是"由汉口八大行商认捐"。① 该院地场宽绰,规制恢宏。其招收的学生数额,湖北、湖南各100名。其"首府"最多,譬如武昌府为16名(另汉阳府12名),长沙府为25名,其余府、州名额不一,最少者仅3名,而湖北荆州驻防旗学只1名。另外,还有为照顾捐款商人子弟的"商籍"名额40名。② 当然,这是开始的额定计划,多年间的学生实际人数,自非这个不变的死数。至于所设学科,或说其"规定经学、史学、理学、文学、算学、经济学六门,而算学、经济学讲座,始终虚悬",意思是成立者惟其他四科而已。就初始阶段来说可能如此,而就其"始终"而言,却并非这样。譬如其算学就曾毫无疑问地开设(具体例证见本节下文)。该院由张之洞亲自聘任每科分教,或述明其前后任经学者,为易顺鼎、杨裕芬、钱桂森;任史学者,为杨锐、汪康年、梁鼎芬、姚晋圻;任理学者,为邓绎、周树模、关棠;任文学者,为陈三立、屠寄、周锡恩、周树模(前述理学分教亦有其人)、杨承禧。而实际上,若就任教于该院的名流来说,尚不限此数,如有著名的地理学家和书法家杨守敬、数学家和翻译家华蘅芳、音韵学家沈勇植等。总之,"多极一时之选",而"其组织类近时之研究院,人才彬彬,称极盛焉"!③

至于张之洞创设两湖书院的目的,由他光绪十七年(1891年)正月初一日发布的招调该院诸生的文牍中有明确宣示:说该书院之设,是为了"作养贤才,贵得明体达用之士,以备国家任使,庶可以羽翼圣道,匡济时艰"。④ 所谓"羽翼圣道",也是张之洞的忠实立意,不过相对原则和抽象,而"匡济时艰",更是有的放矢的现实急需。两湖书院也正是主要向着这一目标发展的。譬如,其课程上不断有所调整,后来又增加舆地、格致、兵法等课。而最终在光绪二十九年(1903年),结束了其"书院"生涯,适应潮流改名为"文高等学堂",不久又称"两湖总师范学堂"。总之,两湖书院自设立伊始,就与旧式书院有着很大不同。并且,其后也是在不断趋新变化之中,渐多的"洋务"因素,自觉不自觉地渗透其中。两湖书院的流变,可视为不断向新型教育递进演化的一个典型院所。

---

① 张春霆(继煦):《张文襄公治鄂记》,页八。
② 冀版《张之洞全集》第四册,第2757页。
③ 本段中凡引《张文襄公治鄂记》中语,皆见该书页八。
④ 冀版《张之洞全集》第四册,第2755页。

张之洞所办更有"纯粹"的洋务学堂,譬如自强学堂、武备学堂、农务学堂、工艺学堂,便不失为典型。

自强学堂是在光绪十九年(1893年)创设。这年十月间张之洞为此上奏,"治术以培植人才为本,经济以通达时务为先","湖北地处上游,南北要冲,汉口、宜昌均为通商口岸,洋务日繁,动关大局,造就人才,似不可缓","兹于湖北省城内铁政局旁,购地鸠工,造成学堂一所,名曰自强学堂,分方言、格致、算学、商务四门","湖北、湖南两省士人方准与考"。① 而所谓"门"也称为"斋",其四斋中"惟方言一斋,驻堂肄业;其余三斋,按月考课(按:并非不必驻堂)"。就这样,"历年循办在案"。而到光绪二十三年三月,他对自强学堂的招生门类做了调整,说是该堂往年分四斋招生,"诚以尔时两湖风气未开,顾以四者开其先路",而现在考虑,"若非精晓洋文,即不能自读西书,必无从会通博采",故"详加酌核更定自强学堂章程"。其"更定"的概略为:其算学一门因"可不假道西文,业经于上年五月改归两湖书院,另行讲习",而"其格致、商务两门,中国既少专书,津、沪诸局西人学馆译出诸编,不过略举大概,教者、学者无从深求",故将此两门停止,学生"先行统课方言"。② 顺便交代,其中所说算学,"业经于上年五月改归两湖书院另行讲习",可作为两湖书院实开算学而非"始终悬虚"的例证。回到原先话题。自强学堂还制定和颁布了相关章程,规定该学堂学生名额为120名,分习英、法、德、俄四国语言文字(按:后又增设日文),"每门三十名,分四堂授课";"学生必须年在二十四岁以内、十五岁以外者,口齿较灵,志趣渐定"。并且,有"学生必须以华文为根底,以圣道为准绳";"吸洋烟者,断不收录"③等学业和品德条件的限制。当然,其主要功夫还是要见在外语修业上。这样,自强学堂一度就不啻为专门的"外语学校"。但为时不长,其课程就又有所调整。大概从光绪二十四年(1898年)后,除"方言"之外,又有历史、地理、数学、理科、汉文、体操、兵操等课程,当多属增设。

从课业不断调整的自强学堂的考课情况看,也是偏重于"西学"和时务的。苏云峰根据《十发庵丛书类稿·强学编》"表"中述及,该堂光绪二十五年

---

① 冀版《张之洞全集》第二册,第898页。
② 冀版《张之洞全集》第五册,第3376—3377页。
③ 冀版《张之洞全集》第五册,第3378页。

(1899年)十一月间,曾举行过三次月考和一次总考,据所留下来的部分试卷可知:每次月考的"汉文"内容,多以春秋、左传、汉书、四书、通鉴等为范围,但亦不乏涉及时务者,如问"学堂之设与书院不同,试晰言其故";"意人索我三门湾,近又欲索我唐山,议者多主战,然否";"英与脱兰士战,英为欧洲最强之国,脱为非洲至微之国,何英反为脱困,试陈其故"等。总考各堂的汉文都是两题,西语试题大概如下:英文堂八题,俄文堂十三题,法文堂和德文堂皆九题,东文(日文)堂十六题,皆以文法、翻译两类题型为主,有的还有改错、默写之类。文法自不用多说,像翻译等类题目,也主要是侧重相关中外历史、时政之类颇有针对性的,而非不问内容的浮泛之文。至于其他学科,譬如"理科"的试题,有人体生理、"格致"(从其题目情况看略相当于物理)等项。① 总之,其教授课程和学业考试,显然是以外语和自然科学为重。至于其学生,虽说初时有重在本区的立意,但外文基础、个人选择等方面条件,使得它不得不脱开区域限制,除湖北、湖南外,扩大到江苏(而且该省籍者一度最多)、广东、浙江、福建、四川、河南、山东等地,这样,"开放"性更强了。后又有主要为湖北学生的收束。

而自光绪二十八年十月,自强学堂正式改名为方言学堂,并且迁入原农务学堂旧址,而其原址供文普通中学堂使用。从课程来看,更增至十多门,有人伦道德、经学、中国文学、外文、地理、历史、算数、博物、物理、化学、教育、理财、公法、交涉、图绘、体操等。② 可见,虽然改名,但实际更像是趋于"全科性"的一个教育机构。

湖北武备学堂是张之洞于光绪二十二年(1896年)创建的。这与张之洞深受中日甲午战争的刺激有着直接关系,当然也是基于湖北的实际需要。在该堂初创不久张之洞所上奏折中说:"查自强之策,以教育人材为先;教战之方,以设立学堂为本。湖北地据长江上游,南北枢纽,又将来铁路所发端,尤为用武之邦。当此时势多艰,自当开设武备学堂。"该堂教习主要是聘自德国军官,而学生则"专选文武举贡生员及文监生、文武候补候选员弁以及官绅世家子弟,文理明通、身体强健者"。教习科目"分讲堂、操场两事。讲堂以明其

---

① 参照苏云峰:《张之洞与湖北教育改革》,第102—106页相关内容撮述。
② 参见苏云峰:《张之洞与湖北教育改革》,第108页。

理,操场以尽其用。讲堂功课,如军械学、算学、测绘地图学、各国战史、营垒桥道制造之法、营阵攻守转运之要。操场功课,如枪队、炮队、马队、营垒工程队、行军队、行军炮台、行军铁路、行军电线、行军旱雷、演示测量、演习体操等事"。可见,是堂内教授理论知识和操场实际演习的有机结合。而四书、史略之类课程,没有置于主课当中,只是要暇时自行阅习,也就是说,没有"硬性"规定。至于该堂的"第一把手"总办,开始也是张之洞的得力洋务助手蔡锡勇。而地址,是"于湖北省城内东偏黄土坡地方购地建造"。①

　　该学堂的较为突出的问题,还是出在外籍教习身上。所聘德国教习态度傲慢,做事跋扈,在教材、教法问题上独断专行,不听中方提调钱恂的合理建议,其间矛盾难调,钱恂被迫辞职。而张之洞为制约德国教习,采取加聘日籍教习(光绪二十五年)的方式,但日人同样傲慢跋扈。这样,设计课程和教学规划难以落实得好,不得已之下,张之洞只好调自然科学家亦兼熟军械制造的徐建寅,前来主持湖北营务处兼做该堂总教习(光绪二十六年),而时间不长,徐氏便因钢药厂失事而殉难(前已有述)。湖北武备学堂到光绪二十八年改为武高等学堂;光绪三十一年(1905年)改为武师范学堂;次年又改为陆军小学堂,前后历时十载。② 最后的频频改名,反映了其时军事教育体制变革的急骤,同时也是其本身欠稳定的表现。

　　还有农务学堂,由张之洞创设于光绪二十四年(1898年)三月。它最初是借武昌保安门内公所为临时堂址,旋于该城东门外卓刀泉地方建堂。张之洞曾上折说,"查农政修明以美国为最,上年既经致电外洋,选募美国农学教习二人来鄂",此次设立农务学堂,即以其为教习,"教导学生、农人,研求物理,依法种植"。该堂开始委派的总办是候补道张鸿顺,提调分省补用知府钱恂。③ 按其规划,设立农、林、牧三科,教授化学、农机、植物与土壤各学。遂于闰三月初七日发布报名告示,其中说:"中国地处温带,原隰沃衍甲于环球,乃因农学不讲,坐使天然美利,壅阏不彰,此农学不讲之故也",为改变这种情况,故"兴办农学,讲求相土变种之方,炭养相资之理,兼及各项畜牧事宜"。④

---

① 冀版《张之洞全集》第二册,第1226—1228页。
② 苏云峰:《张之洞与湖北教育改革》,第114页。
③ 冀版《张之洞全集》第五册,第3572页。
④ 冀版《张之洞全集》第五册,第3605—3606页。

几个月后,首批招录的二十名学生入学,暂分农、桑两科。至次年正月,"又添招学生五十名","同时增开方言、算学、电学、化学、种植、畜牧、茶务、蚕务等课"。而不久,可能与该堂总办实际上较为外行和守旧,对堂务管理上也有所疏失不无关系,美国教习遂于光绪二十五年(1899年)辞职。张之洞查知问题后遂拟更换该堂负责人,"商请罗振玉来鄂,担任其事",同时拟"亦改请日本农务教习",随后有果。张之洞拟请的罗振玉,虽在民国年间有"汉奸"之恶名,但在当时却是一个所涉领域颇广的学者,于农学也颇有研究。他来该学堂后,教务方面自有所改善,并且还"有两项重要建树",即"蚕桑实验室的设立,与农学报的创刊"。① 此"农学报"与更为著名,且罗振玉也做过主编的上海《农学报》并非一家,不应混同。嗣后该堂仍不断有所变动,光绪二十八年迁移到城北武胜门外多宝庵地方,并拨试验田二千亩,从课程到学员人数都有所扩充,后改名为湖北高等农业学堂。

与农务学堂同年(光绪二十四年)创办并招生的还有湖北工艺学堂,它设于洋务局内,开始拟"选募东洋工学教习二人,一教理化学,一教机器学,招集绅商士人有志讲求商学者入堂学习,并派中国通晓化学、制造之士人帮同教导艺徒,讲求制造各事宜"。② 不过,该堂首次开始招生遇冷,几个月后,即在当年十一月间又专门发布的招考告示、章程中殷切道明:"中国财产富饶,人物灵秀甲于五洲,而开物成务实较各国为最早。惟近数百年来,机器之灵巧,制造之精美,中国转逊于外人,盖由洋人工艺各有专门,悉本格致、理化、测算诸学,精益求精,日新月盛。而中国士人皆不屑讲求,凡诸百工类多目不识丁之人,沿习旧业","以致土货日就窳陋,洋货日渐充斥,民智日拙,游惰日多","亟应设法劝导振兴,以挽风气而塞漏卮"。鉴此,宣明设此堂的目的,就是为"选绅商士人子弟肄业其中,择中、东匠首教习分授工艺十数门,兼课格致、理化、算绘诸学,使生徒熟悉各项工艺之法,兼探机器制造立法之本原,庶三年学成之后,既明其理,复达其用"。至于招生对象,为"绅商士人聪颖子弟,曾读四书识字,十二岁以上十六岁以下者"。待遇上,学生"饭食、书籍、纸笔,均由学堂备办"。名额和学科上,规定"以六十名为额,分习气机、车床、绘图、翻

---

① 苏云峰:《张之洞与湖北教育改革》,第130—131页。
② 冀版《张之洞全集》第二册,第1285页。

沙、打铁、打铜、木作、漆器、竹器、洋蜡、玻璃各门工艺"。① 这是关于该堂招生与学业上的一个设计和宣示,实践中自会根据实际情况有所调整和变通。到光绪二十八年,该学堂在教育"改制"的浪潮中更有较大变化。它"改设于旧日之江汉书院,分课理化、机器制造、织染、建筑各门之学"。② 而因张之洞旋即再度出署两江总督,临时主政湖广的端方因经费问题竟拟停办工艺学堂,张之洞则要坚持继续开办。虽说该学堂暂时没有停办,但也多有窒碍,艰难维持。

　　上面是就张之洞主导之下的教育机构的典型堂所举例而言,并非全部。他直接操办的省区堂所还另有其他;而在他督导之下办起的府、州、县地方性各类学堂,自然更多。总的来看,湖北当时的教育在全国各省来说是据上游之列。仅就上述所举出的堂所来看,也可足见张之洞办学有的放矢,是与当时各业的实际需要密切关联的。譬如说,他对旧有书院的改造,分明是适应现实发展的需要;而对一系列新学堂的建立,更是出于时势之下有关各业的现实需求。如果说,其创办自强学堂,初衷是培养"通达时务"、有"新学"造诣的人才,而创办武备学堂、农务学堂、工艺学堂,就更是有具体针对性地造就专门人才。并且,他对问题的考虑,用现在的话来说就是还颇有些"系统性"味道,不是只顾单一,而是着眼全局。譬如,他在《设立农务、工艺学堂暨劝工劝商公所折》中就说:"惟富国之道不外农、工、商三事,而农务尤为中国之根本",而"湖北连年水旱,岁收歉薄,谷价踊贵,洋货充溢,商贾萧条,民生艰苦异常,尤须于惠农、通商、惠工各政急速讲求,以济稍资补救。"③显然,他是着眼于农、工、商的"全局"需要,三事通说,作为设立农务和工艺学堂以及劝工、劝商公所的综合性前提。他作为清朝大臣,忠于君国又是他矢志不移的。在日趋新式的教育之下,必然会出现与他的初衷不相符合甚至南辕北辙的事情,出现他并不想要的"种豆得瓜"的结果。譬如曾就学于两湖书院的唐才常、黄兴、曹亚伯、刘成愚等许多人,成为或是激进的维新领袖,或是反清革命的斗士。还有就读于武备学堂的学生中,后来成为矢志反清革命党人的就有像吴禄贞、蓝

---

① 冀版《张之洞全集》第五册,第 3725—3726 页。
② 冀版《张之洞全集》第二册,第 1494 页。
③ 冀版《张之洞全集》第二册,第 1285 页。

天蔚、孙武、钮永建、吕大森等人。这些人的思想是一个逐步变化的过程,而这时在学堂学习期间未尝不是其思想渐萌变化的一个初阶。时势激发和个人志向所致,这自然不是张之洞所遏止得了的。

而对于清朝大臣,张之洞作为教育改革的积极促进派,可以说已经达到了他所可能的极点。除了上述关于书院和学堂的例说之外,在随后的学制改革中对各级学校的开办,他也是积极的开路、倡导和实践者,有其粲然可观的业绩。自光绪二十八年起,其辖区特别是湖北的教育"改制"蓬勃开展,主要是筹建和逐步完善新式学制系统。这也与先前的书院和学堂多有直接关联,不仅仅是其名称的改换,更是适应新学制的需要。这时所急需解决的,就是对新型教师的培养。张之洞首先建立的湖北师范学堂,这"也是全国最早的独立的完备的师范学校"①。光绪三十年(1904 年),其又把由两湖书院改来的文高等学堂改建为两湖总师范学堂。同年,在武昌还办起师范传习所(相当于简易师范)。光绪三十二年(1906 年),他又开办起女子师范学堂。同时,为培训各府县师资,还设立支郡师范学堂。此后,"还开办过农业、工业、商业教员传习所(亦称讲习所)","汉黄德道、汉阳府、武昌道、武昌府也设过师范学堂",其他各道、府"甚至较发达的少数州、县,也办起了师范学堂或师范传习所"。到张之洞去世的宣统元年(1909 年。当然,最后一段时间他已离任鄂督),"湖北全省共办过师范学堂 35 所,为各级各类学校培养了 5000 多名教师"。② 而普通中小学亦在 20 世纪初正式出现。光绪二十九年,在武昌开办文普通中学堂,后在武汉相继办起中学堂多所,其他各府州也有开办者,小学堂所自然更多。总之,新学制下的教育在湖北蔚然兴起。

在张之洞的操理下,湖北各学堂有氛围和气象趋新一面的同时,也有防备学生越轨出格的另面。不要说在学堂规章、纪律方面的相关内容了,就看光绪三十年十二月初六(1905 年 1 月 11 日),张之洞将自撰的《学堂歌》札饬向各学堂颁发之事吧。颁发此歌是供"学生整列入学"(当指进入校园)、放学、"整列移动"、出队操演之时,边走边唱的,以期"感发其忠爱之忱,鼓励其自强之志"。这是有鉴于"近来外国学堂"都有列队行进时唱歌的做法,所谓"深于中

---

① 章开沅等主编:《湖北通史·晚清卷》,华中师范大学出版社 2018 年版,第 222 页。
② 章开沅等主编:《湖北通史·晚清卷》,第 222—223 页。

国古风相合"。① 言合"中国古风",自然有点"西学中源"的扯赖味道,实际上就是学之西方。该歌共十三段,二千一百多字,可算得上"长歌"。就其内容而言,主旨上乃兴学图强,激励学生德、智、体并重发展。稍具体说来,譬如讲天文,谈地理,述历史,推学科(尤其是"理化学"、"电矿汽"、"实业学"、外语类等非传统学科),举圣贤,数名宦,又教学生戒恶习,莫"悖逆",做"忠良",拥戴"吾皇",成国栋梁。这里边,可谓新旧融合,既激励学生努力学习新知识,强国御外;又有颂"圣天子"、教"尊君上"的说教。而形式上,则句式整齐,词语浅易,合辙押韵,朗朗上口,便于记忆,容易传唱,颇有新式歌词的意味,不妨举其首段、末段为例一观。其首段为:

> 天地泰,日月光,听我唱歌赞学堂。
> 圣天子,图自强,除去兴学无别方。
> 教体育,第一桩,卫生先使民强壮。
> 教德育,先蒙养,人人爱国民善良。
> 孝父母,尊君上,更须功德联四方。
> 教智育,开愚氓,普通知识破天荒。
> 物理透,技艺长,方知谋生并保邦。

其末段为:

> 众同学,齐奋往,造成楚才皆贤良。
> 文善谋,武知方,学中则是国栋梁。
> 荀卿子,歌成相,此歌劝学略摹仿。
> 中国盛,圣教光,黄种尊贵日蕃昌。
> 上慈孝,下忠良,万年有道戴吾皇。

与此歌同时颁布的,还有《军歌》,是专门饬发给各营兵勇的。它篇幅较短,分四段,每句九言,共 82 句,738 字。从内容上说,既教育官兵忠于"大

---

① 冀版《张之洞全集》第六册,第 4265、4258 页。包括下引歌中首、末两段亦在此两页。

清"，如"大清深仁厚泽十余朝，列圣相承无异舜与尧"；同时又激励学习新的知识、技艺，如"物理化学亦须略知道，钢铁涨缩拉力细推敲"；而最终还是教以要保国保种，如"欲保国家须要精兵保，欲保种族须联我同胞"①。通篇看来，忠皇保清的味道似乎比《学堂歌》更为浓烈。当然，《军歌》是发给军营的，不在学堂范围之内，因它是与《学堂歌》一并发布，附说于此，并兼看其有新有旧、两者杂糅的情形，以与《学堂歌》对比。

再者，由张之洞光绪三十三年(1907年)调京前夕创办的全国第一家存古学堂，也可看出他在科举废除之后教育日益变革的时候，着意"保存国粹"的立意所在。其上奏说："今日环球万国学堂，皆最重国文一门。国文者，本国之文字、语言、历史相传之书籍也。及间有时势变迁不尽适用者，亦必存而传之，断不肯听而澌灭。至本国最精美擅长之学术、技能、礼教、风尚，则尤为宝爱护持，名曰国粹，专以保存为主。"他实际鉴于学堂更新以来"国粹"一定程度上被冲击，而"中文中学向来义理精深，文词雅奥，新设学堂学生所造太浅"，"皆无教国文专门之教员"②的情形，特设立"存古学堂"。并且"拟请试办半年后，如课程条目毫无窒碍，拟即请旨敕下学部核定，通行各省，一律仿照办理，以延正学而固邦基"。并且，最后特别声明，前不久湖南巡抚奏称拟设景贤学堂、河南巡抚奏称拟设尊经学堂的折内，"叠称仿照湖北存古学堂之语"，而"查该两省学堂章程，似与向来书院考课相仿，与鄂省存古学堂之办法判然不同，毫不相涉，湘、豫两省系属误会"。③ 这表明，湖北存古学堂不是"向来书院"的复旧，而是针对特定情况有的放矢地办起的"保存国粹"的特别学堂。当然，它同时也兼顾"西学"和体操，反映了张之洞在新的教育氛围下，一种对传统学科的特意顾持和弥补。不过，张之洞很快就离鄂调京，而该堂开办未几年，就在武昌革命风涛中泯灭。即使其存在期间，原设计方案也未必完全落实。

以上是张之洞运筹和操办下的"湖广"特别是湖北自办教育。此外他对留学教育也非常热心，是积极策划和派遣楚地留日学生的热心主导者。清朝正规的留学教育始自19世纪70年代初的幼童留美，以后又有成人留欧(主要

---

① 冀版《张之洞全集》第六册，第4265—4267页。
② 冀版《张之洞全集》第三册，第1762—1763页。
③ 冀版《张之洞全集》第三册，第1766页。

是学习海军），而张之洞也于光绪十八年（1892年），曾派汉阳铁厂的少量工匠到比利时学习炼铁技术。而到19世纪末特别是20世纪初，大规模的留日风潮兴起。不光是官方派遣的，而且更有自发、自费的，形成了一大留日热潮。而张之洞在楚地也是积极选派学生，他认为："出洋一年胜读西书四五年"，"至游学之国，西洋不如东洋：一路近省费，多可遣；一去华近，易考察；一东文近于中文，易通晓；一西书甚繁，凡西学不切要者，东人已删节而酌改之。中东情势风俗相近，易仿行，事半功倍，无过于此。"①据不完全统计，湖北留日学生1898年为26人，1899年为80人，1900年为98人，1901年为20人，②1902年为126人，1903年为153人，1904年为341人，1905年为430人，1906年当更多，以后逐渐减少。综计清末十余年间，湖北留日学生及游学官员总数应在2000人以上。③ 并且，派遣留学生的目的性也很强，着眼急需，从已知的部分学生看，学习陆军者为最多，其次为学习政法者，再次是进入师范学习者，其余为学习工、农、商、医等科者分别占比例较小。当然，这也关乎学生的自主选择因素，特别对自费留学的更是这样。对留学生（包括自费留学的），张之洞在管理上也力求尽心尽力，不断发札给出驻外国公使和留学带队人员，要他们督饬留学生努力学习相应专业知识和技能，好回来报效"国家"。但是，留学生在国外环境下有着相对自由的"造化"条件，发生极大分化，许多人追求进步，最后成为反清革命斗士，这自然是与张之洞意愿背道而驰的。

而整体说来，张之洞任湖广总督期间，对于教育所着力贯彻的，无外乎其"中体西用"原则。"西用"使得教育有适应时势、改革趋新的发展；而"中体"又不免在其意愿上要给留学生套上忠于君国、维护圣道的约制圈。

四、教案成了大难事

张之洞任湖广总督期间，除了操持"内政"之外，还面对牵连外交的"教

---

① 冀版《张之洞全集》第十二册，第9737—9738页。

② 据罗婷：《清末湖北的留日风潮》，《武汉文史资料》2012年第4期。所出为公元年份，依照。

③ 据章开沅等主编：《湖北通史·晚清卷》，第228—229页。所出为公元年份，依照。

案"之事的处理。这却不是他能完全按照己意料理操办的,而是受到外国方面强横挟制,成了一大难事。不过,对外国方面,他虽然不得已有着妥协屈就的一面,但还是有或据理抗争、或曲迎缓托、或失小息事的努力。而对于反教方面,则在镇压引发教案的肇事"凶犯"的同时,更是大力宣传教谕,切莫打教激乱(所谓"非攻教")的主张。对不同身份的反教者,在对待上也是大有不同的。

特别是19世纪90年代初,是长江流域教案高潮期,就先以光绪十七年(1891年)爆发于湖北的两起典型教案为例一观。

首先看武穴教案。武穴当时属湖北黄州府广济县(距县城七十余里),傍长江北岸,是外轮停泊码头,有英国福音堂设立于此(但无育婴堂)。光绪十七年四月二十九日傍晚,有广济县天主教民欧阳理然,肩挑幼孩四人行之武穴街外,是要送往江西九江(距此不足百里)教堂,正好被民人郭六寿等遇上,他们遂"误信讹传,疑幼孩送入教堂,即遭挖眼蒸食,肆口妄言,激动公愤,顷刻之间,人众麇集,喧嚷肆闹,竟误以武穴教堂为即收养幼孩之处,抛石奋击入窗,以致屋内洋油灯击破,失火延烧洋楼一层,余亦多有残毁"。事发后地方上急往弹压,该处洋关分卡委员候补通判华聘三、龙坪司巡检邹振清,均被掷石殴伤。时因该堂教士外出,适有武穴洋关分卡之扦手英国人柯姓人员外来,还有来此"散书"的英国教士金姓,他们"当人众喧杂之际驰往救火",登时即被殴毙。"教士妇女三人、洋孩四人由后门逃出",几处寻救,途中亦被殴伤,终于"各回汉口"。这是张之洞奏疏中所说教案肇发情节,当无大出入,基本就是如此。至于他自己最初闻报之后,便"力饬地方官严拿首要各犯",同时"抽调省外水陆勇营分投弹压保护",并饬江汉关道派员至武穴,将毙命两英国人的尸体护送回汉口,"另派文武大员前往弹压抚慰"。① 起码从明面上看,他面对这一突发事件,护持教方和外国而严拿中国"凶犯"的态度明确,发令也较迅速。

而广济知县彭广心接令之前就"已经驰至武穴,缉获多人",除将讯明实系无辜者释放外,"实获匪犯十名"。随后经张之洞特委候补知府裕庚,会同黄州府知府李方豫,督同广济县知县审办,并饬关道照会英国驻汉口领事嘉托

---

① 冀版《张之洞全集》第二册,第792—793页。

玛。嘉托玛派员观审案事,并及时听取汇报,而对中方屡有指责,言称"湖北官宪之办法,多有不敷",说是这样"不足服本国(按:指英国)恼怒之心","不足以服本国家之意","不足以示后来保全本国人性命",不足儆免中国"匪人"故态复萌等等。而张之洞札江汉关道予以"驳覆",并陈明自己的看法:"武穴滋事一案,自应先将正犯查拿惩办,余犯按照情节,分别酌量惩儆,一面弹压保护,俾不至再滋事端"。① 并且,他们也确实依此努力办理。

而此案最后的审办结果,张之洞在当年八月十九日的奏折中这样交代:对致死两位洋人起关键作用的"首犯"郭六寿、戴鲥鱼,就地正法,并传首犯事地方示众;其余"从犯"八名,依据审定情节,分别判定"发近边充军"、"杖一百流三千里"、"杖一百徒三年"、"杖八十"(有的还于右小臂膊或面上刺"抢夺"两字)等不同刑罚。并且对相关官员问责,对署马口司司检陈培周未敢收留洋人妇孺致其受伤,撤任并摘去顶戴;武黄同知顾允昌因"捕务非其所长",将其调离,原职另委妥员署理。当然,对致死两洋人予以"抚恤",对教堂和英方给予赔偿,这也是少不得的,所谓"以昭朝廷怀柔远人,矜恤无辜之至意",拟给两死者家属各洋银二万元;赔偿教堂洋银二万五千元,这样,计六万五千元(合银四万五千两)。特别是针对"沿江各省数月来叠次滋闹教堂,大都因收养幼孩而起,故匪徒得以信口造谣,愚民无知易为所惑,一旦事起仓卒,弹压不及,遂酿巨案",张之洞"饬江汉关道照会各国领事,转饬各教士暂勿收养幼孩,免滋疑惑",并且严饬"如再有匿名揭帖捏造无根之言,希图煽乱,务即悬赏严拿","从重治罪"。② 同时,还不断发文饬拿该案中已逃未获之余犯。③ 总之,从对该案的主导性态度上看,张之洞是着力"缉犯逞凶"以求尽快办结、息事宁人的。

其次看宜昌教案。宜昌是鄂西一座紧扼长江的府城,因光绪二年(1876年)所签《烟台条约》中的有关规定,这里开为通商口岸,成为外国人聚集较多的地方,包括有关国家的传教士也在此设堂活动。在长江流域反洋教运动非常兴盛的形势下,此地较早就出现"毁女教堂及洋税关"的"白帖",张之洞于

---

① 冀版《张之洞全集》第四册,第 2823—2824 页。
② 冀版《张之洞全集》第二册,第 794—796 页。
③ 譬如冀版《张之洞全集》第四册,第 2878—2879、2913 页等处。

光绪十七年五月中旬即电饬地方上"严切提防","以备不虞"。①

果然,两个多月之后,到七月二十九日,就有宜昌教案的发生。此案虽未出人命,但情节复杂,又诸多迷离,且事关多国,调查审理过程亦颇曲折。宜昌地方官员最初报告笼统、含混,主要将肇端具体因由归于西人,而经张之洞回电责以所报案情"各种情节殊多,支离难信"②,反复追问细节,且不止向宜昌府和东湖县(治所即在宜昌,为其"首县")主官追问,而且通过责成相关总兵、道员以及特派人员的调查,终于将案情基本坐实。总括来看,此案的关键性情节需注意四事。

一是游姓小孩的被"拐"之事,这算是起事由头。七月二十八日(9月1日)该孩母亲欲带子买菜,进屋取钱时留在门外的孩子丢失,家人便鸣锣寻找。而这天,有自称叫吴有明的一"老者"带一孩子到圣母堂,言"王李氏有子无依,送养堂中",教堂给钱两串(或说两千文)③,来者留下字据而去。在教堂做工的龚姓带信给失孩的游家,二十九日(9月2日,即案事发生之日)游家人等到堂寻孩认定。此后教堂巴教士交出此孩"生庚一纸",即上文所说"字据",载明"己丑冬月二十日辰时",后写"吴有明送来"。④ 张之洞复电究问"游孩生庚与教士交出者合否"? 并令将"吴有明速查拿务获",说是"此最要紧",而随着府、县告知"游姓生庚与教士交单不符","吴有明恐系捏名"(为"无有名"的谐音)。张之洞致总理衙门电中改说吴有明"系拐匪诡名,恐难获",并说"获否无关紧要"。⑤ 结果,此人也确实并未拿获。

二是圣母堂隔壁圣公堂"苏教士"(外国人)是否枪击伤人之事,这涉及此案激化的重要事端。"罗镇"(罗缙绅)及府、县的电报中原有说,在游氏小孩自圣母堂找见而"尚有闲人聚观"之际,圣母堂"间壁圣公会苏洋人屋内,遽行出弹伤人,至激公愤,聚众滋闹"。这显然最易给人他是使用枪支"出弹"的印

① 冀版《张之洞全集》第七册,第5571页。
② 冀版《张之洞全集》第七册,第5585页。
③ 但王文杰《中国近世史上的教案》(福建协和大学中国文化研究会1947年版)第102页上说"两千串",并在第104页上注出根据,查却不见其说(而相邻页码有"用钱两千"之说),当系其自误,但近些年仍有著述袭其误说。"串"虽非精确计量单位,但"两千串"却是车载牲驮的量级,绝非当年教堂收留一个"送养"小孩能付的价码。
④ 冀版《张之洞全集》第七册,第5587页。
⑤ 冀版《张之洞全集》第七册,第5588、5590、5596—5597页。

象,若是这样,无疑是激发案事激化的关键之端。而在其联名的另一电报中却又说,"苏教士屋内掷石打伤之中国两人,伤在头颅,已验明存案",然而同电下文又有"因弹伤人"之说,但未说明是发自"苏洋人屋内",而只是说因之"致干众怒",而"起火"并"打毁门窗"。① 其前后说法矛盾不一,且有含混之处,故张之洞回电追问:"昨早电云教士屋出弹伤人,此又云掷石伤人,究竟是弹是石? 弹是否枪弹?"②但对此的答复没有找见,或是因事虚本无作答,看来自苏教士屋发枪弹伤人缺乏确凿实据。

三是关于在圣母堂内发现的六十五名孩童和妇媪之事。这是游姓儿童被找见抱出后,又在圣母堂"搜"见的。宜昌官员最初说"男女幼孩数十人,荆、宜等处均有",经查验"二名两眼无珠,又男孩一名,两眼无珠、无肾子(按:肾子这里指睾丸)"。这自被民众视为教堂诱拐、残害儿童的"证据",更激发了案事的发展。张之洞认定"此层为案中紧要关键",③自然追问详细情况,宜昌官员复电称:"搜出大小男女共六十五人,内老妇二人,大者八人,中者十九人,小者三十六人。内有双目均瞎有珠女孩三名,右眼瞎无珠女孩一名。前报女孩两名,系属笔误。又男孩一名,双目俱瞎无珠,两肾子缩上,初摸似无,细揣实有。讯其如何入堂,大者仅云或父母或翁姑所送……其幼小者坚不言语。"基本情况实际当即如此,这使得民人"滋闹"的直接理由灭失,而张之洞在接到此电后回电中说,从这六十五人的情况看,"岂得指为教堂剜目之据? 前云无肾之男,复验又复不实,种种蹈空","此等重案","岂能硬以虚词搪塞了事"④! 总之,这六十五名孩童和妇媪中有被残害、成瞽之说亦属不实。

四是火烧、抢夺和毁损西人堂所之事。开始宜昌清方官员说是"西人即自纵火"⑤,张之洞既怀疑洋人不无"纵火图赖"的可能,但又觉宜昌官员所述"情节出入太大",要其"务令寻出洋人自焚确证"。⑥ 总之,是要详细查清,明确证据。而在乱中起火,何处究由何人所放并未逐一查清。据荆宜施道方恭

① 冀版《张之洞全集》第七册,第5684、5586页。
② 虞和平主编:《近代史所藏清代名人稿本抄本》第二辑,第28册,第424页。
③ 冀版《张之洞全集》第七册,第5586页。
④ 冀版《张之洞全集》第七册,第5589页。
⑤ 冀版《张之洞全集》第七册,第5584页。
⑥ 冀版《张之洞全集》第七册,第5588页。

钊以及下属裕庚八月十三日的来电述云:先是"(圣)公会已打坏火起",随后"(圣)母堂亦火",在"各官回救"间,"'德兴'船主房后同时火致,天主堂阿洋人房,金、贝两洋人租屋四处均焚,英郭教士屋抢而未烧,领事(馆)新修署基失砖料",并且这些与外国领事、税官"会勘无异"。① 总之,是有紧相连接的圣公会、圣母堂和相隔稍远一点的天主堂以及洋人所居的几处房屋被烧,而郭教士屋和修建中的法国领事馆被抢走一些东西或遭受一定程度破坏。而从最后审结案事的判决情况看,圣公会、圣母堂起火,或"一时人多拥挤","想系反倒洋油引燃所致";或"至厨房打闹,致灶内火起延烧",总之,"并非挟仇有心放火"。这样,各处火起是西人自烧的原说自予以否定。至于中国民人抢物、破坏之事,则予坐实。②

涉案的主要事端即上述各项。从基本情况可见,宜昌地方官员开始是将引发案事的责任尽量归于西人,而回护己方民众。而张之洞则意识到事关多国,情况严重,绝非轻易搪塞得过去。事发后外国确实汹汹勒逼,甚至派军舰至宜昌威胁。张之洞也深感"此案牵涉太多,各国合谋与中国为难"。③ 确实,案事除了直接关系法、英、美、意诸国的直接勒逼之外,整个列强阵营也联同行动,它们形成要提交给清朝总理衙门的所谓"备忘录",就几个月来长江流域的教案言称,中国"对外人生命财产的暴行与攻击",其中"宜昌闹事是迄今为止最后的一个事例","与其说是下层阶级的一部分人对基督教和基督教徒怀有根深蒂固的仇恨所造成","毋宁说是中国士绅中反洋人、反基督教分子煽动起来的一种有组织的仇外行动的结果",而各国"对中国政府的保证已经失去信心"。④ 张之洞自始对外国的勒逼是有清醒认识的,他坚持调查清楚真相,以求所谓"持平办理",尽量减轻外国的借端施压。所以他就相关细节反复追问,宜昌官员则不得不作出逐步详细和趋实的汇报,最后虽仍不无迷离(如着火具体细节),但大致情况可谓基本弄清。而案件的最后判决,清方是定性为"因游姓失孩寻觅,误信讹传,怀疑成愤"而发,失火是乱中引燃、延烧,并非有心而放,而抢夺、毁损器物则是实有,对有关十名"案犯",一名(朱发

---

① 冀版《张之洞全集》第七册,第5598—5599页。
② 冀版《张之洞全集》第二册,第824—825页。
③ 冀版《张之洞全集》第七册,第5598页。
④ 中国近代史资料丛刊续编:《清末教案》第5册,中华书局2000年版,第334、339页。

金)发极边充军;一名(赵宗雅)杖一百、流三千里;一名(汪望)杖一百、流二千里;其余七名分别不等地杖责。而给外方赔款,按"洋例银"说,议赔法国 10 万两;英国 66861 两又洋 910 元;美国 8000 两,总数折合成"库平银"计为"十六万四千五百九十六两三钱九分二厘"。[1]

就此案本身来说,的确像是因民众"误信讹传"教方拐骗残害儿童而起,不过从客观环境而言,它又离不开社会上的反教舆论宣传的刺激,离不开长江流域会党的秘密策动。对此,张之洞也明确说过,"此案是系两种人凑合而成,一系本地愚民,一系外来游匪。寻孩滋闹,误信讹传,打毁泄愤,此愚民也;临时生心,乘机助势,纵火图劫,此游匪也"。[2] 这虽说并非基于对该案的查实确据,而只是一种推断,但大致说来是不错的。而最后涉及该案的所谓"游匪"未得,也未必没有避免将案情复杂化而"得过且过"的因素。总之,张之洞对此案是着力确查而又有"分寸"地结案。

除了上述发生于湖北的两案之外,下面再选看发生在湖南的周汉反教案。

这是一起旷日持久的士绅反教宣传案,其发生地也在湖广总督张之洞管辖的地域,而说他对该案的态度之前,先看该案的核心人物周汉。此人字铁真,湖南宁乡人,早年中秀才,后加入湘军,从左宗棠赴陕甘镇压回民起义,又入新疆平定阿古柏入侵。随后在刘锦棠部帮办军务,官至候补道。光绪十年(1884 年)他回湘寓居长沙,参与经理宝善堂。面对外国在华"传教"日益增强之势,深感中国"圣道"受到前所未有的冲击,他怀着无比激愤领导进行反洋教宣传活动,以致越来越到"迷狂"的地步。综观他的反洋教历程,到他光绪二十四年(1898 年)被最后逮捕入狱之前,刊布多种形式、数量颇大的反洋教宣传品:有直出其名的,也有匿名、托名甚至假借官方文告的;有单纯文字形式的,也有以图画为主而配以文字的(单长江流域教案高潮之际其这类图画就多有);有"一本正经"地平情说理的,而更多则是粗俗詈骂、图绘而糟践对方的。并且,不同于散见的手书张贴,其宣传品是通过印刷而批量产生、蔚成规模的。或说"1889 — 1898 年间,在其领导下散布反洋教宣传品不下数百种"[3]。周汉曾将自己的反洋教宣传特别和同乡崔暕(咸末同初反洋教宣传干

---

[1]　冀版《张之洞全集》第二册,第 825 — 826 页。
[2]　冀版《张之洞全集》第七册,第 5601 页。
[3]　王明伦选编:《反洋教书文揭帖选》,齐鲁书社 1984 年版,第 174 页。

将)作过比较,说"同里崔五子(按:即指崔崡)辑《辟邪纪实》一书,隐其名曰'天下第一伤心人',避鬼锋也。汉不然"①,意思是不避不隐,公开行事,一切做在明处。当然,他宣传品中假托他人甚至官府(乃至总理衙门)名义者也有不少,不过这主要是从宣传策略出发,为效果考虑,倒不是惧怕由自己出名。

尽管其反洋教宣传品形式上不乏"伪装"性,但外国方面还是查知其多由周汉"造刊"。譬如光绪十七年十一月间,德国驻华公使巴兰德在给总理衙门的函牍中就说:"查此项书籍、揭帖(按:指典型反洋教者)来自湖南省,以千万本布散沿江各省一带,若不赶速设法杜绝,明春不免再开衅端。且此书本大半在长沙府造刊,由周汉者开设宝善堂,邓懋华书铺扶同布散。倘此举一经蔓延,有约各国闻之,不能不愤懑于中。事后果再酿成事端,难免别生枝节。"②随此函牍,还附上所获九件"书本、揭帖"。不日,又续送二十八件,要求查究。总理衙门在十二月初五日答复中,承认"匿名(反教)揭帖有干例禁",说已令相关省区查究,"如见有此等诽谤西教书籍、匿名揭帖,一经访出捏造之人,立即重办,以示惩儆"。不过又强调反教谣言就如同报纸惯有的"无端毁谤者"伎俩,并无大实际作用,"若专意搜求,恐层出不穷,愈滋愤闷",而"见怪不怪,其怪自败"。③可见,总理衙门的应对,一方面是承诺访查重办,但并未拿出切实措施,仍是咨行有关地方大员"查究"而已;更主要的方面还是"劝慰"对方,要其对此等东西不必过于介意和认真。还需特别注意,此回复中没有提及周汉之名,不能排除是有意回避。

而外国方面是没有清方期待的宽容和耐心的,它对查办的催逼自更是变本加厉。其实,在这年更早些时候,因为沿江相关省份反教案事多发,外国方面便将此与反洋教宣传品盛行联系起来,认定:"矛头对准在华外人生命财产的暴行与攻击之所以发生,是中国士绅煽动起来的有组织的仇外行动的结果。这种仇外有以讹传讹的宣传品为例证;中国当局几乎没有做任何事情来阻止这种诋毁性作品的传播。总理衙门声称,对诽谤基督徒作品的撰写人和传播

---

① 王明伦选编:《反洋教书文揭帖选》,第175页。

② 台湾"中央研究院"近代史研究所编:《教务教案档》第五辑,第三册,1977年版,第1281页。

③ 台湾"中央研究院"近代史研究所编:《教务教案档》第五辑,第一册,第131页。

者无从惩处,因为不知道他们是谁。"①显然,其对反教宣传品泛滥的恶果看得是非常严重的,而对"中国当局"特别是总理衙门的态度极为不满。至于对利用反教宣传品来进行煽动的主体,是明确指认在"中国士绅"。

在外国方面的屡屡催逼之下,清方也不无处置的实际酝酿。这年十二月二十日,湖广总督张之洞致电总理衙门,说周汉对刊传此等书籍,"自认不讳,并自言不怕死。大约其人颇有血性而不达事理,以为此举乃不朽事业","自以崇正黜邪为名,以杀身报国为词"。而在这种情况下,"若加参办,既于政体有妨,且湘省无知之人必为激愤","后患难弭"。因作这样的筹度:鉴于其前在新疆军营,是经新疆巡抚刘锦棠保举得官,今由总理衙门电致陕甘总督杨昌濬,由他出面迅速奏调周汉"赴甘差委",而到后"仍发往新疆军营。彼处荒僻,无教堂可闹,自不能生波矣"。认为"惟此策较为周妥"。② 张之洞把这一筹策也函告直隶总督、北洋大臣李鸿章,与之商议。李鸿章"再四筹度",一方面认为,"周汉为湘省士民之望,彼既借口于崇正黜邪编造揭帖,若遽执法惩办,湘中民情蛮悍,诚虑激众怒而酿变端",这与张之洞的认识略同;另方面则顾虑若按张之洞的处置办法,周汉"如不遵调前往,又将何以处之"? 觉得"似乏两全妥善之策"。③

如此胶着拖延之中,总理衙门自然非常着急,在给湖广大员的文牍中,说反教宣传品"假西人传教为言,刊为书说,编作歌谣,绘为图画,率皆鄙俚不经,不堪寓目,而愚民无识,往往为所煽惑,甚或酿成巨案","此等谣言,微特有碍邦交,即中国内治,亦宜严惩",因"咨行通饬各属查禁,究查捏造之人,从重惩办,以消隐患",并具体指及周汉其人及为之刊刻文图的书铺。湖广方面则另筹处置办法,及至光绪十八年(1892 年)三月间,张之洞向清廷奏报了查处情况:查得周汉"向以宝善堂之名在湖南省城刊刻善书,踪迹无常,现在远出未归",而派人查传,竟不得其踪,据其族人说,他"近患痰疾,时发时愈,病剧时言语不清,有似癫狂。又羡慕神仙,自称'铁道人',最信扶箕。平日虽不信洋教,并未编刊书歌图画,各处布散","或系不逞之徒","托名刊刻","希

---

① 中国近代史资料丛刊续编:《清末教案》第 5 册,第 333 页。
② 冀版《张之洞全集》第七册,第 5667—5668 页。
③ 台湾"中央研究院"近代史研究所编:《教务教案档》第五辑,第三册,第 1335 页。

图耸听"。最后由张之洞等大员拿出了这样的处置意见:在认同周汉"无刊播揭帖及伪造公文情事"的前提下,因其"痰迷"表现,拟"暂行革职,查传到籍,交地方官严加管束,不准潜至省城,妄为生事"。① 周汉其人本早已回乡而无实职,"革职"显然只是名义上的,况且还是"暂行";所谓"查传到籍"管束,在尚不知其人下落(按官方说法)的情况下也只能是一种搪塞性预设。显然,并非不知周汉实底的张之洞辈,有着为周汉掩饰的故意。无论如何,其办理方案得到清廷认可,并由总理衙门于同年五月初通知各国驻华公使。② 这一次对周汉的处置,实际结果只能说是不了了之。

而在这种情况下,周汉的反教活动并未停止,其反教宣传品也没有销声匿迹,而是续有传扬,特别是及至德国借口巨野教案侵占胶州湾后,他又掀起新的一轮反教高潮,相关宣传品再度盛行。这使得外国作出激烈反应,像英国驻汉口领事就给湖南巡抚函牍说:"接湖南来函,据称长沙、湘潭十数州县地方,仍有早年造帖之人周汉,复编极恶揭帖各处黏贴,本领事接阅之下深为烦闷。查核其中语句,专意使百姓恼怒,谋害西人,激成极大衅端,查与近事关系极为重大。惟现值紧要之际,深盼贵抚部院赶紧饬将造帖之人拿押究办,免生意外之虞。"③而当时的湖南巡抚陈宝箴,对处置周汉事倒是相对积极,他在光绪二十四年(1898年)春间就把周汉拘押。④ 而周汉在拘所"狂性大发,除毁碎器物外,并将该所委员扭殴入房关闭,声言与之同死,万古流芳",陈宝箴派长沙知县"前往开导,更觉语言怪妄"。⑤ 陈宝箴也感到非常棘手,有解至鄂省由湖广总督张之洞审办之议,张氏闻讯赶紧致电阻止,说此"万万不可,湘省知其揭帖狂闹情节,即可据以奏办,(若到)鄂省又须另起炉灶,从头讯问,彼必狡赖","必致不能定谳";再则"长沙无洋人,若解至鄂,汉口洋人太多,必致谣言四起,渎扰总署";再就是"到鄂则案无了期,迁延日久,渠徒党甚多,附和造

① 冀版《张之洞全集》第二册,第840—844页。
② 台湾"中央研究院"近代史研究所编:《教务教案档》第五辑,第三册,第1347页。
③ 中国近代期刊汇刊第二辑《湘报》上册,中华书局2006年版,第648页。
④ 查知二月二十五日陈宝箴即有《饬拿周汉札》,其中有云"当此国家多事之时,岂容此等狂悖之徒煽惑人心,酿成祸乱","亟应札饬拿办"。见汪叔子、张求会编:《陈宝箴集》中册,中华书局2005年版,第1108页。
⑤ 中国近代期刊汇刊第二辑《湘报》上册,第243页。

谣,恐必有闻风打毁教堂之事"。① 显然,张之洞是极不愿意接周汉这块烫手山芋的。陈宝箴也就只好就地处置,"照疯病例付司狱监禁"。② 张之洞也颇赞同这一处置方式,说"周汉狂悍可恨","监禁最省事而合例"。③

自此以后周汉的剩余生涯,基本上是在监禁中度过的(除最后一段时日因病重被家人接出),这中间一直初衷难改,矢志不移。据说,萍浏醴起义后革命党人宁调元被捕,与周汉同系一狱,二人甚相得,宁调元向他乞字,他为狂草"龙虎"二字,题云:"虽遭虾戏犬欺,神威犹在,哈哈!"④可见,周汉并没有真的发神经,只不过是个迷狂执着的反洋教斗士而已。其思想基础,从他当年被拘押审办时的供词中即可典型地看出:"我中国自古奉行周公孔子之教。我大清定鼎,未有改也……大清一日未灭,而我预叛大清,降为他国之臣,服从他国之教,万国万世所共恶,罪不容诛。忠臣孝子服从本国君父之教,至死不变,万国万世应尊仰者也。"⑤其人惯以"大清臣子周孔徒"自命,绝非矫情,而是发自肺腑。这一点,其实处置其案的官员们也心知肚明,并且不无内心深处的呼应共鸣,只是所处地位不同,不愿他迷狂地反教惹乱而已。张之洞说周汉"颇有血性而不达事理",从官员的立场上论,诚不失精到之言。本不忍严惩于他,但又终不能放任其我行我素,所以只好"软性"处置,这实际反映了晚清政府对于反教士绅处置的一种典型态度,也是"两难"之下的不得已选择。⑥

张之洞任湖广总督期间所遇教案多多,本节中只是选三个典型案例略观而已。

---

① 冀版《张之洞全集》第九册,第 7531 页。
② 中国近代期刊汇刊第二辑《湘报》上册,第 243—244 页。
③ 冀版《张之洞全集》第九册,第 7530—7533 页。
④ 傅熊湘:《钝安賸录》,转据刘泱泱:《周汉反洋教案述论》,四川省哲学社会科学学会联合会、四川省近代教案史研究会合编:《近代中国教案研究》,四川省社会科学院出版社 1987 年版,第 392 页。
⑤ 周汉反教供词,转据吕实强:《周汉反教案》,台湾《中央研究院近代史研究所集刊》第 2 期。
⑥ 对周汉案处置的论述,主要据拙文《晚清政府对反教士绅处置中的两难情状——主要以肇端于湖南的反教宣传案为例》的后半部分,载《明清论丛》第十四辑,故宫出版社 2014 年版。

五、接待俄皇太子的花絮

如果说,张之洞在处理教案当中,对中国反教方的态度上,"小民"和士绅是有明显区别的,那么,在对外态度上,他是在中国主权部分地丧失、处在列强以强凌弱的时势之下,不得已地认可列强加于中国头上的不平等条约中的"教权"条款,而又尽可能地在法律框架下所谓"持平办理","逞凶"、赔款把握分寸,对外国的胁迫和极端无理的要求则予以抵制和适当"化解"。可以说,在清朝当时的大员中,他是属于较为"理智"和有"通融"手段的。当然,教案中的外交是一种特殊的外交。至于他在平时更为"常规"的外交方面,或是在战时外交破裂又争取重建外交过程中的表现,本书前边在有些地方有所关联,而在后边还会更典型地涉及。这里,不妨看一则接待俄皇太子(或曰"俄储")的"花絮",实际上,也属一次特殊的外交活动。

这是光绪十七年(1891年)的事情。来"客"尼古拉,是当时俄皇亚历山大三世(俄罗斯帝国的第十三位皇帝)的长子,时年二十三周岁。乃父在位期间,他们国内表面看来相对稳定,是俄罗斯帝国后期最为"繁荣"的时期,因而这位皇帝被称为所谓"和平缔造者"。实际上当时俄国革命党人的活动在不断加强,俄皇害怕被暗杀而经常住在首都圣彼得堡郊外的行宫加特契纳,因此而又落下个"加特契纳的隐士"称号。其子尼古拉虽不为父亲特别喜欢,但也是在优渥的环境中长大,立为皇储的他渐多参与政务的历练,在1890年、1891年间,出访游历希腊、埃及、印度、中国、日本等地。他到中国的时间是在光绪十七年三月间,正是柳絮如烟、繁花似锦的春季。

对于他的到来,清朝给予了足够的重视。早自光绪十六年腊月(1891年1、2月间)总理衙门就与李鸿章"往复电语",商讨接待事宜。正月十一日俄国驻津领事宝德林还为此事携带俄国外交部给他的相关信件,专门与清廷安排的接待专使李鸿章见面晤谈,主要意在让他超高规格地接待。李鸿章将情况通报总理衙门,说北洋"密迩京都",俄方既知他被安排奉旨款接俄储,"即不能如若辈妄想,添派亲藩、赍奉国书。可否预先请旨酌颁礼物,交鸿章敬谨赉带,届时传谕赏给"。① 其间和此后,清总理衙门除与北洋多有商议外,又通过北洋与烟台、南洋、两广、湖广等各处相互通电联络,预筹接待事宜。正月二十三日(3月3日),李鸿章即致电盛宣怀,将俄储拟至烟台并他筹办接待之事告知:"俄储至烟,应就舟次往拜,岸上须备筵宴,公所铺陈华丽。闻英、法、美、俄各水师提督均会于烟,人客必多。昨俄领事奉其公使函来询,须备队伍摆列绿轿迎接,另备外国饭店宽大房屋,俾可暂住。查各新报,各外国地主皆如此接待,似不可稍从简率,望妥为筹办。"② 并且,李鸿章拟亲赴烟台接待。而俄方多有变化,二十八日(3月8日)李鸿章接到清驻俄公使许景澄的电报,告知"俄太子拟赴福州、上海、汉口等处,不往烟台"。李鸿章及时将此向各有关地方做了通报。自然,相关接待情况也要有相应变动。李鸿章原本拟赴烟台接待俄储,并代表清廷向其颁赠礼物,在其不赴烟台的情况下如何办理,总理衙门于二十九日(3月9日)致电李鸿章商议,李鸿章当即回电作答:"前拟请颁给俄储物件,原因烟台距京较近,在津他人谓须请旨酌颁,以示优待。兹即不到烟,似可终止",并说自己"前已函商闽、江各督预备土宜酬答,尽疆吏地主之情,似不必再请颁赏。至宝星一节,并应罢论"。③

同是在这天,李鸿章又接到海军提督丁汝昌自上海来电,告知俄储一行因其乘船吃水关系不拟进上海,而换乘吃水较小船只径赴汉口。李鸿章又接到总理衙门所告俄国驻华公使的函件,据以这样转告"粤闽江鄂四督并海军丁提督":"俄储二月二十六日到香港,仍至广州、福州,不赴上海,三月初十抵汉口后径赴日本",要相关人员"届时优为款接"。④ 其行程的屡变,竟使得接到李鸿章电报后的张之洞怀疑是其电文出错,在二月初一日回电质疑:"俄储到华日期具悉。不赴上海,不甚可解。'不'字是否有误? 有云径赴日本,岂烟台亦不到耶? 祈详示。"次日接到李鸿章回电,称接驻外公使洪钧、许景澄电谓,"俄储恐误日本订期,不赴上海、烟台,无他意",李并告诉,"其往汉口系察茶市。公应照前拟礼节接待,想在汉口宴筵"。接电后,张之洞于初三日复电询问,尊电云"想在汉口宴筵","是否俄使有此语意? 如在汉口设宴,岂竟不

---

① 顾廷龙、戴逸主编:《李鸿章全集》第35册,第166页。
② 顾廷龙、戴逸主编:《李鸿章全集》第23册,第156页。
③ 顾廷龙、戴逸主编:《李鸿章全集》第23册,第159页。
④ 顾廷龙、戴逸主编:《李鸿章全集》第23册,第161页。

答拜耶？且汉口将于何处设宴？此节关系颇要，是须先订明"。① 初四日，李鸿章将张之洞该电转达总理衙门，并将自己复张电意告知："武昌至汉隔江过远，俄储恐未暇答拜"，"彼若不赴省，似宜就汉关道署公宴，以示优待。窃料汉镇俄商茶叶最盛，彼必上岸，往拜时约定在关署设宴，似彼此两便"。② 次日张之洞接李之来电："俄储（三月）初三日自港开行，径往汉口，计沿途无甚耽搁，初八九当到汉。海洋无从电订，似不必至初十。公（按：张之洞）即行装不周，吉服亦可。"③不料，其到汉预期真延至三月初十日，张之洞得知消息后，于二月十九日致电总理衙门和李鸿章：

> 知俄储拟于三月初十日到汉。查初十、十一两日均系忌辰（按：分别指慈安太后和乾隆帝第一任皇后富察氏去世之期），俄储到日炮台兵轮须声炮，次日须宴筵鼓吹，且初次会晤，亦以吉服为宜。种种窒碍，实无他办法。请速告俄使，此系中国定制，无可通融。似可婉商俄储，如照原议于十二日到鄂最便最妥。昨南洋电俄储欲游金陵，或邀其至金陵一行，便可迟到两日。此节关系紧要，务请速于俄使商定电复。④

随后张之洞接到总理衙门复电，说"俄使来言：俄储到汉，照前函迟一日，系三月十一日。当将尊意告知，俄使亦知我国体制，不以为慢，惟升旗、放炮请援西例举行"。又特别告知，"至俄储行程，俄使不敢阻，若能多住金陵一日，则一切照常尤佳。南洋能否挽留，即由尊处就近电商"。⑤ 看，这主要只是北洋和总理衙门与张之洞之间就俄储到来及接待问题的往复电商，已是有多么的繁复和费尽思虑。

结果，俄储的到汉时间就是在三月十一日。关于接待情形，有人当是依据相关历史资料（虽未注出）为基础，做有生动叙述，撮要如下：这天早晨，俄国太子乘坐的轮船由俄国两艘军舰护送，并在张之洞向南洋海军借调的"保

---

① 冀版《张之洞全集》第七册，第 5543、5544 页。
② 顾廷龙、戴逸主编：《李鸿章全集》第 23 册，第 162 页。
③ 冀版《张之洞全集》第七册，第 5544 页。
④ 冀版《张之洞全集》第七册，第 5546 页。
⑤ 顾廷龙、戴逸主编：《李鸿章全集》第 23 册，第 167 页。

民"、"测海"两船陪同之下(按:该两船三月初八日到武汉,专派其至三十里外迎接俄储一行),行驶到汉口江面。俄国兵舰鸣炮 21 发,武汉塘角防营如数鸣炮回敬。其船停泊后,两名地方官乘大号红船先行到俄太子轮上拜会。片刻之后,张之洞携数艘官轮和一艘洋船来了,因为这天是孝贤纯皇后(按:即乾隆帝首任皇后的谥号)的忌辰,中国官员按例不能穿吉服,张之洞照军营常规改着行装,随行文武官员俱穿马褂与缺襟袍,水师官兵都站在桅杆下,以申敬意。俄国舰船再次鸣炮奏乐,张之洞虽带有随行乐工,但这天不能举乐,护卫人员只是用所持的旗帜、伞盖等,以仪仗队的形式出现而已。俄太子请张之洞上船,双方握手为礼。当俄太子向张之洞问到随行人员官职时,担任翻译的辜鸿铭,立即用流利的法语回答(按:其人熟悉多国语言,待后述及张之洞幕府时有较详介绍。另,俄太子亦通法、英、德等多国语言),这使对方不胜惊讶,因为他没有设想到,这个中国人的法语居然说得这样好。经过短暂的迎接礼仪,张之洞偕众官员告辞,俄国舰船第二次鸣炮奏乐,恭送如仪。十点钟,俄国太子率随员乘小轮登岸,在俄租界码头的西式方亭中,接见了各国领事及商人,随后乘马车到俄国教堂听经,继至俄国领事馆午餐,晚餐则在俄商阜昌洋行进行。这次盛宴是由上海烹饪名店"密采里"承包,事先就派了厨师与细崽 20 多人来汉准备,合计耗银五千两。

十二日十点左右,俄太子头戴白冠,上缀约尺许长的鸟羽,身穿绣金红衣,外罩"一口钟"式湖色灰鼠大氅,率领随行人员到晴川阁回拜张之洞。其行是由两艘俄国兵舰、三艘中国战船护送。这时,武昌塘角防营鸣枪放炮,汉阳协营亦出队迎接,水师营的四十艘炮艇在江面一字排开。一阵阵的连珠炮声,宛若天际霹雷,震人心魄,江面泊定大船几百艘,上铺木板,人行其上如履坦途。码头上矗立着两座钟鼓楼,八音齐奏,以迎嘉宾。中国文武官员皆穿锦绣官服,垂手肃立迎候。从码头到晴川阁的道路两旁,结彩为栏,亚字回文,玲珑有致。前导者为中国乐队,俄国乐队居中,复以中国乐队殿后。于中俄乐队的轮流演奏声中,在主客双方陪同人员的簇拥之下,俄太子所乘黄缎圆式金顶轿在晴川阁的圆门外止步,张之洞身着朝服相迎。两人略示寒暄,携手入阁。阁里遍铺地毡,挂满各式明角玻璃灯,几上与博古架上陈列着古色斑斓的贵重文物,桌围椅披都是缂丝金黄地、彩色花纹,椅垫套、凳垫套与炕垫套则是缂丝红地、金色花纹,炫人眼目。阁外地上满铺棕荐,安设绮石、黄瓷等各种类型的花盆,上插绣花锦旗迎风招展。这种景象,与头一天各洋行的陈设相比较,显出一种肃穆庄重与雍容华贵之气。张之洞陪客人遍观一切布置后,双方就位开宴。张之洞自居主人之位,俄太子居来客首席,双方与宴者亦各就其位。开始,俄太子用俄语告诉同来的希腊世子(按:随行的俄太子亲戚),晚上还有宴会,应该节制饮食。辜鸿铭听了马上用俄语对贵宾说:"这些菜不但味道好,而且非常卫生,不妨多吃一点。"俄太子与希腊世子为其对俄国话听、说也这么好而不禁面露惊讶之色。酒过三巡,张之洞起身致辞,俄太子拱手道谢,他随即致答词,双方说得都是礼貌的客套话。三点钟左右散席后,复登楼品茗游眺。张之洞礼节性地挽留客人,请其遍览三镇名胜,对方答以明日将赴九江,不克小驻。大约五点钟客人告辞,张之洞送至晴川阁圆门外,炮声乐声一时并作,客人坐轿回船。上船前,俄太子特意和辜鸿铭握手,约他到俄国游历,并把随身带的一只钻镶金表送给他。①

可以体察,俄太子的到来,从表面看主要是"游历"性质,而非正式国务活动。张之洞的接待,也是按这样的"规格"进行。不过,从实际情况看,其这次出行带有明确的目的性,除了亲到不同类型的多个国家进行外交政务历练之外,每到一国也有专门的侧重。譬如,他到华特别择取汉口作为最主要访地,原因之一就是因为这里是俄国重要的经商口岸,像茶叶的购销、经营最旺,有文章中就这样说:"1891 年,俄国皇太子来华进行所谓'游历',还特地到汉口视察了俄商砖茶厂,可见沙皇俄国对这项经济掠夺是多么重视!"②总之,他之所以来绝非随便"玩玩",是目的性很强的一次政治活动。即使单凭他的皇太子身份,那也是足以引人重视的。从清朝对他这次来华自几个月前就开始议商、铺排,即可见知。一是清朝当时的半殖民地地位,使得它对作为列强之一的俄国皇储的到来不敢怠慢;二是中国作为礼仪之邦,对外国来客也应有不失礼节的周妥接待。而后因对方具体行程屡有变更,最后选定汉口作为主访之地,主要接待任务自然就落在张之洞身上。他应该说是比较合宜和得体地完

---

① 此以上两段,自说明语句之后主要据徐明庭《俄国太子赴宴晴川阁的前前后后》,载《老武汉丛谈》,崇文书局 2013 年版,第 168—170 页。该书出版之时,作者已年届九十。这里系撮述,并非全部直引,其中有的文字系在力求不违其原文意思前提下的概括。

② 郭其耀:《武汉第一家外资工厂》,载《春兰秋菊集——〈武汉春秋〉二十年文存》,武汉出版社 2003 年版,第 663 页。

成了接待任务。譬如,把宴请、招待俄储的地场选在了晴川阁,也是有其深意的:该阁位于江北,在汉阳龟山东麓,本与在武昌的黄鹤楼隔江相对,而该楼于光绪十年(1884年)被焚而当时尚未重建,这样晴川阁就成为武汉三镇的首选胜景;另还有一层要义,就是该阁已订明是湖广总督"过江行台",也就是说,张之洞于此设宴具有自然景观和政治意义的双重考虑。再就是访客的安全问题更是需要特别注意和严加防范的,"晴川阁即在江边,其码头到阁前不过百余步,因恐众目惊讶,在码头搭有红绿布棚,两旁列队,俄储登岸上轿后须臾即到。于阁前两旁岸边作棚数重,拦截闲杂人等。其观者相距甚远,又为棚队遮蔽,众人又不见其轿色为何,是以幸未别生枝节"。这是张之洞在安全送走客人后给总理衙门和李鸿章的电报中所言,可见鉴于"楚省人情浮嚣",①张之洞是为安全防范做了严格、细密的布置。特别是俄储自备黄轿,这本来是冒犯清朝皇家的大忌,但张之洞"遵旨未便阻其乘坐",但考虑"黄轿骇人观听,深恐临时生事",②他还是特别加意防范出事。

俄储的晴川阁拜会和张之洞招待,尽量营造出一种"私人"间人文交流的氛围,这就是来客索诗,张之洞则欣然相赠,这在张之洞的诗集中留了下来。一是以纪事代题:"俄国太子来游汉口,飨宴晴川阁,索诗索书,即席奉赠",后并有注:"一本云:二诗(按:连同下一首)乃幕客代作。"其诗云:

> 海西飞轺历重瀛,储贰祥钟比德城。
> 日丽晴川开绮席,花明汉水迓霓旌。
> 壮游雄览三洲胜,嘉会欢联两国情。
> 从此敦槃传盛事,江天万里喜澄清。

意思是,俄储一行自"海西"经历重洋来到武汉,在日丽花明汉水之畔的晴川阁开设筵席迎接他们,宾客一路经欧、非、亚饱览了三洲胜景,而此番宾主嘉会也就联络加深了两国情谊。由这次交往盛事而会传流下去,欣喜江天万里的清澈明净。可见,满是一番出于迎宾客套、礼貌的佳语妙辞,没有涉及现

---

① 冀版《张之洞全集》第七册,第5558—5559页。
② 冀版《张之洞全集》第七册,第5558页。

实政治实情的分毫。

另一首诗是则给同来的"希腊世子"的，题下注曰："俄太子之戚，来同游者，年甚少"，其人也有向张之洞索诗索书之举，张之洞的赠诗云：

> 乘兴来搴楚畹芳，海天旌旆远飞扬。
>
> 偶吟鹦鹉临春水，同泛蒲桃对夜光。
>
> 玉树两邦联肺腑，瑶华十部富缣缃。
>
> 汉南司马惭衰老，多感停车问七襄。①

大意是，世子不远万里乘兴来到我们这里，席间吟诵精美的诗文，他的佳作已多且富有文采，而向庸衰疲老的我索要拙作，让人多感难有酬答以副雅意。也是称誉对方、自我谦虚的意味。赠诗环节也是在宴会场合完成的，增添了几多人文风情，这也是文化底蕴颇深的张之洞的兼有特长，不管赠诗是由谁起草，反正他是承当得了的。

送别来宾之后，张之洞还就俄太子他们在汉期间以及离汉之后的行程问题与总理衙门、北南洋大臣、九江关道等通电联络，特别表示出对来宾安全问题的关注。好在，他们并未在中国其他地方再行正式留访，按其计划，定于在清历的"三月十八日(4月26日)到日本，在长崎、横滨、神户、东京等处共住一月"②，然后返国。事实上，俄太子到日本后虽得到了日本政府高规格的热情接待，但不料在公历的5月11日过午，他和希腊世子在日本亲王的陪同下乘车游览，经过大津市返回住处时突遭变故。一个叫津田三藏的日本警察，是极端仇俄的民族主义分子，他当时正在为来宾站岗防护，当俄太子行近时，他举刀便砍。事发突然，随行的希腊世子见表哥遇危，用手中刚买来的日本手杖狠击，将对方打倒在地，而被砍头部的俄太子好在伤势不重，他慌忙跳车逃入街边胡同。事发后，俄太子被送往医院治疗。他恨透了行刺的日本人，在医院里曾用俄语怒骂："该死的日本猿猴！野蛮的侏儒！"津田三藏自然被逮捕和治罪（数月之后在服刑中病死）。而日本政府对"大津事件"极表道歉，明治天皇

---

① 庞坚校点：《张之洞诗文集》上册，第129—130页。

② 冀版《张之洞全集》第七册，第5559页。

亲临慰问俄皇太子,日本国民也大为感愧,有个叫羽山优子的女人,在京都府厅前留下道歉遗书,用剃刀刺喉自尽,成为试图以付出己命而减低俄国不满的"烈女"。而成千上万封慰问信、电也发给受伤的俄太子。当然,日本人这是深恐俄罗斯报复而发动对日战争。总之,其日本之行险些丢了性命。由此可见,其在华时清方对其安全问题的高度重视,尤其是在其主访地得到张之洞的严密防范,这绝非小题大做,一旦出事,非同小可。

俄皇太子在此番出行的最后一站中突遇不测而有惊无险,当是其一生中刻骨铭心的事情。不过,其人最终结局比此更为险恶,就是他和家人在十月革命后被处死。这要说到,他在日本遇刺受伤疗愈回国后的第三个年头,也就是中日甲午战争爆发的1894年,亚历山大三世病死而他即位俄皇(即尼古拉二世),更疯狂推行侵略扩张政策,譬如在中日战争中趁火打劫,参与瓜分中国;后又在"庚辛"之年疯狂侵略中国;而1904—1905年间,则与日本在中国东北进行日俄战争,大肆争夺侵华权益;如此等等。而1917年"二月革命"爆发,推翻了沙俄帝国,继而"十月革命"成功,宣布全部政权归苏维埃。1918年7月17日,尼古拉及其家人被处决,这俄国最后一位沙皇,就此结束了50周岁的生命。临死之际,不知27年前他来华访问的一幕是否曾在他头脑中闪现?

六、被劾风波与幕府情状

要说,张之洞是一个清廉又有能力、敢于作为的官员,尤其是在洋务事项上敢想敢做、经费用度尤多,甚至落个"屠财"之名。而平时他又起居无节、无按时按点的办公习惯。因此形成偌多传闻,甚至留下一大堆"笑料"。无关的人们听听说说而已,而这也势必在官场上造成影响,甚至被有的大员信实地作为依据,上疏挑起参劾张之洞的一场风波。在当时的官场条件下,这似乎难以是纯粹的个人参劾案,是否代表着一个"反张"小群体也未可知。这里只就这方面的奏疏材料,述评该参劾案及调查汇报、最后结果的事情本身。

此案是在光绪十九年(1893年)间,参劾人是大理寺卿徐致祥。此人为江苏嘉定人,比张之洞小一岁,可中进士比张还要早(是在咸丰十年),而去世则要早张十年。他昔年与张之洞"同任馆职,深佩其学问博雅,侪辈亦群相推重",而张之洞当时与张佩纶"并称畿辅魁杰"——这是徐致祥在参劾张之洞的奏折中在开头部分所言,并且特别肯定他"博学多闻,熟悉经史,屡司文柄,衡鉴称当"。但往下话锋一转,说自"光绪五六年间前军机大臣李鸿藻援之以进,蒙我皇上皇太后虚心延揽,不数年洊擢巡抚,晋授兼圻,寄以岭南重地,而该督骄泰之心由此炽矣"。接下来具体述说其"骄泰"表现:"司道大员牌期谒见,有候至三五时候至终日而仍不见者视为故常,毫无顾忌,至候补府州县以下概不接见,属员之贤否不问也,公事之勤惰不察也。所喜者一人而兼十数差,不喜者终岁而不获一。而其赏识之员,率皆浮薄喜事功利夸诈之辈,厚重诚朴者则鄙为无能而不用。兴居无节,号令不时,即其幕友,亦群苦之"。①

不仅如此,劾折所揭还有张之洞更严重的事端:"探访本地富家暨寄籍流寓者,家有厚资则抵瑕寻隙借端罚捐,则作为乐输或令其认罚,其数竟有一二十万两不等者,已大失政体。所罚之款,恣肆挥霍,虽未入己,而取之尽锱铢,用之如泥沙,名曰办公,实则归于无何有之乡,中饱于不肖吏之橐,该督明知之而隐忍之,属僚中无一敢铮者,同寅中无一和衷者。"若这属实,张之洞就不仅是"骄泰",而且是苛敛挥霍,甚至任不肖之吏中饱而严重不公了。该奏中对此总括道:"统计该督莅粤五年,亏耗国家帑项暨私自勒捐者,总不下数千万两。为建设广雅书院、书局,培植士林,差强人意,然规模已太侈矣! 其余非虚靡即销纳"。② 可见,他是把张之洞督粤期间虚靡耗费的公私钱财数额,"订"了一个巨大的简直有些骇人听闻的量级。

据徐氏所劾,张之洞的行径与其任用"夤缘要结"、善于"谄媚"的小人密切相关,他具体举到两个人的例子:"藩司王之春,壬金也,掊克聚敛,报复恩仇,夤缘要结,夫人而知,而该督以为有才,竭力保奏保举。直隶州知州赵凤昌,细人也,小有才,奔走伺候,能得其欢心,该督倚为心腹,终日不离左右。官场中多有谄媚,赵凤昌以钻营差缺者声名甚秽,该督方自以为能使,贪使诈而不惜,甘受其愚,且深讳其失。"③这里需把王、赵两人简单介绍一下。王之春是湖南清泉人,早年加入湘军,后任江防统领,光绪五年(1879 年)曾赴日本考察,回后据见闻写成《谈瀛录》。张之洞督粤后重用其人,使其不断升迁,光绪

---

① 见胡钧编:《张文襄公(之洞)年谱》,第 119 页。
② 胡钧编:《张文襄公(之洞)年谱》,第 119—120 页。
③ 胡钧编:《张文襄公(之洞)年谱》,第 120 页。

十四年(1888 年)晋按察使,光绪十六年十二月升任湖北布政使(时张之洞已调任鄂督)。在王之春还未到鄂前,俄太子尼古拉来华先到广州,由其代广东巡抚刘瑞芬(时歇病假)接待。抵鄂后,他又成为张之洞的重要辅佐。到光绪二十五年(1899 年)他获擢疆吏,转任过数省,这自是后话。赵凤昌则是江苏武进人,在张之洞督粤时入其幕,后又随其到湖北,其颇为细心而善于谋划,讲规整而精料理,深得张之洞依赖,但其人又工于心术,善于逢迎,"忌之者乃为'湖广总督张之洞,一品夫人赵凤昌'语,书之墙壁,刊之报章,童谣俚谈,传遍朝野"[1]。而徐致祥是把他作为张之洞依赖的"细人"纠弹。当然,其主要靶心还是在张之洞,不仅涉及前在广东,而且连带今在湖广,甚至这更为其弹劾重点。这不,徐致祥的参折中强调:

> 光绪十五年,该督创由京师芦沟桥开铁路至湖北汉口之说,其原奏颇足动听,迨奉旨移督湖广,责其办理,该督闻命即爽然若失,盖明知其事必不成,而故挟此耸动朝廷排却众议,以示立异。而不料皇太后皇上烛照如神,早窥破其隐矣。说既不行,则又改为炼铁之议,以文过避咎,乞留巨款,轻信人言,今日开铁矿,明日开煤矿,附和者接踵而来。此处耗五万,彼处耗十万,主持者日不暇给,浪掷正供,迄无成效。该督又复百计弥缝,多方搜索,一如粤督时故智。他如借电竿以镇湖南,毁通桥以运机器,众怒莫遏,及至酿成巨患贻宵旰忧。又如督署被焚而不入告,州县补缺而勒捐派。凡此之类,指不胜屈。[2]

所言涉及的芦汉铁路,事实上张之洞始终坚持筹办,只是因为涉款巨大,又有多国争夺,绝非立马可就,而成为一项旷日持久的工程而已,这正好说明在当时条件下过程艰难曲折,最终玉汝于成。至于炼铁、采煤,当然也非顺利,但厂矿毕竟正在创立过程之中,试办"铁字号"厂家,毕竟是体现张之洞雄心壮志的非凡工程,实践中自然也是多遇挫折,但若无人勇于立意试此,重工业又何从谈起?而办此确实必然又是挺大的开销。至于奏劾者所说"借电竿以

---

① 刘禺生:《世载堂杂忆》,第 64 页。
② 胡钧编:《张文襄公(之洞)年谱》,第 120 页。

镇湖南,毁通桥以运机器",也都是张之洞兴办洋务事项中所遇。还有所说"督署被焚而不入告"等事,朝廷接此劾折派员调查的复奏中则有交代,随后揭明。

劾折最后总结说:"统观该督生平,谋国似忠,任事似勇,秉性似刚,运筹似远,实则志大而言夸,力小而任重,色厉而内荏,有初而鲜终,徒博虚名,无裨实际",而"方今诸臣,章奏之工,议论之妙,无有过于张之洞者;做事之乖,设心之巧,亦无有过于张之洞者。此人外不宜于封疆,内不宜于政地,惟衡文校艺、谈经徵典是其所长"。又提到去年该督祝李鸿章寿文,末尾有"度德量力,地小不足以回旋"之语,说是"以两湖幅员之广,毕力经营犹恐不足,而顾嫌其地小,夷然不屑为耶?何其狂诞谬妄,若此之甚也"!又特别提到:"该督之兄张之万久居政府,中外臣工或碍于情面,不免有投鼠忌器之见,故而无一奏陈于我皇上前者。臣迹其行事,采诸公评,据实参劾,事理昭彰,该张之万亦不能曲为之庇矣。至黜陟进退,权操之上,非臣下所敢擅预"。① 特别是将张之万久居枢府,作为"中外臣工"对张之洞无有弹劾的理由来说,凸显他却能"据实参劾"的意思,以显示其一心为公、光明磊落的心地。

通篇说来,该折是对张之洞擢任总督以来(从两广到湖广)"不正"做派和行为的一个汇总参劾,涉及其一贯"骄泰",倚重"壬金"、"细人",苛敛民财,虚耗国帑,下压民众,上瞒朝廷等项。折上到后,朝廷指派两广总督李瀚章、两江总督刘坤一,分别确切查明,据实具奏。就复奏之折来看,是刘坤一的在前,是于二月十九日出奏;李瀚章者在后,是于三月二十八日出奏。但李奏主要是涉及张之洞在粤之事者,而刘奏主要是涉张之洞在鄂之事者,所以先述李奏,后述刘奏。

李瀚章折中,就所参张之洞"懒见僚属、用人不公与兴居无节、苛罚滥用各节"回复,说自己"未至粤亦有所闻",而"到任后随事考证,始知非实"。而事实是,"钦简大员与督抚切近公事,若不随时接见,理固不可,势亦不行",只是"闻张之洞偶遇手治薄书时,属员进谒,无不稍待,未尝候至终日尚不得见","至于候补之员,人数太多,有事则常见,无事则稀见,则各省所同,不独张之洞为然也"。在用人方面,鉴于"人之才具长短各殊,或兼数事而有余,或

---

① 胡钧编:《张文襄公(之洞)年谱》,第120—121页。

任一事而不足"的情况,张之洞任内"间有一人兼充数项差事者,皆系量才任使,各有成效"。关于张之洞的办公习惯,谓及张之洞至粤,"正当多事之秋,并力支持,日不暇给。誉之则曰夙夜在公,勤劳罔懈;毁之则曰兴居无节,号令不时。惟既未误公,此等小节无足深论"。所谓"苛罚滥用",更是劾之要端,李瀚章就此复奏说,张之洞在粤任间"罚缴之银不下七八十万,已造报、未造报者皆有册案可凭",这是"取之于关蠹、吏饕、博徒、标匪以及贪劣各员董,而非抑勒于富豪",其用途"以充饷济赈,利农恤士以及营造各要工,而非消耗于无益"。李瀚章因谓:"取贪诈非分之财,上资军国,下济士民,揆之理法,岂复为苛?"接着,又专门就王之春、赵凤昌之事置言,说张之洞对王之春,"因其才具尚好,加之任使该员两次署理藩司,照章综理,并未创立名目,多增进款,谓为掊克聚敛,未免无因";"而赵凤昌派充巡捕,仅供奔走备传呼而已","见旧册案中赵凤昌曾将洋行例送茶金呈缴充公,似张之洞约束尚严,不致受其朦蔽"。① 李瀚章在复奏折中最后这样总结张之洞粤督任内情况:

> 　　张之洞到两广总督任时,海防戒严,边事孔亟,黎匪、客匪乘机思逞,虽有彭玉麟力疾坐镇,而征发兵饷,整顿地方,减除伏莽,维持洋务,期弥后患,则张之洞经画为多。用项虽多,委非浪费。军务甫松,即遣撤添调添募之兵,以期撙节。黄江税厂,潮桥盐务,皆扫除更张,拔起病本,取中饱靡费之款而归之公。出入之际,筹画若此,岂肯恣意挥霍,虚耗帑金……张之洞在粤时正值海疆有事,政繁费巨,历年辛苦经营,时势亦于今不同。倘非身至其境,留心考核,固无以知其措施之迹与传闻之诬也。②

　　总之,李瀚章作为"身至其境"的大员,"留心考核"而又切身体察,为张之洞在粤期间的被劾辩诬而正名。

　　刘坤一的复奏,则主要是就张之洞移鄂之后情况而言的。说是"原奏所参各节,事隶鄂省,江宁相距较远,莫知底蕴。因即遴派妥员驰往该省,密为访

---

① 《合肥李勤恪公(瀚章)政书》第二册,台湾文海出版社"近代中国史料丛刊"1967年版,第886—889页。

② 《合肥李勤恪公(瀚章)政书》第二册,第889—891页。

察;并详询来往官绅,互证参观,略知崖略"。可见,他属间接了解而据以奏报,且分项陈述。针对原奏中"议办炼铁,并开煤铁各矿,浪掷正供,多方搜索"各节,他奏称,"查煤铁两项,实为时务所急须。张之洞创办炼铁,并开煤铁各矿,一应事宜,均系隶于铁政总局",且历数各项工程的进展情况,而一些事项已见成效,之后说:"今湖广总督张之洞,开矿设厂,置炉炼铁,本系仿效西法,事属创始,工作既未熟谙,用款不无稍费。且各项机器均系购自外洋,向来采买洋料,价值均以金镑核算,近年镑价日涨,闻以银购镑,亦多短绌,所需经费,恐难符原估之数。前因经营伊始,用人较多,近闻工作稍减,业已核减薪水,裁汰员役,似尚无浪掷情事。"针对所参"设电竿、毁通桥,几酿巨患"各节,刘坤一也给出了解释:说电竿之事,"查前岁湖北创设电线,接至湖南澧州,该处乡民因事非经见","麇聚多人,将电竿一律焚毁,当经该处地方官出为弹压,议结完案";"毁通桥"之事,"武昌望山门外,向有新桥一座,前岁开办矿物,因该处桥孔多而且窄,轮船往来有碍,张之洞曾令拆毁,亦改铁桥,以利转运,嗣因民情未恰,即令如旧修整,并未激成事端"。至于所参"督署被焚而不入告",刘坤一说,"查两湖督署内失慎,事在光绪十七年,仅焚群屋数间,头门、大堂等处均完好。张之洞殆因所焚系属闲房,官书文卷并无损失,是以未经入告"。针对所参"州、县补缺勒捐",刘坤一复奏说,"均系循照例章,近因各省时有偏灾,间劝筹捐济赈,并无勒派别项捐款情弊。事本善举,捐出乐输,原奏所称勒派捐款,殆系传闻之误"。又针对原奏中说"藩司王之春掊克聚敛,直隶州知州赵凤昌声名甚秽"各节,刘坤一复奏说,"查王之春由广东臬司升任湖北藩司,用人行政,均系禀承督抚臣办理,实无掊克聚敛情事;如何报复恩仇,亦查无其人。臣前次承乏两江,王之春时以道员需次江苏,当差勤奋,于时事尚属留心。现任湖北藩司,颇乏规益;而承流宣化,按部就班,亦未见有夤缘要结之弊"。而"赵凤昌籍隶江苏,前以丁忧知县,由粤调鄂,办理督署笔墨事件。其人工于心计,张之洞颇信用之。该员虽无为人营谋差缺实据,而与通省寅僚结纳最宽,其门如市,迹近招摇,以致物议沸腾,声名狼籍"。[①] 最后,刘坤一对张之洞也有总结性评说:

---

① 中国科学院历史研究所第三所主编(下省略主编名称):《刘坤一遗集》第二册,中华书局 1959 年版,第 765—767 页。

张之洞学有体用，识达经权，仰蒙圣主特达之知，畀以兼圻重寄。该督臣系怀时局，力任其难，将以炼钢开生财之源，保自有之利，造端闳远，用款诚不免稍多。然揆其本心，实为图富强、规远大起见，果能办有成效，洵足资利用而塞漏卮。现在铁路一应事宜，规制虽未大备，而始基既立，实未可废于半途。刘该督臣谋国公忠，励精图治，上思朝廷倚畀之重，下念同朝责望之殷，必能张弛合宜，终始其事。相应请旨饬下张之洞，督率承办各员，共体时艰，力求撙节，妥为经理，以竟全功。

此外，刘坤一还对王之春和赵凤昌提出不同的处理建议，说"湖北布政使王之春，器局深稳，职守颇能认真，既经查无掊克等项情事，应请毋庸置议"。而"保举候补直隶州知州赵凤昌，不恤人言，罔知自爱，似应请旨即予革职，并勒令回籍，以肃官方"。[①]　总之，刘坤一是着力为张之洞辩诬脱责，而对两个关联人，给王之春佳评而请免议，给赵凤昌的评说则不佳而建议革职。张之洞的被劾，在官场中自然是一场风波，但最终就这样轻易过去了，这关键还在于张之洞为官从政的"基本面"过硬，虽确有或不按常规时间办公的"毛病"，兴办洋务有时也"大手大脚"不无浪费，但其为官理政可以说比较持正磊落，不贪不污，由此"大节"也就能"瑕不掩瑜"了。至于相关联的王、赵两人，两位复奏大员（特别是刘坤一）对他们的调查评判结果，可谓佳、次差别分明，而这对其前途确实大有影响。

因参劾张之洞而被连带的赵凤昌，因复奏者特别是刘坤一的建议而受到革职回籍的处罚。他本是张之洞的心腹幕僚，几乎在张手下经历了他从督粤到督鄂的十来年时间，可谓帮了张之洞的大忙。此番革职后他虽离开张之洞，并且也未再正式重入其幕府，但他与张之洞联系不断，仍为之搜集情报，甚至参议政事，成为不在张之洞身边的"机要参谋"，不入其幕府的"心腹幕僚"。不妨借赵凤昌的由头，将张之洞的幕府情状进而一观。

张之洞任疆吏期间的幕府，也是规模庞大且颇有特色的班底。当然，这有着特定的时代背景和环境条件。此时疆吏幕府较清代早先大为不同，早先疆吏的幕僚，一般就是雇募无官员身份的私人充任，而随后渐有突破，特别是晚

[①]　连同上边楷体独段引文，见《刘坤一遗集》第二册，第767页。

清咸同以来,随着湘、淮实力派督抚的崛起,他们有着处置军、政、财、文、洋务、外交等多种事务的需求,幕僚班底不但大为扩充,而且其人员上也与以前大为不同,不但有了官员、属吏等身份的人兼充幕僚,而且这样的人越来越多,疆吏幕府,成为官员存留、造就的"摇篮"。譬如曾国藩、李鸿章的幕府这种情形就非常典型(其间也有差别)。张之洞比他们后起,这时疆吏幕府的"常规状态"已经习惯性地迥异于前,而他便是在这种情况下营造和运作自己幕府的。张之洞的幕府也有一个逐步发展和成熟的过程。他为山西巡抚时其幕府处起步初阶,任两广总督时扩充发展,做湖广总督期间达至鼎盛,蔚为大观,特色鲜明。

初到山西时,张之洞曾致书朋友张佩纶说:"晋省事可办者颇多,惟同志无人。大约官积累、民积困、军积弱、库积欠,能去其数者,似亦可算振作,似亦无伤简静。审度情势,自揣虽不才,尚能办此,但须有指臂耳。"①可见,他在自料其能的同时,也深感辅助人员的短缺。鉴此,他努力搜罗人才,招揽幕僚,先后"有30余人"②相继入幕。其中就有做四川学政时的得意门生杨锐,以及山西本地人杨深秀,而他俩后来在"戊戌政变"中殉难,成为"戊戌六君子"之列的为维新而献身的志士。而像高崇基、马丕瑶、李秉衡等人则本有官职,特别是后来更得升迁。及至张之洞升为粤督,除了将杨锐等少量人员带去外,更是在那里对幕府人员做了大量扩充,以适应实际需要。除了应对中法战争,在军事人才方面的扩充之外,因为洋务事项的展开,在这方面也广招幕才,如办厂开矿的经济里手,精于文教的文宿高士,擅长外语的特异人才等等,并且更多是"幕""官"兼具,职能复杂。至于其督粤时期的幕府规模,或说"已达100余人",明显有所扩大。及至张之洞移督湖广期间,由于居职时久,政务愈盛,其幕府更是广开天地,人数激增,且各种类别,应有尽有,齐全完备。此期,或说"先后入幕的幕僚及属官,约有400余人"。③ 可见,这时其幕府已达极盛。

不过,其所说这四百余人,严格意义上并非都是实际在幕的"正式"僚属,有些是有正式官职、主要专理某项政务的下属,还有具有武职高官、主要统军

---

① 冀版《张之洞全集》第十二册,第 10140 页。

② 黎仁凯、钟康模:《张之洞与近代中国》,河北大学出版社 1999 年版,第 227 页。

③ 黎仁凯、钟康模:《张之洞与近代中国》,第 229 页。上引督粤时期"已达 100 余人"亦出同书、同页。

作战及防御的将帅,像冯子材,就是这后一类人物的典型。有书籍中将其列在张之洞幕僚,时间为 1884 — 1889 年、1894 — 1895 年①两段。第一段时间是张之洞在粤期间,实际上是张之洞识拔和建议起用了早居提督之职而"称疾"回籍的冯子材,冯出山后即投身前线的抗敌之中,基本没有时间在张之洞身边作为幕僚。至于第二段时间张之洞主要是在两江期间,而冯子材率军曾短时驻节镇江,旋即返回,也基本未在张之洞身边佐幕。即使将冯子材列为幕僚的作者,自己在书中所列其人的专节,主要也是关于其武职生涯的介绍,而无其幕事。至于其所列张之洞在湖广任间有些充其幕僚之人,实际上也不可能真的充当。当然,其时显赫督抚的幕府已非常复杂,很难严格厘清,所列可以说"广义"上的幕府也未尝不可。而在张之洞身边专做或主要做幕僚的人自然也有许多,除上面所说的赵凤昌外,再看辜鸿铭、梁鼎芬等比较典型的例子。

辜鸿铭本籍福建同安,祖上到南洋谋生,后发展为富室。辜氏 1856 年生于英属马来亚槟榔屿,十来岁即随义父英人布朗到欧洲留学,先后在英、德、法等多个国家学习,广泛接触外域世界。而其生性"怪谲",或誉之为"怪杰",或贬之作"怪物"。他于光绪十一年(1885 年)回国(前亦曾短时回国),被两广总督张之洞招入幕府,主要从事"洋文案"工作,即其幕府中的所谓"西宾",结果主宾各得其宜,所处关系融洽,辜鸿铭一直佐幕二十多年,自粤幕起,历湖广、两江,一直随其进京,成为幕宾中跟随张之洞时间最长者之一。辜鸿铭表面很"怪",逢事似专爱剑走偏锋,"反潮流"而动,迥异众人,实则他也有一个"主导"性的倾向,就是在深谙外国文化的基础上,对其弊端有较多认识,而非一味称道、趋附,而是多有轻视、否定;对中国传统文化本来接触较少,回国后一切感到特异、新鲜,大有"唯我独佳"之感,他对当时中国的纲常名教、专制制度也多加肯定和赞誉,显示出政治上的保守,这当然是他的偏颇之处。不过,他对外国侵略还是愤恨有加、斥责反对的,这方面又表现出其民族正义感。总之,在政治观、文化观上,与作为后期洋务派代表人物的幕主,既有着一定的反差,而实际也不无一些最基本的吻合。况且,辜鸿铭尽管以"怪"鸣异(这留下了诸多笑料、笑谈,不待枚举),但他在张之洞幕下还是基本上能"循规蹈矩"而不怎么硬生"幺蛾子"的。况且,他凭过硬的外语本事,对相关事务处理

---

① 黎仁凯等:《张之洞幕府》,中国广播电视出版社 2005 年版,第 123 页。

得井井有条,及时到位,实属可遇而不可求的"西宾"、"洋才",这是幕主无论延聘多少洋人幕僚(张之洞确实聘用了不少洋员,这也成为其幕府的一大特色)都无法替代的。辜鸿铭与幕主的遭逢遇合和长期融洽相处,可谓一段机妙而富有趣味的历史佳话。

再说梁鼎芬的例子。梁是广东番禺人,咸丰九年(1859年)生,少失父母,寄养姑家,光绪六年(1880年)中进士,为京官。其生性刚直,屡劾权贵,在中法战争中因劾竭力主"和"的李鸿章"六可杀"之大罪,开罪慈禧,以"妄劾"之咎连降五级,愤而辞官南归,主惠州丰湖书院。旋应粤督张之洞聘入幕,出主肇庆端溪书院,待广雅书院创立,他出任该院首任院长。张之洞调任湖广后曾署两江,他随赴主讲两湖书院和钟山书院。虽其连任学职,但一直兼做张之洞幕僚,乃至不乏主做幕僚之时,被幕主一贯看重和赏识。以在湖北时为例,有说"张香涛督鄂十九年,先生(按:指梁鼎芬)入其幕左右之者,逾十五年"①。由此可知其以佐幕为主的情况。他与幕主两人可谓相知相敬,结下友谊。据说梁嗜食鱼翅,每逢筵席张之洞必为之准备供其大快朵颐。当然,最主要的还是梁鼎芬的文才出众,佐幕有道,为张之洞所欣赏和乐用,张曾对其作有"志节清峻,学行敦笃,平日究心经济,治事精敏"②的评价。而对主宾两人的政治关系,甚至有"鼎芬即小之洞,之洞即大鼎芬"③之说。到张之洞去世时,梁鼎芬亲自送葬到南皮,一路上痛哭失声,悲哀之极。下葬完毕后,他在张氏宅前久久徘徊,不忍离去。可见,他对幕主恩谊的缅怀情思之深。确实,他在长期做张氏幕僚期间,是被幕主欣赏、倚重和眷顾的,而自己也为幕主尽心尽力,施其所长,确实用心襄助了。至于世间所留下他们之间的一些传闻,他处另及。

此外,张之洞幕中还曾有过所待时间虽然不长,但因系门人而对其影响和教化,改变单纯为文初衷,走上从政之路,而在张幕期间也深得倚重的人物。以樊增祥为例。樊是湖北恩施人,其家是前湖广总督官文五姨太娘家亲戚,父亲樊燮为总兵。樊燮慵懒成性,虽为武官却很少骑马,而像文官一样爱坐轿子。他人壮体重,惯坐八人抬的大轿,落了个"轿子总兵"的称号。甚至阅兵他都要坐轿,坊间留下"樊总兵阅兵——坐着看"的讽讥性歇后语。左宗棠咸

① 吴天任:《梁鼎芬年谱》,广东人民出版社2018年版,作者所作"序例"第3页。
② 转据吴天任:《梁鼎芬年谱》,"序例"第8页。
③ 转据吴天任:《梁鼎芬年谱》,"序例"第9页。

丰年间做湖南巡抚骆秉章的幕僚时,恃才傲物,专横跋扈,在很大程度上架空了巡抚。话说刚被官文推荐为署理湖南提督篆务的樊燮准备入都觐见,在咸丰八年(1858 年)十一月间来湖南巡抚衙门,据说因左氏只是幕客未对其恭行大礼,惹怒了左宗棠,对其施暴并呵斥:"王八蛋,滚出去!"①羞愤之极的樊燮,在同样"恶左"的官员们的怂恿下,便主要以幕僚干政的罪端奏参了左宗棠,朝廷诏命官文和湖北正考官钱宝青查办,官文对这一案事自然成极为关键之人。面对之于左氏来说有极大风险的这场讼案,湘系大员们急起营救,特别是湖北巡抚胡林翼,利用与官文"交欢"的关系,通过私人密信几乎是"哀求"官文放过左宗棠,说是对"左生","敬求中堂老兄格外垂念","此系林翼一人私情,并无道理可说,唯有烧香拜佛一味诚求,必望老兄俯允而已"②。再加上湘系其他人物的合力营救,结果,这场讼事左宗棠有惊无险地过去,此后他更是大有造化,而樊燮却遭罢革。

樊燮羞愤于左宗棠区区一孝廉,便可气焰如此,遂坚意培养儿子雪耻,以"重金礼聘教读",并让儿子穿上女人衣裤,说"考秀才进学,脱外女服;中举人,脱内女服","中进士、点翰林,则焚吾所树之洗辱牌"。所谓"洗辱牌",即指他所"写'王八蛋,滚出去'六字于板上","置于祖宗神龛下侧"的牌子。在严格的督教之下,结果樊增祥于同治六年(1867 年)考中举人。随后任湖北学政的张之洞,对其诗文极为欣赏,提拔他为潜江传经书院院长,后来樊增祥于光绪三年(1877 年)考中进士,樊家大宴宾客,并当众烧掉"洗辱牌"。这时张之洞已自四川学政任回京任职,他对门生樊氏耽于风雅颇为不满,叹曰:"子其终为文人乎?事有其大且远着,而日以风雅自命,孤吾望矣"!樊氏"皇然请业"③,张师"教以经世之学,书非有用勿读"。④ 樊增祥终在光绪十年(1884 年)出任陕西宜川知县(后调该省数县),踏上"经世"宦途。光绪十三年(1887 年)十一月间其母去世而丁忧。他在光绪十五年(1889 年)九月间

---

① 刘禺生:《世载堂杂忆》,第 45 页。

② 梅英杰:《胡文忠公年谱》,台湾文海出版社"近代中国史料丛刊"1968 年影印本,第234 页。

③ 余诚格:《樊樊山集叙》,樊增祥著,涂晓马、陈宇俊校点:《樊樊山诗集》下册,上海古籍出版社 2004 年版,第 2028 页。

④ 樊增祥著,涂晓马、陈宇俊校点:《樊樊山诗集》中册,第 654 页。

"应召赴广州入张之洞幕府",而很快张之洞就接移调两湖的朝命,樊增祥"遂又随张之洞师北上武昌",光绪十六年七月离开。[1] 樊增祥在幕期间,终大得张之洞叹挹,曾对族人言:"云门(按:樊增祥一字云门)智术过人,真幕府才,惜吾不能留耳。"[2]因为他毕竟是暂时寄幕,还要履朝廷安排之职的。而复出之后更是有所发展,终得任江宁布政使,并曾护理两江总督。这为张之洞生前之事,他自会感到欣慰。当然,樊增祥一生酷爱诗文也未曾消停,他尤以不可多得的高产诗人名世,这其实也是张之洞的挚爱,而他无暇全身心地投入罢了。

就张之洞的幕府总体而言,正如其门人易顺鼎所言,其"幕府人才极盛,而四方宾客辐辏"。[3] 这就不单单是一个幕府人数的问题,而且意味着各色幕客皆有,譬如,除了身边做"文案"的,还有涉及各种"洋务"事业以及其他领域的;除了国人之外,还有批量"洋员",这自是他作为显赫疆吏的职任所需,也与他个人吸引和招揽人才的能力甚至性格特点有关,总之能成"极盛"之局。

---

① 程翔章、程祖灏:《樊增祥年谱》,华中师范大学出版社 2017 年版,第 103、106 页。
② 余诚格:《樊樊山集叙》,樊增祥著,涂晓马、陈宇俊校点:《樊樊山诗集》下册,第2029 页。
③ 易顺鼎:《诗钟说梦》,中国近代史资料丛刊《戊戌变法》第四册,上海人民出版社 1957 年版,第 320 页。

第七章　在甲午风云的激荡之下

一、首次署理江督的战事准备

甲午战争的爆发,是近代史上的一件惊天大事。这标志着日本军国主义体制的完全确立,并开始向极端发展,而它战争的首要施祸对象即中国,并攫取了极大的侵略利益。日本蓄意准备这场战争多时,而到光绪二十年六月下旬(1894 年 7 月下旬)便正式挑起(清朝宣战则在七月初一,即 8 月 1 日)。被拖入战争的清朝,总体上只得被动应对。但此战也激起有民族正义感和爱国之心的大员们的义愤,他们急切筹战、应战。而广大军民特别是参战者更是付出了巨大牺牲,也涌现出若干可歌可泣的民族英雄。

战争的酝酿和临战阶段,尚在湖广总督任上的张之洞就表现出满怀忧愤。他尽心和急切地筹划抗敌方策,这在其当时留下的公务文牍中占据了不小甚至是主要部分,可见其心思很大程度上花在了这个方面。战争正式爆发前夕的六月二十日,张之洞即致电消息灵通人士津海关道盛宣怀,询问"日来情形若何,内意及傅相(按:指李鸿章)若何"? 盛宣怀回电:"上主战,派翁(按:指翁同龢)、李(按:指李鸿章)会议,内外臣尚合拍。惟倭势猖獗,不受调停,恐弄假成真,使未下旗"。① 其电报中自然没有言明(或其尚不敢确断)朝廷、大臣们的战和分歧,只是将日本"猖獗"而战争或不可避免的意思挑明。在询问盛宣怀的同时,张之洞还发电给清驻日公使汪凤藻,询问"倭事日来作何动静,实情如何"? 汪回电以"倭增兵分布,冀抗我师"告明。②

---

① 冀版《张之洞全集》第七册,第 5782 页。
② 冀版《张之洞全集》第七册,第 5783 页。

实际在张之洞接到汪氏这一电报的当天即六月二十三日(7月25日),日本就在牙山口外丰岛海面突袭中国雇用的运兵之船,正式挑起了战事。在清朝统治者所采取的失当方策之下,清军总体上是居于愈发被动失利的地位。又历经黄海海战、平壤之战之后,日军由海陆两线直逼中国国门。九月二十六日(10月24日),日军在辽东半岛花园口登陆,进犯旅顺、大连;同时也渡过鸭绿江向中国进犯。二十八日(26日),张之洞激愤地致电李鸿章:"兵事急矣。此时只有购兵船、借洋款、结强援三事为最要,乃总未见举办,忧灼万分","若不添船,处处坐受攻击,但有招架而无还手,大局危矣"。① 他又与两江总督刘坤一联系问询"北征多营"的军械、饷事,发出"倭事日紧,消息不佳,大局可虑"②的焦急之言。张之洞在加紧鄂省特别是辖区沿江防务的同时,又多方顾及,为战事与总理衙门(总署)、两江总督、清朝驻外公使和其他相关大员不断联络,询问情况,提出建议,做出筹划,甚至进行具体布置。

譬如,张之洞曾联络身在粤省的老将冯子材到江苏镇江督办江防,只是冯以现在"惟楚人可任,他人督师,必呼应不灵"③而暂未答应(待张之洞改署江督后应允并实际前来)。张之洞这时也密切关注和实施对敌方间谍的防范。例如在洞悉江督发给沪道的电报:"倭人在沪向设有日清研究所,约七八十人。五月以前陆续散去,闻多作华装及僧服者,分赴北京、津、烟、江、浙、蜀、鄂、闽、台各处,芜湖尤多","请饬属一体查拿"。④ 张之洞便密切配合,火速行动,因有可疑人员遁入租界而追拿受阻,他随即致电总署述明情况,并提出应对建议,说有倭人"潜入内地,探我虚实,专作奸细,事为败露,难辨其为安分与否,最为隐患。近日叠接南洋来电、钧署来咨,当经严密饬查",日前"有倭人薙发,改易华装,在汉口租界外行走,勇营向前盘结,正欲查拿,该倭人即持刀抗拒,避入租界",鉴此,拟请总署执照外国使馆,"日本人现在中国,无论是否安分,不准薙发改用华装。如查有华服倭人,即照奸细拿办"。⑤ 查拿奸细,对战时来说尤其至关紧要。而运用间谍是日本暗查、获取中国情报的重要

---

① 冀版《张之洞全集》第七册,第5822页。
② 冀版《张之洞全集》第七册,第5823页。
③ 冀版《张之洞全集》第七册,第5785页。
④ 冀版《张之洞全集》第七册,第5791页。
⑤ 冀版《张之洞全集》第七册,第5790页。

途径之一,平时即不乏使用,战时更是注重。张之洞对此有较强的警觉性,于其着意防范和力求逮治。总之,在任鄂督之时,张之洞就忧急并分出很大精力应对战事了。

而清方的战事指挥权,在较长一段时间里实际主要是操在李鸿章之手,他抗战态度消极,指挥失当,而日军则节节取胜。十月上旬,朝廷成立以恭亲王奕䜣为首的"督办军务处",又旨命湘系大员刘坤一入京陛见,而以张之洞署理两江总督。当时张之洞正在奉前旨入都的准备当中,新旨又止其此行,他当时已到江宁(南京)省城,遂于十六日(11月13日)接篆,正式开始了主理两江的第一段政治生涯。而其当务之急,自然是辖区的加强防备和支前运作。

张之洞在接篆当天,就致电冯子材,再次动员他组军前来。如果说,前次动员他来镇江督办江防,尚是在刘坤一为两江总督之时,而从冯子材当时推拒的复电来看,明显有担心为"楚人"排挤之意。这时张刘瓜代,两江主人改易,张之洞作为冯子材的最得力靠山,也是其最为信赖之人,此番邀约更是意恳言挚:

> 此间防务除江阴、吴淞前敌最要外,镇江为南北咽喉,且江阴炮台不尽合法,防营亦不甚精炼,未必可恃。镇江地势好,而台上炮亦得力,惟有力扼此地作第二重门户。拟奏请我兄来江南办理镇江防务,统率该处防营。惟恭邸现系督办,似外省大员只能称会办。公来自必募营带来,特饷需太绌,可否请公在粤募亲军两三营,该处防营约计有十六七营,加公亲军已足二十营,均归公督率节制。得此长城,足可为江南北保障,公之忠悃壮猷亦可发舒矣。特奉商。尊意是否愿来? 祈示复。前接尊电,拟带船剿倭,深佩忠勇。但商船无炮,拖船无轮,似难与敌舰争胜。公如愿剿寇,不如来江南也。①

接电后冯子材即复:"公督两江,足固大局,贺贺! 防守一事,有李镇先义足资防敌,可以毋需材往也。"②他恭贺张之洞履职两江,但对其邀往则表推

---

① 冀版《张之洞全集》第七册,第5844页。
② 虞和平主编:《近代史所藏近代名人稿本抄本》第二辑,第70册,第143页。

辞,所说"足资防敌"的总兵李先义,也是张之洞督粤时倚重的将官,此时同在张之洞的邀约范围。接到冯子材推辞之电,张之洞遂发电再邀,并说明"闻七月内有旨,召公北上,公欲募大军,请部饷,为上峰以年老沮止,殊为怅然",而"旋得出海剿倭之电,具见灭寇报国之忧未当一日去怀,实深钦佩",所以"电请公来江"。谓既"未蒙首肯,自是所议办法与尊意不合,敢请明晰见示。究竟尊意须若干营,驻防何处,或相机迎击,或专任一方,切实示知,以便筹酌具奏"。并说"若公肯出,总在江南地方,江阴、吴淞最为前敌要地,公若来时,再当商酌防所"。接此电后,冯子材当是切实深感张之洞心意恳挚,高情难却,便回电表示了应允之意:"知公拳拳筹固大局,钦佩难名。查吴淞长江门户,地最扼要,防江阴不如守吴淞。未知该处现有大炮若干? 公欲材往,须听自募旧部五千人,以甘苦久同,庶缓急可恃"。并说"北兵虽多,均系胆怯,且人心不一,难期得力也"。① 可见,冯子材对"北兵"是深有顾虑的,提出须自募五千兵力作为保障。张之洞则完全答应,并电奏朝廷,又马上电达粤督李瀚章和冯子材本人。这样,冯子材招兵来江遂成确定之议。

其拟招五千人即十营的规模,并非立马可就,若说其基于遣散的"旧部"再行招募,人员上当不成问题,但还需有饷项保障,而饷源的确定和安排等诸多事宜,妥办即需时日。此后张之洞与冯子材尚多有往复电报联系,指示、汇报,互通情况,随时解决实际问题。譬如,十一月初张之洞致电冯子材,说"雄麾来江,破贼必矣,欣佩之至",询问"开招及启行需饷若干"? 又嘱"事机紧急,勇须分批搭洋商轮船赴沪,方能迅速,万勿由内河,太迟","不带军械(按:上文有'军械到沪领'语),不著号衣,决无妨碍。旗衣可先在沪制。但须约束,勿令生事,至要。望于一月内出行"。又询及其"拟名何军"?② 冯子材回电作答,告以所需饷数,说明"材所招十营,用淮军营制",号为"广东长胜萃字军"。又特别告明,"公欲各营由海道往最为神速",只是"各营员弁勇闻知皆有畏意",理由是"现有倭舰常在海面梭巡,商人皆为搜检,况有他国助倭",我军"必有不测","若由内地至九江,约五十余日,虽程迟,可保无虞"。③ 应该说,张之洞从应急考虑,巴不得其军到来越早越好,但搭乘洋船确实有一定风

① 冀版《张之洞全集》第七册,第 5854 页。
② 冀版《张之洞全集》第八册,第 5875—5876 页。
③ 冀版《张之洞全集》第八册,第 5876—5877 页。

险,冯子材军的担心确非杞人忧天,只是舍弃此途又会耽误时日。结果,还是两相皆有所变通,由内地水陆兼行(水路则尽量避乘洋船),一路又难能节节顺遂,这样,其军大队到来年二、三月间才由赣经皖抵苏。至于其军营制,张之洞起初的意思是,"一切照湘军营制,不可言照淮军。淮军屡战不利,朝廷深不喜之"。① 这是张之洞在电报中对李先义所说,但对冯子材军也同样适用,这自有张之洞的利弊权衡。

其实,就营制而言,湘淮类同,并无实质性差别,对此张之洞当也深知。之所以这时他"言湘避淮",主要是鉴于李鸿章对战事的消极态度,深为光绪帝所恶。早在该年(光绪二十年)八月十八日,李就被布旨拔去双眼花翎,褫去黄马褂。而清廷调刘坤一北上,就是为"换帅"做准备。不过,在主要改用湘军并且由刘坤一挂帅后,同样甚至更是一败涂地的结局。此尚是稍后之话,而张之洞这时调冯子材军(也包括调李先义军)的到来,其营制上用"湘"还是用"淮",实际并无大区别,只是言说上不同而已。至于其军来后,对战争本身也未起到过重大作用,但对于两江特别是江苏防务的加强自有一定帮助。而张之洞为战事的实际策划,则显出其重粤兵粤将而付出的努力。这自是基于他在中法战争中的觉察和经验,面对此时中日战争的继续运用。

在调兵遣将的同时,张之洞还着手进行其他各方面的战事联络和布置。在其抵江宁之际,曾连续致电李鸿章议说兵事,进行相关筹划,并与多方要员、将领联系,筹备铺排。接篆之后,更是为战事凝心聚力。十月十七日他致电李鸿章,就相关传闻予以询问,尤其表现出对台湾问题的关心和忧虑:"传闻法国调停,倭索台湾并费千万等语。不知确否? 窃谓台湾万不可弃,从此为倭傅翼,北自辽,南至粤,永无安枕。且中国水师运船终年受其挟制,何以再图自强?"②在保台方案上,张之洞之议则主要是寄予"乞援于英、俄"的不现实幻想,难能酬愿。不过,张之洞的着力抗战之心则始终未泯,譬如为辖区也为前敌以及其他地方的军费饷需、武器装备、战防部署尽心筹划。接篆不日,他闻"倭兵船遣人至乐亭、昌黎一带测量水道",便赶紧致电总署请其代奏,说"寇势狂悍","请旨饬各防军于此等处,加意严防,派营督率民夫赶紧开掘重濠,

---

① 冀版《张之洞全集》第七册,第 5850 页。
② 冀版《张之洞全集》第七册,第 5846 页。

濠内多置结碍之物,或可稍助战守。外洋守炮台、守营垒、打行仗,皆以掘濠为先务。中国弁勇懒惰,每大言不必掘濠,此乃饰词,不足信,伏恳朝廷切饬,方能认真举办战守"。① 接着,又对作为"长江第一门户"江阴炮台的改造,"极关紧要"的吴淞江口与扬子江口防务的加强,以及鉴于"江南防务吃紧,需员委用"②的调派拟请等事,进行筹划、铺排,并上奏汇报和请示。

特别是辖区防务加强,北上前敌营伍的作战,都需要军饷的支持和保障,而当时"江南名为财富之区,而江海兼防,添营购械,修理炮台,整顿兵轮需款浩繁。北上数十营每月骤增饷十余万",而张之洞到任后,"切加综核,进款日绌,急款无措,地方捐款尚无眉目","焦急万状"的他,为筹饷之事电致总署请为代奏,经与运司筹商,"惟有盐务尚可筹款",运司说"向盐商捐助,照海防例给奖,一年之内必可捐足百万",请朝廷俞允、核准,奉旨后"赶速劝办,以济眉急"。③ 不管其具体办理过程如何,这切实为解决饷项的一条重要尝试途径。而在饷项的增扩筹集方面,张之洞确实是绞尽脑汁,广辟门路,多途并集的。

张之洞还为解决枪炮和弹药问题而不惜劳心费力。最为"捷径"的是向外国采购。譬如,他致电驻德等国公使许景澄:"改快炮机照力拂(按:'力拂'系厂名)所估配齐,须年出百尊。碰火机照前年七月大咨照配,日出五百枚。炮弹机须添压铜壳水力机各件,方合快炮之用。三事价值共若干,至速几时成? 祈饬力拂速估。应先付定若干? 候电即汇。"④许景澄电告并询问了相关事项。尽管是难尽如所愿,但可见张之洞于此的急切心情。张氏还致电在上海的前心腹幕僚赵凤昌,联系购买智利舰船的"现成"问题,电云:"闻智利国有水带甲快船四艘,极坚极速。北洋先托怡和克锡代购,已允忽翻。现又托瑞生洋行代购,不知已议妥否? 究竟实情若何? 现拟购此四船为南洋之用。如可购,当奏借洋款。望向该行密探一切,详细情形速复,以便酌办。"⑤赵凤昌回电作复,说"密探船甚坚快,有最大一艘,比倭之极大者更大更远。北洋先托克锡,既因泄漏不敢办。又由满德居间,托瑞生布海斯密办,现可望有成。

---

① 冀版《张之洞全集》第三册,第 2009 页。
② 冀版《张之洞全集》第三册,第 2009—2011 页。
③ 冀版《张之洞全集》第三册,第 2008—2009 页。
④ 冀版《张之洞全集》第七册,第 5848 页。
⑤ 冀版《张之洞全集》第七册,第 5851 页。

此事甚秘,北洋只与满、布两人密商,该行中国人买办均不能悉或略知影响。此系李德约于密室中相告,并切托密禀宪台,万勿向一人提起,官场尤望勿提。如南洋此时再向洋行访购此船,必要泄漏,北洋亦难办成"。他还就张之洞所问"如南洋舍此另办,有处购否"的问题作答:"据说,'北洋尚有一处,现正在密商,此外难觅。中国购船事宜,俟北洋所议办成,再设法方不致两无着落'云。"①张之洞又通过驻美等国公使杨儒,转给在美的容闳一函(其函由蔡锡勇代述),有谓:

> 阁下关怀大局,忠悃诚笃,实深钦佩。炸药炮甚好,请尊处速与议定实价,并商运华之法。至买船最为要着,请阁下速向美洲各国寻访,如有好兵船,拟购七八只,并带鱼雷艇。船须极坚速,炮须大,并雇可出战之洋弁、炮手,水手驾驶来华,请速议价电复。再,如能募洋军一万,令洋将带之,即乘所买兵船,择妥便处会齐。中国派大员数人前往,会同督率,许以重赏,包打日本东京,径赴东洋,直攻横滨、东京,实为上策。若能办成,则阁下之功千古不朽矣!此间已议定借洋债备用,有何办法,祈速密示。再以后尊处来往电,宜用密码。②

这一拟议和设想,应该说在很大程度上是不现实的,可在张之洞看来这"实为上策",他当是也估计到不易办,所以说委托人若能办成则立"千古不朽"之功。容闳接电后,让人转电告曰:"制军电悉。兵船、水雷船访得即电闻。招兵募将筹款各法,另函详。"③这表明容闳也表示试办。不管结果如何,这也是张之洞在战事严重不利的情况下急求转机的一种筹度尝试。当然,更主要的,他还是基于现实军事状况而尽力谋划。

不妨看此际关于张之洞欲截留外购枪械而清廷不允并被严旨申饬一事。他在致总署请代奏的一件中说:"兹有外洋运到北洋头批军火,内有毛瑟一万枝、快枪三百枝,乃洞在鄂时订购,奏明供前敌之用。现在南洋吃紧,已奉电旨严防。日来屡有欲扰长江警信,是江南现为前敌",而"局造之械,全数搜罗",

---

① 冀版《张之洞全集》第七册,第5852页。
② 虞和平主编:《近代史所藏清代名人稿本抄本》第二辑,第4册,第589—590页。
③ 冀版《张之洞全集》第八册,第5887页。

以提供给北上诸军,新添各营"尚无军械","恐不久即有战事,徒手何以御敌"？故要求将此枪"一万三百枝全数暂行留于江南"。这正是前敌也急需枪械补给的时候,朝廷接奏后拒绝并予以严责:"张之洞电奏请将外洋运到枪枝留于南洋","现在倭寇又陷复州,意图北窜,前敌兵力尚单,添调各军专待此项洋枪解到,方能进发,该督反以江南为前敌,辄请截留应用,实属不顾大局。著传旨申饬,即著该督催令迅速运解来京,倘有延误,惟张之洞是问"！① 措辞可谓直白、严厉。张之洞接旨后,立即回电表示遵旨,此批军械"现已令全解北洋",同时又将"南洋所购"的"马梯尼五千七百枝",令一同"解赴北路"。照其所说,南洋"原购马梯尼一万零四百枝、马枪一千枝",前督刘坤一临行时,与他议定"南北各半",今运北洋者即此之数。张之洞并告明了所留南洋者的具体分配情况,总之是先顾原有部队,至于"新添各营尚多,或已到,或未到,皆无械可领,只可俟续到再发"。由此可见军械奇缺,张之洞确实着急。这是在"旬日来,消息甚紧,倭屡有即扰长江之信",②江南颇为紧急、大有临战之势的情况下,张之洞遂处于"两难"境况:作为"南洋"的主人,须对辖区的战守负责,而当此军械特别紧张的情况下,他想照顾辖区;而作为清朝"荩臣",他又不能不听从清廷的指令,最终只得在不违背朝命的前提下,尽自己的最大努力筹措防务,以应对可能涉及的战事。仅他在接清廷"申饬"之旨后的数日里,为战事联络、布置的电报即有很多。就拿十一月十八日一天来说,仅冀版《张之洞全集》中所载就达十三件(尚不包括其接来电),这还未必是其发电的全部。其电中,满是奋力抗战基调的言说,也带着掩不住的忧急,可见他是怎样尽心竭力地操持战守事宜。

此际,张之洞着力整饬辖区军队,革除积弊,以备临敌应战。在他看来,"行师之道,纪律为先;为将之道,仁廉为首。若为将领者,平日待士无恩,治军无法,徒糜巨饷,一旦临敌,必然相率溃逃,虽有百万何益于用?"他列举了"驻防各营积弊日深,视为利薮",军官"专讲应酬结纳,克扣牟利,并不以爱惜士卒、整饬训练为事"的诸多具体例子,如淮军所发勇粮,折扣舞弊,使兵勇"敢怒而不敢言";每有统领与提拔的管带约定,"每月只给薪水五十两,其公

---

① 冀版《张之洞全集》第三册,第 2013 页。
② 冀版《张之洞全集》第三册,第 2014 页。

费、夫价、截旷各款概归统领,作酬应之费",而营官"始则感提拔之德,久则生觖望之心,似此情形何能收其臂助之力"? 还有"各军统领,每借办差、送礼、局费、门包等项名目,藉端科派,以及代买营中应用各物,强行销售摊扣,以致军粮日薄,积为怨咨";又有身为统领,额外兼带营伍,"但图专利,不顾营规",以致"上行下效,层层剥削","种种废弛,致巨饷、连营,皆成无用";以及"携带眷属住居营中,吸食洋烟,不耐劳苦,种种骄惰废弛",不能望其杀敌致果。而本辖区"水师各营积弊,与陆营亦复大略相同"。对此,张之洞感到"实堪痛恨",决心"严饬禁革,以肃军政"。主要举措为:"所有淮军食米,悉照湘军改归哨官,什长自行按照实在市价购买,分给各棚,不得丝毫增加,其饷银即按名照数实发。即将来调赴前敌转运艰难,有必须预为筹备者,只准照购价略增实在所需经费,不得任意浮加";"统领除兼带中营外,不准兼带别营,未派营官者,迅速禀请派委。凡营中不准私留眷属妇女,有者速即遣出"。申令"倘敢仍蹈故辙"者,即行论劾、严参。① 其最后特别申明:

> 本部堂治军任将一秉至公,不知情面,不喜应酬,惟以实事求是为主,无论湘、淮、闽、粤以及他省各军,本部堂一律看待。一应将弁兵勇但系朴实勇敢能为国家出力剿贼者,本部堂皆敬之爱之,艰苦必优加体恤,劳绩必力加奖拔。若贪劣疲玩,告戒不悛者,本部堂惟有严申军律,决不迁就姑宽……饬该将领即便切实遵照,有则改之,无则加勉,勿干军律,以副厚望。②

作为新来两江主政,且为"署理"总督,张之洞在战时这个特殊关头,对辖区军队弊端不讲情面地揭示出来,并提出革除措施,加以整顿,以备临敌应战。当然,积弊由来已久,革除起来实非立马可就,是要有一个艰难过程的。而张之洞不畏困难、不惧阻力地革弊更新,其立意,其决心,其行动,诚笃可嘉。并且,他不止对加强军队的防务用力,而且还注意发挥民间作用。如发札沿江沿海各属办理"渔团",有谓:

---

① 冀版《张之洞全集》第五册,第3024—3025页。
② 冀版《张之洞全集》第五册,第3205—3206页。

防务吃紧，沿海各处口岸纷歧，亟应严行防范。查江苏沿海各厅、州、县渔船甚多，练习风涛，熟谙沙线，其中不乏勇敢之士，堪资御侮，应即责令地方官，赶办渔团，编成保甲，遴选众望素孚者，举为团董，随时讲明大义，俾知敌忾同仇，毋使贪饵助敌及接济引水等事。遇有奸细，立时擒获送官，并可训练技勇，随时操演……总以确有实际，不受倭人雇募充当带水窥探沿海沿江军情、为倭人载运接济各物为第一要事。①

这说明，张之洞在注意发挥军队作用的同时，也重视民间力量，由他们配合加强防务，同仇敌忾，这种思想和行为，在当时清朝大员身上尤其难能可贵。

出于战事的需要，张之洞还特别注意来往电报的保密事宜。这除了他自身对战际通讯特殊性的重视之外，也与环境条件以及他人的策谋有关。譬如，张之洞的昔日心腹幕僚赵凤昌，利用上海各方信息汇集、灵通便利的条件，将侦探到的相关消息随时向张之洞汇报，成为不是他幕僚的难得幕僚、心缘特别投机的亲密之人。因为他是侦探秘密消息的行家里手，所以也给张之洞在电报通联方式上出划高招。在张之洞接篆两江总督不日，就接到赵凤昌的上海来电，在告知"上意主战甚坚"的消息和宫廷其他秘闻的同时，还就派员至各要地侦探军情、电报联系要专用密码事宜提出特别建议，说"南洋宜派诚干委员，驻烟、驻津、驻北路前敌，或就地派员，侦探实在军情，战守事迹，由电随时密禀宪台（按：指张之洞）。可饬盛道（按：指盛宣怀），准委员专发密电与宪处，如发他处，仍不准用密码，消息方能密速，最有关系"；至于"京城家电，亦可饬盛道准发密码"。② 从赵凤昌的这一来电，可以看出张之洞在用电联络方面，这时正不断完善着一套机密通信系统。赵凤昌电中所谓"京城家电"，似乎是用了常规通电中所不会出现的"暗语"，实际是指"自家人"查探获知的京中秘闻，而这也是当时官场的惯技，张之洞更是毫不陌生。像派心腹密员在京中及各要地侦探政情是张一贯安排和重视的，此时不过是对所要情报内容和获得方式上的因时调节而已，这固然颇有些在"内部"搞"谍报"的性质，但在甲午战争这个特殊关头，毕竟很大程度上是为洞悉内情、利于抗敌而用。

① 冀版《张之洞全集》第五册，第3203页。
② 冀版《张之洞全集》第七册，第5852页。

总体来看,甲午战争中的张之洞,就抗敌而言是发愤和积极的。但是,他的筹度和策划也有的由于种种原因而不免落空。

二、痛愤"倭约"与应对策议

在甲午战争中张之洞看到了日本的强悍和疯狂,尤其是对它割占中国土地的企图深怀警惕。台湾是甲午战争的重要战场,也是日本觊觎侵吞的地方,张之洞对台湾的存亡尤其忧心。光绪二十一年(1895 年)二月初,张之洞致电署理台湾巡抚唐景崧:"久闻倭人有索台湾之说,不知确否? 此地逼近闽、浙,若为倭有,沿海永远不能安枕。且其地可富可强,万分可惜。开议在即,似宜速将此情沥陈朝廷,自不肯轻弃。公身处台湾,深悉其中利害,若尊处电奏,当可动听。"唐景崧回电告谓:"我虽屡败,寇力有限,我能坚持,当有转机。窃维朝廷岂肯弃台,所虑者寇逼都下,宫阙震惊,届时诸款俯从,其索台必是一款,欲不弃而不得矣"。他还估测,"若北路军情再紧",两宫"乘舆迁幸似不可迟","明知迁事万难,但恐事急,仍出于此"。至于他自己,则坚决地表示:"愚见主战,战败复战,彼无奈我何",但又说朝廷现在虽"亦迫出于战,而时时冀和,战既不力,和又不成,迁且不肯,寇竟北犯,不堪设想,台乃危矣"![1] 他所估计的朝廷"迁幸",在这场战争中到底未成事实,但其"台乃危矣"的呼号,则是对所面临的严峻情况的真实反映。

此际,清廷正在焦急筹划与日本"议和"之事。而先前派往日本"议和"的大臣张荫桓和邵友濂,被日本拒绝接受,此番拟改派李鸿章前往,他正被召入宫商议此事,但事属隐秘,连张之洞这样的大员都不能及时获知其详,有些事情都是过后才得闻知,有的甚至是得之传闻。这不,二月上旬张之洞给唐景崧的电报中有说,"倭谓张、邵无全权","故不与议","现闻派李傅相为全权大臣,赴旅顺与倭会议,初三日出都。谣传有倭索台湾之说,故昨电请沥陈利害,以为先事豫筹之计,并未闻朝廷有弃台之说也"。所说日拒张、邵乃既定事实,而所谓李鸿章初三日"赴旅顺与倭会议",则非实际。李是在砸实朝廷议

---

① 连同上引张之洞电,皆载冀版《张之洞全集》第八册,第 6121 页。

约的最终底线,在答应"商让土地之权,令其斟酌重轻,与倭磋磨定议"①的条件下,于二月下旬抵达日本马关的。估计到议约日本必要索台,张之洞在二月上旬就有坚决保台的上奏,根据唐景崧的电文撮述,其奏大致是曰:"台湾逼近闽、粤、江、浙,为南洋第一要害","欲固南洋,必先保台。台若不保,南洋永远不能安枕","近日海外纷传倭必攻台,又闻将开和议,倭必索台","台民惊愤,浮议哗然,深恐视台如汉之视珠崖者","微臣职在守土,倭如攻台,战事死生以之,倭如索台和款,非能与议"。② 其中"深恐视台如汉之视珠崖者"之句包括一个典故,"珠崖"(在今海口市琼山区)乃古郡名,汉文帝拟发兵镇压那里的起事,有人劝阻说,珠崖"非冠带之国"(不是礼仪之邦),而关东民众久困,不如放弃珠崖而恤关东,"弃珠崖"遂成放弃国土的代称,这里是说台民深恐清朝视台湾如汉之视珠崖那样舍弃。张之洞既居主政南洋之位,在这里他不只从一般意义上言保台之要,而是特别强调它"为南洋第一要害",这样从其职守立言,坚决反对日本割台,也坚决反对清朝弃台,表示出自己"战事生死以之"的决心,就更显有的放矢、名正言顺。可以说,此奏表现出张之洞作为一个清朝大员强烈的职守责任心和民族正义感。

及至《马关条约》议签之际,张之洞根据李鸿章致盛宣怀电闻知有关情况后,致电驻俄等国公使许景澄说:"闻和议已成,倭虏贪很(狠)万状,据朝鲜,赔巨款,割要地,凡已占辽境东至旅顺、营口、台湾全岛皆属于倭……从此中华何以自立? 令人痛愤发指"!③ 这更是从日本割地、赔款的全局上言其使中华之无以立国之大害,抒发他的无比痛愤之情。在此前后,关于台湾事上张之洞与唐景崧的联系尤多,及时沟通和获知台湾相关信息。张氏关注和具体策划台湾防务、战事,在饷事、兵将上进行筹策和安排,唐景崧作为中法战争时他的属下,也是共事较为协和的同道。此时,唐氏在署理台抚任上,面临台湾的严重危机,表示出有挽救之心而力却不足,他又不能介入清廷与日的"议和"之局,对台湾的命运不能操控甚至不能尽然知情,但从形势上预感到大为不妙。在忧急无策、形只影单的处境下,得有张之洞与其不断联络沟通,心中感到莫

---

① 《附军机处王大臣庆邸等公奏折》,顾廷龙、戴逸主编:《李鸿章全集》第16册,第31页。
② 冀版《张之洞全集》第八册,第6125页。
③ 冀版《张之洞全集》第八册,第6276页。

大安慰,作出抗日布置。而张之洞则是不断为之打气、鼓励,又调和他与将领之间的关系。在李鸿章到台即将与日本开议之时,张之洞在致唐景崧的电报中,告以"倭垂涎台湾已久,其窥台似亦可信",而表示相信"公(按:指唐景崧)之才略忠勇,必能御倭"之后,主要是就唐氏应与在台的名将刘永福搞好关系说项:

> 其人(按:指刘永福)虽有偏处短处,究系曾经百战之将,较之寻常提镇之未见战阵习气太深者,胜之远矣。且素有虚声,藉以定民心,壮士气,亦甚好。此时事机紧急,切望略其所短,曲意联络,优加鼓舞,当能为公效臂指之力。其人吝啬而重利,此病甚易治。公长于驭将,笼络一刘永福何难哉? 渠此次系帮办,公似宜稍予以面子,彼便颠倒奔走矣。①

在张之洞的调和、促使之下,二人在团结御敌方面基本保持了合作关系,对于台湾的抗战发挥了积极作用。直到《马关条约》签订②并为人知晓,唐景崧和刘永福仍有一段时间坚持留在台湾,为抗日保台而尽力。台湾志士丘逢甲倡议成立"台湾民主国",唐景崧被推为"大总统",他则委任刘永福为大将军,并致电说"现送大将军印于公,希收启用。公即为台湾民(主)国大将军,统辖水陆诸军务。至大总统一职,崧暂时权篆,事平当让公"。③ 虽说这里边不无笼络成分,但总体上说其态度是真诚的。

---

① 冀版《张之洞全集》第八册,第 6166 页。

② 该约签订是在光绪二十一年三月二十三日(1895 年 4 月 17 日),共十一款,同时,还订有"另约"三款,《议定专条》三条,《停战展期专条》二款(见王铁崖编:《中外旧约章汇编》,第614—620 页,《马关条约》在该书中题为《马关新约》)。《马关条约》是日本通过甲午战争,逼迫清政府签订的严重不平等条约,该约对华的要害内容:中国割让台湾全岛及附属各岛屿、澎湖列岛和辽东半岛给日本(按:后辽东半岛因俄、法、德三国干涉,清朝向日加付银三千万两"赎回");赔偿日本军费库平银两亿两(按:"赎辽费"在后,此约中自然不含);开放沙市、重庆、苏州、杭州为通商口岸;日本在华通商口岸城邑可任便设厂;"听允日本军队暂时占守山东省威海卫"等。次年又据该约有关规定,日本强迫清朝订立《通商行船条约》,除进而攫取商务特权外,还进一步攫得在华领事裁判权和片面最惠国待遇等特权。总之,《马关条约》使日本获得巨大利益,也适应了帝国主义阵营对华资本输出的需要。接着列强遂又对华掀起割地狂潮,使中国的民族危机进一步加深。

③ 中国近代史资料丛刊《中日战争》第 6 册,上海人民出版社 1957 年版,第 406 页。

张之洞和在台的唐景崧、刘永福等人,毕竟又都是清朝官员,保台抗日起码要设法取得清廷默许。在酝酿"台湾民主国"之际,唐景崧致电张之洞:"民主之国亦须有人主持,绅民咸推不肖,坚辞不获。惟不另立名目,终是华官,恐倭借口缠绕中国;另立名目,事太奇创,未奉朝命,似不可为。如何能得朝廷赐一便宜从事、准设立名目、不加责问之密据,公能否从旁婉奏?此亦救急一策。"①张之洞回电曰:"另立何名目,大约称总统。朝廷未必给密据,恐为倭诘。如事至万不得已时,只可由尊处自奏。"②唐景崧复电:"名目惟有总统,仿洋制也。此事刘(按:指刘永福)最宜,惜不能控全局","崧无可辞"。而在"台湾民主"成立没几天,便由李鸿章的儿子李经方与日本签订"交接台湾文据",很快,唐景崧也只好在清廷的谕令下离台而回至大陆。刘永福仍在台坚守和战斗了一段时间,于九月上旬,也惭愤交集地离台内渡(连丘逢甲先前也内渡大陆)。而台湾义军、台湾人民的反割台武装斗争,在日本侵略军的镇压下失败。当然,这是稍后之话,还是回到《马关条约》刚订,外间尚不能详确尽知其内容之时。

此际张之洞不只深虑台湾,而且对辽东也忧心忡忡。在《马关条约》签订的第二天,张之洞就在致山东巡抚李秉衡的电报中云:"急。闻合议已定,种种可骇,从此中国不能自立,实勘痛愤!尤可怪者,旅顺、营口归倭,威海驻兵……议和不过图目前初安,如此则目前亦不安矣。"李秉衡回电:"和款传闻不一,昨有将割辽河以东并台湾与人之议。已电奏力谏,断不可许"。③ 同日,张之洞又致电盛宣怀,说接到来电,"可骇已极","尊电谓偷安旦夕,窃恐外患内乱同时并起,虽欲偷旦夕之安亦不可得"。接着,他复电盛宣怀,告"有人自津来电,云'条约十款'",其中前两项即"割台湾"和"要奉省边境",问"是否的确?此外尚有何款"? 盛宣怀电告,"所询各条,传闻略同",但"似不尽确"。④ 可见,条约初成,并未公开,这时他们也还都是根据"传闻"而言,不知确凿情节。张之洞不断向人通报他所获知的大概情节,并询问别人知否详确之情,如向在汉口负责江汉关的道员恽祖翼致电,说"和议条款甚多,不止割

---

① 冀版《张之洞全集》第八册,第6377页。
② 冀版《张之洞全集》第八册,第6382页。
③ 冀版《张之洞全集》第八册,第6284页。
④ 冀版《张之洞全集》第八册,第6285页。

地赔费,真可痛愤骇怪! 恐外间尚未尽知",询"尊处知其详否"? 恽祖翼回电:"和议赔费、割地而外,闻尚有各口通商,余无确信……顷接台北来信,台民愤激,维帅抚不奉诏,四次电奏,有'拼死一战俟臣死后再割'之语,或竟掣动和局。"张之洞又致电李秉衡,说"和款甚多,不止割辽、台,率皆荒谬可骇。请尊处于天津、京城速探询为要"。① 张之洞对条约确情非常关注,多方联络打探,愈感日祸严重,痛心疾首。他在三月二十六日向清廷的电奏中有谓:

　　闻和议各条,不胜焦灼痛愤! 倭寇狂悖至此,种种显然利害,中外诸臣必已恳切陈奏,无待洞渎陈。其中如旅顺不交还,及威海、刘公岛驻兵,天津驻兵各条,尤为可骇。查旅顺、威海乃北洋门户,若倭不退还,则北洋咽喉从此梗塞,以后虽有水师,何处停泊? 何处修理? 旅顺、刘(公)岛常驻倭船,天津又驻陆兵,近在肘腋,旅顺到津、沽、山海关皆一日到,烟台尤近,彼日肆要挟,稍不满欲,朝发夕至。且倭约各条,贪苛太甚,台湾民悍,不甘属倭,必然启衅,各省军民必然痛恨深怒,断不甘心,稍有支节,彼即谓不依条约,立刻生事,彼时战不及战,守不及守,和不及和,即欲暂避,亦不及避。倭性凶狠,不比西洋,其祸岂堪设想?②

张之洞于四月初二日又复通过总理衙门上奏清廷,从更多方面进而深痛言说《马关条约》的大害:

　　倭约万分无理,地险、商利、饷力、兵权一朝夺尽,神人共愤,意在吞噬中国,非仅割占数地而已。所有弃台、旅之害,威海、刘岛驻兵之害,与中国联合备战各条之害,二十六日电奏已详陈(按:即上引段中)。近闻通商条目、赔款限期,尤堪骇异,各省口岸城邑商业、工艺、轮船处处任意往来,任意制造,一网打尽,工商生路尽矣。倭在华制造土货亦照洋货纳税,各国效尤,如何能拒? 厘金亏矣。赔款二万万两,六年付清,又加五厘利息,即借英国洋款转付,分期摊还,每年亦须还本息一千数百万两,各海关

① 冀版《张之洞全集》第八册,第6286页。
② 冀版《张之洞全集》第三册,第2056页。

洋税空矣。今借款系赫德一手承办,专借英款,将来无论如何搜括,亦不能还清,英国必索我地方作抵,是又生一患矣。民贫极则生乱,厘税去则无饷,陆师、海军永不能练,中国外无自强之望,内无剿匪之力矣。威、旅之兵必致永远不撤,京城亦永无安枕之日矣。一倭如此,各大国援例要挟,动以窥伺京城为词,更不能拒,后患不可胜言矣。①

就对日祸的感触和剖析而言,更为典型的是闰五月二十七日,他直接上清廷的一个八千余言的长奏,这一定是他细经思虑、反复斟酌而成的一个文本。其主旨在于陈述针对日祸的应对之策(对此下节再述),而这是以揭示和阐说条约危害为前提的,这里先说这层意思。

此折开篇先言,"此次和议未经换约以前,臣屡次电奏,沥陈倭约凶狠,种种贻害,万不可允,恐从此中国不能自立,并请购兵船、募洋将等事","只以言轻术浅,不能仰动宸听,挽回万一,惶悚痛愤,寝食难安"。接着申说条约之害及急行补救的必要:"此次和约,其割地、驻兵之害,如猛虎在门,动思吞噬;赔款之害,如人受重伤,气血大损;通商之害,如鸩酒止渴,毒在脏腑。及今力图补救,夜以继日,犹恐失之,若再因循游移,以后大局何堪设想! 此臣之所以痛心疾首不能不披沥迫切上陈"者也。并列举危害要端予以剖析,说"台湾资敌矣,威海驻兵矣,南洋之寇在肘腋,北洋之寇在门庭,狡谋一动,朝发夕至,有意之挑衅,无理之决裂,无从豫防,无从亿料",以"去年之事,曷尝真有启衅之端",作了一连串的发问和感叹:"日本必欲代朝鲜改政,则胁朝鲜以必从可矣;我为东学党发兵,而日本不愿,则催我撤回可矣,何至不下战书而遽然击我兵船? 又何至从此尽占朝鲜? 又何至犯我辽东内地? 又何至必欲攻我京师? 不过兵力已强,窥我无备,欲借端称兵以偿其欲耳。此尚有何理之可论、何约之可言哉!"因而断言,"以前例后,则此次之和,犹未和也"。接着举约中赔款、于内地开机制造的严重危害为例论说:"赔款二万万,目前必系借洋款以应之,折扣之外,加以东西洋两层息银,至镑价亏累,尚难豫计。即分数十年归还,每年本息亦须二千万两,势必尽以海关洋税作抵,而又提厘金、丁赋以足之。且洋人制造之土货概免厘金,则进款益绌,此后国用更何从出"? 必以

---

① 冀版《张之洞全集》第三册,第 2060—2061 页。

"百方掊克,以资仇敌",会致"民穷且怨,土匪奸民借口倡乱,而国家以饷绌兵弱,威力又不足以慑之",这样"赔款之害,必由民贫而生内乱";而关于在中国设厂,说"向来洋商不准于内地开设机器制造、土货设立行栈,此小民一线生机,历年总署及各省疆臣所力争弗予者。今通商新约,一旦尽撤藩篱,喧宾夺主,西洋各国援例均沾,外洋之工作巧于华人,外洋之商本厚于华人,生计夺尽,民何以生? 小民积愤,断不能保相安无事。今日毁机器,明日焚栈房,一有他变,立启兵端,是通商之害,必由民怒而启外衅"。①

此外,张之洞还据"倭人扬言"进而陈述他的激愤和忧惧:

　　久闻倭人扬言,此次和约,意在使中国五十年内不能自振,断不能再图报复;又闻倭人以中国舆图用五色画界,指示西洋各国,拟与各国瓜分,宣言十年之外,必可立见此局,其封豕长蛇之谋,令人发指;今更以我剥肤之痛,益彼富强之资,逐渐吞噬,计日可待。朝廷虽有守约之信,窃料倭人断无永好之心。且西洋各大国,从此尽窥中国虚实,更将肆意要挟,事事曲从则无以立国,稍一枝梧则立见决裂,是日本之和不可恃,各国之和亦不可恃矣。故今日事势侥幸无事者,或以为可以偷旦夕之安,而愚臣独以为不久即将有眉睫之患,夙夜忧惧。②

若单就对日祸的分析和指斥而言,真可谓鞭辟入里而又义愤填膺。张之洞也着力筹策抗日,表现出一股执着和坚持的劲头。但与此同时,他又寄望于所谓"强援"挟日、"以夷制夷",这不免是张之洞心怀不切实际"良好"愿望的一个误区。他当然是想利用列强之间的矛盾,让它们之间有所抵制和抗衡,以达到消减对华侵略的效果。但问题是,列强之间固然有矛盾,但在对华侵略问题上,那是它们谁能占据最大优势争夺上的矛盾,这虽然对其侵华格局不无影响,在对华侵略的有些事端上也会暂时性、权宜地或有牵涉,但在总体上、长远上会是刺激它们更疯狂地加紧对华侵略,以其无餍的贪婪,从中国肌体上剜更多的肉、吸更多的血。对此,张之洞在日本侵略祸端危急的压迫下,

---

① 冀版《张之洞全集》第二册,第989—990页。
② 冀版《张之洞全集》第二册,第990页。

难能有透辟认识,他一方面满怀激愤地主张抗击日本侵略,另一方面又寄望于不惜重利拉拢"强援"来抵制日本。这当然也是窘急无奈之举,而总体上不免落空。即使诱来"强援",那也不免是前门之狗未必走,后门引狼又进入,狼、狗齐聚,共食中国之肉。当然,张之洞本意并非在此,而是在迫不得已之下两害相权取其轻的筹策。这在光绪二十年十二月初五日他致驻英等国公使龚照瑗的电报中即有比较典型的表露,其谓:

> 所谓借强援武断胁和者,倭寇无故开衅,妄肆要求,传闻所索数条贪狼狂悖,实堪发指,若许之,则中国不能立国矣。目前和议断不能成,张、邵此行恐亦无益。故鄙意以为,今日中国甘以重利饵他国,断不可以丝毫利益与倭人,不如许英、俄以商务、矿务等事或他项重利,英、俄肯助我,则以兵威胁倭,使之速即罢兵。胁和者谓借他国之助,于倭人不赔兵费,彼所要求之事一件亦不允许,不过彼此罢兵,两不索费而已。我国体不失,大局无碍,根本不摇,尚可徐图雪耻。若我自与讲和,则倭欲太奢,设或勉允数条,必致国体大伤,将来亦难补救,悔不可追矣。总之,胁和则可,讲和则不可。胁和则以利益与他国,而不屈于倭,国威未挫。讲和而以利益与倭,则为倭所屈,从此不能立国矣。此即远交近攻之意,非仅托英居间,而我仍许倭所求也。①

龚照瑗回电谓,遵嘱"赴外部密商两次",并将英国外部的话语扼要引述,最后说"数月来一切机宜无不谋商,奈友邦(按:指英国)真无关痛痒者"。②可见,张之洞的让英国"胁日",只是他的一厢情愿。英对日本侵华岂只是"无关痛痒",而正在表面冷眼而实则虎视眈眈地伺机获取大利。张之洞竟欲许以"重利"笼络它助我对抗日本,岂不是聪明人打起糊涂算盘? 在龚照瑗联络无果的情况下,张之洞仍不甘心,二月二十一日,他又发电于龚,说"因台湾孤危,拟向英借巨款,以台作押,冀英保台。若仍不允,或更许以在台开矿一二十年",告以将此电奏奉旨,"台湾作押借款藉资保卫一节,有无确实办法? 著详

---

① 冀版《张之洞全集》第八册,第5954—5955页。
② 冀版《张之洞全集》第八册,第5955—5956页。

细电复"。张之洞以下述言辞进一步阐说：

> 台湾逼近香港，处东方海面之中，控制南北，倭若踞台，非英之利，惟英碍于局外之说，未便干预耳。若已作押，则保卫有词，必肯出力。况英人重利，垂涎台湾已久，许以开矿，正遂其私，善为说辞，当能就范。既已奉旨详询，内意自以为可行。切恳与外部密商，将台湾押与英国之说能行否？如肯，意欲押银若干？大约拟借数千万，或并许在台开矿，但须约定，英必保台方可。然此仅为一台计，关系尚小。如再能与商以兵威胁和，令倭人速罢兵，不索割地，不索重费，则中国全局受益。即许以他项利益，或径询英另有何欲，如内地开矿与商务、开铁路诸事。总之，于根本无伤，于大局无碍者，似皆可商。此时圣上焦劳，京畿危迫，举朝无措，若能结强援以固大局，公之功不细矣。傥商有端倪，即当电奏，以慰宸廑。①

龚照瑷回电，也谓"压台系上策"，告知已密嘱人"就近密商外部"②（他当时已不在伦敦）。这一"密商"，必然是无张之洞所想要的结果。但从廷旨同意他试询此策，而龚氏也认为是"上策"的情况来看，则是在"举朝无措"之时，一种将台宁可押英而也不愿让日本割占的自我"选项"而已。张之洞不是仅赖英国，同时也寄望于俄国，前边引文中说到他想利用"强援"来"胁和"日本时，就曾英、俄并提。而英国态度暧昧，张之洞一方面继续对其策动乃至乞求的同时，对俄国也加大工作力度。三月二十三日，他致电驻俄等国公使许景澄，追忆"三年前俄皇（按：时为皇太子，他去年继位俄皇）游历汉口，仆（张之洞谦称自己）周旋数日，甚为款洽。深承优待，其意甚殷，面言鄙人情谊，他日必不能忘，回国后尚令俄领事寄语致谢"，说此时自己"本拟自行电恳俄皇，为包胥乞秦之举，特以中国大员向未闻有与各国之君通电之事，未敢冒昧，特请阁下代为转陈"，言日本"凶狡诡谋，各国共见。倭占韩占辽，尽据东方海面，俄亦事事受制，此乃地球实事，并非纵横虚谈"，"请阁下急速面谒俄皇，沥恳相助"，"务达鄙意，诚切恳求。若肯代解危急，我国家必有以报"。③

---

① 冀版《张之洞全集》第七册，第6137页。
② 虞和平主编：《近代史所藏清代名人稿本抄本》第二辑，第73册，第115页。
③ 冀版《张之洞全集》第八册，第6276—6277页。

三月二十八日,接到许景澄回电:"二等使无谒君例,即代拟节略送外部。据云,遇便即递。俄已合法、德劝倭减让,意在争辽。"① 这是俄国在尚未接到张之洞说辞的情况下,便已联合法、德要干涉日本对辽东半岛的割占了。它们拟这样做当然是各有目的,并非真为中国着想。张之洞知此三国要干涉辽地后,立即致电盛宣怀询问,这"是否出三国之意,抑系中国所托"? 英国"何以推却不管"? 盛宣怀回电说,三国主导"似出于俄","惟俄出亦但阻辽东,未必甘为我用","英不愿俄独雄东方,且倭约于彼商务有益,故推诿"。② 应该说,其看法和分析确有道理。

而张之洞在大致摸清了三国干涉辽事的情况后,急不可耐地于四月初二日向清廷出奏,在痛愤陈述"倭约"之大害之后,说是"非藉兵威不能废约",而"此时欲废倭约、保京城、安中国,惟有乞援强国一策。俄国已邀法、德阻倭占地,正可乘机恳之",但"乞援非可空言,必须予以界务、商务实利"。他说,"威、旅乃北洋门户,台湾乃南洋咽喉,今朝廷既肯割此两处与倭,何不即以此赂倭者转而赂俄、英乎"? 建议"总署及出使大臣急与俄国商订立密约,如肯助我攻倭,胁倭尽废全约,即酌量划分新疆之地,或南路回疆数城,或北路数城以酬之,并许以推广商务。如英肯助我,则酌量划分西藏之后藏一带地,让与若干以酬之,亦许以推广商务"。在他看来,"倭极畏西洋,断不敢与俄、英开战。若俄、英有一国相助,则兵不血刃,而倭约自废,京城自安。若倭敢战,则我击其陆兵,英、俄截其海道,攻其国都,倭必灭矣"。说是"同一弃地,而捐荒远之西域,可保紧要之威、旅,全膏腴之台湾,且可尽废一切毒害中华之约,权其轻重利害显然"③。可见,在"倭约"规定割占辽东半岛和台湾的情况下,张之洞为保全此地,竟然出此酌选新疆、西藏之地以"赂俄、英"的设想,还将之视为"轻重利害显然"的事情。但不管怎么说,将部分中国领土划给俄、英也是绝不可以的事情。而到闰五月二十七日,张之洞随折专门上了一个密片,可谓是将他"结强援"的"方策"的一个要言不烦的概括和总结,有谓:

今日救急要策,尤莫如立密约以结强援之一端。从古各国角立之时,

---

① 冀版《张之洞全集》第八册,第6276—6277页。
② 冀版《张之洞全集》第八册,第6291页。
③ 冀版《张之洞全集》第三册,第2061页。

大率皆用远交近攻之道,而于今日中倭情势为尤切。今日中国之力,断不能兼与东、西洋各国相抗,此时事机甚紧,变故甚多,即日夜汲汲征缮经营,仍恐不及,若不急谋一纾祸之方,恐无喘息自强之暇。查外洋近年风气,于各国泛交之中,必别有独加亲厚之一二国,平日豫订密约,有战事时,凡兵饷、军火可以互相援助;若无密约者,有事便守局外,不肯干预。今欲立约结援,自惟有俄国最便,缘英以商胁中国之利,法以教诱中国之民,德不与我接壤,美不肯与人兵事,皆难议此。查俄与中国乃二百余年盟聘邻邦,从未开衅,本与他国之屡次构兵者不同,且其举动阔大磊落,亦非西洋之比……此次为我索还辽地,虽自为东方大局计,而中国已实受其益,倭人凶锋藉此稍挫,较之他国袖手旁观、隐图商利相去远矣。正宜乘此力加联络,厚其交谊,与之订立密约……及今图之,万不可缓。①

此时,张之洞的结援对象也有一个变化,就是由过去的要兼结英、俄、德等国转到专结俄国。并且需要注意,他对第二次鸦片战争以来俄国割占中国大片领土的事实似乎尽然忘记,全部不提,竟还说它"与中国乃二百余年盟聘邻邦,从未开衅",嘉其"举动阔大磊落",并特别将"此次为我索还辽地"强调出来,说其与英、法、德、美大为不同,故要"力加联络,厚其交谊,与之订立密约"。这可以说是他"结强援"思想变化的一个阶段性落脚点。就此点而言,他与李鸿章倒是有几分"志同道合"了。这时,尚被举国唾骂的李鸿章,到第二年"历聘"出使欧美,第一站便是俄国,明面上是参加俄皇尼古拉二世的加冕典礼,但暗地里是签订"中俄密约"②。既是"密约",外间当然不明底里,传闻盛行,沸反盈天。到多少年后才揭之于世,其大旨是,中俄所谓共同防日,"协力御敌";战时"中国所有口岸,均准俄国兵船驶入";俄国在将来运兵及接济军火、粮食的借口下,中国允其于"黑龙江、吉林地方接造铁路,以达海参崴"等。可见,俄国要从中国身上攫取多大的利益!而眼下张之洞的这个密片,无疑也是在日本逼订成惨苛条约的形势下,为"救急"而拿出的一个大旨错谬的"筹策"。

① 冀版《张之洞全集》第二册,第1002—1003页。
② 载王铁崖编:《中外旧约章汇编》第一册,第650—651页。在该本中,此约题为《御敌互相援助条约》。据其"附注",本约汉文原无名称,一般称为"中俄密约",题名是按本约序文中称谓所加。

需要注意,张之洞上此"密片"的时候,"三国的干涉还辽"还未完结,而事情还是按照"还辽"之局设计者们自己的意愿进行,日本最终不得不放弃对辽东半岛的割占,但它提出中国须以相当款项补偿,最后订以"赎辽费"三千万两。此后,俄、法、德三国则向清朝邀"功"索偿,遂有强迫租借军港等项,在中国掀起割地和划分势力范围的狂潮。这在客观上也为张之洞所谓借助"强援"、"以夷制夷"的设想,提供了最为现实的殷鉴。不过,张之洞这时的"密片"和其所上"主折"相比,还是有着眼下"臆想"和较为长远筹策的分别,其人总体上还是深怀忧患、激愤难消的。

三、对策筹划与"新军"建设

条约既定,结局已成。在面对惨烈日祸的局势下,张之洞开始系统地反思和筹划应对之策。这集中反映于光绪二十一年(1895 年)闰五月二十七日他所上奏折中(上曾叙述和引录他在该折中痛陈日祸之辞),在陈述了"和约"不和反而加重中国危难的情况下,张之洞具体提出九项对策,供朝廷"决而行之":

一是"宜亟练陆军"。说"中国自剿平发、捻以来,军威颇振,何以此次军务竟不能支? 查发、捻虽甚猛悍,然究系流寇,与敌国不同。日本用兵皆效西法,简练有素,饷厚械精,攻取皆有成算",其"地图以及登山涉水之具、糇粮御寒之物,无不周备;而又不惜重利,广购间谍。故今日之敌,迥非发、捻可比。我军则仓卒召募以应之,心既不齐,械亦不足,技又不习,以致动辄溃挫"。并且近些年来,"宿将上选所存无多,其次者暮气已及,积习已深,将领以克扣为故常,以应酬为能事","至于忠义奋发、训练精强、锐意灭贼者,则实罕见其人"。而"今外洋各国,无一国不汲汲于兵事,日夜讲求淬厉,以相角相伺。我若狃于和局,从此罢兵节饷,而不复为振作之计,是中国永无战胜之日矣"!于是,他建议"中国此时必宜趁一年之内于海疆各省急练得力陆军三万人"。鉴于"目前陆军以德国为最强,自宜取法于德"。说"驯至中国练成能战精兵十万人,不但永无内患,必可无忧外侮矣"![1] 总之,是认为取法外洋编练成起

---

① 冀版《张之洞全集》第二册,第 990—992 页。

码数量的新式军队,不但可弭内患,而且可御外侮。

二是"宜亟治海军"。这自是鉴于甲午战争中北洋海军遭受重创、毁灭殆尽的境况,说"今日御敌大端,惟以海军为第一要务",而"查近日海战,洋人皆以快船、快炮为要着,与从前专恃船坚炮巨者稍异"。并大致列举出其海军每一军的基础配备、性能、饷需,言建成"大约海军一枝,船、炮、鱼雷各费共需银约一千数百万两至二千万两以内,若分向英、德各大厂订造,则一年内外海军数枝之船皆可齐备应用,庶免悠忽延误"。他回顾"去冬曾与德国伏尔铿船厂、克虏伯炮厂询商,允为垫办,该价分二十年归还,计息六厘",估计"各厂情形办法必可相同",而"此时和局既成,利息必可减省"。又谓"论今日大势,自以南洋、北洋、闽洋、粤洋各设海军一枝为正办,若限于物力大巨,则南、北洋两枝断不可少。此攻彼战,此出彼归,或分或合,变动不居,方不致困守一隅,坐受敌人之牵缀"。他还就各船将领、管带、弁勇的配用布置作有大致拟议,大旨是将领初以洋将为之,数年后华人习知洋法便取代洋将,其下各级官员甚至勇员,亦需有出洋学习或在中国专门学堂学习的经历。总之,说是"此则今日固圉卫民之先务,无论如何艰难负累,而必当竭蹶以成之者也"①。

三是"宜亟造铁路"。此议张之洞早有,并非于此首提,但这里是经甲午之战后他基于对新情势的感触而发。说是日本"变法才二十年,而国势日强,几与各大国抗衡,寻其收效之著,实莫如铁路一端"。言"铁路成,则万里之外旦夕可至,小民生业靡不流通,朝廷耳目靡不洞达,山川之产靡不尽出,风俗之陋靡不尽除,使中国各省铁路全通,则国家气象大变,商民货物之蓄息当增十倍,国家岁入之数亦增十倍。至于调兵捷速,可省多营,转漕无阻,可备海梗,民间省差徭科派之困,官吏无驿站办差之累",有此"种种利便"。回顾其"原议由汉口至芦沟桥先成干路,分达各省",而"嗣以议造山海关铁路,遂将此项经费改归北洋",进展不大,以致战争以来"一切隔阂,兵饷、军火转运艰辛,劳费百倍,而仍有缓不济急之患",说是"使铁路早成,何至如此"?他仍不改前议,坚持认为"中国应开铁路之地甚多,当以卢汉一路为先务。此路南北东西皆处适中,便于通引分布,实为诸路纲领"。要朝廷"深维时局,锐意创造,此事需款虽巨,可使洋商垫款包办,卢汉一路限以三年必成,成后准其分利几成,

_____

① 冀版《张之洞全集》第二册,第992—993页。

年限满后,悉归中国,如此则费不另筹而成功可速,弊端浮费亦少","若中国自办,则委员视为利薮,旷时糜费,十年亦难成矣"。① 总之,是要借洋款亟筑"南北东西皆处适中"的卢汉铁路。

四是"宜分设枪炮厂"。鉴于"此次军事不振,固由将士之不练,亦坐器械之不精。外洋新出火器,所及愈远,施放愈速",并列举出实际例子,说明"无论水军、陆军,若不讲求精利枪炮,而欲战胜洋人,无论如何勇猛,皆属欺人妄谈",所以得出结论,"枪炮子弹,均非多设局厂速行自造不可"。此时张之洞操持的湖北枪炮厂业已初成,而更早的其他地方的枪炮厂也还存在,他这里是就全国范围内的改造及新建而言。说"凡要冲之地、根本之区,均宜设局,尤宜设于内地,有事时方能接济沿海沿边"。而像"天津、江南、广东、山东、四川原有制造局",因生产受限,"似应各就本省情形,量加扩充","福建船政局现有大锅炉机器及打铁各厂,并多谙悉机器员司工匠,若添枪炮机,似乎费可较省,工亦宜集","其余如奉天,根本而道远,难于接济,宜专设一厂;陕西奥区,且可以接济西路,亦宜专设一厂"。持论"大约每一厂每年须实出快枪五六千枝,陆路、过山两种小快炮百余尊,方能济用"。这样,"一旦有事,乃无束手之虞、糜费之患"。②

五是"宜广开学堂"。这自是危机时势下的旧话新提。谓"人皆知外洋各国之强由于兵,而不知外洋之强由于学",说"夫立国由于人才,人才出于立学,此古今中外不易之理"。鉴于"泰西诸大国之用人,皆取之专门学校,故无所用非所习之弊",而"今外洋各国与我交涉日深,机局日逼,若我仍持此因循之习、固陋之才、浮游之技艺,断不足以御之"。故"应请各省悉设学堂,自各国语言文字以及种种制造、商务、水师、陆军、开矿、修路、律例各项专门名家之学,博延外洋名师教习,三年小成,乃择其才识较胜者,遣令出洋肄业,如陆师则肄业于德,水师则肄业于英,其他工艺各徒,皆就最精之国从而取法"。又考虑到人才急需,说"惟有一面选募粗通洋语洋文者,即令分赴各国学之。此时洋文不必甚深,到彼以后,众咻渐染,自然能通,庶免旷时失机,此臣历访之出洋学生而深知之者"。③ 还提出了量才而用,激励和鼓舞成才的方案。

---

① 冀版《张之洞全集》第二册,第993—994页。
② 冀版《张之洞全集》第二册,第994—996页。
③ 冀版《张之洞全集》第二册,第996—997页。

六是"宜速讲商务"。这主要是针对甲午战后中外通商的更为严峻局面而发。说"自中外通商以来","大约土货出口者多,又能自运货赴外洋销售,不受外洋挟持,则通商之国愈多而愈富;土货出口者少,又不能自运出洋,坐待外人收买操纵,则通商愈久而愈贫"。以日本致富为例,言"日本与西人通商,专讲精造土货、自运外洋两端,商本亏累则官助之,不以赔折而沮。今该国商利岁入至八千余万元,其取于美利坚者约四千万元。商务盛则交涉得手,国势自振,其明效若此"。而对比之下,"中国上下之势太隔,士大夫于商务尤不考究,但有征商之政,而少护商之法。西人常论中国商人最工贸易,惜国家不为保护,任其群起逐利,私作奸伪,不顾全局,以致百业皆衰"。提出"今宜于各省设商务局,令就各项商务悉举董事,随时会议,专取便商利民之举"。特奏请朝廷奖励"能集巨资多股设一大公司者",而"借招股坑骗者,重治其罪",并"尤须令出使大臣将各国商务情形随时考究,知照总署及各省督抚,以便随时悉心筹画"。①

七是"宜讲求工政"。认定"外洋富民强国之本,实在于工"。说其"讲格致、通化学、用机器、精制造,化粗为精,化贱为贵,而后商贾有懋迁之资,有倍蓰之利"。又谓"西洋入中国之货,皆由机器捷速,工作精巧,较原来物料本质,价贵至三四倍、十余倍不等","即如日本,尤重工政,该国于各通商都会,遍设劝工场,聚民间所造器用百货第其最精者,亦仿西洋之例,国家予以赏牌,使专其利,是以百工竞劝,制造日精,销流日广"。而"中国生齿繁而遗利少,若仅恃农业一端,断难养赡,以后日困日蹙,何所底止"!持论"今宜于各省设工政局,加意讲求","每年出口易销之土货,则加工精造之、扩充之,以广其出;进口多销之洋货,则加工仿为之,以敌其入",这要"责成各省督抚招商设局,各就本地土宜销路筹办","并分遣多员,率领工匠赴西洋各大厂学习",回国后"即以充办理工政之官"。并有谓,"中国人数之多,甲于五洲,但能于工艺一端蒸蒸日上,何至有忧贫之事哉"!还说这是"养民之大经、富国之妙术,不仅为御侮计,而御侮自在其中矣"。②

八是"宜多派游历人员"。有谓"洋务之兴已数十年,而中外文武臣工罕

---

① 冀版《张之洞全集》第二册,第997—998页。
② 冀版《张之洞全集》第二册,第998—999页。

有洞悉中外形势、刻意讲求者,不知与不见之故也。不知外洋各国之所长,遂不知外洋各国之可患,拘执者狃于成见,昏庸者乐于因循,以致国事阽危,几难补救,延误至此,实可痛心"。持论"今欲破此沉迷,挽此积习,惟有多派文武员弁出洋游历一策"。说到"前此中国虽有派员游历之举,旋即停罢",而派出各员成效亦颇有限,言"今宜多选才俊之士,分派游历各国,丰其经费,宽其岁月,随带翻译,纵令深加考究,举凡工作、商务、水陆兵事、炮台、战舰、学校、律例,随其性之所近,用心考求",待其"归国之日,由总理衙门课其能否,察其优劣,将此项人员发交有洋务交涉省分(份)分别委用,或派往各省商务、工政等局差委",或派任相关官员。陈明"因噎废食之说,最为误事。不知拔十得五,即不为少,岁费不过十万金,但能得十数有益大局之人,所获不已多乎"?①

九是"宜豫备巡幸之所"。这是鉴于"近年凡与外洋有构兵之事,各国洋人之议,多谓京城距海口太近,必宜迁都腹地,于战事始能操纵自如"。而前不久"当东事紧急之时,建言者亦多持此说"。接着有言,"京师乃天下根本,人心所系,岂宜轻议迁移?况秦晋贫狭,亦不足以容万乘而供六师,若一一缔造经营,今日物力岂能办此"?而只是"天津、榆关距京太近,外人专恃此为要挟","以后各国纷纷要求,正不仅一日本,又将何以应之"?说是"为今之计,似宜择腹省远水之地,如山西、陕西等处,建设行宫,遇有外警,则暂时巡行",此乃预防之举,"且我既备有巡行之地,将来敌人即不注意京城,且可并无巡行之事矣,此兵法所谓伐敌之谋者也"。②

此折最后作结谓:"以上九条,非特远虑,实为近忧,惟需款浩大,猝不易筹,窃恐廷议必难于举办",而"此数事乃中国安身立命之端,万难缓图,若必待筹有巨款始议施行,则必致一切废沮自误而后已"。进而说,"今日赔款,所借洋债已多,不若再多借十分之一二,及此创巨痛深之际,一举行之,负累虽深,而国势仍有蒸蒸日上之象"。如果"畏难惜费,隐忍图存,将益为各国所轻侮,动辄借端生事,侵占索赔,一再相寻",则天下事即非所忍言者矣!强调"自强之本,实在朝廷","伏望我皇上存坚强不屈之心,励卧薪尝胆之志,广求忠直之言,博采救时之策,将向来因循废弛、罔利营私、膜视君国之习,严惩切

---

① 冀版《张之洞全集》第二册,第 999—1000 页。
② 冀版《张之洞全集》第二册,第 1000—1001 页。

戒,先令天下现有之人才激励奋发,洗心涤虑,庶几所欲措施之要务可以实力奉行,所欲造就之人才可以接踵而起,夫然后有成效之可睹矣"。①

由张之洞此折,可见其甲午战后所拟一个相对完整的革新方案,包括军事、经济、文教乃至政治各个方面,而以前三者为主要,至于政治方面只涉及最后"宜豫备巡幸之所"一条,这还不是"典型"的"政治"事项,而只是前述三项中不好归列,而只好归于它更接近的"政治"而已。总之,他所提这一方案是以"非政治"事项为中心的,乃针对甲午战后关于施政运作的一个反思性具体结果。总体来看,大有亟补短板的特点。如军事方面的"练陆军",是基于清朝陆军落后而提出亟仿照洋法编练新式军队;"治海军",是鉴于原清朝海军重创而在要区各新建一支海军;"分设枪炮厂",是既改造旧有更建设新厂以求适应军火需要的运筹。经济方面的"造铁路",是基本上维持旧议酌加新思;"讲商务"和"讲求工政"两事,是针对"倭约"严重攫夺中国商、工权益情势下的"因势"而思。文教方面的两事,即"广开学堂"和"多派游历人员",则是在前有基础上为"储才"需求的筹度。最后政治方面的"豫备巡幸之所"一事,则是估计到日后京都遭受威胁必有,而做的朝廷临时迁移的布置预案。此事不几年里乃不幸成真,似乎有点"一言成谶"的意味,实则大势所趋之下清廷的必然选择。除这最后一条算是特殊情况而外,应该说,若其他各条的建议真能全然实现,则对于中国自强自立、抵御外侮来说会大有裨益。但在当时的时势条件下,有的事项却实难做到。如所说海军建设,仅就当时清朝财力条件而言,就实不可及。再加其他各项,在在需款,总的说来是清朝无力负担的一笔巨大开支。张之洞深知于此,他也有动议,即上面引到的,其说于赔款借洋债的数额上"再多借十分之一二",不要"畏难惜费"。这即便是清廷同意为之,而在实际运作中会碰到如何窒碍都难估计。总之,列强会竭力阻挠中国的求强建设。不过,张之洞的这一奏议,竭心费力,用意良苦,应该说是甲午战后一个筹度全局的方案。尽管有着他惯有的一些脱离实际、好高骛远的玄想成分,但又为清朝施政提供了一个可以参考借鉴的蓝本。其有些方案,确实为清朝在一定程度上采择推行了。

而张之洞本人,对其筹划当然更会在其职任允许的范围内努力尝试行之,

---

① 冀版《张之洞全集》第二册,第 1001 页。

并且可以说有的事项是具有开创性意义的推行,譬如建立"新军"一事便是如此。这包括在他筹划改革的第一事项当中,是那里边就"江南情形"而"酌量筹议"的部分(前边有意避开未引,于此专说)。他说是在其辖区"拟练万人为一军,其教练之法,大率有三",一是"募洋将管带操练",拟以陆军最强的"德国将弁为统领、营官,令其悉照洋法操练,并其行军、应用军火器具、营垒、工程、转运、医药之法,亦俱仿之";二是"遣员弁出洋学习","无论文武、官阶大小,遴选年力精壮、明敏有志者百余人,令赴外洋,附入学堂营局,将武备、营垒、炮台等事分途肄习,观摩既便,领悟必速",学成回华,分充各官;三是"设陆军学堂",而"延西人为师,择强壮朴实之少年子弟入学,学成亦发各营,量加委用"。① 当然,这还是张之洞的一种理念,之后,他则进入编练实践。

这在张之洞于这年(光绪二十一年)十一月中旬所上题为《选募新军创练洋操折》中可以反映。首先便是聘用德国将弁和必须"改用洋操"。德国将弁有自天津调来的由北洋原订者,再就是商托出使大臣许景澄代订者,一共三十五人,他们从夏秋到十一月陆续到齐。张之洞从夏间就先令早到者现就其卫队、护军等营内选择操练,以试其材,而"数月以来,颇有成效可观"。基此,张之洞说"亟宜选募新军,刻期训练"。又列举出"今日练兵必须改用洋操"的七项理由,诸如绿营、勇营皆有积习,练亦"徒劳无功";其"里居不确,良莠难分";"奢华佚惰,用费繁多,营谋请托,无所不有",已无"练兵报国之心"等等。② 可见,在其心目中,洋员、洋法已成为不二选择,与他所举出的绿营、勇营之弊形成鲜明对比,而取用洋员、洋法则是破旧立新的关键。当然,再细加分析,他对洋员的使用,是出之迫不得已之下而以之进行教练、启导,对他们并非绝对相信,而一开始就有对他们的防备,譬如在其先前上折中,就言及在聘用人数上要有所限制,防止出现"尾大不掉之虞";还有在时间上也是临时借用,待"数年之后,华将多解洋操",即可接手替换。③ 而他从精神实质上要学的是洋操,觉得这才是其军强之本。确实,在当时,西洋军队的军制及训练方式、方法,大大优越于清朝军队,是为当学的要项。不过,它也存弊端,特别是中国要学,也需要量体裁衣,不能机械地完全照搬照抄。张之洞在学它当中,

---

① 冀版《张之洞全集》第二册,第 991—992 页。
② 冀版《张之洞全集》第二册,第 1052—1053 页。
③ 冀版《张之洞全集》第二册,第 991 页。

即不无这样的偏颇。但总体上说,他还是立意在军队上革旧立新。

再就是练兵的具体操持和规划。张之洞在十一月中旬的折中说,他详加筹划,"现拟先练二千数百人为一军,照洋法分为三十营,即名为自强军。俟成军半年以后,操练已有规模,即行推广加练,酌增人数一倍,统以增至万人为止。如届时饷巨难筹,则至少亦必须增至五千人"。① 至招募条件,"各营皆选择土著乡民,年在十六岁至二十岁以下,体气精壮,向不为非者,取具族邻团董甘结,声明情愿效力十年,只准开革,不准辞退。其城市油滑向充营勇者一律不收,更用西医检验其身躯,壮健并无隐疾、目光及远者,厚给饷糈,编为新军"。② 其营制,"俱照德国营制,计现设部队八营,营二百五十人,分为五哨;马队两营,营一百八十骑,分为三哨;炮队两营,营二百人,分为四哨;工程队一营,营一百人。西例随营有医官、枪匠、兽医等项,俟依次添设。现除杂役人等不计外,并马队、步队、炮队十二营,工程队一营","实数勇丁二千八百六十名,大约此系德国军制每一军人数四分之一"。其饷项,"正勇饷银,每名每月给官铸银元五元,合库平银三两六钱,勇目递加,其官给饭食衣履等费在外。洋员薪水,外洋订有合同","计长年额支华洋兵将饷薪衣食等项约须四十四万两有寄","若建造营房、马棚、操场等项"尚不在内。③ 从张之洞正在着手编练"新军"之际所操办和拟议的这些事项看来,基本全是模仿德国,无论是与清朝的绿营还是勇营相比,皆显大有反差。这不但令国人称奇,甚至能让西人赞叹。或曰:"其士躯之精状,戎衣之整洁,枪械之新练,手足之灵捷,步伐之敏速,纪律之严谨,能令壁上西士、西官、西妇观者百数,咸拍手咋舌,点首赞叹,百吻一语曰:不意支那人能如是。能如是!"④

张之洞所建立的"自强军",可谓在晚清军事史上具有最后阶段变革意义的滥觞之列,严格说来,比袁世凯"小站练兵"发端还早。袁世凯奉到清廷下旨批准他编练"新建陆军"是在这年十月二十二日(12 月 8 日)⑤,他到军尚在

---

① 冀版《张之洞全集》第二册,第 1053 页。
② 冀版《张之洞全集》第二册,第 1054 页。
③ 冀版《张之洞全集》第二册,第 1054—1055 页。
④ 《梁启超全集》第一册,第 113 页。
⑤ 《新建陆军兵略录存》,来新夏主编:中国近代史资料丛刊《北洋军阀》第一册,上海人民出版社 1988 年版,第 5 页。

稍后,而这时张之洞的"自强军"显然已在编练的过程之中。袁世凯编练新军并非"赤地新立",而是接手由广西按察使、留驻天津办理粮台的胡燏棻受命前已编练的营伍,胡氏是在甲午战争还未结束的光绪二十年秋冬之际于马厂着手练军的,初成"定武军",营地也由马厂移至小站。袁世凯接练后,又进一步建章立制,着力扩充,严格训练,不断完善,使成一支典型"新军",这也是他日后"飞黄腾达"的初基。从这个意义上说,其军暗含了其"私属化"性质。而就军队的形式而言,是一改绿营和勇营之制,从招募条件、建制规格、操练方法、武器装备等各个方面,都是袭用西法(主要系"仿德国章程"),所以,它更是"新军"的典型。而张之洞编练"自强军",可以说是和北方新军几乎比肩,说他同属清朝"新军"的开创者,自无问题。而且,他作为清朝有权势的总督,并无袁世凯那样的自营"派系"倾向,从"自强军"到日后他更大规模扩练的新军,更具有真正的"国属"性质(但在地方),与袁世凯掌控下的军队大有区别。

不过,就"自强军"而言,因系张之洞在暂时署理江督时编练,而他很快又回任湖广总督(张之洞随同带走其护军前营),这支新军便隶属回到江督任上的刘坤一。至于数年之后,它便被征调到袁世凯部下。而张之洞重抵湖广任后,到"清末新政"时在那里又更大规模和力度地编练新军,自是后话。

第八章　戊戌政潮中的微妙角色

一、维新兴起中的"正""反"态度

清廷于光绪二十一年十一月十八日（1896年1月2日）发布上谕，"刘坤一着回两江总督本任，张之洞着回湖广总督本任"①。他们于次年正月十七日（1896年2月29日）交接篆事（关防等张之洞系委员代交），张之洞于本月二十日起程回鄂，二十八日正式接篆，继续其湖广总督之职②，其后相关政务前已涉及，这里专说他关乎维新的事情。

维新运动，是因为甲午战争清政府失败，中国的有识、有志之士面临民族危机，奋起维新救亡救国，而发动的一场历时数年，而以戊戌年里"百日维新"为最高潮的政治风涛。康有为、梁启超等成为维新运动的典型人物；谭嗣同等"戊戌六君子"则为维新奉献出自己的宝贵生命。这场运动也给皇帝、太后乃至清朝官员提供了角色检验的舞台，使他们各自留下特定的历史印迹。而终因慈禧太后一手发动的"戊戌政变"，使维新运动惨遭镇压而落入悲壮失败的下场，也让光绪皇帝在很大程度上失去政治生命，朝局一度发生严重逆转。而张之洞作为权势显赫的地方大员，自然也与维新之局发生密切联系。总体上说，在维新的兴起阶段，他开始基本上是同情、赞助甚至参与维新的；继而随着运动发展而态度有所变化，开始防范维新的"越轨出格"。下面就看一下其人在维新中的态度变化。

维新运动，是以激烈反对《马关条约》而力陈救国之策的"公车上书"为典

---

① 《光绪宣统两朝上谕档》第二十一册，第451页。
② 冀版《张之洞全集》第二册，第1162页。

型标志开场的。这是光绪二十一年（1895年）春末，入京参加会试的举人们聚议决定的结果，同时也代表了社会进步力量救国救亡的要求。接着，他们便联同一些同道和赞助者，进一步组织和发展团体、聚众演讲、发行报刊，大力进行维新鼓吹宣传和策动，把维新运动风生水起地开展起来。譬如强学会，便是这年六七月间，先在北京酝酿和成立的维新运动的重要政治团体，它是在康有为联络下，由翰林院侍读学士文廷式出面担纲，参加和积极支持者除了典型的维新派人士外，也包括一些官员或高官后裔。而当时在京的张之洞的儿子张权也是其中之一，张之洞本人则为之"特拨款五千金"资助①，表现出一个显赫地方大员的热心。

康有为为了乘势发展强学会组织，利用张之洞主政两江的机会，到其辖区进行维新策动。他于九月中旬先至上海，又转江宁，在那里"居二十日"，策动张之洞支持强学会，张氏"颇以自任，隔日一谈，每至夜深"。②交谈中，他除了不认同"孔子改制"之外，对强学会事表示大力支持。所谓"孔子改制"，属康有为利用"今文经学"锻造出的为维新张本的一套"托古改制"理论，这集中体现于他自光绪十八年（1892年）开始编著，到光绪二十四年（1898年）由上海大同书局印行的《孔子改制考》中。此时尽管还未正式出书，但已在康有为的思想中酝酿成熟，是他所热衷大力宣传的。张之洞对"孔子改制"的否认，当然会使得康有为遗憾，不过他还是在张之洞的支持下，组织了上海强学会，并发表了由张之洞具名而实际是由康有为代撰的《上海强学会序》，其云：

> 天下之变，岌岌哉！夫挽世变在人才，成人才在学术，讲学术在合群，累合什百之群，不如累合千万之群，其成就尤速，转移尤巨也。方今海内多故，天子悢焉闵忧，特下明诏，搜求才识宏达及九能之人、一艺之士，而应诏者寡，固搜访之未逮欤，得毋专门之学，风气未改有以致之耶！故患贫而理财，而专精农工商矿之学者无人；患弱而练兵，而专精水陆军及制造船炮之学者无人；乃至外国政俗，亦寡有深通其故者，此所关非细故也。顷士大夫创立强学会于京师，以讲中国自强之学，风雨杂沓，朝士鳞萃，尚

---

① 见中国近代史资料丛刊《戊戌变法》第四册，第386页。
② 中国近代史资料丛刊《戊戌变法》第四册，第135页。

虑未能布衍于海内。于是江海散佚，山林耆旧，盍簪聚讲求，如汉之汝南、唐之东都、宋之洛阳，为士大夫所走集者，今为上海，乃群天下之图书器物，群天下之通人学士相与讲焉。尝考泰西所以富强之由，皆由学会讲求之力。《传》称以文会友，以友辅仁;《记》称敬业乐群，其以开风气而成人才，以应圣天子侧席之意，而济中国之变，殆由此耶! 其乐从诸君子游乎，吾愿观其成焉。①

其大旨是说，世变在合"大群";而今人才之缺，所关甚大;顷在北京、今在上海建立强学会，以开风气、成人才而济中国之变，我愿看到其成就。文中不但直述其意，而且引经据典，借古说今地阐述，此算得上维新领袖康有为与高官大员张之洞之间的一次起码是客观上的"合作"。总之，由于得到大员张之洞的支持和关照，康有为不但"在江宁时，事大顺"②，而且其在上海具体操办强学会，也进行得较为顺利。既撰发为张之洞具名之"叙"(上引)，康又写就自己具名的《上海强学会后序》，尤成文字更长、分条述明的主体篇目《上海强学会章程》，除了其自己外，还以共同发起的黄体芳、黄绍第、屠仁守、汪康年、邹代钧、梁鼎芬、黄遵宪、黄绍箕、左孝同、蒯光典、志钧、张謇、沈瑜庆、乔树楠、龙泽厚③等多人具名。他们中既有后来可证明算得上比较坚定的维新志士，同时也有张之洞的幕僚(如梁鼎芬)，还有前高官后裔(如左孝同是左宗棠之子)，并且，他们多也是有清朝官员身份者，借以可见当时维新"同道"的出身、类别情况之一斑。由亦参与强学会其事的四川达县籍维新人士吴季清(德潇)，在致汪康年信中有言，"康君(按:指康有为)自金陵来同寓"，"南师(按:指张之洞)极倾倒之"，"康君已承南师允拨三千金在沪立会。会章南皮制序，黄漱翁(指黄体芳)列名"，"公(指汪康年)不可不早到白下(按:"白"即白门，金陵代称)，见南师商定一切。传闻康主粤，公主沪。康现租张园，规模恢张。长素(指康有为)魄力之雄，公心思之诚笃，皆会中圣手，从此号召，必

---

① 中国近代史资料丛刊《戊戌变法》第四册，第385—386页。
② 中国近代史资料丛刊《戊戌变法》第四册，第135页。
③ 汤志钧编:《康有为政论集》上册，中华书局1981年版、1998年第2次印刷，第178—179页。

有可观,甚慰甚慰"。① 可见其时康有为策动张之洞的成效,同时也反映出张对康的欣赏。不但有上海强学会的成立,而且十二月末还出版了专门会刊《强学报》。应该说,康有为在沪的活动一度可谓风生水起,使得上海成为维新潮汐涌起的地方,而这与张之洞的开头支持密不可分。

然而,强学会的成立遭到了顽固派的嫉恨。李鸿章亲家、御史杨崇伊上奏弹劾强学会植党营私、贩卖西学,北京强学会于十二月上旬遭到封禁。消息自然很快为张之洞得知,再加上他与康有为的分歧渐深,这样,上海强学会及其报刊,也未能顺利发展下去。张之洞对学会"以论学不合背盟","处处掣肘"②;而《强学报》,只出了3期,张氏也就以其使用孔子纪年予以封禁。这样,其会、报皆为昙花一现,便告终结。所谓"论学不合"是康有为所言,这的确是他与张之洞分歧发端的因素,一开始,张之洞不就明确否认"孔子改制"说吗? 康有为之所以坚持其说,其实不仅仅是"学术",更有他"借学言政"的"弯弯绕";而张之洞也是既出自学术更由于政治的敏感对之愈发抵触,遂致有最后的局面。康有为并没有因此番上海挫折放弃维新,他辗转南北继续加紧活动,并和同道们逐渐把维新推向高潮。而张之洞,也并未因与康有为的矛盾遂放弃与维新派的合作。维新阵线,可以说成分上并不单一、纯粹,而是在一时大旨合拍的情况下,人员错综复杂、具体政见不一,且分化颇为剧烈的一个群体。张之洞一度就充当了维新的"同路人",而他很快就离开两江回到湖广总督任上,辖区特别是湖南的维新活动又逐步形成高潮,这与其主政也分不开。大员中更起直接作用的是湖南巡抚陈宝箴,他可以说是该省维新的直接"主局者"。

陈宝箴是光绪二十一年(1895年)七月间在直隶布政使任内奉到补授湖南巡抚任命的③。他于本年三月间刚刚接篆直隶布政使,而此前多年间任湖北按察使,又署该省布政使,是湖广总督张之洞的下属。他经短时北调之后,更作为封疆大吏回归湖广总督的辖区(张之洞不久便返回湖广)之省。其时,湖南学政为江苏元和人士江标,他也是以"开辟新治"为己任;而不久,来任湖

---

① 上海图书馆编:《汪康年师友书札》第一册,上海古籍出版社1986年版,第381—382页。
② 中国近代史资料丛刊《戊戌变法》第四册,第135页。
③ 《陈宝箴集》上册,中华书局2003年版,第24页。

南长宝盐法道的黄遵宪,又代理该省按察使,他们都力助陈宝箴推行新政。同时,湖南更聚合有一批坚定的维新志士,如本省籍的谭嗣同、唐才常、易鼐等等,还有外省籍者如广东梁启超的到来。在维新浪潮的激荡下,陈宝箴则充当了该省的"维新巡抚"。但也正如有的著述中所说,"除了一个有志于维新的省署之外,湖南还是在湖广总督张之洞的治下;张之洞是技艺和制度革新的强有力的和坚定的发起者,对于维新运动的重要方面如报纸、学会等,他都给予有力的支持"。与此密切相关,在当时"众所周知的绅士保守主义的堡垒"湖南,"变革之风"也就"强烈地刮起来了"。① 张之洞作为清朝开明大员,他的立场、观点与维新志士必也有异,他的支持维新自然以不能逾越维护清朝统治为前提。下面就通过张氏与"一人"、"三报"之例一窥他和湖南维新的关系。

"一人",指梁启超。他虽非湖南人,但与湖南维新有着直接而重要的关联,因为他曾于光绪二十三年(1897 年)十月应邀来时务学堂主持讲席②,尽管为时只有几个月的时间,但在维新教务方面还是发挥了重要作用。该学堂是由谭嗣同等人发起,在湖南陈宝箴、黄遵宪、江标等人的直接支持下,于该年七月在长沙开办的。梁氏来前曾在上海《时务报》任主笔,该报自也是维新派的重要刊物,是张之洞离开两江差不多半年之时创办的。张氏虽然离开,但与《时务报》仍有着千丝万缕的联系,特别是该报总理汪康年,曾为张之洞幕僚,张之洞在很大程度上隐然控制该报。而该报创行,"一时风靡海内,数月之间,销行至万余分(份),为中国有报以来所未有,举国趣(趋)之,如饮狂泉"。③ 开始,该报为张之洞所看重,到光绪二十二年(1896 年)八月二十一日的时候,他还在该报第六册上发表过《鄂督张饬行全省官销时务报札》,有谓:

　　查上海新设时务报馆,每一旬出报一本,本部堂批阅之下,具见该报识见正大,议论切要,足见增广见闻,激发志气,凡所采录,皆系有关宏纲,无取琐闻;所采外洋各报,皆系就本文译出,不比坊间各报,讹传臆造,且

---

① ［美］费正清编:《剑桥中国晚清史》下卷,中国社会科学出版社 1985 年版,第 344 页。

② 吴天任:《梁启超年谱》第一册,广东人民出版社 2018 年版,第 150 页。

③ 中国近代期刊汇编:《清议报》第 6 册,中华书局 1991 年版、2006 年北京第 2 次印刷,第 6196 页。

系中国绅宦主持,不假外人,实为中国创始第一种有益之报。①

可见,此时张之洞对《时务报》的推重程度,尤其是"实为中国创始第一种有益之报"之说,那更是"历史性"评说和称誉。不过,随后也与张之洞的干预有关,该报内部发生矛盾和争执,这里姑不再说。

而在梁启超来入职时务学堂前后,是受到张之洞看重的。在光绪二十二年十二月末,张氏曾通过其幕僚梁鼎芬发电给梁启超,告"南皮有要事奉商"②,要其快来。光绪二十三年正月十五日梁启超到达武昌,次日便去拜访张之洞,据事后梁启超致他人信中言,主人"撇开诸客延见,是夕即招饮","谭至二更乃散","渠相招之意,欲为两湖时务院长,并在署中办事,以千二百金相待。其词甚殷勤",而梁启超"大窘,无以拒之。然沪上实不能离,鄂事实无可办,故决不能就"。③ 及至六月二十一日,张之洞又致电盛宣怀,问梁启超"既经奏调在沪,曾面见否"?嘱"此人必须优礼。如尚未晤,似须台端先往拜更好"。④ 正如研究者所言,"对于一位年仅二十四岁的举人,要求如此施敬,意味着对其才华的肯定"⑤ 除此之外,张之洞也许对这位才子的发展前途有着大好的估量,隐然有结好之意。到七月二十日,张之洞又致信汪康年和梁启超,再次邀梁赴鄂:"甚盼卓老(按:敬指字卓如的梁启超)中秋前后来鄂一游,有要事奉商,欲得盘桓月余"。⑥ 据研究者根据相关材料述说,"是年秋,梁启超去湖南任时务学堂职时过鄂,张之洞仍与之多次交谈。到了光绪二十三年底,张之洞对梁启超遵从其师康有为的思想,已经极为反感,但仍有意做梁的工作,等待其改变态度"。⑦

事实上,在看重和争取梁启超的同时,张之洞对其人的表现也不无怀疑和指责。这一是因为,梁启超作为康有为弟子,其时对康有为的学说是从信不移

---

① 中国近代史资料丛刊《戊戌变法》第四册,第548页。
② 转据茅海建:《戊戌变法的另面:"张之洞档案"阅读笔记》,上海古籍出版社2014年版,第240页。
③ 上海图书馆编:《汪康年师友书札》第二册,第1841页。
④ 虞和平主编:《近代史所藏清代名人稿本抄本》第二辑,第48册,第18页。
⑤ 茅海建:《戊戌变法的另面:"张之洞档案"阅读笔记》,第241页。
⑥ 上海图书馆编:《汪康年师友书札》第二册,第1672页。
⑦ 茅海建:《戊戌变法的另面:"张之洞档案"阅读笔记》,第242页。

的,他自己说其学"无一字不出于南海"①,虽实际不会如此绝对,但这时他在关于维新变法的一些基本理论和说教上确实是奉康氏为圭臬的;二是他作为维新的激进派,在言论和观点上还是与张之洞这般开明高官大有区别的,更敢于放言高论,我行我素。这样,其有些言行在张之洞的心目中就会犯忌,甚至引起他的恐慌。譬如早在光绪二十三年九月十六日,张之洞致电陈宝箴和黄遵宪,就上海《时务报》所刊梁启超一文有谓:

> 《时务报》第四十册梁卓如所作《知耻学会叙》,内有"放巢流彘"一语,太悖谬。阅者人人惊骇,恐招大祸。"陵寝蹂躏"四字亦不实。第一段"越惟无耻"云云,语意亦有妨碍。若经言官指摘,恐有不测,《时务报》从此禁绝矣。报馆为今日开风气、广见闻、通经济之要端,不可不尽力匡救维持。望速告湘省送报之人,此册千万勿送。湘、鄂两省皆系由官檄行通省阅看,今报中忽有此等干名犯义之语,地方大吏亦与有责焉,似不能不速筹一补救之法。尊意有何良策?祈速示。②

所谓"知耻学会",是在康有为的策动下,由寿富(按:宗室,宝廷之子,时跻身维新)在北京发起成立的,以外患日逼、民贵知耻为大旨倡设。梁启超为该会作"叙"③,千言之文,呼吁国人奋然知耻,情调激愤,文字慷慨。而张之洞所说"放巢流彘"之语,放巢,是指商汤夺取天下后,将夏桀流放于南巢;流彘,是指西周国人暴动,将周厉王流放于彘地,合起来的意思就是政权易位,统治者被打倒。在梁启超文中,原句是说无耻之人"使易其地居殷周之世,则放巢流彘之事,兴不旋踵",意思是,假如把其换到商、周之世,政权易位之事旋即会发生。揣张之洞之意,是担心其说不免让人觉得是对当今皇朝的暗指,故有"太悖谬"之言。至于张之洞所指梁氏文中的"陵寝蹂躏"(其原为"陵寝之蹂躏"),是就本朝所遭外患而言;而张氏说其"'越惟无耻'云云,语意亦有妨碍",梁氏原句是"吾不解今天下老氏之徒,何其多也,越惟无耻",他言随其意

---

① 上海图书馆编:《汪康年师友书札》第二册,第 1862 页。
② 冀版《张之洞全集》第九册,第 7403—7404 页。
③ 见《梁启超全集》第一册,第 140 页。

地这样说来,政治上本无犯忌之处,可张之洞却也认为有碍,这样"鸡蛋里边挑骨头",或许与梁启超的这篇文字有应和策动成立知耻会的康有为之嫌?而起码也是张之洞维护清朝的政治敏感性使然。

总之,张之洞对梁氏文中有的用语深感惊惶,说"恐有不测",担心该报"从此禁绝",失去其张扬维新的喉舌作用,而他的要旨是在议商"良策","匡救维持"。由其所说该报"湘、鄂两省皆系由官檄行通省阅看"之句,更可见在他的主政之下,是鉴于辖区对《时务报》的重视而对梁启超文的指责。陈宝箴接电后回电告知,该期报纸他尚未接到,已嘱黄遵宪致电梁启超关说此事。而黄遵宪则回电告知张之洞,说"电谕敬悉,具仰维持报务,护惜人材苦心。既嘱将此册停派,并一面电卓如改换,或别作刊误,设法补救,如此不动声色,亦可消弭无形","卓如此种悖谬之语,若在从前,诚如宪谕恐招大祸。前过沪时,以报论过纵,诋毁者多,已请龙积之(按:广西桂林人,时维新党人)专管编辑,力设限制,惟梁作非龙所能约束"。并谓,"八月初旬,此间官绅具聘延卓如为学堂总教,关聘到沪,而卓如来鄂参差相左,现复电催从速来湘",至于他所作报文,自己"当随时检阅,以仰副宪台厚意"。① 黄遵宪此电,既遵从了张之洞的旨意,又显示出他保护梁启超的良苦用心。而梁启超旋即到时务学堂履职,他在这所维新学堂里,苦心经营,大显身手,讲学不只破旧立新,甚至倡言"民权"、"革命"。多年之后,他回顾自己到时务学堂后,"每日在讲堂四小时,夜则批答诸生札记,每条或至千言,往往彻夜不寐。所言皆当时一派之民权论,又多言清代故实,胪举失政,盛倡革命……时学生皆住舍,不与外通,堂内空气日日激变,外间莫或知之。及年假,诸生归省,出札记示亲友,全湘大哗"。② 梁启超不光是涉身时务学堂,而且对湖南的维新运动全面关注、多方参与。譬如,对"湖南始创南学会",他亦"颇有所赞划",这是其自己在《三十自述》中所言。③ 总之,他是坚决维新且表现特别激进。试想,这岂能和张之洞不愈加出现分歧并最终走向敌对?

说了有关梁启超的这"一人"、"一报"之外,下面再看张之洞对办于湖南的《湘学报》和《湘报》的态度。《湘学报》原名《湘学新报》,为旬刊,光绪二十

---

① 冀版《张之洞全集》第九册,第 7404 页。
② 梁启超:《清代学术概论》,上海古籍出版社 1998 年版,第 84—85 页。
③ 丁文江、赵丰田编:《梁启超年谱长编》,上海人民出版社 1983 年版,第 66 页。

三年(1897年)三月二十一日在长沙创办,到第二十一册改名《湘学报》。这一维新报刊是在陈宝箴直接关照下,由江标和继任学政的徐仁铸先后任督办,唐才常、易鼐等为主编。而《湘报》作为日刊,则是由谭嗣同、唐才常等人于光绪二十四年(1898年)二月十五日创办,尽管较《湘学报》为晚,但两者还是有一个并存期,在呼吁和激荡维新方面更是发挥了相得益彰的作用。

张之洞起初对《湘学报》是颇为欣赏的,譬如他在光绪二十三年六月末发电给江标,称赞《湘学报》宏通切实,洵为有裨土(士)林,佩甚",并询问"秉笔者系何人"?要对方"胪示"。当然也指出其不足,"惟刻工尚非极精,切间有讹字,阅者不能爽目",并提出改进意见:"似宜再加精刊,务令十分精美,字体光洁可爱,毫发毕现,方易畅行"。这显然是为了该报所提形式上的改进建议。江标回电告知其主笔有唐才常等六人,并表示"刻劣校疏,病在速成。以后当求精慎",又告"款绌"等条件限制,①意在让张之洞理解和支持。然而,细查之下,该报内容上却又发现让张之洞反感的地方。七月十二日,他发电给湖南学政江标,除了开头一句客套性"表扬"该报的话外,主要是提出这样一个问题:"湘学报卷首,即有素王改制云云,嗣后又复两见。此说乃近日公羊家新说,创始于四川廖平,而大盛于广东康有为,其说过奇,甚骇人听","近日廖、康之说,乃竟谓六经皆孔子所自造,唐虞夏商周一切制度事实,皆孔子所定治世之法,托名于二帝三王,此所谓素王改制也,是圣人僭妄而又作伪,似不近理","恐有流弊","方今时势多艰,横议渐作",他指令"以后于湘报中勿陈此议"。②

当是在接到江标对此电的回复之后,张之洞又发布札文,说法上似乎"全面"了一些,谓"近阅湖南《湘学报》,大率皆教人讲求经济时务之法,分为史学、掌故、舆地、算学、商学、交涉之学六门,议论阔通,于读书讲艺之方次第秩然,惟其中有素王改制一语,语意未甚明晰,似涉新奇。现准湖南学堂江电称:'湘报本旨力求平实,此语由编纂者一时讹误,词不达意,现已更正'等语。是此报议论均属平正无弊",应订购"发给书院诸生阅看","俾士民人等鼓舞讲求","并须劝谕该书院绅士等,务宜展转传观,

---

① 转据茅海建:《戊戌变法的另面:"张之洞档案"阅读笔记》,第340—341页。
② 《致长沙江学台》,鄂版《张之洞全集》第9册,第244页。

细心考究"。① 可见,这时张之洞是对《湘学报》所涉"素王改制"心存忌讳,而经江标回电承认"讹误"并表示已经"更正",张氏对该报还是看好并推荐的,显然这又是有条件的。

而激进的维新派人士,像谭嗣同,此时就对张之洞看得彻底,对他之于维新的态度由衷反感甚至愤怒,暂离湘地的他在九月初六日致汪康年的信中,主要是商量请梁启超赴湘之事,而在信末言及:"湘信言南皮强令《湘学报》改素王改制之说","而学使不敢不从。南皮词甚严厉,有揭参之意,何其苛虐湘人也。湘人士颇为忿怒,甚矣! 达官之压力,真可恶也。"②——就这么直抒胸臆、无遮无隐地表达了自己的感受! 从以后的发展态势看,张之洞也真是对《湘学报》越发忌讳,不能容忍,以至于到光绪二十四年(1898 年)闰三月中旬,就《湘学报》事发札湖北善后局,说接到湖南寄来的《湘学报》多期多册,而查近来该报"谬论甚多",拟派员"将各册谬论摘出抽去后,再行札发","现已咨明湖南学院,《湘学报》一项,湖北难于行销,以后毋庸续行寄鄂"。③ 这显然是以《湘学报》的禁止在鄂行销,表明了他对该报基本否定的态度。

而此间,张之洞对湖南的维新动向密切注意,而对其报刊舆论的审查也更为加紧。本月(闰三月)二十一日,他又针对发刊不久的《湘报》严词致电陈宝箴:

> 《湘学报》中可议处已时有之,至近日新出《湘报》其偏尤甚。近见刊有易鼐议论一篇,直是十分悖谬,见者人人骇怒。公政务殷繁,想未寓目,请速检查一阅便知其谬。此等文字远近煽播,必致匪人、邪士倡为乱阶,且海内哗然,有识之士必将起而指摘弹击,亟宜谕导阻止,设法更正。公

---

① 冀版《张之洞全集》第五册,第 3493 页。所载该札所署日期为"光绪二十三年七月初十日",疑为不确,从其文义看当在上引张之洞致江标电之后。茅海建先生在《戊戌变法的另面:"张之洞档案"阅读笔记》一书第 344 页注[2]中即有此札日期"似有误"的注说。

② 上海图书馆编:《汪康年师友书札》第四册,上海古籍出版社 1989 年版,第 3266 页。而在蔡尚思、方行编《谭嗣同全集(增订本)》(中华书局 1981 年版、1998 年第 3 次印刷)所收该信,上面引用语句,除个别标点有异之外,"南皮词甚严厉,有揭参之意,何其苛虐湘人也"句,系用小号字且加括弧(见该书第 512 页)。

③ 冀版《张之洞全集》第五册,第 3607 页。

（按：指陈宝箴）主持全湘，励精图治，忠国安民，海内仰望，事关学术人心，不敢不以奉闻，尤祈切嘱公度（按：指黄遵宪）随时留心救正……

这里为张之洞所怒指之文，是易鼐发表于三月初八日第 20 号《湘报》上的《中国宜以弱为强说》①，该文二千七八百字，大力张扬民主、民权、议会等学说，可谓当时报刊上的一篇激人心弦的论说。但在张之洞看来，它"十分悖谬"，必"倡为乱阶"，要求陈宝箴、黄遵宪"留心救正"。陈宝箴接电之后，回电称张之洞对其"眷爱勤至，感佩、歉疚匪可言喻"，而自己"前睹易鼐所刻论，骇愕汗下"，亟告人收回，"复嘱其著论救正"。并说也曾嘱黄遵宪"商令此后删去报首议论，但采录古今有关世道名言"，而只是黄遵宪"抱恙尚未遽行"，现当催促、切嘱他"极力维持，仰副盛指"。② 查该报从闰三月二十六日第 61 号（张之洞发电时已出至第 57 号），起码一度的确是取消了激烈的"报首议论"，改为文教、工商、官方札饬甚至俚俗歌谣等篇什的没有过激言辞的东西。总之，《湘报》在张之洞的干预下不得不有所改变。

以上只是对事关湖南维新情事的选点管窥，以见张之洞的相关态度与表现。而总体说来，张之洞虽然在一定时候也会受到"风头"的影响，但大致看来他不是"随风派"、"墙头草"，而是有自己的特定政治立场和态度的。他作为清朝的开明大员，对于维新，对于维新派，在一定时候、一定范围内可以是支持者甚至成"同路人"，但是，他毕竟又是清朝的荩臣，不可能容忍和放纵他觉得过激、出格的言行。这在表面看来似乎有些"微妙"，但实际上有其"规矩"限定。并且，这不仅仅是个单纯的政治问题，也与他的文化素质条件息息相关。这从他《劝学篇》的撰成即可典型地也更为深层地反映出来——这是在下一节要专门展示的。

二、《劝学篇》的问世及影响

随着维新运动的进展，到光绪二十四年（1898 年）三月，张之洞在百忙之

---

① 《湘报》上册，中华书局 2006 年版，第 153—155 页。
② 连同以上独段引文，见冀版《张之洞全集》第九册，第 7581 页。

中撰成四万余字的《劝学篇》。这可以说,是为眼下的维新立规划线,既要"会通"变法,又要防止其越轨出格;而另一方面,也是最为根本的方面,又是对"洋务"思想的一次全面反思,总结归纳出"旧学为体,新学为用"①(惯常概括为"中学为体,西学为用")的基本理则,成为晚清时期的一个针对现实而又不乏哲学思辨性的政治文化命题。后来他在《抱冰堂弟子记》中有谓:"自乙未后,外患日亟而士大夫顽固益深。戊戌春,金壬伺隙,邪说遂张,乃著《劝学篇》上、下卷以辟之,大抵会通中西,权衡新旧。"②其中所谓"金壬伺隙,邪说遂张",并未明说具体系指何种人等、何种"邪说",而由其具体论述中揣摩,当包括"顽固派"及其言论,也包括激进派维新人员及其主张,这样"左""右"皆辟,来"会通中西,权衡新旧"的。

《劝学篇》除了作者自撰的"序"外,分为"内篇"的《同心》《教忠》《明纲》《知类》《宗经》《正权》《循序》《守约》《去毒》等九个"分篇"。"外篇"的《益智》《游学》《设学》《学制》《广译》《阅报》《变法》《变科举》《农工商学》《兵学》《矿学》《铁路》《会通》《非弭兵》《非攻教》等十五个"分篇"。这样,其"内""外"分篇共计二十四个。在其"序"中,论说了其写作宗旨,有谓:

> 图救时者言新学,虑害道者守旧学,莫衷于一。旧者因噎而废食,新者歧多而羊亡。旧者不知通,新者不知本。不知通,则无应敌制变之术;不知本,则有非薄名教之心。夫如是则旧者愈病新,新者愈厌旧,交相为愈,而恢诡倾危,乱名改作之流遂杂出其说,以荡众心。学者摇摇,中无所主,邪说暴行,横流天下。敌既至无与战,敌未至无与安。吾恐中国之祸,不在四海之外而在九州之内矣。

鉴此,张之洞思及"古来世运之明晦、人才之盛衰,其表在政,其里在学",而自己"承乏两湖,与有教士化民之责,夙夜兢兢,思有所以裨助之者,乃规时势,综本末",撰写《劝学篇》。并特别说明,不但"以告两湖之士",而且对"海内君子与我同志亦所不隐",也就是说,更是向全国发布的。"序"中论述撰写

---

① 冀版《张之洞全集》第十二册,第 9740 页。
② 冀版《张之洞全集》第十二册,第 10621 页。

宗旨之后，又概括了全篇内容要旨。说是"《内篇》务本以正人心，《外篇》务通以开风气"。① 接着，分别对"内""外"各个分篇进行了要旨说明。下面，就此再联系各个分篇的具体内容予以扼要揭示。

《劝学篇·序》（本段中简称"序"）中论《同心》要旨，以"明保国、保教、保种为一义"，要使"贤才众多，国势自昌"。而从该分篇的具体内容看，简述了自春秋到清朝的政、学沿革，得出"学术造人才，人才维国势"，乃"往代之明效"和"不远之良轨"的结论，又谓将保国、保教、保种三者"合为一心，是谓同心"。进而说，"今日时局，惟以激发忠爱、讲求富强、尊朝廷、卫社稷为第一义"，而不能忽略"于国、教、种安危与共"之大旨。"序"中论《教忠》的要旨，乃"陈述本朝德泽深厚，使薄海臣民咸怀忠良，以保国也"。而该分篇的具体内容，举列"自汉、唐以来，国家爱民之厚，未有过于我圣清者"之"最大"的十五项事例，最后归纳，"列圣继继绳绳，家法、心法相承"，"薄海臣民，日游于高天后地之中，长养涵濡，以有今日"，"当此时世艰虞，凡我报礼之士、戴德之民，固当各抒忠爱，人人与国为体"，排除"足以启犯上作乱之渐"的"一切邪说暴行"。"序"中论《明纲》的要旨，强调"三纲为中国神圣相传之至教、礼政之原本、人禽之大防"，是"保教"的至要。而该分篇的具体内容，主要是说"三纲""五伦"之要，"相传数千年更无异义"，"故知君臣之纲，则民权之说不可行；知父子之纲，则父子同罪、免丧、废祀之说不可行；知夫妇之纲，则男女平权之说不可行"。认为西国亦固有"君臣之伦"、"父子之伦"、"夫妇之伦"，此"人伦之至"则"中外大同"。而"闻海滨洋界有公然创废三纲之议者，其意欲举世放恣黩乱而后快，怵心骇耳无过于斯"。"序"中论《知类》之要旨，说是"闵神明之贵裔，无沦胥以亡，以保种也"。而该分篇中具体论述，"西人分五大洲之民为五种"，即白种、黄种、棕色种、黑种、红种，而属黄种人的中国，"其地得中和之气"，"其人秉性灵淑，风俗和厚，邃古以来称为最尊、最大、最治之国"，"历朝统一，外无强邻，积文成虚，积虚成弱"，意思是为"积惧成愤，积愤成强"的欧洲反超，"情见绌而外侮亟矣"！"方今海内之士感慨发愤，竭智尽忠，求抒国难者固不乏人，而昏墨之人则视国家之休戚漠然"，意为必致家亡身灭。"序"中论《宗经》要旨，乃"周、秦诸子，瑜不掩瑕，取节则可，破道勿听，

---

① 连同上边独段引文，载冀版《张之洞全集》第十二册，第 9704 页。

必折衷于圣"。而该分篇中具体论述，"六经"是为准绳，"九流之精皆圣学之所有也，九流之病皆圣学之所黜也"。"道光以来，学人喜以纬书、佛书讲经学。光绪以末，学人尤喜治周、秦诸子，其流弊恐有非好学诸君子所及料者，故为此说以规之"。"序"中论《正权》要旨，在于"辨上下，定民志，斥民权之乱政"。该分篇中具体论说，"今日愤世嫉俗之士，恨外人之欺凌"，"于是倡为民权之议，以求合群而自振"，谓此乃"召乱之言"，"民权之说无一益而有百害"，如说"立议院"等项之"无益"。而"近日摭拾西说者，甚至谓'人人有自主之权'，益为怪妄"，尤有大误。"盖惟国权能御敌国，民权断不能御敌，国势固然也"。"序"中论《循序》要旨，乃"先入者为主，讲西学必先通中学，乃不忘其祖"。而该分篇中具体论述，"今欲强中国，存中学则不得不讲西学"，但是"不先以中学固其根柢，端其识趣，则强者为乱首，弱者为人奴，其祸更烈于不通西学者矣"。"序"中论《守约》要旨，在"喜新者甘，好古者苦，欲存中学，宜治要而约取也"，也就是抓取重点之意。其分篇当中则论述说，"沧海横流，外侮洊至，不讲新学则势不行，兼讲旧学则力不给"，"今欲存中学，必自守约始"，并比较详细地附录了相关资料。"序"中论《去毒》要旨，是在"洋药涤染我民"，断绝其活路。该分篇中则说："悲哉！洋烟之为害，乃今日之洪水猛兽也"！其具体论说了洋烟之害，最后谓"夫以地球万国鄙恶不食之鸩毒，独我中华乃举世寝馈湛溺于其中，以自求贫弱死亡，古今怪变无过于此，使孔、孟复生，以明耻教天下，其必自戒烟始矣"。①

以上是依据《劝学篇·序》和其内篇的九个分篇，对其内容的扼要揭示。这中间，尽可要而不烦地征引原文，以求"原汁原味"地予以传达。据以可知，其前的九个分篇中，前八个分篇都是有的放矢地张扬"中学"的，有的主要是就"中学"而论"中学"，有的则较多地联系"西学"（如"正权"分篇），但总体上还是否定"西学"而伸张"中学"。至于其最后一个分篇即《去毒》，是针对鸦片战争以来"洋烟"在中国泛滥，戕害国民，呼吁去之的特别论说，虽也作有"学理"分析，但其"学理"性并不显要，而主要是一种施政吁求，也于本在的"内篇"叙述，而其内容上算是特殊。

下面，亦仿照同样的方式，将"外篇"的十五个分篇的内容再作扼要介绍。

---

① 此段中引文，分别出自《劝学篇·序》和"内篇"各自分篇，不再一一做注。

　　《劝学篇·序》(本段中简称"序")中对《益智》的要旨,说"昧者来攻,迷者有凶",意在让国人脱迷增智以利御外。而其分篇中具体论述,"自强生于力,力生于智,智生于学"。而欧洲"教养富强之政,步天测地、格物利民之技能,日出新法,互相仿效,争胜争长","故百年以来焕然大变,三十年内进境尤速",而中华"于是相形而见绌"。持论"大抵国之智者,势虽弱,敌不能灭其国;民之智者,国虽危,人不能残其种",故强调"益智"。"序"中对《游学》的要旨,强调在"明时势,长志气,扩见闻,增才智,非游历外国"不能为功。而其分篇中则具体论说,"出洋一年胜于读西书五年","入外国学堂一年胜于中国学堂三年","至游学之国,西洋不如东洋:一路近省费,可多遣;一去华近,易考察;一东文近于中文,易通晓;一西书甚繁,凡西学不切要者,东人已删节而酌改之。中东情势风俗相近,易仿行,事半功倍,无过于此"。当然,"若自欲求精求备,再赴西洋"亦可。"序"中对《设学》的要旨,概括说"广立学堂,储为时用,为习贴括应试者发蒙"。而其分篇当中具体论说,"其学堂之设,约有五要(按:一本作'六要',更为符合所论实际),而首条为"新旧兼学",并对"新"、"旧"之学界定为"《四书》、《五经》、中国史事、政书、地图为旧学;西政、西艺、西史为新学",又特别强调"旧学为体,新学为用,不使偏废"。另外的几要是"艺政兼学"、"宜教少年"、"不课时文"、"不令争利"、"师不苛求"。"序"中对《学制》的要旨,概括作"西国之强,强以学校,师有定程,弟有适从,授方任能,皆出其中,我宜择善而从"。该分篇的具体论说,"外洋各国学校之制,有专门之学,有公共之学",其课程、定期、教法各有具体要求和规定,并述及其小学、中学、大学的各分等级情况。"序"中对《广译》的要旨,概括为"从西师之益有限,益西书之益无方(按:'无方',是无法可比之意)"。该分篇中的具体论述中,列举了学堂限制,阐述于道光之季翻译西书的成效,今在继续译介西书同时,更当"取径于东洋,力省效速"。强调"不通西语、不识西文、不译西书",即似"聋瞽",而转译自东洋,则可"速而又速"。"序"中对《阅报》的要旨,概括为"眉睫难见,苦药难尝,知内弊而速去,知外患而豫防",阅报则大有助益。该分篇具体论述说,现今报纸之日盛日广,"可以扩见闻,长志气",而"方今外侮日亟,事变日多,军国大计执政慎密不敢宣言,然而各国洋报早已播诸五洲",且连同"东西洋"消息"一一宣之简牍",使我可"兼听而豫防之,此亦天下至便"。"序"中对《变法》的要旨,概括为"专己袭常,不能自存"，故应力求"变法"。该分篇中则具体论说，"法之变与不变，操于国家之权，而实成于士民之心志议论"。又进而规定了变法的范围："夫不可变者，伦纪也，非法制也；圣道也，非器械也；心术也，非工艺也"。说"今之排斥变法者大率三等"，即"泥古之迂儒"、"苟安之俗吏"、"苛求之谈士"。而最后强调，"本者，三纲、四维"不可弃，否则"法未行而大乱作矣"。"序"中对《变科举》的要旨，概括为"所习、所用，事必相因"，而科举亦需变通。该分篇中具体论说，"救时必自变法始，变法必自变科举始"，并通过设问回答了预料到的疑难问题。"序"中对《农工商学》的要旨，概括为"保民在养，养民在教，教农、工、商，利乃可兴"。该分篇中具体论说了"劝农"、"工学"和"商学"之要，归纳说，大抵农、工、商三事是"互相表里，互相钩贯"的关系。"序"中对《兵学》的要旨，说是"教士卒不如教将领，教兵易练，教将难成"，意为"兵学"无论教兵教将，皆有大用。而其分篇中具体论述，"盖兵学之精，至今日西国而极"，又分论其陆军、水师的分类及"兵之等差"和"教将士之本"，最后归纳说，"方今兵制、教法，东洋、西洋大略皆同，盖由推求精善，故各国有则，效而无改易之者"。"序"中对《矿学》的要旨，以"兴地利"来概括。而其分篇中具体论述，"矿学者，兼地学、化学、工程学三者而有之，其利甚溥而其事甚难"，而"今日万事根本，惟在于煤，而煤矿较他矿尤急"，且"大抵西法，皆以先学艺、后举事为要义"，我国则可"藉矿山为矿学堂之法"。"序"中对《铁路》的要旨，概括为"通血气"之道。该分篇中具体论述说，铁路"可以开士、农、工、商、兵五学之门"，有"省日力"、"开风气"之"二善"，今日"北起卢沟，南达广州"的中国干路，"已归总公司建造"，以后还会"分造支路"，以弥补"今日时势，海无兵轮，陆无铁路"的"无足之国"之缺陷。"序"中对《会通》的要旨，概括为"知西学之精意，通于中学以晓固蔽"。而其分篇中则具体论说，"今日新学、旧学互相訾謷，若不通其意，则旧学恶新学，姑以为不得已而用之；新学轻旧学，姑以为猝不能尽废而存之"，如此"终古枘凿"，意为须求会通。又说"中学为内学，西学为外学，中学治身心，西学应世事。不必尽索之于经文，而必无悖于经义"，此亦为会通。"序"中对《非弭兵》的要旨，概括为"恶教逸欲而自毙"，所谓"恶教欲逸"，厌弃教练贪图安逸之意。而该分篇中，说有欧洲国家虽立"弭兵会"有年，但战事不断，包括屡侵我国，"我无兵而望人之弭之，不重为万国笑乎"？"序"中对《非攻教》的要旨，概括为"攻教"（按："教"指来华之"洋教"）乃"逞小忿而败大计"之举。而该分篇中则具体论述说，"中外大通以来，西教堂布满中国，传教既为条约所准行，而焚毁教堂又为明旨所申禁"，其"要在修政，不在争教"，中国"有志之士但当砥厉学问，激发忠义"，不信关于洋教的"讹谬"之传，且"有启导愚蒙之责"。①

《劝学篇》的内容上大略如是。可见，其上、下篇各有侧重，上篇是作为"体"的方面，也是通篇的前提和基础，反映了作者对"中学"持一种原则性坚守的情怀，至少是他表面做出的原则性"保证"。下篇的着重点则是阐说其"用"的方面，实际上这才是他有的放矢地对现实急需的切要关注。全篇总体上是以"中学为体，西学为用"（但文中未出现这一词语）为核心，意思是说要以纲常名教为要领的"中学"作为前提和根本，同时效法和借用以器物学事为优长的"西学"来为国家服务。这形成了一种完整而系统的"学理"体系，也可谓是对晚清以来洋务派思想的一种最为出色的理论总结，同时也与维新派理论有着相通之处。对《劝学篇》，尽管学界有着不尽相同的评析，但无疑对它的现实政治因素和思想文化性都非常重视。

就现实政治因素而言，《劝学篇》因为在实际上为维新既划定范围，又布设防线；既对"会通"变法有着较为宽泛的指划，又对其激进过头作出明确的限制，并都有着"学理"解释，这对于清廷，特别是对于当时领导变法的光绪皇帝来说，正好逢其所需，恰适其时，所以受到其特别欣赏和推重。在《劝学篇》出台不久的六月初七日，他发布上谕，称其"内、外各篇，朕详加披览，持论平正通达，于学术、人心大有裨益。着将所备副本四十部，由军机处颁发各省督、抚、学政各一部，俾得广为刊布，实力劝导，以重名教而杜卮言"。② 赞赏的同时，不但将副本颁发各省督、抚、学政，还作有广刊指令，目的是以之"实力劝导"国人，以达到"重名教而杜卮言"的效果。朝廷的推荐，自然会使《劝学篇》更广为人知，其影响力也会更为加大。

就思想文化性来说，其影响自然更为深远。自 19 世纪 60 年代以来，"三十余年间阐发中体西用者不止洋务一派，凡谈时务、讲西学的人，莫不接受或

---

① 仿同前边对"内篇"所述，引文系分别出自《劝学篇·序》和"外篇"各自分篇，不再一一做注。

② 中国第一历史档案馆编：《光绪宣统两朝上谕档》第二十四册，第 257 页；冀版《张之洞全集》第十二册，第 9703 页亦载。

附和这一主张"①。严格说来,"中体西用"这一具体词语的使用,是到了光绪二十一年三月(1895 年 4 月),与传教士有较多联系的沈毓桂(沈寿康)署为"南溪赘叟",在《万国公报》第 75 卷上发表《救时策》一文,其中有"中西学问,本自互有得失。为华人计,宜以中学为体,西学为用"②之言。这是目前所见该词语的滥觞。而此前具有相关思想代表性人物,并未使用此具体话语而是表述过相关的大概意思。譬如,冯桂芬在 19 世纪 60 年代初完成的《校邠庐抗议》之"采西学议"中说过"以中国之伦常名教为原本,辅以诸国富强之术"③;王韬 80 年代编成《弢园文录外编》中收录的两文中,有"西学、西法非用不可,但当与我相辅而行之可已";以及"器则取诸西国,道则备自当躬"④的说法。郑观应在 90 年代初编成的《盛世危言》"西学"篇中,则说"中学其体也,西学其末也;主以中学,辅以西学"⑤,如此等等。直到上边提及的沈毓桂,才有了"中学为体,西学为用"的确切使用。需要说明的是,在张之洞的《劝学篇》中,虽然没有明确使用该语,但他实际最系统也最具体地论述了这一思想,因此,可以说《劝学篇》是关于"中体西用"思想的代表作。

张之洞是清朝大员中的开明派,在相关论述中,执"中学为体"的思想当是真实而非虚饰的,在这方面,要比一些不在高官之位的进步思想家要明确和坚决。而他"西学为用"的观点更是真挚而相对开放的,并且,在他执政的实践中得到了积极落实。然而,应该看到,就思想而言,正是由于"中体"与"西用"双方面皆为张氏真实的追求,在对其关系作系统而全面的论述时,又使得其这种理论本身,在某些方面难免会存在难以调合的矛盾。这一点,作为维新思想家的严复,后来在《与〈外交报〉主人书》中说:"中学有中学之体用,西学有西学之体用,分之则并立,合之则两亡。议者必欲合之而以为一物,且一体而一用也,斯其文义违舛,固已名之不可言矣,乌望言之而可行乎?"⑥这是对

①　陈旭麓:《论"中体西用"》,《历史研究》1982 年第 5 期。

②　南溪赘叟:《救时策》,《万国公报》第七十五卷(光绪二十一年三月,1895 年 4 月),上海美华书馆校印,页八。在上注陈旭麓先生之文中,有"一八九六年四月沈寿康在题为《匡时策》的文中……"之说(按:亦说是发表于《万国公报》),与拙述在年份和文题上皆有不同,似有误。

③　冯桂芬:《校邠庐抗议》,朝华出版社 2017 年版,第 156 页。

④　王韬:《弢园文录外编》,上海书店出版社 2002 年版,第 246、266 页。

⑤　郑观应:《盛世危言》上册,朝华出版社 2017 年版,第 58 页。

⑥　王栻主编:《严复集》第三册,中华书局 1986 年版,第 560 页。

"中体西用"的富有哲学意味的学理性批判,同时也不无有的放矢的现实针对性。张之洞的《劝学篇》,尽管是相对"圆通"的,但从根本上说,也难免有严复所说矛盾和缺陷。

三、维新高潮和政变后的表现

在光绪皇帝布旨推荐《劝学篇》时,已经是在"百日维新"期间。所谓"百日维新"是自光绪二十四年四月二十三日(1898 年 6 月 11 日)开始的,因为这天皇帝颁布"定国是诏",宣布正式开始实施变法。至于这场变法只有"百日"即因政变而终止,那是既定结果,显然不是皇帝的设计。若按照光绪皇帝的初衷,当是由此揭开一场由他主导的"维新大戏"。当时诏曰:

> 数年以来,中外臣工讲求时务,多主变法自强,迩者诏书数下,如开特科,裁冗兵,改武科制度,立大小学堂,皆经再三审定,筹之至熟,甫议施行。惟是风气尚未大开,论说莫衷一是……朕惟国是不定,则号令不行,极其流弊,必至门户纷争,互相水火,徒蹈宋、明积习,于时政毫无裨益。即以中国大经大法而论,五帝三王,不相沿袭,譬之冬裘夏葛,势不两存。用特明白宣示,嗣后中外大小诸臣,自王宫以及士庶,各宜努力向上,发愤为雄,以圣贤义理之学植其根本,有须博采西学之切于时务者,实力讲求,以救空疏迂谬之弊。专心致志,精益求精,毋徒袭其皮毛,毋竞腾其口说,总期化无用为有用,已成通经济变之才。京师大学堂为各行省之倡,尤应首先举办……①

可见,皇帝是在数年来臣工"多主变法自强",清廷也"诏书数下",但因"风气尚未大开",议论不一,守旧舆论仍盛的情况下,发布此诏立定"国是",本着"中体西用"原则,下决心展开变法的。应该注意的是,在尚未见张之洞《劝学篇》的时候,光绪皇帝的这道上谕中,即已经道明了"中体西用"的意思

---

① 中国第一历史档案馆编:《光绪宣统两朝上谕档》第二十四册,第 177—178 页。

（"以圣贤义理之学植其根本,有须博采西学之切于时务者,实力讲求"）。这也说明,"中体西用"当时已经是从开明臣工到支持维新的光绪皇帝的一种比较"时髦"的思想。自此大约一个半月后皇帝向全国颁发赞誉和推荐《劝学篇》的上谕,这并不是因为张之洞对"中体西用"的开新发明,而是因为他对这一思想系统而又全面的论说,正符合这位皇帝"变法"的意图和旨归,成为他借以参酌的现行理论根据。

光绪皇帝发布的"定国是诏",与他的老师翁同龢有着直接关系,这道诏书就是由翁氏拟稿的。有著述中对他拟稿情节有具体生动的描述,说是他于四月二十二日（6月10日）遵光绪帝之命为之,此时的北京,"虽是初夏时节,但入夜后仍有一股丝丝凉意。从宣武门外南横街头条胡同的远处,不时传来报时的更鼓声。一更,二更,三更过去了,经过一天紧张劳累的人们早已沉浸在睡梦之中。可是在胡同偏里的一所房子里,却一直闪烁着灯光。灯光下,一位身体微胖、满头银丝的长者毫无倦意,只见他一会儿在房中踱步沉吟;一会儿又驻足窗前,昂首窗外,遥看那布满星斗的沉沉夜空;一会儿又坐到案前的椅子上,伏案疾书。书案上堆满了各种书籍和文件。这个长者不是别人,就是奉旨草拟国是诏的翁同龢。"①这段文字,恐怕离不开作者自己的合理想象,但从意境上说,应该是能够基本符实的。翁同龢确实是将此看作是皇帝的重托,寄托着皇帝对自己的信任,他自然会认真地专意完成。然而,出人意料的是,由其拟草的诏书发布后第五天即四月二十七日（6月15日）,他便被皇帝下诏宣布开缺回籍。有说这是光绪皇帝被慈禧太后和守旧派所迫,不得已而为之;有的则说是因光绪皇帝失去对翁同龢的信任而采取的措施。事实上,两说都缺乏可靠而直接的史料根据,是根据相关情况而作出的推断。"推断"也是历史研究所离不开的。窃以为,两种因素也许兼而有之,但这位皇帝受制于太后而有违本心的因素可能更大一些。当然,不光是这一件事,开缺翁同龢那一天里,还有任命慈禧太后心腹荣禄署理直隶总督（不日即实授并实任北洋大臣）;又命新被授职二品以上的大臣,须到太后面前谢恩。② 将这三事联系起来,就更见慈禧太后的暗控之影。总之,在"百日维新"期间,朝局即颇为诡谲

---

① 谢俊美:《翁同龢传》,中华书局 2000 年版,第 522 页。
② 中国第一历史档案馆编:《光绪宣统两朝上谕档》第二十四册,第 181—182 页。

微妙。

其时的湖广总督张之洞,对京中的形势自然格外关注。并且,在"诏定国是"的近五十天前,即在该年闰三月初四日,即有朝旨发布:"张之洞著即来京陛见,有面询事件。"①张之洞的这次被召京,当然不是朝廷偶然的心血来潮,而是有人推荐且必经过斟酌而有着其深刻用意的。最值得注意的是,推荐人系反对西学、固执守旧的徐桐。此人年近八十,身为大学士,其荐张之洞入京,自然不是要他推动维新,而用意恐正好相反。张之洞接到上谕后,是怀着"欣幸"(其复奏中表示)而实又不免感到突然,带有几分惊异和猜测,在十七日交卸湖广篆务(暂由湖北巡抚谭继洵署理),二十一日由武昌起程,打算经上海赴京。但到他二十五日抵沪的时候,又奉到昨发电旨:"现在湖北有沙市焚烧洋房之案,恐湘、鄂匪徒勾结滋事。长江一带呼吸相连,上游情形最为吃重,著张之洞即日折回本任,俟办理此案完竣,地方一律安静,再行来京"。②

电旨中所谓"沙市焚烧洋房之案",据有的研究者综合当时清朝地方官员的相关电报和奏折,做了这样概括和简要的叙述:"光绪二十四年闰三月十八日(1898 年 5 月 8 日),沙市招商局更夫因湖南辰州船帮中有人在局门口吵闹(一说在局门口小便),用扁担将其打伤。十九日上午,湘帮纠众报复,当即由官员将之弹压解散。下午,有湘人倚醉在海关验货场门前吵闹,海关的水手出拦,双方扭打。湘帮得到四川人的支持,大打出手,将海关的房屋点燃,沿烧到日本领事的住宅、邮局及海关的 3 艘船。在此过程中,当地的驻军制止不力。日本驻沙市领事永泷及领事馆人员、英国领事、海关的洋员,当时均坐船脱离,未受到人身伤害。日本领事住宅及邮局,均是租用的中国人的房屋。海关办公处是新盖的洋房,从法理上看,也是中国政府的财产"。③ 而无论如何,这自然是牵涉外国的事件,况且,清廷还担心所谓"湘、鄂匪徒"乘机"勾结滋事",所以留下久为湖广最高地方大员的张之洞处理最为合适,故而他此次赴京未成,而回到湖广总督任上。对沙门案事的处理,到本年六月下旬,张上折奏报"审结"该案,处死余以仁等四人,更多人被判处不同年限的监禁以及杖责、枷号等刑,还分别赔偿日本和英国银各一万两,另还要分担日本提出的"沿江堤

---

① 冀版《张之洞全集》第二册,第 1302 页。
② 冀版《张之洞全集》第二册,第 1303 页。
③ 茅海建:《戊戌变法史事考》,生活·读书·新知三联书店 2005 年版,第 195—196 页。

费"（八万六千余两"两国各半"）。① 尽管办案中张之洞不无一定抗争，但此结果明显还是屈服外国的。

这是自"诏定国是"前即发生，直到"百日维新"中才告结案的一个不意事件，而使张之洞没有进京而回原任，在异地关注着北京的形势发展，也随时调整着自己的策略。张之洞对北京的朝局政情，除了明面上的官方消息外，隐秘的内情和未被公布的官场"细事"，是主要靠其"坐京"的密报。"坐京"，作为驻京联络人，或更直白地说就是兼职探员，对于京外大员来说一般都有，不过，像张之洞这样注意经营使用的人也是典型之属。像其在京的儿子张权及侄儿张检、张彬，自然会与之经常沟通相关政治信息。再就是张之洞着意培养的心腹僚属，得机会在京师做官任事，这等人物也是张之洞获取重要情报的来源。最典型的是他在四川学政任间就欣赏和培养的弟子杨锐，张出任封疆大吏后，曾揽之为幕僚多年。后杨锐考授内阁中书，留京供职。他"自乙未（按：指光绪二十一年）和议以后，乃益慷慨谈时务"②，参与维新活动，张之洞与之时有密信。而及至戊戌年里，联系愈趋加紧，包括通过他人询问杨锐的情况。当然，他与子侄也常相联络。

"百日维新"期间，张之洞发电其侄张检、其子张权，询问"康、梁近日情形如何？仲弢（按：即黄绍箕，张之洞的侄女婿）、叔峤（按：即杨锐）与之异乎？同乎？众论有攻击之者否？"因未得及时回复，他于六月初三日再电张检、张权，说"前电久未复，闷极"，急切追问"康气焰如何？黄、乔、杨与康有异同否"？③ 不但特别关注简直已视为"政敌"的康有为之"气焰"，而且关心黄绍箕、乔树楠、杨锐（即电中所说"黄、乔、杨"）与康政见上的异同。随后杨锐之兄杨聪在四川酉阳学政任上病逝，得知消息，杨锐准备奔丧，而张之洞不愿他离开京师，发电"止之"，而杨锐"不可，定期十五（按：指七月）启行矣，而十三日，朝旨以湘抚陈宝箴荐"，诏其预备召见。④ 皇帝召见后并于七月二十日发

---

① 冀版《张之洞全集》第二册，第 1318—1321 页。

② 梁启超：《戊戌政变记》，第 102 页。

③ 引文转据茅海建《戊戌变法的另面："张之洞档案"阅读笔记》第 161 页引《张之洞电稿》资料，并参考其叙述。

④ 黄尚毅：《杨叔峤先生事略》，载《清代诗文集汇编》七八三，上海古籍出版社 2010 年版，第 2 页。

布上谕:"内阁候补侍读杨锐、刑部候补主事刘光第、内阁候补中书林旭、江苏候补知府谭嗣同等著赏加四品卿衔,在军机处章京上行走,参预新政事宜。"①这样,杨锐等四人都一同被任命为军机章京,也就是最紧要的机关军机处的"机要秘书",而主要使命便是"参预新政"。而由此到八月初六日(9月21日)政变发生,也就是半个月的时间,何况,他们还有到职、分派、逐步熟悉的时间。就是在这极为短促的时间里,终致这"军机四卿"被逮,最后和杨深秀、康广仁共六人惨遭清廷杀害,此即"戊戌六君子"。他们可谓霉运顶头,当然对有的人也可算造化之极。就说谭嗣同吧,他本是一位思想激进、言说不凡、做派潇洒、勇于牺牲的维新志士。其"行谊磊落,轰天撼地",抱定为维新变法献身的决心,能逃不逃,坐等被逮,说是"各国变法无不从流血而成,今中国未闻有因变法而流血者,此国之所以不昌也。有之,请自嗣同始"。②他始终临危不惧,大义凛然,曾在狱壁上题诗一首:"望门投宿思张俭,忍死须臾待杜根。我自横刀向天笑,去留肝胆两昆仑。"而其行刑前的临终语曰:"有心杀贼,无力回天。死得其所,快哉快哉!"③他正是立志以牺牲来"全身"的无畏战士,是"戊戌六君子"中的最杰出代表。

然而,实事求是地说,"戊戌六君子"中未必都如谭嗣同这般心志。就拿杨锐来说,他作为张之洞的心腹,绝非像谭嗣同那样矢志维新,而是对新政有所保留的人物。他患朝局恐有变动,拟随时抽身而退,但很快政变即发生,他被逮后谓众曰:"我当差方五日,而又未上一折,同遭祸,岂非冤孽乎?"④这是为自己的遭遇喊冤。再想,他若是因兄丧尽快出京,也便可脱此一"荣"即没的遭遇。还有也是四川人的刘光第,虽非杨锐那样是张之洞的直接弟子,但也颇受张之洞看重,他和杨锐于光绪二十四年六月同受湖南巡抚陈宝箴之荐,似皆与张之洞有关。刘光第深知当时是"亲贵握权,母后掣肘"⑤,意欲从中调和。有研究者评论说:这戊戌"六君子"中,"亦有歧异之处。若杨锐、刘光第同列,但杨锐依恋禄位,贪污贿赂,而刘光第转能'保康梁之忠'"。"是以吾人

---

① 中国第一历史档案馆编:《光绪宣统两朝上谕档》第二十四册,第350—351页。
② 梁启超:《戊戌政变记》,第110、109页。
③ 蔡尚思、方行编:《谭嗣同全集(增订本)》,第287页。
④ 王庆保、曹景郕:《驿舍探幽录》,载中国近代史资料丛刊《戊戌变法》第一册,第493页。
⑤ 高楷:《刘光第传》,载《刘光第集》,中华书局1986年版,第438页。

于'六君子'之评价,犹需综其毕生言行,根据历史事实,分别对待"。① 这是对杨锐和刘光第的一种论说。

而无论如何,张之洞对他们两人特别是杨锐是密切关注的。七月二十一日,身在武昌的张氏拟好了发给杨锐的电报,说"召对大喜,欣贺"。又问:"王照是否即直隶开小学堂之王小航?何以堂官谓为挟制?所条陈何事?何以遂蒙超擢"?要杨锐"速复"。可能是又考虑到杨锐的新身份,他将该电祝贺召对的文字去掉,将询问王照之事改发给侄子张检。② 可见,张之洞当时对王照与堂官对抗之事及后获"超擢"特别关注,这说明他有着非常之高的政治敏感性。张之洞所关注的朝事众多,他利用可能的条件和机会,广泛向亲近和心腹之人打探、询问,汇集相关信息,经过他的斟酌、分析,在心里形成自己的判断或估测,以作为决定自己政治动向以及向清廷表态的参考。

譬如,他七月十九日发给儿子张权的急电:

叔峤召见奏对如何?有何恩旨?闻仲韬辞教习,允否?许竹筠辞总教习,改派何人?湖南庶常熊希龄奉旨正速来京召见,系何人所保?谭嗣同到京召见否?岑春煊是否康保?康近日有何举动?制度局究竟议定开办否?汝名是否本部堂官已经咨送总署?速明晰复。③

在这则不长的电文中,问了关系朝政且多是他格外关心的诸多具体问题。有些是实有其事而他不明具体情况或不知结果,有的则系其闻听传言或不全消息而非为事实或与事实有误差之事。像所问杨锐被召见及"恩旨"事,其事实有,但授军机章京的"恩旨",张之洞拟电时还未发(到次日即二十日颁发)。像所问黄绍箕辞(京师大学堂)教习、许景澄(即电文中所说许竹筠)辞该校总教习事,"从后来发生的情况看,此为传言,非为事实"。④ 像所说"奉旨正速来京召见"的湖南人熊希龄,事实上虽有此召之谕旨,但事实上熊氏并未赴

---

① 汤志钧:《戊戌变法人物传稿(增订本)》,中华书局 1981 年版,第 151 页。
② 见茅海建:《戊戌变法的另面:"张之洞档案"阅读笔记》,第 165、189 页。
③ 转据茅海建:《戊戌变法的另面:"张之洞档案"阅读笔记》,第 188—189 页。
④ 茅海建:《戊戌变法的另面:"张之洞档案"阅读笔记》,第 189 页注[2]。

京。张之洞所问的保荐熊的人实有,是维新官员李端棻,此前清廷给湖南巡抚陈宝箴的电旨中已经言明,只是陈给张的相关电报未及此事,所以致张发问。像所问"谭嗣同到京召见否",谭嗣同当时确已到京,但当时还未被召见并授职。谭氏原在湖南策划和运作维新,是在"诏定国是"后得有侍读学士徐致靖的保荐被召,但当时因身患疾病,未立即动身,而后又有旨谕张之洞速饬其来京,故张之洞预知其事,他只是对其进京后的情况不清,从而发问。张之洞还问及"岑春煊是否康保",岑春煊是曾为云贵总督的岑毓英之子,他在京师与维新派人士颇多往还,并屡屡建言,一副维新姿态,被授广东布政使,所以张之洞怀疑是为康有为所保。而张之洞对康有为动向特别关注,询问他"近日有何举动"?的确,康有为当时正为光绪皇帝所信任,屡有上疏建策。像"制度局",就是他在本年正月间上清帝第六书中提出的,且不忘策议试行,而到七月这时,皇帝要"开懋勤殿"。懋勤殿在乾清宫的西廊,有屋五楹,往时南书房的臣工有时在这里应制作书,因为与南书房相毗连,光绪帝平常也有时在这里看书。这时所谓"开懋勤殿",是设想选集通国英才几十人,并延聘东西各国政治专家,集合在懋勤殿办公,"共议制度,将一切应兴应革之事,全盘筹算,定一详细规则,然后实行"。① 可见,这也可谓"制度局"的变种,与之有相通之处。这一方案应该属官制改革的设计,而张之洞这时关注的是"制度局究竟议定开办否"?从其当时的政见看,当然是不希望康有为的策议付诸试行。至于最后一问乃关于其子张权的,是关于其姓名是否由"本部堂官已经咨送总署",此事应该关联着其前途。

好了,就举张之洞给其儿子的这一电作为典型之例吧。这是他通过"内线"渠道了解相关情况。而在其政务明面上,譬如他的奏疏(包括电奏)、公牍、公开电牍等,却很少涉及"新政",大都是关于常规政务的操持之类。

在政变刚在北京开始,张之洞尚未得详确消息时,他便致电孙家鼐就"上海官报"事说:"康已得罪,上海官报万不可令梁启超接办。梁乃康死党,为害尤烈"。② 可见,此际张之洞对康、梁早就作为政敌,而及至戊戌政变发生后,

---

① 梁启超:《戊戌政变记》,第73页。
② 冀版《张之洞全集》第九册,第7657页。

对他们则更是以仇敌视之,恨不得立即缉而除之。当然,他对杨锐之辈,是与康党严格区别,绝非视同一流。八月十一日他致电湖北按察使瞿廷韶和在上海的盛宣怀,说杨锐"端正谨饬,素恶康学,确非康党。平日议论,同诋康谬者不一而足",且前被召见蒙恩,"系由陈右铭(按:即陈宝箴)保,与康无涉。且入直仅十余日,要事概未与闻。此次被逮,实系无辜受累",要他们"设法解救,以别良莠"。① 这是张之洞在获知杨锐被捕的消息后,第一时间里发电求救其人,可以看出他的真切之意和焦急之心。在张之洞心目中,杨锐是忠实可靠的。然而,在康有为事后数年写给张之洞的信中,却有说他在政变时"为保富贵身家之故,故始则俛首从贼,继则翼篡奖奸"和"媚逆",而"以杨叔峤之嫌,电奏请杀之。于是六烈士,死于执事(按:指张之洞)之手矣"的说法。又说六烈士"而多执事之旧交。杨叔峤者,尤执事之得意门生,而一切委托者也。然而执事以恐惧保身,而大义灭亲者矣"。② 这个时候,写信人与收信人之间显然远不同于强学会初开的交谊之时,而成了壁垒分明的仇敌,不过康有为既然致信张之洞,还是免不了表面上的委婉与客套,但实质上是掩不住笔锋的尖锐与犀利的。如果康有为所说张之洞在政变后的做法为真,那么,其人确实不无私下和官场"两面人"表现。

还有在政务方面,当政变后慈禧陆续下令对以往新政包括湖南新政进行清算的时候,张之洞基本上也是依从和"紧跟"了。譬如八月二十五日他致总署的代奏电,对清廷关于"湖南省城南学会、保卫局等名目,应即一并裁撤。会中学约、界说、札记、答问等书,一律销毁"的旨令,意在表示完全遵办,"当即电饬湖南"撤销相关会、局,销毁相关书籍。③ 至于清廷对积极维新的湖南巡抚陈宝箴革职永不叙用的处分,张之洞也没有为之力做辩护,而只是私下表示叹惜而已,其八月二十四日发电给陈宝箴:"互遭觖误,不胜骇叹!因何挑动,未喻其故","湘省失此福星,鄙人失此德邻,如何,如何!"④即使这是张之洞的真实心情,但对陈宝箴因维新而结束其政治生命的结果则无半点帮助。退一步说,张之洞即便是为之说情力争,或许也无法改变清廷的决定,但

---

① 冀版《张之洞全集》第九册,第 7659 页。
② 中国近代史资料丛刊《戊戌变法》第二册,第 523—524 页。
③ 冀版《张之洞全集》第三册,第 2135 页。
④ 冀版《张之洞全集》第九册,第 7664 页。

那毕竟能以其行为表明态度。可惜的是,他并没有。

总之,"戊戌新政"是令人遗憾地落败了。不过,再一场"新政"即通常所谓"清末新政"还会到来,张之洞还有争锋亮相、大显身手的时候。

第九章　庚辛变局中的应对

一、力持"剿拳"及主局"东南互保"

维新运动兴起不久,义和团运动的前奏或是说先兆即已显现。但它作为一场"运动"正式形成并达到高潮,必然有一个发展过程,其"最高潮"期可以说是在光绪二十六年(1900 年)也就是庚子年的春夏。其时义和团在直隶蓬勃发展,而京、津、保一带成为其活动剧烈也是最为集中的区域,这自与清廷对它的态度和决策转向密切相关。而义和团的发展,也促使"八国联军"借机侵华,最后攻进北京,致使"两宫"仓皇出逃(当时按节气说已过立秋),朝廷流亡。而本节中要说的,是朝廷尚在北京之时,张之洞力持镇压"拳匪"和主局"东南互保"的事情。

这年(光绪二十六年)五月间,京、津、保一带的义和团声势大张,而清廷对之在剿、抚态度上出现变化。譬如,初二日谕令对其"迅即严拿首要,解散胁从。倘敢列仗抗拒,应即相机剿办,以昭炯戒";初三日布谕,为"禁邪慝而净根株","如拳匪中实系滋扰地方,甘心为乱者,即当合力捕拿,严行惩办"。[1] 随即于初七日则发布谕令:"此等拳民,虽属良莠不齐,究系朝廷赤子,总宜设法弹压解散","不得孟浪从事,率行派队剿办,激成变端,是为至要";[2]初十日清廷派协办大学士刚毅前往保定涿州一带,向义和团宣谕,"拳

---

[1] 故宫博物院明清档案部编:《义和团档案史料》上册,中华书局 1959 年版、1979 年第 2 次印刷,第 106 页。

[2] 中国第一历史档案馆编辑部编:《义和团档案史料续编》上册,中华书局 1990 年版,第 593 页。

民教民,皆朝廷赤子,务宜仰体皇仁,即日解散,各安本业"。① 从中可以看出,对其称谓上从"拳匪"到"拳民",对其拒不从命者由"剿办"、"捕拿"到劝说"解散"的转变。再接下来,慈禧太后于二十日至二十三日(6月16日至19日)几次召开"御前会议",筹议对义和团和列强的应对(日前"八国联军"已有从天津向北京进军的行动),决定"招抚"义和团,并对外国宣战。二十五日(6月21日),清廷正式发布对外宣战诏书。② 而正是在这个时候,"东南互保"之局也在紧锣密鼓地筹议之中。

张之洞对义和团压根儿就是切齿仇恨、丝毫无见好之意的,何况是在其势大兴、"肇乱"愈发为烈的时候。他在五月初四日就致电总署以及军机大臣荣禄和在津的直隶总督裕禄,说"拳匪因闹教滋事,其势猖獗","实堪骇异",主张"即行剿办",至于"动手拆路焚屋之徒,按律亦当格杀勿论"。③ 可见,其态度是相当果决地"主剿"而无丝毫犹豫。五月十二日他致电京中"主剿"派大臣袁昶(字爽秋,浙江桐庐人)说:"拳匪大乱,外兵乘机,邪术岂能御敌? 大局危矣。刚相宣谕劝解何日行,政府主见、都下议论速示,以慰杞忧。"④这显然是他得知了刚毅被派宣谕义和团之后,而发电密询相关情况的。数日后,他鉴于京津电线扯断,便急切向保定安排探员,并致电直隶布政使廷雍:"畿辅情形紧急,实深悬系。鄂省拟派一侦探委员在保定坐探,随时电告",请于"省城候补同通州县中择一诚实明白者,饬令充湖北侦探委员,凡有关京畿要事确实者,随时电禀鄂省督抚两衙门。月给薪水三十金,由鄂省汇付,电费亦有鄂给"。⑤ 廷雍很快复电,说"拟饬本司文案委员候补知府陈公恕兼办此差,无须(鄂省)赏发薪水"。⑥ 张之洞更是密切关注京畿情况,对"拳匪"坚决力主"剿办"。当月(五月)十八日,他接两江总督刘坤一来电,说"拳匪势甚猖獗,各国纷纷征兵调舰,大局危机",而"政府意究主剿主抚"似尚不明确(按:实际当时

---

① 《光绪宣统两朝上谕档》第二十六册,第119页。

② 《光绪宣统两朝上谕档》第二十六册,第141页。

③ 冀版《张之洞全集》第十册,第7960页。

④ 冀版《张之洞全集》第十册,第7967页。

⑤ 虞和平主编:《近代史所藏清代名人稿本抄本》第二辑,第15册,第540—541页。冀版《张之洞全集》第十册,第7971页亦载,但标点似有不妥之处。

⑥ 冀版《张之洞全集》第十册,第7971页。

已经主抚），而他自己表示，"就目下局势观之，断难就抚"，并为会奏事征询张之洞意见。张当日回电告明，本人于五月初四日已电总署（按：该电前揭）"力请主剿"，但"未蒙采纳"，而他实际主张一直未变，但考虑到清廷现在态度，惟"'一意痛剿'四字，拟改为'定计主剿，先剿后抚，兵威既加，胁从乃散'十六字"，谓若是"专说痛剿恐更不允剿矣"。并特别强调，会奏稿中拟添"从来邪术不能御敌，乱民不能保国，外兵深入横行，各省会匪四起，大局溃烂，悔不可追"之句，①这显然是为其痛剿"拳匪"的实际主张张本。由此可以看出张之洞对义和团的一贯态度，他只是在清廷"主抚"的时候一度有措辞上的表面"变通"，但实际上还是坚持原意不变。张之洞于二十二日收到刘坤一来电，告知会奏"已由津设法专送，不识何时到京"，而从所附致总署的代奏稿看，上边述及的张之洞拟改用的"十六字"，以及要加的"从来邪术不能御敌……"那句话，是一字不差地依照了。②

而同是在五月里，张之洞他们则主局与外国议谈"东南互保"，这当然也等于迎合外国方面的动意。首先是英国深恐义和团向南方发展危及其在长江流域的利益，其驻沪代理总领事霍必澜（又译华伦），策动清朝督办芦汉铁路大臣盛宣怀从中牵线运作，联络两江总督刘坤一和湖广总督张之洞作为清方的主持。而刘、张也正好有这方面的意向，此事遂正式运行。当然，中外各自都是想争取己方获益而较少受到损失，议商中明里暗中不乏相争。如刘坤一曾认为"英允保护，确为诡计"，"惟有稳住各国，方可保全长江"，不同意"中英共守吴淞炮台"。③ 而张之洞也坚持有利于清朝的主张。由于北方形势引起在上海的官僚士绅的恐慌，除了盛宣怀外，像沈瑜庆、赵凤昌、何嗣焜等人，也积极推助此事。他们中身份最显的是盛宣怀，他于该局中发挥了其他"策谋"者无法替代的重要作用是不争的事实，甚至可以说他是对"东南互保"的议案原则较早作出要旨明确的文字表述。这体现在五月二十七（6月23日）他致李鸿章、刘坤一、张之洞的电报中。该电在陈述了"沪各领事接津电，津租界炮毁洋人死甚重，英提带兵千余殁于路，已各处催兵。看来，俄、日陆军必先

---

① 冀版《张之洞全集》第十册，第7974—7975页。

② 冀版《张之洞全集》第十册，第7976页。

③ 转引自丁名楠等著：《帝国主义侵华史》第二卷，人民出版社1986年版、1992年第3次印刷，第128页。

集,指顾必糜烂"——这显然属传闻消息,盛宣怀则据以得出看法,他表述说:"如欲图补救,必趁未奉旨之先,岘帅(按:指刘坤一)、香帅(按:指张之洞)合同电饬地方官、上海道,与各领事订约,上海租借准归各国保护,长江内地均归督抚保护,两不相扰,以保全商民人命产业为主"。① 此乃盛宣怀所发关于"东南互保"的一封要电。

受命参与议商"互保"之局的,还有具有道员职衔的沈瑜庆(沈葆桢之子),他是受刘坤一指派;张之洞则派出亦有道员职衔的陶森甲。还有一个特别需要注意的人物,就是张之洞的前幕僚、现仍与之保持密切关系并为其所用的赵凤昌(他们随后都未参加中外正式开会议谈),他虽无被摆上台面的官员资格,但仍是出谋划策者之一,并且日后留下关于此事谋划和议谈场合的资料,即 20 世纪 30 年代初以"惜阴"名义发表于《人文月刊》的《庚子拳祸东南互保之纪实》,有一定参考价值。他叙述了当时时局,以及和老友何嗣焜(梅生)商讨"互保"之事,并且说由盛宣怀与外人交谈"地位最宜",而该局"最要在刘、张两督"。②

刘坤一、张之洞二人确实"最要"。在此全局的每一重要步骤和关键环节上,他们都随时通电联络、指授(其电报或由盛宣怀居间中转),就相关问题的可否做出表态,拍板决定。至于他两人谁伯谁仲,学界也有不同的说法。笔者认为,若从大局上概而言之,不必强分主次伯仲,认定他俩是清方共同的决策和主局者,比较合情合理也符合实际。因为他们都是"互保"主要区域的主官,官职等级相同(只是刘坤一按例身兼南洋大臣),地位相埒,且协调和洽,步调一致,在关键事情和环节上总是联合表态,共同负责,始终如一,通常情况下几乎是分不开的。所以这里许多地方上也是将刘、张连在一起一并述之(资料上多是刘前张后,但这一般并不表明他们的主次差别),免得只注重述张而疏刘导致偏颇。

从事情酝酿、决策情形来看。五月二十二日(6 月 18 日),张之洞在给刘坤一的电报中,告英国"欲派水师入长江帮助弹压土匪","鄙人力阻之",已承

---

① 盛宣怀:《愚斋存稿》,《清代诗文集汇编》七五五,上海古籍出版社 2010 年版,第 6 页。该电在题下标为五月二十八日。而《张之洞全集》、《李鸿章全集》附载的同电末尾明确署为"沁",代二十七日。

② 惜阴(赵凤昌):《庚子拳祸东南互保之纪实》,载《人文月刊》第 2 卷第 7 期。

诺对"所有洋商教士力任保护",并告诉对方已于江督商妥,"意见与我同,长江以内上下游有我与刘岘帅两人当力任保护之责,必可无事",并请刘坤一"速切告税司及上海道转达上海英总领事,力任保护洋商教士之责,以杜借口窥视为要",说"若我不任保护,东南大局去矣"。① 二十三日,刘坤一闻知日前"各国在大沽开仗,炮台被夺,北事决裂"的情况后,致电张之洞连同江、鄂辖区诸巡抚,通报相关消息,特别强调,"为今计,惟有力任保护,稳住各国,一面派兵自守,震慑地方","若东南再有事,则全局糜烂矣"。次日,又专致张之洞电告明:"沪道电,遵即密商英领,渠以长江一带商务,有两制军主持保护,极为放心"。② 至二十八日,两督就前揭盛宣怀二十七日电的"互保"议案原则(前引述)往复电商,刘坤一询张之洞"是否可行"③,张明确答复,"请声明敝处意见相同,如有应列敝衔之处,即请岘帅酌量转饬",又告,"但恐各领事必须敝处派员,拟即派陶森甲迅速赴沪与议,惟请告上海道及盛京堂,先于速议,不必候陶"。④ 同时,他致电"上海领袖大西洋总领事"(当指葡萄牙的华德师):"上海租借归各国保护,长江内地各国商民产业均归督抚保护,本部堂与两江刘制台意见相同,合力任之,已饬上海道与各国领事迅速妥议办法矣。请尊处转致各国领事为祷。"⑤总之,两督都强调表示其间的一致性和共同主局。五月三十日中外会议及其后的分散性磋商,相关消息也均及时向两督报告请示,两督则及时沟通以统一意见而作出指示。

在中外会议的前一天,即五月二十九日,余联沅致电刘坤一、张之洞,报告"拟遵五条"内容提供会议,请示可否:"一、长江内地各国商民教士产业,均归南洋大臣刘及两湖督宪张切实保护。二、长江一带兵力足使地方安静,毋须各国派兵轮船入长江帮助,业已出示禁造谣言,严拿游勇会匪。三、东南江海各口岸,如须兵力协防,由中国督抚相机随时函商各国办理。四、长江一带洋商教士,既由中国南洋大臣刘及两湖督宪张力任保护,若有疏虞惟地方是问。

---

① 冀版《张之洞全集》第十册,第7993页。

② 中国科学院历史研究所第三所编:《刘坤一遗集》第六册,中华书局1959年版,第2563页。

③ 冀版《张之洞全集》第十册,第8029页。

④ 冀版《张之洞全集》第十册,第8028页。

⑤ 冀版《张之洞全集》第十册,第8027页。

五、各国如不待中国督宪函商,竟自多派兵轮驶入长江等处,以致百姓怀疑起衅,毁坏洋商教士产业、人命者,事后中国不认赔偿。"因未及时接到回复,三十日开议之前,余联沅以"千急"之电向两督告知:"各领约午后三点钟,会议保护办法",催复"昨电呈五条"是否允可。张之洞复电,"五条甚妥,请即照办"。① 刘坤一在致盛宣怀电中表态并指示:"余道拟五条均可行,第须照鄂俭电加入制造局一层,又吴淞炮台在长江外,应否将炮台勿占一节及上海租界归各国保护添入约内,祈裁酌商余道办理"。② 所谓"鄂俭电",指张之洞二十八日致刘坤一、盛宣怀之电,其中言及"上海制造局,似须预先密筹一保全妥法","似可与各领事议明,此局军火专为防剿长江内地土匪保护中国商民之用,各国不得阻止,并入此次沪道所议各节同议"。③ 此外拟加入议款的关于吴淞炮台事宜和"上海租界归各国保护",乃刘坤一的明确提议,张之洞也予认可。盛宣怀、余联沅遵命斟酌,与外国协商,最终成文九条。为便于与"五条"比较,将"九条"录载如下:

一、上海道台余现奉南洋大臣刘、两湖督宪张电示,与各国驻沪领事官会商办法,上海租界归各国公同保护,长江及苏、杭内地均归各督抚保护,两不相扰,以保全中外商民人民(命)产业为主。

二、上海租界公同保护章程,已另列条款。

三、长江及苏、杭内地各商民、教士产业,均归南洋大臣刘、两湖督宪张允认切实保护,并移知各省督抚及严饬各该文武官员一律认真保护。现已出示,禁止谣言。严拿匪徒。

四、长江内地,中国兵力已足使地方安静,各口岸已有各国兵轮者,仍照常停泊,惟须约束水手人等不可登岸。

五、各国以后不待中国督抚商允,竟自多派兵轮驶入长江等处,以致百姓怀疑,藉端启衅,毁坏洋商、教士人命、产业,事后中国不认赔偿。

六、吴淞及长江各炮台,各国兵轮切不可近台停泊及禁对炮台之处,兵轮水手亦不可在炮台附近地方操练,彼此免致误犯。

---

① 冀版《张之洞全集》第十册,第8041页。
② 盛宣怀:《愚斋存稿》,《清代诗文集汇编》七五五,第8页。
③ 冀版《张之洞全集》第十册,第8029页。

七、上海制造局、火药局一带，各国允兵轮勿往游弋、驻泊及派洋兵、巡捕前往，以期各不相扰；此局军火专为防剿内地土匪、保护中外商民之用，设有督抚提用，各国毋庸惊疑。

八、内地如有各国洋教士及游历各洋人，遇偏僻未经设防地方，切勿冒险前往。

九、凡租界内一切设法防护之事，均须安静办理，切勿张皇，以摇人心。①

与前"五条"内容对比可见，该"九条"中刘、张两督指示增加的各项均予添入，并且特列第二条指明，"上海租界公同保护章程，已另列条款"。该"另列条款"共为十款，或题作《保护上海城厢内外章程》②，要旨为租界内外分别由"各国"和"中国官"巡防保护，另外还涉及治安、添置勇丁、商贸等方面的具体事宜。而"五条"中的第三条，即留有需要时由中国督抚相机函商外国"兵力协防"活口的内容，而此等字句，不复存在于既定文本当中。

中外议谈和后续争议主要围绕"九条"相关内容展开。根据盛宣怀在三十日会议以后向刘、张两督等人的报告，会议中"各领事驳论多端，当告以督抚允认真保护，必须各国允兵船、炮台、制造局三款方免误会生事。彼虑军火接济北匪，尚无法坚其信。兵船必须非许其各口添数只，亦必不允。现允照水师提督二十四文义照会余道，'若长江内地无乱耗，各国决不派兵干预'等语"，向刘、张两督请示可否。张之洞电复"由岘帅酌定"，而刘坤一坚持认定"九条均妥善"，并电令余联沅"速照会各领事"，又与张之洞会电相关驻外公使，由他们与所驻国外部直接协商，显出特别急切，这似与接到山东巡抚袁世凯告"北事已危急"的电报有关，特嘱盛宣怀"密告余道迅速商定为要"。③ 盛宣怀接此两督电报是在六月初一日（6月27日），而在同日，外国方面也按照昨天会议期间的承诺，有"葡国领袖总领事华德师"签署公函致上海道余联沅：

---

① 王铁崖编：《中外旧约章汇编》第一册，第968—969页。
② 王铁崖编：《中外旧约章汇编》第一册，第969—970页。
③ 盛宣怀：《愚斋存稿》，《清代诗文集汇编》七五五，第8—9页。

敬启者:昨日叙晤,承阁下与盛大臣布达南洋大臣刘、两湖总督张诚意实力在各省内保护地方安静及保护民命、财产,倘有匪徒滋扰或变乱受损之处,愿力为承担各节,各领事闻命之下不胜欣慰之至,嘱为转道谢悃。某等兹欲陈明使两位制台得知,前在大沽时各西国合兵提督曾出告示,为此次洋兵实为专攻团匪、及阻扰救脱在京及他处遇险之西人而已。并欲申明,倘两位制台能于所管各省之内,按照中外和约实为保护外国人民之权力,我各国之政府,前时、现今均无意在扬子江一带进兵,不独一国不如此做,合力亦不如此做。为此布达,并候时祉。①

这当视为外方对昨天会议以正式文件形式所做的反馈,它不是一般的函件,而属照会性质,表明对"互保"议案的原则认同,自可作为这方面的确凿根据。随后盛宣怀致电刘、张两督,就有"保护既定"之语,并拟请"照会各领",所拟文稿开首即云:"顷阅各国领事照复互相保护,业已订议"。② 既明确将各国领事的函件定性为照会,又肯定"业已订议"的基本结果,这已经很能说明问题了。

当然,这只是"原则认定",仍不等于外国方面对约章条款的全面认同,相关争议还在继续。针对外国方面持议款项的内容,刘坤一随后又电嘱盛宣怀这样向外方解释,力求消除其"误会":"吴淞并未添新炮,至现在停工之炮台,系二月间动工,秋后方完竣","至拳匪误国,正深恶痛绝,已嘱严拿","讵有以军火济拳匪之理"?③ 六月二日,盛宣怀致电刘、张两督,告明刚会晤领袖领事,其"允照会沪道,宗旨均合,条目须酌"。④ 此八个字也特别值得注意,这实际上就是外国方面对"九条"基本态度的更为明确和具体表态。

一方面,即使沪上各国领事在确知清廷宣战消息的情况下,他们对"互保"约章的原则性认可亦未改变;另一方面,也继续坚持在相关"互保"具体条款上的争议。清方主要是在刘坤一的就近主导下,以"柔"的方式搪塞以求缓

---

① 陈旭麓等主编:《义和团运动:盛宣怀档案资料选辑之七》,上海人民出版社2001年版,第93页。

② 陈旭麓等主编:《义和团运动:盛宣怀档案资料选辑之七》,第95页。

③ 盛宣怀:《愚斋存稿》,《清代诗文集汇编》七五五,第11页。

④ 盛宣怀:《愚斋存稿》,《清代诗文集汇编》七五五,第12页。

冲解决。譬如,饬令停工"吴淞新台"的建设,不厌其烦地解释"若军火停运内地"会影响"剿匪",而绝不会有接济"北匪"的意思。① 除此之外,"九条"中还有中方有条件地"不认赔偿"的第五条,外方亦拒绝接受。盛宣怀他们试图以"各个击破"的方法,安排人员分头与不同国家的领事商议,虽亦无显效,但进一步弥合分歧的迹象还是有的,况且,五月三十日会议上基本订议已成既定事实。这从盛宣怀六月初五日(7月1日)《寄浙藩库恽方伯》(按:"恽方伯"指浙江布政使恽祖翼,字菘耘)的电报中所言,亦可有助于佐证:"各领事会议除第五条不允外,余皆允洽,但无权签字,已电各使商外部,初一总领事已照会沪道订明。"②正因为是这样一种基本成局情况,想必就有成议签字的传闻在外间流播开来,像恽祖翼在六月初致盛宣怀的电报中,就有"闻长江苏杭一带,我公与三帅议明,中外互相保护,勿启兵端,各国已经签字"③之语,盛宣怀遂有上揭复电解释。像"签字"、"签订"一类的说法,从当时到后世确有不少,连赵凤昌这样的局内知情者,日后也留下在当天的中外会议上"两方签约散会"④的忆述。如果说,恽祖翼当时作为非当事人,其语冠以"闻"字,还能明确提示出是听来的消息,真确与否需要查辨,而总算知情的赵凤昌的言说,自然易于给人以确定无疑的印象,而事实上终究并未有签字之事。不过,"互保"约章又在原则上实行了。总之,是呈一种特殊而微妙的状况。

就清朝而言,"互保"除了刘坤一、张之洞两位"主局"而外,再就是"加盟"者了。这是与江、鄂"主区"相对,就其他加入和附和的省区主官来说的,像两广、闽浙,还有北方的山东,西南的四川,西北的陕西等地,其主政大员都是明显赞同和附和"互保"的。至于"主区"各省巡抚自不应算在"加盟"之列,因为他们对江、鄂两督来说基本是随从,除非个别特例之外。譬如,江苏巡抚鹿传霖,尽管热衷"东南互保"的大员们与他也不乏沟通,争取其配合和支持,但他的实际态度暧昧,到底是被认作"不以东南保护约为然"⑤者,并且他

---

① 盛宣怀:《愚斋存稿》,《清代诗文集汇编》七五五,第14页。
② 盛宣怀:《愚斋存稿》,《清代诗文集汇编》七五五,第17页。
③ 盛宣怀:《愚斋存稿》,《清代诗文集汇编》七五五,第16页。
④ 惜阴(赵凤昌):《庚子拳祸东南互保之纪实》,载《人文月刊》第2卷第7期。
⑤ 冀版《张之洞全集》第十册,第8142页(系附刘坤一来电,其中的"滋"指鹿传霖(字滋万、滋轩))。

很快北上加入"勤王"行列,脱离了"互保"之区。还有更为明显和坚决对抗"互保"之议的巡阅长江水师大臣李秉衡,他并非江、鄂之区有固定职分的官员,只是受朝命临时"巡阅"而已,因其妨碍"互保"为江、鄂两督及相关官员所恶,在刘坤一主导下,采取先尝试拉拢不成则设法排除的计策,①"顺水推舟"地随其本意所欲,自南省调离北上(并很快败亡),排除了"互保"的一块绊脚石。

而张之洞作为湖广总督,与两江总督、南洋大臣刘坤一共同主局"东南互保",他们在这中间发挥了不可替代的作用。而"互保"不仅仅关系中国,更是涉及中外关系的问题。它是在时局的特别关头,外国方面和中国相关地方大员都抱有此类愿望,想通过"互保"来稳定中国南方局势,外国方面是要维护其在南方的既得利益不受损失,中国地方大员则想维持其辖区的统治秩序不被破坏。这样,双方要达到各自的目的,就须接受得失皆有的一定条件。中国在半殖民地境况下,"互保"对华的不平等性自然难免。而若以既定条件为前提,清廷则可获得扼制义和团向南方大规模发展的可能,可利于维持其一个区域性相对稳定的态势,这自然对于反帝斗争的推进是会有妨碍的,但同时它又避免了外国军队借故疯狂南侵。正如陈旭麓先生所说,"东南互保"具有"两重性","使它对当时的中国社会产生过两重影响":"一方面,它压抑了南方地区的反帝运动,另一方面,它又阻止了八国联军的南下蹂躏;一方面,它免除了列强在捕杀北方义和团时的南顾之忧,另一方面,它又使战胜之后的列强在处置中国时不能不正视驻守东南的几十万军队"。而"最后,随着守旧的王公、亲贵、官僚在外来压力下的崩溃,洋务人物又一次进入王朝的中枢。于是而有20世纪初年的'新政'"。② 涉及张之洞与清末"新政",要到下一章当中再述。

二、出手镇压"自立军"

就在张之洞他们操办"东南互保"的时候,南方会党的活动早已在隐秘进

---

① 《刘坤一遗集》第六册,第 2565—2566 页。

② 陈旭麓:《近代中国社会的新陈代谢》,上海人民出版社 1992 年版,第 205 页。

行之中。要说,会党由来已久,而它到晚清尤其是在南方的活动更是频繁、剧烈。到张之洞督鄂(包括署督两江)之时,查办"会匪"更是其政务中的一项"常规"事项。随着义和团运动的兴起,会党活动更是发展势盛,这不但是在规模上,而且更体现在"水平"上。这个时候,不但以孙中山为首旗帜鲜明的革命党人利用会党发动反清起义,并且,立基维新、鼓吹"勤王"而实也具有一定革命色彩的政治势力对会党亦是积极利用,像"自立军"组织即为典型。所谓"自立军",是维新派在戊戌变法失败后组织的武装力量,这中间有一个关键人物,就是曾在两湖书院就读且为张之洞所欣赏的湖南浏阳人士唐才常,对他先应有所了解。

在民族危机的刺激下,唐才常的思想行为日趋激进。甲午清方战败议定《马关条约》,唐才常悲愤地感到,"所约条款,非是和倭,直是降倭,奸臣卖国,古今所无"。① 而其时,他对张之洞的看法还挺不错,说"和议一事,督抚中惟张香帅慷慨激昂,不避权贵"②,奋力抗争。戊戌新政期间,他与同邑的谭嗣同等共为湖南"新政"的中坚人物之一。谭嗣同入京后,唐才常应其电召也正北上,"方抵汉口,知政变发生",他"闻变痛哭",并以联语挽谭嗣同云:"与我公别几许时,忽警电飞来,忍不携二十年刎颈交,同赴泉台,漫赢将去楚孤臣,箫声呜咽;近至尊刚卅余日,被群阴构死,甘永抛四百兆为奴种,长埋地狱,只留得扶桑三杰,剑气摩空。"抒发其无比悲愤和痛惜之情。因政变发生唐才常停止赴京,"折回湖南,拼当家务就绪,即直往上海,与同志筹谋应变。旋赴香港、新加坡、日本各处,联络侨胞,图所以充实力量挽救祖国之方策"。就是在日期间,他"与康有为协商起兵事宜,取得同意"。又与当年作为日本进步党领袖之一的"犬养毅会见,谈论甚洽"。唐才常在日本的工作取得进展,遂归国准备,而复回浏阳省亲的时候,"将抵家门,道经枨市,为顽固派邹某所见,纠无赖多人围殴之。幸与唐祠相近,族众闻信,群往救护,得免于难。然左额已为铁尺击伤,在家养息十余日始愈"。这次遭遇,可见即使在其家乡,顽固派的敌视和对抗也十分激烈。他伤好出行再不敢道经长沙,而是"绕道江西,

① 唐才质:《唐才常烈士年谱》,载湖南省哲学社会科学研究所编:《唐才常集》,中华书局1980年版、1982年第2次印刷,第269页。
② 唐才质:《唐才常烈士年谱》,《唐才常集》,第270页。

折往上海"。①

有迹象表明，自光绪二十五年（1899 年）春或是夏，唐才常等人即酝酿筹组正气会，起码到冬季该会已正式成立。② 至晚到光绪二十六年（1900 年）春，正气会改名自立会，并在此基础上组织自立军，这中间唐才常确定无疑地是主导人之一。正气会"会章"中首先这样表述宗旨："本会以正气命名，原因中土人心涣散，正气不萃，外邪因之而入。故特创此会，务合海内仁人志士，共讲爱国忠君之实，以济时艰。"③而到自立会，其宗旨即以"保全中国自立之权"，"请皇上复辟"④为要点。它设在上海虹口武昌路仁德里的"东文译社"，"实为自立军的运动机关，凡有各省来沪之会党首领其他武装同志，在此聚集会议，可资掩护"。所谓"自立军"自与"自立会"密切关联，是其武装组织的特称。而"自立会之成立，组织严密"，"大江南北之会党豪杰或武装志士，多愿受节制，来归者甚众"凡是加入自立会者，给"富有票"为证。会友并被授以内外口号，内口号曰"日新其德"，外口号曰"业精于勤"。又会员口号曰："万象阴霾打不开，红羊劫运日相催。顶天立地奇男子，要把乾坤扭转来。"⑤这显然具有浓重的秘密会社的色彩和意味。

唐才常"见时事日非，人心思动，瓜分谰言，日有传播，邀集上海维新人士"，这年（光绪二十六年）六月在上海张园（按：或说在"愚园"）召开由数百人参加的"国会"，"思用国会名义，号召国人奋起自谋以救中国"，会上"公推容闳为临时会长，严复副之，唐才常为总干事"；"七月一日，又联合同志八十余人，假愚园南新厅开会，投票公举正式会长"（按：仍是容闳和严复分别为正、副），还宣布"保全中国自主"、"联外交"、"平内乱"与"推广中国未来之文明进化"诸条的"开会宗旨"，并定名曰"中国议会"。会后唐才常曾告人曰："上海国会或议会设立之意图，欲俟起事成功，即暂以此会为议政之基础。自

---

①　唐才质：《唐才常烈士年谱》，《唐才常集》，第 273—274 页。

②　关于正气会事众说纷纭，而材料出入也大。最早有说始自光绪二十五年春，而《正气会序》（连带《正气会会章》）写作日期署"光绪己亥长至前日"（《唐才常集》，第 198 页），这通常可作为正气会产生起码是酝酿的时间。而"长至"一般指夏至，但也有指冬至的时候。《正气会序》作者一般认为是唐才常，也有说是丁惠康（叔雅，丁日昌之子）。这里斟酌作如此表述。

③　唐才质：《唐才常烈士年谱》，《唐才常集》，第 198 页。

④　中国近代期刊汇编《清议报》第 4 册，第 3595 页。

⑤　唐才质：《唐才常烈士年谱》，《唐才常集》，第 275—276 页。

立会同人除争取民主权利与政治革新而外,制度如何树立,政府如何组织,均待选举程序确定,正式议会成立,合全国人民,五族俊义,协商处理,期于至善。"另外,由容闳起草了英文的自立会对外宣言,大意是"决定不认满洲政府有统治中国之权","以谋人民之乐利","树立二十世纪最文明之政治模范,以立宪自由之政治权与之人民"。① (因旋即事败,这是为清方抄获还未来得及发布的英文稿议成的中文文字)这里需要说明,关于六月间在上海张园召开"国会"的说法,不只此一说,还有当时人员的多说。而今学界根据孙宝瑄(瑄)的《日益斋日记》②等材料,多将"国会"两次召开时间、地点,皆认定在愚园。

唐才常在上海召开"国(议)会"后,稍做准备,便赶紧着手"自立军"起义。起义是拟以汉口为中心,分地配合进行。当时计划置七军"以林圭领中军李炳寰副之,扼武昌以控制各路;秦力山领前军,任大通(在安徽)发难之责;田邦璿领后军,任安庆发难之责;陈犹龙领左军,唐才中等副之,驻新堤、岳州,与武汉相呼应;沈荩领右军,龚超、朱茂芸副之,驻黄柏山,图入长安定中原;另置总会亲军及先锋军",以唐才常为诸军督办以总其成。当时自立军之势力,暗布于沿江及以外省份,"上游则达四川,下游则达江西、安徽,南则达湖南,北则达河南"。唐才常与林圭等人密议,"定于七月十五日,武昌、汉口、汉阳同时举义。并约定各处自立军,刖期发难",尽管如此布置,但约定的"海外之款不至,不得已一再展期"。而有的地方未通知到,如秦力山在大通"就于十五日举事,以无援应而败"。③ 秦力山幸免罹难,后更明确转入革命活动,在光绪三十二年(1906年)因积劳成疾病逝。他也是湖南人(祖籍江苏),是唐才常的战友。而当大通自立军起义事败的当儿,唐才常还没有来到汉口,这里的起义之事暂由更为激进的林圭等人具体准备,因饷械延误不到,起义一再推迟,在林圭的电促之下,唐才常急抵汉口,他"心气昂进,又闻张之洞将尽拘康有为之党人",觉得"彼于新党,呈不两立之势,与其我为彼制,不如谋先发之机",遂计划"先夺汉阳兵器厂,以为军资,然后率军渡江,赴武昌,拘禁统将

---

① 唐才质:《唐才常烈士年谱》,《唐才常集》,第277页。
② 该日记见中国近代史资料丛刊《戊戌变法》第一册,第539—541页。
③ 唐才质:《唐才常烈士年谱》,《唐才常集》,第278页。

张彪、吴元惭(恺)，及督抚，自取代之，以一展平生之抱负"。①

要说，唐才常真能有此番认识和策谋，应该说是他在急时的一大转变。本来，他对张之洞的大吏作为看法不错，譬如光绪二十二年(1896年)时，他致人信中就说到，"香帅(按：指张之洞)回任以来，整顿铁政、织布、缫丝、纺纱各局，不遗余力，鞠躬尽瘁，劳怨罔辞，诚哉有古大臣之风。今又议以德国兵制，另练新军，并添设武备学堂，制器储才，甚盛举也"，只是同时又说"惜乎规模太阔，经费太繁，有无真实可靠之人主持其事，故利权中饱，弊窦丛生"云云。②总之，尽管对施政弊端也有实事求是的指出，但对他个人施政趋新的魄力还是肯定和称道的。而从策划自立军以来，他对张之洞还是抱有希望的。有说他刚到汉口时，以"北方无政府为辞"，"藉日本人为通殷勤于鄂督张之洞，讽以自立军将拥之据两湖而宣布独立。张之洞犹疑莫决，同时对会党之运动虽有所闻，未尝予以压抑，似非全无好意者。唐才常多方设法促张之洞自决，张无所表示。唐才常以为无望"，态度才发生转变，扬言"倘张之洞奉清廷之命以排外，吾必先杀之"，"张之洞闻而深恨之"，"乃决计先发制人，将党人一网打尽，以绝祸根"。③ 在这种双方尖锐对峙的情况下，唐才常才有上述仇张、拘张乃至杀张的打算，理通情合。总之，唐才常先前对张之洞应该是缺乏应有的估计和防备的。像上说唐氏"讽以自立军将拥之据两湖而宣布独立"，而张之洞所谓"犹疑莫决"，未必真的如此，他主要是为了解其情而暂时隐忍不发，揆度时机以求突袭而已。

无论如何，危险正急速地朝唐才常他们逼来。张之洞在大略侦知唐才常预谋的行动计划后，与英国驻汉领事傅磊斯沟通得其支持，于七月二十七日(8月21日)晚间突然采取行动，下令包围了自立军总部及其各重要机关、居所，于次日晨逮捕了唐才常以及林圭等一批首领和要员，查获自立军大批军械、印章、书札及"富有票"等。跟从唐才常的乡人李荣盛，事先曾泣涕劝其避难，唐才常说："予早已誓为国死，汝可行也。"李答曰："公舍生，荣盛敢爱其

① 《浏阳唐佛尘传》(译日本人田野橘次原稿)，姜泣群编：《朝野新谭》，光华编辑社1914年版，丁编，第42页。田野橘次为自立军事的参议者。

② 唐才常：《上欧阳中鹄书》(四)，《唐才常集》，第230页。

③ 张篁溪：《自立会起事始末》，载杜迈之等编：《自立会史料集》，岳麓书社1983年版，第9—10页。

死?"亦留不去。"有顷兵至,遂被逮"。据说,唐才常被审时,"慷慨指斥西太后罪状,言事既不成,有死而已,遂不复言"。① 当日夜二更,唐才常与林圭等二十人,就义于武昌紫阳湖畔。

在唐才常等人被杀后,张之洞上奏"擒诛自立会匪头目"等事②,首先是对各地"会匪"、"谋乱"的情况予以概说,谓"自北方开战以来,各省匪徒咸思蠢动,臣等钦遵谕旨,保守疆土,欲防外侮,必须先净内匪。当即增募营勇,分路筹防。七月初间,湖北巴东、长乐等县,果有会匪纠众竖旗起事,正在派兵剿办,旋闻安徽大通已有大股会匪突起焚劫,其势甚炽",而湖北另外一些地方以及湖南,又"有会匪接踵而起,民间大为惊扰","各匪聚众点名,打造刀械,制造号衣,储备米粮,一似钱财甚为充裕者,并闻有私运外洋军火之说"。③ 其中,所说"安徽大通"的"会匪突起",就是指秦力山、吴禄贞因无闻起义延期消息而发起的举事,他们因单独起义孤立无援,很快失败退往九华山,在得知唐才常等人遇难的噩耗后,解散部队作潜伏计,秦、吴皆免于难,后成为更旗帜鲜明的革命者。张之洞在此奏中,这样言及秦力山:"秦俊杰即秦立(力)山又名秦邮,即大通滋事匪首"。④ 这实际并不准确。据刘坤一于光绪二十七年(1901年)七月二十二日的奏片,有"前统安字营总兵颜琼林会同上海知县汪懋琨派弁拿获秦俊杰一名,供认开堂放票,纠人入会"⑤之语,并云将拿获各犯(自然包括秦俊杰)"业经臣先后批饬正法";同年十二月十六日,在对"叠获票会各匪"的"出力文武各员弁,遵旨择尤保奖"的奏折中,又言及"就戮"的"伪总堂秦俊杰"。⑥ 可见,秦俊杰是自立会"总堂"要员之一,而又名秦邮的秦力山是于光绪三十二年(1906年)十月病亡的,两不相符。至于容闳之名,

---

① 唐才质:《唐才常烈士年谱》,《唐才常集》,第 279 页。
② 《张文襄公全集》(中国书店 1990 年文华斋版影印本)及冀版、鄂版《张之洞全集》中,该折时间皆署"光绪二十六年八月三十日";而中国近代史资料丛刊《辛亥革命》(上海人民出版社1957 年版)第一册第 264—269 页所载该折,标系录自"军机处折包档",而时间为"光绪二十六年八月二十日"(通常还是收到日期),并且在题中标明"张之洞于荫霖奏"(按:于荫霖为当时湖北巡抚),又在开头多出七十余字,可见更为"全折"。
③ 冀版《张之洞全集》第二册,第 1373 页。
④ 冀版《张之洞全集》第二册,第 1375 页。
⑤ 《刘坤一遗集》第三册,第 1298—1299 页。
⑥ 《刘坤一遗集》第三册,第 1327 页。

张之洞此奏中也不止一次提到,并且是在自立会、自立军头目当中列出。这是就其全疏而言,接前边的茬来说,疏中接着又述说了"各省拿获会匪,皆系领有富有票"的情况:

> 此票乃仿照哥老会散放票布之办法,其票系上海洋纸石印,写刻篆印皆极精工,上横书富有两字,直书凭票发足典钱一串,文前有编号,后有年月,背有暗口号图章两颗,用在湖北者又钤楚字图章,其命名盖暗寓富有四海之意,实属悖妄已极。凡领票者,均系勾串一气,互为声援。据匪首散票者告人云:持有此票,即可向该匪首处领钱一千文,以后乘坐怡和、太古轮船不索船价;并云:中国即将大乱,以后持票即可保家。以故各省会匪趋之若鹜。①

张之洞对此叙述较为具体,除去其评价性用语之外,对"富有票"印工、格式、内容上的述说比较可靠。唐才质的《唐才常烈士年谱》中,对"富有票"亦有述,且有所画正面图样标识,与之能够基本印证。张之洞接着又陈说:

> 旋经查出,此乃大逆康有为一人主使调度,其伙党分布各省,展转煽惑,其巢穴即在上海,于租界内设有国会总会,入会者亦不尽康党,沿江沿海各省皆有国会分会,而分会中以汉口之分会为最大,因武汉当南北适中之地,据长江上游,而两湖会匪又最多,故先于武汉举事,其会名曰自立会,其军名曰自立军,勾煽三江两湖等处哥老会匪,纠众谋逆,定于二十九日武昌、汉口、汉阳三处同时起事……先于二十七日访有端倪,密饬员弁在汉口地方李慎德堂及宝顺里内,拿获两湖分会总匪首唐才常,匪首林圭、李虎生等三十余名。唐才常系督办南部各省总会,又督办南部各省军务处。林圭系统带国会中军,李虎生为总窝户。当时在唐才常寓所起获军械、火药、伪印、伪札、伪示及富有票多张,又入会各匪姓名簿,又购买洋枪刀械用款,雇募奸细分往各城各营各局充当内应,月支薪水,用款招募会匪,自称发饷、用款各项账簿,又各省匪党往来逆信,又洋文自立会办事

---

① 冀版《张之洞全集》第二册,第1373页。

条规,皆在唐才常屋内搜获……当即将该匪首唐才常等二十名正法示儆。①

这是把所谓"康有为一人主使调度"的,由上海到武汉而特别是武汉"会匪"的计划和暗中活动情况及其证据,还有把"匪首唐才常等二十名正法示儆"的结果,向清廷作出的汇报。接着又陈述了"旋在嘉鱼县(按:属湖北)拿获匪首蒋国才"以及"湖南拿获会匪头目李英、谭翥"的情况。他们都是以康有为、梁启超为正、副会长或"龙头"。在蒋国才处还搜出康、梁的"伪谕"。张之洞奏中,有据唐才常供"上海国会总头目系广东人容闳"之语。② 这即使不虚,也是会中成员人所共知的事实。而唐氏说出"容闳",那也是以其为自立会张本、争光而已。至于张之洞奏中所述诸多情况,有"唐才常等到案一一供认不讳"之说,既然是"唐才常等",那么被捕偌多人,拉唐才常出名加个"等"字混通述之,究竟和唐才常有关多少,谁又能知? 其奏中还说"唐才常供出同会同谋之人甚多",而没有举列具体姓名,这究竟是虚是实有多大夸张,就更不好说了。前边引文所言唐受审时"言事既不成,有死而已,遂不复言"大概不虚,其人是抱定一死的决心,除了明面显事之外,是不想多说话的。

张之洞之奏中,这样揭说自立军之大害:"若该会匪各省蜂起,外人乘之,则中国真将有危亡之势矣。今该会匪既已自称为新造之国,公然立之,不认国家,是名言不为我皇上之臣子矣。尚敢托保国之名,以乘其乱国之谋"。③ 这是天大的欺人之语矣! 自立军的宗旨中不就明显确立有"请皇上复辟"的要点吗? 张之洞还据侦知获得的情报和信息,对自立会、自立军组织、经费、宗旨、活动情况等项,进行了较详论说。谓"自汉口匪首伏诛后",虽"各路匪徒闻之震慑夺气",但"富有票放出太多,其悍党匪首尚多漏网,现已访知仍复潜踪往来上海、长江一带,别设狡谋,力图纠众报复",所举涉及的地方,如湖北的沙市、监利、沙洋、麻城、嘉鱼、崇阳、巴东、长乐、襄阳、枣阳、随州、应山、孝感、襄樊、沔阳、蒲圻等处,甚至划出"上游则界川之宜昌,下游则界江西之武

---

① 冀版《张之洞全集》第二册,第 1373—1374 页。
② 冀版《张之洞全集》第二册,第 1374 页。
③ 冀版《张之洞全集》第二册,第 1376 页。

穴,南则界湘之荆州,北则界豫"诸地(所指皆属湖北与他省接界之府州县),还有中路湖北的相关多处(沔阳、新堤、沙洋、嘉鱼、蒲圻、崇阳、监利),"皆为会匪出没之所",①以致为镇压之,"各属请兵请械接应不暇,罗掘多方,增兵既多,增饷尤巨,种种艰难急迫,昼夜不遑",表示"随事与湖南抚臣,两江、江西、安徽抚臣互相知会,合力办理,以维上游大局"。清廷览奏,硃批云:"览奏实堪痛恨,著即会商沿江沿海各督抚,将此项会匪饬属一体查拿,尽法惩治,务绝根株。"②表现出皇帝对"此项会匪"的"痛恨"之情和严厉惩治的决心。而实际上,皇帝此时早已毫无实权,像这类"硃批"只是以他名义的政治表态而已,而其如若知道自立军确有以拥戴他的名义而起的因素,其真实的心绪会是怎样?

而张之洞在这篇三千余字的专奏中,是对自立会、自立军"斩钉截铁"地定性为"会匪"悖逆乱国,并对曾欣赏和看重而此番定为"匪首"或骨干的唐才常、吴禄贞等若干学生,以及前曾不乏联络、共事的洋务官员容闳等人,统统直列其名,对逮获者即行正法,未获者严行捕拿,再无丝毫旧情之恋、顾惜之思。应该说,这不只是张之洞的人性优劣问题,而主要是为其所属清朝大员的立场所决定,他是维护清朝的荩臣,对任何"离经叛道"的行径都是由衷敌视的。所以,奏中他对自立军的组织、规模、起事谋划、各处情形有一个尽可详细的陈说,这显然是经过现时的侦查、审讯、佐证分析、据情判断以及参照先前对相关情况的了解、积累,所得出的结论,尤其是对自立会、自立军的目的和"危害",更是做出了严苛的评断。

张之洞上此专折,表明在湖广(特别是湖北)镇压自立军事已基本告捷,但在其他地方,例如粤地乃至港、澳等处,这一势力仍在继续活动,甚至放出"定期起事"的风声,搅得清朝仍然惶惶不安。这从当年九月初九日张之洞所上的《宣布康党逆迹并查拿自立会匪首片》中,即可见典型反映。该片中转述李鸿章致驻英使臣罗丰禄的电报中,大意是言康、梁布散党徒,暗接会匪,粤省"乱党"尤多,往来港、澳,勾结盗匪,声言定期起事,嘱罗丰禄迅速密商英政府电饬新嘉坡(按"片"中称谓)、香港总督,严密查拿拘禁。而张之洞就"富有

---

①　冀版《张之洞全集》第二册,第 1376—1377 页。
②　冀版《张之洞全集》第二册,第 1378 页。

票"的编号则推算出,"合计已有三十一万张",正与"匪犯"之供"逆票号数符合",而"现在查获呈缴者不及一万张,其自行销毁及未经散出者或亦有数万张,要之散在民间者尚在二十万张以外",据此,有所谓"丑类实繁,深为可虑"之说。他又言及,"近由湖南省邮政局搜获逆信多件,该匪党深恨湖北发其奸谋,诛其渠魁,志在报复",要"严为戒备","以安大局"。① 这距唐才常等被杀起码已有两个多月,距张之洞前上专门奏折至少也有四五十天(中间有闰八月),在其心目中,自立军的形势依然如此严峻。的确,自立军起义虽被镇压,但其余威还是令清方胆寒的。

三、坚持赞同"两宫西幸"

八国联军借口镇压"拳匪",庚子年(光绪二十六年,1900 年)七月进攻北京,"两宫"仓皇出逃,清方称作"西幸"(或"西狩"、"西巡")。其出发之前,相关传闻业已盛行,张之洞对此自亦有敏感反应。由于战乱电线破坏严重,朝局亦陷大乱,地方大员与朝廷多不能进行正常通电,张之洞对相关信息的了解,往往要通过与"消息灵通"的他人(如李鸿章、盛宣怀、袁世凯等)进行"曲线"联系。

七月十九日,李鸿章和盛宣怀致电"同志诸帅"(包括张之洞):"闻有人请两宫西幸,拳匪拥护,洋兵已备截击","鸿等竭诚会奏,诸帅公忠,应请列名,立刻电复。事机万紧,勿迟片刻。奏稿与岘帅、香帅商妥续呈。"②所说"岘帅"和"香帅",就是指两江总督刘坤一和湖广总督张之洞。接到该电,张之洞即以"千急"之电致袁世凯说:"沪电闻有人劝上西幸,拳匪扈跸确否?何人所劝,扈从系何人?尊处必知其详,请即刻密示复。"表示了他对"西幸"之事特别急切的关注。同时,他又致电时在上海的李鸿章、盛宣怀以及江宁的刘坤一、济南的袁世凯,明确表示:"西幸洞不谏阻,拳匪护送则洞必谏阻","阻拳匪护驾则可,阻西幸则不可","总之,无论在京或西幸,总须令圣驾与拳匪离

---

① 冀版《张之洞全集》第二册,第 1383—1384 页。
② 顾廷龙、戴逸主编:《李鸿章全集》第 27 册,第 185 页。

开方好"，并特别强调"若阻西幸洞不敢附名"。① 可见，张之洞在当时对两宫是否"西幸"未知底细的情况下，即明确表示对"西幸"的赞同态度，而又坚决反对"拳匪护驾"，可以说他是"有条件"地赞同"西幸"。不过，这个"条件"很快就被证明是不实的，两宫根本就没用"拳匪"护驾，因为她们这时已经从内心转到仇恨义和团，岂可再用之护驾？而张之洞坚决赞同两宫"西幸"的态度，与李鸿章等人要急不可耐谏阻"西幸"的举措截然不同。

李鸿章、盛宣怀当日夜间即将所拟电奏稿发到，特加说明："传闻乘舆有西幸之谣，两宫即无此意，难保左右畏神者不加怂恿，而洋兵已预备截劫，事关安危。大局久计，外臣虽不应与闻，到此地步不得不竭尽愚诚，以冀少回天听。"至于所拟奏稿，约近千言，其具体陈述了"事机紧逼，关系安危"的形势，以及自己（李鸿章）"遵旨电致各国驻使与外部商议停战"的情况，特别说外国"决无干犯至尊之理"，而近日有来自北京的人员提供消息，"传闻在京臣工有请乘舆西幸者。皇太后、皇上以宗庙社稷为重，谅不出此，但难保献此说者不作危词耸听。设有播迁，则瓜分之局自我迫之使成"，"故乘舆之迁否，大清之存亡系之，即两宫之安危亦系之"。② 张之洞在接此电奏稿后，于二十日致电李鸿章以及盛宣怀、刘坤一、袁世凯，还有四川总督奎俊、成都将军绰哈布、福州将军善联、陕西巡抚端方等大员，详细解释了他坚决反对谏阻"西幸"而力拒"拳匪"随扈的理由：

> 谏阻西幸一节，乃傅相万不得已出奇解厄之策，诚非庸俗人所敢出，但未免近於菜公孤注之举……是外部尚以北京为危，我岂可反以北京为安。西幸诚非上策，尚可暂避其锋。此次洋兵非进京城不止，各国之兵至少一万，必然固守皇城，索阅诏奏，逞威泄愤。即云不加干犯，陵侮难堪，震惊可想。况乱匪乱兵稍有生事，彼必肆行开炮，宫禁之内，难保平安。此次攻天津，英国用毒药炮伤人甚惨，俄兵残杀尤甚，恐所谓不干犯之说，洋兵亦自无把握。且两宫身入围中，将来议约惟所欲为，焉能立国？查咸丰庚申圣驾北狩热河，和约系留京王大臣议定，是西幸以后仍可议约。若

---

① 冀版《张之洞全集》第十册，第 8220 页。
② 冀版《张之洞全集》第十册，第 8224—8225 页。

一面西幸，一面止战接使，似较稳便。至瓜分与否，但看数大国宗旨，似不在迁与不迁。惟拳匪随行，诚虑洋兵追击。如筹有善策，奏陈利害，可令拳匪与圣驾离开最善，祈筹示。如猝无善策，且盼圣驾出险，再与各国商办。总之，两宫不出，万分危险。鄙见愚昧，实觉惶骇不安。此奏（按：指李鸿章等谏阻"西幸"之奏）洞万万不敢列名，请慰帅务将贱名删去，并请示复。至诸帅应请傅相再与详商，候其复电允许，方可列入。①

张之洞该电中，核心是说：李鸿章谏阻西幸，有"莱公孤注"之味（"莱公"指北宋忠良大臣寇准，或有其在澶州之役中"孤注"之说，张之洞这里似惟借此语的表面意义而言）；"西幸"尚可暂避敌军之锋，不然万分危险；而瓜分与否，与"西幸"无关；谏阻"西幸"电奏，自己决不列名。同日，盛宣怀致电张之洞和袁世凯："效（按：代十九日）会奏稿，李鸿章、刘坤一、绰哈布、善联、奎俊、许应骙、德寿、刘树堂、王之春、袁世凯、端方、聂缉椝、盛宣怀均列名，请慰帅立刻缮发。香帅效电不列名，宣（按：盛宣怀自指）又力劝，如折缮成而鄂无复电，只可请发。"②可见，盛宣怀对张之洞不列名此奏是不甘心的，"力劝"之外，又想利用其来不及回电拒绝的时机把奏折发出，将"列名"强加于他。另从盛宣怀所述"列名"人看，也是有出入的。譬如说袁世凯列名，可袁世凯同日给张之洞的电报中，就明确说："西狩与否，内当早有定见，恐无及。此奏关系太重，无甚把握，故亦不敢附名"。除自己之外，袁电中还特别说到"聂不列"，所谓"聂"，是指护理江苏巡抚聂缉椝（按：曾国藩女婿），也被李鸿章、盛宣怀怂恿列名，而这里明确指出其人是"不列"的。并且，袁当日又复一电，再告"傅相效电奏稿，系谏阻西幸，已缮发，未列台衔，贱名亦未附"③。重申了他与张之洞的没有列名。这天盛宣怀也有一电，除给张之洞外还给刘坤一、袁世凯，有谓："圣驾本不欲行，祖匪数公请行，护驾其名也，护党其实也。尊虑洋兵进截，必致到处扰乱，诚然。且两宫岂堪受此惊吓？圣驾在京，照沙侯（按：英国外部主官）说，洋兵至城外不进京，自能使拳匪四散，一剿即了。如此奏能劝听，傅相即拟航海赴京，勿惊两宫，勿碍宗社，看各国来电，似可做到。会

① 冀版《张之洞全集》第十册，第8223页。
② 骆宝善、刘路生主编：《袁世凯全集》第6卷，河南大学出版社2013年版，第144页。
③ 骆宝善、刘路生主编：《袁世凯全集》第6卷，第146页。

稿本应请两帅酌改,但洋兵将近,若再挨延,祸不旋踵,是臣子拘小节,君父受大祸,诚何忍哉。香帅如另有所陈,可否请速电慰帅列名,仍单衔另奏,庶免担误,乞速复。"①并且,刘坤一接李鸿章所拟奏稿后也致电张之洞,表明他是基本认同李鸿章看法的,说若是西幸"千里蒙尘,则意外之祸,岂独外兵追袭已哉?事已至此,何尚顾惜?贱名已附",并劝张之洞,说他"负中外重望",仍祈"会奏"。② 而张之洞则仍是牢牢执定原意,拒绝列名会奏。可见,在两宫"西幸"前夕,相关传闻已经播散的情况下,对是否谏阻"西幸",相关大员所持的态度和意见是迥然不同的。而张之洞,尽管历经他人多次力劝,他还是坚决不在谏阻"西幸"之奏列名。

需要说明,李鸿章拟领衔的谏阻"西幸"之奏,打算由袁世凯代为"缮发"。不过,笔者所见到的署为七月十九日的此折,是由"陕甘总督魏光焘"缮陈,八月初六日自陕西代发的,八月十二日到廷而留中。③ 这的确是同一内容的奏折(只有极个别字句上与李鸿章发给张之洞等人之稿有异),这样看来,是袁世凯的代奏件终未成功发送(且在《袁世凯全集》中也未曾找见此代发件),是李鸿章另托他人代发到廷的,且被朝廷"留中",即被置之不理了。

回接原述情节。到七月二十三日,盛宣怀发电转告刘坤一和张之洞,袁世凯电告"两宫潜行已确",并商请刘、张可否以此致电各领事:"顷阅出使大臣来电,各外部均允送使出城,联军可不入京,是两宫可以平安,南方各督抚闻之万分感慰。东南保护之约,各督抚必尽力自任,请电贵国政府知照"云云。④ 当天,刘坤一和张之洞即有给"上海英、法、俄、德、美、日本各国总领事"⑤的电报,内容基本即依照了盛宣怀所转述的电文。但是,显然这已是他们的"马后炮",因为联军早已在二十日攻入北京。而张之洞虽然接到由盛宣怀转来的袁世凯关于"两宫潜行已确"的电文,但最初几天里,他是仍持怀疑态度,对有的官员仍持"不确"之说,嘱令勿传,如二十六日子刻给湖南巡抚俞廉三的电

---

① 盛宣怀:《愚斋存稿》,《清代诗文集汇编》七五五,第 71 页。

② 冀版《张之洞全集》第十册,第 8222 页。

③ 故宫博物院明清档案部编:《义和团档案史料》上册,第 477—478 页。其说明文字是"据随手登记档"。而查钱实甫编《清代职官年表》第二册(中华书局 1980 年版),魏光焘是这年闰八月初三(壬寅)才迁陕甘总督的,此前为陕西巡抚。

④ 冀版《张之洞全集》第十册,第 8231 页。

⑤ 冀版《张之洞全集》第十册,第 8232 页。

报说："顷接东抚袁电，十八日探报，驾尚在京。昨奉硃批，系十九日自京发，是西幸尚未定，祈万勿宣播。"而同时给河南信阳朱道台的电报则特嘱："前传说驾西幸，庆（按：指庆亲王奕劻）留京不确。万勿传播，切要"！当然，这天午刻他致李鸿章、盛宣怀、刘坤一的电报中，已是肯定"两宫西行"的口吻，谓"各国兵已入京，各使已安。两宫虽西行，闻荣相扈跸。拳匪此时情形断不随往，解装西窜，剿之甚易。以情理论之，各国即当停战议约，以践前言"，说李鸿章"既膺全权，望速电各国外部先请停战"，"力阻各国万勿进兵追袭圣驾，免致生灵涂炭，枝节横生"。① 同刻，他又发电将"统团民之大臣皆留京，义团不必随驾矣"②的消息电告上述三人。当天不同时候他发给不同人员的电报，要么是因人而异有不同的分寸把握，要么是隔了几个时辰之后他又得到可助确认的新的消息。

不过，这个时候仍有不尽符实的消息传来，像盛宣怀所转达运司杨宗濂自保定二十三日（漾电）发来之电，有"两宫十九日由易州赴晋，留端、庄、刚、徐、崇守，赵已到此"之语。张之洞即断言"此信难确"。的确，说两宫"十九日"就到了易州，并且是由此处赴晋，时间和地点上都不准确。还有所说留端王载漪、庄王载勋、大学士刚毅、大学士徐桐、户部尚书崇绮（即电文中所说"端、庄、刚、徐、崇"）留守北京，还有军机大臣赵舒翘（电文中所说"赵"）的行踪严格说来亦不尽符实。接下来张之洞说，"日前沪传庆邸留京议款，尚无确音，焦急万状。两宫出险固可喜，然京城无人议和则大可忧。西例虽至兵败都破，但有大臣求和，虽在瓦砾上犹可议。若无人与议，便是无主之国，任便施为，将来京城不能还我矣"③。他拟请李鸿章领衔，合各将军、督、抚联衔电奏，其拟文曰：

> 传闻之下，忧愤莫名。窃谓此时救急之策，最要者约有三事：一曰，请派亲信王大臣速与各国议款。上海洋电传说派庆亲王留京议款，不知信否，如确甚幸。如未派，务请速派王大臣一二人，拟请明降谕旨，特派议款之王大臣，与全权大臣电商议款诸事，先议停战止兵，一面电各国驻使电

---

① 冀版《张之洞全集》第十册，第 8238 页。
② 冀版《张之洞全集》第十册，第 8239 页。
③ 虞和平主编：《近代史所藏清代名人稿本抄本》第二辑，第 16 册，第 552—553 页。

告外部。二曰,请明降谕旨,派入卫各军统兵大臣剿办拳匪。该匪邪术惑人,毫无伎俩,并不能避枪炮,害国殃民,神人共愤,种种残暴横行,屡颁明旨严禁,宫庭为难,中外皆知。今见敌兵难御,将士多伤,相率解带奔逃,窜往保定一带,尤为巧诈,情罪毫无可原。若再不自行速剿,各国必纵兵搜杀,洋兵四出,畿辅全非我有矣。我既痛剿,彼自无词进兵。惟谕旨须声明"拳匪"字样,方足杜外人之口。近日各国进兵,不过借口救使剿匪两事。今各使已获完全,拳匪由我自剿,又派重臣议款,责以止兵停戈,彼更何词?不然,彼借口匪未实剿,必然分兵四路屠灭,畿辅数百万良民,同遭惨祸,玉石俱焚,必为圣心所不忍。甚至借口剿匪,派兵向西路追袭,后患尤不忍言。三曰,请速颁谕旨,飞饬各省将军督抚,言圣驾暂时西幸,已派王大臣等与各国议款,妥为了结。饬各省将军督抚务须照常办事,镇定民心,保守疆土,仍遵前旨保护各国商教,遇有各种匪徒借端生事,啸聚焚杀,意图乘机作乱,立即派兵剿平,勿任滋蔓,扰动大局。各省官民见此明谕,人心自靖,内地自安,以后诸事易于结束,免致重贻宵旰之忧。臣等北望乘舆,忧愤迫切,疚责负罪,无地自容。窃思惟前二条可以立即止兵,从容议约;后一条可以镇定大局,转危为安。臣等合商,意见相同,谨合词电奏,由山东抚臣袁世凯缮折驰递,伏祈皇太后、皇上圣鉴,迅赐施行。[1]

在该电发出不时,张之洞于当日又以"千急"之电给袁世凯和李鸿章、盛宣怀、刘坤一,告"探报参差,杨运司漾电未尽确。敝处今晨所发有宥(按:代二十六日)辰电奏稿,关系重大,未便遽发,必须候傅相(按:指李鸿章)将全折暨折首酌定,诸帅商妥,届时洞当再与慰帅(按:指袁世凯)商酌。务祈慰帅暂勿缮折"。[2] 该电实际于次日即二十七日(感电)寅刻发出。而在这日巳时,他又给上述四人,再加四川总督奎俊、成都将军绰哈布、陕甘总督魏光焘、陕西巡抚端方、署云贵总督丁振铎、署两广总督德寿、闽浙总督许应骙、福州将军善联、浙江巡抚刘树堂、署江苏巡抚聂缉椝、安徽巡抚王之春、湖南巡抚俞廉三发

---

① 虞和平主编:《近代史所藏清代名人稿本抄本》第二辑,第16册,第553—559页。查该电奏稿在骆宝善、刘路生主编《袁世凯全集》第6卷第228—229页有附录,但个别文字有异(或亦有误)。冀版《张之洞全集》第三册第2162—2163页则收载"由济南缮发"件。

② 冀版《张之洞全集》第十册,第8240页。

电,切告"宥辰电奏万不可发,请即作罢论"。① 此时,电奏已非要求酌改后再发,而是"即作罢论"了,一定是他斟酌起来又觉得有什么不妥甚至"犯忌"之处。看来,此电是已交由聂缉椝翻译,张之洞当天即接到其来电,说"宥辰电尚未译毕,续奉感电,谨遵止"。② 可见,聂氏是恭听其言的。不过,到二十八日,盛宣怀来电说:"香帅宥奏(按:即所说宥辰电)三条,傅相极佩,愿领衔。乃感电罢论,想因杨运司两电之故,然一误何堪再误,肇事以来,惟疆臣合词尚动圣听一二。今若稍存畏避,破巢之下岂有完卵? 顷傅相拟将首段酌改,仍请电慰帅缮发。若端、庄、刚、徐留京,行在无人阻挠,正值宵旰忧煎,必能俯纳。倘臣子知而不言,无一献替,夫亦何忍"?③ 显然是不认同张之洞的"感电"力阻发前拟电奏(即宥辰电)的,主张仍旧照发,实际也已发出。

同日(二十八日),袁世凯致电李鸿章、刘坤一、张之洞、盛宣怀:"顷接十九日专人来函,是日两宫仍在京,因四面多乱兵、土匪,有不能走之势,将行而止,有一定不走之说。"④可见,即使距北京较近的袁世凯,所述也只能是"十九日专人来函"的消息,距现时竟有十来天的时间,特定情况下信息的滞后程度可见一斑。张之洞接该电后即刻致电刘坤一:"西巡与否尚无确信,至探确后,或仅具折请安,或须派员前往,以何为宜,祈斟酌示复,以便仿照"。⑤ 显然,他仍是在西幸消息尚未确定的情况下筹商相关事宜的。

至迟是到发出上述电报后的第二天也就是二十九日,张之洞接到了护理直隶总督廷雍七月二十五日的电报(径电,当经由德州转发,接到较迟,但该电原文未见),并复电:"径电读悉。两宫廿一日西幸,想已见明文。现已抵何处? 启銮后有寄谕与各省督抚否? 尊处奉到否? 有何要语? 扈驾王大臣系何人? 留京王大臣系何人? 扈卫共有几军? 想均有明文。洋兵入京后情形若何? 近畿尚存几军? 现扎何处? 尊处必知其详。洋兵于京外扰及何处? 保定尚无敌氛否? 闻护理直督已接篆否? 均望飞速赐示"。⑥ 至接到廷雍此电,

---

① 冀版《张之洞全集》第十册,第8241页。
② 虞和平主编:《近代史所藏清代名人稿本抄本》第二辑,第80册,第547页。
③ 盛宣怀:《愚斋存稿》,《清代诗文集汇编》七五五,第79页。
④ 虞和平主编:《近代史所藏清代名人稿本抄本》第二辑,第80册,第570页。
⑤ 冀版《张之洞全集》第十册,第8242页。
⑥ 冀版《张之洞全集》第十册,第8244页。

张之洞才算确知了"圣驾西幸"的准确消息,并确切知道了西幸的出发日期和历经之地。当然,他对相关其他情况还不甚了解,而又急切欲知,故向廷雍连番发问。

到八月初六日,张之洞接到廷雍回电,告荣禄、崇绮二十六日来保定,是从他们口中得知"两宫仓猝于二十一日西狩,出居庸关赴宣化入晋"消息的。并告,二十三日有"朕暂奉慈舆巡幸山西,著通知"的上谕。还告知,"随扈系庆、礼、端、庄四邸,刚相,王、赵二尚书,董、马两军门","崇公前宵自经,荣相即拟带队赴行在,留直兵数本省不满廿营",特别又告,"洋兵入都焚戮不堪,雍廿四接护督篆,省城虽无敌氛,而溃勇蹂我地方,拳、教借故四扰,糜烂不堪矣"。① 所谓"庆、礼、端、庄四邸",指的是庆亲王奕劻、礼亲王世铎、端王载漪、庄王载勋;"刚相"是刚毅;"王、赵二尚书",是户部尚书(亦军机大臣)王文韶、刑部尚书赵舒翘;"董、马两军门",是指董福祥和马玉崑。所说这些人当时"随扈"大多为是,但其不确及嗣后变动也有,譬如礼亲王世铎未及跟从而被诏赴行在(终因病未行),奕劻初行随扈而旋即受命回京议和,等等。所谓"崇公前宵自经",是指崇绮日前自杀之事。这需要稍微多说两句。此人为清代唯一一位旗人状元,历任过吏部尚书、礼部尚书,与徐桐同为大阿哥溥儁(端王载漪之子,慈禧为图以之替代光绪帝而立)的师傅,崇信义和团"法术",是当时的积极"抚拳"官员之一。据说,有访客谈话中作"拳匪"之称,崇绮大为恼怒,质问何将我中国义士以"匪"目之?立即端茶送客。及至"两宫西幸",他被安排留守。但他"恐外兵谲诈,将以轻骑袭乘舆"②,便化装乘舆,由南路到保定(而两宫实走北路),但在那里闻及京中家人自殉于难,情境惨烈,自己亦在保定自缢而亡。

总之,张之洞是由廷雍的电报中,最终坐实了"两宫西幸"的可靠消息,这也是他盼望和坚决赞同的。当然,这时他暂且还未具体听到"西幸"最初的苦况,是嗣后从自山西而来的官员那里大概闻知"西幸"的不易。故而在两宫抵陕后他与刘坤一的会奏电报中,有圣驾"在途艰苦情形,芜亭豆粥,滹沱麦饭",臣闻而"愤恨涕零,无地自容"③之语。而"西幸"最初的实际情形,所谓

---

① 冀版《张之洞全集》第十册,第 8244—8245 页。
② 《清代碑传全集》下册,上海古籍出版社 1987 年版,第 1453 页。
③ 冀版《张之洞全集》第三册,第 2175 页。

"芜亭豆粥，溏沱麦饭"岂可尽述，且看当时首个"接驾"的直隶怀来知县、因而得慈禧宠信被任命为"西幸"前路粮台会办随扈西行的吴永（亦曾国藩的孙女婿），后来在他的《庚子西狩丛谈》中述说的慈禧"哭述"：

> （慈禧太后接见吴永时）忽放声大哭，曰："予与皇帝连日历行数百里，竟不见一百姓，官吏更绝迹无睹。今至尔怀来县，尔尚衣冠到此迎驾，可称我之忠臣。我不料大局坏到如此。我今见尔，犹不失地方官礼数，难道本朝江山尚获安全无恙耶？"声甚哀恻，予亦不觉随之痛哭。太后哭罢，复自述沿途苦况，谓连日奔走，又不得饮食，既冷且饿。途中口渴，命太监取水，有井矣而无汲器，或井内浮有人头，不得已，采秫稭杆与皇帝共嚼，略得浆汁，即以解渴。昨夜我与皇帝共得一条板凳，相与贴背共坐，仰望达旦。晓间寒气凛冽，森森入毛发，殊不可耐。尔试看我完全成一乡姥姥，即皇帝亦甚辛苦。今至此有两日不得食，腹馁殊甚，此间曾否备有食物？予曰："本已谨备肴席，但为溃兵所掠；尚有小米绿豆粥三锅，预备随从尖点，已被彼等掠食其二。今只余一锅，恐粗粝不敢上进。"曰："有小米粥，甚好甚好，可速进。患难之中得此以足，宁复较量美恶？"[1]

可见，平时锦衣玉食的慈禧太后，出京以来不得饮食、以嚼秫稭杆解渴，还得极度担惊受怕的落魄境况，她说"完全成一乡姥姥"，实际那两天里连一正常的"乡姥姥"都不如。张之洞辈若是深知其情，又将会是怎样地哀怜这位平时一言九鼎、当政掌朝的太后？当然，其境况自吴永"接驾"即趋好转，待到达太原时更是恢复"皇家风光"。为"供迎"之，仅太原知县顾光照就"征千余民夫，黄土垫道五十里，备白面猪羊肉各两万斤，鸡鸭数万只及煤炭、干柴二十多万斤，谷草料豆百余万斤"[2]，连宫女都说这里与宫中简直没有什么两样，而却被民众称为"皇灾"。

在所述张之洞与廷雍通电的时候，"两宫"还未到太原。其到太原是在八月十七日，而离开是在闰八月初八日，在那里驻留二十一天之久，修整之外，更

---

① 吴永口述、刘治襄记：《庚子西狩丛谈》，岳麓书社 1985 年版，第 50—51 页。
② 太原市南郊区地方志编纂委员会编：《太原市南郊区志》，生活·读书·新知三联书店 1994 年版，第 13 页。

主要是斟酌确定下一步行程。之前张之洞从廷雍之电中,不但确知了"西幸"消息,并进而了解了"随扈人员"以及京城及附近军事的大致情况。虽知"两宫"出行成为既定事实,但在是"劝返"还是支持继续西行的问题上,张之洞与李鸿章等一些大员仍分歧依旧。闰八月初九日(10月2日),盛宣怀致电尚在天津的李鸿章(李鸿章业已于上月二十一日离沪北上),根据王文韶初五日的电报("仁和歌电"),"慈圣决计西行";又据陕西布政使初八日的电报("陕藩庚电"),"俄、德均请回銮",盛遂有如下电文:"若复幸陕,难免猜疑,且恐逼成偏安之局。请刘、张各帅会奏,但张主西迁,恐游移延误,乞中堂速电奏止缓。"①初十张之洞接到盛宣怀的致电(并致李鸿章、刘坤一、袁世凯等人),说岘帅有电,"谏阻幸秦,必有傅相措辞,方紧切动听,两宫方能放心"。② 他赶紧致电刘坤一、袁世凯、盛宣怀三人,直言不讳地表示,"回銮万不可行,幸陕万不能阻,其实决裂与否全不在此,能将各国屡次明言力索之事速办,则幸陕彼亦不管,若不肯办,则允回銮亦无益","庆邸、傅相专请回銮阻幸陕,似不可解。总之,若专阻幸陕,洞断不敢列衔"。③ 同日稍后再发一电,较前电又加致李鸿章,另还有安徽巡抚王之春,针对盛宣怀初九日有代他和刘、袁、王致李鸿章电("佳电")"实深惶骇",说"洞断不敢请回銮,亦不愿阻幸陕","断不敢列衔","务请傅相勿列洞名,杏翁(按:指盛宣怀)速电津将洞名删除。若已发电,洞只有自行电奏,声明此件意见不同,并未与闻"。④ 由此,更可见李、刘、盛等人欲强行"绑架"张之洞合奏谏止继续"西幸",而张之洞坚决不从、断然拒绝的态度。这表明,在确知"西幸"为实,并知"两宫"暂驻留太原之后,张之洞是持赞同继续"幸陕"而非"回銮"的坚决态度。

及至"两宫"到达西安之后,外国方面迫其尽快回京的声音仍盛,而李鸿章、盛宣怀辈仍是巴不得"两宫"尽快回銮的,只是鉴于"西幸"业已成局,宫廷自有主张,其催请"回銮"的言论似乎有所放缓。而张之洞则明确力主暂缓"回銮",并为此出谋划策。如九月二十三日电奏,说"今日各国国书皆以惩首祸、请回銮两事并举",而"在京各国公使"更是以"必待回銮,方肯停兵开议"

① 《愚斋存稿》,《清代诗文集汇编》七五五,第135页。
② 冀版《张之洞全集》第十册,第8323页。
③ 冀版《张之洞全集》第十册,第8319页。
④ 冀版《张之洞全集》第十册,第8323页。

相挟,他建议清廷"速再通发国书,力言真心悔过,将首祸重惩",令外国"意气稍平,自行松劲","方不致坚持回銮为挟制"。① 甚至到该年十一月间,为应付外国"又逼回銮",提出在"长江上游,如荆州一带,暂作行都"的"通融之法"。② 至于到光绪二十七年(1901年)辛丑条约签订之后,两宫终究"回銮",张之洞再无异议,那就是另外一回事了。

总之,在真相尚不明确的特别关头,张之洞对"两宫西幸"是持决不谏阻而又特别反对"拳匪"随扈的立场。他之所以坚决反对"拳匪"随扈,显然是出于对义和团的一贯仇视,也担心外国军队因此而追击"圣驾",加大其危险。到他确知"西幸"在途而无"拳匪"随扈之局亦明的时候,他更是力主继续"西幸"而绝非"回銮",与持即时"回銮"主张者迥然不同。待"两宫"到达西安后,他则持暂缓或是设法拖延"回銮"的主张。而这一切,主要是为使"圣驾"脱离外国的直接人身控制,保护其安全,并且也使之避免陷入外国直接逼迫下的"尴尬"局面着想。当然,不排除有时也带有其个人目的,譬如说,他提出将荆州暂作行都之时,就难免有把"两宫"驻地拉向自己辖区以图公私便利的想法。但总体上说,张之洞着力推助"西幸"的目的,主要还是为让"两宫"脱开外国的直接控制而确保其安全着想的。至于有说他主要是为护慈禧而挟光绪,则不免牵强。像时人李希圣在《庚子国变记》中,记有"西幸"途中的这样一幕并加以自己的评说:

> (光绪二十六年闰八月)初八日,("两宫"离太原)幸陕西,上不欲行,怒谓载漪、载勋曰:"朕仓卒出走,徒以太后之故耳,岂吝一死耶?太后今已至太原,宜无虑矣。若属善侍太后,朕当归京师,竟议约,以冀大难之早平也。"太后不许,力持之,无敢谏者。奕劻、李鸿章、崑冈、刘坤一、袁世凯皆请回銮,不听。北仓之败,李鸿章度太后且西迁,自草奏,极言当安坐,夷兵虽入城,论公法,保无他虑,倘车驾出国门一步,则大局糜烂,后患将不可胜言。致书刘坤一、张之洞、袁世凯,约连名,坤一、世凯皆许诺,之洞答曰:"公不见徽钦之事耶? 吾不忍陷两宫于险也。"鸿章得书,大失

---

① 冀版《张之洞全集》第三册,第2176页。
② 冀版《张之洞全集》第十册,第8475页。

望,奏遂不行。后之洞与客饮而醉,私语客曰:"吾亦知无五国城之祸,然太后在京,夷兵必挟之归政,事尚可问耶?"故之洞不敢请回銮者,恐归政也。①

且不说其所述其他事情是否完全符实(如将此时袁世凯全归于李鸿章一派),就单说他所述关于张之洞赞同"西幸"的目的,明面之言和醉后"私语"就大不相同,意在表明张"真正"是怕若不"西幸",太后在京"夷兵必挟之归政"。若真是这样,张之洞就不免纯是为趋太后之炎、附太后之势的算盘所左右。但问题是,材料中所说张之洞的醉后私言,并无可靠根据,料想至多是据以未必真切的传闻而已。若就对"两宫"的一贯态度而言,李鸿章不是更趋亲近和攀附于太后吗(自然相应他是实际疏离光绪皇帝的)? 为什么此时他就不顾虑清廷回京外国或挟太后归政了呢? 究其反对"西幸"最真实的个人原因,应当就是为自己入京议和计,考虑"两宫"在京,便于随时请命,免得自己被迫担责和处境过于尴尬。而张之洞则无此顾虑,他更在意的,主要是"西幸"可使"两宫"摆脱联军入京所致的险境罢了。要说,他这种考虑,也不过是尽一个"荩臣"的忠君、护君之责而已,主要并非为国为民(当然,或亦间接地连带于此)。而无论如何,反正"两宫西幸"已成既定事实,张之洞他们暂时所面临的,是与一个"流亡朝廷"关系的实际。

四、对"议和"订约的态度

除了"两宫西幸"之外,张之洞也颇关注其他朝中政事。像在"两宫西幸"之前,吏部左侍郎许景澄、太常寺卿袁昶被处死之事就特别震惊张之洞。事情发生在七月初三日(7月28日),当日有上谕云,这两人"屡次被人奏参,声名恶劣,平日办理洋务,各存私心,每遇召见时,任意妄奏,莠言乱政,且语多离间,有不忍言者","若不严行惩办,何以整肃群僚","著即行正法,以昭炯

---

① 李希圣:《庚子国变记》,中国近代史资料丛刊《义和团》第一册,上海人民出版社1957年版,第29—30页。

戒"。① 这样,此两位大员就送了性命。张之洞是到了本月初八日才从袁世凯的来电(庚电)中得知许、袁"初三处斩"的约略消息,而不知详情,次日赶忙回电:"庚电骇极,系因何事,必知大略,务速示。"②十一日袁世凯回电,把处斩许、袁二人的上谕转给了张之洞(还有刘坤一)。③ 张之洞接电之后,不知是否由慈禧太后主导的(尽管是借皇帝上谕),而实际是借口妄杀反对与列强开战、力主议和的官员的做法,感到几丝悲愤,反正他对许、袁二人是由衷痛惜的。因为不但从眼下政见上他们是相合的,而且许、袁二人也是张之洞早就欣赏和多次推荐的,并且是在镇压义和团、反对与列强开战方面政见一致的官员。此时突然生变,心中怎能不遭受震动! 至于朝中权臣的动向,战局的情势,政情的变化等等,自然都是张之洞更经常倾心关注的。特别是听到"两宫西幸"的传闻以及坐实以后,张之洞除了坚执己见积极支持外,他最为关心的"核心议题"自然就是"议和"了。

就从他自八月上旬初步得知"西幸"真确的消息之际说起吧。其初四日致电袁世凯和李鸿章、盛宣怀、刘坤一:"西幸旬余,尚无办法,诚恐大局溃决,补救之法似不外迅与议约。"④在张之洞的心目中,迅速与外国议约成为防止"大局溃决"的"补救之法"。而受命"议约"的主办人是李鸿章,他于八月二十一日乘招商局轮船离沪北上,先在天津呆了一段时间,打探消息,联络要员,观测时局,择机而动,闰八月十八日(10 月 11 日)才到达北京。

而张之洞和刘坤一作为清朝要员,是由旨命"会商办理"议和"并准便宜行事"的。相关上谕是属由军机处转达的密旨,闰八月二十日下达,全文为:"庆亲王奕劻著授为全权大臣,会同李鸿章妥商应议事宜。刘坤一、张之洞均著仍遵前旨,会商办理,并准便宜行事。该亲王等务当往还函电熟商,折中一是,勿得内外两歧,致多周折,是为至要。"⑤但张之洞接到该电后,"恭绎再三,不得其解",一是"庆邸前已派全权何以又派"? 二是"并准便宜行事"六字在"刘、张均著会商办理"之下,"似此语指刘、张而言,仅只通函通电似无可行之

① 《义和团档案史料》上册,第 392 页。
② 骆宝善、刘路生主编:《袁世凯全集》第 6 卷,第 60 页。
③ 骆宝善、刘路生主编:《袁世凯全集》第 6 卷,第 73 页。
④ 冀版《张之洞全集》第十册,第 8249 页。
⑤ 《义和团档案史料》下册,第 690 页。

事";三是谕云"折中一是勿得两歧","窃思此时江、鄂即有所见,不过电达邸相,并不能见外国议约诸使,所谓一是两歧未详何指",猜度说"或指将来开议后条款耶"?"或系邸相有奏"?"或系洋人有言"?他询问盛宣怀"知之否",并请和刘坤一"详思速示,以豁愚蒙"。① 盛宣怀接电后回复,意思是,张之洞所说电旨"无讹",其所疑问的"庆邸前已派全权何以又派",说是"似因庆请回銮两歧而发",也就是说,是因为庆亲王奕劻在前任命为议和全权大臣之后他又有回銮的奏请,所以又发旨一次。当然,这也是他自己的理解,因为他非拟旨大臣且又不在廷中。从电报全文看,对张之洞所提疑问后面并未逐条解释,只是强调"请旨事内外意见相同则合词入陈,较有力量","似可请庆、李会同两帅(按:指刘坤一、张之洞),据各国所言迅速奏催,以副折中一是之圣意"。② 可见,只是对"折中一是"的意思作了猜度性解释。张之洞二十三日接到盛宣怀该电后似乎仍未释然,他次日又有电致行在军机大臣也是他曾经的姐夫鹿传霖,询问"廿日廷寄令与庆、李会商办理,内有'并准便宜行事'一语,是指庆邸言?抑指刘、张言?又'勿得内外两歧'一语系指何事?"说"语必有因,祈示,俾有遵循"。③ 日前张之洞刚闻鹿传霖入军机,还曾专门致电祝贺:"入枢大喜,欣贺。佐圣扶危,曷胜仰望"。④ 他之所以如此高兴,很大程度上是因鹿氏入了军机,对他了解内廷的消息能更方便。但鹿氏关于张之洞就朝旨问询的回电没有见到,不知有否使其足以信实的答复。反正对张之洞来说,他是特别关心此事的。而无论如何,既有"会商办理"的朝旨,他对"议和"的建议,就并非"分外"放言,而是"分内"之事。

这个时候的"议和"主动权完全是在列强手里,他们才是具有绝对优势的"庄家"。此时尽管张之洞关于"议和"的电报众多,但大多是在"自家"圈里打听和商议相关事情,少有真正直接和外国交谈的事宜。当然个别也有,譬如,闰八月二十四日,张之洞致电刘坤一、盛宣怀、袁世凯,通报他与前来武昌的美使柔克义"行见三次,力劝早结",意思是"奉托美国邀同英、日劝各国开议"。他与柔克义就"议和"事进行具体的问答对话,并将此转告三人,最后

---

① 冀版《张之洞全集》第十册,第 8346 页。
② 冀版《张之洞全集》第十册,第 8346—8347 页。
③ 冀版《张之洞全集》第十册,第 8347 页。
④ 冀版《张之洞全集》第十册,第 8343 页。

说，"柔使礼和意厚"，尽快开议"姑且托之，未知各国意如何"？① 看来，他是对柔克义的表面的外交"礼貌"颇有好感并且抱有希望，但外国拖延、勒逼事态严重着呢！

这时李鸿章也正忙着与各国使臣联络、接洽，促使议和尽快正式开始。闰八月二十二日，他致电（祃电）驻俄等国公使杨儒说，"会庆邸与各使二十七开议，而格（按：指俄驻华公使格尔思）无来信，不知彼政府何意，祈谆催"。② 由此可见李鸿章急切开议的心情。这时慈禧太后一行，正在赶往西安的路上，其一行九月初四日（10月26日）到达西安后，安下脚来稍可"从容"理政。十一月初一日，奕劻、李鸿章向清廷转达了列强提出的"议和大纲十二条"，略为：

> 一、治罪祸首，应按中国极重之律法从事。二、中国允照赔偿各国各款。三、派近支亲王一员往德国谢罪，派大臣一员往日本谢罪，应在北京为故德使克林德建立石碑。四、凡曾滋事各地方，应罚停考试五年。五、大沽炮台应毁去。六、由天津至北京应设洋兵卡。七、各国使馆准永远屯扎卫队。八、以后遇有仇害洋人之事而地方官有过，其各应认罪之大小官员，应永远开除不用。九、凡专供战务之材料禁止运进中国。十、凡治罪谕旨及晓谕告示应宣晓两年，凡团匪坛会应令解散。十一、各使觐见礼节应酌改，总理衙门应仅设大臣一人。十二、上开各条均须照允办后，外国兵队方能撤去。③

这是奕劻、李鸿章对其要义的概括，而与原文本④不但从条序上有异，而且文字上大为简略且多有不同。清廷接到后，由军机大臣向来电人回复，说"数月来，贵王大臣煞费苦心，为难情形可想"。但"上意亦谓大纲十二条不能照允"，"详细节目，尚须竭力蹉磨"，"务祈审度情形，妥筹磋磨，补救一分是一

---

① 冀版《张之洞全集》第十册，第8348页。
② 顾廷龙、戴逸主编：《李鸿章全集》第27册，第341页。
③ 《义和团档案史料》下册，第832页。此十二条是奕劻、李鸿章上奏中撰述，而对比《中外旧约章汇编》第一册第979—982页所收署为光绪二十六年十一月初一日、十一月二十六日的《议和大纲》，条目顺序和内容简繁有较大差异。
④ 原文本见王铁崖编：《中外旧约章汇编》第一册，第979—982页。

分耳"！接着,针对十二条进行了逐一简说,自然是原则上依从,只是就处理方式和轻重程度上的酌量,譬如,第一条"惩办祸首",说是相关人员"情罪亦有重轻,仍当分别办理";第二条赔款,说是"势不能轻,惟亦须量中国力所能及,或宽定年限,或推情量减",诸如此类,告"应请磋磨"。① 这只是象征性地让奕劻、李鸿章争取的应对之辞而已,而又说"太后得约(按:即指此十二条),度不许,兵且西,又方以首祸当议己,常悁慄不自安,及见约无之,喜过望,诏报奕劻、鸿章尽如约",也就是说,慈禧太后见此条中没有将自己当作祸首惩办,已是大喜过望,就只有以"尽如约"来报答了。事实正是如此,有下述情节可证:议和大纲"正式文本"列强于清历十一月初一日提出,奕劻、李鸿章初三日正式接到(可见,其初一日向清廷报告时还没有正式收到),而二十六日即"复照"各国公使,表示已经"转奏大皇帝十二条全款,慨然应允"。② 而关于此事,还有记云,"张之洞独疏争不可许,尤断断于奉内廷谕旨攻使馆云。之洞亦知不能争,特以是为名高,附太后"。③ 是说张之洞"独疏争",但他不过是"附太后"而已。是否这样,我们还是拓广范围从事实来看。

还在九月十八日的时候,张之洞和刘坤一会奏,说是"此次与各国议款,首以惩办酿祸诸臣为请",洋人坚称,"罪魁不办,断不停兵",而"战既不停,即不开议,款议多延一日,洋兵多进一步,占地愈广,赔费愈巨,将来和议条款愈苛,且各国议论皆以力请回銮为词,惟有速惩首祸,或可以抵制要挟回銮之词"。④ 接着,叙述了列强威逼,而国内沿江一带"富有票"泛滥的形势,说"若值敌舰来侵,何能兼顾? 和议一变,各国分路进兵,匪徒乘机起事,外患内讧,天下骚然,将有瓦解之虞,适激瓜分之祸,此有时局之可大忧也。总之,以一国而敌八国,强弱异势,众寡相悬",⑤其意为中国必不能敌。最后其总结性地陈述:"各国从前措词尚云不肯仇视两宫,故必惩办诸臣,所以表明朝廷无开衅之意;惩办悍将,所以解释大学士荣禄无纵兵之疑……即现在带兵者目前或有

---

① 《义和团档案史料》下册,第833—834页。
② 王铁崖编:《中外旧约章汇编》第一册,第982页。按:该页所载该件所署月份有误,由第979页《议和大纲》下所署日期可证。
③ 中国近代史资料丛刊《义和团》第一册,第34页。
④ 冀版《张之洞全集》第三册,第2174页。
⑤ 冀版《张之洞全集》第三册,第2175页。

为难,亦应早筹办法,密饬全权大臣告知各国容我从容妥筹,断不始终庇护,不然我虽苦口力辩,彼可置之不答,进兵如故,大局已溃,开议无期,此不比寻常议约可以持久磋磨者也"。故最后有"伏愿宸衷独断,早定大计,以平各国之愤,以联各国之情,庶几早日开议,挽救危局"之言。① 至于要惩办的"诸臣"和"悍将",除了纵团和支持与诸国开战的一些"王大臣"外,张之洞还有一个"念念不忘"的人物,就是甘军将领董福祥。此人在义和团运动兴起后,发动甘军制造杀死日本公使馆书记生杉山彬事件,参与围攻各国使馆。"两宫西幸"时又充当随扈大臣,保卫"两宫"安全。张之洞等人闰八月初十日在会衔电奏中,指斥"此次肇衅误国之由,董福祥不能辞其咎,(其)平日大言欺人,自谓足以敌洋",到头来"并未列队迎截","京畿人民言之切齿",而今"乘舆幸陕"又多调其军,无异于"养虎自卫","董福祥自知罪恶多端,不仅为各国所深仇,实为天下臣民所共愤",他之"罪恶甚多,本应即予褫黜,惟此时以罢其兵柄为先",②意思是后再酌行严惩。这虽说是张之洞与刘坤一、袁世凯等人的会奏,但是由于张之洞的力持并且他反复表达过这个意思,可以说是张之洞的一贯主张。由于慈禧太后的回护,最后董福祥并未处死,仅被解职,禁锢于家,到光绪三十四年(1908年)患病而死。

而张之洞在庚辛年间,可是为惩办"祸首"屡屡建言的。庚子年九月二十三日,他与刘坤一联名会奏,把"重办祸首"作为关键一条,并要求"即速再通发国书,力言真心悔过,将祸首重惩,谦逊委婉,切恳各国国主速即饬令停兵开议",认为这样"较与各使言尤为得力",又强调"惟必重惩祸首,方足为真心悔过之据,若无实据则仅以空言通书亦恐无益",并说明这是在"时危事紧"的情势下,"仰恳圣裁,迅速施行"。③ 可见,张之洞他们此时,也是以"严惩祸首"而乞和外国为其招数的。不过,在十一月上旬得知"议和大纲十二条"后,张还是针对其中有的条款提出异议。譬如,在初八日通过西安行在军机处上奏说:

> 昨见议和条款内第五款:"运进中国之军火暨专为制造军火之各种

---

① 冀版《张之洞全集》第三册,第2175—2176页。
② 冀版《张之洞全集》第三册,第2169—2170页。
③ 冀版《张之洞全集》第三册,第2176页。

材料仍不准运入中国"等语。前一日英参赞所交译汉底本作为"专造军火之器料"。器自是指造军火机器,用意更深,万分焦灼。若全行照允,中国永无御侮之具,如何立国?所有各省制造枪炮局厂均须停闭,不特永无自强之日,即会匪溃勇,官兵亦不能镇慑,必致内乱四起,并不能保护洋商、教堂。拟请饬下全权与各使婉商,将"暨为制造军火之材料"一句删去,并商定军火只暂禁运,限定几年,以维大局,此条万分要紧。查伍使、杨使(按:指清朝驻美等国公使伍廷芳、驻俄等国公使杨儒)皆只言暂禁,此条必可商改,迫切上陈。①

件中所谓"议和条款内第五款",显然不是上引奕劻、李鸿章奏中所列,而是"正式文本"当中的,该条为:"运进中国之军火暨专为制造军火之各种器料,照诸国后定之则,仍不准运入中国。"②张之洞将此视为要害之句,坚决主张"商改"。而到次年所订《辛丑条约》的第五款,条文为:"大清国国家允定,不准将军火暨专为制造军火各种器料运入中国境内……禁止进口两年。嗣后如诸国以为有仍应续禁之处,亦可(要中国皇帝)降旨将两年之限续展"。③可见,较比"议和大纲","暨专为制造军火各种器料"字句没有删去,限制倒是有了,明确"禁止进口两年",当然,也留了根据需要"将两年之限续展"的活口。总算比"议和大纲"中稍稍有点"宽限"。可以说,起码在客观上是部分地实现了张之洞的要求。

次日(初九日),张之洞又致电西安行在军机处请代奏,对"议和大纲"中"第七、八、九款大沽撤炮台,使馆驻护兵,津、沽设兵卡"(按:约略据"正式文本"中条目概括),提出异议,说"其势不能不允",但"合计十一国京城护馆之兵至少必有千余;津沽沿路之兵至少必有五六千;海口兵舰约十余艘,兵数亦在三千内外,是洋兵水陆合计必有万人,不言何时始撤,恐是长局。此路我既无台无兵,彼又据有铁路,半日可到都下,实属危险……从此中国无自主之权,不可为国矣。必须筹一稳妥平允之策"。接着他述说了日前英、德两国领事询问其意见而所作回复,大旨是说,"京都驻卫队,京至津、沽沿途设兵卡,大

---

① 冀版《张之洞全集》第三册,第 2181—2182 页。
② 王铁崖编:《中外旧约章汇编》第一册,第 981 页。
③ 王铁崖编:《中外旧约章汇编》第一册,第 1004—1005 页。

沽撤炮台护卫使馆,可谓至周至密,是使馆永远安稳,惟是中国京城门户之防全撤,不容自卫,是朝廷永远危险,似欠平允","必须筹定彼此永远相安,中国不致过危之道,方昭平允。愚意此项卫队及沿途卡兵必须声明专为保护使馆之用,沿途须定界限,不得越界骚扰",总之,"庶使馆安,中国朝廷亦安"。他又陈明,"惟有请旨饬下全权大臣于此节务商善法,暂缓回銮,告以驻兵妥善,方能放心回京"。① 初十日,张之洞接到朝廷谕旨,说其两电(按:即指本电及上段引电)皆悉,"所称回銮一节,甚属周密,不为无见。即著将原电电知奕劻、李鸿章参酌办理。该督与刘坤一均奉有会同便宜行事之旨,但有所见,即著径电该亲王等,以期妥速。奕劻、李鸿章现议条款如有应行参酌之处,亦随时电商该督等互相斟酌,期臻妥协"。②

实际上,张之洞此两电绝非仅仅是从"回銮"之事着笔,而更是从京城及国家安全考虑,而谕旨却将其电奏"甚属周密,不为无见"完全归之于"回銮一节",可见朝廷当时完全是从其自身安危来算计的。张之洞电中虽也为朝廷"暂缓回銮"说话,但其根本用意似不在此,而在维护京师和国家的起码安全。不错,张之洞自己不久在致刘坤一电报中也说:"半年以来,我两人屡电环球,大声疾呼,苦口剖辩,无非为两宫辩耳"。③ "为两宫辩",无疑确是他们努力为之的,不过,客观上也与维护京师与国家的起码安全分不开。回到该谕旨。值得注意,谕旨中还特别交代,让张之洞、刘坤一以后将有关"议和"的相关电报,径电奕劻、李鸿章而"以期妥速"。不过,张之洞随后仍时有致电行在,而直接致北京李鸿章的电报则俨然绝迹了。主要就是因为此期关于"议和"之事,张之洞与李鸿章之间发生了"书生习气"和"中堂习气"的相争。先说一则"佚名"记事:

李文忠谓公(按:指张之洞)做官数十年仍是书生习气,此语盖为庚子议约时公有请从缓回銮而发。公电刘(坤一)、袁(世凯)、盛(宣怀)云:"合肥谓鄙人书生习气,诚然,但书生习气较胜于中堂习气耳。"电文

---

① 冀版《张之洞全集》第三册,第2182—2183页。
② 冀版《张之洞全集》第三册,第2183页。此旨说是"张之洞初九两电悉",其初九电奏实仅一件,而上引初八日电奏抵陕进呈已在初九,故云"初九两电"(参见本页许同莘"谨按")。
③ 冀版《张之洞全集》第十册,第8500页。

百四十言,词意愤激。三处此皆复电劝解,而刘忠诚(按:刘坤一谥"忠诚")尤恳切,有云,知不可为无不下药理,时局艰危至此,两宫忧劳至此,何忍以细故介怀?云中堂习气由来已久,无论其习气如何,而今文忠电稿不载此文,然犹有事多隔膜,不能不驳之语。余谓此皆负气语……①

这出自《近代史所藏清代名人稿本抄本》第二辑第一册,夹于手写体《电稿目录》之中,上一件为《电报代日韵目表》(字体正楷),下一件即该件,字体行草,且与手书体电稿目录笔迹相似。而此电稿目录最后,有"张文襄公集电稿完。戊午(按:指民国七年,1918 年)六月二十七日夜漏二刻写讫。同莘记"。②"同莘"即许同莘,他是《张文襄公全书》(后为"全集")的最早操编者之一。既然张之洞的"电稿目录"是由他手写的,而那则笔迹相似的笔记,当也是由他而作并书写,或是因在编此目录中有感而发,写下随夹于其中。因该件没有署名,故今编者定为"佚名",而笔者认为其作者即许同莘。

该件中大意说到有关之话"皆负气语",所以不载。而实际上这是可以查明的,譬如,李鸿章斥张之洞"书生之习",是在庚子年十一月十四的电奏中,说"不料张督在外多年,稍有阅历,仍是二十年前在京书生之习,盖局外论事易也"。③ 此话中所涉及的具体事情,关系张之洞的一封前电,应该是他十一月初九日所发让西安军机处的代奏件,因为其中所言与李鸿章所指驳的内容基本相符,如说"津沽沿路"的外国驻军"至少必有五六千";"或在长江上游一带止能行小兵轮之处","以作暂时行都"等。④ 李电中或说其"殊属臆断",或说"尤属谬论偏见"。⑤ 这为张之洞得知后,感到十分气恼,于当月二十二日致电刘坤一、袁世凯、盛宣怀,说"合肥谓鄙人为书生习气,诚然,但书生习气似较胜于中堂习气耳"。可见,前揭"笔记"中与原件相比,所引之语除了极个别字眼之外几乎一模一样,说明"笔记"是依据了张之洞电稿的。接着,张之洞为反驳李鸿章又举例说,"鄙人函致英、德领事托转电两使(按:指英、德驻华

---

① 虞和平主编:《近代史所藏清代名人稿本抄本》第二辑,第 1 册,第 349 页。
② 虞和平主编:《近代史所藏清代名人稿本抄本》第二辑,第 1 册,第 412 页。
③ 《义和团档案史料》下册,第 865 页。
④ 冀版《张之洞全集》第三册,第 2182—2183 页。
⑤ 《义和团档案史料》下册,第 865 页。

公使)",相关各电文"一字不改","前数日两领事来见,照录两使复电,词甚和平,皆言大纲速允以后,鄙人所拟各条,极愿详加酌议等语,毫无愠意,德使并有道谢之语",因而说,"不谓外国人易说话,而中国人反难说话也"。最后有言:"合肥谏电(按:指十六日电)'不与刘、张相商'一语,甚感"。① 看来,不仅是口舌之争,还真连及和影响政务了。

张之洞在"议和"之事上,在明知大端必失的情况下,而仍不乏有酌情"较真"的劲儿,甚至有的事情上也确有些"异想天开"(如在长江某地设"行都")。而总体上看,他是要求李鸿章尽量向列强抗争,寻求对方能让多少是多少。按理这也本来是李鸿章之辈应该努力去做的,但他却连这点抗争勇气也没有,基本上完全屈就和听任对方,就是要"团方就圆"地尽快完成清廷交付的"议和"任务。因而觉得张之洞那样做纯是搅局、添乱,故斥他"书生习气"不改。而张之洞反唇相讥,为争辩他还竟举出英德领事、公使的"和平"事例,其实,那不过是人家"客套"的外交辞令而已,怎能据此作为"外国人易说话,而中国人反难说话"的根据? 这样看来,两人之间主要的"是非之争"之外,"意气之争"也不能排除。无论如何,反正所谓"书生习气"和"中堂习气"真有些格格不入。

人说张之洞向刘、袁、盛致电抱怨此事后,三处都"复电劝解",我们就单看言辞"尤恳切"的刘坤一的回电是怎样劝解的吧。其说:"数月来苦心孤诣,以冀补救于万一,所谓知不可为无不下药理,全权谓然与否固不敢计也。公忠如香帅,并世能有几人? 时局艰危至此,两宫忧劳至此,何忍以细故介怀? 惟有知无不言,言无不尽,臣子义固应尔,矧香帅廓然大度乎?"② 刘坤一在称道张之洞"知不可为无不下药理"的"公忠"的同时,又劝他"大度"些而别"以细故介怀"。其实,除了前一段时间在"谏阻西幸"与否的事情上,张之洞与刘坤一态度明显有异外,前后他们在关于朝事的政见上还是基本一致的,所以,李鸿章的电报中有"不与刘、张相商"之语(前已引及),还是把刘坤一和张之洞视为同类。的确,他们在相连同的两江和湖广地区,相互配合还是相当紧密的,并且,后面在清末"新政"方面两人还有更密切的合作。

---

① 冀版《张之洞全集》第十册,第 8488 页。为发电日期和电文核对过虞和平主编:《近代史所藏清代名人稿本抄本》第二辑,第 18 册,第 399—400 页所载同电。

② 冀版《张之洞全集》第十册,第 8488—8489 页。

在庚辛"议和"当中，李鸿章无疑在实际上是清朝起主导作用者。不错，还有庆亲王奕劻名义上在他前面，那很大程度上只是个"高级摆设"而已，与外国实际接触、议谈主要还是李鸿章。奕劻致人信中，就两人关于"议和"的电奏而论，说大都是李鸿章"于会衔发电后抄稿送阅"，自己"亦无从置辞"。① 由此可见一斑。就在前述张之洞有的电报转到李鸿章手后，他看后与奕劻电奏说，张之洞"所言尚未尽实"，譬如对外国兵数"殊属臆断"，至于择地"以便暂时行都、使馆，尤属谬论偏见"（而说张之洞"书生之习"也正是在此电奏中）。② 可见，对张之洞的激愤不屑之情。

这时的"议和大纲十二条"，就是列强为最后订约限定的基本原则和框架，所订条约也就是在十二条基础上的细化和枝节性斟酌。对此"十二条"提出之初，张之洞争议"生事"，奕劻也表示不满，曾在致荣禄的信中说，"南皮忽发高论，各使哗然，又添许多波折。幸得执事仰赞庙谟，俾已定之局，不致功亏一篑"。③ 他说多亏荣禄"仰赞庙谟"得以解决，不免客套，但他对张之洞"高论"生事的怨愤，则是真情发泄。至于奕劻、李鸿章在"议和"中的态度，大学士荣禄则有言："十二条大纲固无必不能行之事，然按条细绎，则将来中国财力兵力恐为彼族占尽，中国成一不能行动之大劳（按："劳"当为"痨"）病鬼而后已，奈何！可怜庆、李，名为全权，与各国开议，其实彼族均自行商定，是日交给条款照会而已，无所谓互议也。然时势如此，时（实）逼处此，不能不为宗社计耳。"④揣摩其意来概括，第一，十二条危害极大；第二，它是由外国自行商定而清朝"全权"大臣不得干预；第三，不能不为朝廷着想。想来，这中间岂不是一种矛盾、两难？其实，如前所述，当时慈禧太后是"大喜过望"而原则上是甘愿"尽如约"的，这等于给李鸿章辈消减了负担。像十一月初六日清廷寄奕劻、李鸿章电旨中说，"敬念宗庙社稷，关系至重，不得不委曲求全。所有十二条大纲，应即照允。惟其中利害轻重，详细节目……设法婉商蹉磨，尚冀稍资补救"。⑤ 总之，这一直就是李鸿章他们的"议约"原则。而张之洞虽有些抗

① 杜春和等编：《荣禄存札》，齐鲁书社1986年版，第12页。
② 《义和团档案史料》下册，第864—865页。
③ 杜春和等编：《荣禄存札》，第7页。
④ 杜春和等编：《荣禄存札》，第409页。
⑤ 《义和团档案史料》下册，第853—854页。

争性发议,但也于终局无补。当然,这是就《辛丑条约》的议定而言,而在中俄东三省交涉问题上,张之洞的抗争还是更坚决些的,并且确实起到了抵制俄国侵占中国东北的助力作用。

中俄关于我国东三省的交涉,是与议订《辛丑条约》不同的另外一条"秘密渠道"。俄军侵占中国东北之后,该国本想把它变成"黄俄罗斯",但一则受到当地人民的坚决抵抗,再则也顾虑英、日等国的强烈反对,于是企图在实际军事控制的情况下而暂时保留清朝地方政权,作为"缓冲"的第一步。庚子年九月十八日,沙俄先迫使盛京将军增祺的代表、已革道员周冕与之草签《奉天交地暂且章程》,又于十月初九日后强迫增祺签字。而该章程的主要内容为,增祺回任后"保卫地方安静,务使兴修铁路毫无阻拦破坏";"奉天省城等处,现留俄军驻防";"营口等处俄官暂为经理";"奉天各处俄军未经驻扎炮台、营垒","一并拆毁";"沈阳应设俄总管一员"等。[1] 总之,是满足俄国控制中国东三省的要求。当时清廷对此尚不知晓,在俄国诱胁之下,委任曾任过驻俄公使的杨儒为全权代表赴俄国进行进一步谈判。杨儒在此问题上,基本坚持了民族立场,没有就范画押(光绪二十七年二月上旬,即 1901 年 3 月下旬,他患中风连续跌伤、昏迷,次年正月在俄病逝)。"暂且章程"遭到抵制和拒绝后,俄国又于庚子年末(1901 年 2 月)提出一个"十二条",这个约稿的对华危害程度较比"暂且章程"更为严重,它不仅攫取中国东北的诸多权益,而且图谋进而将蒙古、新疆乃至中国北方更广的大片地方划入其势力范围。俄方在威逼杨儒的同时又恫吓李鸿章,而亲俄的李鸿章主张接受,就此引起朝中激烈反对。即使同为议和全权大臣的奕劻,在致荣禄的信中也表示不满,说"东三省事关系中外大局",而"合肥极盼东约早成,以为他事可以迎刃而解。殊不知各国环视,已有责言,若竟草草画押,必致纷纷效尤"。[2] 这是说怕允俄而他国效仿。而于此反对最力的尤属张之洞。他于光绪二十七年(1901 年)正月初九日致电清朝驻日、德、英、美公使:

　　俄约十二条,侵我土地、政权、兵权、利权,并有干碍各国之处,中国故

---

① 《杨儒庚辛存稿》,中国社会科学出版社 1980 年版,第 225—226 页。
② 杜春和等编:《荣禄存札》,第 12 页。

不愿允许,然中国独立断不能拒俄,各国所知。何以各国仅劝中国勿许,而不劝俄勿要挟,岂欲俄得志而各国效尤耶? 若中国不允俄约,俄竟不交还占地,或别生枝节,则将若之何? 各国试代我设想,有何办法,肯代我驳阻俄国否? 俄格使(按:指俄驻华公使格尔思)劝全权庆、李云:"此中、俄两国之事,与他国无涉,且各国无以此语告我政府者,独以不干己事,与中国为难,必当置之不理"等语。岂各国真不敢向俄国启齿耶? 务祈切商外部,力劝其径电俄廷,方能有益。并祈询明,傥中国拒俄而干俄怒,究竟各国肯代我力争否? 格使与全权均甚急。各国有助我之策,须速筹,迟则无及。①

可见,张之洞尽管言辞较为激烈,但也是把干碍俄国的希望寄托在外国方面,不但此封电报,这也是他坚持抗俄的主调。譬如,正月十一日、十四日、十八日、十九日、二十日、二十二日、二十九日等数天皆有致行在军机处的相关电报②,述说驻外公使或外国驻华公使、领事的来电和会晤情况,与军机处商议联合其他列强的制俄对策。尽管这在很大程度上也是寄望于"以夷制夷",但在特定时势条件下,也是尽量消减中国权益损失的一种尝试,总比一旦放开俄国致使列强纷纷效尤而致的更为紊乱、愈不可控的局面要好,所谓"两害相衡取其轻",是没有办法的办法。就在当时俄国逼签"十二条"遇阻,又象征性地涂涂改改而原则上无变的文本,在清历正月二十三日(3 月 13 日)交给杨儒限期画押,而致杨儒也一度彷徨、动摇,而张之洞于该月二十九日致西安行在军机处请代奏,指出新本"虽经略改,皆系无关紧要之处",甚至有的条中"包括更宽,用意更很(狠)",对其所改之处择要进行了具体分析,并提出"今日救急"所"只有"的"三策"。总之是持"各国牵制"俄国之旨,显然,有的想法甚至也颇出格,譬如"令地球各国"在东三省"开门任便通商"。③ 到二月初一日,张之洞致西安樊增祥的电报中又提出这样的"逻辑":"非存满洲,不能存中国;非酌改俄约,不能存满洲;非展限(按:指俄约的限期),不能议改约;非英国向俄说项,不能商展限;非以东三省遍地开放工商杂居一切利益与各国,

---

① 　冀版《张之洞全集》第十册,第 8506 页。
② 　见冀版《张之洞全集》第十册,第 8507—8509、8514 页。
③ 　冀版《张之洞全集》第三册,第 2195—2197 页。

不能令英国为我出力;非将第八条(按:指俄拟约的第八条)删去,不能免各国责我以私约干众怒"。① 其前几项自然是对的,但后三两项中就埋进了在东三省向各国"开门任便通商"的意思。

张之洞等人的抗俄舆论自为李鸿章所深恶痛绝,譬如他有联同奕劻六月二十七日寄西安行在军机处请代奏的电报,其说"俄事误在春初群言淆杂,致俄主允改之约停画。臣等屡电谏阻不蒙采纳,遂成今日久踬之局面,悔何可追";"只要中朝诚心和好,勿听外人谣惑,两国睦谊尚可重联。若仍要商改,我主已定之约臣下断不敢置喙。至英、日阻我画约后作壁上观,迄今嘿无一言,此有意离间邦交确证,岂可由我再照会各国公使,授人以柄,无益有损"。② 这分明是把俄约"停画"的"久踬"局面,归自春初以来的"群言淆杂",简直是以撂挑子不干来要挟清廷了。总之,就这样又胶着迁延了三个来月,在俄约没有签成的情况下,李鸿章在九月二十七日就离世归西了。直到光绪二十八年(1902年)三月初一日,中俄方才签订了《中俄交收东三省条约》。关于中国东三省的交涉扰攘已久,至此算告一段落。

而在李鸿章去世的两个月之前,就是于光绪二十七年七月二十五日(1901年9月7日),他与奕劻与诸国(计十一国)签订了《辛丑条约》。该约共十二款(在《议和大纲》基础上调整和斟酌细化),其要害内容为人熟知,不待赘言。需要一提的是,该约还有十九个附件,包括清廷庚辛年里与"约事"有关的谕旨(最多,计有十二件)、"京都左近被污渎之诸国坟茔清单"(一件)、中外相关"照复"(两件)、中国"还本息表"(一件)、"使馆界线说贴"(一件)、"上海设立修治黄埔河道局"相关事宜(一件)、中国皇帝觐见诸国使臣"礼节说贴"(一件)等。③ 总体说来,《辛丑条约》是中国近代史上丧权辱国最为严重的不平等条约,标志着清政府沦为"洋人的朝廷",中国则完全陷入半殖民地深渊。

---

① 冀版《张之洞全集》第十册,第 8519 页。
② 顾廷龙、戴逸主编:《李鸿章全集》第 28 册,第 388 页。
③ 详见王铁崖编:《中外旧约章汇编》第一册,第 1002—1024 页。

第十章 "清末新政"中的不凡亮相

一、"会奏三折"的系统策议

庚子岁末,被"议和"事搅扰不宁的流亡朝廷,也敲响了"清末新政"的开场锣鼓。

这年十二月初十日(1901年1月29日),以光绪皇帝名义颁布上谕,其开篇曰:"世有万古不易之常经,无一成不变之治法。穷变通久,见于大《易》;循益可知,著于《论语》。盖不易者三纲五常,昭然如日星之照世;可变者令甲令乙,不妨如琴瑟之改弦……大抵法积则敝,法敝则更,要归于强国利民而已。"这是从"哲理"的角度说明"不变"与"变"的法则。接下来道:"自播迁以来,皇太后宵旰焦劳,朕尤痛自刻责,深念近数十年积习相仍,因循粉饰,以致成此大衅。现正议和,一切政事尤须切实整顿,以期渐图富强。"而特别强调,"懿训以为外国之长,乃可补中国之短;惩前事之失,乃可作后事之师。自丁戊(按:指光绪二十三年、二十四年)以还,伪辩纵横,妄分新旧,康逆之祸,殆更甚于红拳。迄今海外逋逃,尚以富有贵为等票诱人谋逆,更借保皇保种之妖言,为离间宫廷之计。殊不知,康逆之谈新法,乃乱法也,非变法也",而今要"壹意振兴,严禁新旧之名,浑融中外之迹"。又概述了所认定造成中国贫弱的一系列社会弊端,列举学习"西法"之局限:"至近学西法者,语言文字、制造器械而已,此西艺之皮毛,而非西政之本源也……徒学其一言一话、一技一能,而佐以瞻徇情面、自利身家之积习,舍其本源而不学,学其皮毛而又不精,天下安得富强耶"?就此总结并向大员们提出要求:

> 总之,法令不更,锢习不破,欲求振作,当议更张。著军机大臣、大学

士、六部九卿、出使各国大臣、各省督抚，各就现在情形，参酌中西政要，举凡朝章国故，吏治民生，学校科举，军政财政，当因当革，当省当并，或取诸人，或求诸己，如何而国势始兴，如何而人才始出，如何而度支始裕，如何而武备始修，各举所知，各抒所见，通限两个月，详细条议以闻……安危强弱，全在于斯。倘再蹈因循敷衍之故辙，空言塞责，省事偷安，宪典具存，朕不能宥。①

这道上谕的原文更长，仅从上面的摘要引录即可看出，这是皇帝恭奉太后"慈命"，宣布要实行"变法"、推行"新政"了，所以这道诏书通常也称作"新政诏"。这时，朝廷还在西安，正是接受列强发布的"议和大纲十二条"，"议和"正在抓紧进行之际。在这个节骨眼上发布此道诏书，自有其"深意"所在，特别是以下三点尤值注意：第一，突出从"本源"上"学西法"的重要性，表示出既有自己对以前"变法"的反思，同时也有向外国表态的意思。第二，特别痛诋"康逆之祸"，并说其"非变法"而是"乱法"，自己才是真正的"变法"。第三，要求相关大员限期就全面变法作出应对。这道上谕的发布，在朝内激起了不同反应。激奋地称道赞同者有之，冷静观望暂缓表态者有之，隐不发言而实际暗中抵制者也有之。就张之洞来说，不用说在称道赞同者之列，但是他先探询和判断情况，征求同道大员的意见，最后才主稿拿出了系统而又颇具影响力的《江楚会奏变法三折》连同一片。

先看他是怎样探询和判断情况的。且说该诏发布之后，张之洞首先听到了与之不协调的异音。光绪二十七年（1901年）正月初九日，他致"密"电（用"泰密"本翻译）给在西安的鹿传霖：

闻有小枢致他省督抚电云，"（去腊）初十谕旨，令条议变法整顿一件，且嘱各省复奏万勿多言西法"云云，殊堪骇异。窃思采用西法，见诸上谕明文。鄙意此后一线生机，或思自强，或图相安，非多改旧章、多仿西法不可。若不言西法，仍是旧日整顿故套空文，有何益处？不惟贫弱，各国看我中国，乃别是一种顽固自大之人，将不以平等与国待我，日日受制

① 《光绪宣统两朝上谕档》第二十六册，第460—462页（连同上段中引语）。

受辱,不成为国矣。究竟此事慈意若何,略园(按:指荣禄)能透激否?各省能否切实覆奏,哪几种事可望更张?鄙意第一条欲力扫六部吏例痼习痼弊,枢廷诸公肯否?①

鹿传霖接此电后次日回复:"小枢何人?妄骋臆谈。变法一诏,菘(鹿传霖)与略(荣禄)建议,上亦谓然。至应如何变通,总期实事求是,决无成见。来教谓第一力扫六部吏例,深合鄙衷","然腐儒固执,宵小不利,阻挠必多","总期除弊兴利,似不必拘定西学名目,授人攻击之柄"。最后特别叮嘱:"此大举动大转关,尤要一篇大文字,方能开锢蔽而利施行,非公孰能为之?极盼尽言。"②他首先对张之洞所说关于"小枢"致电的传闻,以激愤之言表示了否认,接着表明变法一诏是由他和荣禄建议,并表明自己同意张之洞的变法主张,但估计也必会受到阻挠。值得注意的是,他虽然否定了"小枢"的说法,但又特别告诫张之洞"似不必拘定西学名目,授人攻击之柄",说明事实上反对以"西学名目"变法的势力不可小觑,在鹿传霖似乎也颇有点畏惮的意思,甚至"圣上"也有这种倾向。不过,他还是鼓励了张之洞,要他作一篇"大文字"。二月初五日,张之洞又致电鹿传霖,更详细地披露了自己的心迹:

去腊变法谕旨,海内欢心鼓舞,咸谓中国从此有不亡之望矣。人心所以鼓舞者,以谕旨中有"采西法补中法"及"浑化中外之见"二语也,并非因"整顿除弊"、"居上宽,临下简"、"必信必果"等语也。嗣闻人言,内意不愿多言西法,尊电亦言"勿袭西法皮毛,免贻口实"等语,不觉废然长叹:"果若如此,'变法'二字尚未对题,仍是无用,中国终归渐灭矣!"……大约各国谓中国人昏陋懒弱、诈滑无用,而又顽固虚憍、狂妄自大。华己夷人嫉视各国,如醉如梦,其无用既可欺,其骄妄更可恶。故视中华为另一种讨人嫌之异物,不以同类相待,必欲作践之,制缚之,剥削之,使不得

---

① 虞和平主编:《近代史所藏清代名人稿本抄本》第二辑,第18册,第508—509页。冀版《张之洞全集》第十册第8506—8507页亦载,但其文题中删除"泰密"(按:据未引录该电电文,当指译电所用"泰密本")两字,且引录与之个别标点有异。
② 《辛丑正月初十日鹿尚书来电》,转引自李细珠:《张之洞与清末新政研究(增订版)》,中国社会科学出版社2015年版,第79页。

自立为一国而后已。现议之约即此办法,步步加紧,莫测所终。中国地日蹙,兵日弱,财日匮,群强环而压之,将与越南、印度同,求为高丽而不可得矣。

张之洞这是鉴于变法谕旨中所言,跟闻听的"内意不愿多言西法"以及鹿传霖电报中附和"内意"之语,而所发深痛感慨。接下来张之洞又说:"大抵今日环球各国大势,孤则亡,同则存。故欲救中国残局,惟有变西法一策。精华谈何容易,正当先从皮毛学起,一切迂谈陈话全行扫除。盖必变西法,然后可令中国无仇视西人之心;必变西法,然后可令各国无仇视华人之心;必变西法,然后可令各国无仇视朝廷之心。且必政事改用西法,教案乃能消弭,商约乃不受亏,使命条约乃能平恕,内地洋人乃不致逞强生事。必改用西法,中国吏治、财政积弊乃能扫除,学校乃有人才,练兵乃有实际,孔孟之教乃能久存,三皇五帝神明之胄乃能久延。且康党、国会之逆党乱民始能绝其煽惑之说,化其思乱之心。至于此等大计,圣上主之,疆臣议之,政府定之,迂谬之说不理可也。"他请鹿传霖"详思明断",与荣禄(略园)、王文韶("仁和")"两相密商之"。说"若不趁早大变西法,恐回銮后事变离奇,或有不及料者"。张之洞自谓"略知端倪,夙夜忧焦,不敢不密陈,不忍不尽言"。① 这可谓其人的芘言由衷,道出了他对有效"变法"的实际看法,也等于对"变法"表达了理想的期望。但同时,也等于对由"圣上"到中枢的"变法"扪摸到了实底,在内心有所失望的同时也不能不对自己的变法议案作出调整,以能适应"圣上"的要求,可为其欣赏和采择,以不枉费自己的精力付出。

而最后张之洞的回复折、片是联同刘坤一合上的,这中间自然要有一个计议、商讨、斟酌、确定的过程。简要说来,张之洞本来想策动各省督抚联合会奏,有些督抚明确表示同意,但袁世凯则主张其单衔上奏,因为他接"陕友"电告,"上意已想到各疆臣必会奏,请仍各举所知,勿联衔上";再就是认为"两帅(按:指刘坤一、张之洞)现列参政,又与他省分际不同"。② 所谓"现列参政"云云,似指三月初三日上谕中关于设立督办政务处,除指定奕劻、李鸿章、崑

① 连同上段独段楷体引文,载冀版《张之洞全集》第十册,第8526—8527页。
② 骆宝善、刘路生主编:《袁世凯全集》第九卷,第65页。

岗、荣禄、王文韶、鹿传霖为督办大臣外,又特别指定刘坤一、张之洞"遥为参与"。① 张之洞致电袁世凯,表示认同"各省自不便联衔"②的意见。同时他又致电刘坤一,确定"江、鄂联衔"会奏的方案,但提出双方先各出一稿"奉商"后酌情"更改"。③ 此际,除了各自组织相关班子参与奏折起草外,刘、张又有互让"主稿"的事情,如张之洞曾表示,"此奏鄂断不敢主稿。鄙人主意多鲁莽,思虑多疏漏,文笔亦艰涩,仍请岘帅主持";而刘坤一则极力推张,"香帅博通今古,贯澈始终,经济文章海内推为巨擘,非由香帅主稿,断难折衷至当,万望勿再客气"。④ 总之,在复奏具体操作的过程中,实际上是由张之洞主稿的。

其复奏的"第一折"是五月二十七日发出的,当天刘坤一专就此折致电张之洞,表示对他由衷感佩,说"仰见明公文章经济,广大精微,凡古今之得失,与中外之异同,互证参稽,折中至当。竭两月之力,成此一代典章,崇论宏议之中,犹复字斟句酌,贤劳独任,感佩难名"。⑤ 此折上后,到六月初四日的再上折,再到同月初五日又上一折一片,这历时八天的时间里所上"三折一片"的系统复奏,总共达三万五六千言(实际文字,不计今本标点),这绝对算是长篇奏折了。上奏者尤其是张之洞可谓竭尽心力,精细斟酌,堪称名奏。不过,此奏并没有完全按照张之洞原先表白的由衷推重西法的本意,而是中西兼顾甚至首说"中法"的,从格调上"降低"了许多。这是张之洞探清了"圣上"心迹而有意逢迎,同时也包含着他为实际效果计的变通和"聪明"。若按照"新政诏"中要求的"通限两个月"复奏的话,确是大大超期了,但清廷不但没有责怪,而在其最后一折一片上到后,皇帝布谕转达"懿旨":"刘坤一张之洞会奏整顿中法以行西法各条,其中可行者,即著按照所陈,随时设法择要举办。各省疆吏,亦应一律统筹,切实举行"。⑥ 实际上,这"江楚会奏三折(再加一片)"成为"清末新政"特别是其初期的纲领性文件,是实施变法的一个蓝本。下面,就尽量抓其主旨和要点,概要地看一下其具体内容。

---

① 《光绪宣统两朝上谕档》第二十七册,第 50 页。
② 冀版《张之洞全集》第十册,第 8553 页(本页亦附上引袁世凯电)。
③ 冀版《张之洞全集》第十册,第 8554 页。
④ 冀版《张之洞全集》第十册,第 8540、8541 页。
⑤ 《刘坤一遗集》第五册,第 2289 页。
⑥ 冀版《张之洞全集》第二册,第 1452 页。

其首先出奏的是《变通政治人才为先遵旨筹议折》，开篇之后有言：

> 上年京畿之变，大局几危，其为我中国之忧患者可谓巨矣，其动忍我君臣士民之心性者可谓深矣。穷而不变何以为国！然则修中华之内政，采列国之专长，圣道执中，洵为至当，惟是中国贫弱废弛之弊，或相沿百余年，或相沿二千余年，一旦欲大加兴革，必须规画周详，确有下手之处，然后气血生而宿疴自去，疣瘫决而元气可支。窃谓中国不贫于财而贫于人才，不弱于兵而弱于志气。人才之贫由于见闻不广，学业不实。志气之弱由于苟安者无履危救亡之远谋，自足者无发愤好学之果力。保邦致治非人无由，谨先就育才兴学之大端，参考古今，会通文武，筹拟四条。①

其在揭明主旨基础上所筹拟的"四条"，第一是"设文武学堂"。而且此条在"四条"中所占文字最多、篇幅最大，是"四条"的首要和"中心"。其实，文武学堂之设此前即有，这是清朝推行多年教育改革的重要举措。张之洞他们在这里，回顾传统经典说教，总结前之经验教训，又有更为致细和具有新意的筹划和陈说。既述"祖宗旧制"，说这"洵足为万代法程"，而"今泰西各国学校之法，犹有三代遗意"。这自有不忘"祖制"并鼓吹"西学中源"的意思，既有其传统之见的成分，又更带有"应景套话"的意思。而接下来，主要便是其直截了当地具体论说主旨了。说是泰西"立学教士之要义有三：一曰道艺兼通；二曰文武兼通；三曰内外兼通。其教法之善有四：一曰求讲解不责记诵；一曰有定程亦有余暇；一曰循序不躐等；一曰教科之书官定颁发，通国一律"。说这样，"故其人才日多，国势日盛"，举例说，"德之势最强、而学校之制惟德最详。日本兴最骤，而学校之数在东方之国为最多。兴学之功，此其明证"。其特别注意学生升入高等学堂后"习专门之学"的情况，而尤其重视借鉴与中国为近邻的日本，说日本高等学校分六门（科），即法、文、工、理、农、医，"每科所习学业各有子目，其余专门，各有高等学校"。譬如，其"习武备者名士官学校，略分地理、战史、战法、军械、测绘、工程、经理、军医八门，兼习外国文字、兵式体操、兵队操、行军操、射的、击刺、乘骑、游水等事"。这类学校毕业后"略如中

---

① 冀版《张之洞全集》第二册，第1393—1394页。

国举人",其愿再学者"升入大学校",毕业后"略如中国进士"。比较起来，"东西各国，今昔章程微有不同者，大约西繁而东简，西迟而东速，昔专一而今变通"，"臣等今参酌中外情形，酌拟今日设学堂办法"：拟令州县设小学校及高等小学校，童子八岁以上入蒙学，十二岁以上入小学校，习普通学，兼习《五经》，仅解其浅显义理，兼看中外简略地图，学粗浅算法和粗浅绘图法，习中国历代史事大略、本朝制度大略。十五岁以上入高等小学校，解经书较深之义理，学行文法，学为策论、词章，看中外详细地图，学较深算法和较深绘图法，习中国历史大事、外国政治学术大略，兼习外国一国语言文字。府设中学校，十八岁高等小学校毕业取为附生者，入其中习普通学，有监生世职职衔愿入者亦听之，但须酌捐学费，与附生一律教课。其有营弁、营兵文理通畅能解算法、绘图且考验有据者，亦准收入此学。三年而毕业，学政考之，给予凭照。省城应设高等学校一区，非由中学校普通学毕业者不能收入。拟参酌东西学制，分为经学、史学、格致学、政治学、兵学、农学、工学七个专门门类，使学生各认习一门。至于医学一门，以卫生为义，本为养民强国之一大端，附于兵学之内为便。并另设农、工、商、矿四专门学校各一区，专以考验实事为主。文学生高等学校毕业后，上述"七门"的学生，各派入相关部门，学习"实事"一年。而农、工、商、矿四专门学三年毕业后，派赴相关场所"练习"一年。而"武学生"武备学校毕业后，再令入营学习操练一年，半年充兵，半年充弁。这样，"合计在学肄业及出外练习，文武各门均四年学成，先由督抚、学政考之，再由主考考之，取中者除送入京师大学校外，或即授以官职，令其效用"。还对文、武学生的"考用之法"进行筹划，对与科举"功名"的相应处理发表看法。总之，说"所拟以上办法，不过明宗旨，标门类，分等级，计年限，筹出路，除妨碍，举其大略如此"，并强调"此一事为救时首务，振作大端"，要皇上"迅速详议，乾断施行"。①

"四条"中的第二条为"酌改文科"。这主要是针对"科举一事，为自强求才之首务，时局艰危至此，断不能不酌量变通"。而"改章大指，总以讲求有用之学、永远不废经书为宗旨"。具体说，即照光绪二十四年张之洞所奏变通科举的允准之案酌办。不过，其鉴于"今日育才要指"，认为"自宜多设学堂，分

---

① 冀版《张之洞全集》第二册，第1394—1402页。

门讲求实学,考取有据,体用兼赅,方为有裨世用"。① 第三条为"停罢武科"。认为"文武两科并称,而两科之轻重利弊迥然不同","因近年帖括之士有文无实,故改章以求实学",而武科弊端更多,"以故军兴以来,以武科立功者概乎其未有闻,凡武生、武举、武进士之流,不过恃符豪霸,健讼佐斗,抗官扰民,既于国家无益,实于治理有害"。因而建议,"拟请宸断,奋然径将武科小考,乡、会试等场一切停罢",对其旧日之武进士、武举等人,"不必按资挨次选补实缺,武生年壮有志者,令其讲求武学,以备应募入伍之用,疲老者听其改业"。② 第四条为"奖劝游学"。针对多设学堂,有经费巨大、教习不足的两难,尤其是"求师之难,尤甚于筹费",说是要解决之"惟有赴外国游学一法"。其查考外国学堂,"教法尤以日本为最善,文字较近,课程较速,其盼望学生成就之心至为恳切,传习易,经费省,回华速,较之学于欧洲各国者,其经费可省三分之二,其学成及往返日期可速一倍",故建议应该令各省分遣学生出洋游学,而尤其是注重前往日本。③

此折最后作结道:"此四条为求才图治之首务,其间事理,皆互相贯通,互相补益,故先以此四事上陈。盖非育才不能图存,非兴学不能育才,非变通文武两科不能兴学,非游学不能助兴学之所不足。揆之今日时势,幸无可幸,缓无可缓,仰恳宸衷独断,决意施行"。④ 这是强调了"四条"的重要性及互相贯通、补益的关系,还揭示了四者间依次"被决定"的逻辑关系,最后恳求清廷施行。

"首折"上了七天之后,也就是到六月初四日,其又上《遵旨筹议变法谨拟整顿中法十二条折》。这是专就"中法"而言,即就中国本有之法的改革来说的。其开篇之后有谓:"盖立国之道大要有三:一曰治,二曰富,三曰强国。既治则贫弱者可以力求富强,国不治则富强者亦必转为贫弱。整顿中法者所以为治之具也,采用西法者所以为富强之谋也"。此折是"将中法之必应整顿变通者,酌拟十二条"申说。⑤

---

① 冀版《张之洞全集》第二册,第 1402 页。
② 冀版《张之洞全集》第二册,第 1403—1405 页。
③ 冀版《张之洞全集》第二册,第 1405 页。
④ 冀版《张之洞全集》第二册,第 1406 页。
⑤ 冀版《张之洞全集》第二册,第 1407 页。

一曰"崇节俭"。其述说历史上的经验教训,着眼现实情况,忧虑回銮返京后"所司以相沿成例,一切供奉仍照成规",故"拟请明降谕旨,力行节俭,始自宫廷所有不急之务一切停罢,无益之费一切裁减,即不能不兴之工,务从俭省核实"。说内务府"再有营私糜费者,必重惩之",并"饬内外大小臣工,务从节俭力禁奢华"。二曰"破常格"。亦是从历史经验教训说起,谓"国家当屯险多难之时,帝王群臣皆必力求得民之道",而此时朝廷宜"将一切承平安乐之繁文缛节量为简省变通,中外大小臣工尤以除官气达下情为主",甚为繁多的"应行破除常格之事"尽当破除。三曰"停捐纳"。说"捐纳有害吏治,有妨正途",而因有可收捐额,"遂致不肯停罢",请"明降谕旨,俟此次秦、晋赈捐完竣后,即行永远停罢,以作士气而清治源"。四曰"课官重禄"。谓"京职俸银、俸米为数无多,加以银贱物贵,实不足以自给",而科道、翰詹等职,俸廉尤宜从优。建议将光绪八年户部奏定暂行的"各省关筹解京官津贴银二十六万两",仍行发放。至于"省、州、县之繁费,禁上司之需索,其办公不敷者,拟为拨给职田一法",职田"收其租课,以资办公"。五曰"去书吏"。说"蠹吏害政,相沿已二千年",今若"一旦划除,天下臣民无不钦颂"。其具体举列书吏弊端,论说去除必要,并考虑到其"皆系世业"的实际,"将其每年应得饭食津贴之数,发给两年,令其自谋生理,以示体恤"。六曰"去差役"。说"差役之为民害,各省皆同。必乡里无赖始充此业,传案之株连,过堂之勒索,看管之凌虐,相验之科派,缉捕之淫掳,白役之助虐,其害不可殚述",民视之"如虎狼蛇蝎"。裁汰去除之,"此诚恤民图治之要端",提出可借鉴外国设立警察以代之。谓"此尤为吏治之根基,除莠安良之长策"。七曰"恤刑狱"。说"外国人来华者,往往亲入州、县之监狱",见其情况辄"疾首蹙额,讥为贱视人类"。具体列举了监狱各项弊端,谓"若不酌改例章,量筹经费,虽警以文檄,绳以处分,断无实效,必事事皆有确实办法",庶可有"尚德缓刑"之治。八曰"改选法"。这是就传统"铨选"制度而言,意思是它沿用已久,多有弊端,"拟略为变通","以后州、县同通统归外补,无论正途、保举、捐纳,皆令分发到省部补用试用",而可"因时求才,因地择人,与铨选之义,名实相符"。九曰"筹八旗生计"。谓如今"满、蒙、汉民久已互通婚媾,情同一家",况"中外大通","无论旗、民,皆有同患难、共安乐之谊",在这种情况下,"拟请将京外八旗饷项,仍照旧额开支,惟将旧法略为变通,宽其拘束,凡京城及驻防旗人,有愿至各省随宦游幕、投亲访友、以及(从事)农、工、商贾各业,悉听其便"。十曰"裁屯卫"。这里"屯卫"指为运军队、征屯饷、押漕运而设的卫所,其说现今"运漕皆系轮船、民船,运军久无其人,卫官一无所事,而屯田、屯饷弊窦尤多",故当"将屯饷改为地丁,将屯丁运军之名、编审之例,永行删除,卫守备、卫千总等官一概裁罢",改职补用。十一曰"裁绿营"。"绿营"本在清朝的经制兵之列,但其"无用"之说,有谓"自嘉庆初年川、楚教匪之乱而已著,自发捻之乱而大著",故有"创为练军之议",后又相继有裁汰绿营的谕旨,意为现存者亦皆有名无实,总之,趋势上"则通省为兵者,只有勇营之一途",而"皆非绿营营汛之旧"。十二曰"简文法"。说其要旨"约有三端":一是"省虚文";二是"省题本",这是鉴于臣工上奏的"题本"形式繁复,意说"改题为奏"前已有奏、谕,并且很大程度上成为事实,此后"永远省除,分别改为奏咨";三是"宽例处",即针对"吏议繁密"而发,说应请敕下相关部院查核"处分旧例,分别公私轻重,量加宽减删除",以利于官员"可以进实言办实事"。①

此折最后总结说:"以上十二条,皆中国积弱不振之故,而尤为外国指摘诟病之端",今"臣等所拟办法,或养民力,或澄官方,或作士气","仰恳圣明裁察施行,以为自强之根本"。并且特别说明,"其采用西法各条,另折具陈"。②这就意味着,此折既然专讲"中法",自然尽量避开"西法",但绝非忽略"西法",而是将它专门置于下折中专讲。实际上,《遵旨筹议变法谨拟采用西法十一条折》这时业已拟就,只是安排在次日发上而已。也许,这样一先一后,张之洞他们有其用意,譬如说,迎合"圣上"尤重"中法"的本意,但实际上,其"西法"折才是最有针对性和最有意义的篇什,起码客观上是这样。

其"西法"折总括言曰:"方今环球各国,日新月盛,大者兼擅富强,次者亦不至贫弱,究其政体学术,大率皆累数百年之研究,经数千百人之修改,成效既彰,转相仿效。美洲则采之欧洲,东洋复采之西洋,此如药有经验之方剂,路有熟游之图经,正可相我病证,以为服药之重轻;度我筋力,以为行程之迟速"。而"今蒙特颁明诏,鉴前事之失,破迂谬之谈,将采西法以补中法之不足,虚己之衷,恢宏之度,薄海内外,无不钦仰,翘首拭目,以观自强之政"。所以,其就

---

① 冀版《张之洞全集》第二册,第1407—1428页。
② 冀版《张之洞全集》第二册,第1428页。

"西法"中"切要易行者,胪举十一条"而陈说之。①

其一曰"广派游历"。说中国"自强无具,因应无方","则皆坐见闻不广之一病,于各国疆域、政治、文学、武备茫然不知"。虽自"同治季年,虽已派游历,设驻使,遣学生",不但规模有限,且受"愚陋谬妄之人"的诋毁,成效不著。又考虑"游学费繁年久"等条件,提出多派员出国游历作为弥补。请朝廷"明定章程,自今日起三年以后,凡官阶、资序、才品可以开坊缺、送御史、升京卿、放道员者,必须曾经出洋游历一次",未出洋者不得参入。谓"出洋之员既多,则互相发明,利弊自见"。所以,"今日欲起积弱而抗群强,其开此第一局钥,必自游历始"。②

其二曰"练外国操"。说"外国之所最长者,盖莫过于兵矣",而"兵事一端,尤须知己知彼,相机因应"。多年来,各省奉旨练习洋操,而"近年忽有人创为西操不如中操之空言,枪炮不如刀矛之谬论"。试思"环球各强国,其练兵皆同此一法",而中国作为兵力最弱之国,要想不学先进之法以取胜,"此事理之所必无者也"。这都是由于旧日将领对新式武器、西法营阵等事,"尤未讲习,且年力已衰,习气已深,养骄畏难"等情所致。相应请旨通谕各高级武官,"严饬各营将士,必宜洗心涤虑,赶紧讲求练习外国操之法,断不可故见自封,再误国事"。并考查"各国武备学堂,其教将练兵要指"各项提供借鉴。谓"当此创巨痛深之日",臣等"灼见练兵一端,必须改弦易辙,乃可图存,不敢不力破迂妄之说,免其欺诳朝廷而终误国家也"。③

其三曰"广军实"。说"和约虽订,战备不可不修";"经费虽艰,军械不可不制"。不然"专恃外购,仰他人之鼻息,增中土之漏卮"。其对江、鄂、直隶、广东、山东、四川等各局提出初步规划,并言"沿边省分,必须每省量力各设一局,瘠远省分或两省共设一局",力使"督、抚及将领、文员皆可切实考究"。如此"求艾虽迟,终胜不蓄"。"此不特储械之长策,兼亦练兵之实际也"。④

其四曰"修农政"。首先说到"中国以农立国"的"最宜"自然条件,又讲到"无农以为之本,则工无所施,商无可运",而"近年工、商皆间有进益,惟农

---

① 冀版《张之洞全集》第二册,第 1429—1430 页。
② 冀版《张之洞全集》第二册,第 1430—1432 页。
③ 冀版《张之洞全集》第二册,第 1432—1434 页。
④ 冀版《张之洞全集》第二册,第 1435—1436 页。

事最疲,有退无进"的不协调现象。强调"今日欲图本富,首在修农政,欲修农政,必先兴农学"。概言外国讲求农学以及本国借鉴的情况,归纳、论论了"劝农学"、"劝官绅"、"导乡愚"、"垦荒缓赋税"四条途径。对"地方广阔,土脉最厚,荒地尤多"的"东三省"和"生计以游牧为主"的蒙古的特别情况,也给予关注并提出具体建议。①

其五曰"劝工艺"。其意思就是兴工。说"世人多谓西国之富以商,而不知西国之富实以工。盖商者运已成之货,工者造未成之货,粗者使精,贱者使贵,朽废者使有用,有工艺然后有货物,有货物然后商贾有贩运"。这是从论说"商"与"工"的关系来说明"工"的重要。有谓"今日中国讲富国之术","若欲以工艺敌各国,此我所必能者也"。认为劝工之道有三:一是"设工艺学堂";二是"设劝工场";三是"(给)良工奖以官职"。如此"三事并行,中国工艺自然日进"。这样"富民富国确实可凭,如此则但患生齿之不繁耳,岂患生齿之日繁乎"!②

其六曰"定矿律、路律、商律、交涉刑律"。鉴于"此次和议成后,各国公司更必接踵而来,各省利权将为尽夺,中国无从自振"的情况,力求"采取各国办法,秉公妥订矿、路画一章程",无论是已经允开允修还是未经议开议修之矿、路,统行核定,务使界址明确,资本有据,兴办有期。争取"中国自然之大利,不至为中国无穷之大害,尤今日之急务"。再就是"必中国定有商律",保护华商,使其渐渐"即可自立"。至于"刑律中外迥异,猝难改定",但是"交涉之案"中的"交涉杂案及教案尚未酿大事者",应该"酌定一交涉刑律","则亦不无小补"。说是"果能及早定此四律,非特兴利之先资,实为防害之要著矣"。③

其七曰"用银元"。首先阐说银元的多项利处,也分析了其限制条件,又举出其"最要两义",即"或谓中国用银以两计,各国洋银皆系七钱二分,宜每元改为一两,方为整齐适用",说"此论未尝无见",但"中国财窘商弱",难以办到;"或又谓官收则按库平库色补足,官发则以银元当纹银计算,不必补水,部

---

① 冀版《张之洞全集》第二册,第 1436—1439 页。
② 冀版《张之洞全集》第二册,第 1439—1441 页。
③ 冀版《张之洞全集》第二册,第 1441—1443 页。

库可岁得巨款",有谓"此则万万不可,出纳必须一律,商民方能流通"。①

其八曰"行印花税"。说"查外国征商之政,除烟、酒、洋药外,大率皆无关税,其巨款全在印花税",中国"今日筹款,此事似可仿行"。谓各国印花税章程,惟英国的"最为详密",而"日本于前三年新经改定,于东方情形为较近",不过中外情形有所不同,"外国商富民饶","中国商贫民苦",所抽巨、细差别悬殊。不过,"查英、法征收印花税,初办时亦多梗阻",而"中国初办之时,隐匿必多","必须十年八年以后,稽核之法渐周,自然日臻畅旺"。②

其九曰"推行邮政"。首先对比外洋邮政与中国驿站的巨大反差,说"外洋各国邮政,为筹款一大端,大率岁入皆银数千万两,而递信最速。中国驿站为耗财一大端,岁费约三百万两,而文报最迟,盈亏相反,迟速亦相反"。既然如此,则此事必宜变通。追述了以前"中国既无邮局,于是英、德、美、日本诸国,在中国自设信局,侵我利权",而"自光绪二十一年奉旨饬催总税务司赫德办理",此后沿海沿江渐设邮局的情况,谓"行之既久,信资日增,驿费日减"。不过仍有需改进之处,像"各省邮局应名曰驿政局,以免与税之邮政局相混",需"责成州、县设局办理,省出之费,汇解藩司,并不需用洋员,以杜干预内政之渐,且免与有驿州、县递送文报胶葛窒碍"。③

其十曰"官收洋药"。所谓"洋药",主要是指从外国输入的鸦片。这是上奏人为解决"方今筹饷最急",而在"厘金将撤,碍难再加,盐价屡加,亦难过重"的情况下,所筹的一条不得已办法。说"惟有加价于洋药,则不病民而增巨饷"。列举了光绪二十五年之前五年"洋药"进口数量和价银,谓"以后由官设局,在各关进口时,全行收买,然后转发散商,分销各省,照时价加二成发商转运转售,除税厘照数拨还海关外,计每年可得盈余一千万两"。认为"此举在中法则无害于民生,在西法则无碍于商务"。④ 然而,说"中法则无害于民生"这不免是睁着眼睛说瞎话了,且不说它"盈余"多少,而于民生害莫大焉是不争的事实。

其十一曰"多译东西各国书"。说"今日欲采取各国之法,自宜多译外国

---

① 冀版《张之洞全集》第二册,第 1443—1444 页。
② 冀版《张之洞全集》第二册,第 1444—1445 页。
③ 冀版《张之洞全集》第二册,第 1445—1447 页。
④ 冀版《张之洞全集》第二册,第 1447—1449 页。

政术、学术之书"。举出译书约有三法:一是各省访求译刻;一是明谕各省举、贡、生员能译者从事;一是"敕令出使大臣访求该国新出最精最要之书,聘募该国通人为正翻译官",由华人随员、学生助之。尤其请"敕令出使日本大臣,多带随员、学生,准增其经费,倍其员额,广搜要籍,分门翻译,译成随时寄回刊布",谓"如此则既精而且速矣"。①

该折最后总论说,"以上各条,皆举其切要而又不可不急行者,布告天下则不至于骇俗,施之实政则不至于病民",总之,其认定是切要、急行又不至于骇俗者。的确,其提出的这些建议,在以往也多曾程度不同地涉及(如在张之洞的《劝学篇》和有关折、电中②)。至于"康有为之邪说谬论,但以传康教为宗旨,乱纪纲为诡谋,其实于西政西学之精要全未通晓。兹所拟各条,皆与之判然不同"之说,是为特别与康有为的"变法"划清界限的。接着又说,所提出者"且大率皆三十年来已经奉旨陆续举办者,此不过推广力行,冀纾急难,而大指尤在考西人富强之本源,绎西人立法之深意",望朝廷"早赐施行,使各国见中华有奋发为雄之志,则鄙我侮我之念渐消;使天下士民知朝廷有改弦更张之心,则顽固者化其谬,望治者效其忠,而犯上作乱之邪说可以不作,天下幸甚"。③ 其期望达到的目标在于此。

随该折还上了一个《请专筹巨款举行要政片》。说此次所奏诸条,"或养人才,或厚民生,或整军实,或肃官方,所需经费必皆不少",而虑及"此次赔款极巨,筹措艰难,论者必以度支困绌为词,谓诸事方求节省,岂宜更增用费,遂不免顾阶迟疑"的情况,谓"节用之与自强,两义自当并行,不宜偏废。此时应省之事必须省,应办之事必须办,应用之财必须用","既须筹赔偿之款,尤宜筹办事自强之款"。④

总之,江楚所上这"三折一片",是上奏人特别是张之洞斟酌再三、精雕细刻的产品,既用心迎合清廷拟行"新政"的真实立意,又较为全面系统而又切实地提出了变法预案;既防止了只张扬"西法"的偏激,又戒除了惟着眼"中

---

① 冀版《张之洞全集》第二册,第1449—1450页。
② 如李细珠在《张之洞与清末新政研究(增订版)》第二章第三节第一目中与之对比作有专门探讨。
③ 本段中引折中语在冀版《张之洞全集》第二册,第1450页。
④ 冀版《张之洞全集》第二册,第1150—1151页。

法"的谨守(而其实际上在"中法""西法"兼顾的同时仍是"隐然"注重西法)。这样,既为"新政"提出了较为完备的理论铺垫,同时更设置出了实践方案。所以,清廷对其会奏格外重视,有上谕转达"懿旨":"据刘坤一、张之洞会奏整顿中法以行西法各条,其中可行者,即著按照所陈,随时设法择要举办。各省疆吏,亦应一律通筹,切实举行,大要不外言归于实,用得其人。予与皇帝宵旰焦劳,母子一心,力图兴复,大小臣工其各实力奉行,以称予意"。① 在清廷发布"新政诏"后近半年时间,终于等来了江楚这"中肯"的复奏,它对清廷"新政"的实施,将起到事实上的"纲领性"作用。

二、为"新学制"建章的大工程

"江楚会奏三折(另加一片)"促进了清廷"新政"的推行。不过,到其折片上奏的第二年(光绪二十八年,1902 年)秋天,作为张之洞"合作人"的刘坤一就因病去世了。先是由张之洞再次署理两江总督,待清廷任命的正式替人魏光焘于光绪二十九年(1903 年)二月间到职后,张氏方告正式卸任。而此时他已接到准其赴京觐见的朝旨,便赶紧自江宁返回武昌,由汉口乘火车北上(此时卢汉铁路尚未全部贯通)。要说,张之洞这次获准觐见,可着实不易,这是他在山西巡抚任末"奉旨陛见"后历经十九年(第二十个年头)才获得的。这中间,"光绪二十年九月、二十四年闰三月,两次奉旨陛见,始以改署两江终止,续以行至上海奉旨折回"(按:因前已述及的"沙市焚烧洋房"案)。再后来"两宫回銮"时张之洞吁恳赴开封迎驾,又未获允。清廷到京后遂有让刘坤一、张之洞于光绪二十八年先后来京陛见的安排,又因议定商约之事推迟。这时,张之洞正值交卸两江署篆,觉得无可再等,便于光绪二十九年正月上了《吁请觐见折》,说"臣拟交卸署篆后,及兹暇日,束装北上,展觐天颜,稍纾廿年恋阙之忱",并汇报"议定商约情形及奉旨筹办兴学练兵诸要政",朝廷遂有"著来见"的硃批。②

---

① 冀版《张之洞全集》第二册,第 1452 页。
② 冀版《张之洞全集》第三册,第 1526 页。

此时"两宫"已经返回北京一年多了。其"回銮"是在《辛丑条约》签订后大约一个月即当年的八月二十四日(10月6日)启程,十一月二十八日(1902年1月7日)抵达北京的。其"回銮"与"西幸"不可同日而语。"西幸"尤其是在最初之时是那等凄惨落魄之态,可"回銮"时,在臣民面前又早就恢复了皇家的"尊贵"和"气派"。其不走"回头路",而是由陕西进河南,经古都开封,北折入直隶南境,最终抵达北京。其路上建造多座"行宫"(有的仅供一餐一宿),大肆修整"御道",乘坐皇家顶级豪华的大轿,警卫、仆役前呼后拥,至于随驾和迎送的官员更是恭宠尽极。"回銮"途中有时一个宿站,就花销几万甚至十几万两银子。① 噢,还需交代,到了保定,"两宫"是乘坐火车进京的,"专列"的花费不用说,乘坐这正规"洋玩意"的"两宫",其感触除了"新奇"之外,一定还会像怀揣巨大的"五味瓶"吧? 这一趟他们停停行行,用了三个月还要多的时间,其铺张耗费是惊人的,这是在既要筹措赔款又要准备"新政"经费的财力极度困窘的形势之下啊!

到张之洞在光绪二十九年(1903年)入京的时候,清廷已经是"正常"理政了。张是四月二十日(5月17日)抵京的,接下来,是"请安"和不止一次的"召见"。而其此番在京,除参与续谈中外商约事宜外,所办另一中心事项,就是完成"厘定学堂章程"即通常所谓制定"癸卯学制"的工作。要说,张之洞此次入京,是否怀着被清廷更加重用的希冀,反正从他本人直接文牍中没有看到,不过,别人的这方面的猜测、传闻倒不乏有。譬如张之洞尚在赴京途中的时候,暂时署理湖广总督的端方就致电他说:"诚闻公(按:指张之洞)有入枢之信,并非外部"。这是说确实听到他有将被安排进军机处(所谓"枢")而不是外务部的消息。若说言者端方毕竟是在武昌,这种消息只能是他辗转闻听,想必本根上是自京中传出,外间亦多有闻知,譬如张之洞在大通的侄子也致电询问:"闻内意欲叔入枢,确否?"②想来,张之洞对此等疑问和说法也只能作出否定的表示。清末做过多年疆吏且对当时朝闻轶事作有记述的陈夔龙,是把张之洞此时未能入枢归结于"项城玩弄权术",说"癸卯,张文襄内召,两宫拟

---

① 据中国人民政治协商会议全国委员会文史资料委员会编:《文史资料存稿选编》25 社会,中国文史出版社 2002 年版,第 285—286 页载张钫提供回顾之文。

② 连同上条史料转据李细珠:《张之洞与清末新政研究(增订版)》第 108 页引文。亦兼参考该引文所在之目的论述。

令入辅,卒为项城所挤,竟为私交某协撘代之。文襄郁郁,仍回鄂督任"①。如果真是这样,说明朝内权争十分激烈,连昔时曾多联络共事的张、袁之间,此时也到了袁对张暗中拆台的地步。当然,这等事情,无论朝臣怎么运作,最关键的还是在于慈禧太后。反正这次张之洞内召,并未得入枢,而制定"癸卯学制"成为此间要务。应该说,这是张之洞最为内行的长项之一,也是他所由衷热爱的事业。此番运作,对清末教育改革特别是学制问题,是一次具有实质意义的改进。

说到"癸卯学制",还需要联系上一年的"壬寅学制",这是紧密相接的"两环"。"壬寅"是指光绪二十八年(1902年),这一年由管学大臣张百熙主持制定了"学制"。按他上奏中所言,该学制是"上溯古制,参考列邦"而订出,又谓"节取欧美日本诸邦之成法,亦佐我中国二百余年旧制"。② 其所订章程具体包括《京师大学堂章程》以及《考选入学章程》、《高等学堂章程》、《中学堂章程》、《小学堂章程》、《蒙学堂章程》等六件,是针对京师及各省的各级学堂而订,通观之,形成了三段七级的系统学制设计。按照此制,初等教育阶段分为蒙学、寻常小学、高等小学三个级别,学制分别为四年、三年、三年,共为十年,其中与高等小学相同级别的有简易实业学堂。接续的中等教育阶段,学制为四年,与中学堂平行的有师范学堂与中等实业学堂。再接下来是高等教育阶段,高等学堂或大学预科为同一级别,学制三年,与之并行的有师范馆,其学制为四年。此外还可设与之并行的仕学馆(不是必设),招考已入仕途之人入馆肄业,学习内容趋重政法。再往上的大学堂级别学制为三年,分政治、文学、商业、农业、格致、工艺、医术七种科目,并设师范、仕学两馆。最高级别者为大学院,主要研究高深、专门的学术,不设课程,不立年限。应该说这是中国教育史上第一个比较系统的"新学制"设计方案,从内容上看,它主要是仿自日本明治三十三年(1900年)学制,只是个别地方稍加改变。同时也不无旧学制的遗弊,不消说关于施教目的和教育内容的规定带有浓厚的传统色彩,单从形式上看,按其体制国家仍无最高的专门教育行政机关,大学院既是最高学府,又兼

---

① 陈夔龙:《梦蕉亭杂记》(与白文贵《蕉窗话扇》合刊),山西古籍出版社1996年版,第99页。

② 《光绪朝东华录》第5册,第4903、4902页。

全国最高行政机构,分明具有旧制之下国子监教政合一的投影。从其学制分段看,初等教育阶段十年,而中等教育阶段只有四年,前者过长,后者则过短,比例失调。高等学堂与大学预科平列,二者界限不易明确。这一学制设计中尚没有女子教育的位置,显然也是一大缺陷。由于这一学制不够完善,特别是张百熙遭受掣肘不能顺利主持推行此事(譬如清廷对张不够信任,又增派处事专横的荣庆为管学大臣,两人关系不协,窒碍颇多),这一学制并未付诸实施。①

在这种情况下,正在京师的张之洞,为管学大臣上奏推荐,称他"为当今第一通晓学务之人",言其"在湖北所办学堂,颇有成效,此中利弊,阅历最深",前曾与张之洞"函电往还,商榷多次",而现在他展觐在都,又复请其来京师大学堂考察,他"指示繁要,竟日不倦",鉴于"学堂尤政务中之大端",恳求朝廷特派该督会同商办学务,对"一切章程,详加厘定"。遂有上谕:"张百熙等奏请添派重臣会商学务","著即派张之洞会同张百熙、荣庆,将现办大学堂章程一切事宜,再行切实商订,并将各省学堂章程,一律厘定"。② 这样,在张百熙等人的极力推荐下,朝廷便将厘定学堂章程的任务交由张之洞。实际上,他不仅仅是参与"会商",俨然就是此局的主持了。至于上言奏折说到前已与张之洞"函电往还,商榷多次",这主要是张百熙与张之洞之间的通联。

张百熙自出任管学大臣后,便不时与张之洞联系索要相关资料、请教学务问题。譬如光绪二十七年腊月,张之洞就接到张百熙所致两封电报,索其相关学堂章程及所订课本,以及问询鄂省学务之事。张之洞时因身体不适,于光绪二十八年(1902年)正月底才回电相告,"湖北前设各学堂、书院,虽略仿西法,因风气未开,不能无所迁就,各堂未能划一,课本亦未成书",因此暂时难以寄送,待"妥章"形成后再行奉达,在就此表示"悚歉"的同时,又表示对张百熙的"钦佩之至",并就"派员(赴外国)考察"一层,作出提纲挈领的回答。③ 该电发出后,张之洞又从上海报纸读到张百熙关于"编纂课本"的奏折,便在明知"此事自应有尊处自行裁定"的情况下,考虑到"惟开办伊始,其途不妨稍宽",

---

① 据陈振江主编:《中国大通史》清朝下册,学苑出版社 2018 年版,第 548—549 页(该处是由董丛林所写)。

② 《光绪朝东华录》第 5 册,第 5036—5037 页。

③ 冀版《张之洞全集》第十一册,第 8743—8745 页。

还是开诚布公地提出自己的意见,①体现出他对全国教务的由衷关心。在张百熙主持编订"壬寅学制"期间,他还曾派下属乔茂萱到湖北考察学务,张之洞与之多次叙谈,其两个月的考察期限即到,张之洞鉴于"考察学堂,商订学制及编译教科书,必须参酌中、东、西,期于可行而无弊,关系极剧,条理极繁",再加"鄂省诸事亦系草创,正在详酌",与来员"尚须细加讨论",故拟留其"多住两三旬,商酌周妥"。② 可以看出张之洞对学事认真负责的态度。待"壬寅学制"编成后,咨送张之洞审阅,张氏致电张百熙,在称道"各学堂章程,规模美备,条理精详"的同时,而特别就其与"敝处"会奏"湖北学堂办法"的"未能吻合"之数条,③列举商榷。总之,张之洞在入京以前,就与张百熙有所交谊,建立联系,就学务之事多有商讨。入京之后,另一管学大臣荣庆对其也推尊礼贤,拜谒宴请,拉拢关系,并陪其考察学堂,谈论时政。这在两管学大臣之间矛盾不小、遇事掣肘的情况下,张之洞则可作为其间调和的中介,故被作为管学大臣的他俩共推"会商学务",遂有张之洞主持制定"癸卯学制"之举。

张之洞本来就对学堂之事格外关心,在接到会商学务、制订章程的朝命之后,他更是马不停蹄地投入工作。在身体欠适的情况下,历时数月,多次修订,到光绪二十九年十一月二十日,也就是上折奏报章程完竣的前六天,张之洞写信给瞿鸿禨和荣庆,说"昨日章程全写毕,通加复阅,惟《奖励章程》尚有参差不画一之处,亦有偏于较优、与他学堂不一律之处,将来必多纷纭,将特复加核减,其等差难细分、办法难执一者,均改为浑沦虚活之语,以待临时体察酌办,似较妥便"。并特别言及,自己"日来百病丛生,坐卧皆不便,力疾从公,艰苦万状"。④ 至于他致张百熙(野秋)致函更多,主要皆系商谈相关学堂章程事宜的。如在十一月二十三日信中,有言"方今国势危急,如救焚拯溺,夜以继日,犹恐不及。至师范速成科尤为紧要","故章程内既设有传习所,又设有旁听生,皆为广施教育计",就其相关设计事宜进行说明。⑤ 可见其为学务严肃认真、不辞艰苦、尽心尽力的情况。至该月二十六日(1904 年 1 月 13 日),他

---

① 冀版《张之洞全集》第十一册,第 8751—8752 页。

② 《近代史所藏清代名人稿本抄本》第二辑,第 51 册,第 370—371 页。

③ 冀版《张之洞全集》第十一册,第 9029 页。

④ 冀版《张之洞全集》第十二册,第 10306—10307 页。

⑤ 冀版《张之洞全集》第十二册,第 10313 页。

与张百熙、荣庆联名上《厘定学堂章程》等折片，表明工作的完成。其有谓：

> 臣之洞伏查上年大学堂奏定章程，宗旨办法实已深得要领。惟草创之际，规程课目不得不稍从简略，以徐待考求增补。至各省初办学堂管理学务者，既难得深通教育理法之人，而学生率皆取诸原业科举之士，未尝经小学陶熔而来，不自知学生之本分，故其言论行为不免有轶于范围之外者。此次钦奉谕旨，命臣等将一切章程会商厘订，期于推行无弊。自应详细推求，倍加审慎。数月以来，臣等互相讨论，虚衷商榷，并博考外国各项学堂课程门目参酌变通，择其宜者用之，其于中国不相宜者缺之，科目名称之不可解者改之，其有过涉繁重者减之。每日讲堂功课，少或四五点钟，多亦不过六点钟。所授之学排日轮讲，少或四五门，多亦不过六门，皆计日量程以定之，断不苦人以所难，中人之资但能循序以求，断无兼顾不及之虑。至于立学宗旨，无论何等学堂，均以忠孝为本，以中国经史之学为基，俾学生心术一归于纯正。而后以西学瀹其智识，练其艺能，务期他日成材，各适实用，以仰副国家造就通才，慎防流弊之意。①

因系联名上奏，故由张之洞具名评论上年即壬寅年上奏的学制章程，大旨上肯定，但也指出其缺陷和不足，总之，是一个使原章制订者能够由衷接受而不致难堪的评价。对于此次将"一切章程会商厘订"，也有了一个合适的理由交代。而对此次工作中"业务方面"的立意原则，作了简略的说明，最后特别强调了立学宗旨，以忠孝为"本"、以中国经史之学为"基"，以及西学瀹智练艺的功用，总之还是表明"中体西用"的方针。而这中间，不无在相当程度上对"中体"冠冕堂皇张扬之下而对"西用"的实际重视。

接下来，该奏中对说到的各项具体章程予以概要列举、述说。若对其全部名目作归纳性分类排列，分别是：《学务纲要》、《各学堂管理通则》、《各学堂考试章程》(按：本奏中言《毕业学生考试专章》)、《各学堂奖励章程》(按：本奏中言"专章")；《蒙养院章程及家庭教育法》、《初等小学堂章程》、《高等小学堂章程》、《中学堂章程》、《高等学堂章程》、《大学堂章程(附通儒院章程)》；

---

① 冀版《张之洞全集》第三册，第1590—1591页。

《初级师范学堂章程》、《优级师范学堂章程》、《任用教员章程》;《初等农工商实业学堂章程(附实业补习普通学堂及艺徒学堂章程)》、《中等农工商实业学堂章程》、《高等农工商实业学堂章程》、《实业教员讲习所章程》、《实业学堂通则》;《译学馆章程》、《进士馆章程》等,共计二十册(种)。

其中《学务纲要》①是综合性规章,分"全国学堂总要"、"大小各学堂各有取义"、"京外各学堂俱照新章"、"宜首先急办师范学堂"、"各省办理学堂员绅宜先派出洋考察"、"小学堂应劝谕绅富广设"、"各省宜速设实业学堂"、"各学堂尤重在考核学生品行"、"中小学堂宜注重读经以存圣教"、"经学课程简要,并不妨碍西学"、"学堂不得废弃中国文辞,以便读古来经籍"、"戒袭外国无谓名词,以存国文,端世风"、"小学堂勿庸兼习洋文"、"中学堂以上各学堂必勤习洋文"、"参考西国政治法律宜看全文"等等,共 56 个专条,将各学堂的要求规范、系统、具体又要而不烦地呈现出来。当然,有的条目内容是对学生进行防范限制的,如"私学堂禁专习政治法律"、"私学堂禁私习兵操"、"学生不准妄干国政"等,即使在学生业务方面,也有些规定是不尽合理的。但是,从总体上看,较过去的学务章法有突破性进步,不失为当时一个比较完备的学务总纲。而上段中划入同类当中通则、章程,从不同方面起到补充作用。同是上段中所述从蒙养院到大学堂章程,是针对从低级到高级"一般"教育的。接下来,是为解决急需的教师问题而特别看重的师范教育和教员任用的章程。再接下来的章程是关于各级实业教育及其教员的,最后是两个特别"馆"的章程。总之,所谓"奏定"学堂章程即关于通常所说"癸卯学制"的,就包括这二十册(种)文件。

另外,还有留学教育,这也是当时张之洞所关注并形成文件的。并且,这除了有与之关联的《请奖励职官游历游学片》,是由张之洞等人与"癸卯学制"同日上奏外,专门的《筹议约束鼓励游学生章程折》和《拟议约束游学生章程》、《拟议奖励游学毕业生章程》、《自行酌办立案章程》,是由张之洞个人于八月十六日(早于"癸卯学制"的上奏)奏定的。这实际上,可以说与"学堂章程"相辅相成,在这里穿插简述。其该奏折是基于"四月间面奉皇太后懿旨,

---

① 见朱有瓛主编:《中国近代学制史料》第二辑上,华东师范大学出版社 1989 年版,第79—98 页。本段中引录据此,不另注。

以出洋学生流弊甚多,饬筹防范之法",而鉴于"学生在外国境内,中国法令难行,必须先商彼国政府允为协助,事始有济",张之洞经慈禧太后批准,前去晤商驻京日本使臣内田康哉,与之筹商确定办法,于五月二十九日召对时已面奏大略,而后又形成该折。有谓"游学日本学生,年少无识,惑于邪说,言动嚣张者固属不少,其循理守法,潜心向学者,亦颇不乏人。自应明定章程,分别惩劝,庶足以杜流弊而励真才",为此,特拟定有关章程。① 与日本方面酌定的"约束"章程,是约束和限制中国赴日留学生的专章,如规定以后游日学生须有"出使大臣、总监督公文保送";其品行在校内、校外皆有考察;不能妄发和刊布议论;有"紊纲纪、害治安"、"不安分"者,"随时查禁,严加制裁"等等。同是与日本方面商定的"奖励"章程,主要是对游学生鼓励和奖赏的规定,除了一些是与日本学堂操作相关的外,也有纯属中国制定者,如"游学生原有翰林、进士、举人、拔贡出身者,各视所学程度,给以相当官职"之条。②《自行酌办立案章程》,是清朝己方对留日学生的相关规定,有的条目中内容也与前述章程有关,如其首条之中,即与"约束"章程中所述"出使大臣、总监督"的责任相联系。③ 至于与《厘定学堂章程》同日上奏的《请奖励职官游历游学片》,主要是针对"近年自备斧资出洋游历学生"的"流弊",提倡职官游历、游学而言的,④与常规"游学"有联系但属特类,且从奏定时间上看,可归入"学堂章程"的附带。

好了,我们还是来说《厘定学堂章程》主要涉及的"癸卯学制"。这一"学制"的设计,并不是完全新起炉灶,而是在张百熙主持设计的"壬寅学制"的基础上发展而来,同时也可以说是一次重订。说它是在"壬寅学制"的基础上发展而来,因为最基础的是就其"原定章程(按:即前述"六件")所有而增补其缺略者"。⑤ 说它是一次重订,一方面是因为它的其余十四个章程(或"纲要"、"通则")是新增加者,篇幅分量要远远超过张百熙的原定章程,从范围上说,也有了一个设计各个分支的扩充;另一方面,特别是增加了《学务纲要》这一

① 冀版《张之洞全集》第三册,第 1580—1581 页。
② 冀版《张之洞全集》第三册,第 1582—1583 页。
③ 见冀版《张之洞全集》第三册,第 1585—1586 页。
④ 见冀版《张之洞全集》第三册,第 1593—1594 页。
⑤ 冀版《张之洞全集》第三册,第 1591 页。

综合性规章,使教务有了更明确的全盘性的指导原则。总之,"癸卯学制"较"壬寅学制"有了很大的提升和创新。这是就其大旨上的浑融通说。

更具体说来,与"壬寅学制"相比,"癸卯学制"主要改变还在于下述方面:第一,实现了学制系统与教育行政系统的分离。作为这次新学制章程总纲的《学务纲要》中规定,专设总理学务大臣统辖全国学务,大学堂另派专员管理,如此就克服了原先最高学府与全国教育行政浑融不分的弊端,这是管理体制上的重要变化,为以后设立学部做了最基础的准备。第二,酌情做了学制级段上的调整,使之更趋合理。譬如,将"蒙养"教育从正规初等教育中分离出来,作为幼儿园性质的学前教育阶段;小学阶段的教育不但分初等小学和高等小学两个阶段,而且其学习年限上有所调整;其中学阶段为五年,比"壬寅学制"增加一年;其高等教育阶段,作为最高级别的通儒院(约略相当于"壬寅学制"中的"大学院")有了固定的年限,为五年,其下的分科大学与大学选科学制为三至四年,再下的高等学堂和大学预科的学制为三年。第三,所设堂馆的类别增多,更能适于实际需要,布局也更为合理:初等小学阶段即设与之平行的艺徒学堂,便于无条件继续求学的儿童及早学习就业技能,与高等小学并行的有实业补习普通学堂和初等实业学堂,与中学堂并行的有中等实业学堂,高等教育阶段则有高等实业学堂,从中学到大学的实业教育皆增设专攻科作为升级途径,逐渐强化和提高实业学堂的教育程度;师范教育设计也有所改进,于中学段和大学段分别并行的师范学堂分为初级和优级,优级师范学堂又有加习、分类两个不同类别和级段的学业设置,并专门增设实业教员讲习所,扩大了师范教育类型;增设译学馆及方言馆,加强外语教育和推广官音、统一各地方言的教育措施。第四,给予女子教育一定地位,即在家庭教育中对女子教育有所规定。

"癸卯学制"是晚清中国得以推行的第一个比较完备的新学制。它主要参照资本主义国家的学制模式,又结合中国的具体情况而制定,以法令形式颁布和推行,使学校教育的制度化、系统化不但形诸理论设计,而且见诸实际。在这一学制下,不但有系统的普通教育,而且有实业教育与师范教育两个体系与之并行,适应了近代工商业发展的要求和近代教育发展对师资的要求。这一体系的确立标志着中国几千年传统教育体制的瓦解和资本主义教育制度在形式上的建立。① 当然,这一学制依然存在着缺陷,客观上说,是由于当时中国社会条件的限制;主观上说,则是学制主持设计者基于其清朝荩臣的立场,在其"立学宗旨"和某些具体内容上的表述守旧。

总之,癸卯新学制的建立是张之洞这次在京所"意外"完成的一件在晚清教育史上具有划时代意义的大工程。

三、探花力拆科举台

在"奏定学堂章程"的同时,张之洞等也上了一个《请试办递减科举折》。实际上,这是他们在最后废除科举之前,又一次对科举下刀,为停废科举作了更进一步的铺垫。此折我们暂时搁置一会儿再说,先看一下张之洞对科举的态度变化。

要说,张之洞无疑是在科举的最大受益者之列。他年纪轻轻就中了探花,跻身进士功名的"一甲",这不但为其入仕打开直通之门,而且也为其仕途的卓异发展奠定了极好的基础。可以说,张之洞的鼎盛宦景,除了其才华和造化条件之外,科举也是其一个少不了的且最为有力的承托。但是,张之洞并没有因而沉醉于对科举的偏执之爱中,而在他的履政生涯中,对科举能够有一个因时随势而来的认识,越来越看到它的局限和弊端。特别是自戊戌变法,对其发出的指摘和批判的声音越来越尖锐和有力。其《劝学篇·外篇》中就有"变科举"专篇,作"救时必自变法始,变法必自变科举始"(前已引及)的论断。当然,他当时是持"宜存其大体而斟酌修改之"②的意见,与彻底废弃之还有一定距离。自"新政"开始,其改革科举方面的呼吁力度更不断加强。光绪二十四年(1898年)五月十六日,他上《妥议科举新章折》(湖南巡抚陈宝箴列名),说"今圣主断然罢去八股不用,固已足震动天下之耳目,激发天下之才智。特是科举一事,天下学术所系,即为国家治本所关。若一切考试节目未能详酌妥善,则恐未必能遽收实效,而流弊亦不可不防。"下面就"正名"、"定题"、"正

---

① 本段至此及上一段内容上的表述,参见陈振江主编:《中国大通史》清朝下册,第550—551页(本处为董丛林撰写)。

② 冀版《张之洞全集》第十二册,第9750页。

体"、"闲邪"(此项旨在屏绌空疏陈腐、谬妄不正之言)等项论说,又拟将原"定例"三场考试顺序"互易"。说"如此办法,博之以经济,约之以道德,学堂有登进之路,科目无无用之人,时务无悖道之患,似此切实易行,流弊亦少。此举为造就人才之枢纽,而即为维持人心世道之本原"。此折引起皇帝重视,发布了较长上谕摘其要点,予以肯定,并特有"朕详加披阅,所奏各节剀切周详,颇中肯綮"的褒语。① 及至张之洞与刘坤一合上关于"新政"的"江楚会奏三折",当中虽然未将改革科举明条列出,但在相关条目中,也涉及此意。

到光绪二十九年(1903年)春间,张之洞会同直隶总督袁世凯,"具奏科举阻碍学堂详陈得失利弊一折,钦奉硃批交议政处议奏在案",②这当是一道对科举再次下刀的专折。而查冀、鄂两版《张之洞全集》,有上引确切文字的奏折皆未见载,倒是鄂版"全集"中载有此年二月十二日的《拟奏递减科举中额办法折》③,就其主旨而言,也与"科举阻碍学堂"基本相符,疑所指即是一折。将其要点简述如下:其谓"中国今日贫弱极矣,大难迭乘,外侮日逼,振兴奋发正在此时。然而诸务未遑,求才为亟"。而培养人才在于学校,"古今中外莫不皆然"。当今朝廷"求才若渴","薄海臣庶固宜仰体圣意,协力齐心,奉命承流,争先恐后",但人们"大率观望迁延,否则敷衍塞责"。推究其故,固然有"经费不足"、"师范难求"之因,但这尚在其次,而"其患之深切著名,足以为学校之敌而阻碍之者,实莫甚于科举"。接着,具体论述了"学校与科举分途",造成士子争趋利禄而畏沮学业等弊端,谓"是科举一日不废,即学校一日不能大兴","士子永远无实在之学问,国家永远无救时之人才,中国永远不能进于富强,即永远不能争衡于各国"。这样看来,"科举之为害关系尤重,今纵不能骤废,亦宜酌量变通,为分科递减之一法",即拟议在"万寿恩科"(按:指光绪三十年"甲辰科")以后,"将各项考试取中之额,预计匀分,按年递减"。④ 此

---

① 冀版《张之洞全集》第二册,第1304—1309页。
② 冀版《张之洞全集》第三册,第1596页。
③ 该折载鄂版《张之洞全集》(所在册数页码见下注),在冀版《张之洞全集》中未载,于《袁世凯全集》第十一卷中题为《会奏请递减科举中额专注学校折》。
④ 鄂版《张之洞全集》第4册,第133—134页。

折最后硃批："政务处会同礼部妥议具奏。"①可见，张之洞等这时的理想追求，已是废除科举，只是鉴于"科目取士垂数百年，一旦废之，士子必多觖望"②的情况，建议采取"分科递减"的变通办法，想让其逐届渐灭。

但是，该折在交督办政务处后受到有关大臣的窒碍。后来罗惇曧有随笔《记废科举》一则，涉及此间情况，说"王文韶在枢府，恒以聋自晦，为人透亮圆到，有玻璃球之目，遇事不持己见，独于废科举一事，极坚持(反对)"，而张之洞"展觐，留京师，力谋废科举"(按：此时尚非立废)，结袁世凯"以助力"，"其时荣禄当国"，张之洞"与荣禄言，荣禄亦颇赞之，惟自以非出身科目，不敢力主废"，王文韶则坚决地说："老夫一日在朝，必以死争之"！张之洞闻之，只是"浩叹而已"。③ 查军机大臣兼政务大臣荣禄是在该年三月死去的，当时张之洞还未抵京，所以讲他与荣禄当面言说自当不确，而或有间接联系则不无可能。王文韶也是军机大臣兼督办政务处大臣，权位自高。同类的还有鹿传霖、瞿鸿禨。奕劻、荣庆则是新补的军机大臣兼政务大臣，此外新补的政务大臣还有崑冈、孙家鼐、张百熙。这些人中，张之洞大多活动了个遍，像与瞿鸿禨、张百熙、荣庆、鹿传霖等都留下了相关通信，有的还是多封。他们中多也是主张废科举的，即使本来态度多少有些暧昧的人，在张之洞的力说之下当也表示了同意。就是王文韶"誓死"不从，影响了此事的决策。

所以直到十一月二十六日，张之洞会同管学大臣乘奏学堂之事的机会，遂又上此《请试办递减科举折》④(这即接了本节开头的话题)，此折可以说在一定程度上是在前述张之洞与袁世凯会奏折基础上的进一步发挥和细化。该折前边有谓，"奉旨兴办学堂已及两年有余，而至今各省学堂仍未能多设者"，是"由科举未停，天下士林谓朝廷之意未专重学堂也"。既然如此，那么"科举若不变通裁减，则人情不免观望"，"学堂断不能多"。接着具体论述和分析了科举之弊端和学堂之优长以及它在科举影响下的局限，说若"此时无一举动，天下并未见朝廷将来有递减以及停罢(科举)之明文，实不足以风示海内士民，用收振兴学堂之效"。鉴此，仍请查照前会同袁世凯所奏"分科递减之法"，

---

① 鄂版《张之洞全集》第4册，第135页。
② 鄂版《张之洞全集》第4册，第134页。
③ 罗惇曧：《记废科举》，载《庸言》第一卷，第六号"随笔"栏。
④ 冀版《张之洞全集》第三册，第1596—1599页。本段中下引该折语句不另注。

"将科举旧章量为变通","从下届丙午科起,每科递减中额三分之一"。并且列条具体胪陈,包括:分科递减待"中额减尽时"科举考试即告停止;"学政岁科试进取学额"的具体减法;科举停止后,会试总裁、乡试主考的更改简放;停科举后"各省学政毋庸裁撤,即令会同该省督抚考察整顿全省学堂功课";"科举既议停减,旧日举、贡、生员"的分年龄阶段酌情处置等。此折上达后,清廷发布上谕:"方今时事多艰,兴学育才,实为当务之急",有关递减科举一折,"使学堂、科举合为一途,系为士皆实学,学皆实用起见。著自丙午科为始,将乡会试中额及各省学额按照所陈逐科递减,俟各省学堂一律办齐,确有成效,再将科举学额分别停止,以后均归学堂考取,届时候旨遵行"。可见,上谕同意了将乡会试中额逐科递减,但在科举停止问题上,似乎留了一点"尾巴",把话说得不那么肯定,是要到学堂办齐确有成效后停止科举。接着,又对各地学堂的"认真讲求"提出要求。总之,其大旨上是肯定了奏折方案和目标的。这样,等于为废除科举有了一个预示。而就实际进程来看,在张之洞等人的迫不及待地促使之下,停废科举的进程要快得多。

到光绪三十一年八月初二日(1905 年 8 月 31 日),张之洞等人随同袁世凯上《会奏请立停科举推广学校并妥筹办法折》。其中有云,"是以前奉谕旨递减科举中额,期以三科减尽,十年之后取士该归学堂,固已明示天下以作新之基,而徐俟夫时机之至。所以为兴学培才计者,用意至为深远"。然而,在他们此时心目中,原先的"递减"之法已缓不济急——

> 臣等默观大局,熟察时趋,觉现在危迫情形,更甚曩日,竭力振作,实同一刻千金。而科举一日不停,士人皆有侥幸得第之分,以分其砥砺实修之志。民间更相率观望,私立学堂者绝少,又断非公家财力所能普及,学堂决无大兴之望。就目前而论,纵使科举立停,学堂遍设,亦必须十数年后,人才始盛。如再迟之十年甫停科举,学堂有迁延之势,人才非急切可成,又必须二十余年后,始得多士之用。强邻环伺,讵能我待。近数年来,各国盼我维新,劝我变法,每疑我拘索旧习,讥我首鼠两端,群怀不信之心,未改轻侮之意……科举夙为外人诟病,学堂最为新政大端,一旦毅然决然,舍其旧而新是谋,则风声所树,观听一倾,群且刮目相看,推诚相

与……所关甚宏,收效甚巨。①

接着,具体论说设立学堂的意义,说它"并非专为储才,乃以开通民智为主,使人人获有普及之教育,具有普通之智能,上知效忠于国,下知自谋其生也。其才高者固足以佐治理,次者亦不失为合格之国民"。而反思现实,"我国独相形见绌者,则以科举不停,学校不广,士心既莫能坚定,民智复无由大开,求其进化日新也难矣"。故而提出,"欲补救时艰,必自推广学校始;而欲推广学校,必自先停科举始。拟请辰衷独断,雷厉风行,立沛纶音,停罢科举"。在这里,张之洞等人终于正式喊出了立即停罢科举的声音,并且是向朝廷的急切提议。这是一件大事,不是说停便停、一停了结的。科举在中国历史上是有着长久历史的,关系设学特别是选官制度,固然它随着时代的发展,弊端越来越严重地显现,确实到了不废除就不能适应社会进步的地步,但真的要废除,却要深思熟虑,不但要解决科举废除后的遗留问题,而且要尽量考虑科举废除后的新发问题。显然,这些不能要求也不是张之洞他们在此提出废除科举时都要虑及的。不过,他们此折当中,对废除科举后而维持学堂的发展,即所谓"科举停矣,尚有切要办法数端,而学堂乃可相维于不敝",②还是有所斟酌考虑的,当然,是基于清廷可以接受的原则。

其第一条是"在于尊经学"。说"或虑科举一停,将至荒经",而"今学堂奏定章程,首以经学根柢为重"。或"虑办学之人,喜新厌故,不知尊经","应请饬下各省督抚、学政、责成办理学务人员,注意经学暨国文、国史,则旧学非但不虞荒废,抑且日渐昌明"。第二条是"在于崇品行"谓"今学堂定章,于各科学外,另立品行一门","随处稽察,第其等差","自不至于越矩偭规"。第三条是"师范宜造就"。说"应请旨切饬各省,多派中学已通之士出洋就学"学习师范,"尤以多派举贡生员为善,并于各省会多设师范传习所",这样"师资既富,学自易兴"。第四条是"未毕业之学生暂勿率取"。鉴于"各省设立学堂,迟早不一,程度不齐","今筹一通融办法,既不同科举之敷衍故事,亦不向学堂而迁就溢登"。"拟请此数年内,除学堂实系毕业者,届期奏请考试外,其余则专

---

① 冀版《张之洞全集》第三册,第1660—1661页。

② 冀版《张之洞全集》第三册,第1661页。

取已经毕业之简易师范生","至五年以后,完全师范生毕业已多,更足以应选举而有余","迨十年以后,各省学堂,逐渐毕业,人材济济,更可不穷于用"。第五条是"旧学应举之寒儒,宜筹出路"。这是针对现有在科举旧学的书生而言,为之"拟请十年三科之内,各省优贡照旧举行","其已入学堂者,照章不准应考"。而已经"中举人五贡者,此三科内拟令各省督抚学政,每三年一次保送举贡若干名"。说"如此则乡试虽停,而生员可以得拔贡;会试虽停,而举贡可以考官职"。总之,这是为避免其因职事无着而致"生计顿蹙"。①

这道奏折上达后,朝廷先是做了"另有旨"的硃批,随即于八月初四日发布上谕,说"兹据该督等奏称,科举不停,民间相率观望,欲推广学堂,必先停科举等语,所陈不为无见。著即自丙午(按:指光绪三十二年)科为始,所有乡、会试一律停止,各省岁、科考试,亦即停止。其以前之举贡生员,分别量予出路。及其余各条,均著照所请办理"。② 这是清廷明确肯定和批准张之洞等关于立停科举的上奏,宣告了在中国沿袭千余年的科举制度寿终正寝。这也是关乎文化教育更关乎官吏选拔的一项重大事情,在中国历史上有着重要影响。张之洞等人无疑是此事的官方力持者和促成派。

当然,上废除科举奏折的是一个高官"小群体",除了袁世凯和张之洞之外,联衔者还有盛京将军赵尔巽,署两江总督周馥、署两广总督岑春煊、湖南巡抚端方等人③,并且,列名首位的也不是张之洞而是袁世凯。其实,这不过是因为,袁世凯当时是直隶总督,这一官职在全国督抚中,具有"隐性法定"的同时也具习惯性的"领袖"地位,有任过该职的人员说,"直隶为各省领袖",其"形势较他行省为要,体制亦较他行省为肃"。④ 可见,终归还是因为其政区的特殊性而获"宠"。而联衔列名的最后一位,即作为张之洞辖区湖南的巡抚端方,因为与张之洞的工作关系,他在联络袁氏、张氏和促成此局方面,则起到了特殊作用。或曰:"七月,端忠敏在京,与袁督部俱有电来,议立停科举,公电

---

① 冀版《张之洞全集》第三册,第 1661—1663 页。
② 《光绪宣统两朝上谕档》第三十一册,第 114—115 页。冀版《张之洞全集》中附有此上谕,但个别处文字有异或有误。
③ 《东方杂志》第二年(1905 年)第九期。
④ 陈夔龙:《梦蕉亭杂记》(与《蕉窗话扇》合刊本),山西古籍出版社 1996 年版,第 121 页。

复之，文甚长，今此稿已佚。而此议发于北洋而忠敏促成之，其奏折则北洋主稿。"①引文中所说"端忠敏"，即湖南巡抚端方（其死后谥"忠敏"），他当时被召京；而"公"，即指张之洞。至于所说张氏接端、袁来电其复电"文甚长，今此稿已佚"，确实至今仍未寻见。查《近代史所藏清代名人稿本抄本》张之洞的"专辑"，亦未找见，而只看到一则简电，是其七月二十四日午刻以"万急"之电发给端方和袁世凯的，谓"铣电科举事已奉复，文较长，须亥刻到，先用简电奉闻"。② 可知，端、袁关于废除科举的来电是于本月十六日（"铣"代之此日）发出的，至张之洞急发回电已有八天时间，这期间张之洞当是在集中精力予以审查，认真斟酌修改意见，最后形成"文较长"的那则电文，发出后估计要晚到几个时辰，还特意先发一"简电"告知。

这由上面说到的罗惇曧那则《记废科举》的随笔中的相关言说，也可做参酌："及文韶出枢垣，端方以江督入觐，过天津，项城与商废科举，乃约文襄联请诸朝，遂得请。朝士方颂文韶，乃集矢项城。丙午项城入都议官制，朝士攻之尤力，项城乃几败矣。请废科举之奏，为北洋主稿，电商鄂督连衔，文襄来电乃加入考优拔与举贡考职两段"。③ 其中说"文韶出枢垣"，当指王文韶于光绪三十一年因身体原因不再任军机大臣（他于次年乞休，光绪三十四年去世）。而"端方以江督入觐"，端方"入觐"时实际是湖南巡抚而非"江督"（江督是其后任）。"项城"，乃指袁世凯；"文襄"，自为张之洞，因为这则随笔刊发时张之洞已不在世间，故用谥号称之。文中主要涉及了袁世凯主废科举而遭受"朝士"攻忤；而张之洞对"北洋主稿"的废科举奏折加文添改之事，并具体指出"加入考优拔与举贡考职"的内容，当是为士子"筹出路"之要项。这也可为张之洞"复电"提供一个约略信息。

回接前边话题，张之洞在接到袁世凯"废科举折初二日缮发"的电告后，到初五日子刻"尚未见明谕"，即着急地致电端方询问"何故"，促其"速电示"。④ 实际上谕已于初四日发布，而由于通信条件张之洞暂时还没有看到，便急不可耐地发电询问。由此可见，张之洞对此事成局的由衷关心和急切期

① 许同莘：《张文襄公年谱》，第 192 页。
② 虞和平主编：《近代史所藏清代名人稿本抄本》第二辑，第 51 册，第 613 页。
③ 罗惇曧：《记废科举》，载《庸言》第一卷，第六号"随笔"栏。
④ 虞和平主编：《近代史所藏清代名人稿本抄本》第二辑，第 51 册，第 627 页。

盼。可以想见,他在完善建议和方案、促成此局中一定是起到了鼎力作用,尤其是他的实际影响力更是自不待言的。在上废科举折的最要两人中,袁世凯虽官位可配,但他年轻时游惰冶荡,科举无成,此时出言废除科举,而反对者们嘴上不说,心里也自对他报以轻鄙,难道不会以"吃不到葡萄就说葡萄酸"来暗讥之? 前引罗惇曧《记废科举》中,不是说荣禄亦颇赞同废除科举,而"惟自以非出身科目,不敢力主废"吗? 其人即不免有这样的顾虑。而张之洞殿试一甲入仕,功名至崇,他有这顶高帽,对科举斥责也好,主张废除也罢,可谓"居高临下",底气十足,起码比袁世凯在这方面的资格要"过硬"得多。

其实,就张之洞而言,此时主废科举绝非偶然,因为他作为官方的"改革派"典型,在对待科举的态度上也是因时、因势而进的代表人物之一。从官方呼吁改革政务的舆论上看,对科举制弊端的指责及改进的呼声也是不断高涨。早时的就不必说了,就说在张之洞的《劝学篇》刚出台之际,光绪帝于这年四月二十八日召见康有为,对话中涉及科举问题,康氏说甲午战后列强迫使中国赔款、割地,"不赔于朝廷,而赔于八股";"不割于朝廷,而割于八股"。皇上答曰:"西人皆为有用之学,而吾中国皆为无用之学,故致此。"康氏对曰:"上既知八股之害,废之可乎?"皇上回答:"可。"① 这虽是据康有为自己的记载,但从他的观点趋向看,的确相符。他乘见到皇帝的机会,适时做出这样表达和建议,自在情理之中。从在此前后康有为本人及活动他人所上相关奏折,亦可旁证所言不虚。"八股"与"科举"严格意义上不能互代,康有为这里提的是废弃"八股",但这无疑是废除科举进程中的一阶。康有为固然不久就成为了"钦犯",即使是他在清朝政坛上最为得意之时,张之洞对其也是由衷嫉恨,但这并不影响将召见时的康氏之言划入"官方舆论"。举此一例,用以说明张之洞在官方阵营中的厌恶之人,也在改革科举方面彰显其言,这更说明科举改革在"官方舆论"中所具有的一定广泛性。

若是就"社会舆论"而言,对科举指斥的声音更早就有并逐渐高涨。过早的就不必说了,就说冯桂芬在《校邠庐抗议》中,即述有当年在林则徐公署,一位举人酒后述说,"可以禁锢生人之心思材力,不能复为读书稽古有用之学者,莫善于时文",科举"其术为唐宋英雄入彀之术,齐其心为始皇焚书坑儒之

---

① 中国近代史资料丛刊《戊戌变法》第四册,第146页。

心,抑之为点名搜索防弊之法,以折其廉耻;扬之以鹿鸣琼林优异之典,以生其歆羡","意在败坏天下之人才,非欲造就天下之人才"。① 这自属贬斥科举的尖锐之语,此时张之洞当还没有出生呢(冯桂芬是在林则徐为江苏巡抚期间从学于他而得以闻见其事),自可为"社会舆论"之一例。而到张之洞他们上废除科举折之时,社会舆论的相关推助自更加有力。至于废除科举之后,赞扬之声更是不绝于耳。废除科举刚一宣布,立即有国人发表《中国振兴之新纪元》一文,其谓"立废科举一节,取数百年来败坏中国及近日屡蹶屡起根深柢固之附属物,一旦拔弃之,是真中国历史上之新纪元,而东方大局之转移在此矣"。② 而一贯对科举尖锐抨击的严复,于宣布废除科举的当年十二月,在环球中国学生会演说时道,废科举"此事乃吾国数千年中莫大之举动,言其重要,直无异古者之废封建开阡陌"。③ 评骘可谓甚高。

当然,废除科举,自然也免不了负面声音,像上举罗惇曧的《记废科举》中所言,因袁世凯主废科举而嫉恨和攻击之的"朝士"们,不就很典型吗?并且,废除科举当时也会出现一些实际弊端。譬如,尽管力主废除科举的张之洞为"旧士子"的出路有所筹思和安排,但还不免会给他们带来程度不同的恐慌和迷惘(上言"朝士"其实心理上即是如此);在教育的新旧交替方面,也会出现一定程度的"失谐"现象;同时,也难免给清朝的官吏选拔造成一定的"失序"。不过想来,这又是一种沿袭多年的旧制度的废除所难免的。常言说"有破有立",但"破"与"立"毕竟是一对矛盾体,在当时主政者的政治素质和相应社会环境之下,废除科举和实行新制实际难以做到密切融洽地有机结合是其必然,但不能因此否定废除科举的"破坏"伟力,而张之洞他们于此自是起到了官方的"先锋"作用。

四、其他"新政"事宜概说

以上两节是张之洞在文教方面(科举自亦直接关联官员选置)的"新政"

---

① 冯桂芬:《校邠庐抗议》,第107—108页。
② 《万国公报》第201册(1905年),第26页。
③ 严复:《论教育与国家之关系》,《东方杂志》第三年(1906年)第三期。

要事专论。其人所涉"新政"事项自还有许多,譬如关于经济方面(指现在概念意义上的,其时"经济"一般还是指经邦济世),也是他所办"新政"的要项,这在上面相关章节中已有所涉及。不过,因为那不是专写"新政"时段的,并没有把清末新政方面予以特别凸显。这里专就其予以简要的综合性、纲目性概述(一般不涉及具体内容),以作为提示性说明。显而易见,经济方面是张之洞办理"洋务"的突出部分之一,并且与"清末新政"也是前后关联性很强、不容易截然分割的事项。如果非要分开来说的话,那只好以清廷发布的清末"新政诏"为标志来审视。该"新政诏"中所说是比较原则性的,所谓"凡朝章国故,吏治民生,学校科举,军政财政"都在酌情革新范围,在嗣后的"国策"方面,则不乏关于经济事项的,譬如涉及农业、工商、税制、金融等方方面面。张之洞在和刘坤一合上的"江楚会奏三折"中,也涉及改革经济的诸多事项。之后在具体的施政实践中,张之洞更是努力开拓。像进一步兴农学、改良作物品种;对辖区某些厂家的免税和实行专利保护;修订全国性矿物章程,发展矿业;修订商律、发展商会和推广商品展销;在圜法币制方面的变革;等等。而在当时条件下,由于列强争夺利权,极力对中国经济进行控制,张之洞在经济"新政"方面的努力难免在效果上受限。当然,在其他方面的"新政"也不外如此。以上对相关"新政"已间有涉及,下面,只择其尚未有述而对历史影响显著并较有特色的专门方面简说。

一说湖北"新军"建设。

张之洞首次署理两江总督时,就组建"自强军",可为其创设"新军"之始。而及至他回任湖广总督,从自强军中带来护军五百人,以为在湖北编练"新军"的"引子",在此基础上练成了湖北"护军",即省城的卫戍营队。他将所带来的原自强军分为湖北护军前后两营,募勇添足此两营额数,除了遴委华人充任各营管带外,"并派德国驻京公使荐来之德将贝伦司多尔夫充当该两营总教习,选募津、粤武备学生充当分教习,专肄西法马、步、炮各队阵势技艺,枪炮药弹装卸运用,机器理法,营垒道桥测量绘图事宜",说这样"改练洋操,方足以开风气而渐成劲旅"。① 总之,张之洞的湖北护军,是在自强军基础上的扩充和改造。它的建立,应该说是湖北最早的"新军",而这为清末新政时期湖

---

① 冀版《张之洞全集》第二册,第 1175 页。

北新军更大规模地扩建,提供了先期经验和准备。

湖北大规模的编练新军,自是基于清末新政以来的形势需要。清廷宣布清末新政开始的上谕颁布后,于光绪二十七年(1901年)七月三十日又有上谕云:"前因各省制兵防勇积弊甚深,业经通谕各督抚认真裁节,另练有用之兵","所有改练章程及应如何更定饷章,著政务处咨行各省,悉心和议,奏明办理"。① 该谕旨发出后,不日政务处亦"将酌拟变通办法咨行"到鄂。张之洞雷厉风行,在拟逐年裁减绿营、酌改防营的同时立马着手编练新军。他联同湖北巡抚端方,在光绪二十八年(1902年)十月初一日即上奏折,有云:

> 诚见绿营制兵疲惰顽固,万难改练,即旧日勇营锢习亦深,仅足为弹压地方之用,缓急仍不足恃。于是慎选将领,另募精壮,聘募洋员,分司训练,一切分伍、编队、操法、营规,均参仿德、日两国最新军制,一面创设武备学堂,考选体壮文优之举贡生监入堂肄业,讲求马步炮工战守方略,以储将校之材,一面遴派将弁,分番前往日本考察陆军编制情形,阅视野外大操,运用以资仿效。频年竭力经营,不敢以筹饷艰难稍存畏缩。自庚子扰乱以后,大局岌岌,尤为殚心于此,洋操营勇之数日渐增多,营制操法日益研究。现计有洋操护军左右两旗、步队八营、马队一营、炮队一营、工程队一营、武建军左右两旗、步队八营、武恺军步队四营、武防军步队四营,又护军铁路营步队四营……营操、野操等事均属一律优娴整肃,动合法度,虽不敢谓训练已臻精善,似已有五六分功夫。②

接下来,汇报了新练之军的饷事和员额情况。总之,"各洋操营共计员弁兵夫九千五百余员名,月支饷银五万七千二百五十余两"。又述说了在武昌省城的实有营伍和具体编制情况。而特别将"湖北练兵要义"逐条胪列,分"现办"者十条和"将来拟办"者两条。"现办"者为:"入营之兵必须有一半识字";"人人皆习体操";"各营人人操炮";"马队不设马夫";"营房力求整洁合法、宜于卫生";"器械资装随身具备";"待兵以礼";"统带营哨官皆亲身教

① 《光绪宣统两朝上谕档》第二十七册,第172—173页。
② 冀版《张之洞全集》第二册,第1503页。

操,不准用教习";"将领营官哨官不许穿长衣";"阅操之时各官皆不许坐着"。各条都有文字之释。"将来拟办"者,一是"以后新募兵暗寓实行征兵之法",具体陈述了"募勇之弊"和"征兵"之善,指明全部征兵是拟行的方向;二是"鼓励更番退伍之兵",其大意是当兵三年期满,考校分等,分别酌奖,回籍到家亦是,培养"人以当兵为荣"的意识,也可"不虑裁遣失业穷困生事"。① 总的来看,这些条目多是借鉴西国和日本的相关条件和办法,斟酌中国情况而定,若真能落实得好,会对中国传统军制和风习在一定程度上有着"换代"式更新。上此奏时,张之洞已奉命再署两江总督,因湖北经手事件太多,必须清理,再者适有德国总领事和水师提督来鄂有事,赴两江就暂时拖延下来,待此奏发出,他便于次日赶赴新任。

张之洞此次在"两江"为时颇短,此后赴京逗留期间,清廷于光绪二十九年十月十六日(1903 年 12 月 4 日),即有作为新军编练"总汇"机构(实即领导机构)练兵处的设立的谕旨。② 十一月初九日,任命徐世昌为练兵处提调,刘永庆、段祺瑞、王士珍分别任该处下属三司即军政司、军令司、军学司的正使③,这数人都是袁世凯的心腹,而练兵处的成立,则是袁世凯运作的结果。总之,袁世凯越来越在编练新军方面把握实权;张之洞则也"因势利导"地在扩练新军方面施展身手。在他回任湖广之后的数年间,相继有续办湖北新军的几次上奏汇报之事,每次都是因在原先湖北新军基础上添练和酌情调整。一次是在光绪三十年(1904 年)七月。这次的基本情况为:将原来的新军两翼调为两镇,所谓"全练"(拟定全额)共计 20625 员名,"减练"(分别难易缓急减少实练人数)的数额则相应有所减少。另外,还涉及若干其他相关事项。④再次是在光绪三十一年(1905 年)十一月。说是"本欲一切即照新章编成两镇,但以饷项万分艰难,且将领官弁之人才目前实不敷用","万不得已,设为暂从节省勉支局面办法,以俟徐图扩充"。做法是于两镇之"正兵及带兵员弁,系照新章无一增改,于杂项委员人夫车马及饷数,则体察情形,量为撙节减缓,庶成规不改,而财力稍纾"。接着将"各项办法"一一胪陈(共分十三

① 冀版《张之洞全集》第二册,第 1504—1510 页。
② 见《光绪朝东华录》第五册,第 5108 页。
③ 见《光绪宣统朝上谕档》第二十九册,第 342 页。
④ 见冀版《张之洞全集》第三册,第 1617—1624 页。

项），如将第一、二镇营制的情况、"酌量暂从撙节"的具体办法、其人马饷数比较、新增人马和饷数等等，最后特别是将"将领委任"和"督办三处委任"的情况述明。所谓"三处"是督练公所之下分设的兵备处、参谋处、教练处，谓其"实为整顿武备之源，责任甚重"。① 又一次是光绪三十三年（1907 年）七月，其这次上奏，主要是"体察现在湖北情形，有应须遵照奏定规制者，有不得不审慎周详量予变通者"，"筹维再四，惟有于骡马、车辆等项，略事变通"，②并汇报了相关"变通"的大略情形。

根据有关学者提供的张之洞对湖北新军"四次较大的整编"（即本书以上所述对该军在清末的初编和三次接续上奏汇报的续编）各次的实际兵力总人数，第一次为 7032 人，第二次为 12959 人，第三次为 17259 人，第四次为 16188人。并引《清史稿》记载，湖北新军全军官兵合计 16104 人③，说"这个数字与张之洞第四次整编后大致相同。可见，在张之洞离开湖北后，湖北新军编练基本没有新进展，仍然保持着原来的规模"。④ 所说"张之洞离开湖北"，当是指他于光绪三十三年八月应诏入京，正式结束了多年的湖广总督之任。不过，两湖特别是湖北的历史发展依然与他有着脱不开的干系。四年之后"武昌首义"的成功，即与湖北新军的倒戈分不开，这应该说是张之洞"种豆得瓜"的结果。另一位学者说："1912 年 4 月，孙中山访问首义之区武汉，直接感受到湖北新政兴实业、练新军、办文教的实绩为辛亥首义的发生奠定了物质基础和人才基础，故称当年主持湖北新政的张之洞为'不言革命之大革命家'。"⑤而就湖北新政中的诸项来说，"练新军"的作用自然最为直接和凸显。噢，所说湖北"新军"，是与"旧军"相对而言的最为通常的叫法，不过不是当时严格意义上的正规称谓，而其正规称谓多为"湖北常备军"。

二说改良狱政。对中国监狱原有恶劣条件，张之洞早有体认。譬如，单就

---

① 见冀版《张之洞全集》第三册，第 1676—1683 页。

② 冀版《张之洞全集》第三册，第 1810—1811 页。

③ 注为《清史稿》第 14 册，第 3946—3947 页。为本书所引《清史稿》（缩印本）第二册，第1050 页。据查，原书中并无此数字，系作者将"湖北第八镇"和"第二十一混成协"的官、兵数字相加而得。

④ 李细珠：《张之洞与清末新政研究（增订版）》，第 229—232 页。

⑤ 冯天瑜：《短时段革命孕育于长时段文明积淀——辛亥首义远因探究》，《湖北大学学报》2011 年第 5 期。

狱所环境而言,他在任两广总督期间就指出,辖区内者"大半污浊狭隘,甚至颓坏不堪",而一处监房甚至有"拘系数十人至百余人者。粤地酷暑,一年之中大半酷热,秽湿熏蒸,瘟疫易起,瘐毙常多"。这样的狱所环境,加上管监者对人犯的漠视和虐待,人犯的处境就更惨苦难言、生死难保了。张之洞当时就奏报通饬各属修建监狱迁善所,旨在改善狱所环境,对人犯"洁其居处,裕其衣食,资以工本,令人教以各种工艺,俾将来释出谋生有具,不致再蹈前辜"。①及至他改任湖广,该地的监狱亦是恶劣,就拿湖北来说,"地方官之酷者,往往滥用非刑。民以微罪逮捕入狱,而荒怠不事事者,案久不结,滥押久系,狱卒丁役,借端凌虐敲诈,以私刑加诸罪人。牢狱污秽黑暗,人民不死于罪而死于久系"。面对此情,张之洞立意改善,譬如,于"光绪二十年,即严饬各属"消除监狱虐政;"光绪二十四年,以江夏县监狱屋宇狭暗,人数拥挤,污秽不洁,疫气熏蒸,疾病瘐毙者,往往不免。札桌司大加改造,添购地基,采用西式,务期屋广院宽,通风避湿,器具齐备,整洁宽舒,总须与平民住房无异,令被禁被押之人,不受法外丝毫之苦"。② 这既是出于其皆依照儒家的"仁政"思想,也自有借鉴西方文明之义。

到清末新政宣布启动后,张之洞和刘坤一所上"会奏"折中,已经举列专条比较系统地阐说了其改良狱政的思想,如第二折的"恤刑狱"条即颇典型。此虽为"整顿中法"中的专条,但明显是与西国比较的视野下来立说的。譬如言"外国人来华者,往往亲入州、县之监狱,旁观州县之问案,疾首蹙额,讥为贱视人类","盖外国百年以来,其听讼之详慎,刑罚之简易,监狱之宽舒,从无苛酷之事,以故民气发舒,人知有耻,国势以强"。其虽然考虑到"中外情形不同,外国案以证定,中国案以供定","中国遽难仿照",但还是不无暗中参照外国情况酌拟了"九条办法",即"禁讼累","省文法","省刑责","重众证","修监","教工艺","恤相验","改罚锾","派专官"。总的看来,这不无借鉴西方国家狱政之意,而按张之洞明面上的说法,就是皇家所言同时也是儒家经典中意及的"尚德缓刑之治"。③ 这反映了他此时在法律和刑狱方面的认识和思想见解。

---

① 冀版《张之洞全集》第一册,第 745 页。
② 张春霆:《张文襄公治鄂记》,第 52 页。
③ 冀版《张之洞全集》第二册,第 1415—1420 页。

而在刑狱的实践方面,在上关于"新政"的"会奏"折后,张之洞就"叠经札饬湖北臬司通饬府厅州县各衙门,将所设内监、外监大加修改,务须宽敞整洁,凌虐之弊随时禁革"。不过,有的地方,"特以经费支绌,究未能大改旧观"。张之洞深知"此为关系民命之实际",便以省会为"领袖","以为通省模范",饬令有关下属,"于省城江夏县署之东偏购买民地,酌拟图纸建造",并令赴日本游历专习"监狱学"的下属官员回鄂"会同商酌建造"。这样,自光绪三十一年(1905年)十月开始,到光绪三十三年(1907年)五月竣工。其"一切体制仿照日本东京及巢鸭两处监狱规模",而"管理之法,兼采东西各国,仍体察中国情势能行者,量为试办"。稍具体说来,在狱址上,"自南至北,深五十五丈,前广四十四丈五尺,中广三十二丈,后广二十一丈"。在建造上,外环围墙内分四区,"一内监,以居已定罪人犯,约可容百人。一外监,以居未定罪人犯,约可容三百人。一女监,以居女犯,约可容四十人。一病监,以居内外监患病不能保释出狱人犯,约可容五十人"。各监均仿照日本相关的样本,使监居相对合理而不失人性化,在保证监控的前提下,如使监屋相对宽敞,安装电灯、自来水,并设有浴室,还"安气屋以纳空气",病监中则专设"传染病监"等。

管理上,"所有旧监人犯,如实犯死罪待决及限年监禁各犯,一律移入内监。其从前因事羁押之犯,及因犯事收入旧设迁善所与警察局暂押之犯,择其质地诚实青年可造者,先行挑取百名,收入外监,令在工厂学习各项手艺,随时教诲,以后体察管束教导是否得法,随时陆续增添挑人,如能学艺有成,痛知改悔者,酌其犯事轻重,量予省释,以示成全"。借鉴"西法"狱中"尤重工艺"的特长,于各监"皆各建有工厂",而所习之艺,"择其成本轻而工程易",并且属"今日习艺须为他日生活之计"者,"如织布、裁缝、编制草竹各器、制造学堂各种用品之类"。对犯人"涮除从前酷虐之习","每遇星期及犯人歇工时刻,教以改过迁善之道,寓劝于惩,若幼年犯,并教以小学课程,以迪愚顽,期于涤染自新";"监犯平日口食定有节度,决不令有秽恶克扣之弊";并且设有"医官","遇有疾病,慎重诊视,不使死于非辜,而有碍卫生之物,鸦片烟为害最烈,给药痛戒,勿使流毒",总之,这样使有"教"有"养"。管理人员,拟设典狱官一员,副典狱官一员,其他"案牍科、守卫科、工业科,科各一员,名曰科长",另设书记生、教诲师、医官,"皆为辅助典狱官之员"。①

这是张之洞创设的"湖北省城模范监狱"的大致情况,也是他施行新政中确显成效的一项。此一狱所,主要是借鉴日本监狱而建,确实贯彻了一些新的理念,此监狱也的确可为湖北乃至全国监狱的一个"模范"。不过,湖北各地在仿照推行方面,并没有收到张之洞原先希望的效果。但就此一所而言,也是狱事新政的一个"标本",一个范例。

三说"工程"事项中的一例"张公堤"。湖北向有"泽国"之称,而武汉紧扼长江,亦是水利水患交有,趋利防害切实需要。张之洞督鄂期间,在这方面也付出了努力。就单说对武汉吧,他"督修了武昌、汉口两大堤防,张离开湖北后,为了纪念他,都叫它'张公堤'"。其先修筑的是武昌的堤防,"北段从武昌到青山,叫五丰堤;南段从武昌到金口,叫武金堤。对武昌市区的石砌江岸,则加高加固,与南北两堤相连接,武昌江堤全长约六十华里"。原先"武昌从武胜门到青山,纵横各数十里,一到春夏,江水灌入","一片汪洋",而在"武昌南面,所淹的面积更宽"。因堤工得以修筑,而且"北堤建了武丰闸,南堤建了金口闸。此后,内水可以随时排除,外水不能进来,这样干涸出来的田地约达二十万亩。其间居民村舍相继出现,武昌区也因此相应扩展了,市场逐渐繁荣起来"。② 这是当时在张之洞创办的学堂中读书,以后居家武昌,并久在湖北工作的一个叫饶杰吾的人,对张之洞督修武昌堤防的忆述。

若说,武昌工程是在光绪二十五年(1899年)完工,显然是在清末新政正式开始之前,它还算不得严格意义上的"新政"成果。但是,武昌堤防亦有续修的过程。有记述说,在"光绪三十二年(1906年),为免于堤角受江水直接冲刷,于阚家河、袁家河一带修建了半圆形浆砌红砂石石矶三座"。后又在今武泰闸处建了一座三孔石拱闸,"此闸为麻石糯米浆砌。光绪三十三年六月至三十四年(1908年)七月完成。支银一十三万零六百六十一两"。③ 张之洞是在光绪三十三年七月初接到入京觐见的谕旨,八月初才交卸湖广篆事起程的,可见,其在湖广任间"拱闸"工程业已启动,但到竣工之时他则不在其任了。武昌堤闸工程延续到他离开湖北时仍在进行中,至少可以说,这已在典型的

① 冀版《张之洞全集》第三册,第 1767—1771 页。

② 《湖北文史资料》第 6 辑,湖北人民出版社 1982 年版,第 166 页。

③ 武汉市防汛指挥部办公室:《武汉堤防志》,内部资料 1986 年印行,第 39 页。

"新政"时期了。而到张之洞督修汉口堤防，不但整个工程是在清末新政开始以后（是在光绪三十年动工修建，到次年竣工的），而且更为凸显的是，其"工程处的负责人是一个留学日本的秀才张南溪"，其"办事的高效率和低成本"，在此工程中"表现得非常充分"。可以想见，工程中当是在一定程度上利用了新的构思和技术手段。还有，在此工程的施工大军中，"除了由民工分段承包之外，还有一支重要的力量，就是张之洞创办的新军"，他们奋战在"大堤最艰难的地段，比如龙骨沟、金银潭、龙口等险段几乎全部是新军完成的"。① 这可以说，是由"新军"完成的"新工"。如此看来，在特定意义上将"张公堤"视为当时的一项新政成果，应该是可以的。并且，这也是最为出名的"张公堤"，甚至在今人的心目中它已成为"张公堤"的特指。

至于此堤修筑前后的情况，据人忆述，原来这里起自硚口，终于旧英租界，有一道城墙，"城外的护城河，水很深。护城河以外，从南到北，全是湖沼、水凼，统名为后湖，清人叶廷琯曾写过一首诗，描写后湖景况。诗的引言说：'汉口后湖，一名潇湘湖，冬春水涸，便种菜花（即油菜），故名黄花地。梅雨涨发，则汪洋巨浸矣'。诗曰：'烟波浩渺似潇湘，谁识春来菜陌黄？欲与麻姑话尘劫，一年一度小沧桑'"。城外如此，城内景况亦颇糟糕，只有汉正街区域地势较高，"以下一直到英租界和大智门一带，遍地是水凼和河沟"，"既不能住人，也不能耕种"。而"全长约三十五华里"的新堤修成后，"挡住了江水内浸，干涸出土地十万多亩。因而汉口市区的住户，随着地面泥水不断消失，逐渐从花楼街一带向西南延展，与汉正街连接起来，除租界以外，市区扩大了两倍多"。② 可见，汉口后湖长堤的修筑，对改善汉口的城市条件、开发城市潜力所起到的作用。而张之洞，不但是修筑此堤的决策者和督办人，并且亲自到现场考察和观测，决定相关事项。譬如，他曾派人在后湖搭起一座高台，自己登到台上，用望远镜瞭望，定下大堤的起始点和经过路线。在施工方面，他想出拆除汉口城堡、移料筑堤的办法，既方便了施工，又节约了经费。他还通过低价"卖水"的办法（用木划子划一桨前进距离的那块水域，只卖一元钱），吸引人们买下"填土排水"，对完善工程后续，扩大城区建设发挥了作用。总之，

① 董玉梅：《张公堤今昔》，《武汉文史资料》2012 年第 7 期。
② 《湖北文史资料》第 6 辑，第 167 页。

张之洞为汉口长堤工程费了心力,而该工程对汉口的扩大、发展大有帮助。故有今人感慨:"张公堤的建成,是一个多么有远见的民心工程,完全可以这样说:没有张公堤,难有大汉口。一百多年前,后湖还可以渔舟唱晚、可以黄花烂漫、可以麦浪滚滚、可以瓜菜飘香。如今,还有多少人知道,这一片高楼林立、车流拥堵的大道,曾经是后湖的水域呢?"①是啊,百年沧桑,今非昔比,如今的"张公堤"已经没有了当年的功能,不过,它岂不仍可以作为名胜,供人一睹之下追溯相关历史、一思"张公"吗?

① 董玉梅:《张公堤今昔》,《武汉文史资料》2012 年第 7 期。

第十一章　置身枢府的最后岁月

一、政潮影响和亲临朝变

　　光绪三十三年七月初三日（1907 年 8 月 11 日），张之洞接到军机处电传谕旨，说"有面询事件"，要他"迅速来京陛见"，而"湖广总督著李岷琛（按：湖北布政使）护理"。[①] 当时张之洞正值所谓"病体难支"而"静心调养"期间，未能立即动身。到七月二十七日，清廷又发布上谕，张之洞"补授军机大臣"；"湖广总督著赵尔巽调补"。[②] 这宣明张之洞因安置京中要职而调离湖广。其实，早在这年五月间，他便获得协办大学士职衔；六月里即授大学士。这是正一品崇衔，只有声名卓著者才有可能获得。不过，当时上谕尚明确他"仍留湖广总督之任"。[③] 而不久，便有召其入京之命。八月初二日，身体尚未痊愈的张之洞，便将督篆正式移交，乘火车赴京。等待张之洞的，将是怎样的朝局？在这样的朝局之下，他又能如何应对？

　　由于革命风潮激荡，形势剧烈变化，清朝统治危机日益严重。反映在疆吏的职任上，则是调拨越发频繁而颇有紊乱无序的意味。这正是清廷无法控制局面，在按下葫芦瓢起来的情势下，越是多事地区越要换人一试，尤其是在革命的明涛暗潮强劲涌动的省区更是这样。以湖广来说，其总督自张之洞离去之后到终清的几年时间里，就历经李岷琛（护理）、赵尔巽、陈夔龙、瑞澂、袁世凯（授而未任）、魏光焘（授而未任）、王士珍（署理）、段芝贵（护理）、段祺瑞（署理）等多任的变换。像此前张之洞那样能如此长久和相对稳固地任职此

---

① 冀版《张之洞全集》第三册，第 1817 页。
② 《光绪宣统两朝上谕档》第三十三册，第 176、177 页。
③ 《光绪宣统两朝上谕档》第三十三册，第 81、112 页。

区者,不可能再有。而两江,也是张之洞曾两度短时署理的省区,其总督也是
屡有变动,并且在张之洞调京之前,还与他调职该区的酝酿有所关联,"胡谱"
中记云:

公(按:指张之洞)之京师回任也,于时大局稍安,论者谓可从容坐镇
矣。未几京师有吴樾之案,安徽有徐锡麟之案,变出非常,沿江人心震动,
岌岌不可终日。两江三年之间四易总督,乙巳(按:指光绪三十一年,
1905 年)之夏,周玉山(按:指周馥)督部为言路所劾,内意又议以此席属
公。而是时粤汉废约甫有成议,因电致瞿文慎(按:指时任军机大臣的瞿
鸿禨)云:"路事甫就范围,一有调动,全局瓦解。在鄂二十年,人地相习,
两江权分力绌,断难措手,如必不免,惟有引疾而退。"丁未(按:指光绪三
十三年,1907 年)六月,传闻袁项城(按:指袁世凯)入军机,端忠敏(按:
指端方)督直隶,公调两江已内定矣。公电致鹿文端(按:指时任军机大
臣的鹿传霖)云:"鄂省十八年,心力抛于一旦,衰病侵寻,岂能再创新居?
惟有乞退而已。"因即具疏请病假二十日。其隐辞两江而不辞枢府者,张
袁并用,宫廷具有深意。出处之际,朝局系焉。①

引文首句中"公之京师回任",是指张之洞于光绪二十九年(1903 年)赴
京后,到次年春间回到武昌。其后涉及"乙巳"和"丁未"年里张之洞两次被拟
为江督而他设法拒绝之事。乙巳年他是通过致电瞿鸿禨而最终消解,此事没
有成局;丁未年也就是张之洞最后入京之年,他是致电鹿传霖终使清廷没有成
议。这两次他提出的主要理由,就有督鄂时久(但前后分别说在鄂"二十年"、
"十八年",当是约说和细核之异),"人地相习",而两江繁难,不宜"新居"的
意思。丁未这次言者说张之洞"具疏请病假二十日",这真确可查,在其报告
交卸鄂督启程赴京的奏折中,就明确有"前于六月二十九日具折请赏假二十
日静心调养"②之言。这样看来,当时他所谓"病体难支"而"静心调养"云云,
主要不过是托辞罢了,这也是当时官员借故推辞就职的惯用理由。张之洞这

---

① 胡钧编:《张文襄公(之洞)年谱》,第 257 页。
② 冀版《张之洞全集》第三册,第 1817 页。

一招还真"奏效",随即便有调其入京的谕旨。言者说"张袁并用,宫廷具有深意",此话本身也颇具"深意"。张之洞入京前即被授军机大臣,而袁世凯同时同谕也被授军机大臣,①确实是"并用"。

先说与张之洞主要有后续关联的"丁未政潮"。"丁未"即光绪三十三年(1907年),而到张之洞这年入京之时,此次"政潮"已经基本结束,所以说"与张之洞主要有后续关联"。不过,还是需要将此"政潮"作简要介绍。它是清朝统治集团内部的争斗,这关联着清廷权力结构的演化。袁世凯"北洋集团"的崛起,成为清朝当时最为活跃且最具实力的军政力量,特别是袁世凯与清廷王爷奕劻勾结,明里暗里操弄朝局。而军机大臣、外务部尚书瞿鸿禨和邮传部尚书岑春煊,则借机寻事地向他们发动攻势。瞿鸿禨已经在朝有年,而有"官屠"之称的岑春煊,原被任命为四川总督,但他不理"毋庸来京请训"的朝命,并不赴任四川而径入京师,乘慈禧接见之机奏言,"近年亲贵弄权,贿赂公行,以致中外效尤,纪纲扫地,皆由庆亲王奕劻贪庸误国,引用非人",并表示"欲留在都中为皇太后、皇上作一看家恶犬"。慈禧为之感动,"遂有补授邮传部尚书之命"。② 于是他留京和瞿鸿禨共同谋事发难。而当时他即劾罢作为奕、袁同党的邮传部左侍郎朱宝奎,后又联同瞿鸿禨,暗中策动御史赵启霖,奏劾袁世凯党羽段芝贵买天津歌姬献给奕劻之子、工商部尚书载振,并揭段氏通过贿赂奕劻而获署黑龙江巡抚。此事造成舆论大哗,清廷遂撤销段芝贵的署巡抚职和原布政使衔。奕、袁一度陷入被动,但并不善罢甘休,针锋相对地谋划反击。一方面,千方百计地"改造"和弥缝"杨翠喜事件",力图消灭真相。袁世凯暗中派人将杨翠喜弄回天津,并把她变成盐商王益孙买下的使女,待到清方来人调查,一桩本来的凿凿公案竟然"查无实据",出奏者赵启霖反以"任意诬蔑"之咎被革职。另一方面,打击陷害瞿鸿禨和岑春煊。对瞿鸿禨,收买言官奏上由同党杨士琦已经拟好的劾折,瞿氏遂被革职。对岑春煊,先是策划让清廷改任他为两广总督,将其调离京师,接着,又阴使人将其小照,与康有为、梁启超的照相"合印一帧,若共立相语然者",地点则设在"上海时报馆前"(时岑氏在上海),将此呈慈禧太后,"指为暗通党人图乱之证",慈禧不知其诈,

---

① 见《光绪宣统两朝上谕档》第三十三册,第176页。该上谕有谓:"大学士张之洞、外务部尚书袁世凯均着补授军机大臣。"

② 岑春煊:《乐斋漫笔》(外二种),中华书局2007年版,第29、31页。

"俨然信之不移,惊愕至于泪下"。在处理上,慈禧太后还念其"有庚子旧劳,毋令难堪","遂仅以久病未痊,准其开缺调理"。① 这还算基于"旧功"给留了情面。还有当时以侍郎(曾署邮传部尚书)入军机的林绍年,也是瞿、岑一边的人,因为赵启霖获咎而抗争被调为河南巡抚。

　　总之,这场"政潮"尽管奕劻、袁世凯势力曾一度被动,但到头来落败的还是瞿、岑、林一派。而清朝最高统治者慈禧太后,一方面不免为奕、袁的诡术蒙骗,一方面也是具体斟酌情况而随时变化应对,最终还是支持了实力强大的奕、袁一方。所以,从一时的结果说,朝中争斗最后还是要以实力取胜。不过,从根本来看,这次朝争是清朝严重衰败情势下,统治阶级高层内部激烈分化和争斗的反映,表面上参与派系成败明显,但实际上,不外乎是清朝总体危机、内争激烈、腐朽没落的体现。

　　"丁未政潮"看似与张之洞无大关系,其实不然。在该"政潮"的主要阶段,张之洞尽管身在鄂地,但他作为一向关注朝局的耆老重臣,对如此"政潮"岂能不萦系心间? 只是身在异地,又不无避免派系之嫌,未直接陷入局中而已。而就"派系"上说,他虽然明里无选边站队,但与瞿鸿禨、岑春煊往时多有联系,实际更同情他们。有说,此次"政潮"中瞿鸿禨被罢出都后,"过夏口,欲渡江相访",张之洞谓"如是,则人有词以实朋党之说,必不可。乃乘舟泊江心,邀瞿置酒话旧而别"。② 由此可见,张之洞怕惹"朋党之说"的小心谨慎。而"政潮"之后张之洞入京,所面临的是军机处经过改组后的局面,瞿鸿禨、林绍年离开,据说,还曾有"手诏庆亲王奕劻出军机",而经过军机大臣鹿传霖的叩头奏言,说其有"庚子之劳,且心实无他,乃已"。③ 这样,奕劻不但仍留军机处,且依旧为"领班"。看来,"手诏"也只是装装样子,对满洲权贵只有倚重的份儿,哪里会真的罢黜? 原有的世续和鹿传霖仍留军机,而新添入者,稍前是满洲少壮权贵载沣(光绪帝的同父异母之弟,即之后宣统帝溥仪的父亲),再就是"并入"的张之洞与袁世凯了。他们两人似乎关系非疏的"战友",但实际上,就素质条件而言,袁世凯在张之洞心目中又是上不了档次的。有人说曾为张之洞幕僚的辜鸿铭评论时人,说张之洞"有学无术",袁世凯"无学有术",

① 岑春煊:《乐斋漫笔》(外二种),第 34 页。
② 胡钧编:《张文襄公(之洞)年谱》,第 258—259 页。
③ 胡钧编:《张文襄公(之洞)年谱》,第 258 页。

岑春煊"无学无术",端方"有学有术",张听了别人的如此转告,捻须笑曰:"余自问迂拙,郑谓我无术,诚然,然有学两字,则愧不敢当,不过比较岑、袁多识几个字。袁岂仅有术,直多术耳。"①表面自谦的调侃当中,流露出的是对自己"有学"优长的由衷骄傲,和对袁世凯"有术"(主要当指其不正之术)的鄙夷。

就在张之洞与袁世凯并入军机之际,据说袁曾对驻京德国公使说:"张中堂是讲学问的,我是不讲学问,我是讲办事的。"有人将此语"以为项城得意之谈",转告给曾为张之洞幕僚的辜鸿铭,辜氏听后给出了这样的回答:"诚然,然要看所办是何等事,如老妈子倒马桶,固用不着学问,除倒马桶外,我不知天下有何事是无学问的人可以办得好。"②一贯"古怪滑稽"的辜鸿铭,对袁世凯的"自负"做了貌似诙谐实则尖刻透顶的评说,其实,这也正合张之洞的心意。他对袁世凯的不屑,从根本上说就是他的没有学问而主要靠不正之术过活(所谓"无学有术")。

不过,无论怎样,袁世凯北洋势力的愈发崛起又是不可否认的事实,这是张之洞与他并入军机处共事后,必须承认和面对的。尽管有说袁世凯其时调京,是清廷对他明升暗降之举,意思是满洲权贵对他实不放心,调京中暗为监视、抑制。清廷这种用心即使不能完全排除,但从根本上说,袁世凯能进枢府,毕竟还要靠其实力的支撑,并且也是他个人揆情度势的追求。至于他与满洲权贵奕劻,作为"同党"刚刚获取"丁未政潮"争逐中的最后胜利,这既有借助满洲权贵的一面,实际更如知情者所言,其间更有"奕劻甘为傀儡,世凯利用之"③的真情。他对奕劻如此,对年长自己二十余岁、出任疆吏也比自己早十大几年的张之洞实际也采取监控手段。张之洞入京后最初住在畿辅先哲祠和贤良祠等处,有说,因"两宫移驻西苑",为了入值方便,他听从袁世凯建议"移寓锡拉胡同",这里是"北洋公所"的"别院","门者日以宾客姓名具报"袁世凯,而张之洞起初并不知道,"一日,袁见客自外省来者,问已谒张中堂(按:指张之洞)否"?对方答曰:"未见公,不敢往。"袁世凯说:"信然,昨见名簿犹无

---

① 刘禺生:《世载堂杂忆》,第58页。
② 黄兴涛等译:《辜鸿铭文集》上册,第433—434页。
③ 杜春和等编:《北洋军阀史料选辑》上册,中国社会科学出版社1981年版,第57页。

汝名也。"想必在震惊之下的记述者将此事告诉张之洞,张"处之泰然"。① 试想,张之洞为资格更老的军机大臣,都受到袁世凯这般监视,成何体统? 张所谓"处之泰然",想来一是没有办法,再是反正觉得自己正大光明,明里暗里都没有见不得人之事,不论你怎样监视,对我又有何恐? 所以依旧心安理得,"泰然"而处了。

再说接下来张之洞亲临的"朝变",即"宣光易代"及随后袁世凯遭罢。"宣光易代"是在光绪三十四年(1908 年)十月。是月二十一日(11 月 14 日),虚龄年仅 38 岁的光绪皇帝"驾崩";而到次日,慈禧老太后亦告"归天"。正因为仅相差一天老少皆逝而少者先去老者随后,再加其在世时的矛盾激烈大不谐和,老太后霸道掌朝而光绪帝虚名无权的明显易见、人人皆知的事实,故朝野对光绪帝之死因颇有怀疑,传言其被毒死者不乏其有。前些年有些学者,通过对其"医案"的发掘探究,结论他为正常病亡。而有利用高科技的研究成果于 2008 年正式发表。这是通过运用高科技手段,检测光绪帝毛发、遗骨和衣物得出研究结论:"光绪帝系砒霜中毒死亡"。② 虽说这一结果还有学者怀疑,但为到目前为止最直接、可靠的物证材料。结合相关文献,可以进一步推论,光绪帝如此而死,是遭人投毒陷害,说明当时统治阶级内部的争斗真正到了你死我活的地步。身为军机大臣的张之洞,或是不明就里,或是有所怀疑自然也不敢留下半点记录,只有参与祭奠和勤谨供职而已。

在光绪帝去世前一天,慈禧太后即发布懿旨:"醇亲王载沣著授为摄政王";"醇亲王载沣之子溥仪著在宫内教养,并在上书房读书"。③ 光绪帝去世后当日,又有懿旨中云:"以摄政王载沣之子溥仪承继穆宗毅皇帝为嗣,并兼承大行皇帝之祧";"现在时势多艰,嗣皇帝尚在冲龄,正宜专心典学,著摄政王载沣为监国,所有军国政事,悉秉承予之训示裁度施行"。④ 这加委摄政王载沣为监国,更明确指定了溥仪为"嗣皇帝"。此事在慈禧死前,她即懿旨决定,对皇朝的接续问题有了基本框架安排。不过,以后皇朝的命运她又何能把

---

① 胡钧编:《张文襄公(之洞)年谱》,第 261 页。

② 钟里满等:《国家清史纂修工程重大学术问题研究专项课题成果:清光绪帝死因研究工作报告》,载《清史研究》2008 年第 4 期。

③ 《醇亲王载沣日记》,群众出版社 2014 年版,第 295 页。

④ 《醇亲王载沣日记》,第 300 页。

握？此后事变多发,清王朝愈发陷入"无可奈何花落去"的衰亡之途。张之洞自然也奈何不了,不过他对皇家之事和朝政事务还是履职参议,有说:

> 皇太后崩,距景庙(按:指光绪帝)上宾仅一日,人情疑惧,只以仓卒之间,措施悉当,旋即帖然。此数日中,公(按:指张之洞)入宫议事无间,昼夜受遣定策,其详不得闻。第闻景庙崩后,军机大臣入临,皇后自内出,卒然问曰:"嗣皇帝所嗣者何人也?"诸臣未及答,公对曰:"承嗣穆宗毅皇帝(按:指同治帝)兼祧大行皇帝(按:指光绪帝)。"又问曰:"何以处我?"曰:"尊为皇太后。"曰:"既如是,我心慰矣。"遂哭而入。时王大臣有议调兵入卫者,公以为不可。惟请度支部放款周转市面,以安人心。①

　　光绪皇帝和皇后本来就是慈禧太后为揽权而由其指定、包办的婚姻,皇后是慈禧之弟桂祥之女,为光绪帝厌恶,而他宠爱的珍妃又为慈禧所忌。庚子出逃前珍妃被加害。光绪皇后在与皇帝冰冷的关系中终于等到光绪帝死去,她虽说缺乏政治才能,但期望能像姑母慈禧一样干政,所以在光绪帝刚"驾崩"不日,她就急不可耐地向军机大臣们问"何以处我"？而张之洞的抢先回答,当然是在无违慈禧太后生前懿旨的前提下发挥的。这位皇后终于变身为"隆裕皇太后",可以"垂帘听政"了,但与慈禧岂可同日而语,她哪里来的慈禧那种权威？哪里有慈禧那等本事？再说,朝局条件上的变化也愈发不堪了,宫廷里的争斗不断。摄政王载沣监国,成了当朝的最高统治者。他年龄不过二十大几岁,是清廷亲贵"少壮派"的头领,与奕劻为首的"老旧派"不谐。他又是个政治才干不足之人,只是被阴差阳错的朝局推到了前台而已。慈禧太后死前就下懿旨,"现命摄政王载沣监国,所有应行礼节,著内阁各部院会议具奏"。十一月十五日,又有以新皇帝名义发布的"上谕",因上言懿旨"事隔多日,尚未覆奏",催促"各该衙门妥速定议,勿再延缓"。这月二十日,当由张之洞为主完成的奏折并单上达,计分十六条具体开列,对"监国摄政"之于朝事政务订了具体规章,譬如"诏旨"一条中说:"军国政事及黜陟赏罚,悉由监国摄政王裁定,仍以谕旨宣示施行。凡重大事件,有必须请皇太后懿旨者,

---

　　① 　胡钧编:《张文襄公(之洞)年谱》,第273页。

由监国摄政王面请施行,他人不得擅请擅传"。并且,最后特别说明:"以上各条,如有增减修改之处,均有监国摄政王裁度酌改施行,他人不得擅违擅改"。① 总之,还是按维护皇权定规行事。在这种事情上,固然有张之洞的不得已,但他内心里也无从根本上改换"新道"的意愿啊!

而载沣上台,更是力图维护满洲贵族的最高统治。他首先是对早就忌恨的"政敌"袁世凯下手了。有亲贵"少壮派"人物的怂恿,同时也得到隆裕太后的支持,载沣先是要杀掉袁世凯。这自然为袁世凯笼络收买的奕劻反对,就是对袁世凯大为不满的张之洞也不同意。有说载沣让人拟出有指斥袁世凯"包藏祸心"语句的上谕,征询张之洞的意见,张"力以时局危疑,务宜镇静宽大为辞",说"愿摄政王熟思之"。② 还有更为可靠之说,"监国摄政王禀太后意",命军机处拟处理袁世凯之旨,袁氏"祸且不测",而张之洞"反复开陈,始命回籍养疴"。张之洞退后语人曰:"主上冲龄践祚,而皇太后启生杀绌陟之渐,朝廷有诛戮大臣之名,非国家之福。吾非为袁也,乃为朝局计也。"③这样,袁世凯得保性命,被以"足疾"为由开缺回籍,这道上谕是光绪三十四年十二月十一日所发。④ 即使张之洞主要是从避免生乱而维护君国利益考虑吧,也足以说明他绝无落井下石、乘机害人之心。而相比之下,从前边的所述可以看出,袁世凯对张之洞就颇不地道,由此可见知两人在品格方面的差异。袁世凯尽管"开缺"了,但其"北洋势力"仍在,而他在"乡下"仍然与之密切联络,时刻注意朝局,隐伏待机。及至宣统三年(1911 年)武昌起义爆发,清廷无奈之下只好请其复出,袁世凯则乘机攫夺军政大权,最后挟清帝退位,又挟迫孙中山让出中华民国临时大总统,自己窃取了民国的权柄。而其又一步步倒行逆施,最终出台"洪宪帝制",在全国上下的讨伐中一命呜呼。对此,张之洞没能赶上,他在宣统元年(1909 年)秋就去世了。还是回说其人生前之事。

张之洞所在的军机处,宣光易代之际又有较大变动,先是因载沣升为摄政王和监国自要从军机处退出,接着又有袁世凯被罢离去,而增加的人选是满人那桐,这样,军机大臣对上谕的"附署",在袁世凯被罢的这一天,就只有奕劻、

① 冀版《张之洞全集》第三册,第 1821—1824 页。
② 刘禺生:《世载堂杂忆》,第 128 页。
③ 胡钧编:《张文襄公(之洞)年谱》,第 275—276 页。
④ 《光绪宣统两朝上谕档》第三十四册,第 325 页。

世续、张之洞、鹿传霖(简签为"奕、世、张、鹿")四人,而从次日起,那桐到职,就又添上其人(简签为"那"),共为五人,三满二汉,满人占了多数,且由奕劻"掌班",满人自居上风,而张、鹿两汉人之间,还有亲戚关系(鹿传霖是张之洞的前姐丈),两人这时同为枢臣,这也算是至为罕见了。况且,这时的军机处,不但人员较少,而且就其法定职掌而言,所谓"掌书谕旨,综军国之要,以赞上治机务"[①],而因"皇帝"只是个三几岁的小儿,根本没有一星半点治国能力,最高统治权名义上在载沣和隆裕太后,但他(她)们却也实际顶不起来。要说,在这种情况下,军机大臣自当更是重任在肩。然而,当时朝内满洲权贵势力专横,作为汉人的军机大臣大受限制。何况,张之洞已年老力衰,精神愈发不支,先前的宏大心志日渐消磨,他只是作为一个忠良老臣在官履职而已。

二、"立宪"态度和其他政事

张之洞对政事的操理和态度还是需要注意的,首先应一看的是他关于"预备立宪"的立场。"预备立宪"是清廷"新政"的"最高"层面,这是在清朝危机愈发严重的形势下,清廷为挽救危机而标榜的制度性改革措施。促动的"立宪派"人物不乏带有其诚意,而接受的清廷则有着很大的欺骗性。这有一个较长的过程,其欺骗性是一步步暴露出来的。从光绪三十一年(1905年)"五大臣出洋"考察宪政揭开"预备立宪"的序幕,到次年七月十三日(9月1日)宣布正式开始,及至宣统三年(1911年)"皇族内阁"出笼致其骗局彻底暴露,尽管后又出台《宪法重大信条十九条》,但已挽救不了清朝的覆灭。张之洞并没有看到清廷"预备立宪"的全过程,他只是历经了它前边的大半期,而尚有他在湖广总督的一段时间。他入京之后到去世,更是完全处在"预备立宪"过程当中。就他所留下的直接资料总体看来,此期他关于"预备立宪"的发议不多,当然,也有些间接资料可助说明。在清廷"预备立宪"初揭序幕之际,有说:

①　《清会典》,中华书局1991年影印本,第20页。

　　甲辰(按:指光绪三十年,1904 年)之夏,有人倡议会,奏请立宪法,项城密告岑西林,公(按:指张之洞)闻而讶之。丙午(按:指光绪三十一年,1905 年)六月,考察政治大臣归国,行抵上海,以立宪事征公意见。公电复云:立宪事关重大,如将来奉旨命,各省议奏,自当竭其管蠡之知,详细上陈,此时实不敢妄参末议。①

　　这在许、胡两年谱中同载,显然不同于无据传言。从张之洞先对"倡议会"、"立宪法"事"闻而讶之",到继而在回归的考察政治大臣以立宪事密征其意见时,又拒绝回答,似乎可以揣摩,他这时对"立宪"实际处于暧昧甚至消极反正是不愿言说的态度。他说"如将来奉旨命"的时候再"详细上陈"。而当时的情况,朝野就"立宪"事言说者纷纷,按说一贯勇于议事的张之洞正好是发议的良机,实无不当言之忌,他却以"不敢"来回绝,只能说表现出对"立宪"之事揣不愿多说的隐衷。

　　及至张之洞入京供职,之前清廷已正式宣布"预备仿行宪政",并颁布"钦定宪法大纲","预备立宪"更是清廷明确标榜的意旨,甚至可以说已成为一种"更新朝政"的不可逆转的态势。当然,清廷实际追求的仍是"大权统于朝廷"②,而"预备立宪"只是一种表面文章。张之洞对此自然是表现出附和的姿态,甚至有材料说明,他在入京后首次得慈禧召见时,其间进行的对话中,关于"立宪"事张之洞表现得非常激进:

　　(慈禧)问:出洋学生,排满闹得凶,如何得了? (张之洞)对:只须速行立宪,此等风潮自然平息……。旨:立宪事,我亦以为然。现在已派汪大燮、达寿、于式枚三人出洋考察,刻下正在预备;必要实行。对:立宪实行,越速越妙;预备两字,实在误国。派人出洋,臣决其毫无效验。即如前年派五大臣出洋,不知考查何事? 试问言语不通,匆匆一过,能考察其内容? 臣实不敢信。此次三侍郎出洋,不过将来抄许多宪法书回来塞责,徒靡多金,有何用处? 现在日日言预备,遥遥无期。臣恐革命党为患尚小。

---

① 胡钧编:《张文襄公(之洞)年谱》,第 257 页(亦载许同莘《张文襄公年谱》第 206 页)。
② 《光绪宣统两朝上谕档》第三十二册,第 128 页。

现在日法协约、日俄协约，大局甚是可畏。各国视中国之能否实行立宪，以定政策。臣愚以为，万万不能不速立宪者，此也。①

这是出自《时务汇录》之件。照此，张之洞对"立宪"的实行简直是急不可耐，不但要速行"立宪"，而且对"预备立宪"的"预备"两字，直斥为"误国"了。需注意，这是紧接慈禧太后上面所说朝廷"刻下正在预备（立宪）"的话语来说的啊，岂不有冒犯慈禧之嫌？

而问题在于，这篇"奏对大略"的真实性如何？有的研究者认为它"值得怀疑"，仍坚持张之洞"并未主张速开议院"②，这显然是维持相对传统的观点。即使观点有异、说张之洞对立宪属"稳健积极派"的论者，也承认对上引史料的"驳难能够成立"③。要说，当时有一场"奏对"是真实的，但奏对的具体话语是怎样的，通常情况下被召见人或留有记载，而张之洞却未留下（当然从理论上说也有可能未被发现）。这也许与它内容上的隐秘性有关，有说这次奏对"各辞甚为秘密，外间无从访悉"。④ 而见之于《时务汇录》之件，却如此具体详细，并且还可能是自革命派所办报纸转录而来⑤，那么是谁向外界透露了奏对情况的相关细节？ 如此奏对，场合特定，人员有限，一般又没有别人参加，而参加者似都不可能向外透露。所以说，其来源不得其详，因而真实性、可靠性没有保障，也就难能据以得出确证。即使发现并首先撰文肯定性引录该资料的学者，在其嗣后的另一著述中也有言，如果说张之洞的"奏对大略"（按：即指上及《八月初七日张之洞入京奏对大略》）"出自坊间流传，未可深

---

① 《时务汇录》（抄本），丁未时务杂录，《八月初七日张之洞入京奏对大略》。转据孔祥吉《张之洞与清末立宪别论》（《历史研究》1993 年第 1 期），其引文的个别抄写错漏的字眼，据侯宜杰《张之洞对立宪的态度——与孔祥吉先生商榷》（《近代史研究》2016 年第 6 期）文中注出径改。

② 孔祥吉：《张之洞与清末立宪别论》，《历史研究》1993 年第 1 期。

③ 彭剑：《也谈张之洞对立宪的态度》，《华中师范大学学报》2019 年第 4 期。

④ 天津《大公报》光绪三十三年八月十二日，第 3 版。

⑤ 侯宜杰《张之洞对立宪的态度——与孔祥吉先生商榷》（载《近代史研究》2016 年第 6 期）中揭示，"《时务汇录》特地写有'丁未七月以下者见于神洲报'字样，说明此文录自《神洲报》。但当时中国无此报，只有革命党人于右任在上海创刊的《神州日报》。因条件限制，笔者未能查对。"

信"①云云,其本人也不能不因为奏对大略"出自坊间",而退一步"假设性"地对其真确性表示了怀疑。而从另一方面说,这毕竟又是一则内容上能"翻案"张之洞对相关问题认识的"关键"史料,在尚无法确证它肯定作伪或系经实质性篡改的情况下,也只好姑作参考,再结合其他史料和张之洞在"立宪"问题上更长时段的思想、作为,作出能够力求符实的推断。

其实在光绪三十二年(1906年)十一月,张之洞致电军机处厘定官制大臣,就立宪问题作出过较详细的陈述。说"恭绎谕旨,以定官制为立宪预备,则此次官制之应如何改定,自以有关于立宪之利害为主。其无关宪法者,似可不必多所主张,转致财力竭蹶,政事丛脞,人心惶忧。考各国立宪本指,不外乎达民情、采公论两义"。接着又说,"此二事乃中国圣贤经传立政之本,原唐虞三代神圣帝王驭世之正轨,心同理同,中外岂有殊异? 圣谕剀切深厚,自应切实筹议推行"。再接下来"分条奏复"的,是有关"达民情"、"采公论"的具体细项:首重是"设四乡谳局,议事员、董事员",这是鉴于军机处来电中明确提出的"设议事会、董事会两法"的回应。认为就"名义"而言,"只可名局,不可名会";就"权限"来说,"议事之员能议而不能决,董事之员宜听官令而不能听绅令"。并且,要"俟行十年以后"体察,如符合条件"再议立宪之大举",若"人民道德未能尽纯,知识未能尽充,则尚须从缓"。② 接下来所列第二条是"议改州、县之制",第三条是"议改省城院司各官之制",实际上也都是就军机处厘定官制大臣来电中提出的,"为立宪预备"而"厘定官制"中的议改方案而言,③并且张之洞基调上是趋于谨慎乃至保守,这又与"立宪"相对间接,于此不再详论。总之,在张之洞这篇罕见之长的电文中,很认真而系统地表达了他关于"立宪"的意见和态度,并没有看出他激进地主张从速立宪的任何苗头,相反还是保持了他在此问题上的惯有稳健。

此时到他进京入枢还不到九个月,在此期间,清廷的"改官制促立宪"可以说是"按部就班"地推进,譬如,在前已"宣示预备立宪先行厘定官制"的基础上,又布旨就"立宪应如何预备"征求臣工意见;将"考察政治馆"改为"宪政

---

① 孔祥吉:《晚清佚闻丛考》,巴蜀书社1998年版,第79页。
② 冀版《张之洞全集》第十一册,第9557—9558页。
③ 冀版《张之洞全集》第十一册,第9559—9563页。

编查馆",并制定其具体章程,以明确和突出其具体负责操办"预备立宪"的专门性,①如此等等。这一方面表明,在时势的迫使下,清廷不得不摆出预备立宪的"积极"姿态来应对;而另一方面,实际又是在力求把控"预备立宪"沿"大权统于朝廷"的轨道运行。在这种情势下,张之洞进京入枢,并作为"宪政编查馆"的大臣,按照清廷的路径和步骤参理预备立宪,这也算是足够"上进",若要是真的力主"从速立宪"甚至明言"预备两字,实在误国",那么,前后反差太大,与常理不符,也没有其他可靠史料着实证明。倒是有材料说明,他晚年思想趋于保守,只是由于"新政"由他"倡之湖北"而不好"尽反",勉强应付而已。具体是这样说的:

> 张之洞晚年见新学猖狂,颇有悔心……及内用,管理学部。学部考试东洋毕业生例派京官襄校,司员拟单进,之洞指汪荣宝名曰:"是轻薄子,不可用!"取朱笔抹之。顾满尚书荣庆曰:"我翰林院遂无一堪胜此任者乎? 何必是!"自新名词盛行,公牍奏稿揉和通用,之洞尤恶之。一日,部员进稿中有"公民"二字,裂稿抵地,大骂。然新政倡自湖北,废科举,专办学堂,事极孟浪,实由之洞主持。既提倡在先,不能尽反前议,袖手嗟叹而已。②

引文中所说到的汪荣宝,江苏吴县人,小张之洞40岁还多,曾留学日本,主攻政法,于张之洞去世前后在宪政编查馆等处供职,属京城立宪派人物。张之洞如此恶之,是否因为他表现出对"新政"的激进? 反正从上引资料中张之洞对部员进稿中"公民"二字的厌恶,即显示其这方面的心理。从汪荣宝的日记看,他对张之洞的去世表现得相当冷漠,闻知后他没有记下反应,只是在朝廷就其人下世发布上谕后,有"赠南皮相国太保,谥文襄"的略记,并记下自己所拟非常简单的挽联:"匡时苦费调停策,绝笔惊看讽谕诗。"特别是下联一句,似特有暗指其讽谕朝廷、大为不敬的意味。待九月十五日,有记与"本

---

① 故宫博物院明清档案部编:《清末筹备立宪档案史料》上册,中华书局 1979 年版,第 44—51 页。

② 胡思敬:《国闻备乘》,第 84—85 页。

馆同人本日午前十一时公祭张文襄"，他本来"到馆拟会同前往，而来者寥寥"，结果自己"亦遂不赴"。① 看来，原拟去公祭只是同人相约之下的不得已，而最后自己终亦未往。其对张之洞的这种态度，恐怕与张曾对他轻侮有关。

从张之洞生前言行中，除却那颇为可疑的"入京奏对大略"外，再也看不出他主张"激进"立宪的踪影，所留关于立宪的确凿资料几稀，这也可以作为他在立宪问题上不会突兀激进的参证。宣统元年(1909年)正月初一日，恽毓鼎密信致两江总督端方，其中言及："宪政编查馆原系项城主持一切。项城去后，各军机意见分歧，莫衷一是。所有重要规则未能切实酌订，延至年终，只得勉应奏定期限，敷衍成帙，率行入奏。南皮建议为：该馆为立法机关，关系中国治乱，若如此办理，实酿无穷之患，今后须派专员经理，方能切实整顿，无误事机。泽公极然此说，拟请摄政王交派南皮主持该馆一切事务。"②而此后并未见张之洞在宪政问题上有什么积极或特别的主张。

张之洞作为军机大臣，在枢府常规入值，参议朝政综合性工作，除了在朝廷"核心"政务"立宪"方面的态度相对"朦胧"之外，还有在他奉旨职事上，有的也未见凸显表现。例如，刚进京入枢不日，就奉旨"管理学部事务"③。学部是光绪三十一年(1905年)十一月新建的机构，为清末新政"官职改革"中的较早添设者，尚书为荣庆，张之洞与之在奏定"癸卯学制"中曾有过合作，这时可能有照顾其间关系(荣庆亦为"相国"，并曾为军机大臣)的因素，反正他对学务虽有发议、指划，但亦不是很多，且创新之议不是特别典型。要说，学事也算是其钟爱的事业，而又是其优长所在。他另还有文事兼差，如光绪三十三年十二月(1908年1月)，他受命为"经筵讲官"，这是为皇帝进讲书史的职事，是与镇国公载泽、吏部右侍郎张仁黼、翰林院学士许泽新、侍讲学士朱福诜一起被委是职的，④属多人共兼，在这方面可谓装点门面，他自也不会耽误太多时间。而尤应注意的是，光绪三十四年(1908年)六月，朝命指派张之洞"兼充

---

① 赵阳阳、马梅玉整理：《汪荣宝日记》，凤凰出版社2014年版，第50、55页。
② 《近代史资料》总43号，第214页。
③ 《光绪宣统两朝上谕档》第三十三册，第193页。
④ 见《清实录》第59册，第726—727页。

督办粤汉铁路大臣";同年十二月又有旨派其"兼为督办鄂境川汉铁路大臣"。① 在铁路之事方面,张之洞倒是留下较多的具体指划、筹办实迹,这里特予侧重叙述。

关于旨派张之洞充督办粤汉铁路大臣的谕旨中,指示其"会商邮传部及三省(按:指广东、湖南、湖北)督抚,督饬在事官绅商董,认真筹办所有路务大端",由他"统筹三省全局,体察情形,随时主持裁定,务令各泯(民)意见联络一气,以免旷日虚糜,致妨交通要政"。而这次委任,是基于大臣陈启泰所奏,"粤汉铁路宜定统一办法,恳遴派廉明大臣督办路务一折",而朝廷鉴于"粤汉干路关系南北交通,最为重要,前经张之洞收回自办,极费经营,乃数年来官绅商董意见参差,迄无成效,长此因循,必致坐失大利,贻误路政"。② 这可谓对张之洞有此任命的主因。可见,并不仅仅是觉得张之洞是"行家里手",而主要是认为他将该路"收回自办"而致的"后遗"之症,解铃还须系铃人,如此而已。经办铁路是张之洞的洋务要项,粤汉铁路的筹筑情况前已有叙述(见第六章第一节)。对此时所遭遇的问题,张之洞也尽力筹划。他于七月初十日致电香港铁路总理梁震东,告知自己已被"特派督办大臣,专为统筹全局,督催工程。所主持者,乃路务大端,谕旨甚明",说是"至于用人、理财各节,责成仍在各总理,本不至稍有掣肘。然铁路乃国家大政,此事三省利害相关,必须联络贯通,其间如有各存意见、不顾公益、阻碍全局之处,国家岂能全不过问"? 这是因为其昨接来电,对"粤人于朝廷简派督办大臣之命意,全未明晰,遂生疑惧",务望梁氏"将此宗旨即日宣布,以安众心"。七月十六日,他又致电这时的湖广总督陈夔龙,告"粤汉路事,刻正统筹全局。此时湘省株(洲)昭(山)一段尚未订议,岳(阳)长(沙)一段更无影响,鄂省武(昌)岳(阳)一段万不可遽行开工。此路必须有武昌通至长沙,始能稍有客、货运载生意。若仅至岳州,则终年可通大轮之地,断无客、货搭载火车。如此,则养路费全须赔贴,股费更无从支付,官钱局款数百万何从归垫,岂能负此巨累乎? 千万熟筹缓办"。③ 八月二十六日,他又发电给陈夔龙,陈说粤汉路事意见分合:

---

① 《光绪宣统两朝上谕档》第三十四册,第 145、315 页。
② 《光绪宣统两朝上谕档》第三十四册,第 145 页。
③ 冀版《张之洞全集》第十一册,第 9674 页。

粤汉路事,邮部与乡绅意见相歧太甚,彼此固执,迄未融洽。鄙人从中调停解释,久久未能合拍,乡绅意、邮部意、鄙人意,均不相同……尊处及岑中丞并乡绅自长沙来电,均未作复,一月以来,两面多方劝解。成见始觉稍化,此后或可渐次就绪。然鄙意与部意合否,尚无把握,故无从作复也。①

此电涉及各方关于粤汉铁路之事的矛盾情况,张之洞、乡绅、邮传部的意见各有分歧。试将曲折情节省略,只抓"主脉"将各方的分歧概括言之:就款项来说,所谓"乡绅"一方(以王先谦、叶德辉、谭延闿等为代表),是以自己集股聚资为追求;邮传部的意见,则是要以"官款"(实际靠对外借款)来修筑;张之洞因为在湖广任间就操办此事,对铁路在很大程度上"收回经营",此时面对两方,意在站于其间折中而行。就具体线路而言亦存争议,譬如,株昭这一短线(约40里),为"汉冶萍厂矿公司总理"(随后任邮传部侍郎)盛宣怀所认可,大致也成为邮传部的意见;而湖南"乡绅"(以"湘路公司"为代表)一方则极力反对;张之洞此时也是站在中间调和立场上而其至少在表面上是愈发趋同邮传部。到光绪三十四年(1908年)十一月初四,张之洞发电给陈夔龙,说"日来京师大局已定,粤汉铁路亟须议办"。② 当月,张之洞又致电时任湖南巡抚的岑春煊和在该省铁路公司任职的王先谦,说"粤汉铁路收回,业已三年,筹款集股毫无头绪。叠经奉旨催办,而路长费巨,若不借款兴修,终无观成之日。前曾与代表乡绅商妥,嗣经电商汉口英领事,已结款二百万镑","现在一切由官主持,官接官还,仍准商民随时附股"。③ 次日又发电告知,"借款还款,虽由官主持,办事则系官、绅参用"。④

除了湖广地区之外,张之洞作为督办大臣自也要关注粤地,像宣统元年(1909年)二月二十七日,他发电两广总督张人骏和铁路总理梁震东,对"粤省善堂行商,藉词股商坚持商办,至有撤销督办分局之请",斥为"谬妄无理,实堪骇异"。说是"查此路(按:当特指粤汉铁路,此路建成与芦汉相联通)贯通

---

① 冀版《张之洞全集》第十一册,第9678页。
② 冀版《张之洞全集》第十一册,第9681页。
③ 冀版《张之洞全集》第十一册,第9682—9683页。
④ 冀版《张之洞全集》第十一册,第9683页。

南北,关系三省利害,必须筹定统一办法,朝廷特派督办大臣督率其事",宣明自己受命此职"责任重大",断不敢听任"因循贻误"。又述及上年七月以来,他对粤所发相关督催之电,而就其"来电指驳揭出"种种弊端,说其电"乃系蒙混欺人之语,以愚商民"。此电中对自己在"三省设局之宗旨",特再"剀切晓谕",遂分"统筹全局"、"分算股本"、"统核余利"、"考核工程"、"稽查账目"等分别列条说来,最后在总结中申明:"鄙人叠奉严旨,授以事权,岂能坐视二三刁劣之辈愚弄善良商民? 苟有不知悔悟,仍前煽惑把持,营私舞弊,罔利害众者,惟有秉公遵旨,指名奏参惩办,以尽责任"。① 这是所见张之洞最后一次在京期间,所发最为严厉的电文,旨在针对地方上不听指令、我行我素的骄纵、轻侮之举。

这是就粤汉铁路来说,此外,还有与鄂省境内的川汉铁路,也在张之洞的关注和筹议之中。光绪三十四年(1908年)二月下旬,当时他不但没有督办川汉鄂境铁路大臣的任命,而且连督办粤汉铁路大臣也不是,就致电时任湖广总督的赵尔巽等官员,说"川汉铁路前经勘定,自宜昌转入当阳、荆门、仙桃、蔡甸,接至汉阳,力避自宜(昌)至沙(市)江边路线,系为川省全路利益起见。嗣闻当阳山多工巨,仍议改道宜沙,循江而下,所见殊失要旨"。张之洞说此前即嘱人告知,问"目下曾否议及"? 进而申说:"此路开辟蚕丛利源,正未可量。绕行内地,直达汉阳,以川济楚,以楚济川,独擅完全之利,殊能与争? 设一涉临江,则轮船、火车两路平行千余里,车、船互相妨碍,势不至跌价争揽不止","各国皆无此办法"。说路经"当阳大山,工费须增二百万元",而鄂境内路工之费"须统筹二千万巨款,独省此十分之一,计近力而望远害,实为非计"。②

及至张之洞受命督办粤汉铁路大臣后,所关注的亦非仅粤汉之路,也包括鄂境内的川汉之路。光绪三十四年八月二十三日,他致电鄂督陈夔龙等一班相关官员,说"鄂境内之川汉铁路一段,为鄂省绝大利源,必须赶紧由外自行兴修"。他回顾,"鄙人在鄂时创意借款修鄂境内之川汉路","种种苦心劳力,无非为鄂省筹计"。而及至目前,"各省商办铁路,闻邮部意将来皆须由官收回",细则"尚不可知","惟此路邮传部意欲提归部办,鄙意窃以为不可,正在

---

① 冀版《张之洞全集》第十一册,第9691—9694页。
② 冀版《张之洞全集》第十一册,第9673页。

辩论"。又特别说明，"假使部中能允归鄂省外办，亦须请筱帅（按：指陈夔龙，字筱石）办理，鄙人断不能兼办也"，"鄙人奉有统筹三省全局之旨，鄂事实筹之已熟"，所以"详细奉告，即祈筱帅与司局各员暨鄂绅诸君子，详细讨论，筱帅酌定，迅赐电复，至为盼祷"。① 此电发出后的次日，张之洞又再发一电，说"查鄂境之川汉路归鄂省外办，前经鄙人屡次奏准有案。借款修路一节，去年亦曾电达外务部。即邮传部此次行催，亦不过严定期限，另外省赶紧筹办，逾期不成，然后改归部办。岂有正在筹办，硬翻前案，夺归部修之理"？鉴于"筱帅到任未久，从前各案或未尽悉，故未知鄙人命意所在，且虑巨款难筹耳。此层前电漏未言及，特再详达"。② 陈夔龙于二十四日复电（敬电），说"以路事为鄂省固有之利，应有鄂自行设法筹办，并无允归部办之说"，并对张氏"来电俱征不忘旧治，感佩殊深"。③ 接此电后张之洞又于八月二十六日回电，对陈氏所说"（以）路事为鄂省固有之利"云云表示"佩甚"，而对他关于"借款是否绅民所愿"的顾虑进行解释，说"路长费巨，鄂尤贫困，非借款不能兴工，徒失本省大利，明白绅民当晓此义。盖由官借款，而预定分其半，准商民买股，大略如津浦办法，可谓至便宜之事，岂有转不愿之理"？④

就在关于鄂省的川汉路段筹议不下之际，光绪皇帝、慈禧太后去世，到光绪三十四年十二月初六日，张之洞奉到派其兼为督办鄂境川汉铁路大臣的上谕，其中有言："鄂境川汉与粤汉两路本属相辅，自应联为一气，方能妥速成功"。要张之洞"会商邮传部、湖广总督督饬在事官绅，认真筹款兴办"。尤其责成他"力任劳怨，剔除弊端，严定期限，因时制宜，主持定断"，而"邮传部暨湖广总督均须实力协助，不得掣肘，以一事权而重路政"。⑤ 这是清廷接到陈夔龙的奏折，接受其相关建议而发布此上谕的，而这道上谕张之洞还是附署人之一呢。其实，他对这道上谕并不同意（起码明面表态上是这样）。在陈氏之折上奏之际，张之洞于十二月初四日给其发电，说"请鄙人督办一节，殊嫌蛇足"，"若有此层，鄙人转不便（为鄂）力争，昨已于邸座（按：指庆亲王奕劻）言

---

① 冀版《张之洞全集》第十一册，第9675—9676页。
② 冀版《张之洞全集》第十一册，第9677页。
③ 虞和平主编：《近代史所藏清代名人稿本抄本》第二辑，第110册，第594页。
④ 冀版《张之洞全集》第十一册，第9677页。
⑤ 《光绪宣统两朝上谕档》第三十四册，第315页。

明,即有旨派鄙人督办,鄙人亦必坚辞,断不敢承"。任命张之洞兼督办鄂省川汉铁路的谕旨发布后,张之洞于当月初九日又致电陈夔龙,说鄂境川汉路事"奉旨责成督办,先向庆邸固辞,及召对时仍固辞,均未允"。① 这样,无论张之洞是否情愿,在督办粤汉的基础上又兼督办鄂境之川汉之职就都确定了。

宣统元年(1909年)四月初一日,张之洞致电湖广总督陈夔龙和湖南巡抚岑春煊,说"粤汉路暨鄂境川汉路,此两路借款日内定局,签押草约"。② 此事实多纠葛:原议借英款不成,英方"诘责"中国;在与德国方面议谈时,张之洞表示,"如英商力争,则粤汉仍借英款,而德款用之于川汉"。如此两相迎合,试图调和矛盾。而历经磋磨,遂有"向英法德三国银行合借"之议,不想美国又欲插入,为张之洞所不应,而"俄又藉词汉口茶务,强欲分任"。这样"枝节愈多",张之洞应对难堪,遂"疾作矣"。③ 的确,督办粤汉继又兼鄂省川汉铁路之责,弄得张之洞简直无所适从,体疲心累,难堪之极。

值得注意的是,张之洞还留下"定稿未奏"的折、片,无疑也可以作为张之洞当时关于铁路事宜认识和拟行操办的证据。他在《商定两湖境内粤汉铁路暨鄂境川汉铁路借款合同折》中揭示,"英、法、德三国银行合借两湖粤汉、鄂境川汉两路款项,定额英金五百万镑,粤汉用英国总工程师,川汉用德总工程师,三银行协商兼旬,均经允从",嗣后比利时"以所购合兴公司(按:该公司属美国)金元小票尚未收清,亦藉词出揽借款",为"清辀辘,因议加借英金五十万镑,备还比款",这样,"内计两湖粤汉铁路用二百五十万镑,鄂境川汉路用二百五十万镑,收还比国金元小票用五十万镑"。又特别强调,"查此次借款,先因英商濮兰德藉词要挟,枝节横生,致令蹉议阅五月余,会商至百余次,竭力磋磨,始得与汇丰、德华两银行订议,犹幸主权未失,折扣极轻,且款由三国分借,势力平均,实无丝毫流弊"。④ 从所言"蹉议阅五月余"看,因该折中说到"自上年十一月开议",算来奏折形成起码当是在宣统元年四月或稍后。至于其中所说"犹幸主权未失"、"实无丝毫流弊"云云,在当时条件下是不可能的,只是损失主权以及流弊的大小而已,不过张之洞觉得经过力争尚属

---

① 冀版《张之洞全集》第十一册,第9687页。
② 冀版《张之洞全集》第十一册,第9696页。
③ 胡钧编:《张文襄公(之洞)年谱》,第280—281页。
④ 冀版《张之洞全集》第三册,第1827—1828页。

满意罢了,而这正是他在《密陈磋商借款情形片》①中所极力申说的。在最后的《湘鄂两省铁路请永远官商合办折》中,张之洞力持标题中揭示的观点并作较详阐释,总之,拟援照上年十一月间他会同袁世凯等所奏津浦铁路之事奉旨办理成案,要点在于:"官股系属借款,十年以后应还借本,统由官股余利付给。公款、民股已交之实银,既可备还借本,准其按股支给余利,官股以官局提用之日起算,民股以交到公司之日起算,概不得以认定虚数索取官息余利。其官款、民股以交足全路实本之一半为期,迟早任便,不必迫以年限,以恤民隐。如此办法,则官权不损分毫,商民同享路利,上下一体,忧乐与同"。② 显然,是想如此通过"官商合办",既保障官之主导之权,又让商民按投资从中分利。

总之,在路政问题上,张之洞耗费了颇多心力。这时清廷尽管还未正式宣布"铁路国有"政策,但已经在这条路径上寻觅试行,而对所谓"商办"之路越加限制和封禁。在这种情势下,张之洞实陷于两难之中而力图寻求"调和"之策。一方面,他态度上不能不越发认同于清廷的意向;一方面,又不能不对绅民(主要涉及鄂、湘、粤)利益予以适当顾及。他不得不在此前提之下,寻求解决问题的尝试。当然,问题并没有也不可能圆满解决,粤汉和川汉铁路都成为张之洞的远未能竟之业。在他去逝后,风起云涌的"保路运动",成为辛亥革命的导火索之一。

三、"高处不胜寒"中凋谢

要说,张之洞身膺相国和军机大臣,地位已是人臣至高,在他来说也颇为稳固,直到其离世前未易(并且军机大臣位次还有提前)。然而,实际上的升降重轻,如何酌量?这需要和他做疆吏时对比来说。

当是在张之洞即将结束疆吏生涯之际,所谓他与"僚属"和"亲故"述及相关情况:

① 载冀版《张之洞全集》第三册,第 1829—1831 页。
② 冀版《张之洞全集》第三册,第 1831—1832 页。

自官疆吏以来，已二十五年，惟在晋两年公事较简。此外，无日不在荆天棘地之中，大抵所办之事，皆非政府意中欲办之事；所用之钱，皆非本省固有之钱；所用之人，皆非心悦诚服之人……总之，不外《中庸》"勉强而行"四字。然所办各事，亦颇有竟睹成功者，真侥幸也……吾生性疏旷，雅不称为外吏，自愿常为京朝官，读书著述以终其身。不意以阁学遂膺晋抚之命，旋擢都岭南，请枢臣代奏力辞，慈圣不悦，严词责之。及抵粤而海疆急，遂不能辞。海防既定，乃具疏引病乞罢。光绪十一年十二月十八日、又光绪十三年四月、又光绪十三年八月，凡三次上疏请开缺，皆不许。拟相机再上陈，闲居读书十年，始可再出任事。如司马温公（按：指北宋司马光），已官中丞，而居洛著书十八年；汤潜庵（按：指明末清初汤斌）、耿逸庵（按：清初人），已官监司而解组讲学，皆可师也。适奉调任湖广之命，事由议奏芦汉铁路而起，不能辞，拟俟铁厂告成，即申前请。迟至丙申（按：指光绪二十二年，1896年），始有商承办而煤矿未定，商意不坚，牵挂无已。至庚子，而联军之变作矣，大局纷纭，至今未已，竭蹶支拄，遂至于今，魂梦忧劳，无非苦境。惟待目前重大数端略有畔崖，即当仰恳圣恩，速乞骸骨，即不能修老庄养生之道，尚可从容啸咏，追踪白（按：指白居易）、陆（按：指陆游），或能重理旧业，著书数卷，尤至幸至乐之事矣。①

这可视为张之洞在特定时候，对其疆吏生涯的一个概要反思，以及对其以后阶段"理想"的寄寓。就前者来说，既言及其任疆吏期间不能如意、如愿的遗憾，又说到"亦颇有竟睹成功者"的侥幸，特别是述及其数次请辞而不被允准的情况，表明他很想效法先贤暂离官场读书著述的未竟之愿。对后者而言，表明自己待"重大数端略有畔崖"，即当尽快乞退（所谓"速乞骸骨"即借古语表明此意），重理旧业，读书著述，说这是"至幸至乐之事"。姑且不论其所述有几分真意，几分矫情，反正客观地检视他的疆吏生涯，应该说，不易是不易，辛苦是辛苦，这又是任何一个负责任的大员所必然摆脱不掉的。在当时的时势之下，内忧外患，叠相逼迫和加剧，而负责一方区域的大员，纵然你心志再

① 冀版《张之洞全集》第十二册，第10632—10633页。这出自《抱冰堂弟子记》，引文中删节号处所删，主要系原文中的小字注说，惟将正文中"尝语僚属曰"、"又尝与亲故曰"删除。原文中的几处"箸"按其字义径改作"著"（相通）。

高,才干再大,能力再强,要在施政上完全妥适合宜,能稳定地维持朝廷所能满意的局面,也难能遂愿。要说,张之洞是一个志大才高又敢想敢干的能员,他在疆吏任上的施政应该说是相当有魄力的,尽管他在所办之事上,确有"非政府意中欲办之事";用财上也确有"大手大脚"、收敛聚集的情形;用人上则因人才匮乏和多方掣肘,而确用了不少其"非心悦诚服之人",这尚是就具体方面而言。而就其所面对的总体环境来说,那真是"荆天棘地",恶劣不堪。在这种情况下,毕竟他的辖区理政尚属颇有成效可观,所谓"颇有竟睹成功者",这诚非"侥幸",实际是张之洞努力的结果。而任疆吏以来,张之洞被参劾的事情极少,这也成为他"上佳"官员的一种佐证。从朝廷于他的看法和对待上说,亦是颇为重视和欣赏,表彰常有,而责斥极稀,特别是在湖广总督任上他能持续稳居这么长时间,更颇能说明问题。

这样看来,张之洞对他的疆吏生涯应该是比较满意的,但从上引独段楷体资料看,却不其然。这首先需要从他当时留此资料的具体背景情况,体察其时他的心境。"自官疆吏以来,已二十五年"——此为这段话的开头语。他于光绪七年十一月(1882年1月)获授山西巡抚,由此下推二十五年,大约就是光绪三十二年、三十三年(1906年、1907年)间,这正是张之洞调入京都前夕,且有将他调任两江的风声和酝酿,而这又是他所极不乐意的,为此而焦思不已。加上这时他已当古稀之年,身体状况欠佳,老衰日显,心绪上不同于壮时。在此际他回顾疆吏生涯,自然会倾向一种消极的灰冷色调,与他到任山西巡抚时"经营八表"(详见下章第一节)的表态,简直不可同日而语。至于此时他又袭上心头的读书著述聊度余年的情思,也基本是对官场不无厌倦情况下的一种调节心理的反映,与他所崇拜的先辈大员胡林翼,在其晚年曾与同道所作"我辈走错路了,若昔年闭户著书"①会如何如何之戏言,也绝非同一味道。胡林翼并非真的后悔走上统军为政之路,不过是在艰难拼搏中的调侃取乐。而此时的张之洞,说不定真有一种对"读书著述"为业的由衷追念和渴望,这也是张之洞一生未变其书生底色的又一佐证,并没有多少故作矫情。他当时想是这么想,说是这么说,而实际上官路又是他没能离弃的,朝廷还要对其更加"重用"呢!

---

① 《胡林翼集》第二册,岳麓书社1999年版,第758页。

　　这不,紧接着张之洞即入京成为"京朝官"了,而且他做的是"相国"、枢臣,为人臣至极。然而,朝中气氛和情况却使其大失所望,在入京之初他就曾致函武昌的原下属说:"到京十余日,喘息甫定。时局日艰,积习如故,毫无补救,惟有俟冬春间乞骸骨耳。"可见,张之洞入京后心境仍然不佳,甚至可以说是大有落寞凄凉之感。不过,他还是要在职尽职的,接着,告诉收信人,"意中如有素知贤才,祈举十数人见示,以待机会,以多为贵,官阶、内外、大小不拘"。① 可见,他还是在为推荐"贤才"做准备。而从上边述及的张之洞在京供职的具体情况看,就其地位而言,达到人臣至高无假,然而,就实际权力来说则又是大打折扣。因为军机处虽为特殊紧要的权力机构,但又非常特殊,其成员既无固定的"编制"、品级、俸禄(都是选有另职的高官担任),甚至其办公处也不称"衙署",只作"值班房"。它权力上虽是执政的最高国家机关,但形式上只是像一个"非正规"机构。更关键的是,它是直接服务于最高统治者的,其中成员有满有汉,而另职各异,各人政治倾向或有不同,甚至暗中成为不同派系的代表,即使表面上维持和气,实际上也难免勾心斗角,甚至明里纷争不已。这就形成最高统治者身边的角斗场,一旦在重大问题上出现分歧,刺激了最高统治者的敏感神经,变数叵测,可以说存在颇大的危险系数。所以,身为军机大臣,特别是汉员,一般都格外小心谨慎,团方就圆,左右逢迎,谨慎保身,免得惹出是非。张之洞虽说在政治上是非比较清楚,不是那种头脑糊涂、颠顶莽撞之人,但时人有说其一味"全躯而已,保位而已"②(当时他尚未入军机),今更有人说他"圆滑佞巧","见风使舵","随波逐流"。③

　　实际上,张之洞身为相国、枢臣之时,他尽管参议政事非常小心谨慎,但遇有他觉得妨碍国政的问题,有时还是力争力斗。有说,"及袁世凯既罢,无人掣肘",张之洞"自料可伸己志,已而亲贵尽出揽权,心甚忧之。军谘府之设,争之累日不能入。唐绍仪为世凯死党,监国欲委以津浦铁路,之洞不可",而唐绍仪"闻而衔之"。④ 除此之外,还有直接涉及高层的更典型记述:

---

① 冀版《张之洞全集》第十一册,第 9672 页。

② 中国近代期刊汇编:《清议报》第 3 册,第 2708 页。

③ 侯宜杰:《张之洞对立宪的态度——与孔祥吉先生商榷》,《近代史研究》2016 年第 6 期。

④ 胡思敬:《国闻备乘》,第 85 页。

　　宣统元年,监国(按:指载沣)将以洵贝勒(按:指光绪帝之弟载洵)筹办海军,涛贝勒(按:指光绪帝的同父异母弟载涛)管理军谘。公(按:指张之洞)面诤曰:"此国家重政,应于通国督抚大员中选知兵者任其事。洵、涛年幼无识。何可以机要为儿戏?"监国不听,公力争之。监国顿足色然曰:"无关汝事!"公因此感愤致疾,遂以不起。

　　这是出自王树枏(《张文襄公全集》的编者)对张之洞《读白乐天以心感人人心归乐府句》题下的按语,是严肃的记述,并非道听途说、真假莫辨的传闻之类。从中可知载沣当政时,张之洞就事关"国家重政"的要员任用的"面诤"、"力争"不被当回事儿,反以"无关汝事"被呛回,以致他"感愤致疾"。需要说明,当时的海军部还未成立(是到次年成立),载洵当时是作为筹办海军大臣操理军务,而载涛则管理军谘处事务。王树枏接着又说:"此诗即为是而作。第二句作'君臣末世自乖离',有谓君臣二字太显,恐公以此贾祸,乃改'臣'为'民',而不料成民国之谶也。噫!"①查其全诗,为"诚感人心心乃归,君臣末世自乖离。岂知人感天方感,泪洒香山讽谕诗"②寥寥四句,自然是表达对清廷的不满和失望,同时也透出自己的无奈和悲戚之情。很显然,所引之本的该诗"第二句",还是原先的未改之句。

　　由张之洞此时的情况,不禁让人联想起当是在早些年的时候,张之洞在致人信中表示自己的"立身立朝之道",同时也是其"自处之道"的话语,即"无台无阁,无湘无淮,无和无战。其人忠于国家者,敬之;蠹于国家者,恶之。其事利于国家者,助之;害于国家者,攻之。中立而不倚,论卑而易行……惟其独立,所以能不惧也。《论语》曰:'君子和而不同,群而不党。'惟其独立,所以既和又能不同,既群又能不党也"。③ 这可谓,既是其所持政治之道,又是他阐述的人生哲理。核心是说,一心为国,没有宗派,和而不同,群而不党,中立独立。此固然是其一时之语,但亦可视为他能够贯穿终生的箴言。身处官场,矛盾多有,纷争不断,处事待人,厚薄亲疏,自有分别,政治倾向,亦属难免。甚至在政潮风浪之中,选边站队更或是形势所迫,或是身不由己,张之洞也不外如此。

---

①　含上楷体独段引文,载庞坚校点:《张之洞诗文集》上册,第185页。
②　庞坚校点:《张之洞诗文集》上册,第186页。
③　冀版《张之洞全集》第十二册,第10119页。

但总的说来,在派系方面他属相对超脱的,除了"清流派"、"洋务派"之类的或一时归属或总体特征之外,统治阵营内部那些人为结成的大大小小的私党派系,张之洞是基本没有的,在这方面,他可谓相对光明磊落。在他为相国枢臣的最后岁月里,更是秉持"无党无派"的原则,小心谨慎地为清廷服务。还有张之洞对人所说自己"终身持之,无敢差异"的十六字"宗旨",即"启沃君心,恪守臣节,力行新政,不背旧章",①这也可谓他施政奉行的基本准则。这既说明其尽忠皇上而在政事上新旧兼顾、不偏不倚,又不免带点圆滑机巧的意味,他在为相国枢臣期间尤其如此。

要说,他身在"高位",所留下为政的直接史料反而不多。想来,一是他在清廷经办随机事务较多,不需要专在他名下记述;二是他自身谨慎,也少做相关专门性记载,而不像在疆吏任上,一方独大,官皆下属,言即出命,行有护卫,他的操政理事、言行举止,多留于笔下。这样看来,身居京朝之地的他,虽说名位提高,但实权未必加大;身价形式上虽重,但实际的权威分量反倒减轻。这种矛盾情态,在当时的官场上不乏其例。譬如,与张之洞同入军机的原直隶总督、北洋大臣袁世凯,不就多有说是因为清廷对他疑忌,采取明升暗降的手法调至朝廷以行控制吗?张之洞倒是没有让清廷像对袁世凯那样疑忌,而他在京师所处特定环境和面对的人际关系,再加他时刻毫不放松自我约制,以致其实际的分量轻重,难以说清。无论如何,身处辇毂至近的张之洞,当有一种"高处不胜寒"的感觉吧?

上引资料中,张之洞不是有用读书著述来打发余留的晚年时光的意愿吗?可事实上没有或说是未能。现在见到的张之洞其时之诗惟有两首,一为《读宋史》:"南人不相宋家传,自诩津桥警杜鹃。辛苦李虞文陆辈,追随寒日到虞渊。"②大意是说,宋朝原不用南人做宰相,但后来还是有所变更,辛苦了李纲、虞允文、文天祥、陆秀夫(此四人皆张之洞原诗中注出,他们皆系"南人")辈,

---

① 易宗夔:《新世说》卷二,"政事"页十三,上海古籍出版社 1982 年影印本。

② 庞坚校点:《张之洞诗文集》上册,第 185 页。其诗中"自诩津桥警杜鹃",是用邵伯温《邵氏见闻录》中的典故:"治平间,与客散步天津桥上,闻杜鹃声,惨然不乐。客问其故,则曰:'洛阳旧无杜鹃,今始至,有所主'"。客又具体追问,有人不久"上以南士为相","专务变更,天下自此多事矣"作答。"津桥",是指洛阳的"天津桥";"虞渊",传说中日落的地方。参见下注书。

追随最终到了日落的地方。张之洞身处满洲权贵揽权、国势日衰的境况之中，借"此诗寥寥数语，揭破两宋三百一十六年历史，道尽自己四十年宦海苦楚。林庚白《丽白楼遗集》卷下《子楼随笔》：'之洞隐然以李纲、虞允文、文天祥、陆秀夫自况。无何，清果覆亡。盖有慨而发，不意成其诗谶也'"①。二就是上面说到并引及的，当是写于宣统元年（1909 年）张之洞病亡前夕的"乐府句"一首（不再赘述）。至于这时的文章著述，亦颇为稀见。如此来看，本来有着以"从容啸咏"、读书著述的"至幸至乐之事"来打发暮年时光的他，一是身陷朝事难多余裕时间，二是时至此间精力颓衰，三是心绪欠佳兴致索然，总之在文事上也没有大展，只留下个别即事抒发愤懑、无奈、悲凉的小诗而已。当然，也等于为清朝预先谱写出挽歌的一串音符。

有说，张之洞"生平多处顺境，晚岁官愈高而境愈逆，由是郁郁成疾。疾甫作，即知不起，急将平日诗稿自编为《广雅堂集》。计其在位先后几五十年，官至大学士兼军机大臣，临死乃欲与文士争名，其自处盖可知矣"。② 其言"晚岁官愈高而境愈逆"基本符合实际，但说病中他自编诗集"乃欲与文士争名"，则非是矣！实际当为，在其自料或一病不起的情况下，出于对文事的由衷挚爱，急急自编诗集，争取作为可留存传世的篇什，这只是反映他珍惜诗作的由衷心愿，哪里还会虑及"与文士争名"呢？他不是本来就有平生"三不争"，其中之一就是"不与文士争名"③吗？

总之，是在"高处不胜寒"的心境下，张之洞走上了归终之路。他从宣统元年六月就因病请假，又连续续假，八月二十一日奏请开去各项差缺，清廷未准。是日，监国摄政王载沣亲临视疾，对他说："中堂公忠体国，有名望，好好保养。"张之洞回答："公忠体国所不敢当，廉正无私不敢不勉。"④可以体察，载沣的视疾之语可谓好话好听，而张之洞的回答则话里有话，毫不客气地肯定自己的"廉政无私"，而这与"公忠体国"又是密切联系、分离不开的啊！

① 赵寿强校注：《张之洞诗稿详注》下册，河北人民出版社 2018 年版，第 911 页。本诗的年份确定亦参考本书。

② 胡思敬：《国闻备乘》，第 85 页。

③ 张之洞曾自言，"平生有三不争：一不与俗人争利，二不与文士争名，三不与无谓人争闲气"。见徐世昌：《大清畿辅先哲传》上册，第 248 页。

④ 胡钧编：《张文襄公（之洞）年谱》，第 286—287 页。

张之洞的"廉正无私"可谓切实。他"自居外任,所到各省,从不用门丁,不收门包,不收馈遗礼物","服官四十余年,乡里未造房舍、置田产"。① 自己所谓"不敢当"的"公忠体国",实也足配其辞。他一生尽忠皇家和国家,勤于职守,无怨无悔。在其去世的前刻,还曾嘱咐诸子,"诚以勿负国恩,勿坠家学,勿争财产,勿入下流,必明君子小人义利之辨"。言罢"又命一一复诵,有误者改正之"。这是他对诸子的最后诫勉,是把所谓"勿负国恩"置于首位。他最后回顾说:"吾生平学术行十之四五,政术行十之五六,心术则大中至正已"! 说完又改"政术"为"治术"。② 可见,其人可谓临终思路清晰而不糊涂。不过,他终无力回天,在这天(二十一日)亥刻离开了人世。

按照惯例,他死前口授遗折,在"气息仅属,生机将近"之际,回顾自己的学业、官宦经历,特申"平生以不树党援,不殖生产(按:意为不增殖产业、财产)自励,他无所恋",而惟以"时局艰虞,未能补救,累朝知遇,未能仰酬"为憾,特"摅其愚忠,泣陈"说:

当此国步维艰,外患日棘,民穷财尽,百废待兴,朝廷方宵旰忧勤,预备立宪,但能自强不息,终可转危为安。伏愿我皇上亲师典学,发愤日新,所有因革损益之端,务审先后缓急之序,满汉视为一体,内外必须兼筹。理财以养民为本,恪守祖宗永不加赋之规;教战以明耻为先,无忘古人不战自焚之戒。至用人养才,尤为国家根本至计,务使明于尊亲大义,则急公奉上者,自然日见其多。方今世道陵夷,人心放恣,奔竞贿赂,相习成风,尤愿我皇上登进正直廉洁之士,凡贪婪好利者,概从屏除,举直错枉,虽无赫赫之功,而默化潜移,国家实受无穷之福,正气日伸,国本自固。凡此愚诚之过计,皆为圣德所优为,倘荷圣明采择,则臣虽死之日犹生之年。抑臣尚有经手未完事件,粤汉铁路、鄂境川汉铁路筹款办法,迄今未定,拟请旨饬下邮传部接办,以重路事。铁路股本,臣向持官民各半之议,此次粤汉铁路、鄂境川汉铁路,关系繁重,必须官为主持,俾得早日观成,并准本省商民永远附股一半,藉为利用厚生之资。此尤臣弥留之际,不能不披

① 冀版《张之洞全集》第十二册,第 10630 页。
② 胡钧编:《张文襄公(之洞)年谱》,第 287 页。

沥上陈者也。①

遗折中就时政提出由衷建议，对自己"经手未完事件"而萦心牵挂、念念不忘，由此可见张之洞至死心忧朝事、不忘己责的精神。而二十三日，朝廷为其颁发上谕：

> 大学士张之洞，公忠体国，廉正无私。荷先朝特达之知，由翰林洊升内阁学士，简授山西巡抚，总督两广、湖广，权理两江，凡所设施，皆提倡新政，利国便民。庚子之变，顾全大局，保障东南，厥功甚伟。旋以总督晋陟纶扉，入参机要，管理学部事务，宗旨纯正，懋著勤劳。朕御极后，深资倚畀，晋加太子太保衔。服官四十余年，擘画精详，时艰匡济，经猷之远大，久为中外所共见。近因患病，屡经赏假调理，并赏赐人参，方冀克享遐龄，长资辅弼。兹闻溘逝，轸惜殊深，著赏给陀罗经被，派郡王衔贝勒载涛带领侍卫十员，即日前往奠醊，并赐祭一坛，加恩予谥文襄，晋赠太保，照大学士例赐恤，入祀贤良祠，赏银三千两治丧，由广储司给发，任内一切处分悉予开复。应得恤典，该衙门察例具奏。灵柩回籍时，沿途地方官妥为照料。伊子礼部郎中张权，著以四品京堂候补。邮传部学习员外郎张仁侃，著以郎中补用。伊孙选拔生张厚璟，著赏给主事，分部补用。用示笃念荩臣至意。②

上谕特别以"公忠体国，廉正无私"八字概括性评价张之洞的一生，"公忠体国"对张之洞来说自当无愧，而他临终之前当着载沣的面坦然自承的"廉正无私"也被纳入，亦属恰切。此八字，确能概括张之洞一生的政治品格。尽管此属上谕对逝者的"官话"评价，但之于张之洞来说，又是实事求是的中肯定评。至于言其庚子"保障东南，厥功甚伟"，则是对其"东南互保"的由衷追念和褒评。当时，张之洞可是冒着与清廷"悖离"的风险与刘坤一等从事此举，在保护了列强在"东南"侵略利益的同时，也是为清朝"续命"。故在此时，朝

---

① 冀版《张之洞全集》第三册，第1824—1825页。
② 《光绪宣统两朝上谕档》第三十五册，第368—369页。

廷仍念念不忘。

这里还需要一说的是其"文襄"的谥号。综观张之洞一生,尽管曾参与军务,指划战争,但显然又是以"文事"、"政务"更为凸显。有说,朝廷在为张之洞去世发布上谕的"先一日已拟定,特谥文忠或文正,比遗疏上,以不树党援、不殖生产二语独触某邸之忌,临时忽易前议,改谥文襄云"①。若如此说来,原先议赐"文忠"或"文正"更合常理。退一步说,谥"文正"者绝代极稀,若说其尚稍逊,而谥"文忠"总是妥当的吧?但是,没有,而是谥作"文襄"(在清代,这多是给有显著军功的大臣所加谥号),确实有点不伦不类了。言者说是因为遗折中的"不树党援、不殖生产二语独触某邸之忌","某邸"当是指奕劻,此人大树党援、靠纳贿等非正手段大肆增殖财产,会"对号入座"地觉得张之洞是反讽于他,在其"谥号"上做点手脚不无可能。最后决定的,自然还是同样也不满意张之洞的载沣了。

而对张之洞本人来说,有迹象表明,他本来也是对死后被谥"文忠"盼望殷切的。其族人说,其在病中,"枕头上有一部《张居正全集》(按:当为《张文忠公全集》),时时翻阅。在临死前一年来,不断称赞张江陵(按:即指张居正)的相业",这说明"他是羡慕张江陵死后的'文忠'谥法"。并说张之洞的"遗折中有这样的词句:'臣受孝钦显皇后特达之知,虽宋宣仁皇后之于宋臣苏轼,未能远过。'这就是有意识地授意载沣,在他死后赐谥时,希望得到一个'忠'字","结果只是一个'襄'字","这是不符合张之洞愿望的"。② 当然,也有为张之洞谥"文襄"辩护的,如其广东兴宁籍的门生罗献修,张之洞去世后曾有挽联:"劝学踵仪征太傅,更有大焉!洵岭峤百世之师,颜欢寒士,长留广厦千间,惟惭后乐先忧,佛时谆勖为文正;易名媲湘阴爵侯,夫何疑者?慨中外两军相见,威震远人,独数谅山一役,全仗运筹决策,将略知非短武乡。"其自跋中有云:"朝旨晋赠太保,予谥文襄,或疑随何(按:随何为汉高祖时文官)无武。哀感之余,濡笔以志向往云。"徐一士就此评说:"张氏督湖广最久,称颂者多详于在鄂之事业。此联则专言督粤时事,上联举文教,下联赞武功,而为

---

① 吴庆坻:《蕉廊脞录》,台湾文海出版社"近代中国史料丛刊",1969 年版,第 127 页。

② 《武汉文史资料》,1986 年第 1 辑(总第 23 辑),第 30 页。其中所引张之洞"遗折"语,查原文为"蒙孝贞显皇后、孝钦显皇后拔置上第,遇合之隆,虽宋宣仁太后之于宋臣苏轼无以远过"。见冀版《张之洞全集》第三册,第 1824 页。

予谥同于左宗棠释疑……张氏在粤主军事,则有冯子材等之大捷,战胜泰西强国之师,良足豪焉。"①不错,张之洞督粤时的经武之功有目共睹,但要说这就合其一生之谥,总有些牵强。他自己内心即使不敢奢望谥以"文正",但"文忠"自是妥当。而"文襄"则实不合理,因为显而易见,他的"武"何能胜"文"?可见,当时"朝廷"在这等事情上起码是随意和失妥。

总之,正如时人所说,"之洞生平多顺境,晚岁官愈高而境愈逆,由是郁郁成疾","即知不起"②。也等于说,他是在"高处不胜寒"中离世了。

---

①　徐一士:《一士谭荟》,第 102—103 页。
②　胡思敬:《国闻备乘》,第 85 页。

第十二章　此公习性实堪品

一、"书生本色"与"儒臣"风格

这是本书的最后一章,拟对张之洞的"习性"聊作选择性概说。所谓"习性",是长期在某种自然条件或社会环境下所养成的特性。对张之洞来说,当然要关注的是其"社会习性",这自会帮助我们对其为"社会人"的全面了解和体悟。而他最为根本的一种习性,可以说是显宦却褪不去书生本色。前曾述及李鸿章奏语中有对张之洞"书生之习"的攻讦之辞,下面除去照应性提及外基本抛开那个话题,而就他更为宽泛方面着眼,察其"书生本色"及紧相联系的"儒臣"风格,此即第一节的中心内容。

张之洞的官宦生涯,总体看来可谓心志阔远、魄力宏大。特别是在他初任晋抚之时,上奏中有"身为疆吏,固犹是瞻恋九重之心;职限方隅,不敢忘经营八表之略"①的言辞,口气确实不小。"八表",《汉语大词典》中有释:"八方之外,指极远的地方。"而它向来也有指八方之极、系"天下"别称的说法。同时,也可引申作多方面的治理、经营。按张之洞的本来语意,是说尽管其职任辖境有限,却不敢忘却经营八方之极、多方面治理的方略。敢作此说,虽然主要意思是抒发忠于朝廷、放手尽职的志向和抱负,但还是不免流露出原"清流"纵言高论的劲儿。因此言而被取笑的事,张之洞自己当是很快就知道了,在发那道有"经营八表"之说的奏折大约四个月,他在致其朋友张佩纶的信中便有这样的调侃之词:"强起丹老,营里也;为合肥申勿避之义,营表也;策越南,营表

---

① 冀版《张之洞全集》第一册,第83页。

也;荐贤,表里兼营也。此足以塞'经营八表'之言矣。"①所说诸事,皆在张之洞抚晋章中述及:"强起丹老",是指强使阎敬铭(字丹初)出山;"为合肥申勿避之义",是指让李鸿章不拘守制(因其母亲去世)的惯例而出理军务;"策越南"则指他在中法战争前夕为所谓"越事"筹策;"荐贤"是指他"胪举贤才"的上奏。意思是如此营里、营表、里表兼营,足可为他人所取笑的折中"经营八表"之言塞责。由此可以体察,张之洞的所谓"经营八表",绝不是他不辨词义而误用,"探花"出身的他,岂会犯这种"小儿科"错误? 这是他在确知其义基础上的有意使用,只是在遵循常规之人看来大有不妥罢了。

尽管这时的朝廷不再像以前那样搞"文字狱",并且也能相信和理解张之洞绝无异心他意,没有责斥他的不是,但是这可成为有些官员的趣谈,甚至成为舆论的笑柄。以至于连张之洞的堂兄张之万,也对张之洞的此语极尽笑话之能事。据说,他入值军机处后,"尝佩时计(按:此指怀表)两枚,一大一小。同僚曰:'得一足矣,奚以二为?'文达(按:张之万谥号)曰:'吾仅两表耳,舍弟且八表。'舍弟,为文襄公之洞也,于文达为昆弟行。文襄久持疆符,声绩昭著,光绪甲申中法之役,文襄由晋抚移督两粤,到任谢恩折,有'身系一隅,敢忘八表经营'等语,故文达节取'八表'二字以为言也。"②应该指出,此说中有一明显错误,即把张之洞初抚晋时有言"八表"的奏折,说成他"移督两粤"之后所奏(且语句亦稍有异),这可能是由张之万入值军机的年份(他是因"甲申易枢"而入军机)而牵系致误。不过,以这则轶事来说明对张之洞"八表"之言的讽刺、笑话,还是有其参考价值的。

还有说,张之洞督两广时,张佩纶在马江致败被遣,"京师南派朝官,为联语以讥之云:'八表经营,也不过山右禁烟,粤东开赌;三边会办,且请看侯官降级,丰润充军。'"③据其意思,下联中所谓"三边会办",指"三大军务会办"吴大澂(会办北洋军务)、陈宝琛、张佩纶(都是张之洞好友),除吴大澂没事外,其余两人分别遭到降级和充军的处理;至于上联是专说张之洞的,"山右禁烟"指山西禁烟,"粤东开赌"是他在广东因"军费无着,乃大开赌禁,谓为充

---

① 冀版《张之洞全集》第十二册,第 10142 页。
② 徐珂编撰:《清稗类钞》第四册,中华书局 1984 年版,第 1813 页。
③ 刘禺生:《世载堂杂忆》,第 54—55 页。

饷",讥讽这就是他所说的"八表经营"。当然,这都是据之稗史资料,若说"绝对可靠"资料也是有的,譬如,光绪十三年(1887 年)郭嵩焘致李鸿章信中,就有"因笑张香涛尚书任晋抚,疏陈身在一隅,而怀经营八表之志"①之言,显然,这即是指张之洞有"经营八表"字眼的奏章,取其大意将其具体字句略作变通说来。而称张之洞为"尚书",是因为总督例有兵部尚书之衔。

总之,张之洞不但当时仍有股"清流"纵言高论的劲儿,而且,从其一生来说,"书生习性"也一直存在,或者是说其书生"本色"未能褪掉。这既与他"探花"出身的"功名"和屡掌文衡、为学官的职业基础有关,又源于他对"书生"本色的情不自禁的骄傲和守护。熟悉他的幕僚辜鸿铭,曾说"好大言原是书生本色"②,当然具体是论及"清流"因张佩纶而说,并非指张之洞,但"两张"曾为"清流"密友,自有同一群体特征。

早有"神童"之名的张之洞,虽然会试阴差阳错地有过曲折,但终被命运眷顾成为出类拔萃者,身中"探花"的他虽表现出颇为谦虚的态度,但最终掩不住对此的激奋。而后他屡掌文衡、为学官,在导学为教之路上更是做得顺风顺水、事业生色。在此间其"职业"本身就是切关"书生"的事情,而他作为"书生"出身又钟爱"书事"的人也做得自然出色,掌文衡多取优秀之士不用多说,为学官在教学、教务上也极为热心和投入,特别是在四川学政任上写下《輶轩语》和《书目答问》,可谓一是学务指导纲领,一为专门的业务著述——对学生应读书目的分类解答,两相配合,交互为用,尤其是后一著述,更体现了主撰者的"书生"功力。而此后便是张之洞入京典型的"清流"时段,此期他的"书生习气"在政论上得到更明显的张扬。一般而言,"清流"官员在学术道德上享较高声誉,是士大夫中负有时望者,他们指斥时政弊端,揭露丑恶人、事,批判不良社会风气,显示自己不与污浊政治现象同流合污。这时张之洞身上的"书生习气",在其放言高论中得到典型显示。而这时其言论尤其得到清廷的欣赏和关注,遂提拔为疆吏,走上出主一方大政的道路。

在他任疆吏的更长岁月里,其"清流"面貌自要大变,但"书生习气"则有很大程度的保留。譬如,他在文牍中,动不动就引经据典,信手拈来,精当绝

---

① 梁小进主编:《郭嵩焘全集》第十三册,岳麓书社 2008 年版,第 444 页。
② 黄兴涛等译:《辜鸿铭文集》上册,第 417 页。

妙,恰到好处。譬如说,在山西巡抚任上,他做《延访洋务人才启》,最后有谓,"所冀绝学宏开,时艰共济,神州海外,莫讥衍说之虚荒;杕杜道周,窃比唐风之慕好。大行如砥,敬俟来游。"①其句颇为古雅,而像"杕杜道周",是撮合《诗经》中"有杕之杜,生于道周"句作喻,意思是,有生于道旁的杜梨树(寓人孤独不受重用之意),我这里可要效法唐尧的遗风慕贤而招纳了。这岂不会让闲置的有才之士看了心底会泛起一股暖流? 再如在两广总督任上,他为创建广雅书院上折,后边说到"咨商两省(按:指广东、广西)学臣,如有才志可造之士,亦即咨送"之后,引古代经典中语句云:"窃惟《易象》有云'君子以居贤德善属',言贤者汇集则俗自化也。《论语》有云'君子学以致其道',言同学讲习则道易成也。"接着又说,"惟望从此疆臣、学臣加意修明,维持不废"。② 所引儒经之言承上启下,自然恰切。再举一例:光绪二十一年他在署两江总督任间,一个奏折中(即《吁请修备储才折》)说到"宜讲求工政"时有言:"《周官·考工记》以'百工'列六职之一","孔子论天下之九经以来,百工为足财用之本","可见唐虞三代之圣人,其开物前民,未有不加意于此者",来比对"后世迂儒俗吏,视为末物贱业,不复深求"。这显然是以论古而言今的手法。在述及"宜多派游历人员"之条则有谓,"汉赵充国之言曰'百闻不如一见',明王守仁之言曰'真知自能力行'",意在印证"洋务之兴已数十年",而"文武臣工罕有洞悉中外形势、刻意讲求者,不知与不见之故也"。③ 对"百闻不如一见"、"真知自能力行"这种常说的惯语(尤其是前者),张之洞不但恰当引用,而且还指明其出自谁言,给人知识渊博、取用自如的感觉。

　　再就是承担清廷委办的相关文事,展露出张之洞的兴趣大有,能力到位。例如,光绪二十二年(1896 年)七月间,这时他已经回任湖广总督,为前署两江总督任间,接准南洋书房公函,"钦奉发下御笔题签内务府抄本《承华事略》"及相关"提要"、"凡例"、"图说"等,谕令发交"张之洞付苏州书局"刻印,告成后张之洞上"恭进折",不但将精心选募刻工,刻毕后"恭校刷印,装订成册,计木刻二百部,有以石印精细另印二百部,以备一格"的细致情况交代,而且前边特有张之洞的"臣谨案"的较长文字,对元朝王辉此书的内容、"著书缘起"、

---

①　冀版《张之洞全集》第四册,第 2400 页。
②　冀版《张之洞全集》第一册,第 587 页。
③　冀版《张之洞全集》第二册,第 998—999 页。

"标目"以及这次刊印的厘订情况,作了陈述和交代,这非有学问之人方能做到,仅举其对"著书缘起"之述:"虽为预教而设,然所举诸大端,胥关至德要道,千古帝王治平之要,实不外乎此"。① 正像所说这般,朝廷也才如此重视此书。像这种事情,只有交给张之洞这等"儒臣",才可能办得这样妥帖、地道。

张之洞的"书生习气",还典型地体现在他为政上的孜孜"理论"探索和追求,尤其是在一些事关朝政的重大问题上,他长于理论上的阐释和发挥。譬如前已专门述及的《劝学篇》,其是在戊戌变法蓬勃发展之际,特别以"中体西用"为宗旨撰述的政务与学理紧密融合的篇章。虽然不无僚属的助理参与,但无碍于是他的专属作品,因为从宗旨纲要的确定到篇章细目的斟酌,乃至文字的具体撰写、改定,毫无疑问都是取决于他甚至主要由他亲自操觚的。《劝学篇》成为当时很有影响甚至为光绪皇帝上谕推荐名篇,以至于到后来都不弭不灭广为流传,就在于它除"时政"性之外,更有文化性、思想性在内,这就更有了流播后世的意义。至于其内容上的"学理"性,总体上是渗透于全篇整体中的(当然,在不同分篇亦有主次),不待再具体列举。这里要说的是,像这种情况,在当时的督抚大员中是不多见的,应该说,这是"儒臣"张之洞的政事见解和文化素质的结晶产品的反映。

下面要有针对性举出的,是"江楚会奏三折"中的用典。这虽说是与刘坤一的合作之品,但从文字上主要是出自张之洞。它作为"新政"折在前边曾专门述及,但基本未涉及其用典内容,这里予以略观。像在《变通政治人才为先遵旨筹议折》中,有"尝闻之《周易》:乾道变化者,行健自强之大用也。又闻之《孟子》:过然后改,困然后作,动心忍性,增益所不能者,生于忧患之枢机也",助以陈说上年(按:指光绪二十六年)变乱忧患之巨,刺激臣民之深;说"考《周官》司徒之职,《小戴礼》、《学记》之文,大率皆以德行道义兼教并学,学成而后用之。此外见于经传者,乡国之学皆兼六艺,大夫之职必备九能,书、礼、干戈,司成并教,寄象鞮译,王制分官,海外图经,伯益所传,润色专对,《论语》所重",接着从"三代之制",说到汉、唐,又举"隋志经籍多收方言,明初文科亦兼骑射",直到清朝康熙年间,东西兼用,乾隆之时国内民族多文武共用,"文武兼习"。总之,不惜用三百来字的篇幅陈说,"祖宗之制,洵足为万代法程。今

---

① 冀版《张之洞全集》第二册,第1182—1183页。

泰西各国学校之法,犹有三代遗意"。① 这又是张之洞所惯用的"西学中源"之说的又一次发挥。在陈述"停罢武科"一条中有言:"或谓古今明将未必尽能知书,不知古之孙、吴、韩、岳、戚继光,今之罗泽南、王鑫、彭玉麟等,何一非学古能文之士"。② 在《遵旨筹议变法谨拟整顿中法十二条折》中,在"崇节俭"、"恤刑狱"、"改选法"、"简文法"等条中,都引古典或述古事来陈说。仅举"崇节俭"条中开头之语为例:"昔春秋传记卫文公之兴国也,农工商学诸善政无一不举,而首先书之曰大布之衣,大帛之冠,是知国家当多难之际,创痛之余,欲求振兴,未有不以节俭为先务者。后世若汉、晋、隋、唐、宋之令主,皆以简约著称,遂兴其国。"接着叙"伏读我圣祖仁皇帝庭训格言"中"服茧䌷之衣,无兼味之馔"③云云之话语,以为明鉴。即使在《遵旨筹议变法谨拟整顿中法十二条折》中,也不忘引据古事,如在"练外国操"条中有谓,"故吴欲伐楚,则学车战。晋欲败狄,则改步卒。汉伐匈奴,则用越骑。晋平孙吴,则造楼船。皆系仿彼之长,补我之短。"④如此之类,不一而足。

再到往下的庚辛"议和"中,张之洞作为"会商办理"大臣在湖广总督任上参议。其间,他确实不乏带有在某些事情上太过胶着、"认真",而空争亦于事无补,甚至提出不切实际设想的事情。前述李鸿章责其"书生习气",而张之洞则以"中堂习气"回讯,即不失典型一幕。但是,张之洞又确实努力与列强抗争,这种勇气正是李鸿章所缺乏的。抛开此例,反映张之洞书生习气的,在私人文献中更不鲜见。譬如《石遗室文集》中有记:

> (之洞)奏议告教,不假手他人,月脱稿数万言。其要者,往往闭门谢客,终夜不寝,数易稿而后成。书札有发行数百里,追还易数字者。权督两江时,一日舆至旱西门,呼材官询其处,命驻舆,与谈谢安西州门故事,辩证良久乃行。公尝因置酒,问坐客,烧酒始于何时,余曰,今烧酒殆元人所谓汗酒。公曰,不然,晋已有之,陶渊明传云五十亩种秫,五十亩种稻,稻以造黄酒,秫以造烧酒也。余曰,若然,则秫稻必齐,月令早言之矣。公

---

① 冀版《张之洞全集》第二册,第 1393—1395 页。
② 冀版《张之洞全集》第二册,第 1404 页。
③ 冀版《张之洞全集》第二册,第 1407—1408 页。
④ 冀版《张之洞全集》第二册,第 1432 页。

急称秫稻必齐者再,且曰,吾奈何忘之。又尝阅余《货币论》说,有言金币中参铜者,疑之,急召询。余曰,公创铸中国银币者,银质略刚,造币且须参铜,况金质之柔乎?因言金币重二钱余,约参铜十之一。公称善,其虚心类若此。①

这岂不亦颇典型!这说到他对"奏议告教"的自行操作,出自福建的文人陈衍,此人曾亲炙张之洞恭府,且文笔严谨。还有记,张之洞"于重要文件,多亲自草,不假手于人",说据其亲见张之洞的"庚子电稿,涂乙殆遍,往往一字改易数次而后定"。② 其实,不光发清廷或要员的机要之件,上面独段引文中对发行书札追还作几个字的修改,这就说明他对文字较真的程度。至于署两江总督时,一次出行专门"驻舆"谈谢安"故事","辩证良久乃行",就更掩不住其典型的"书生"味道了。接下来所说与此述作者或面对众人、或在私下的两次学术讨论,毫无长官盛气凌人之态,而能虚心接受他人之言,尤显学人的气态,述者不由得称道"其虚心若此"。还有说:"南皮喜阅书,无论何人往谒,若当卷帙纵横之际,惟有屏诸门外耳。某观察一日自侵晨候起,至掌灯为止,未尝出见,询诸仆从,始知其故,然亦无可如何也。"③

至于张之洞自身在"文事"上的成果,更是有目共睹。他有"读经札记",有"古文",有"骈体文",有专论"金石"之篇,更是留下为数不少且水平亦高的诗作。这既有他未入仕宦时所作,但绝多是他为官之后的作品;所作既有"纯学术"的篇什,更多是为官之时联系政事而作。就单说他的诗作吧,自孩童到临终,一生不辍,且涉多种体式,颇有风格特点,为专业人士重视,品评研究者至今不衰。而张之洞自己一直都放弃不了对文事、学事的钟爱,可以说他是一个典型的"学者型官员"。

对张之洞的"书生习气",有学者这样评论,说它"确实伴随之洞的一生",并结合李鸿章对张的讥讽进而有谓:"'书生习气',内涵丰富。清高、梗直、儒

---

① 转引自黄濬:《花随人圣庵摭忆》,上海书店出版社1998年版,第345—346页。见陈步编:《陈石遗集》上册,福建人民出版社2001年版,第462页,据以核对(惟个别有异,依原旧),因该文无现行标点,未直引。

② 张春霆(继煦):《张文襄公治鄂记》,页五十九附录。

③ 李伯元:《南亭笔记》,江苏古籍出版社2000年版,第200页。

雅、迂腐、空疏……，都可视为其表现。当然，李鸿章以'书生习气'讽之洞。主要是取其不切实际，好作大言、空言的贬意立论。而'好大言原是书生本色'，之洞也确有这种品格，他曾自命'虎豹当关卧，不能遏我言。'《清史稿·列传》称之洞'以文儒致清要，遇事敢为大言'。这番评论应作两方面理解。一是说之洞性情耿介，敢于直抒己意，不事曲意阿谀；二是说其言意旨虽宏，然亦间有迂阔之弊。"①的确如此。

想来，就其"书生本色"的"正面"倾向而言，对于张之洞那就更能显示其"儒臣"品格了。曾为张之洞"西幕"的人物辜鸿铭，曾将张之洞与曾国藩比较作有这样的评说："张文襄儒臣也，曾文正大臣也，非儒臣也。三公论道，此儒臣事也；计天下之安危，论行政之得失，此大臣事也。国无大臣则无政，国无儒臣则无教。政之有无，关国家之兴亡，教之有无，关人类之存灭，且无教之政终必致于无政也"②。此评今天看来，固然有把"儒臣"和"大臣"绝对化地割裂来看的偏颇，且在"儒臣"与"大臣"的分属上按严格意义也未必妥适，应该是，高级别的"儒臣"自也在"大臣"之列，只是它更显"儒臣"特色而已。不过，辜鸿铭并非严格学术意义的论述，只是在特定意义上强调张氏与曾氏的区别，照他的看法，张之洞是侧重于"教"的"儒臣"，曾国藩则是侧重于"政"的大臣，而"政"关乎"国家之兴亡"，而"教"更关乎"人类之存灭"，"无教之政终必致于无政"。不言自明，他的意思张之洞的重要性自然更高于曾国藩了。也许，辜鸿铭是觉得这样将张之洞与通常也被人视为"重教"的曾国藩比较，更能突出张氏，但事实上曾国藩的"重教"与张之洞比起来毫不逊色，起码他们俩都是既"理政"又"重教"的清朝重臣。要是拿张之洞与李鸿章、袁世凯之类的大员相比，说他在"重教"方面更为突出，自能更服人口。无论如何，反正张之洞的"儒臣"风格是与其"书生本色"脱不开的。

二、由相关轶事看其"无时"

除了"书生之习"以外，传主还有起居无节、寝食无定、作息无规，甚至还

---

① 冯天瑜、何晓明：《张之洞评传》，第 237—238 页。
② 黄兴涛等译：《辜鸿铭文集》上册，第 418 页。

有说张之洞"号令无时"（可统以"无时"概之）的生活和工作习性,这亦颇值得重视。其实,在前述徐致祥奏劾张之洞的奏折中,也曾言及他"兴居无节,号令不时"。而调查复奏者大意则说,他在与高官会见时能够准时,只是在特殊情况下与下属相见时或有耽误,总之是个人习惯上的小事一桩。当然,这是用现在的语言撮述其意。而在相关逸闻轶事中,对其"无时"就有更多而热闹的反映。故本节和下节(也是全书最后两节)中将主要使用"稗史"资料。"稗史"前边虽也有使用,但只是所占比例较少而已,而这两节中将之作为主要史料。

就这类史料的书籍涉及的名目类别来说,包括"笔记"、"杂记"、"纪闻"、"摭忆"、"随笔"、"丛谈"、"类钞"、"野史"等等,繁多复杂,列举难尽,下面也不可能都有引用,只是酌选而已。而且在关于这类书目、材料中,其所述内容的可靠程度、真假虚实上往往差异很大,这与书写者的时代、身份、境遇、立场、情感、态度等大有关联。一般来说,与张之洞所出同时代而又有直接接触者,对相关事情的了解一般更为可靠,不过,他们间关系如何非常重要。关系亲密者,自会自觉不自觉地倾向于赞之褒之;关系不好者,会自觉不自觉地倾向于责之贬之。在对所涉相关事情的选择、记述、评判上自然都可能带有这种倾向。自然也不排除有秉持公道之心的正直之士,不念私人恩怨,据实记述,中肯评说,以留史乘。并且,不管是与张之洞同时代或非同时代的后世之人,只要公道正直,都会力求如此。只是越是后世之士,越要借助于"史料"而非据当时的亲见亲闻。无论什么时候,也都不排除怀有猎奇、传奇之"癖"者,这在材料的搜集上自有所反映,解读上更会大有夸饰。至于有的不惜篡改史料,甚至无中生有地编造,骗人蒙世,为人所不齿,自在排除之列。

之所以说这些,是因为关于张之洞的稗史类文本较多,笔者就是本着上述思路来认识、选择和利用的。由于本书是严肃的学术性传记,所以在史料利用上也力求讲究。不是说稗史类就绝对不能使用,而是要注意选择其中的可靠度、可信度相对较高者,当然,也不排除对可疑者的商榷、辨析。同时,也要注意到,"稗史"类文本其实包纳性很宽,有的名为"稗史",而实际就属比较严肃的纪实性史作,有的则属内容恍惚迷离、荒唐怪诞的非史作品,自然所选侧重前者,一般摒弃后者,只是在对张之洞或有实在影响的事情上联系之。总之,在这两节中尽管较多运用稗史资料,但对其明显有失真实的情节也尽量随时指出,总之并非游离开本书的学术要旨而做猎趣奇谈,总体上同样还是要不失严肃的历史意味。这既是向读者的写作交代,亦是进行以下具体操作的原则依凭说明。

本节就具体考察张之洞的"无时"之习。

《蜀海丛谈》中记:"公(按:指张之洞)起居无节,世所共知。往往阅书经昼夜,不食亦不眠。阅竟就枕,又或终日不兴。阅书时,左右不敢请;眠后亦不敢请也。"并言及他四川学政任间的事情:"督川学时,按临各部,肩舆在途,不命停则不敢驻。舆夫辈更番食息以从,舆内上下四旁皆书。地方官吏之供张者,所备饭馔,悉荷担随行。"又进而举一具体事例:

> 某岁值盛夏,公在舆阅书已历一昼夜。翌晨,忽命停舆具膳。担中所备者,已鱼馁肉败。公亦深加体谅,谕左右曰:"不必筵席,但取猪肉作羹足矣。"顾其地乃三家村,无从得肉。庖人皇急无措,见人家饲有一豕,急畀以钱,竟生割豚肩一脔作羹进。公食之,赞美不已。迨登舆前行,其豕犹啼而未杀,闻者某(莫)不捧腹。①

记此者只是作为张之洞生活习惯上的一则笑料,并无恶意。但也明显有对他的习惯归于"骄蹇无礼",甚至作出更尖锐恶评者。譬如有说:"闻其性情怪癖,或终夕不寐,或累月不薙发,或夜半呼庖人具馔,稍不惬即呼行杖,或白昼坐内厅宣淫,或出门谢客,客肃衣冠出迎,(之洞却)偃卧舆中不起。其生平细行大节,鲜不乖谬者。"②说其夜呼厨师做饭"稍不惬即呼行杖",张之洞惯常似无这种跋扈情况;至于说其"白昼坐内厅宣淫",更不合张氏的做派。顺便说,像《蛰存斋笔记》中有云:"张氏生平不喜多蓄姬侍,有仆人赵凤冈(按:'冈'当为'昌')者美丰姿,善伺主人意,竟踵龙阳君故智,大得张欢,遂溺爱之。总督两湖时,赵恃张之宠信,颇揽权作威作福,舆论上遂有毁誉之分,当有人拟联嘲之云:'两湖总督张之洞,一品夫人赵凤冈(昌)。'亦可谓谑而近于虐矣。"③所评述大致可信。说张之洞"生平不喜多蓄姬侍"是明显的事实。至

---

① 周询:《蜀海丛谈》,巴蜀书社1986年版,第190页。
② 胡思敬:《国闻备乘》,第53—54页。
③ 蔡云万:《蛰存斋笔记》,上海书店出版社1997年版,第178页。

于述所传其与幕僚赵凤昌的关系,主要是归于赵氏的"善伺",所谓"竟踵龙阳君故智","龙阳君"是战国时魏安厘王的男宠,也就是传说他与张之洞间有"同性恋"关系,以至于有人作联嘲讽,而最终则说是"谑而近于虐",意思是说戏谑而近于严苛了,事实上是否定了其间真的"暧昧",只是因赵凤昌过于谄媚得张"溺爱"罢了。

回到张之洞的"无时"习性。《张文襄公轶事》中更有典型记载:"公(按:指张之洞)精力绝人,尝治事数夜不眠,然昼尝假寝。某年至经心书院,监督吴心荄先生设馔,陪者周少朴、纪泊居两先生。甫进数箸,(公)忽隐几鼾作,诸公屏息以待,移时而醒,又谈笑如恒矣。"[①]李伯元《南亭笔记》中揭示张之洞的相关习惯:"南皮尝终日不食,终夜不寝,而无倦容。无论大寒暑,在签押房内和衣卧,未尝解带。每观书,则朦胧合眼睡,或一昼夜,或两三时不等,亲随屏息环立,不敢须臾离,彼此轮流休息,侍姬妾辈亦于此时进御,亲随反扃其扉,遥立而已,盖签押房有一门,故与上房通也。"所谓"签押房",指当时主管官员的办公室,这可谓惟妙惟肖地记述了张之洞在办公室的情况。又云:"南皮于下午即进晚餐,已怡然就寝,戌正着衣而起,盥漱毕,即下签押房,伺应者往往苦之,惟轮班交替而已。"[②]

他这样自然会在官场上造成别人的不适应,或造成尴尬和误会,甚至影响到人际关系。譬如他与袁世凯,就有两次典型的饮宴失礼之事。一次是在"壬寅",即光绪二十八年(1902年);另一次是在"癸卯",即第一次的下年,即光绪二十九年(1903年)。黄濬《花随人圣庵摭忆》中首先述及其第一次的情况:"光绪壬寅,项城(按:指袁世凯)丁内艰,给假回彰德,假满,不北行而南下汉口取道南京上海,遵海返天津,此殆项城之最后之经过宁沪也。袁之南行,意义甚富,尤以南皮为方署两江总督南洋大臣,纤道接欢为首务"。他不仅作此叙述,而且接下来考证了之前的"许又铮与马通伯论南皮书"中,将第一次与第二次在年份上弄混的情况。黄濬所引许篇中说:

　　　　自合肥李公逝后,柱国世臣,资望无逾公(按:指张之洞),干略无逾

项城。公与项城，爵齿德俱尊，而辈行又先，项城功名中人，仰公如神，其时公果涵以道气，驭以情真，两美祈合，共忧国是，项城不愤亲贵之齮龁，尽其材画，勠力中朝，公虽前卒，而武昌之变至今不作，可也。讵公与相遇，殊行落寞，项城执礼愈恭，则愈自骄蹇以作老态。壬寅之春，公过保定，项城时权直隶总督，请阅兵，即罢，张宴节府，树铮躬侍陪席，亲见项城率将吏以百数，饬仪肃对，万态竦约，满座屏息，无敢稍解，而公欹案垂首，若寐若寤，呼吸之际，似蠢蠢然隐蜎动矣。盖公去后数月，项城每与僚佐忆之，犹为耿耿也。①

黄濬评说："又铮所言，出于目睹，自是事实，而书中之壬寅，则必出误记，或笔误。壬寅是项城访南皮于江南，其明年癸卯夏，南皮始入觐，遵京汉铁路，过保定，下车公宴。其时记在五月或六月，予时居宣南与畏庐（按：指林纾）先生连巷，不久吴翊庭师（曾祺）来京下榻余家，应考经济特科，亡何南皮奉命为经济特科阅卷大臣，是其时也。"接着，他又考证张、袁壬寅南京饮宴的事情："袁、张壬寅南京一谈，世传张假寐，袁拂袖先行，去年徐凌霄弟兄考其事，引及癸卯之《新民丛报》，及李宝嘉之《南亭笔记》云云。②所说"徐凌霄弟兄考其事"，是出自《凌霄一士随笔》，有言："当筵而睡之事，之洞且尝施著世凯。癸卯《新民丛报》云：'得京友函，袁至南京，与张商议一切。袁行之日，张饯之，酒及半，张即熟睡，久不醒。袁不及待遂行，张醒后，急命排队请袁回。袁不欲返，幕僚劝之行。比至，重张宴谢罪，欢饮而别。'"③黄濬又说，近与知情者"谈此事颠末甚详"：

　　袁当时先至汉口，端午桥督鄂（按：端方兼署湖广总督），袁觌之，晤郑苏戡（按：即郑孝胥，原张之洞幕僚），极口赞南皮在湖北规划之弘大，因言当今唯吾与南皮两人，差能担当大事……南京之行，袁意在结张欢，故谈宴绝洽，宴后，屏退从者，密谈两小时许，而南皮忽隐几入寐，袁悄然竟出，属仆从勿惊动张大帅。清制，总督出入辕门皆鸣炮，袁以现任直隶

①　连同上段引文，见黄濬：《花随人圣庵摭忆》，第343页。
②　黄濬：《花随人圣庵摭忆》，第343—344页。
③　《凌霄一士随笔》第二册，山西古籍出版社1997年版，第411页。

总督兼北洋大臣,莅两江,督辕于其行,自如仪送之,南皮闻炮,惊窜,急追之下关,相见各致歉忱,申约后期而别。《南亭笔记》所谓袁在柁楼拱手称再会,与《新民丛报》所云,张复邀袁下船再宴,尽欢而别者,盖两失之。

黄濬下面又对张之洞自设疑问,说他真是"以倨傲鲜腆之老态凌折同僚乎"?接着征引别人文字基本作出否定,其中有谓:"屡闻诸老言,南皮不慊于项城,宾筵吟集,偶一吐露则有之,故慢以取嫌,则必不至此。"接着又说:"丁未以后张袁同入军机,则张极心折袁,一时号为廉蔺,惜张虽盛推袁,而项城已堪透南皮本领,非如壬寅间之诚意相结矣。"进而推论"此中影响",有谓毕竟还是如人所说,与"仍无以解于客座假寐"有关。① 意即仍对他宴席上睡着不能理解。这样完整推敲来看,《花随人圣庵摭忆》关于张、袁"两宴"情形的考证和评说基本是合理的。总之,张在宴间睡着是真有其事,并非假装和故意表示轻视客人,不过,这毕竟会在对方心里落下疑惑和不快。

张之洞对同僚大员尚且如此,至于对下属官员就更放得开来,有说他"传见属员,有自朝至暮不能谋一面者"。这还是他"传见"之人!但"惟于外人则否。外人或约三时而至,则两时半已候于大餐室矣,久坐焦急,屡向材官(按:指供差遣的低级武职)讯问,极困倦亦不偃仰片刻"。② 还有人举到一个例子,说张之洞"在武昌时,日本伊藤博文将来游黄鹤楼",张"命江夏县令会同善后局,优为款待",并吩咐:"馆宇内外陈设装饰,及一切饮馔之类,务极华美,不限费用,总以豪侈为主"。而"逮伊藤至,仅居两日而去"。临行时人家不禁感叹曰:"金钱可惜!"作此记者评说:"计此两日所费,共合银七万六千余两,滥用如此之多,而反为外人所笑,亦可慨矣!"③所说有一点疑问,就是黄鹤楼时已被焚,不知是要游其遗迹还是误记,反正他来不纯是为自然景观。这是张之洞对外国人的例子,还有对本国的慈禧太后、皇帝、王爷一等人,在见面时他即使再犯困,也会打足精神支撑,绝无当场睡觉的事情。也有记他似在被召见前起码也是要参加重要会议而叫不醒的事情。说是一日他正"昼卧",忽然

---

① 连同上段楷体引文,见黄濬:《花随人圣庵摭忆》,第 344 页。

② 李伯元:《南亭笔记》,第 201 页。

③ 王伯恭:《蜷庐随笔》(与《趋庭随笔》合刊),山西古籍出版社、山西教育出版社 1999 年版,第 97—98 页。

因为"俄约"之事被急召,"服役者撼之不醒,乃为加衣冠,舁诸车内,及至颐和园左近,张始伸欠而醒,询知其故,不觉大笑"。而"谗者撷拾其事",说他"精神委顿"。① 这样说他也是事实,只不过是被"谗者"利用而已。

张之洞的"无时"之习,当贯穿于他的日常当中。《蛰存斋笔记》中说,张之洞"精神大异乎人,十数昼夜不交睫以为常,伺候之员弇更番输值尚觉困惫"②。说其"精神大异乎人"可以,而绝对地言其"十数昼夜不交睫以为常"未免夸张,也有违医学常识。反正张之洞于作息习惯上迥异于常人,使伺候他的人大感不适应,这是事实。想来,张之洞这种自早年读书时就以熬夜为常、作息不时而沿袭养成的毛病,以致在招待官员时也会睡着,会不会是一种"睡眠障碍"类的神经病症? 这反正给其人际关系也带来一定影响。

噢,上边还提到其"号令不时",张之洞平时作息无定,自然也会影响到其"号令"的发、施时间。看其所发电报,有许多即在深夜发出的,要说,若因亟要之事偶有此例还可理解,但在他即一般性事情而非正常时间发出的确不在少数,这与张之洞的作息确与常人不同不无关系。稗史资料中还专有例说:"南皮号令不时,是其一生弊病。有出洋学生数辈,已装束待发矣,南皮忽命入见。学生日日诣园守候,直至一月之久,音信全无,学生大为激愤,因发传单以声其罪,后得梁鼎芬调停始已。"③仅靠举出的对即要出洋学生"号令不时"之例,固然不能证明其"一生弊病",并且这也不能算是他"号令不时"的最典型事例,而更说明其人对这等"次要"事情的忘性不小——当时是说了这么一句话,政务匆忙之中过后就忘记了,让认真等待接见的学生们不但颇失所望,而且"大为激愤",想必是有被戏弄的感觉,而以致"发传单以声其罪",多亏了幕僚梁鼎芬的调停才算完事。当然,说这是其"号令不时"也可以,发过"号令"终未兑现。这类事情即使不止其一,但是否成为张之洞的"惯癖"也值得斟酌,不过毕竟能说明张之洞也确有此类毛病。

黄濬的《花随人圣庵摭忆》中有云:张之洞因其"督鄂日久,有以'起居无节号令不时',对'面目可憎语言无味'以嘲之者。下联取其浑成,良非实录。上联则余谓不妄。近人说部,若《孽海花》,若《官场现形记》,皆于南皮昼寝有

---

① 李伯元:《南亭笔记》,第 204—205 页。
② 蔡云万:《蛰存斋笔记》,第 178 页。
③ 李伯元:《南亭笔记》,第 200 页。

影射处"。所说两书中对张之洞"昼寝"等事的影射的确皆有,不过,张之洞都是以另名替代,《孽海花》(还有《续孽海花》)中为"庄芝栋";《官场现形记》中作"贾世文",更通常称"贾制台"。其间对张之洞的具体影射之笔就不说了,反正不乏关于他"无时"的壮描。这里需一提的是,写《官场现形记》的李宝嘉,就是李伯文。其在该小说中旨在揭露官场,对贾制台也是极尽讽刺之能事,塑造他外表斯文、一副"书生"之气,实则荒疏公务、一副"伪君子"的形象。这与其真实人品相差较大。其小说如此,但到《南亭笔记》中对张之洞的记述则基本是"史家"笔法,故于此引用较多。回到黄濬之文,其接着引陈伯弢《裒碧日记》中之言,说张之洞对那"十六字"赠联,"亦微闻之,一日语人曰,外间谓予号令不时,起居不节,事诚有之,面目可憎,则余亦不自知,至于余之语言,馀人特未尝与余谈耳"。意思是他自己承认"号令不时,起居不节",却否认"面目可憎,语言无味"。接着黄濬评说:"伯弢此段阳秋,不止皮里,然亦持平",而"南皮自释语,亦天下之公言也"。① 总之,是相信陈伯弢的评说和张氏自释的话语。

有说张之洞对自己能不同常人地熬夜也有过解释,他"自言夙生乃一老猿,能十余夕不交睫"。② 不管张之洞自己是否真说过这样的话,今天看来,前句若是风趣、玩笑话可以,若果作当真之言,就未免失实了。可是,在关于张之洞的佚闻中,确有其前世是一"老猿"、"猴精"之类的说法,对这种神异资料,就不必多说了。不过,按上边引文,所谓"自言夙生乃一老猿",当是为"能十余夕不交睫"做铺垫的。而前边曾对说他"十数昼夜不交睫以为常"提出否定,若严格说来,所说"十余夕不交睫",这个"夕"指晚上,即使引申为"夜里",夜晚不睡而白天弥补也算尚可,只是有点不合常人习惯罢了。也有说,张之洞的"无时"之习,"自言乃幼时好坐读书所致",因为那时他就经常"篝灯思索,每至夜分,倦则伏案睡,即醒复思,必得其解而后已",这样相沿成习,以致"其后服官治文书,亦往往达旦"。③ 这确实会有很大关系,一个人自幼养成的习惯,即使以后下死心坚决改之,也必得历经一个艰苦的过程,若是因之就

---

① 黄濬:《花随人圣庵摭忆》,第 345 页。

② 李孟符:《春冰室野乘》第一册,山西古籍出版社 1995 年版,第 145 页。

③ 《同光风云录》上篇,转引自李春光纂:《清代名人轶事辑览》第三册,中国社会科学出版社 2004 年版,第 1448 页。

之,随习成性,那就会跟其一生,张之洞当即如此。

三、或谓"一部习气大全"

张之洞的"习性"是多方面的。有人说他是"一部习气大全":

> 张文襄初督江南时,朝令暮更,政局为之一变,其时难免有窃窃议之
> 者。一日,宾僚宴集,谈论及之,有掌教某公莞然曰:诸君无废词,以我视
> 之,张公直一部习气大全耳。众请其说,曰:是所谓书生习气,名士习气,
> 纨绔习气,官场习气,滑头习气,与夫近世之新界习气,张公胥兼而有之,
> 得不谓之习气大全乎?①

既然说张之洞是"一部习气大全",就更需要对"习气"做一点说明。所谓
"习气",《现代汉语词典》中释义为"逐渐形成的坏习气或坏作风",是带有贬
义性的。从上面这段话语体味,所言"习气"自也有这种意思,但更主要是作
为一种诙谐话语,未必带有多大恶意(当然,所谓"纨绔习气"、"滑头习气"可
谓贬义明显),不妨作为体味其"习性"的参考。其中"书生之习"再加"无时"
一项,前文皆已专节涉及,下面再看张之洞其他方面的习性,即引文中所说并
且不拘于其言及的这些"习气"。

所谓"名士习气",其意指有学问而又不拘小节、狂放不羁的一流人的作
风和派头。张之洞的"名士"派头,在早年做京官时特别典型,他交往了一个
"名士"群,诗酒宴会几无虚日,而饮宴中时常做"无情对"。这是对对联的一
种特别格式,对联一般上下联内容要相关,但"无情对"只讲究上下联字词相
对,至于内容则可绝不相干,使人产生奇谲难料,回味不尽的妙趣。《清稗类
钞》载:

> 一日,在陶然亭会饮,张创为无情对,对语甚夥,工力悉敌。如"树已

---

① 　徐珂编撰:《清稗类钞》第四册,第1644—1645页。

半枯休纵斧",张对以"果然一点不相干"。李莼客侍御慈铭对以"萧何三策定安刘"。又如"欲解牢愁惟纵酒",张对以"兴观羣怨不如诗"。此联尤工,因"解"与"观"皆为卦名,"愁"与"怨"皆从心部,最妙者则"牢"字之下半为"牛",而"羣"字之下半为"羊",更觉想入非非。最后,张以"陶然亭"三字命作无情对,李芍农侍郎文田曰:"若要无情,非阁下之姓名莫属矣。"众大笑,盖"张之洞"也。①

引文中说到的"李莼客侍御慈铭",即御史李慈铭,字莼客;"李芍农侍郎文田",即官至侍郎的李文田,字芍农。当时他们皆为"名士",张之洞与他们饮宴对"无情对",活脱脱地一派"名士"风流。这种派头,在张之洞当时召集文士饮宴的活动中也表现出来。《春冰室野乘》中说:

同光间某科会试场后,潘文勤、张文襄两公大集公车名士宴于江亭。先旬日发柬,经学者、史学者、小学者、金石学者、舆地学者、历算学者、骈散文者、诗词者,各为一单。州分部居,不相杂厕。至期,来者百馀人,两公一一纡尊延接。是日,天朗气清,游人亦各兴高采烈,飞辨元黄,雕龙炙辀,联吟对弈,馀兴未渫。俄而日之夕矣,诸人皆有饥色。文勤问文襄:"今日肴馔,令何家承办?"文襄愕然曰:"忘之矣,今当奈何?"不得已,饬从者赴近市酒楼,唤十余席至,皆急就章也。沽酒市脯,重以馊败,饭尤粗粝。众已惫莫能兴,则勉强下咽,狼狈而归,有患腹疾者。都人至今以为笑谈。②

这是张之洞当年在京联同长其七岁、中进士并同为"探花"也更早十一年的潘祖荫(谥文勤)做东,召集一帮"名士"在陶然亭(按:即"江亭")饮宴,早早就发了请柬,大家乘兴而来,赏、辨器物,吟诗下棋,玩得不亦乐乎,到快要落太阳的时候了,潘祖荫禁不住问当时说好由他操办宴事的张之洞相关情况,结果张把此事忘得一干二净,只得到附近酒楼临时唤席将就,弄得局面"狼狈",

---

① 徐珂:《清稗类钞》第四册,第 1801 页。
② 李孟符:《春冰室野乘》,第 144—145 页。

结果在都中留下笑谈。引文中写得绘声绘色,细节上或有夸张,但基本情况当为不虚(与前述他与潘祖荫在陶然亭龙树寺所招"雅集"颇为类似),其结果也该算是张之洞"名士"的笑话一场吧? 这是他早在京都时。就是到张之洞身膺疆吏之后,依然保持一定的"名士"习气味儿。《绮情楼杂记》中有载:

> 张之洞署理两江总督时,往来幕府中者,多一时名士,如梁鼎芬、易顺鼎、缪小山诸人,皆常居南京。一日,之洞互发雅兴,欲游焦山,梁等均随行,小轮抵镇江时,天已垂暮,乃停泊焦山下,之洞于船上假寐。梁因昔奏参李鸿章革职,曾在海西庵(按:即在焦山)读书。易、缪当怂恿梁先至海西庵看奇石,梁亦欣然。既至,方丈已易人,初不识梁,但小沙弥识之,仍以盖碗泡茶,方丈横之以目,而令以普通粗茶款客,诸人泱泱而归。之洞见之,笑曰:"诸君皆有不豫色,得毋为和尚所弃乎? 明日再随我去。"次日之洞登山,首至海西庵,方丈闻总督至,于庵外跪迎。既入,方丈端盖碗茶出,足恭侍立。之洞曰:"尔庵中待客,有几等茶?"方丈曰:"两等,盖碗茶敬贵人,余则粗茶耳。"之洞指梁等曰:"彼辈亦皆贵人乎?"方丈曰:"随中堂来,自是贵人。"之洞曰:"然则今始贵耳? 尔昨夕犹以粗茶待之。"方丈闻言,面红耳赤,叩头不已。①

张之洞这岂不是也颇有"名士"派头? 因几个"名士"僚属游海西庵被慢待扫兴,次日他便与之同去,因为是"总督大人",自然受到礼迎高待,而他对昨日之事并不明言、斥责,而是"巧语"相问,弄得方丈"面红耳赤,叩头不已"。试想,若是一个气充志骄、骄横暴戾的高官,岂不会对方丈疾言厉色地斥骂一顿,甚至摔碗毁器,弄个人仰马翻。而张之洞不是,他以这种貌似"开玩笑"的方式,既为僚属挽回了面子,更巧妙地显示了自己的权威和体面,也体现了一副"名士"气派。

当也是张之洞署两江期间,有说他"偶游吴氏园,俯瞰秦淮河,画船如织",于是他忽然有了到河中游览的兴致,急命雇船。仆役回来说:"某某船为人雇去吃酒,某某船为人雇去打牌。"张之洞听了说:"吃酒呢还罢了,这打牌

---

① 喻雪轮:《绮情楼杂记》,九州出版社 2017 年版,第 127—128 页。

的真可恶,这样的水光山色领略不尽,连书都可以不看,何况打牌?"没有办法,他"乃令觅一小船","即登,狂喜欲绝"。张之洞"平日惯坐小轮,榜人(按:即船夫)虽打桨如飞,犹嫌其缓,命戈什(按:'戈什',护卫侍从)二人臂助之。戈什多不谙其法,有失楫者,有湿襦(按:'襦'指短袄)者,船几为覆"。又一日"游玄武湖,玄武湖不通外港,惟以划子往来而已",仆役奉命"觅一巨舫以百人舁之起放入湖中",张之洞登上"半晌流连,登岸而去",而仆役"相率一哄而散,此舫遂不能复还原处",此船的主人大为怨望。还有一次,因"西门胡园花木甲于一郡",张之洞"欲往游之,办差者因张灯悬彩,自朝迄暮,至于四鼓,踪影全无,承值(按:在此值班)者皆倦而卧矣",待东方天开始放亮了,张之洞才"携幕友汪荃台至清远堂(按:胡园的一堂),徘徊良久,而诸人无知之者"。张之洞谓汪曰:"是游也,可谓清而且远矣。"①从所记张之洞这几次南京游玩,各有说头:无奈乘小船游秦淮河的放浪尽兴,可笑至极;游玄武湖毕众仆役的不管不顾,颇为可恶,也可见张之洞疏于安排;要游胡园,人家辛勤安排久等不至,黎明时分携一幕僚至堂,无人发觉,自己反有"清而且远"之谓,没有官风热闹,倒显别样情调。总之,岂不是也颇有"名士"味儿?

还有说,张之洞被骗的事情。在其督粤时,他"经营广雅书院,縻金巨万,校藏旧学诸书,风雅好事不减阮文达(按:指历经乾、嘉、道三朝的阮元,谥文达)也。一夕兴发手书一额,并撰七言楹联一副,饬匠火速制成,明日午前必见于讲堂之上。诸匠皆有难色,一黠匠曰:'吾能为也。'明日午前果已告竣,南皮大喜,赏赉有加。未及半年,额与联俱拳曲如梳矣"。此匠系以分割之法制联,"然后钉以贯之,漆以涂之,骤视之固无斧凿痕也"。② 不知此时总督作何种心境? 这还不是他急于求成而被"黠匠"哄骗,恐也不无"名士"风情在内吧?

另有书中则载有更典型的张之洞买古董被骗事,更不妨视为对其名士派头的一种无甚恶意的讽刺。说是张之洞"以鄂督入朝,公余,偶遨游琉璃厂,瞥见一古董店,装潢雅致,驻足浏览。庭中陈一巨瓮,形制奇诡,古色斓斑,映以玻璃大镜屏,光怪陆离,绚烂夺目。谛视之,四周悉篆籀文,如蚓如蚌,模糊

---

① 李伯元:《南亭笔记》,第 207—208 页。
② 李伯元:《南亭笔记》,第 206 页。

不可猝辨"。他"爱玩不忍释,寻其价则某巨宦故物,特借以陈设,非卖品也",于是怅然而归。"逾数日,又偕幕僚之嗜古者往观之,亦决为古代物",张之洞"愈欲得之,肆主允往商。未几,偕某巨室管事至,索值三千金"。张之洞为难,"往返数四,始以二千金获之"。后其返鄂带回,命令工匠将其拓印数百张样图"分赠僚友",自己则将它"置之庭中",注上水,还"蓄金鱼数尾"。而"一夕大雷雨,旦起视之,则篆籀文斑驳痕,化为乌有矣"。遭"骨董鬼伪饰以欺",张之洞"为之不怡者累日"。① 这岂不是张之洞"名士习气"的表现? 他有过关于"金石"的文字之作,对文物实物却不甚精通,但又酷爱之,遂有此次在京城逛琉璃厂之遇,好不容易买下心仪之物,还挺费事地运至湖北,不承想上了文物骗子的当,弄得他"不怡者累日"当是自然。就这件事说,不光"名士习气",岂不也有点儿"纨绔习气"的影子?

　　张之洞"理政"的"趣事",有书中讲到这样一件事:粤抚倪文蔚去任后,张之洞护理(按:实署理)广东巡抚,督、抚两署"悬隔往返颇不便,思空中构铁桥,沟通两署,召工雇值,约二十余万金。款无出,颇踌躇"。此际"忽接港电,有候补县某,持总督印札,借某事向港澳华商募捐,因集得银十余万",问张之洞是否有此事。其事本无,张之洞闻之"愕然",但他随即"复电言有之"。原来,他是要见机行事地施计。此时"适某兵轮以事抵港,即命管带诱其人"同来,并嘱不要让他逃逸,"既至署,命闭之空室中"。此人知道事情败露,"彷徨无所措,欲自裁",但被人监视得紧,没有机会。夜二鼓,张之洞"自内出","某愧汗伏地,叩头请罪",张之洞并不理睬,只是说:"汝胆大至此,不可赦,不可赦。"过了好一会儿,"乃命之起,赐坐",对他说:"吾今赦汝,汝能更为此乎?"此人惶恐地说:"愿尽力。"张之洞"于是更给以札,使往南洋群岛,又募得十数万金,而铁桥以成。桥成后,每夕阳欲下时,姬妓辈或靓装炫服逍遥其上,人望之如半天神仙云。后某督至,始拆去之"。② 看,张之洞用此"妙计",解决了修两署间空中铁桥的经费问题,而这中间,恐怕是"官场习气"、"纨绔习气"甚至"滑头习气"兼而有之吧?

　　至于张之洞在生活方面的"趣事",有记曰,他"回里时,雅兴勃发,思食苦

　　①　葛虚存:《清代名人轶事》,第77页。
　　②　葛虚存:《清代名人轶事》,第78页。

沫菜,乃作一八十余字之三等紧急长电,达天津某官,历述昔时在天津,有县令曾供此品,其菜如何种样,如何食法云云"。无如该官在津"遍觅不得","乃亦发一八十余字之三等紧急长电于某军机大臣,在京居然觅得一握,计费钱十二吊(京中以五十个大钱为一吊),用马封六百里加紧送至",张之洞"得之大喜"。① 看,想必这位高官对高级菜肴吃腻了,忽然异想天开地想吃"苦沫菜",天津寻不见,受托官员只好求助北京,结果弄到"一握",若总算联系、人工、驰递的总费用,恐怕会远远超出"十二吊"钱。让张之洞"大喜"之下,这一餐"野菜"来得何尝不易!

张之洞的轶事还涉及其为官识人方面。《南亭笔记》中有谓:

> 南皮博学强识,口若悬河,或有荐幕友者,无不并蓄兼收,暇时即叩其所学,倾筐犹不能对其十一,多有知难而退者。任某督时,有狂士某投刺入,命见,见已,遽曰:"我某某也,我通测绘学,汝之知否?"南皮授以笔欲面试,以穷其迹,狂士一一胪列,了如指掌,南皮大叹赏,乃委充画图局教习。某狂士出谓人曰:"此公固易与也。"②

这个"狂士"确是有些"狂",在总督面前也没有一点谦虚的表示,公开声言自己的长项,还问他知不知道,张之洞表面并未在意,出题面试想见他出丑(题目想必是挺不容易的吧),不想"狂士"却了如指掌都完满地答了出来,这下张之洞出乎意料之下大为"叹赏",立即授其合适职事。到头来,使得这位"狂士"也对张之洞心服口服,对人由衷地说出公道话,意思是"此公原来是这么好交往啊"!也是,"狂士"觉得自己本来欠恭,竟还得到张之洞的称赞和委任,他自然会感念不忘。但是,不知他知不知道,这是张之洞由衷爱才的本性所致啊。若是他面试答得一塌糊涂,说不定还会被这位总督挖苦、讥斥一番呢!别说对这样一个来投刺求职的陌生人,就是对手下不熟本行的官员,张之洞照样也不留情面。有说,张之洞"通西学",对于"制造"一行"颇能窥其门径",一天传见有"洋务局总办某观察","询以铸一大炮用铁若干磅",观察

---

① 李伯元:《南亭笔记》,第203页。
② 李伯元:《南亭笔记》,第198页。

率然对曰：“大炮五六十磅铁，小炮用二三十磅就够了。”张之洞听了轩髯大笑曰：“这点点铁只够造一个锅子，一个汤罐。”这位观察"赧然出，明日撤其差去"。① 对这种本该精细知道的本行常识，却不了解，还如此信口瞎说，张之洞不但"大笑"着讥斥，而且真杀实砍地从快撤了他的职事。与上引"狂士"之例的一正一反，正好说明张之洞的爱才和对明显不职之员的勿能容忍。

张之洞对下属也有偏恶、偏爱之嫌。《国闻备乘》中有说："湖北提学使黄绍箕用一人为学堂监督，已札委矣，之洞闻而怒曰：'汝今作学司，当受督、抚节制，不比提督学院，衔命持节而来，可称钦差也。'绍箕垂头丧气而出，自是悒郁不伸，未几得疾卒"。② 黄绍箕的做法固然有不合规矩的缺失，但张之洞若是委婉地告诉，甚至是很严肃地指出，而不这样怒气冲天，给人留些情面，事情也可解决，不至于给下属造成如此的难堪和压力。这可谓张之洞对下属"偏恶"一例。下面，再述对忠心受用于他的人被偏爱的例子。山西榆次籍的张彪，在张之洞任晋抚时就被选跟随于他，到张之洞任湖广总督依然有时如此。有说，张彪对张之洞伺候得无微不至，自己制了新衣敞叠好放置在旁边，张之洞取来穿上，"亦忘其为他人物也"。张之洞时常招呼张彪说："为我购某物，购某物。"张彪应诺诺而去，而从不向账房索银。待将购物献上，张之洞又说："某某物不佳，某某物不佳，为我持去。"张彪便持下留备自用。如此，"一年之内，这种赔累累万盈千"。③ 张彪如此忠心受用，张之洞"荐张彪于朝者屡矣，政府诸公皆置不理"。张之洞"大怒，抵书某邸，洋洋洒洒凡数百言，大旨责其蔽贤。某邸见而笑曰：'香涛想是疯了。'"④当然，这位张彪一时未被提拔，不等于终身搁置，他在张之洞鄂督任间就被提拔为总兵，张氏去世后更被擢为湖北提督，在辛亥革命武昌首义打响后，他还曾率部下守卫清湖广总督衙门，与起义军对抗。张之洞若在世有见，对张彪的表现不知当会怎样？

所述到此为止。需要特别说明，本章尤其是主要利用佚闻资料的这最后

---

① 李伯元：《南亭笔记》，第 199 页。
② 胡思敬：《国闻备乘》，第 53 页。
③ 李伯元：《南亭笔记》，第 201 页。
④ 李伯元：《南亭笔记》，第 202 页。

两节,所反映张之洞的"习性",尽管有其优长之处,也不无风趣的地方,但主要还是偏重于其不良习气甚至"恶习"。不过,总的说来这毕竟是其人的次要方面,而他的主要方面还是在认真理政,敢想敢干,有略有方,这也是本书中所着重揭示的。让我们把此人长短之处恰当梳理,辩证认识,认真思考吧。

主要征引书(文)目

(除史料类前 4 种外,其余皆以首次征引先后为序)

一、史料类

1.苑书义等主编:《张之洞全集》(全 12 册),河北人民出版社 1998 年版。

2.赵德馨主编:《张之洞全集》(全 12 册),武汉出版社 2008 年版。

3.虞和平主编:《近代史所藏清代名人稿本抄本》第二辑(全 172 册),大象出版社 2014 年版。

4.海王邨古籍丛刊《张文襄公全集》(全 4 册),中国书店 1990 年影印本。

5.许同莘编:《张文襄公年谱》,商务印书馆 1947 年版。

6.胡钧编:《张文襄公(之洞)年谱》,台湾文海出版社"近代中国史料丛刊"1967 年影印本。

7.《清实录》(相关本),中华书局 1986 年、1987 年影印本。

8.《武汉文史资料》1989 年第 1 辑(总第 35 辑)。

9.《兴义府志》,民国初年印增补咸丰本。

10.顾廷龙、戴逸主编:《李鸿章全集》,安徽教育出版社 2008 年版。

11.(民国)《南皮县志》,上海书店出版社 2006 年版"中国地方志集成"本。

12.王佩诤校:《龚自珍全集》,中华书局 1959 年版。

13.齐思和整理:《黄爵滋奏疏许乃济奏议合刊》,中华书局 1959 年版。

14.《林文忠公政书》,中国书店 1991 年版。

15.《天津府志》,光绪戊戌重修本。

16.(民国)《贵州通志》,贵阳书局 1948 年版。

17.梁启超:《中国近三百年学术史》,天津古籍出版社 2003 年版。

18.庞坚校点:《张之洞诗文集(增订本)》,上海古籍出版社 2015 年版。

19.刘体智:《异辞录》,中华书局 1988 年版、1997 年第 2 次印刷本。

20.《清会典》,中华书局 1991 年第 1 版、2013 年第 2 次印刷本。

21.欧阳兆熊:《水窗春呓》,中华书局1984年版、1997年第2次印刷本。

22.朱克敬:《瞑庵杂识·瞑庵二识》,岳麓书社1983年版。

23.徐世昌:《大清畿辅先哲传》,北京古籍出版社1993年版。

24.襟霞阁主编:《清十大名人家书》,岳麓书社1999年版。

25.胡思敬:《国闻备乘》,上海书店出版社1997年版。

26.黄濬:《花随人圣庵摭忆》,上海书店出版社1998年版。

27.政协武汉市委员会文史学习委员会编:《武汉文史资料文库》第四卷,武汉出版社1999年版。

28.刘禺生:《世载堂杂忆》,中华书局1960年版、1997年湖北第2次印刷本。

29.梁启超:《戊戌政变记》,中华书局1954年版、1958年第2次印刷本。

30.湖南图书馆编:《湖南近现代藏书家题跋选》(一),岳麓书社2011年版。

31.陈垣:《艺风年谱与书目答问》,《图书季刊》第三卷(1936年)第一、二期合刊。

32.缪荃孙:《艺风老人自订年谱》(与《黄陶楼先生(彭年)年谱》合刊),台湾文海出版社"近代中国史料丛刊"1970年版。

33.张之洞著,范希曾补:《书目答问补正》,北京燕山出版社2008年版。

34.东莞图书馆编:《伦明全集》,广东人民出版社2012年版。

35.王伯祥遗稿:《庋椟偶识》,《中华文史论丛》1979年第4辑。

36.张之洞:《书目答问》(内有《𬨎轩语》),朝华出版社2017年影印本。

37.谭献:《复堂日记》,河北教育出版社2001年版。

38.李慈铭:《越缦堂日记》,广陵书社2004年版。

39.陈寅恪:《寒柳堂集》,生活·读书·新知三联书店2011年版。

40.黄兴涛等译:《辜鸿铭文集》,海南出版社1996年版。

41.荣孟源、章伯锋主编:《近代稗海》第2辑,四川人民出版社1985年版。

42.朱寿朋编:《光绪朝东华录》,中华书局1958年第1版、1964年第2次印刷本。

43.徐一士:《一士谭荟》,中华书局2007年版。

44.中国第一历史档案馆编:《光绪宣统两朝上谕档》,广西师范大学出版社1996年版。

45.中国第一历史档案馆:《光绪初年清政府镇压四川东乡县抗捐史料(一)》,《历史档案》1994年第2期。

46.中国第一历史档案馆:《光绪初年清政府镇压四川东乡县抗捐史料(二)》,《历史档案》1994年第3期。

47.中国第一历史档案馆:《光绪初年清政府镇压四川东乡县抗捐史料(三)》,《历史档案》1994年第4期。

48.方宗诚编:《开县李尚书(宗羲)政书》,台湾文海出版社"近代中国史料丛刊"1970年影印本。

49.中国第一历史档案馆:《光绪初年清政府镇压四川东乡县抗捐史料(四)》,《历史档案》1995年第1期。

50.陈义杰整理:《翁同龢日记》第三册,中华书局1993年第1版、1998年第2次印刷本。

51.《曾国荃全集》,岳麓书社2006年版。

52.[英]李提摩太著,李宪堂、侯林莉译:《亲历晚清四十五年——李提摩太在华回忆录》,天津人民出版社2005年版。

53.《清史稿》(缩印本,全四册),中华书局1998年版。

54.李文治编:《中国近代农业史资料》第一辑,生活·读书·新知三联书店1957年版。

55.梁绍辉等整理:《彭玉麟集》,岳麓书社2003年版。

56.政协武汉市委员会文史学习委员会编:《武汉文史资料文库》第七卷,武汉出版社1999年版。

57.葛虚存:《清代名人轶事》,上海会文堂书局1922年版。

58.中国近代史资料丛刊《中法战争》,上海人民出版社1957年版。

59.张云卿、庄秉衡编:《冯宫保军牍集要》,光绪二十一年印。

60.戚其章辑校:《李秉衡集》,齐鲁书社1993年版。

61.阿英编:《中法战争文学集》,中华书局1957年版。

62.《文史资料选辑》第十七辑,中华书局1961年版。

63.《梁启超全集》,北京出版社1999年版。

64.顾琅编:《中国十大矿厂调查记》,商务印书馆1916年版。

65.梁承邺等整理:《梁方仲遗稿·读书笔记》(下),广东人民出版社2019年版。

66.张春霆(继煦):《张文襄公治鄂记》,湖北通志馆1948年版。

67.孙毓棠编:《中国近代工业史资料》第一辑,科学出版社1957年版。

68.《东方杂志》第九年(1912年)第三期。

69.李立朴等编校:《陈夔龙全集》下册,贵州民族出版社2014年版。

70.宓汝成编:《中国近代铁路史资料》第一册,中华书局1963年版。

71.曾鲲化:《中国铁路史》,燕京印书局1924年版。

72.《大生纺织公司年鉴(1895—1947)》,江苏人民出版社1998年版。

73.汪敬虞编:《中国近代工业史资料》第二辑,科学出版社1957年版。

74.《农学报》光绪二十三年十一月下,第十六册。

75.王文杰:《中国近世史上的教案》,福建协和大学中国文化研究会 1947 年版。

76.中国近代史资料丛刊续编《清末教案》第 5 册,中华书局 2000 年版。

77.王明伦选编:《反洋教书文揭帖选》,齐鲁书社 1984 年版。

78.台湾"中央研究院"近代史研究所编:《教务教案档》第五辑,1977 年版。

79.中国近代期刊汇刊第二辑《湘报》,中华书局 2006 年版。

80.汪叔子、张求会编:《陈宝箴集》中册,中华书局 2005 年版。

81.《合肥李勤恪公(瀚章)政书》,台湾文海出版社"近代中国史料丛刊"1967 年版。

82.中国科学院历史研究所第三所主编:《刘坤一遗集》,中华书局 1959 年版。

83.梅英杰:《胡文忠公年谱》,台湾文海出版社"近代中国史料丛刊"影印本 1968 年版。

84.樊增祥著,涂晓马、陈宇俊校点:《樊樊山诗集》,上海古籍出版社 2004 年版。

85.中国近代史资料丛刊《戊戌变法》,上海人民出版社 1957 年版。

86.中国近代史资料丛刊《中日战争》,上海人民出版社 1957 年版。

87.来新夏主编:中国近代史资料丛刊《北洋军阀》第一册,上海人民出版社 1988 年版。

88.汤志钧编:《康有为政论集》,中华书局 1981 年第 1 版、1998 年第 2 次印刷本。

89.上海图书馆编:《汪康年师友书札》第一册,上海古籍出版社 1986 年版。

90.《陈宝箴集》上册,中华书局 2003 年版。

91.中国近代期刊汇编《清议报》,中华书局 1991 年版、2006 年北京第 2 次印刷。

92.梁启超:《清代学术概论》,上海古籍出版社 1998 年版。

93.丁文江、赵丰田编:《梁启超年谱长编》,上海人民出版社 1983 年版。

94.上海图书馆编:《汪康年师友书札》第四册,上海古籍出版社 1989 年版。

95.蔡尚思、方行编:《谭嗣同全集(增订本)》,中华书局 1981 年版、1998 年第 3 次印刷。

96.《万国公报》第七十五卷(光绪二十一年三月,1895 年 4 月),上海美华书馆校印。

97.冯桂芬:《校邠庐抗议》,朝华出版社 2017 年版。

98.王韬:《弢园文录外编》,上海书店出版社 2002 年版。

99.郑观应:《盛世危言》,朝华出版社 2017 年版。

100.王栻主编:《严复集》第三册,中华书局 1986 年版。

101.《清代诗文集汇编》七八三,上海古籍出版社 2010 年版。

102.《刘光第集》,中华书局 1986 年版。

103.故宫博物院明清档案部编:《义和团档案史料》,中华书局 1959 年版、1979 年第 2 次印刷本。

104.中国第一历史档案馆编辑部编:《义和团档案史料续编》,中华书局 1990 年版。

105.盛宣怀:《愚斋存稿》,《清代诗文集汇编》七五五,上海古籍出版社 2010 年版。

106.惜阴(赵凤昌):《庚子拳祸东南互保之纪实》,载《人文月刊》第2卷第7期。

107.湖南省哲学社会科学研究所编:《唐才常集》,中华书局1980年版、1982年第2次印刷本。

108.姜泣群编:《朝野新谭》,光华编辑社1914年版。

109.杜迈之等编:《自立会史料集》,岳麓书社1983年版。

110.中国近代史资料丛刊《辛亥革命》,上海人民出版社1957年版。

111.骆宝善、刘路生主编:《袁世凯全集》,河南大学出版社2013年版。

112.钱实甫编:《清代职官年表》,中华书局1980年版。

113.《清代碑传全集》,上海古籍出版社1987年版。

114.吴永口述,刘治襄记:《庚子西狩丛谈》,岳麓书社1985年版。

115.中国近代史资料丛刊《义和团》,上海人民出版社1957年版。

116.杜春和等编:《荣禄存札》,齐鲁书社1986年版。

117.《杨儒庚辛存稿》,中国社会科学出版社1980年版。

118.中国人民政治协商会议全国委员会文史资料委员会编:《文史资料存稿选编》25社会,中国文史出版社2002年版。

119.陈夔龙:《梦蕉亭杂记》(与白文贵《蕉窗话扇》合刊),山西古籍出版社1996年版。

120.朱有瓛主编:《中国近代学制史料》第二辑上,华东师范大学出版社1989年版。

121.《庸言》第一卷,第六号。

122.《东方杂志》第二年(1905年)第九期。

123.《万国公报》第201册(1905年)。

124.《东方杂志》第三年(1906年)第三期。

125.《湖北文史资料》第6辑,湖北人民出版社1982年版。

126.岑春煊:《乐斋漫笔》(外二种),中华书局2007年版。

127.杜春和等编:《北洋军阀史料选辑》,中国社会科学出版社1981年版。

128.《醇亲王载沣日记》,群众出版社2014年版。

129.《清会典》,中华书局1991年影印本。

130.天津《大公报》,光绪三十三年八月十二日第3版。

131.故宫博物院明清档案部编:《清末筹备立宪档案史料》,中华书局1979年版。

132.赵阳阳、马梅玉整理:《汪荣宝日记》,凤凰出版社2014年版。

133.《近代史资料》,总43号。

134.《胡林翼集》,岳麓书社1999年版。

135.易宗夔:《新世说》,上海古籍出版社1982年影印本。

136.吴庆坻:《蕉廊脞录》,台湾文海出版社"近代中国史料丛刊"1969年版。

137.《武汉文史资料》1986年第1辑(总第23辑)。

138.徐珂编撰:《清稗类钞》第四册,中华书局1984年版。

139.梁小进主编:《郭嵩焘全集》,岳麓书社2008年版。

140.李伯元:《南亭笔记》,江苏古籍出版社2000年版。

141.周询:《蜀海丛谈》,巴蜀书社1986年版。

142.蔡云万:《蛰存斋笔记》,上海书店出版社1997年版。

143.徐凌霄、徐一士:《凌霄一士随笔》,山西古籍出版社1997年版。

144.王伯恭:《蜷庐随笔》(与《趋庭随笔》合刊),山西古籍出版社、山西教育出版社1999年版。

145.李孟符:《春冰室野乘》,山西古籍出版社1995年版。

146.李春光纂:《清代名人轶事辑览》,中国社会科学出版社2004年版。

147.喻雪轮:《绮情楼杂记》,九州出版社2017年版。

二、今人著述、文章类

148.贵阳市南明区地方志编纂委员会编:《贵阳市南明区街道志》,贵州人民出版社2003年版。

149.周宝华:《张之洞家世述闻》,《南皮县文史资料》(内刊)第二辑,1998年印。

150.董丛林:《张锳宦黔履历与张之洞出生事项考论》,《河北师范大学学报》2020年第5期。

151.张遵逵:《张文襄兄弟几人》,南皮县张之洞研究会会刊《张之洞研究》(内刊)2006年总第4期。

152.郁良:《张之洞弟兄六人非四人》,南皮县张之洞研究会会刊《张之洞研究》(内刊)2006年总第4期。

153.李德芳:《一则关于张之洞父亲的史料——介绍〈原任兴义府南皮张公遗爱祠碑记〉》,《武汉师范学院学报》1982年第3期。

154.张厚粲、张厚玫:《张之洞的思想和他的传家诗——关于两种传本的辨析》,《北京师范大学学报》2011年第6期。

155.窦宗一:《李鸿章年(日)谱》,台湾文海出版社"近代中国史料丛刊"1980年版。

156.张亮:《张之洞"创办尊经书院"遗文考释》,《西华师范大学学报》2017年第4期。

157.李福眠:《章太炎批跋张之洞〈輶轩语〉》,载氏著《疏林陈叶》,山东画报出版社2007年版。

158.林言椒、苑书义主编:《清代人物传稿》下编第二卷,辽宁人民出版社1995年版。

159.溥仪:《我的前半生》,群众出版社1964年版、1996年第19次印刷本。

160.苏云峰:《张之洞与湖北教育改革》,台湾"中央研究院"近代史研究所编印发行(1983年再版)。

161.罗婷:《清末湖北的留日风潮》,《武汉文史资料》2012年第4期。

162.郭汉民、徐彻主编:《清代人物传稿》下编第八卷,辽宁人民出版社1993年版。

163.刘建生、刘鹏生等著:《山西近代经济史》,山西经济出版社1995年版。

164.山西省史志研究院编:《山西通史》卷6,山西人民出版社2001年版。

165.冯天瑜、何晓明:《张之洞评传》,南京大学出版社1991年版、1996年第2次印刷本。

166.刘君达:《"临洮大捷"质疑》,《学术论坛》1985年第9期。

167.李文海、孔祥吉主编:《清代人物传稿》下编,第五卷,辽宁人民出版社1989年版。

168.唐上意:《张之洞督粤时期的洋务新政》,《广东民族学院学报》1994年第1期。

169.本书编委会编:《中国近代兵器工业档案史料》一,兵器工业出版社1993年版。

170.湖北省社会科学院历史研究所:《湖北简史》,湖北教育出版社1994年版。

171.陈钧等主编:《湖北农业开发史》,中国文史出版社1992年版。

172.徐凯希:《晚清末年湖北农业改良述略》,《中国农史》2004年第1期。

173.章开沅等主编:《湖北通史·晚清卷》,华中师范大学出版社2018年版。

174.四川省哲学社会科学学会联合会、四川省近代教案史研究会合编:《近代中国教案研究》,四川省社会科学院出版社1987年版。

175.吕实强:《周汉反教案》,台湾《"中央研究院"近代史研究所集刊》第2期。

176.董丛林:《晚清政府对反教士绅处置中的两难情状——主要以肇端于湖南的反教宣传案为例》,载《明清论丛》第十四辑,故宫出版社2014年版。

177.徐明庭:《老武汉丛谈》,崇文书局2013年版。

178.郭其耀:《武汉第一家外资工厂》,载《春兰秋菊集——〈武汉春秋〉二十年文存》,武汉出版社2003年版。

179.黎仁凯、钟康模:《张之洞与近代中国》,河北大学出版社1999年版。

180.黎仁凯等:《张之洞幕府》,中国广播电视出版社2005年版。

181.吴天任:《梁鼎芬年谱》,广东人民出版社2018年版。

182.程翔章、程祖灏:《樊增祥年谱》,华中师范大学出版社2017年版。

183.[美]费正清编:《剑桥中国晚清史》,中国社会科学出版社1985年版。

184.吴天任:《梁启超年谱》,广东人民出版社2018年版。

185.茅海建:《戊戌变法的另面:"张之洞档案"阅读笔记》,上海古籍出版社 2014 年版。

186.陈旭麓:《论"中体西用"》,《历史研究》1982 年第 5 期。

187.谢俊美:《翁同龢传》,中华书局 2000 年版。

188.茅海建:《戊戌变法史事考》,生活·读书·新知三联书店 2005 年版。

189.汤志钧:《戊戌变法人物传稿(增订本)》,中华书局 1982 年版。

190.丁名楠等著:《帝国主义侵华史》第二卷,人民出版社 1986 年版、1992 年第 3 次印刷本。

191.陈旭麓:《近代中国社会的新陈代谢》,上海人民出版社 1992 年版。

192.太原市南郊区地方志编纂委员会编:《太原市南郊区志》,生活·读书·新知三联书店 1994 年版。

193.陈振江主编:《中国大通史》清朝下册,学苑出版社 2018 年版。

194.冯天瑜:《短时段革命孕育于长时段文明积淀——辛亥首义远因探究》,《湖北大学学报》2011 年第 5 期。

195.武汉市防汛指挥部办公室:《武汉堤防志》,内部资料 1986 年印行。

196.董玉梅:《张公堤今昔》,《武汉文史资料》2012 年第 7 期。

197.钟里满等:《国家清史纂修工程重大学术问题研究专项课题成果:清光绪帝死因研究工作报告》,《清史研究》2008 年第 4 期。

198.孔祥吉:《张之洞与清末立宪别论》,《历史研究》1993 年第 1 期。

199.侯宜杰:《张之洞对立宪的态度——与孔祥吉先生商榷》,《近代史研究》2016 年第 6 期。

200.彭剑:《也谈张之洞对立宪的态度》,《华中师范大学学报》2019 年第 4 期。

201.孔祥吉:《晚清佚闻丛考》,巴蜀书社 1998 年版。

202.赵寿强校注:《张之洞诗稿详注》,河北人民出版社 2018 年版。

后　记

本书基本上是仿照同是由人民出版社出版的拙著《曾国藩传》写成，只是删去了其"尾声"，因为世人对张之洞的认识不像对曾国藩那样反差巨大。当然，在"文化大革命"中张之洞也遭受陵墓被挖、严酷批判的"待遇"。不过，除去那个特别关头，世人对他的认知还是相对理性些的，已有的传记也不算少。尽管如此，仍然觉得其人挺有写头，关于他的特点，拙著"引言"中已有概要交代，全书中更有具体论述。再说，对此人事项的选择和评说，在已有的传记中也是各有取舍，色彩斑斓。而本书的写作，意在聊添一斑。在选定题目和写作方面，副总编辑陈鹏鸣先生鼎力相助，责任编辑于宏雷女士更是不辞辛劳地具体指导。前任副总编辑乔还田先生对本人在《曾国藩传》写作中的关怀也时刻铭记。总之，本书的完成有着永远让人怀念的前因后果。至于本书操作中的是非曲直，对读者的指教将洗耳恭听。

作者　董丛林　谨识

2024 年 5 月 18 日

责任编辑：于宏雷
封面设计：肖　辉　石笑梦
责任校对：杜凤侠

图书在版编目（CIP）数据

张之洞传/董丛林 著. —北京：人民出版社，2025.3.
ISBN 978－7－01－025565－1

Ⅰ．①张…　Ⅱ．①董…　Ⅲ．①张之洞（1837—1909）
－传记　Ⅳ．①K827＝52

中国国家版本馆 CIP 数据核字（2023）第 056419 号

张 之 洞 传
ZHANGZHIDONG ZHUAN

董丛林　著

人民出版社 出版发行
（100706　北京市东城区隆福寺街 99 号）

北京汇林印务有限公司印刷　新华书店经销

2025 年 3 月第 1 版　2025 年 3 月北京第 1 次印刷
开本：710 毫米×1000 毫米 1/16　印张：27.25
字数：450 千字

ISBN 978－7－01－025565－1　定价：78.00 元

邮购地址 100706　北京市东城区隆福寺街 99 号
人民东方图书销售中心　电话（010）65250042　65289539